中国公路交通史丛书

中国公路史

第 一 册

中国公路交通史编审委员会

人民交通出版社

书　　　名：**中国公路史**（第一册）

著 作 者：中国公路交通史编审委员会

责任编辑：刘照华

出版发行：人民交通出版社

地　　　址：（100011）北京市朝阳区安定门外外馆斜街 3 号

网　　　址：http：//www.ccpress.com.cn

销售电话：（010）59757973

总 经 销：人民交通出版社发行部

经　　　销：各地新华书店

印　　　刷：北京盛通印刷股份有限公司

开　　　本：880×1230　1/32

印　　　张：21.875

字　　　数：527 千

插　　　页：2

版　　　次：1990 年 6 月　第 1 版

印　　　次：2017 年 6 月　第 2 次印刷

书　　　号：ISBN 978-7-114-00956-3

印　　　数：30701—31700 册

定　　　价：58.00 元

内 容 提 要

　　本书主要记述中国古近代道路（公路）建设的发展演变过程，着重探讨了道路建设在各个历史时期的变化，及其与政治、经济、军事诸方面的关系。全书史料丰富，记叙全面，可供史学工作者和广大专业人员参考。

交通部中国公路交通史编审委员会

目录

第二编　中华民国公路的兴建
民国元年～38年
（公元 1912 年～1949 年）

总　　序

　　中国是一个历史悠久的文明国家。古代道路交通也有其悠久而光辉的史绩。秦修驰道，汉通西域，史垂千载；隋代赵州桥，金代芦沟桥，知名海外；唐宋以来，驿运站、所遍及全国，运输工具不断更新，行旅商贾之繁盛，世所称颂。这是我国勤劳勇敢的各族人民，为了征服自然和适应政治、经济的需要，在开拓和发展道路交通方面所取得的辉煌成就，对我国古代灿烂文化和物质文明作出了重大贡献。

　　但是，由于长期的封建制度束缚了社会生产力的发展，我国几千年古老的驿道运输发展为通行汽车的公路交通，则是在清末民初从国外输入汽车以后才开始的，至今还不满百年。

　　中华民国时期的公路交通史，是半殖民地、半封建社会经济反映的一个侧面。在中华民国的 38 年期间，为适应当时的需要，开创了公路交通并有所发展，对于开发边疆和支援抗日战争，发挥了一定的作用。在公路建设、养护和运输管理等方面，初步建立了一些规章制度。但因连年战争、政治腐败、民生凋敝、生产不振，汽车和油料几乎全从国外进口，致使公路交通的发展受到很大限制。到 1949 年，全国公路仅有 13 万多公里，又因失修失养和战争破坏，能通车的还不到 8 万公里；而且标准低，路况差，分布又极不平衡，多数集中在东北和沿海地区，广大内地和边疆省份的公路为数不多，汽车也很少，全国大部分地区还要依靠人力和畜力运输。

中华人民共和国成立以来，我国进入社会主义革命和社会主义建设的伟大时代，社会生产力得到解放，工农业生产迅速发展，特别是建立和发展了自己的汽车工业和石油工业，使公路交通事业得以较快地发展，取得了巨大成就。许多偏僻闭塞的山区，如今"高路入云端"；不少急流阻隔的江河，现已"天堑变通途"。至 1985 年，全国公路通车里程比 1949 年增长了约 12 倍。以首都北京为中心，连接全国各省会、工矿基地、主要港口以及县乡和边防哨所，四通八达的公路网已经初步形成。公路的技术等级和通行能力较前大有提高，高级和次高级路面从解放前的 300 公里发展到 18 万多公里。过去没有公路交通的西藏地区，已初步建成以拉萨为中心，与邻省及友好邻邦相连接的公路网络，使内地与西藏地区的物资交流以及外贸物资运输得以畅通。1949 年以前，在长江和黄河上，除兰州有一座由外商承建的黄河钢架桥外，没有一座自己修建的公路桥，车辆行人靠渡船维持交通。现在，已建成几十座大型公路桥梁跨越长江和黄河，其中有些桥的设计理论、结构型式和施工工艺，都是比较先进的。

为适应日益增长的运输需要，全国汽车数量增长很快，1985年的民用汽车保有量为320多万辆，比1949年接收的5万多辆增长约60多倍；公路运输的客、货运量逐年大幅度增长，大件运输和集装箱运输近几年发展也很迅速。与此同时，还建立了具有相当规模和水平的汽车维修工业，安全设施等也有了相应的发展。公路交通，在发展城乡经济、改善人民生活、巩固国防以及促进少数民族地区的经济和文化发展等方面，起着越来越大的作用。

自1949年至1985年的36年中，我国公路交通虽然取得较大的发展，但由于缺乏社会主义建设的经验，在规划、组织和管理等方面时有失误，致使公路交通事业在前进中经历了一些曲折，发展速度不够快，特别是高标准公路还修得很少，公路交通至今仍然是我国国民经济发展中的一个薄弱环节。

1978年12月中国共产党十一届三中全会以后，全党工作重点转移到四化建设方面来，党中央总结了过去正反两方面的历史经验，制定了一系列正确的政策和措施，要求经济工作要以提高经济效益为中心，建设有中国特色的社会主义。随着党中央对内搞活经济、对外实行开放政策的实施，商品生产和商品经济蓬勃发展，公路交通不相适应的矛盾愈益突出。近几年来，中央领导同志对加快公路交通的发展，作了许多重要指示。如何贯彻落实党中央指示精神，从我国公路交通的实际出发，按照建设快、质量好、效益高的要求，加快公路交通现代化的步伐，以适应四个现代化建设的需要，已成为从事公路交通事业的各级领导和全体同志的历史使命，也是党和人民寄予的殷切期望。

　　盛世修史，史以资治。为回顾既往，总结经验，探索规律，策励将来，由交通部和各省、（市）、自治区交通厅（局）组织力量，以马克思主义历史观为指导，遵循党的十一届三中全会以来的路线、方针和政策，本着实事求是、略古详今的原则，共同编撰出版一套《中国公路交通史》丛书。希望能给从事公路交通事业的同志们一些帮助，向他们提供可以借鉴的历史经验；并使关心公路交通事业的同志们了解我们事业的历史进程，取得他们的支持，把我国的公路交通事业办得更好。

交通部中国公路交通史编审委员会
1989 年 8 月 5 日

出 版 说 明

一、《中国公路交通史》丛书是在中华人民共和国交通部的统一领导下由各有关单位编撰的，由人民交通出版社出版，公开发行。

二、这套丛书由全国公路交通史即《中国公路史》、《中国公路运输史》和各省、市、自治区公路交通史组成，共约百余册。由于台湾省的史料尚未搜集，该省的公路交通史暂缺。

三、这套丛书主要论述我国公路交通事业发生、发展和演变的历史过程和客观规律。由于公路交通的发展与古代道路交通有其不可分割的连续性和继承性，故在丛书中辟有一定的篇幅介绍古代道路交通。

四、这套丛书的体裁以编年体为主，即以时为经，以事为纬，篇章分期，节目分类。对于少数跨度太长而相应的编年体时限难以包容的专题论述，单独成章，列于编年体之后。书末大多附有编年大事记。

五、《中国公路交通史》分公路和公路运输两大类编写，各自成书并各涵第一册和第二册；各省、市、自治区公路交通史的成书册数不强求统一，一般按公路和公路运输两大部类分开编撰，各以古、近代部分为第一册，现代部分为第二册；也可以两大部类合并，编写成一、二两册；个别地区的古代道路交通也可编写成单行本出版。

六、各册史书的篇目结构大体一致，但不尽相同，一般有章、节、目或篇、章、节、目等三四个档次。

　　七、史书中属于解释或说明性的注释采用脚注，当页编码；属于征引性的标注采用通章统一编码，集中于章后标注。

　　八、由于某些省、市、自治区的行政区划时有变化，为避免取材重复和叙述雷同，在编撰地区性的公路交通史时规定以现有的行政区划为准。为了使跨省路线互相衔接，各省、市、自治区在叙述本地区公路路线时可介绍到邻省的第一站（即送一程）。

　　九、本丛书除引文中必要时使用古繁体字外，均用中华人民共和国国务院 1966 年公布的《汉字简化方案》中的简化字。

　　十、史书中所用科学技术术语，以有关单位审订的和规范中使用的为准，对于古代使用的一些专业术语，仍保留过去的习惯称谓。

前　言

　　中华人民共和国的建立，开创了中国公路建设的新纪元。自1949年10月至1985年底的36年中，公路建设事业突飞猛进，超过以往任何历史时期，不仅通车里程增至近百万公里，初步形成了联结城乡、干支结合的全国公路网，而且各项工程质量日益提高，对发展国民经济、巩固国防和促进文化交流起到了很大的作用。

　　为了总结历史经验，探索古今筑路规律，促进今后公路建设事业更快发展，1980年春，交通部副部长潘琪、公路局副总工程师刘承先等发起编撰一部《中国公路交通史》，以求通古今之演变，知历史之嬗递；经报请交通部批准成立中国公路交通史编审委员会负责领导此事，并分别组设中国公路史和中国公路运输史两个编写组（后改为编辑室，分属公路规划设计院与汽车运输总公司），在交通部中国公路交通史编审委员会的领导下，具体承担编史工作。八年来，部编审委员会易历两届，第一届编委会由潘琪同志主持，对组织力量、收集资料、推动编史工作起了很大作用。曾于1980年11月在北京召开首次编史座谈会，得到各省、自治区、直辖市交通部门、部属单位和工程界专家们的极力赞同与支持。其后各地的交通部门也积极响应，先后成立组织，编撰地方公路交通史。第二届编委会，在副部长王展意同志主持下，进一步建立健全了编史机构，并将《中国公路交通史》定为丛书，以包容中央和地方编撰的史书；同时，积极进行组织、协调、督促、检查，为完成这部丛书的编撰任务，做了大量的工作，目前丛书正在陆续出版发行。

作为丛书之一的《中国公路史》，是一部贯通古今的专业史书。按时代断限分为三编。第一编《中国古代道路述要》和第二编《中华民国公路的兴建》业已编竣，并经部编委会审定，汇编为《中国公路史》第一册。第三编记述中华人民共和国成立后至1989年公路发展的历史，为第二册。以后将随着时间的推移分阶段记述1989年以后公路发展的历程，以保持其连续性。

编撰第一册的基本指导思想是：略古详今，遵循历史唯物主义史观，实事求是；以体现公路发展历程为主，兼及组织管理和业务技术；以全国广大公路从业人员为主要读者对象，兼及社会各方面人士；以起到借鉴历史经验、传播技术知识和启迪爱国主义思想等多功能作用。

有关公路工程技术各项专业，因其发展的连续性和系统性，不宜以时序划段分写，而以专题撰述。本书所用资料，除部分采自国家档案外，大多取自各地新编史稿，因多未付印出书，故未逐一列入参考书目，但均经各地核对并记录其出处在案，供读者查考。

本书编撰曾四易其稿，屡蒙各地公路交通史编委会提出修改意见，并惠赐文献资料和历史图片；在编撰过程中，承蒙历史学家傅振伦、郑昌淦、苏东海和公路工程专家们的热情帮助与指导；部编委会公路史审稿组的贾炽民、李高、李廷举及丁贡南等同志的多次精心修改，谨向他们表示诚挚的谢意。

尚须说明：因编撰这册史书历时较长，前后参加这一工作的人员较多，变化很大，他们的工作时间虽然长短不同，但均作出了一定的贡献。如公路规划设计院院长顾敏浩、副院长金增洪同志在编委委员兼秘书长张维谟同志逝世以后，即相继承担起秘书长的实际工作，并继续领导本书编撰工作的顺利进行；还有罗绍云、李永华、李佐弼、唐国珍、龚灿碧、张润萍、冯荣馥等同志，也都在编史过程中，付出了辛勤的劳动。因此，这册史书的完成，是各个方面、许多同志共同努力的结果，惜不能一一列述，谨在此一并表示感谢。

交通部中国公路交通史编审委员会

公路史编辑室

1989 年 7 月

第 一 编

中国古代道路述要

（先秦～清末）

概　述

　　中国是一个有 5000 多年文明史的国家。就道路建设而言，从先秦道路的开拓，再经其后各代的长期发展，经历了一个光辉的历程。古代道路建设，对于维护国家统一、民族团结、繁荣经济和文化交流等方面，都作出了巨大的贡献。

　　秦、汉、隋、唐、元、明、清各代，国家统一，社会比较稳定，经济繁荣，道路交通建设得到迅速改善和发展；而魏、晋、南北朝和宋、辽、金各代，国家处于分裂状态，内乱不息，交通设施时有兴废，但各个封建割据政权，为了扩张自己的势力范围，又不断恢复、改善旧路，开辟新路。所以古代道路和桥梁建设在总体上是向前发展的。这种发展是推动中国古代社会不断前进的一个重要因素，同时也是中国古代物质文明和精神文明的重要组成部分。

　　西周开创了中国古代以都城为中心的道路体系。其后各朝道路布局随着都城变迁，均有新的发展。全国干道成网，支路交错，四通八达，形成了中国古代道路的完整体系。从都城至各地，驿站林立，车马络绎于途。无论政令传达，商旅往来，莫不称便。汉通西域道路的开拓，使中国古代文化得以西传，成为中西交通史上的辉煌篇章。历代王朝在西南、西北和东北边疆少数民族地区积极修路，发展运输，促进了经济、文化的交流及民族的融和。

　　古代筑路造桥，精于构思，巧于工艺。或在峭壁凿道，或傍峡岸架栈，均按地形制宜，不为艰险致阻，保证交通的通达。战国时期始建栈道，蔚然壮观；秦修直道，堑山填谷，千八百里，开创了艰巨而伟大的中国古代道路工程。至于造桥技术的精良，闻名于世，处于当时世界领先的地位。隋代赵州桥，金代北京卢沟桥和清代泸定铁索桥，久经风雨，至今犹存，显示了中华民族的聪明才智。

第一章 先秦和秦代的道路

先秦时期包括原始社会和夏、商、西周以及春秋战国时期。夏至西周，长达1300余年，是中国古代道路的开拓和初期发展阶段。春秋战国时期，车战盛行，社会经济发达，道路建设进一步发展。公元前221年，秦始皇统一了中国，中国古代道路从此进入了大规模改善和建设的阶段。

第一节 原始部落的道路和
夏、商的初期道路

在信史之前的中国远古时代，经历过若干万年无阶级的原始社会。"上古之世，人民少而禽兽众，人民不胜禽兽虫蛇"[1]，所以过着"构木为巢，以避群害"[2]的生活。人们通过这样的简陋生活和劳动，使不断往来行走的足迹，逐渐形成了小径似的道路。但是，"大川名谷"仍然处于"冲绝道路"[3]的状态。

随着社会的发展，人们的经济生活逐步进入以农耕为主的时代，生产力逐渐发展，活动范围日广，于是道路的形态及其延伸范围随之发生了变化，部落之间已有可通行的道路。仰韶文化表明，公元前5000～3000年，在黄河一带已有居民过着定居的生活，考古学家发现的西安半坡遗址和遗物，证明了这种发展情况。

到了公元前2800年～1800年的龙山文化时期，农业生产规模有了进一步的扩大，家畜饲养也有所发展。公元前2600年左右，传说黄帝"见飞蓬①转而知车"[4]，开始有了简单的轮车，并且

---

① 飞蓬，是一种菊科植物，因其头大于根，故遇风而旋转。

"命竖亥通道路"[5]。到了唐尧时代,"天下广狭,险易远近,始
有道里"[6]。这就是说,在尧的统治区域内,道路不仅通达于平原
和山区,能分别出远近,而且也有了道路里数。古书上的这些记
载虽不具体,但也可以说明中国远古时代的道路概貌。

在夏代,禹帝开通了9个州的陆路和水路,即冀州(今山西
和陕西间黄河以东、河南和山西间黄河以北和山东西北、河北东
南部地区),兖州(今河北、河南、山东的一部分)、青州(今山
东渤海、泰山以东地区)、徐州(今江苏北部及安徽东北部)、扬
州(今江苏、浙江、江西、安徽的一部分)、荆州(今湖北、湖南
的一部分)、豫州(今河南、湖北的一部分)、梁州(今四川及陕
西南部)、雍州(今山西、陕西、甘肃的一部分),并具有"陆行
乘车,水行乘船,泥行乘橇,山行乘樏"[7]的几种交通方式。

根据现有的各种考古材料,在商代不仅农业生产有发展,商
业也开始萌芽。从出土的青铜车马饰物,说明商代的车辆交通工
具和行车道路比夏代又有进展。据古书记载,商人早期经常迁徙,
"自契至商汤凡八迁,自汤至盘庚凡五迁,无定处"[8]。迁徙的
地域在今河南、山东境内。随着商人活动范围的扩展,道路有所
发展。据说在商汤灭夏的战争中,曾利用道路进行迂回性的"车
战",所经之地,由今河南而山东、河北、山西和陕西,再返回河
南,再至安徽。这是我国古代道路最早被用于大规模战争的记录。

在殷商时代,出于政治和战争的需要,道路开始担当起传达
政令和军情等的职能。根据殷商甲骨文的记载:"传氏孟伯"[9],
即把情报等送交给"孟伯",这是后来各个朝代利用道路作为"驿
传"的开端。

由于商代有了比较宽阔的道路,商人可以利用牛马挽车,这
是商人对古代文明所作的重要贡献之一。

第二节 西周的城乡道路
体系与路政管理

西周道路在继承商代道路的基础上有了新的开创和发展。除了开拓重要的战争路线之外，特别重视农业道路的建设，其规划和管理规章制度是前所未有的，而且被认为是世界道路史上最早、最完善的路政管理。

一、城乡道路体系的建立

从西周时代开始，有了比较完善的道路体系。在"井田"制度下，道路被划分为城市和乡村两个体系：城市道路以"国中九经九纬"[10]为主体（见图1-2-1），并附以环道绕城。就是说，在首都城市南北和东西方向各有9条道路，并在城外周围建有环行道路。按古文献所记尺寸，城内经纬道路各宽72尺（合今16.63米）①，环道56尺（合今12.93米）。乡村道路划分为5个等级，即径、畛、涂、道、路。"径"是通行人和牛马的小路；"畛"是田间的小路；"涂"是容纳一辆车行驶的道路；"道"是容纳二辆车行驶的道路；"路"是容纳三辆车行驶的道路。这些道路类型的划分，在世界道路史上是最早的。据古文献所记尺寸，涂、道、路三种路各宽8尺、16尺和24尺，约相当于现今的1.85、3.7及5.55米。1976年出土的西周马车，其轴长为3.04米，只能行驶于后两种道路上。

为联络上述5种道路，尚有干线道路，称为"野涂"，宽40尺（合今9.24米）。凡"治野之沟、洫、道、路，以达于畿"[11]，指的就是所有的干线道路都要通至周都城。这些历史记载说明，我国开始建立起以城市为中心的道路网体系，是从西周时代开始的。

在西周时代，除称为"国"的都城外，已出现了称"邑"的

---

① 周代一尺合今0.231米。

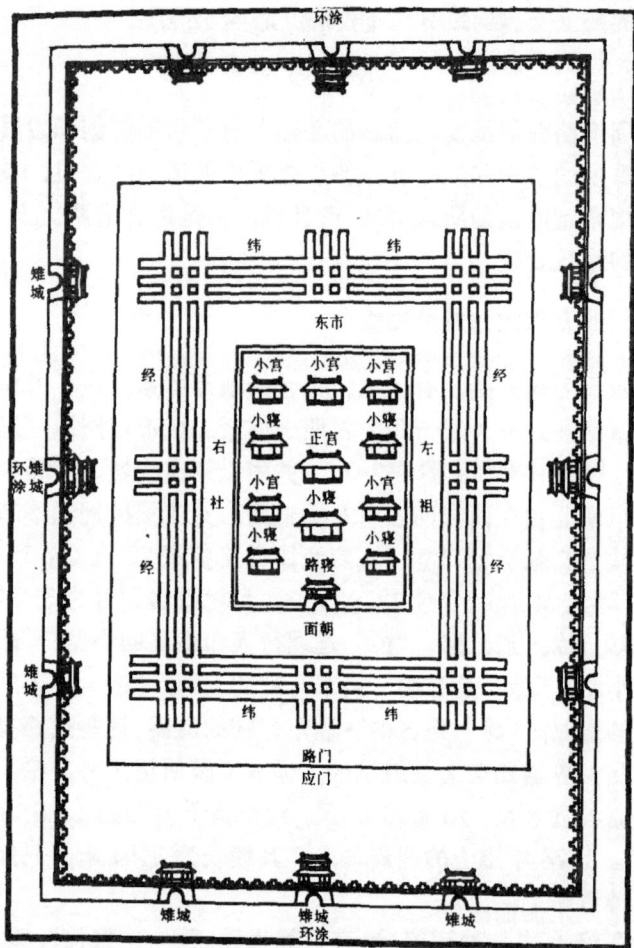

图 1-2-1　周王城图①

---

① 周王城，为周武王迁殷商顽民于洛水之滨所修建，称东都，传至周平王时，迁都
　　于此，亦称王城。战国以后改称洛阳。

小城市。在都城和邑之间，在邑和邑之间，均有道路通达，形成了广泛的陆上交通网络，对于发展当时的农业生产，便利手工业和商业，起到了重要作用，并且促进了城市的进一步繁荣。

在中国历代的道路建设中，有传统的命名方式，即用地名来命名道路。据出土文物判断，估计是始于周代。周厉王时期（公元前878~840年），散氏盘的铭文上就有"封于刍道、封于原道、封于周道、封于眉道"等记载，也就是以道路作为封分土地的界限。"刍、原、周、眉"等字均是当时"邑"的名字。这种以地名命名道路的方式，一直沿用至今。

综上所述，周代道路的开创为中国古代道路走向正规化奠定了基础。

二、路政管理的初步建立

从西周开始，建立了初步的路政管理制度，如管理机构的设置、管理人员的配备、定期修路和护路，以及交通管理等。这些制度到了春秋时期成为诸侯列国仿效的榜样。

西周设"司空"掌管土地，负责土地的测量和包括道路工程在内的土木建筑，"司关"专门负责边界关口的出入与查禁。

为了保护道路，西周朝廷不仅规定路旁要植树，还配有专门为守护道路而建的房舍。所谓"周制有之曰：列树以表道，立鄙食以守路"[12]，以及"十里有庐，庐有饮食"[13]，均说明了守护道路的有关规定。此外，还建立了定期修治道路的制度。如"雨毕而除道，水涸而成梁"和"九月除道，十月成梁"[14]。

为了防御侵略，控制交通，以及征收关税，从周代开始，在边界道路上设立关口。这种关口被定义为"界上之门"。《周礼注疏》载："王畿千里，王城在中间，有五百里界首，面置三关，则亦十二关，故云关，界上之门也"。这里所说的"王城"，就是西周的东都洛邑；"界首"，就是边界或边境。由此可知，在距西周都城 500 里的四面边境上各有 3 处关口，都有道路与都城联接。
这种道路布局对当时诸侯各国和历代王朝在京城、府、州、县的
边境上设关通道很有影响。

通过关口实行限制货物自由流通并征税。《周礼注疏》一书说：
"司关掌国货之节，以联门市。凡货贿之出入者，幸其禁与其廛①。
凡所达之货贿者，则以节出之"。这里，说明了三个问题：第一、
对货物商品流通实行一定的节制；第二、如获准出入关口，则货
物所有人须交纳税金；第三、必须出示通行证件。周代这些规定
对后来历代设关征税也有极大影响。

第三节 春秋战国的道路

春秋战国时期，（公元前 770~221 年），道路建设有了进一步
的发展，为诸侯各国的经济繁荣和交通便利作出了贡献，也为秦
始皇统一中国和大规模修建驰道奠定了基础。

春秋初期，有 140 多个诸侯列国，其中比较重要的有齐、晋、
楚、秦、鲁、郑、宋、卫、陈、蔡、吴等国。这些国家之中，齐
国是大国，经济和文化比较先进，道路交通也很发达。晋国原是
小国，所辖地区在今晋南和汾河、浍河流域一带，后来吞并了 5
个小国（耿、霍、魏、虢和虞），于是其疆土从黄河北岸扩张到南
岸以及黄河以西地方，道路建设相应地获得了发展。楚国也是一
个大国，国都郢城（今湖北江陵纪南城）是一个水陆交通的中心，
陆路通达四方。位于今陕西省凤翔（秦都城名雍）的秦国，为了
扩张自己的势力，在不断出征攻击邻国的过程中，开辟了一些新
路，例如由今陕西凤翔至甘肃临洮的道路。至于其他一些列国，
也大都重视道路建设。也有一些小国如陈国，路政不修，保养不
力，于是出现了"侯不在疆，司空不视途（道路）"，"川不梁（河

---

① 廛，音 Chan，古代商铺房屋，这里指征收商税。

上不修桥梁)"，"道无列树(路旁没有植树)"[15]的现象，以至"道
茀不可行也"[16]。

　　到了战国时期，许多小国逐步被大国兼并。由于兼并战争的
结果，大国的城邑规模扩大，人口增多，工商业也渐趋发达，进
一步促进了道路交通的发展。例如，来往于齐国都城临淄(今山
东省淄博市东北)的路途上，出现了"车毂击，人肩摩"[17]的交
通繁忙景象。

　　在战国兼并战争剧烈的形势下，强大的秦国从多方面来加强
其战略地位，积极修建道路发展交通是其重要的一环。从战国时
期开始修建的南、北栈道具有一定的代表性。北栈道古代称"陈
仓故道"(又称秦栈)，该路自陈仓(今宝鸡市东南)经凤州东北
草凉驿入栈，西南至凤州折东南，经留坝，再南至褒城北鸡头关
出栈。北栈道确切修建年代不详，但从史载："秦文公(公元前765
年—716年)得宝于陈仓北坂"[18]以及"秦自文、德、缪居雍隙，
陇蜀货物多而贾"[19]来看，北栈道开通当比南栈道要早。南栈道
(又称蜀栈)的修建，据史载：秦惠文王(公元前337年—311年)
采纳了司马错提出的"欲富国者，务广其地，……不如伐蜀"[20]
的建议，乃用张仪之计①，开始修建由陕西勉县通向四川的另一
栈道。该路自今陕西勉县西南行，通过山势崎岖的七盘岭，施工
极其艰巨。当时秦国急于谋取"巴蜀之富"，开辟道路是迫不可待
的。所以耗费大量人力，傍山凿穴，架木为栈，形成一条蜿蜒于
崇山峻岭之间的空中走廊。所谓"栈道连空，极天下之险"，就是
栈道的生动写照。

　　南北栈道的修建，是中国古代劳动人民以高超的技术、智慧
战胜自然艰险的伟大创举。它不仅对发展当时的道路交通和促进
川陕经济发展起了重要作用，而且为后来历代修建栈道提供了丰

　　　① 所谓张仪之计，是指制作石牛，以金放置牛尾下，诡称牛能屎金，当时蜀王贪金，
　　　乃令五丁开道，秦军由此进入四川，灭蜀王。故史称"金牛道"或"石牛道"。

富的经验。

在战国时期诸侯各国的兼并战争中，经常进行大规模的车战，如秦惠文王就有战车万辆。为进行车战，就必须有畅通的道路，故修建道路成为诸侯各国的重要任务。而在战争中往往采用"绝其军道"和"绝其粮道"[21]的破坏战术，使对方战车无法运行，以赢得胜利。

第四节　秦代驰道和直道的建设

公元前 221 年，秦始皇统一了中国，结束了春秋战国分裂的局面，从此中国古代道路进入了大规模的建设时期。春秋战国时期，在诸侯割据下的列国，道路纵然有所发展，也只是局部性的，不可能形成全国性的道路交通网，而建设全国性道路网的客观条件和主要因素必然是国家在政治上的统一。秦始皇修建驰道和直道的主要目的，是为了维护其对广土众民的统治，特别是为了加强对已被灭亡的六国贵族反抗的镇压，但客观上对社会经济的发展起了积极的影响。其后各个朝代的统治者维护统一的政策和具体的目的虽不相同，但都不同程度地要发展水陆交通运输。

一、驰道的修建

秦始皇完成统一全国大业之后，于秦始皇二十七年（公元前220年）①，开始在全国范围内大规模地修建驰道，其主要目的就是：第一、作为巩固全国统一的战略措施，防止六国贵族割据的复辟。第二、为运输财富的需要：六国（燕、韩、赵、魏、齐、楚）"倚叠如山"的大量财富，均被新兴秦王朝占有，并运至秦都咸阳。第三、大规模兴建阿房宫、骊山等宫殿 700 多处，所需工

---

① 据《史记·六国年表》："始皇帝二十八年（公元前219年）治驰道。"与《史记·秦始皇本纪》所载相差一年，今据《本纪》年代。

程材料极大，关东大量物资通过驰道运往关中，其时动员刑徒达到 70 万人之众。加之占领六国的兵马补给及修建长城等工程，都需要运输大量的资材。

驰道以秦的都城咸阳为中心，延伸到全国各地，其分布区域是："东穷燕、齐（今河北省、山东省广大地区），南极吴、楚（今江苏省、安徽省和湖北省）"[22]，"西至临洮、羌中（今甘肃省、青海省一带）、北据河为塞"，并沿阴山至辽东（今辽宁省辽阳县北）[23]。这样就把战国时代诸侯列国的都城用驰道连接起来，加以完善和扩建，进一步打通了通向中南、西南和东北地区的道路，从而构成了通向全国主要城市的干线道路网（见图 1-4-1）。包括前代所修道路在内，总里程达到 29670 里[24]（约合今 12387 公里①）。其中驰道 17920 里（不包括直道 1800 里），占总里程的54% 以上。

驰道宽广而壮丽。史载："道广五十步，三丈而树，厚筑其外，隐以金椎，树以青松。为驰道之丽至于此"[25]。道路中央宽三丈（合今 6.93 米），一般官属不准通行，只能行走三丈之外的两边旁道。所谓诸使奉有皇帝命令"得行驰道中者，行旁道，无得行中央三丈"[26]，即指此（据《汉书·鲍宣传》如淳注）。道路宽广之所以要到 50 步，主要是皇仪所需②。

各地驰道建成之后，秦始皇曾多次通过驰道巡游各郡县，并在许多地方刻石"纪功"，表示他的威风和秦国的强大[27]。

二、直道③ 的修建

秦始皇三十五年（公元前 212 年），为了加强北方地区的屯戍，

①　据陈梦家：《亩制与里制》，《考古》1966 年第一期所载，秦汉量制每里为 417.5米。
②　关于道宽问题，曾有著作考证，认为五十步无误，详见钱树棠：《秦治驰道杂论》。
③　翦伯赞：《中国史纲要》第一册，第 95 页："又修筑由咸阳直达九原的直道"，故直道有直达道路之意。

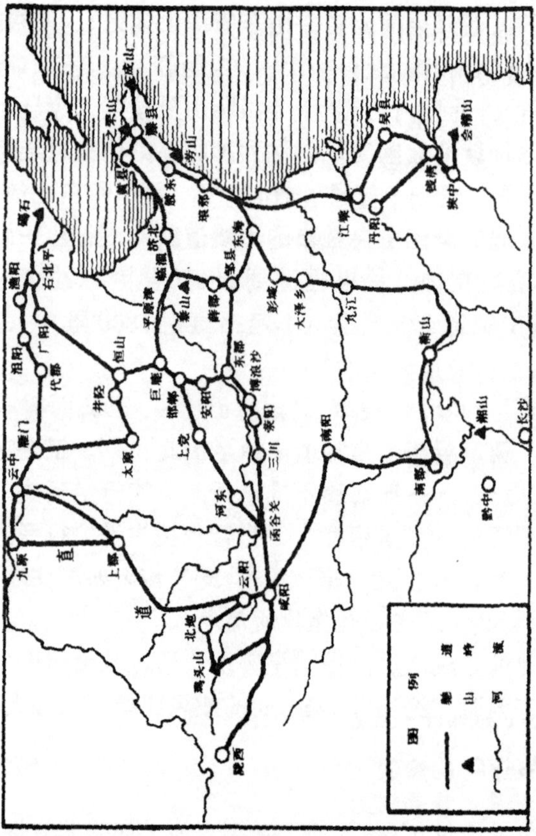

图1-4-1　秦代驰道示意图

修建了长达 1800 里（合今 752 公里）的直道[28]，以加强军事力量。秦将蒙恬任总指挥。所谓"道九原，抵云阳，堑山堙谷，直通之"[29]，就是这条直道工程的真实情况，其遗迹尚存，如间水坡岭以北地段。

直道起点为秦都咸阳以北的云阳（在今陕西省淳化县梁武帝村），当时是秦始皇军事指挥中心所在地；北至终点九原（今内蒙古自治区包头市西南）。工程艰巨，仅用两年半时间就完成了这一巨大工程，当然也耗费了极大的人力物力。所以，司马迁亲自视察了秦直道之后，以同情古代劳动人民的感情，对这条道路提出了尖锐的批评。他认为，在秦灭六国之后，天下人心未定，经过战乱之后的社会经济所受的极大损伤未得到恢复；而作为当时秦国的名将蒙恬，看不到百姓的痛苦，不去"养老存孤，务修众庶之和"，却一味奉承秦始皇，大兴土木，去"堑山堙谷，通直道，固轻百姓力矣"[30]。因此，他愤慨地指出："蒙恬之罪宜诛"。

然而，作为中国古代一项巨大的道路工程来论，确实是古代劳动人民智慧与勤劳的结晶。

文 献 注 释

（1）（2）《韩非子·五蠹》卷十九，第四十九，中华书局聚珍仿宋版。

（3）《淮南子·修务训》。

（4）《淮南子·说山训》；又《后汉书》，1956 年中华书局版。

（5）[宋] 罗泌：《路史·后记》卷五，清刊本。

（6）《淮南子·本经训》。

（7）《史记·夏本纪》卷二，第 51 页，又《史记·河渠书》卷二十九，1959 年中华书局版。

（8）《史记·殷本纪》，1959 年中华书局版。

（9）王壁、丘恒典：《中国驿传史话》，《人民中国》1982 年第二期。

(10)(11)《周礼注疏》。民国十八年印本，北京图书馆柏林寺分馆藏书。

(12)(13)(14)(15)(16)《国语·周语》

(17) 翦伯赞：《中国史纲要》第一册，1979 年人民出版社版。

(18)《史记·封禅书》卷二十八，1959 年中华书局版。

(19)《史记·货殖列传》卷一百二十九，1959 年中华书局版。

(20)《战国策·司马错论伐蜀》。

(21)《孙膑兵法》。

(23)(27)(29)《史记·秦始皇本纪》卷六，第 241、239、242—252、256 页，1959 年中华书局版。

(22)(25)《汉书·贾山传》卷五十一，第 2327 页，1962 年中华书局版；《史记·秦始皇本纪》卷六，第 242 页，1959 年中华书局版。

(24) Jozeph Needham：《Science and Civi Lisation in China》，Chapter 28。

(26)《汉书·鲍宣传》卷七十二，第 3093—3094 页，1962 年中华书局版。

(28)(30)《史记·蒙恬列传》卷八十八，第 2566、2570 页，1959 年中华书局版。

第二章　两汉、三国、两晋和南北朝的道路

汉朝自汉高祖（刘邦）元年（公元前 206 年），至汉献帝延康元年（公元 220 年），历时共 426 年。西汉早期，国家统一，经济繁荣，手工业和商业发达，在"海内为一，开关梁，弛山泽之禁，是以富商大贾周流天下，交易之物莫不通"[1]的良好形势之下，道路建设比秦代有新的发展，始开西域交通大干线，则是这种发展的主要标志。西域道路的开拓成为后来历代通往中亚和西亚陆路交通的先驱，对古代东西方经济和文化交流作出了重大贡献。东汉以后，经历了三国、两晋和南北朝时朝，至公元 589 年，共约369 年。在这期间，虽然统一的国家再次出现了分裂割据局面，但在道路建设方面，仍有区域性的发展。

第一节　西汉道路的发展

西汉初期，经过 60 多年的社会经济恢复时期之后，农业、手工业、商业和交通运输业都有了很大的发展。到汉武帝（刘彻）时，国家统一、安定，社会经济进一步出现了繁荣景象。当时国库钱财富裕，有"京师（故址在今西安市南李家壕一带）之钱累巨万"[2]之称；粮食丰收，致有"储粮腐烂"[3]；城市内外交通又较发达，史载"众庶街巷有马，阡陌之间成群"[4]。于此可见西汉时期社会经济生活的繁荣概貌。

由于西汉社会经济的发达，促进了道路建设事业，连同通往

西域的道路，其总里程大大超过了秦代。特别是当时开辟的通西域道路——丝绸之路，为沟通欧亚大陆的国际大干线道路，进一步表明了汉代道路交通的发达程度。

西汉时期，已有用卵石铺砌路面的路段。公元1955年辽宁省考古工作者在辽阳市三道壕（汉辽东郡治襄平城郊）发掘出一段长166米的卵石路，厚35厘米，铺砌坚实，车轮痕迹犹存。

一、以长安为中心的主要驿道

西汉都城长安，位于陕西关中地区，交通地理位置良好，所谓"膏壤沃野千里"、"长安诸陵四方辐辏"[5]，使长安成为当时与古罗马并称的世界上最繁华都市之一。长安市内道路交错，有"八街九陌"、"十二门、九市、十六桥"[6]之称。近年来对西汉长安遗址的发掘调查报告，证实了长安城四面各有3个门道，每个门道宽8米，"在霸城内发现当时的车轨宽1.5米，正好容纳4个车轨"[7]。每条街道都是三途并列，中间为"御道"，或称"中道"。这种道路布局与城市街坊协调齐整，并与城外主要驿道相联。而主要驿道又把当时有名的都会连接起来，如号称五都的洛阳、邯郸、临淄、宛（今河南南阳）、成都以及番禺（今广州）等，都有驿道通达。各路上车马杂沓，货物转输，给当时社会经济发展创造了有利的条件。

除了大都会之外，全国各地区、各城市之间也有大道相联，构成了以长安为中心的西汉道路交通网（见图2-1-1）。

史载由长安有大道通往全国各大名城：如温（今河南省温县）、轵（今河南省济源县）、洛（今河南省洛阳）、睢阳（今河南省睢县）、邯郸、蓟（今北京附近）、太原、临淄、辽东（今辽宁省辽阳）、江陵、长沙、吴（今江苏省苏州）、合肥、钱塘（今浙江省杭州）、番禺、成都、张掖以及玉门关以西的鄯善、于阗、莎车（均在今新疆维吾尔自治区）等地，并通过西域道路可到达国

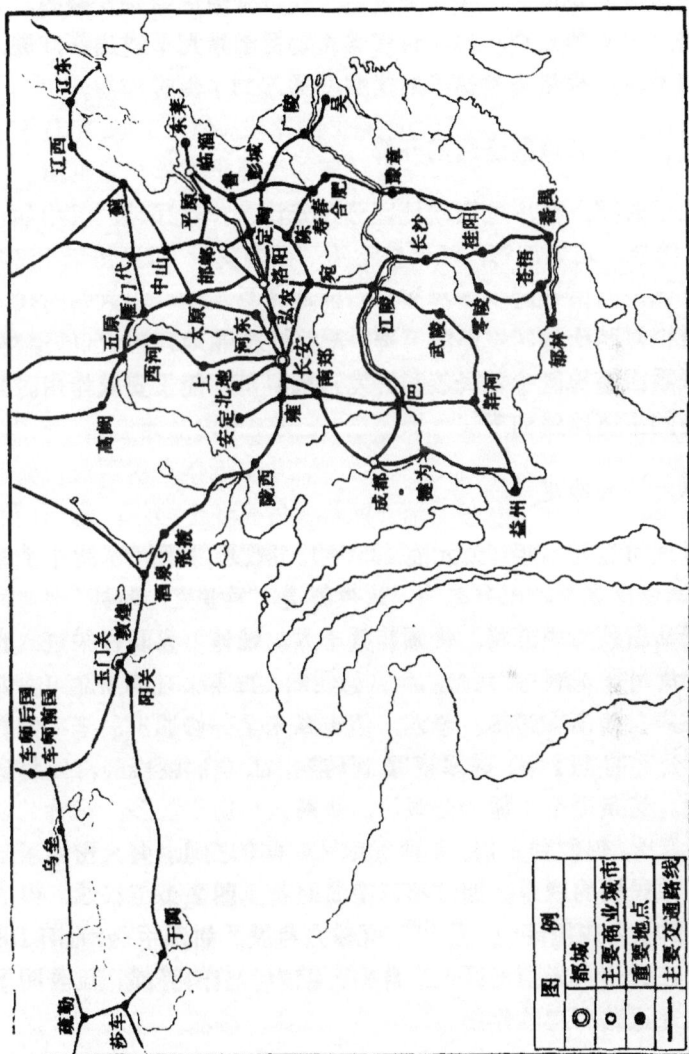

图 2-1-1　西汉重要城市和交通路线图

外。在这些名城地区，手工业发达，商业繁荣，特别是番禺，为当时海上贸易的重要港口，许多珍贵物品都从那里进出。此外，造船和造车业也相当发达，对道路交通起到了促进作用。

二、西南等地区道路的开辟

西汉时期，在中国西南地区分布着许多少数民族，其中如夜郎族、滇族、邛都族等，汉代统称为"西南夷"。西汉初年，汉族商人就已与西南地区少数民族进行商业贸易活动。汉武帝时代，十分重视对西南地区道路的开辟，先后打通川、贵等地区的道路。对于联系西南地区少数民族和开发边疆经济都起了重要作用。当时修建的主要路线如下：

（一）夜郎道

汉武帝建元六年（公元前 135 年），唐蒙（番阳令）上书武帝说："诚以汉之强，巴蜀之饶，通夜郎道，为置吏。易甚"[8]。武帝乃任命唐蒙为中郎将，带领将兵千人，辎重万人从符关进入夜郎（今贵州省安顺）。元光六年（公元前 129 年）才有僰道（今四川省宜宾县西南安边镇）修建，但道路未全部修通，后来在元鼎六年（公元前 111 年）进军夜郎，下牂柯江（今北盘江），才将道路修通。这条道路工程十分艰巨，修路人员伤亡甚多，花费"以巨万计"[9]。但便利了川、贵两省地区之间的交通，而且密切了与一些少数民族的联系。如"邛、筰之君长，闻南夷与汉通，得赏赐多，欲愿为内臣妾……"[10]。元鼎六年及元封二年（公元前 109 年）汉在贵州、云南地区设立牂柯、犍为、益州等郡，正表明了修建这条道路所起的作用。

（二）零关道

汉武帝元光五年（公元前 130 年），司马相如奉汉武帝命出使西南，通零关道，因越巂（xi）郡有零关县和零山，故称零关道①。
该路起于犍为（今四川宜宾），止于邛都（今四川省西昌市西南），
路线通过零山，开山工程相当艰巨，并在孙水（今安宁河）上架
桥。路通后，使西至沫水（今大渡河）、若水（今雅砻江）、南至
金沙江上游及牂柯（今北盘江一带）的大片地区人民得以依靠这
条道路进行经济活动；另一方面加强了汉族和少数民族之间的交
往和融合。史载："以偃甲兵于此，而息诛伐于彼，遐迩一体，中
外禔福，不亦康乎"(11)。

　　由零关道、夜郎道经云南通掸（今缅甸）、身毒（今印度），
史称"蜀身毒道"②。秦汉之际，即已有巴蜀商人由此道直入大夏
（今阿富汗），为中国南方最古老的对外商道之一。

　　（三）褒斜道

　　汉武帝元狩年间（公元前122～前117年），有人向下御史大
夫张汤陈述，从故道通往四川的道路迂回曲折、坡陡，建议穿褒
斜道，坡缓，可近400里（合今167公里）；并且认为"汉中之谷
可致，褒斜材木、竹箭之饶似于巴蜀"(12)。于是任命张汤的儿子
张印为汉中太守。发动"数万人作褒斜道五百里（合今209公里），
道果近便"(13)，于是四川省的丰富物资得以输入西汉首都长安，
而汉中地区的物资也可运入四川。

　　（四）回中道

　　元封四年（公元前107年）冬十月，汉武帝至雍县（今陕西
省凤翔县南）视察，北出萧关，通回中道。因路线经过安定附近
的回中，故史称回中道。该路自长安以西的汧县（今陕西省陇县）

---

①　零关道。《汉书·地理志》称为"灵光道"。本文从《史记·司马相如传》。
②　事详《史记·西南夷列传》

至安定郡高平(今宁夏省固原县)，如从长安计算，全程约800里①
(合今334公里)。

（五）子午道

汉元始五年（公元5年）秋，"王莽以皇后有子孙瑞，通子午
道"[14]，因路线为南北方向，古时称北向为"子"，南向为"午"。
或说附近有山名"子午岭"，故史称该路为子午道。路线由杜陵(今
陕西省西安市东南) 直达终南山 （即今秦岭）, 以通至汉中，长约
660里（合今276公里）。

三、最早标有道路的地图

公元1973年在湖南省长沙马王堆三号墓出土的古地图，是一
幅用丝帛绘制的彩色地图。据有关文献[15]介绍，这幅地图96厘米
见方，描绘了现今湖南、广东、广西三省交界地区的地形，比例
尺相当于1：180000。在这幅地图中有统一的图例，如河流、城镇
和道路。经过考古工作者精心研究和与古代文献地志对照，认为
十分准确，而且是以红、黑、蓝三色绘制，特别是河流和道路的
走向清晰，弯曲自如，表明了中国古代制作地图技术已具有相当
的水平。

过去记载最早的中国古代地图是公元前227年荆柯献秦王的
地图，但早已失传。至于西安碑林中两幅石刻图，至今不过是在
800余年前的北宋时代刻制的。而长沙马王堆出土的这幅地图则
是在公元前120年的西汉时期绘制，距今已有2100多年的历史。
1982年在华沙举行的国际制图协会第八届学术会议上，中国代表
作了介绍，会议认为这是世界上保存下来的最早的地图。

---

① 据《元和郡县图志》载：长安至原州（即汉代安定郡）里程800里。

第二节　东汉主要道路的修建

经过西汉末年的战乱之后，东汉初期的社会秩序和经济逐步恢复，开始兴修水利，发展交通，因而农业和手工业较之西汉时期有了新的提高。全国大中城市的商业也随之发展起来，"天下百郡千县，市邑万数"[16]正说明了这种情况。由于商业的发达，各地车船往来不绝，所谓"船车贾贩，周于四方"[17]，从一个侧面反映了交通的发展。

为适应边防和经济的发展，东汉时期的道路修建也有新的发展。择要分述如下：

一、飞狐道和交趾道的修建

（一）飞狐道

东汉建武十三年（公元37年），光武帝刘秀鉴于飞狐口（今河北省涞源县北）是边防上的一个要塞，于是诏令王霸带领刑徒6000余人修建飞狐口一带的道路。该路自代县（今河北省蔚县县城东北）至平城（今山西省大同市东北），长300余里（合今125公里）[18]。

（二）交趾①道

建武十五年（公元39年），马援征交趾，自合浦（今广西合浦县东北）沿海岸修筑山路千余里（约今417公里），称为交趾道。

---

① 交趾，亦作交址，为汉武帝所置十三刺史部之一，辖境相当今广东、广西大部和越南北部、中部。

二、扩建褒斜道和开凿中国最早的行车隧道

褒斜道虽然在汉武帝时曾经修通，但是经过了大约180年的使用，栈阁多处损坏，不得不进行修缮。东汉永平六年（公元63年）至九年期间，汉明帝刘庄对这条道路进行了大规模的扩建工程。据《开通褒斜栈道石刻》记载：修路刑徒2690人，实用工数达760800多工，修建道路258里（合今108公里），桥阁630间，大桥5座。此外还有邮亭和驿站等建筑物68所。耗用工程费用合1499400多斛粟。

1964年陕西省考古研究所发表了《褒斜道石门附近栈道遗迹题刻》的调查文章，并绘制了栈道想象复原图，再现了这条栈道的艰巨工程情景（见图2-2-1）。

除上述工程外，还在山势陡峭的七盘山下（距褒谷口7里）开凿了中国道路史上最早的行车隧道——"石门"，被认为是世界交通隧道史上的创举。根据近年来考古工作者的实地勘测，"石门

图 2-2-1　褒斜栈道复原图

大体呈南北向，与褒谷谷道平行，与栈道在同一水平线上，隧道平均宽度4.15米，两壁平均长度15.75米，平均高度3.6米"[19]。隧道长度与北魏时期郦道元《水经注》所述"六丈有余"相近。开凿隧道系采用火烧水激的方法，在没有发明火药的汉代，这种开山法是中国古代劳动人民的创造。

隧道建成后，行人和

车辆往来其中，对当时川、陕之间的交通运输发挥了重大作用。

三、零陵一带山区道路的修建

东汉建初八年（公元 83 年），"交趾七郡贡献转运，皆从东冶（今福建省福州市）汛海而至，风波险阻"[20]，于是由大司农郑弘奏准开辟了零陵（今湖南省零陵县）和桂阳（今湖南省郴县）两郡的山区道路——"峤道"[21]，《后汉书·卫飒传》载：在桂阳郡境内"凿山通道五百里"。这样，就使广西和广东等地的物资运输由经过福建沿海改为通过湖南、湖北而直接陆运至洛阳。

四、道路里程标志与植树

中国古代道路标志主要是里程标志。尽管制作的标志简单，但对于道路交通来说，却起到了便利行人了解道路里程远近的作用。

随着道路交通的发展和道路管理人员认识的提高，开始按一定的里数用"土堆"的方法来作为固定的里程标志，把"土堆"称为"堠"（hou）。凡按"堠"记数的里程，称为"堠程"。而管理"堠"的官吏，称为"候吏"。

根据现有的史料，最早使用"堠"的里程标志开始于东汉时代。史载："旧南海献龙眼、荔枝，十里一置，五里一堠"[22]，是指在由广东北上中原转赴洛阳的道路上，每十里设置一个驿站，每五里设置一个记里标志。记载献龙眼、荔枝的年代是汉和帝（刘肇）元兴元年（公元 105 年），即在距今 1800 多年前，中国已有了里程标志。

古代道路植树品种很多，一般道路上多种植杨、柳、榆、槐等树。但重要干道上也有种植松、柏、梧桐等树或果树的。

东汉时期，道路上除种植一般树木之外，许多重要道路和宗庙、宫室及陵园的道路均有"梧桐、梓楸之类列于道侧"，反映了当时重视道路植树的概况。

第三节 两汉对西域道路的开通——丝绸之路

汉武帝建元二年（公元前 139 年），张骞出使大月氏（音 zhi，今阿姆河流域一带）后所开通的西域道路[23]，就是举世闻名的"丝绸之路"。它在世界交通史和文化史上占有相当重要的地位。

在汉武帝时期，西域内属有 36 国[24]，绝大多数分布在天山以南、塔里木盆地南北边缘。南缘有娄兰（鄯善）①、且末（今新疆且末县）、于阗（今新疆和田县）、莎车（今新疆莎车县）等国（南道诸国）；北缘有尉犁（今新疆焉耆县紫泥尔）、焉耆（今新疆焉耆县）、龟兹（今新疆库车县）、姑墨（今新疆温宿县）、疏勒（今新疆疏勒县）等国（北道诸国）。至东汉哀帝、平帝年间（公元前 6 年至公元 5 年）又自相分割为 55 国[25]。王莽篡位之后，"贬易侯王"[26]，因而"西域诸国怨叛"[27]，乃与内地断绝来往。65 年之后，即东汉明帝永平十六年（公元 73 年），复通西域[28]。

大约从公元前 50 年起，中国生产的丝绸开始通过西域道路向西亚、欧洲输出。故 19 世纪的德国地理学者、探险家里希托赫芬称这条路为 "Seidon Strassen"，后被英国转译为 "Silk Road"[29]，这便是"丝绸之路"名称的由来。

丝绸之路是贯穿中亚最长的一条道路，也是世界上横贯欧亚大陆最长的一条国际道路（图 2-3-1）。

西汉时，丝绸之路路线自长安起，南路经狄道（今甘肃临洮）、金城（今甘肃永靖西北）、令居（今甘肃永登西北）；北路经平襄（今甘肃通渭西北），渡祖厉河，入河西走廊至玉门关和阳关以后，即分为南北两道。东汉时，东延至洛阳为起点。

---

① 凡括号内均为今地名，均据冯承钧，《西域地名》（增订本）、1982 年中华书局版。以下同。

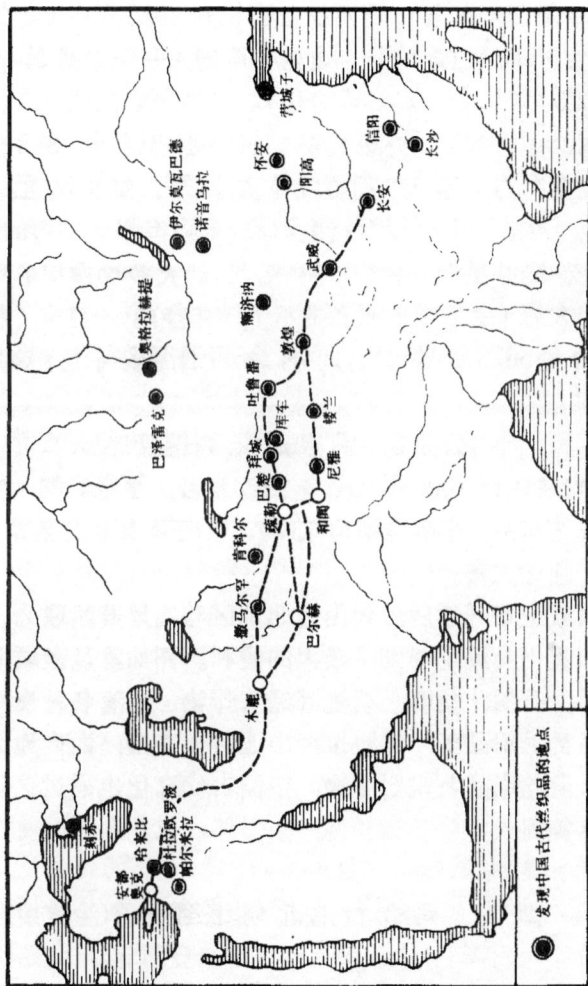

图 2-3-1　西域道路——丝绸之路略图

南道经塔里木盆地东端的鄯善（古娄兰国），沿昆仑山北麓西行至莎车（今新疆莎车县），距西汉首都长安 9950 里[30]（合今 4154公里）。再由莎车越过葱岭①，通至中亚的大月氏（音 zhi）国，距长安 11600 里[31]（合今 4843 公里）。再通至安息国（今伊朗之哈马丹〔Hamadan〕城），亦距长安 11600 里[32]（合今 4843 公里）。

北道经车师前王庭（今新疆吐鲁番），距长安 8150 里（合今3403 公里）。再沿天山南麓西行至疏勒（喀什噶尔，今新疆疏勒县），距长安 9350 里[33]（合今 3904 公里）。由疏勒西出葱岭，可通至中亚的大宛（今苏联中亚之费尔干纳〔Farghana〕），距长安12150 里（合今 5073 公里）[34]。此外，尚可通至撒马尔罕（Samarhand）等地。

东汉章和元年（公元 87 年）班超派遣甘英出使大秦[35]（今罗马），乃由安息西行 7000 里（合今 2923 公里）至斯宾国（今伊拉克都城巴格达东南、底格里斯河东岸），再向西南至安息界。自此过地中海，到达大秦。

自从西域道路开通后，天山南北地区与内地开始联为一体，中西经济和文化交流也得到了极大的便利。例如，从西域向内地引进了葡萄、石榴、胡麻、胡桃等经济作物，还有各种良马、奇禽异兽和名贵毛织品等；佛教也经中亚传入中国；而内地则向西域输送了大量丝织品及铁器等物，中国古代文化也通过这条道路传播到西方各国。

第四节 三国、两晋和南北朝道路的分治与沟通

自东汉末年，到隋代统一为止，在长达 362 年的历史时期内，除西晋武帝（司马炎）泰始元年（公元 265 年）至惠帝（司马衷）

---

① 旧对今帕米尔高原和喀喇昆仑山脉诸山的总称。

永宁元年（公元301年）36年间全国暂时统一之外，其余时期都是处于封建割据、国家分裂的状态。各个封建政权连年军事攻伐，政局动荡，出于政治或军事的需要，实行道路分治，并修建若干新路，同时地区之间的道路互可沟通。

一、三国新建道路和西晋绘图理论的确立

建安十二年（公元207年），曹操为了巩固统一后的中原，打击袁绍残余势力的乌桓蹋顿，率军出卢龙塞（今河北省喜峰口），因塞外道路不通，堑山填谷五百余里，修通了至柳城（今辽宁省朝阳市）的道路[36]。该路至今仍是北京通往东北的一条重要道路。

魏文帝（曹丕）时期（公元220年～226年），大力整修北方地区的道路。如对连接关东和关中的三门峡栈道，"岁常修治，以平河阻"。在此时期，对道路标志作了新的改进，有"一里置五尺之铜表"之说，即铜制之里程标志。

蜀汉章武二年（公元222年）春，刘备自秭归（今湖北省秭归）率诸将进军，"缘山截岭，于夷道（今湖北省宜都）、猇亭驻营"，修建了佷山（今湖北省长阳县西）通武陵（今湖南省常德市以西）的道路[37]。

吴国对于修建道路也很重视。建衡二年（公元270年），因建安（今福建省建瓯）一带道路不畅通，妨碍军事行动，因而杀死了导将冯斐[38]。

西晋太康三年（公元282年），晋武帝（司马炎）结束了三国鼎立的局面，统一全国，以都城洛阳为中心，道路通达于全国19州和西域长史府等地区。晋武帝泰始元年（公元265年），尚书令裴秀（山西闻喜人）绘制了以道路为主的《禹贡地域图》18篇。该图虽比前述出土的汉代地图较晚，但是由于依据较为科学的制图理论，故在世界地图学史和地理学史上占有相当的地位。裴秀制图的要点有六，即："分率、准望、道里、高下、方邪（斜）、

迁直"⁽³⁹⁾。其中"分率"是用比例制图;"准望"是用于确定正确的方位;"道里"是用于确定道路的起迄点及其里程;"高下"、"方邪"和"迂直"是用于确定地势。这六项原则确立了制图的理论基础。可以说,根据这些原则制出的地图,实质上就是中国古代一幅先进的包括道路交通内容的地图。可惜经过 1700 多年的历史变迁,裴秀制作的地图已不复存在。

东晋时代(公元 317—420 年),虽然 16 国相互争战激烈,但各个割据政权所辖境内道路通达,地区之间的道路也可互通,便利商旅往来。东晋对于沿路植树颇为重视。《晋书·苻秦上》说:"自长安至于诸州,皆夹路树槐柳"。

二、南朝的道路和北朝进军姑臧与通往西域的道路

从东晋末年(公元 420 年)至陈后主祯明三年(公元 589 年)为止,是中国历史上的南北朝时期。全国依然处于封建割据状态。除了南朝的宋、南齐、梁、陈和北朝的北魏、东魏、西魏、北周、北齐政权之外,尚有一些少数民族部落,如契丹、柔然、高车等和西域诸国。在这些政权及地区内,各地道路通达,积极加强维修。例如南朝的宋政权,由都城建康(今南京)至江南各大城市的道路畅通,并修建了南北驰道,对繁荣和发展南方商业贸易起到了一定的作用。再如北朝的魏政权,道武帝(拓跋珪)天兴元年(公元 398 年)"发卒万人治直道,自望都铁关凿恒岭至代县五百余里"⁽⁴⁰⁾。孝文帝(元宏)太和六年(公元 482 年),治灵丘道⁽⁴¹⁾。宣武帝(元恪)正始四年(公元 507 年),对斜谷旧道(即褒斜道)加以修整,重新开通⁽⁴²⁾。此外,平城(今山西省大同市)至五原(今包头市一带)以及平城至濡源(今河北省沽源)等道路也均通达。

但是,作为这一历史时期的道路重点来说,值得记述的是北魏时代所开通的鄂尔多斯沙漠南缘道路和通往西域的道路。

（一）鄂尔多斯南缘沙漠道路

鄂尔多斯南缘沙漠道路是北魏始光初年（公元 424 年）太武帝（拓跋焘）作为统一西北地区向姑臧（今甘肃武威县）进军的道路。为了开通这条道路，始光三年冬十月，太武帝亲自到平城以西的君子津（黄河渡口）进行视察[43]，始光四年三月下诏，在君子津建桥[44]，为进军姑臧作好了交通准备。其后即以平城为起点，至云中（今内蒙古自治区托克托附近）西南 200 里处，再经统万镇（故址在今陕西靖边县红墩界白城子）、西安州（今宁夏回族自治区定边县）、灵州（今宁夏回族自治区灵武县西南）到达姑臧，然后西行，接通张掖等地。由于这条路线是贯通鄂尔多斯沙漠地区以南及东西的道路，故被国外史学家称为鄂尔多斯南缘沙漠路[45]。这条道路开通后，西域诸国前来中国的使节和商人通过河西走廊进入此路而到达北魏的平城。它对当时西域与中国的经济和文化交流作出了贡献，在中外交通史上具有一定的历史地位。

（二）北魏时代通西域的道路

北魏政权初期，道武帝（拓跋珪）锐意经营中原，无暇顾及四方；及至太武帝拓跋焘太延年间（公元 435 年～439 年），乃派董琬出使西域。据董琬出使西域[46]后回国报称，当时西域已由汉代的 50 余国合并为 16 国，其时出西域本有两道，后来改为四道：一道出自玉门，渡流沙，西行 2000 里（合今 866 公里①）至鄯善（今新疆若羌县）；一道自玉门渡流沙，北行 2200 里（合今 952.6公里）至车师（今新疆吉木萨尔县）；一道自莎车（今新疆莎车县）西行 100 里至葱岭，再向西行 1300 里（合今 562.9 公里）至伽培（今阿富汗东北境之瓦汉）；一道自莎车西南 500 里（合今 217 公

---

① 北魏时期每里合今 433 米，据《文物》1976 年 11 期刊文。

里）的葱岭西行 1300 里（合今 562.9 公里）至波路（今克什米尔西北部之巴勒提斯坦 Baltistan）。

由于西域道路畅通，许多国家都给北魏政权朝贡，如波斯（今伊朗）、南天竺（今南印度）、安息国（今苏联中亚之布哈拉 Bokhara）、小月氏（今喀布尔河下游流域，包括旁遮普以北之白沙瓦和拉瓦尔品第地区）等国；同时，商旅往来增多，促进了中外经济和文化的交流。

文 献 注 释

（1）（5）《史记·货殖列传》卷一百二十九，第 3261 页，1959年中华书局版。

（2）（3）（4）《史记·平准书》卷三十，第 1420 页，1959 年中华书局版。

（6）《三辅黄图》。

（7）李遇春、姜开任：《汉代长安遗址》，《文物》，1981 年第 1期。

（8）《史记·西南夷列传》卷一百一十六，第 2994 页，1959 年中华书局版。

（9）（10）（11）《史记·司马相如传》卷一百一十七，第 3047、3051 页，1959 年中华书局版。

（12）（13）《史记·河渠书》卷二十九，第 1411 页，1959 年中华书局版。

（14）《汉书·王莽传》卷九十九，第 4076 页，1962 年中华书局版。

（15）谭其骧：《二千一百多年前的一幅地图》，《文物》1975 年第2 期。

(16)（17）翦伯赞：《中国史纲要》第一册，第 164 页，1979 年
　　　人民出版社版。

(18)《后汉书·王霸传》卷五十，第 737 页，1965 年中华书局版。

(19) 郭荣章、李星：《褒斜道石门》，《光明日报·中华大地》39
　　　期，1984 年 7 月 4 日。

(20)（21）《后汉书·郑弘传》卷六十三，第 1156 页，1965 年中
　　　华书局版。

(22)《后汉书·和帝纪》卷四，第 194 页，1965 年中华书局版。

(23)（25）《汉书·西域传》卷九十六，第 3871 页，1962 年中华
　　　书局版。

(24)（26）（27）（28）《后汉书·西域传》卷一百一十八，第 2909
　　　页，1959 年中华书局版。

(29)〔日〕佐藤秀一：《道路施工法》1978 年东京山海堂版，有
　　　赵恩棠等人中译本，1984 年人民交通出版社版。

(30)（31）（32）（33）（34）《汉书·西域传》卷九十六，第 3897、
　　　3890、3889、3898、3894 页，1962 年中华书局版。

(35)《后汉书·西域传》卷一百一十八，1962 年中华书局版。

(36)《三国志·魏书·武帝纪》卷一，第 29 页，1959 年中华书
　　　局版。

(37)《三国志·蜀书·先主传》卷三十二，第 890 页，1959 年中
　　　华书局版。

(38)《三国志·吴书·三嗣主传》卷四十八，第 1167 页，1959
　　　年中华书局版。

(39)《晋书·裴秀传》卷三十五，第 1039～1041 页，1974 年中
　　　华书局版。

(40)《魏书·太祖纪》卷二，第 31 页，1974 年中华书局版。

(41)《魏书·高祖纪》卷七，第 186 页，1974 年中华书局版。

(42)《魏书·世宗纪》卷八，第 204 页，1974 年中华书局版。

(43)(44)《魏书·世祖纪》卷四，第71、72页，1974年中华书
　　　局版。

(45)〔日〕前田正名：《北魏平城时代的鄂尔多斯沙漠南缘路》
　　　（胡戟译文。载《西北历史资料》1980年第3期，1981年
　　　第1期）。

(46)《魏书·西域传》卷一百零二，第2260—2261页，1974年
　　　中华书局版。

第三章　隋、唐与宋、辽、西夏、金的道路

隋、唐与宋、辽、西夏、金诸朝历经 700 年的历史时期，隋代历时虽短，但兴修道路，发展交通事业有其特殊贡献；而唐代立国时间很长，国家统一，经济繁荣，文化发达，史学家并称隋、唐时代为中国古代社会经济向上发展和统一国家的重建时期。故这一时期的道路建设由魏、晋、南北朝时期分治阶段进入了振兴发展阶段。其后，五代十国各个政权相继灭亡；及至宋、辽、夏、金时代，由于多年互相争夺势力范围，时战时和，实际无力顾及全面的道路建设，出于经济和运输需要，只是维持原有道路和局部修建若干道桥，与隋、唐时代相比，逊色很多。

第一节　隋代的道路建设 和通西域的道路

隋代立国之初，继北周而建都于长安。开皇二年（公元 582 年），文帝认为旧都规制狭小，乃于旧城东南 21 里龙首川处创建新都，至开皇三年（公元 583 年）竣工，改称都城为大兴城。隋代著名建筑家宇文恺（工部尚书）是这个都城的总设计师，在他的设计规划下，都城街衢宽直，规制宏伟，有 7 条南北大路和 5 条东西大路，其中以皇城正南朱雀门大街最宽。大兴城的外城四面各有二门，与通往全国各地的道路相接。全国各地道路除前代修建的旧有路外，为适应经济恢复和巩固国防，曾发动数以万计的夫役进行大规模的道路建设；同时，积极开拓和恢复通往西域的道路。

一、隋代主要道路的建设

隋代修建的主要道路有国防道路和著名的大运河沿岸道路。这些道路主要是作为巩固中央政权统治的措施，特别是用以保护当时的长安和洛阳这两个政治和经济中心，以及加强南北各地的联系，便利南北经济的交流。

（一）龙门至上洛道路

仁寿四年（公元604年），新建龙门（今山西省河津县）至上洛（今陕西省商县）道路，以联络隋都大兴城（今陕西省西安）。史载：这条道路"东接长平（今山西省晋城县东北）、汲郡（今河南省滑县西北），抵临清关渡河（今黄河）至浚仪（今河南省开封）、襄城（今河南省襄城），达于上洛，以置关防"[1]。这条道路工程相当艰巨，曾发动"丁男数十万（人）掘凿"[2]。全路跨今山西、河南和陕西3省，路线自龙门往东，经过今山西省新绛县，过乌岭山到达长平郡后，再横穿太行山至临清关，然后向西北至汲郡，由汲郡向南折至浚仪，再经南阳、内乡（今河南省西峡县），转向西北上洛，即与大兴城直接联结，构成了隋代防护京师和东都（洛阳）的重要交通路线，总长约1000公里①。

（二）大运河沿岸道路

仁寿四年（公元604年），炀帝认为洛阳"水陆通，贡赋等"[3]，便于控制全国的政治、经济，遂下令营建东都洛阳。大业元年（公元605年），为便于驾幸江都和输运贡赋开始修接中国历史上最著名的南北大运河，同时在运河沿岸修建了道路，称为"御道"[4]，道路两旁还栽植了柳树。

---

① 据《中国历史地图集》第五册《隋代河南、河东诸郡》图粗算。

　　大运河工程以洛阳为中心，分段进行施工"发河南诸郡男女百万，开通济渠，自西苑引榖、洛水达于河，自板渚引河通于淮"[5]。大业四年（公元 608 年），炀帝下令"河北诸郡男女百余万开永济渠，引沁水达于河，北通涿郡（今北京）"[6]。大业六年（公元 610 年）开江南河，从京口（今江苏省镇江）通至余杭（今浙江省杭州）。大运河总长度大约有 4000～5000 里，运河沿岸的道路里程约与运河的长度相同。

　　运河及其沿岸道路开通以后，有利于南北各地经济、文化的交流和国家的统一。隋代国祚不长，受益主要在于后世。

　　（三）洛阳至并州道路

　　大业三年（公元 607 年），"发河北十余郡丁男凿太行山，达于并州（今山西省太原），以通驰道。"[7]这条路线是由洛阳起，跨黄河，经长平郡（今山西省晋城县东北）、上党郡（今山西省长治市）而止于并州，全长约 400 公里①。

　　（四）榆林至蓟道路

　　大业三年（公元 607 年）四月，"发榆林北境至其牙，东达于蓟，长三千里，举国就役，开为御道"[8]。这条御道是隋代新建的最长最宽的道路。从榆林（今内蒙古自治区托克托西南）起，经定襄郡（今内蒙古自治区和林格尔以北）、云中（今山西省大同市），再沿今张家口、宣化和怀来附近等地而至今北京。隋代修建这条道路虽是为了抗御突厥，但也成为连接河东和河北诸郡的重要交通运输路线。

---

　　①　据《中国历史地图集》第五册《隋代河东诸郡》图粗算。

二、隋代通西域的道路

除前述重点路线建设外，隋代对开通西北地区的道路也很重视。通过西北地区的道路，与西域诸国建立了通商贸易关系，各国使节也通过西域道路来到隋代都城大兴城（今西安）朝贡。据裴矩《西域图记》记载，通西域有 3 条道路（见图 3-1-1）。

（一）北道

北道是从伊吾（今新疆哈密）经蒲类海（今巴里坤，属巴里坤哈萨克自治县）、铁勒部突厥可汗庭（今巴勒喀什湖之南），渡北流河水（今锡尔河）至拂菻国（指东罗马帝国及西亚地中海沿岸诸地），达于西海（地中海）。从 1959 年咸阳出土的文物——东罗马金币，以及东罗马从中国输入的蚕种和育蚕缫丝方法来看，都证明了隋代在这条道路上通商贸易的情况。

（二）中道

中道是从高昌（今新疆吐鲁番县所属哈剌和卓城）、焉耆（今新疆焉耆）、龟兹（今新疆库车）、疏勒（今新疆疏勒）、渡葱岭至波斯（今伊朗），达于西海（波斯湾）。

（三）南道

南道是从鄯善（今新疆若羌）、于阗（今新疆和田）、朱俱波（今新疆叶城）、喝盘陀（今新疆塔什库尔干塔吉克自治县）、渡葱岭至北婆罗门（今北印度），而达于西海（今印度洋）。

以上 3 条道路开通之后，曾设立军镇加以保护。

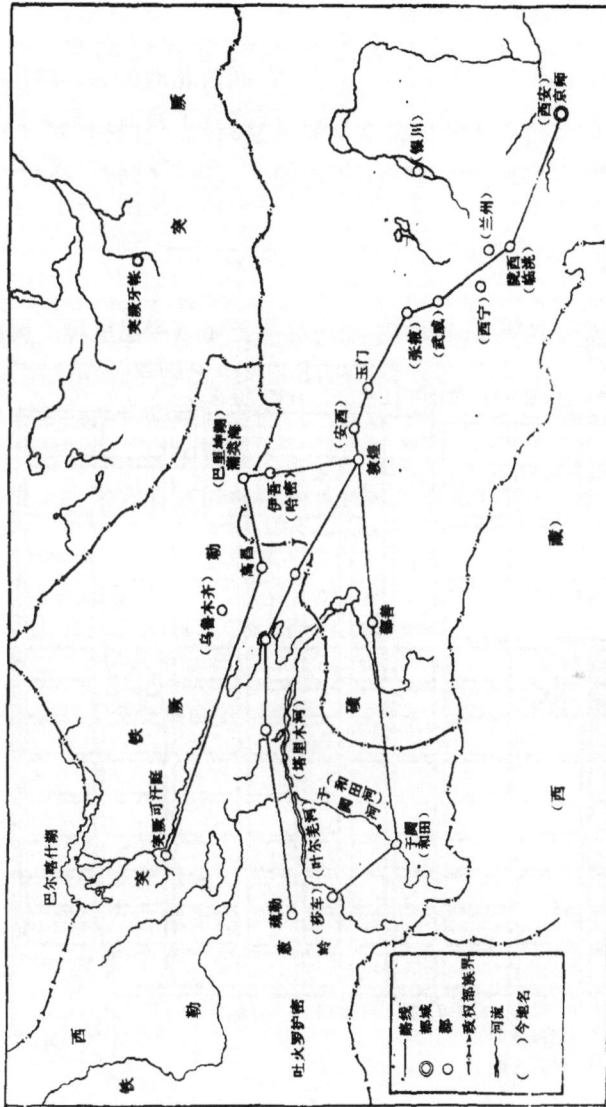

图3-1-1 隋代通西域三道图

第二节　以长安为中心的唐代道路网

　　唐代是中国古代经济和文化的昌盛时代。首都长安（今西安市）是在隋代大兴城的基础上扩建的，至唐玄宗时，经过100余

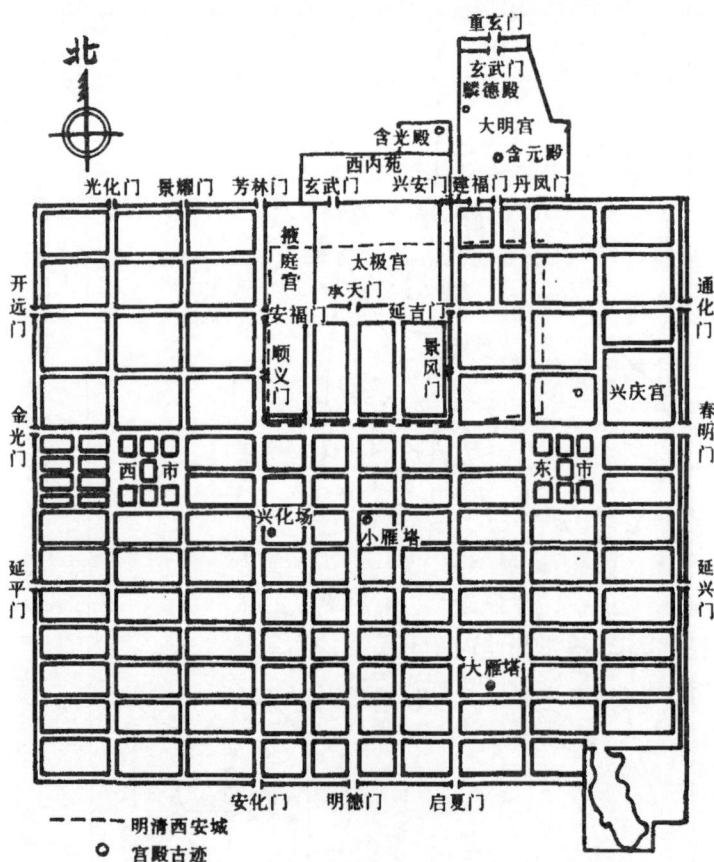

图 3-2-1　唐代长安城内街道平面图[10]

年的多次营建，规模极其宏伟，大大超过了汉代的长安城（在唐代长安之西北），成为当时世界上最大的城市之一。城内有 11 条南北大街，14 条东西大街（见图 3-2-1），相互交叉，排列整齐，其中承天门大街与朱雀门大街衔接，纵贯南北，成为一条中轴线，把长安城分为东西对称的两部分。街道两旁种植槐、柳，十分美观；而四面城门各有 3 条道路与城外道路连接，通达全国各地，构成了以长安为中心的全国干线道路网。早在贞观四年（公元 630 年），就出现了"东至于海（今山东渤海），南至于岭（今广州市），皆外户不闭，行旅不赍粮"[9]的良好交通形势。

根据唐代"凡三十里一驿，天下驿凡一千六百三十九"[11]①估算，则唐代共有干线道路约在 40000 里左右。这是指驿道而言。如果据各府、州的"八到"②里程，即包括不设驿站的道路在内，则唐代全国干支道路总里程数当然要比上述里数大得多。

一、唐代干线道路的分布

贞观元年（公元 627 年），全国行政区划分为 10 道，至开元二十一年（公元 733 年），分为 15 道。所有干线道路（驿道）均由首都长安起，通往 15 个道的道府所在地；同时与东都洛阳相联系。现据《元和郡县图志》统计，由长安或洛阳至各道道府的道路里程如表 3-2-1 所示。表中所列各道首府均为唐代重要城市。特别是长安和洛阳为当时全国最大的商业城市，国内外商旅云集，经济繁荣；而其他水陆要冲如广州、扬州以及各州县地方，道路也是四通八达，形成了以长安和洛阳两地为中心的全国道路网，为唐代长期统一和经济文化的发展作出了贡献。

---

① 据《唐六典》，"凡三十里一驿，天下凡一千六百三十九所：二百六十所水驿，一千二百九十七所陆驿，八十六所水陆相兼"，总计应为 1643 所，存疑。

② "八到"是指以某一城市为中心，通往周围 4 至 8 个方向城市的道路，故有"唐道八到"之称。

唐代干线道路按行政区划分布的里程　表3-2-1

序号	行政区划名称（道）	各道首府治地（括号内为今名）	至长安里程 唐里	至长安里程 公里	至洛阳里程 唐里	至洛阳里程 公里	经 由 地 点
1	京畿道	长安（今陕西省西安）					
2	都畿道	洛阳（今河南省洛阳）	850	386			
3	关内道						以京官遥领，由长安起通至安北都护府（今蒙古人民共和国哈尔和林西北）
4	河南道	汴州（今河南省开封）	1280	582	420	191	
5	河东道	蒲州（即河中府，今山西省永济县西）	320	145	585	266	
6	河北道	魏州（今河北省大名县北）	1610	732	750	341	
7	陇右道	鄯州（今青海省乐都县）	1960	891	2760	1254	西通至安西（今新疆库车）可出西域，至印度等地
8	山南东道	襄州（今湖北省襄樊市）	1250	568	825	375	
9	山南西道	梁州（今陕西省汉中）	760	345	1062	483	《元和志》记为兴中府
10	剑南道	益州（今四川省成都）	2010	913	2870	1304	
11	淮南道	扬州（今江苏省扬州）	2740	1245	1880①	845	
12	江南东道	苏州（今江苏省苏州）	3030	1377	2170	986	
13	江南西道	洪州（今江西省南昌）	3085	1402	2275	1034	

续上表

序号	行政区划名称（道）	各道首府治地（括号内为今名）	至长安里程		至洛阳里程		经由地点
			唐里	公里	唐里	公里	
14	黔中道	（今贵州省彭水县）	3650	1658	3450	1568	3650（取道江陵府路）2570（取道万州、开州路）
			2570	1168			
15	岭南道	广州（今广东省广州）	4210	1913	5085	2310	取道虔州大庾岭路
			5210	2367			

　　① 《元和志》缺，按卷二十五潮州条下加至扬州 70 里。

二、柳宗元对干支道路的分析

　　唐代之所以有上述完备的道路网，是与其合理规划和完善的管理体制分不开的。唐代著名的文学家和思想家柳宗元对于唐代干、支道路的组成曾作了理论上的分析。

　　首先，柳宗元分析了以首都长安为中心的道路网体系。他说："万国之会，四夷之来，天下之道途毕出于邦畿之内"[12]。这就是说，全国的干线道路（驿道）都由首都长安伸出，辐射到全国各地，即是上述"唐道八到"的八个方向的辐射形式。这与《尔雅》一书中的"八达"路线基本上是一致的。因此，可以说"唐道八到"是我国古代路线布局的继承；而现代公路网辐射布置形式是这一传统模式的继续，它进一步表明了中国古代道路先进技术思想的一个方面。

　　其次，柳宗元分析干支道路的相互关系是"由四海之内，总而合之，以至于关；由关之内，束而会之，以至于王都"[13]。所谓"总而合之"是指支线道路汇合于干线道路；而"束而会之"是指四面八方的干线道路到达各"关口"，汇集成一条道路进入首都（长安）城内①（见图 3-2-2）。柳宗元深刻地揭示了我国古代

　　① 路线经过地点及关口名称均据柳宗元：《馆驿使壁记》一文。

道路干、支线的相互关系及其在地理环境布局上的整体性；同时，生动地说明了中国古代道路技术在理论和实践方面都有高度的技术成就。这种道路布局形式，对现代公路网规划也有一定的参考价值。

三、唐代修建的主要道路

唐代为促进全国各地商业、手工业和交通运输业的发展，还积极新建山区道路；同时，为保卫北方边境地区的安全，又修建若干边防道路。从唐高祖（李渊）武德七年（公元624年）至唐宣宗（李忱）大中三年（公元849年）的220多年中，修建各种道路很多，择其主要道路叙述如下：

（一）修复骆谷路

骆谷路是从盩屋（今陕西省周至）通往梁州（今陕西省汉中）而入四川的军事要道。这条道路修建于汉魏时代，至唐代已经破坏，武德七年进行了修复，使贯穿300余里（约今136公里）的骆谷得以畅通。

（二）参天至尊道

贞观二十年（公元646年），漠北薛延陀乘机侵犯河套地区，唐太宗发兵分道进击，破灭薛延陀，使铁勒等部贵族降唐，并设置州府。为便利官商行旅人员往来食宿，乃于贞观二十一年（公元647年）在"突厥之北至回纥部落，置驿六十六"[14]①，并命名这条道路为"参天至尊道"或"参天可汗道"[15]。全路多经沙漠地带，由回纥牙帐（今蒙古人民共和国哈尔和林南）至长安，长约7000里（合今3181公里）。这条道路开通后，有利于对回纥

---

①　《新唐书·回鹘传》记为六十八处。

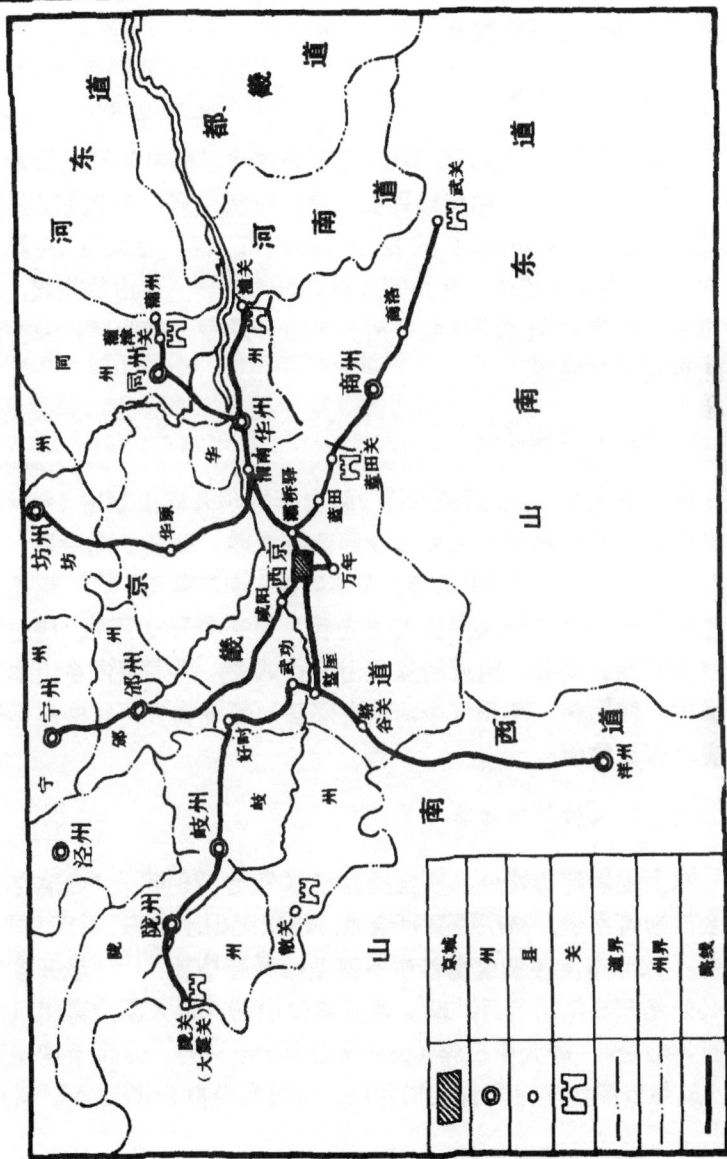

图3-2-2 唐代京兆府地区7条干线道路示意图

与唐朝之间进行互市贸易。

（三）大庾岭路

开元四年①（公元716年），唐玄宗命令"张九龄开大庾岭新路"[16]。大庾岭，在韶州始兴县（今广东省始兴）东北172里处（78公里）。本路由虔州（今江西省赣州市）起，经大庾（今江西省大余）、始兴至韶州，全长550里（250公里）；再由韶州起，水陆相兼530里（241公里）至广州。本路开通后，成为唐代通往海外的重要贸易路线。

（四）内乡偏路②

唐贞元七年（公元791年），刺史李西华开辟由蓝田（今陕西省蓝田）至邓州所属的内乡（今河南省西峡）新路700余里（约318公里）。史称："回山取涂，人不病涉，谓之偏路"[17]。这是指修建这条道路时，路线出蓝田关之后，为减少开山工程，绕过商州（今陕西省商县）附近的焦耳山而达武关，再通至内乡。本路开通后，使商州、邓州（今河南省邓县）等地物资可较快地运达长安，行旅称便。

（五）其他新建道路

除上述新建道路外，唐宝历二年（公元826年），"归珧在杭州余杭修筑甬道，高广径直百余里，行旅无山水之患"[18]；同一时期，"兴元节度使裴度奏修斜谷路及馆驿皆毕功"[19]。唐开成元年（公元836年）五月，昭义奏开夷仪山路，通太原、晋州（今山西省临汾）。唐大中三年（公元849年）十一月，东川节度使郑涯、凤翔节度使李玭奏修文川谷路，自灵泉至白云置11驿，其后

---

① 《新唐书·地理志》记为开元十七年（公元729年）。
② 偏路，是绕行山岭的道路。

经年为雨水所坏，又令封敖修斜谷路。

上述道路的修建，对当时国防的巩固和国内商业贸易以及交通运输事业的发展均有重要作用。

第三节 唐代通西域、吐蕃、渤海和南诏的道路

在盛唐时代，通过西域道路，中国和亚洲各国的经济文化交流非常频繁。同时在国内还先后开通了通往西藏地区的道路，史称"唐蕃古道"，以及由长安至渤海和南诏的道路。

一、通往西域的道路

唐代通往西域的道路是一条通至印度等国家的国际性道路，路线东起都城长安，西经河西走廊，进入今新疆维吾尔自治区，取道伊吾（今新疆哈密）、高昌（今新疆吐鲁番），沿天山南麓西行，越凌山（今天山山脉的穆素尔岭），经中亚细亚、阿富汗，过大雪山（今兴都库什山），然后到达北天竺（今北印度）。唐代僧人玄奘（公元602年~664年）于贞观元年（公元627年）①从长安出发，经过这条道路，游历西域138个国家，行程达5万余里（约22700公里），历时19年②。当时除到达北印度外，还到了今阿富汗、伊朗、斯里兰卡、尼泊尔和孟加拉等国。

玄奘于贞观十九年（公元645年）从西域返回长安。回国后他根据通行西域的记忆，著述了《大唐西域记》一书，书中对于交通道路、山川地理、种族、人口、风俗习惯和宗教信仰等情况均有记述，是中国古代杰出的中西交通史名著。

---

① 一说贞观三年，即公元629年。
② 一说历时17年。

二、唐蕃古道——汉藏两族友好之路

公元 7 世纪初，吐蕃赞普松赞干布（公元 629～650 年在位）完成了统一西藏高原的事业。在他统治时期，和当时的唐朝建立了友好关系，多次向唐朝请婚，唐太宗答应了这一要求，于贞观十五年（公元 641 年）派李道宗护送文成公主（唐王室之女）入藏和亲，松赞干布亲自到柏海（今青海省鄂陵湖和扎陵湖）迎接。此事成为唐代汉藏两族历史上友好的象征，而文成公主入藏路线，也就成为汉藏两族人民来往的友好之路。在文成公主死后 30 年，唐朝又遣金城公主沿着这条道路入藏和亲，嫁给吐蕃赞普弃隶缩赞，使唐蕃之间的友好关系进一步得到发展。其后，频繁的使臣往来，更加密切了唐、蕃之间的关系。

唐蕃古道起于首都长安，经鄯州（今青海省乐都县）鄯城（今青海省西宁市）、莫离驿（今青海省共和县附近）、那禄驿，过柏海，至众龙驿；过牦牛河（今通天河）藤桥，向西南通过唐古拉山口等地而到达吐蕃首府逻些城（今西藏自治区拉萨市）（见图 3-3-1）。由长安至鄯城 2080 里（合今 965 公里）。由鄯城至逻些城约 4160 里，总里程为 6240 里（合今 2895 公里）。

以上依据史书所记地名，并未包括由今西安至今甘肃省境内的地名。因此，缺少整体路线的走向。近年来，有关部门对唐蕃古道作了实地调查。主干道的走向是："由西安西行，越陇山，经甘肃的天水、陇西、临洮、临夏，在炳灵寺或大河家附近渡黄河，转入青海省境内，再由民和、乐都、西宁、日月山、倒淌河、恰不恰(共和)、切吉草原、大河坝、温泉、花石峡、玛多，翻越巴颜喀拉山口至清水河，渡通天河，沿当地人们通称的'通藏大道'过当曲，自唐古拉山口逾山至聂荣县经黑河(那曲)、当雄，直抵拉萨。"[20]

除上述干道之外，尚有若干支路通向拉萨，如经玉树、索县、

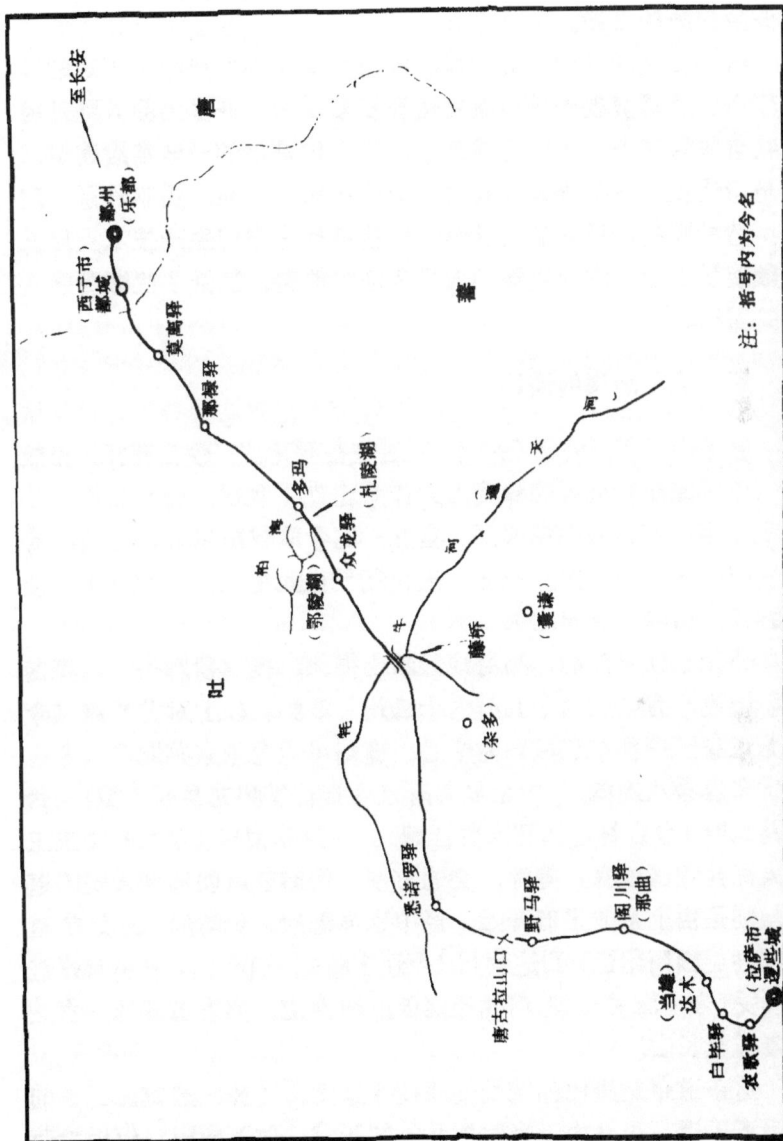

图3-3-1 唐蕃古道吐蕃境内路线图

那曲至拉萨的支线。

唐蕃古道的开通，对于藏族经济和文化的发展起了一定的推动作用。吐蕃贵族子弟被派到唐朝长安学习，许多唐朝人则被聘到吐蕃掌管文书，传授建筑技术。现今拉萨市的一些宫殿建筑，便是唐代汉、藏两族人民共同辛劳的产物。同时，还有养蚕、酿酒、造纸等各种匠人进入吐蕃，传授唐代先进的生产技术，促进了藏族手工业、农业发展和人民生活的改善，加强了汉藏两族人民的团结。

三、通往渤海的道路

唐圣历元年（公元 698 年），居住在粟末水（今松花江）和黑水（今黑龙江）流域的靺鞨人大祚荣建立了政权，开元元年（公元 713 年）被封为渤海郡王。自此，这个政权就以渤海为名，成为唐朝统管下的一部分地区。直至辽天显元年（公元 926 年）被辽吞并，历经 229 年之久。

公元 9 世纪前期，渤海地区疆土很大，据《新唐书·渤海国传》记载，有"五京十五府六十二州"之称。以上京龙泉府（今黑龙江省宁安县东京城）为中心，道路可通至东京龙原府（今吉林省珲春县八连城）、中京显德府（今吉林省和龙县西古城）、西京鸭渌府（今吉林省浑江市临江镇）、南京南海府（今朝鲜民主主义人民共和国咸兴）等地，交通方便。而通往唐朝都城长安的道路，则是由上京龙泉府开始，经中京显德府、长岭府（今辽宁省清原县英额门附近）到达营州（今辽宁省朝阳市）。然后由营州进入渝关（今山海关），经河北道南部，河南道、都畿道各地，直达京畿道至长安。

这条道路是唐代都城长安通往今辽宁、吉林、黑龙江三省的长距离干道。虽然由于当时战乱等的影响，时有梗阻，但仍为使臣和商旅往来的重要通道。史载渤海几乎每年遣使到唐，并派遣许多学生前往长安学习。从渤海旧都敖东城以南发掘的考古文物，证明了渤海人曾吸取了唐朝大量的先进工艺和文化，这也说明这条道路所起的作用。

四、通南诏的道路

南诏是唐代西南地区的一个少数民族政权，国都太和城（今云南省大理南）。在唐代，自今陕西、川西有通往大理的清溪道（清溪为今四川汉源），又有经川东、黔西去滇池的石门道（石门为今云南省昭通豆沙关）。南诏仿效唐制，使云南境内驿制初具规模，道路达于境内外各地。

第四节　宋、辽、西夏和金的道路

宋、辽、西夏和金四国的道路均沿前代体制，分别以各自的都城为中心，建立了通达各府、州、县的道路网。凡主要道路均为驿道。由于北宋与当时的少数民族政权辽国和西夏对峙，南宋与少数民族政权金国对峙，时战时和，局势动荡不定，均无暇考虑适应全国经济振兴的道路建设。但四国之间，聘使和商旅往来不绝，茶、马、盐、铁等物资交易频繁，都需要道路交通，因而除维持旧路进行改善外，也修建了一些新路和新桥。建桥技术比以往朝代有所提高。

一、宋代二十四路的道路

宋代（公元960年～1126年）的167年中，全国道路基本是沿用隋唐时代旧有驿道，以东京（开封）为中心，驿道通至全国24路的首府所在地见表3-4-1所列。

北宋时代行政区划及驿道由开封通达各路首府地名①   表3-4-1

	北宋全国行政区划	驿道通达首府名	今　地　名
1	京畿路	东京（开封府）	河南开封市
	首　都	东京（开封府）	河南开封市
2	京西南路	襄州	湖北襄樊市
3	京西北路	西京（河南府）	河南洛阳市
4	京东东路	青州	山东益都县
5	京东西路	兖州	山东兖州县
6	河北东路	北京（大名府）	河北大名县
7	河北西路	真定（真定府）	河北正定县
8	河东路	阳曲（太原府）	山西太原市
9	永兴军路	长安（京兆府）	陕西西安市
10	秦凤路	天兴（凤翔府）	陕西凤翔县
11	成都府路②	成都（成都府）	四川成都市
12	梓州路	梓州	四川三台县
13	利州路	南郑（兴元府）	陕西汉中
14	夔州路	奉节（夔州）	四川奉节县
15	荆湖南路	长沙（潭州）	湖南长沙市
16	荆湖北路	江陵（江陵府）	湖北沙市
17	广南东路	番禺（广州）	广东广州市
18	广南西路	临桂（桂州）	广西桂林市
19	福建路	闽县（福州）	福建福州市
20	江南西路	洪州	江西南昌市
21	江南东路	江宁（江宁府）	江苏南京市
22	两浙路	杭州（临安府）	浙江杭州市
23	淮南东路	扬州	江苏扬州市
24	淮南西路	寿州（寿春府）	安徽凤台县

①　本表据元丰年间23路并京畿路为24路，均见《宋史》。
②　由西昌至汉中，除褒斜道外，还有北栈道，现在西汉公路就是沿北栈道走的，
　　宋朝曾采用北栈道。

广州、杭州、明州、泉州是当时沿海一带水陆交通的重要城市，商业发达，贸易品种繁多，诸如金银、瓷器、药材、珊瑚、琥珀等贵重商品等。当时前来上述城市进行贸易的国家有大食（今阿拉伯地区）、阇婆（今印度尼西亚爪哇岛或苏门答腊岛）、占城（今越南中南部）、三佛齐（7世纪至16世纪印度尼西亚苏门答腊古国，都城在今巨港）等。同时，这些国家的使节也都通过上述四州至都城东京的驿道，与宋朝进行外交活动。这些情况表明了北宋时期江南沿海一带水陆交通的发达。

宋代驿道有不同于前代的如下特点：

第一、宋代驿道建制比较健全，有驿、馆、铺、站、亭之分，非通途大路，只设馆、亭、站。

第二、太祖即位之后，对于道路驿递做了极大的革新，废除了唐代以民为驿夫的制度。建隆二年（公元961年）五月，"诏诸道州府，以军卒代百姓为递夫。其后将置递卒，优其廪给，遂为定制"[21]。这是为了适应军事而改革的。

第三、为了军事和政令的迅速传递，"诏定马铺以昼夜行四百里，急脚递五百里"[22]，由此可知宋代道路驿运的情况。

至建炎元年（公元1127年），宋朝统治下的北方广大地区被金兵攻占，政治中心随之南迁，最后定都临安府（今浙江省杭州市），史称南宋。其统治区域较之北宋时代大为缩小，"所存者仅有两浙、两淮、江（南）东西、湖南北、西蜀、福建、广东、广西十五路而已"[23]。这些地区在南宋统治下的150年期间，道路基本上处于利用与维修状态，无大规模的建设。但为适应江南地区的经济发展需要，也修建了不少塘堤道路，便利了农业生产。南宋与云、贵各地互市贸易频繁，道路通达。

二、辽国五京的道路

辽是契丹族于唐代末年（公元907年）在中国北部地区建立

的一个少数民族政权。到北宋末年，即辽保大五年（公元 1125 年），统治长达 219 年。按辽天庆元年（公元 1111 年）政区，共设上京、中京、西京、南京、东京等五道。五道所辖地区在今蒙古人民共和国及中国内蒙古自治区、山西、河北、黑龙江、吉林和辽宁等省区境内，土地面积广大。首都上京临潢府（今内蒙古自治区巴林左旗之罗城）周围，"地沃宜种植，水草便畜牧"[24]。当时草原上由于农业发展，手工业人口不断增加，一些农业聚落（村落）和城市也逐渐建立起来。同时，上京与东京辽阳府（今辽宁省辽阳市）、中京大定府（今内蒙古自治区宁城县西北大明乡）、南京析津府（今北京市）和西京大同府（今山西省大同市）等四京道路通达。沿路均设有馆驿，以备官员和"诸国信使"食宿。各京城内的道路规划也具规模，例如中京大定府朱夏门有南北大干道一条，"长约 1400 米，宽 60 米，两侧有排水沟，与中央干道平行的南北街道在两侧各有三条，另有东西向街道五条，分别宽为 8、12、15 米，还有市坊、官署、驿馆等建筑，布局严谨，井然有序"[25]。

五京道路经过主要地点及其里程如表 3-4-2。

五京道路经过主要地点及里程　　　表 3-4-2

	京　城　府　名	经　过　主　要　地　点	里 程	
			里	公里
1	上京至中京（临潢府至大定府）	横水石桥（今西拉木伦河上）、广宁馆（今内蒙古自治区翁牛特旗西）、松山馆（今内蒙古自治区赤峰西北）	550	250
2	中京至南京（大定府至析津府）	铁浆馆（今河北省平泉东北）、卧来如馆（今河北省滦平东北）、檀州（今北京市密云）、顺义（今北京市顺义）	910	413
3	南京至西京（析津府至大同府）	儒州（今北京市延庆）、可汗州（今河北省怀来）、蔚州（今河北省蔚县）、广陵（今山西省广灵）	（约）793	360①

续上表

京 城 府 名	经 过 主 要 地 点	里程	
		里	公里
4 西京至上京（大同府至临潢府）	今河北省张家口、赤峰、丰宁、围场、松山馆（今内蒙古赤峰西北）	（约）1870	820
5 东京至上京（辽阳府至临潢府）	显州（今辽宁省北镇）、宜州（今辽宁省义县）、兴中府（今辽宁省朝阳市）	1030	467

① 据《中国历史地图集》第六册测算，均为约数。

除上述主要道路外，尚有道路通至西州回鹘的高昌（今新疆维吾尔自治区吐鲁番东布哈拉和卓堡西南)和西夏都城兴庆府（今宁夏回族自治区银川市）。另外，由于辽宋之间的战争和民间经商贸易往来，从辽境有路通至北宋辖境的雄州（今河北省雄县）、定州（今河北省定县）等地。

为维持正常的道路交通，辽国官员十分重视经常性的视察，例如统和三年（公元985年）"遣使阅东京诸兵器及东征道路"[26]。为了商业贸易，辽国曾开辟一些山区道路，如统和七年（公元989年）三月"开奇峰路以通易州（今河北省易县）贸易"[27]。奇峰在今易县西北，距易县约24公里。

三、西夏二十二州的道路

居住在夏州（今陕西省横山县境）的党项族人拓跋思恭曾被唐朝政府赐姓李，并封为夏国公，统有河套附近"银、夏、绥、宥、静五州之地"[28]。公元11世纪初，拓跋氏德明之子李继迁占领了宋朝通往西北的道路枢纽灵州（今宁夏回族自治区灵武县），并以此为夏国都城。西夏明道元年（公元1032年），国王李元昊继位，公元1038年称帝，定国号为大夏，先后占领了宋朝通往西北干线道路的瓜州、沙州、肃州等地。从此，西夏境域不断扩大，"东尽黄河，西界玉门，南接萧关，北控大漠，方二万余里"[29]。

最盛时，辖22州，包括今宁夏、陕西、甘肃西部、青海东北部和内蒙古部分地区。

　　元昊的西夏政权仿照宋朝政府官制和兵制建立了一整套组织。路政亦不例外，隶属工部。以都城兴庆府（兴州）为中心，道路通至境内22州（见表3-4-3）及其邻近的宋、辽、回鹘、于阗、吐蕃等地区。

西夏辖境二十二州名称　　　　表3-4-3

地区与州名			今地名
河西地区	1	兴州	宁夏回族自治区银川市
	2	定州	宁夏回族自治区银川市东北
	3	怀州	宁夏回族自治区银川市东南
	4	永州①	
	5	凉州	甘肃省武威
	6	甘州	甘肃省张掖
	7	肃州	甘肃省酒泉
	8	瓜州	甘肃省安西
	9	沙州	甘肃省敦煌
河南地区	1	灵州	宁夏回族自治区灵武
	2	洪州	陕西省靖边县东南
	3	宥州	陕西省靖边县以西
	4	银州	陕西省榆林以南
	5	夏州	陕西省横山县境
	6	石州	陕西省横山县以北
	7	盐州	宁夏回族自治区盐池②
	8	南威州	宁夏回族自治区同心县东韦州
	9	会州	甘肃省靖远

续上表

地区与州名		今　　地　　名
湟河地区	1　西宁州	青海省西宁市
	2　乐州	青海省乐都
	3　廓州	青海省贵德以东
	4　积石州	青海省贵德以西

① 永州今名不详。
② 盐池《中国历史地图集》为定边，《中国史纲要》为盐池。

　　在河西地区，由兴州（兴庆府）经凉州、甘州、肃州至沙州的道路最长。再由沙州起，往西可通至于阗（今新疆维吾尔自治区和田）、高昌、龟兹（今新疆维吾尔自治区库车）、拂菻（东罗马及西亚地中海沿岸诸地）以及天竺（今印度）等地。

　　在河南地区，银川、夏州、宥州、绥州，土地贫瘠，间有沙漠，尤以夏州多山，道路险窄。宋、夏两军交战，宋军粮饷转运困难，因此军事遭到失败。盐城盛产青白盐，色味俱佳，除因战争期间禁运外，平时则通过河南各州道路运出境外销售。

　　宋、夏两国曾经两次休战议和，第一次在宋景德三年（公元1006年），双方确定在保安军（今陕西省延安境内）等处设置榷场①，进行各种货物交换和贸易，宋境内生产的丝绸、布匹、香、药材和瓷器等分别换取西夏的驼、马、牛、羊、毛毡以及其他药材等物，民间贸易也很频繁，因此道路交通出现了繁忙景象。第二次议和在宋庆历四年（公元1044年），西夏取消帝号，由宋册封为夏国王，宋政府每年给西夏大量物资，如绢15万匹，茶3万斤，并赠银7万两。此外，重开边界榷场，"就驿贸易"[30]。从此宋、夏战争宣告结束，道路交通全面恢复。

---

① 榷场，指在边境设立的互市市场。

四、金国十九路的道路

辽天庆五年（公元 1115 年），女真族首领完颜阿骨打称帝，建立金国，年号收国元年。金国都城先在会宁府（今黑龙江省阿城县南之白城），称为上京，后于海陵王（完颜亮）贞元元年（公元 1153 年）把都城迁至中都（今北京）。金国建立之后，于公元 1125 年灭辽，同时攻占了宋朝北方广大的地区，迫使宋朝政府南迁。宋建炎元年（公元 1127 年）五月，宋高宗（赵构）在归德（今河南省商丘县南）建都，后又被迫迁都临安（今浙江省杭州市），形成了宋、金两国长达 107 年的对峙局面。至金哀宗（完颜守绪）天兴三年（公元 1234 年），在宋、元两军夹攻之下，哀宗被杀于蔡州（今河南省汝南县），金被灭亡。

在金统治的 120 年中，金国的道路基本上沿袭前代，建立了以驿铺为主的驿道体制，由工部负责道路维修和桥梁修建工作。按行政区域，包括五京在内共有 19 路。其范围相当于现今黑龙江、吉林、辽宁、河北、河南、山东、山西、陕西、甘肃等省地区。在这些地区内的府、州、县均有道路可通，并形成了以五京（上京、东京、西京、北京、南京)为中心的道路网。金国 19 路的首府名称见表 3 - 4 - 4。

金国行政区域及道路通达首府名称   表 3 - 4 - 4

行政区域（路）		首 府 名 称	首 府 今 名
1	上京路	会宁府	黑龙江阿城县南之白城
2	咸平路	咸平府	吉林
3	东京路	辽阳府	辽宁辽阳市
4	北京路	大定府	内蒙古宁城县大明乡
5	西京路	大同府	山西大同市
6	中都路	大兴府	北京市西南隅

行政区域（路）	首府名称	首府今名
7 南京路	开封府	河南开封市
8 河北东路	河间府	河北河间县
9 河北西路	真定府	河北正定县
10 山东东路	益都府	山东益都县
11 山东西路	东平府	山东东平县
12 大名府路	大名府	河北大名县东北
13 河东北路	太原府	山西太原市
14 河东南路	平阳府	山西临汾市
15 京兆府路	京兆府	陕西西安市
16 凤翔路	凤翔府	陕西凤翔县
17 鄜延路	延庆府	陕西延安市
18 庆原路	庆阳府	甘肃庆阳县
19 临洮路	临洮府	甘肃临洮县

金国自迁都北京之后，交通重心已由原来的会宁府转移到北京，所以对北京周围的道路维修十分重视。大定四年（公元1164年）"命都门夹道重行植柳各百里"[31]。大定二十八年（公元1188年）五月，金世宗（完颜雍）曾下诏说："芦沟桥为旅客往来之要津，令建石桥未行"[32]，金章宗（完颜璟）乃于大定二十九年（公元1189年）六月"命造舟，既而更命建石桥"[33]。这就是保存至今的著名石桥——芦沟桥。

当时的道路不宽，难以适应当时的交通运输需要，大定二十年（公元1180年）四月"诏户部沿路整顿舍侧近官地，勿租与民耕种"[34]扩展道路。这种情况从侧面暴露了当时修路与民田农业用地的矛盾问题。

到了金宣宗（完颜珣）时期，路政随国事日衰而陷于混乱状态。元光元年（公元1222年）正月，下达"禁非边关急速事，无驰传"[35]的命令，凡是任意承驿者，州、县长官须向中央主管部门报告。同时，红袄起义军也不断袭击金军占领下的一些县城，"驱散百姓及驿马"[36]。可见金代末期道路管理的废弛状况。

文 献 注 释

(1)（2)（3)（5)（6)（7)《隋书·炀帝纪》卷三，第60、61、63、.70、68页，1973年中华书局版。

(4)《隋书·食货志》卷二十四，第686页，1973年中华书局版。

(8)《资治通鉴·隋纪》卷一百八十，第5631～5635页，1956年中华书局版。

(9)（14)《旧唐书·太宗纪》卷三，第41、60页，1975年中华书局版。

(10)《简明中国历史图册》第六册。

(11)《旧唐书·职官志》卷四十三，第1836页，1975年中华书局版。

(12)（13)〔唐〕柳宗元:《柳宗元全集·馆驿使壁记》卷二十六，第703～704页，1979年中华书局版。

(15)《新唐书·回鹘传》卷二百一十七，第6111页，1975年中华书局版。

(16)《大庾县志》清同治十三年版。

(17)《新唐书·地理志》卷三十七，第965页，1975年中华书局版。

(18)《新唐书·地理志》卷四十一，第1059页，1975年中华书局版。

(19)《旧唐书·敬宗纪》卷十七，第518页，1975年中华书局版。

(20)《公路交通编史研究》1987年第1期。

(21)〔宋〕王栐:《燕翼贻谋录》第 4 页，1981 年中华书局版。

(22)《续资治通鉴·宋纪》卷二十，第 1252 页，1975 年中华书局版。

(23)《宋史·地理志》卷八十五，第 2096 页，1977 年中华书局版。

(24)《辽史·地理志》卷三十七，第 440、441 页，1974 年中华书局版。

(25)内蒙古自治区昭乌达盟文物工作站:《辽中京遗址》,《文物》1980 年第五期。

(26)《辽史·圣宗纪》卷十，第 111 页，1974 年中华书局版。

(27)《辽史·食货志》卷五十九，第 929 页，1974 年中华书局版。

(28)(29)《宋史·夏国传》卷四百八十五至四百八十六，乾隆四年刊本。

(30)《续资治通鉴·宋纪》卷四十七，1975 年中华书局版。

(31)《金史·地理志》卷二十四，第 550、572、573 页，1975 年中华书局版。

(32)(33)《金史·河渠志》卷二十七，第 687 页，1975 年中华书局版。

(34)《金史·食货志》卷四十七,第 1045 页，1975 年中华书局版。

(35)(36)《金史·宣宗纪》卷十六，第 360～362 页，1975 年中华书局版。

第四章 元、明、清三代的道路

自元世祖（忽必烈）于至元十六年（公元 1279 年）灭南宋，至清宣统三年（公元 1911 年）为止，经历了元、明、清三个朝代，历时 633 年。元朝结束了宋、辽、金三国长期对峙的局面，统一了中国，全国道路交通得以重新整顿和畅通；及至明、清时代，全国统一，封建社会经济进一步发展，道路交通的需求扩大，道路总里程较前大有增长。这些情况表明了中国古代道路在元、明、清三代达到了鼎盛时期。

第一节 元代道路的分布及主要道路的修建

元代的疆域扩大，"北逾阴山，西极流沙，东尽辽左，南越海表"[1]，超过汉、唐盛世。按其行政区划，全国除设"中书省"统管今山东、山西和河北之地（称为"腹里"）外，共设立了岭北、辽阳、河南、陕西、四川、甘肃、云南、江浙、江西、湖广和征东等 11 个"行中书省"，简称"行省"或"省"。此外，元朝在大都（北京）设宣政院，管辖"吐蕃之境"。吐蕃，即今西藏藏族自治区；又有察合台后王封地（包括今新疆维吾尔自治区及其西北、西南至阿姆河广大地区，以及今阿富汗喀布尔附近地区）。故在元朝统治下的中国，成为当时世界上最强大、最富庶的国家。

一、以大都为中心的全国道路分布情况

元代首都称大都，城址即今北京市区内。都城道路规划基本

上沿袭周代九经九纬布局。都城方 60 里，有 11 门，北有建德和
安祯二门，东、西、南各有三门：东为光熙、崇仁和齐化；西为
肃清、平则和和义；南为顺承、丽正和文明，其中丽正门为都城
中央干道中轴线；东西两城也以三门为准，各建道路，形成城内
四通八达的道路交通网。城内商业发达，来往称便。同时，城内
干道向城外四周辐射，通达于中书省直辖的山东、山西和河北三
地共有 29 路的首府所在地，各路建立的驿站总数达 198 处，然后
由上述各路重要交通要冲，再通向全国 11 个行政首府所在地及西
北边远地区，从而构成了广阔疆土上的全国道路网。据《元史·
地理志》统计，中书省及 11 个行省统管下的各路，共有驿站 1495
处①。各省的主要道路及驿站数见表 4-1-1。

元代行政区划首府所在地及其主要道路　　表 4-1-1

行政区划名称 （中书省及 行省）	首都及各行省省府 所在地	主　要　道　路
1. 中书省： 山东 山西 河北	大都路（首都，今北京） 均归中书省统辖，共二十 九路	大都至上都驿道（今北京至内蒙古正蓝旗昭 乃门苏木），全长约 1200 里，此外，尚有东、 西两路至上都。共设立驿站 198 处。
2. 岭北行省	和宁路（和林）（今蒙古 哈尔和林）	帖里干站道、木邻站道均为大都至和林的主 要驿道；另有纳邻道，从今内蒙托克托县通 至甘肃北都。全省共设驿站 119 处。
3. 辽阳行省	辽阳路（今辽宁省辽阳 市）	大都至辽阳驿道，此外尚有本省境内诸多道 路。全省共设驿站 120 处。

---

① 翦伯赞：《中国史纲要》统计数为 1383 处。

行政区划名称 （中书省及 行省）	首都及各行省省府 所 在 地	主 要 道 路
4. 河南行省	汴梁路（今河南省开封市）	汴梁至大都驿道，汴梁至湖广行省武昌驿道，汴梁至奉元（今西安）驿道，汴梁至杭州（今杭州）驿道等。全省共设驿站190处。
5. 陕西行省	奉元路（今陕西省西安）	奉元至洛阳驿道、奉元至成都驿道、奉元至灵州（今宁夏灵武）驿道、奉元至晋州（今河北省晋县）驿道等。全省共设驿站31处。
6. 四川行省	成都路（今四川省成都市）	成都至重庆驿道、成都至万州（今万县）驿道、成都至沔州（今陕西省勉县）驿道、成都至乌斯藏（今西藏拉萨）驿道等。全省共设驿站132处。
7. 甘肃行省	甘州路（今甘肃省张掖）	甘州至兰州驿道、甘州至沙州（今敦煌）驿道以及甘州至西宁州（今青海省西宁市）等驿道。全省设驿站6处。
8. 云南行省	中庆路（今云南省昆明市）	中庆至大理驿道、大理经金齿至缅甸路、中庆至湖广行省武昌驿道、中庆至南宁驿道等。全省共设驿站78处。
9. 江浙行省	杭州路（今浙江省杭州市）	杭州至汴梁（今开封）驿道、杭州至福州驿道、杭州至温州驿道、杭州至庐州（今安徽省合肥市）驿道等。全省共设驿站262处。
10. 江西行省	龙兴路（今江西省南昌市）	龙兴至广州驿道、龙兴至大都驿道、龙兴至长沙驿道等。全省共设驿站154处。
11. 湖广行省	武昌路（今湖北省武汉市）	武昌至长沙驿道、辰州（今湖南省沅陵）至贵州驿道、桂林至安南（今越南）驿道以及武昌至河南行省的驿道等。全省共设驿站173处。
12. 征东行省	高丽国（今朝鲜）	（驿道从略），设驿站32处。

元代除在上述各行省的道路上设驿以便利交通外，还在西北广大地区和西藏地区设置驿站。例如元中统元年（公元 1260 年）左右，忽必烈派大臣达门，自西宁入藏，清查户口，共设 32 处驿站：计朵思麻地（今青海海南及果洛藏族自治州）7 处，朵堆（今玉树、甘孜地区）9 处，卫（前藏）地 7 处，藏（后藏）地 9 处（达伦巴·班觉桑布著《汉藏史集》），使内地至西藏的交通得以恢复，加强了兄弟民族之间的团结。

由于道路交通发达，促进了当时全国农业、手工业和商业的发展。元代江南各地丝织业相当发达，大量丝绸运往大都销售，并对外出口。大都、杭州和泉州是当时闻名于世的商业城市，而以大都的各种集市最为繁荣。泉州又为对外贸易商港，集散货物运输频繁。此外，西方各国的使节、商人和旅行家等前来中国，络绎于途。历史上著名的威尼斯人马可·波罗于至元十二年（公元 1275 年）到了元朝上都（今内蒙古正蓝旗境内），在元朝工作17 年，遍游中国各大城市，著述了著名的《马可·波罗行纪》一书，对当时元朝统治下的都市、工商业等作了详尽的介绍，引起西欧人对中国文明的向往。中国发明的指南针、火药、印刷术也在中外交通频繁之下开始传入西欧，而阿拉伯人的天文学、医学、算学等相继传到中国。所以，元代道路交通的兴盛发达，不仅对当时中国封建经济繁荣发挥了重要作用，而且还对当时的中外文化交流作出了贡献。

二、元代主要道路建设

元代疆土辽阔，除利用已有的道路外，还把兴建道路视为巩固政权的重大措施。至顺三年（公元 1332 年）正月元廷曾发布命令："罢诸建设工役，惟城廓、河渠、桥（梁）道（路）、仓库勿禁"[2]，于此可见其重视修建道路和桥梁的程度。元代新建的主要道路有：

（一）新开云南驿路

至元十三年（公元 1276 年），元廷在云南设行中书省，结束了云南地区长期割据的局面，派张立道为大理等处劝农使，开辟水田万余顷，并教播种，积极发展云南昆明地区的农业。为了便于云南少数民族聚居地区的交通往来，至元二十年（公元 1283 年），元廷下令开云南驿路，设马站 74 处，水站 4 处。

（二）新开贵州山区道路

至元二十二年（公元 1285 年）十一月，元廷派左丞相汪惟正率军出黔中、思州和播州；都元帅托察率军出沣州南道；李呼哩雅济率军出自夔门会合。同时，为行军需要，各军"凿山开道，绵亘千里"[3]。

（三）兵工修筑野狐等岭道

泰定三年（公元 1326 年）七月，元廷"发兵修野狐、色泽、桑干三岭道"[4]。野狐岭位于河北省万全县之东北，张北县之南，是长城要塞之一，金元两军作战，以此为重要隘口；元灭金后，仍为重要防守之地。而色泽和桑干二岭，则为防守大都（北京）重要边防地区。故开通三岭道路，实为军事需要。元代以前虽有兵工筑路，但杂有民役；而纯以兵工筑路，则以此为始。由此，可知元代的修路政策及其对后代的影响。

（四）新开义谷路

义谷位于奉元（今陕西省西安市）东南，靠近秦岭，至正十二年（公元 1352 年），元顺帝认为："金州由兴元、凤翔达奉元，道里迂远，乃开义谷，路似近便"[5]。原来这是一条相当迂回的路线，金州（今甘肃省榆中县）在陕西与甘肃的交界处，向东南行至兴元(今陕西汉中)，亦处于陕西与四川的交界处，由兴元再向东北折至凤翔（今陕西省凤翔）而至其东南的奉元，形成为一个大三角形的迂回路线。故将义谷打通，则省去了由兴元至凤翔的一段路程。但是路线要穿越秦岭，才能进入义谷，工程是十分艰巨的。

第二节　以南、北二京为中心的明代道路网

明洪武元年（公元1368年）建都南京，永乐十九年（公元1421年）迁都北京。在明代统治时期，南、北二京均由中央政府直辖，因而形成了先以南京、后以北京为中心的全国道路网体系。以驿道为干线的道路，通达全国13个布政使司的首府。布政使司是明代立国之后，废除元代各行省而设置的行政区，"置十三个布政使司，分领天下府州县及羁縻诸司"[6]。13个布政使司为："山东、山西、河南、陕西、四川、湖广、浙江、江西、福建、广东、广西、云南和贵州"。其下分统140个府，193个州，1138个县。此外，羁縻之府19个，州47个，县6个。

在上述主要地区内，均有驿道通达。根据明代制度规定，每60里或80里设置驿站一处，洪武年间统计的驿站总数为1963处[①]，以驿站计，道路里程至少有12万至14万里（约合今5.4～6.3万公里），加上非驿道在内，里程更大。现将南、北二京通达13布政司首府的道路分述如下：

一、以南京为中心的八条干线道路

从明洪武元年（公元1368年）至永乐十九年（公元1421年）明以南京为都城，达54年之久。明南京城周围96里，有13个门，

---

① 据日文《明清时代交通史》称，总数当在2000以上。

其中有 11 个门连接城内外道路。在迁都之前，南京为明代政治、经济和文化中心，因而于洪武初期，即形成了以南京为中心的全国道路网。据《洪武实录》记载，洪武二十七年（公元 1394 年）九月庚申条称："修寰宇通衢书成，时上以舆地之广，不可无书以纪之，乃命翰林院儒臣及廷臣，以天下道里之数，编为类书，其方隅之目有八"。即是说，以南京为起点，有下列八条干线道路通至全国重要城市：

（一）去辽东都司路

由南京至辽东都指挥使司的首府定辽中卫（今辽宁省辽阳市），全长 5145 里① （约合今 2186 公里）。

（二）去辽东三万卫路

由南京经定辽中卫至三万卫首府开原城（今辽宁省开原县东北），全长 5475 里（约合今 2327 公里）。

（三）去四川松潘卫路

由南京至四川成都府 7260 里，再由成都西北行 760 里，至成都西北的松潘卫（今四川省松潘县），全长 8020 里（合今 3625 公里）。

（四）去云南金齿卫路

由南京至云南布政使司所在地云南府（今云南省昆明市）长 7200 里，再由云南府向西至金齿卫（即永昌军民府，今云南省保山县），长 1200 里，共计 8400 里（合今 3797 公里）。

---

① 所有里程均据《明史·地理志》，以下不再注出处。

（五）去广东崖州路

由南京至广州 4370 里，再由广州至雷州府（今广东海康县），通过琼州海峡至琼州府（今海南琼山县）1750 里，由琼州府南至崖州长 1410 里，全长共计 7530 里（合今 3404 公里）。

（六）去福建漳州路

由南京至福州府（今福建福州市）2872 里，再由福州至漳州府（今福建漳州市）长 700 里，全长计 3572 里（合今 1615 公里）。

（七）去北平大宁卫路

由南京至北平布政使司所在地北平 3445 里，再由北平至东北的北平行都指挥所在地大宁卫（今辽宁建平县西北）长 800 里，共计长 4255 里（合今 1923 公里）。

（八）　去陕甘路

由南京去陕西布政司所在地西安府长 2430 里，再由西安府向西北至陕西行都指挥使司所在地甘肃卫（今甘肃张掖县）2645 里，由甘肃卫再向西北至肃州卫（今甘肃酒泉县）550 里，全长 5625 里（合今 2542 公里）。

上述八条道路是纵贯南北、横贯东西的全国长距离干线道路，总里程计 48022 里（合今 20409 公里）。

又据《明史·地理志》记载，明代由南京至 13 布政使司的道路里程统计如表 4-2-1：

明代南京至十三布政使司道路里程　　　表 4-2-1

布政使司名称	所在地	距南京里数①	
		明里	公里
1　山东	济南	1850	836
2　山西	太原	2400	1085
3　河南	开封	1150	520
4　陕西	西安	2430	1098
5　四川	成都	7260	3282
6　江西	南昌（洪都）	1520	687
7　湖广	武昌	1715	775
8　浙江	杭州	900	407
9　福建	福州	2872	1298
10　广东	广州	4370	1975
11　广西	桂林	4295	1941
12　云南	昆明	7200	3254
13　贵州	贵阳	4250	1921
	北京	3455	1562
	总计	45667	20641

① 明代每里合今 0.452 公里，据明一尺合今 0.317 米计算。

二、以北京为中心的七条干线道路

明朝由南京迁都北京后，在元代大都的基础上进行了扩建，北面城废掉元代建德、安祯二门，城墙南移，新建安定、德胜二门；南面内城南移，新建宣武、正阳、崇文三门，并扩建了南面外城区。建立了右安、永定、左安三门；东面废掉元代光熙门，改崇仁门为东直门，改齐化门为朝阳门；增设广渠门；西面废除元代肃清门，改和义门为西直门，改平则门为阜城门，并在外城区增设广安门，形成了中国历史上汉唐以来国家首都格局完善的最大城市，因而城市道路体系也更加完善。

明代的北京不仅是全国的都城，而且是全国最大的商业城市，各地大量物资输入京城，商旅云集，往来众多，交通十分发达。由北京通往全国13布政使司首府的干线道路（驿道）有下列7条：

1. 北京经南京至浙江、福建路；
2. 北京至江西、广东路；
3. 北京经河南至湖广、广西路；
4. 北京至陕西、四川路；
5. 北京至贵州、云南路；
6. 北京至山西路；
7. 北京至山东路。

现据《明史·地理志》所载，由北京至上述各地的道路里程如表4-2-2。

明代北京至十三布政使司的道路里程   表4-2-2

布 政 使 司 名 称	所 在 地	距 北 京 里 程①	
		明 里	公 里
1 山东	济南	900	407
2 山西	太原	1200	542
3 河南	开封	1580	714
4 陕西	西安	2650	1198
5 四川	成都	10710	4841
6 江西	南昌（洪都）	4175	1887
7 湖广	武昌	5170	2337
8 浙江	杭州	4200	1898

布 政 使 司 名 称	所 在 地	距 北 京 里 程①	
		明 里	公 里
9 福建	福州	6133	2772
10 广东	广州	7835	3541
11 广西	桂林	7462	3373
12 云南	昆明	16045	7252
13 贵州	贵阳	7670	3467
	南京	3455	1562

① 明代每里合今 0.452 公里，据明一尺合今 0.317 米计算。公里数取四舍五入。

以南、北二京为中心的明代驿道道路网除了为当时的政治和军事服务外，对于发展全国的农业、商业以及交通运输都发挥了重大作用。永乐中期（公元 1410 年～1414 年），"宇内富庶，赋入盈羡，米粟自输京师数百万石外，府县仓廪蓄积甚丰，致红腐不可食"[7]，于此可见当时农业和交通运输的繁荣。除了农业之外，手工业和商业也比较发达。诸如布匹、绸缎、纸张、铜铁器、瓷器以及其它各种手工艺品都是重要商品。这些商品不仅流通国内，有的还远销海外。

但是，明代的修路和驿运，都加重了当时百姓的负担。辽东、蓟州、宣府、大同、榆林、宁夏、甘肃、太原、固原等 9 处边防地区，"输粮大率以车，而兰（州）、甘（肃）、松潘，往往使民背负"[8]。有的驿站使用的驿夫，则"以刑徒充之，仍令屯田自给[9]。自从嘉靖、隆庆两朝之后，"驿递有马户，皆让有力人家充任，名曰大户"[10]。实际上，多系中等人家充当，有的出现了倾家荡产的情况。另外，明末由于裁减驿夫，许多驿夫生计无着，被迫参加了农民起义军，如起义军领袖李自成就曾是当时银川的驿卒。

第三节　明代对西南、东北等少数
民族地区道路的开拓

　　明代统一全国之后，为了进一步加强西南和东北边境地区的安全，对这些地区的少数民族采取了积极的安抚政策，所谓"安边之道，在治屯守，而兼恩威，抚之既久，则皆为我用"[11]，正是这一政策的体现。配合这种政策的一项重大措施，则是积极开辟少数民族地区的道路，并"量地理远近，均立邮传……庶可以防遏乱略，边境无虞"[12]。这里清楚地表明了明代把道路交通建设视为保护边境地区的一项重大措施。

一、云、贵、川三省道路的修筑

　　洪武十五年（公元1382年）二月，向水西（今贵州省黔西地区）、乌撒（今贵州省威宁彝族回族苗族自治县）、乌蒙（今云南省昭通市）、东川（今云南省会泽县）、芒部（今云南镇雄等县地）、沾益（今云南省沾益县）等6个地区的酋长发布命令说："今遣人置邮驿通云南，宜率土人随其疆界远迩，开筑道路，其广十丈（合今31.7米），准古法以六十里为一驿。符至，奉行"[13]。这是指由贵州省边境地区向云南省境内开筑的道路。

　　洪武二十四年（公元1391年）六月，"遣官修治湖广至云南道路"[14]。

　　这条道路经今普安、曲靖而至云南昆明，是云南通往北京的主要道路。

　　洪武二十四年十二月（公元1392年1月），"命景川侯曹震往四川治道路"[15]，开辟了茂州（今四川省茂汶羌族自治县）至松潘（今四川省松潘县）的道路，同时开辟了贵州经四川泸州至保宁（今四川省阆中）的道路，并由此通往陕西。沿路"架桥立栈"，工程极为艰巨，还建立了驿舍邮亭，便利了贵州、四川和陕西三省之间的道路交通。

洪武二十五年（公元 1392 年）七月，"普定侯陈桓往陕西修连云栈，入四川。都督王成往贵州平险阻，沿沟涧架桥梁，以通道路"[16]。

天启六年六月（公元 1626 年 7 月），兵部尚书王永光复御史杨方盛请通滇路时上疏说："黔乱方张，滇路遂梗，……又有蜀中建昌（今四川省西昌县）一路，其程视黔不远，而平坦过之，台臣欲通建昌，俾滇之势与蜀合，滇蜀之势与楚合，三省合而并力于黔，……台臣为滇，乃所以为黔也"[17]。这是杨方盛为平息贵州地区发生的人民武装起义而修建由建昌通往云南道路的一条重大措施。其后即"按勒限疏通"了这条道路。

上述道路的修建，加强了明朝对西南地区的统治；同时，由于交通逐渐发达，汉族的先进文化和生产技术的传播，也促进了这些少数民族地区的社会和经济不同程度的发展。

二、西藏地区道路的修筑

我国西藏地区在明代称为乌思藏，洪武时期，设立乌思藏都指挥使司，驻今拉萨，统管当时的西藏行政事务。为了沟通汉、藏两族人民的往来，永乐五年（公元 1407 年），"命与护教、赞善二王，必力工瓦国师及必里、朵甘、隆答诸卫，川藏诸族，复置驿站，通道往来"[18]；永乐十二年（公元 1414 年），复命杨三保往乌思藏，"令与阐教、护教、赞善三王及川卜、川藏等共修驿站，诸未复者尽复之，自是道路毕通"[19]。

上述道路是指由今青海省境内和四川省雅安分别通往西藏拉萨的道路。路线开通之后，仅在弘治十二年（公元 1499 年）由藏族地区前往北京的使者及朝贡人员就多达 2800 余人，汉藏地区之间的商业贸易活动开始频繁起来，藏族人民经常以马匹氆氇等物前往四川等地换取盐、茶和布匹，汉人也乐于交易，"以赡其

生"(20)。当时的雅安、打箭炉（今康定）成了汉、藏人民互相贸
易的重要场所。

三、东北地区道路的沟通

明政权建立后，对于东北地区的统治十分重视。洪武时期，
肃清了元朝在辽东境内的残余势力，建立了辽东都指挥使司（驻
今辽宁辽阳市）开始招抚女真族的各个部落。女真族部落大多居
住在松花江南北及黑龙江一带，从事农牧业，并经常与汉族、蒙
古族和朝鲜族进行农产品与手工业品的交换。永乐七年（公元
1409 年），明朝政府又在今黑龙江省和吉林省境内建立奴尔干都
指挥使司（驻黑龙江下游东岸的特林地方）。正统十二年（公元
1447 年)辖 184 个卫、20 个所，万历年间增至 384 个卫、24 个所。
辖境范围辽阔，北至外兴安岭，南至鸭绿江、图门江，东至大海
并越海至库页岛，西接今蒙古人民共和国及内蒙古自治区。在这
样广大的地区内，明政府沟通了境内外道路，并设置了很多驿站，
既促进了土产和农产品的交流，又加强了各民族之间的团结。天
顺八年（公元 1464 年）明政府开设抚顺关，专门与建州女真部进
行贸易(21)。特别是在朝贡之时，由奴儿千都指挥使司经辽东都指
挥使司通往北京的道路上，使节和商人络绎不绝，交通运输繁忙。
这些道路的通达，对明朝政府巩固东北地区的统治，起了积极的
作用。

第四节　清代以北京为中心的道路网与商路的发展

清代国土辽阔，东濒大海，西至葱岭，南至南海，北至外兴
安岭和库页岛。全国行政区划有 23 省和内、外蒙古以及青海、西
藏地区，统辖府厅、州、县 1700 余个。顺治元年(公元 1644 年)
从盛京（今辽宁沈阳市）迁都北京，北京遂成为清代的政治、经

济、文化和交通中心。当时道路不仅通达于全国各省省会和蒙古、青海和西藏等地，而且遍及各府、厅、州、县，构成了以北京为中心的道路网。都城北京的道路概况和明代情况大致相同。由北京通往各省城的道路里程如表 4-4-1。

清代通往全国各省城及边疆地区的道路里程　　表 4-4-1

省名或地区	省府或省会名称	省会今名	距北京里程		备　　注
			清里	公里	
1．直隶	顺天府	北京市			1．清代一里合今
2．奉天	奉天府	沈阳市	1470	706	0.48 公里。取四
3．吉林	吉林府	吉林市	2300	1104	舍五入。
4．黑龙江	龙江府	齐齐哈尔市	3300	1584	2．清代里程均据《清
5．江苏	江宁府	南京市	2450	1178	史稿·地理志》卷
6．安徽	安庆府	安庆市	2700	1296	五十四至七十六。
7．山西	太原府	太原市	1200	576	第 1891～2469 页。
8．山东	济南府	济南市	800	384	3．清代里数与明代里
9．河南	开封府	开封市	1580	758	数相比较有出入。
10．陕西	西安府	西安市	2650	1272	
11．甘肃	兰州府	兰州市	4040	1939	
12．浙江	杭州府	杭州市	4200	2016	
13．江西	南昌府	南昌市	3245	1558	
14．湖北	武昌府	武汉市	3155	1514	
15．湖南	长沙府	长沙市	3585	1721	
16．四川	成都府	成都市	5710	2740	
	康定	拉萨	4710	2261	
17．福建	福州府	福州市	6134	2944	

续上表

省名或地区	首府或省会名称	省会今名	距北京里程		备　　注
			清里	公里	
18. 台湾	台湾府	台南市	7250	3480	（光绪二十一年台湾
19. 广东	广州府	广州市	7570	3634	被日本侵占，公元
20. 广西	桂林府	桂林市	7460	3581	1945 年抗日战争胜
21. 云南	云南府	昆明市	8200	3936	利后收回）
22. 贵州	贵阳府	贵阳市	7640	3667	
23. 新疆	迪化府	乌鲁木齐市　南路	8690	4171	
		北路	8576	4117	
24. 内蒙					（详后五条贡道）
25. 外蒙			2880	1382	（通至库伦）
			4960	2381	（通至乌里雅苏台）
26. 青海	西宁府	西宁市	5070	2434	
27. 西藏	拉萨	拉萨市	14000	6720	

　　由北京通往各省的主要干线道路，在光绪三年（公元 1877 年）以前，均沿袭前代旧制建立了以驿站（包括站、台、所、铺）为主的驿道体系。光绪三年开始修建唐山至胥各庄铁路之后，至宣统三年（公元 1911 年）为止的 35 年当中，在直隶、山西、山东、河南、湖北、湖南、广东、江苏、浙江、台湾以及东北三省境内，均修建了铁路，总计达到 8896 里（合今约 4270 公里）。在同一时期，全国主要城市开设了电话、电报，并于光绪三十年（公元 1904年）正式建立了邮传部。这些情况导致了交通状况的重大变化，尽管在某些不通铁路和电信的地区还保留着旧有的驿传，而几千年来中国古老的邮驿制度则逐渐被近代化的铁路和电信等交通工具所取代，以致有些驿道失去原有担负传递文书政令任务的性质，而变为一般性交通的"官商路"或"官马大路"。在全国分为官马北路、官马西路和官马南路，其中包括 9 条干线。此外，尚有北

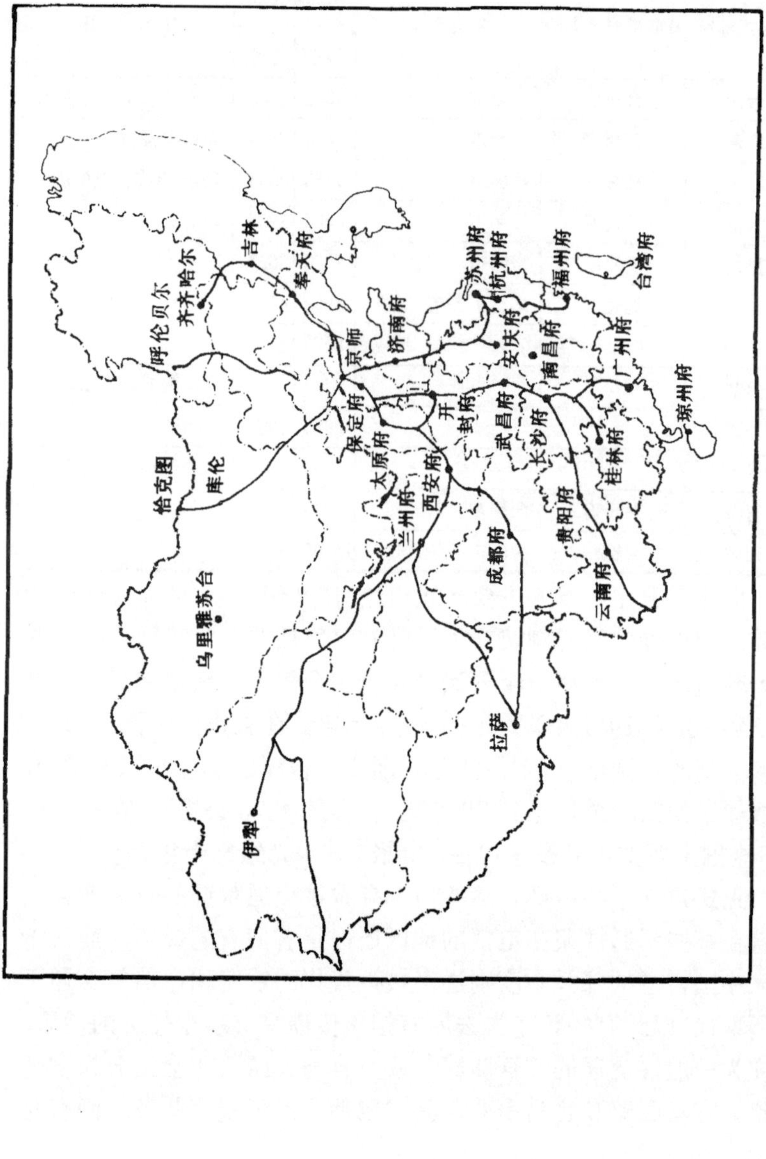

图 4-4-1 清代官路图

京通往内蒙古的贡道（见图 4 - 4 - 1）。

一、官马北路

官马北路包括奉天官路、恰克图路和呼伦贝尔路。

（一）奉天官路

奉天官路是北京经通州（今北京通县）、永平（今河北卢龙县）、山海关至奉天，再由奉天经吉林而至黑龙江省会龙江府（今齐齐哈尔市）。

（二）恰克图路

恰克图路是由北京经张家口、库伦（今蒙古人民共和国乌兰巴托），北至恰克图（位于蒙古人民共和国与苏联交界处）。该路为当时中俄两国的主要通商道路。

（三）呼伦贝尔路

呼伦贝尔路是由北京经承德或张家口至多伦诺尔厅（今内蒙古自治区多伦）后，北至呼伦贝尔（今内蒙古自治区海拉尔市）。

二、官马西路

官马西路包括兰州官路和四川官路:

（一）兰州官路

兰州官路是由北京经直隶省保定府（今河北保定市）和正定府（今河北正定县），向西至太原府（今山西太原市）后，南下平阳府（今山西临汾市），过潼关，西达西安府至甘肃省兰州，再由兰州起，西至吐鲁番后，向西北去迪化府（今新疆乌鲁木齐市）和伊犁。由伊犁向西，可到达波斯（今伊朗），西南则沿天山南路经库陇勒（今新疆库尔勒）、库车等地至葱岭（今帕米尔）。

另一支路是由兰州经西宁府至拉萨。

（二）四川官路

四川官路是由北京起，取道兰州官路一部分，经陕西西安而达四川省成都府，然后再由成都府经雅州府（今四川雅安县）直至拉萨。这条贯通直隶、山西、陕西、甘肃和四川五省而至西藏的道路，是清代一条重要的商路。

三、官马南路

官马南路包括云南官路、桂林官路、广东官路和福州官路。

（一）云南官路

云南官路是由北京至云南府（今云南昆明市）的一条重要商路。路线由北京起经直隶省正定府后，即南下河南开封府、湖北武昌府、湖南长沙府，再经贵阳府至云南府。缅甸、印度、越南诸国均经此路至北京。

（二）桂林官道

桂林官道是由北京起，经许州（今河南许昌市）、武昌、岳州（今湖南岳阳市）、长沙、衡州（今湖南衡阳市）、永州（今湖南零陵县），然后向西南至桂林府。

（三）广东官路

广东官路是由北京起取道桂林官路的衡州至东南的郴州、宜章，越过南岭，进入广东省境内，沿北江而下，经韶州府（今广东韶关市）、英德而至广州府。当时的广州居于中国各个通商口岸的首位，故这条官路成为清代最繁荣的一条商路。

(四) 福州官路

福州官路主要路线是由北京起，经山东省德州、济南府、兖州府，进入江苏省境内的徐州府、宿州（今宿县），然后向南经滁州达浦口过江至江宁府（今南京市），再经镇江府、苏州，浙江省的嘉兴、杭州和衢州（今衢县），过仙霞岭和枫岭，进入福建省境，南至建宁府（今福建建瓯县）、延平府（今南平市），再转向东南达福州府。

又经由本路的宿州至庐州府（今安徽合肥市）可达江西省南昌府。

以上 9 条大干线道路基本上概括了由北京通达全国各省城和至边疆地区的道路。各条干线尚有支路连接重要的州府县城。

四、北京通往内蒙古的贡道

清朝设"理藩院"，专门管理内外蒙古、回部及诸藩部政务。蒙古高原南部称内蒙古，下属有 24 部 46 旗，6 个盟地；蒙古高原北部称外蒙古，下属有 4 部 85 旗及若干盟地。清朝对于内外蒙古及各藩部采取了"控驭抚绥，以固邦翰"[22]的统治政策，积极开展"军旅邮传"，"置邮驿，颁屯田，互市政令"[23]等活动，从而使当时通往内外蒙古的道路交通得以发展起来。除通往外蒙古的恰克图路已于官马北路中略述外，尚有阿尔泰军台路、乌里雅苏台北路、科布多南路和北路等路。在由北京通往内蒙古的 5 条贡道上，每 100 里设置驿站一处。

所谓贡道，实际上是商业道路，其情况如下：

（一）喜峰口路

由北京起，经喜峰口至扎赉特（今黑龙江泰来县之东），计1600 余里（合今 768 公里），设驿站 16 处。

（二）古北口路

由北京起，经古北口至乌珠穆沁(在今辽宁省)，计 900 余里（合今 432 公里），设驿站 9 处。

（三）独石口路

由北京起，经独石口至浩齐特(在今内蒙古自治区内)，计 600 余里（合今 288 公里），设驿站 6 处。

（四）张家口路

由北京起，经张家口至四子部落(今内蒙古四子王旗北)，计 500 余里（约 240 公里），设驿站 5 处。

（五）杀虎口路

由北京起，经杀虎口至乌喇特(今内蒙古包头市西北)，计 900 余里（合今 432 公里），设驿站 9 处。

另由归化城（今内蒙古呼和浩特市）至鄂尔多斯（在今内蒙古自治区内)，计 800 余里（合今 384 公里），设驿站 8 处。

在上述里程中，不包括北京至各口的里数。

由上所述，可知清代道路发展的盛况。

此外，在道光三十年十二月初十日（公元 1851 年 1 月 11 日）爆发了金田起义，以洪秀全为首建立太平天国（公元 1851 年—1864 年)对于道路交通也很重视。曾提出："先于二十一省通二十一条大路，以为全国之脉络……。通省者阔三丈(合今 9.6 米)，通郡者阔二丈五尺（合今 8 米)，通县及市镇者阔二丈（合今 6.4 米)，通大乡村者阔丈余（合今 3.2 米多)"[24]等道路修建规划。但是，由于清廷残酷地镇压了太平天国革命运动，上述设想未能实现。

五、商路的发展

在清代统治的 268 年中，道路建设基本上是以驿道为主，但随着国内商业和对外贸易的开展，许多驿道逐渐变为通商之路，故多称为商路。商路发展的原因：一是国内手工业和商品经济的进一步发展；二是帝国主义势力的入侵，例如当时美、日、英、法、俄等帝国主义国家纷纷要求与中国通商，中国沿海许多口岸和内地一些重要都市被迫辟为商埠，并订立各种不平等的通商条约。道光二十二年（公元 1842 年）与英国签订《五口通商条约》，于是广州、福州、厦门、宁波、上海 5 个沿海城市被迫开放为对外通商口岸。同治元年（公元 1862 年）与俄国签订《陆路通商章程》。光绪十三年（公元 1887 年）与法国签订《法越商务条约》，广西龙州厅（今广西壮族自治区龙州）被迫辟为商埠，等等。这些不平等条约的签订，使一向闭关自守的清朝政府被迫允许帝国主义国家前来中国通商贸易。在这种客观形势之下，各条官路沿线的许多大中城市相继发展成重要的商业都市。都市化和商业化是走向近代化的前提，而道路交通则是进一步促成近代化的先决条件。故商路的发展，与帝国主义入侵和国内资本主义的发生发展有关。及至晚清和民国时期，原有一些主要驿道和官路又被兴修铁路或公路所占用，如京汉铁路黄河以南至汉口段，均利用原有驿道改建。晚清兴起以行驶汽车为主的公路，使中国道路建设事业开始向近代化转化。清代末年近代公路的兴起及其发展的史实，记述于第二编中。

文 献 注 释

（1）《元史·地理志》卷五十八，1976 年中华书局版。

（2）（3）（4）（5）《续资治通鉴·元纪》，1975 年中华书局版。

（6）《明史·地理志》卷四十，1974 年中华书局版。

（7）（8）李询：《明史食物志校注》第 59、127 页，1982 年中华书局版。

（9）（10）《明实录·太祖洪武实录》卷一九〇，1983 年贵州人民出版社版。

（11）（12）《明史·西域传》卷三百三十一，1974 年中华书局版。

（13）《明实录·太祖洪武实录）卷七十，1983 年贵州人民出版社版。

（14）（15）《明实录·太祖洪武实录》卷二百一十四，1983 年贵州人民出版社版。

（16）《明实录·太祖洪武实录》卷二百一十九，1983 年贵州人民出版社版。

（17）《明实录·熹宗天启实录》卷六十七，1983 年贵州人民出版社。

（18）（19）（20）《明史·西域传·阐教王传》卷三百三十一，1974 年中华书局版。

（21）翦伯赞：《中国史纲要》中册，1963 年人民出版社版。

（22）（23）《清史稿·职官志》卷一百一十五，1976 年中华书局版。

（24）洪仁玕：《资政新篇》，载《中国通史参考资料》近代部分，上册，1980 年中华书局版。

第五章　中国古代桥梁和渡口的发展

中国古代桥梁和渡口建设，曾对古代道路交通发挥过巨大的作用。特别是桥梁建筑，是中国古代灿烂文化的重要象征之一，标志着古代物质文明和精神文明的进步。随着科学技术的发展，中国古代桥梁建筑技术的某些成就已被科技史专家公认在世界桥梁史中处于领先地位。从公元1881年巴伯（F. C. Barber）撰文介绍中国古代藤桥起，一百多年来，有许多国内外桥梁著作高度评价了中国古代各种桥梁的成就。至清末为止，仅各种石桥就有400多万座，这个数字虽不详确，但石桥之多是无疑的。

随着新中国成立后考古工作的发现，证明有些桥梁的结构，不仅在中国桥梁史上有其重要价值，而且在世界桥梁史上也占有重要的地位。

总结中国数千年来古桥渡的技术经验，是一项长期而复杂的任务。在回顾中国古代光辉的桥梁史时，除了继承发扬其中优秀的技术经验外，对古代建桥技术思想也应放在重要位置上，以便在借鉴上能够起到有益的启迪作用。

本章只限于道路上的主要桥梁和渡口，不涉及城市内的园林桥梁。

第一节　古代梁桥

梁桥是桥梁中最简单、最常用的结构形式，在中国古代，梁桥数量最多。按其使用材料，分为木梁桥和石梁桥；按其上、下部构造又分为木柱木梁桥、石柱（或石墩）木梁桥和石柱（石墩）石梁桥。桥跨长度一般在 2～8 米之间，最大可达 10 米以上（如福建万安桥）；桥宽在 3～13 米间；桥梁总长度最长的达 2000 米以上（例如福建安平桥）。特别是石梁桥，由于石质坚固耐久，经历年代十分久远，有些使用年限达到数百乃至上千年。有些重达百吨以上的石梁[①]，在没有起重机械设备的古代，全靠人力安装，充分体现了中国古代劳动人民高超的智慧和技术。

一、梁桥的起源和发展

梁桥最早起源于木梁。在原始社会，河岸上的大树横倒在小河上，成为人们渡河的原始木梁桥，这是不经人为加工的梁桥。

图 5-1-1　原始石步桥

---

① 如福建省漳州江东桥，每根石梁高、宽各为 1.7 米，长 23 米，重达 180 吨，另据《中国石桥》一书中茅以升序言说，本桥梁块重达 200 吨。

随着人类社会的发展，开始利用天然树干，逐渐加工成为木梁，称为"杠梁"。除了"杠梁"之外，在原始社会里人们又懂得利用天然大砾石或石块堆聚在河中作为过渡之用。远在公元前23世纪的尧舜时代，就有"鼋鼍以为梁"的说法。所谓"鼋鼍"，是以动物命名的大砾石。用大砾石和大条石堆筑的梁桥，又称之为"石杠"，或者谓之"徛"（jì）。所谓"徛"，就是石步桥，见图5-1-1。这种石步桥是中国古代石梁桥的雏形。

木、石梁桥的进一步发展，是与人类拥有了金属工具分不开的。我国远在公元前16世纪开始，已有冶铸的青铜器；到了公元前5世纪的春秋末期铁工具已在生产中广泛使用，诸如锯、锥、凿、斧、刀、锤之类铁工具的出现，为建造正规的木、石梁桥提供了有力的工具，促进了建桥技术的发展。

中国古代正式梁桥的修建，见于史书者，最早始于商周时期的"钜桥"[1]，《水经》曾注解为"衡漳（水）又北，迳钜桥邸阁西，旧有大梁横水，故有巨桥之称。昔武王伐纣，发巨桥之粟，以赈殷之饥民"。据此，可知巨桥就是一座梁桥。

到了距今2500多年前的春秋时期，多跨的木、石梁桥不断出现。公元前557年至公元前552年的晋平公时代，在今山西侯马汾河上建有一座梁桥，"凡有三十根柱，柱径五尺，栽水平，物在水中，故能持久不败"[2]。此柱当指木柱而言，记录了木柱耐久的历史。

公元前446年，即战国赵襄子三十年①，在山西晋阳县（今山西太原县）汾桥下，曾发生了豫让谋杀赵襄子的事件，给这座桥梁带上了浓厚的政治色彩。而据文献记载，这座梁桥"长七十五步（约合今110.25米）广六丈四尺②（约合今18.82米）"[3]，是当时一座规模较大的梁桥。

---

① 据《史记·刺客列传》卷八十六所载年代推算。
② 广六丈四尺，待考证。

在公元前 445 年至公元前 396 年的魏文候时代，西门豹发动群众开凿河渠 12 道，引入漳水，建有 12 座梁桥，到了汉代，这些梁桥仍然存在，经历时间达 200 多年以上。

通过上述古代建造梁桥的史实，可知无论木、石梁桥，尽管构造简单，但使用年代相当久远。

我国古代各朝代，出于道路交通与水利事业发展的需要，修建梁桥为数甚多，各省地方志多有记载，实不胜枚举。以下仅就著名的木、石梁桥予以叙述，以见其技术精华。

二、多跨木、石梁桥

（一）多跨木梁桥

多跨木梁桥一般多由简单支承梁连接而成，但为了使桥梁孔径长度超越天然木料的限制，中国古代很早就发明了加长桥孔的伸臂梁结构。这种结构的典型代表就是秦汉时代的渭河桥。

在战国秦昭王时期（公元前 306 年至公元前 251 年），在今陕西省渭河上曾建造了一座木梁桥。据文献记载："咸阳宫在渭（河）北，兴乐宫①在渭（河）南，秦昭王通两宫之间，作渭桥，长三百八十步②（合今 524.4 米）"[4]。渭桥原名"横桥"，唐代改为中渭桥。又据文献载："（渭）水上有梁，谓之渭桥，秦制也，亦曰便门桥……，桥广六丈③（合今 13.8 米），南北三百八十步，六十八间，七百五十桩，百二十二梁，桥之南北有堤激④"[5]这一记载较为详细地说明了木梁桥的基本尺寸。按其孔径计算，平均合今 7.7 米。及至汉代，这座桥仍然存在。汉代"董卓焚烧，魏文

---

① 《元和郡县图志》卷一第 14 页作"长乐宫"。
② 秦代一步为六尺，每尺合今 23 厘米。
③ 秦一丈为十尺。
④ 堤激，即相当于现今的护堤驳岸。

帝（曹丕）更造"[6]，桥宽改为三丈六尺（合今约 7 米）。但是对
于下部结构，或说石柱，或说木柱，似有争议。而据文献："柱以
北属扶风，石柱以南属京兆"[7]来看，所谓石柱，系指桥头分界立
柱而非桥柱，而此桥实为木柱木梁桥。到了唐代，渭河上仍有三
座木柱梁桥。据史载："木柱之梁三，皆渭川，便桥、中渭桥、东
渭桥也。"[8]此又足以证明从秦汉直到唐代渭河上的桥梁均为木
柱木梁桥。

　　至于上述三桥的基本结构，古文献上未作出明确的说明。1974
年，罗哲文对出土的汉墓壁画渭水桥图作了详尽分析。桥图表明：
"桥下是每排四根木柱，柱上有两排斗拱承托木梁、桥板、桥栏，
见图 5-1-2）"[9]。从桥图看，桥梁造型宏伟、美观，采用了古建
筑中斗拱承托的悬臂木梁结构。另外，桥的两岸设有名为"堤激"
的护堤驳岸。这种结构的设计构思，为在中国古代道路上使用长
梁桥树立了一个发展的里程碑。在两千多年前的历史时期能够造
出如此长的木梁桥，在世界桥梁史中也是罕见的。

图 5-1-2　汉代渭河桥

根据《文物》1974 年第 1 期图复制

　　秦汉以后至明清各代，悬臂木梁桥得到进一步的发展，在中
国西北、西南以及华南各省曾新修或重修了不同形式的悬臂木梁
桥。如著名而独特的甘肃省文县阴平桥，青海西宁扎麻隆桥，还

有兰州的握桥等。再如浙江省武义熟溪桥（图5-1-3），是一座全长 140 米的悬臂木梁桥，共 9 孔，最大净跨约 12 米。该桥始建于宋代，明隆庆二年（公元 1568 年）扩建成现今仍在使用的桥型。成为我国著名的桥梁之一。

图5-1-3　浙江武义熟溪桥

（二）多跨石梁桥

由多跨木梁桥发展到多跨石梁桥是一个巨大的进步。劈裂巨石，凿制成梁的技术思想，是这种巨大进步的实际动力。而浮运石梁，架设成桥的施工工艺虽然史书没有详载，但也可以想见其高超的施工技术。中国著名的陕西西安灞桥、福建泉州的安平桥、万安桥代表了古代石梁桥的巨大成就。从桥基、石墩或石柱到上部石梁的制作与安装，均有独特的构思。

1. 汉代的灞桥

灞桥位于长安城（今陕西西安市）东北 20 里处的灞水上。据

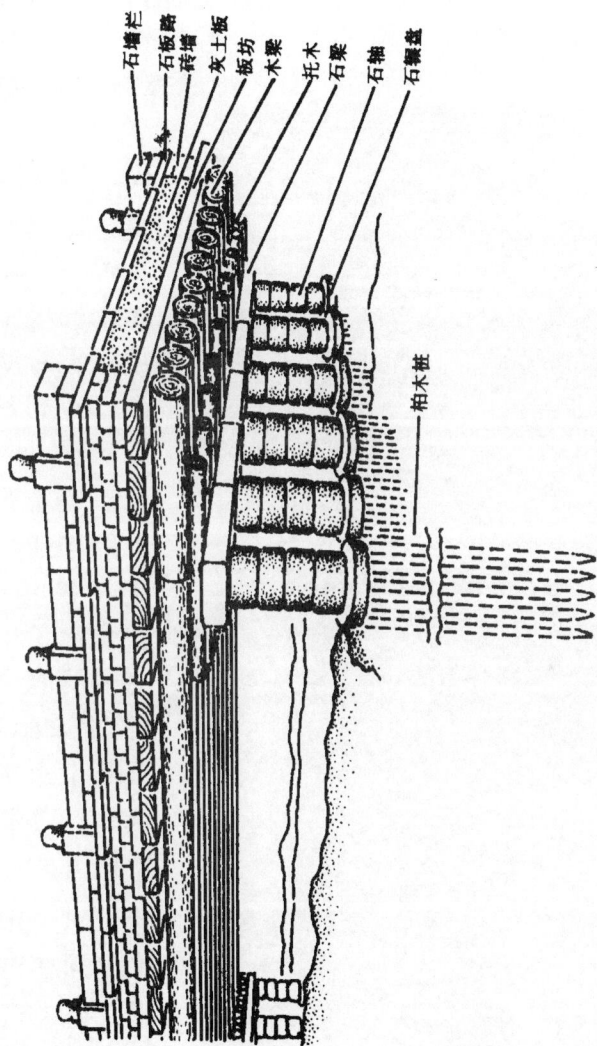

石栏杆
石板路
砖墙
灰土坊
板坊
木栗
托木
石梁
石柱
石寨盘

柏木桩

图 5－1－4 灞桥结构图

《长安志》:"汉作灞桥,以石为梁"。唐代时仍为石梁石柱。到了宋、元、明、清时代,因水毁而多次修复。但原来桥形已不复存在。现据清代道光十三年(公元1833年)十月动工重修至第二年七月完成的情况来看(图5-1-4),虽然也是石柱桥,但上部构造与古灞桥相比,(图5-1-5),有很大变化。

清代重修的灞桥,据文献称:"长一百三十四丈"(实测时合今353.95米),"全桥横开六十七龙门"(即67孔),各孔跨径6米左右不等,桥宽"二丈八尺"(合今约8.96米①)(10)。由图5-1-4可以看到全桥的实际结构,是一座多跨的具有桩

图5-1-5　古灞桥图拓片

---

① 罗英《中国石桥》为七米。但按清代1尺折今0.32米算,则为8.96米。

俯视　　　　　　　　仰视

上层

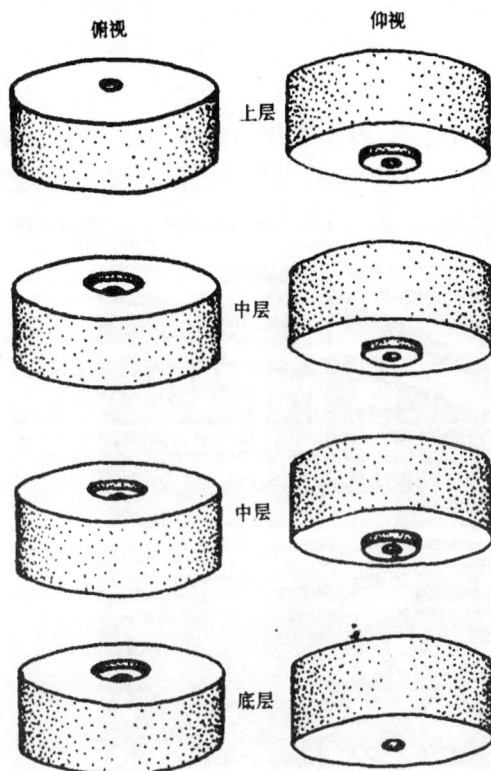

中层

中层

底层

图 5 - 1 - 6　灞桥石柱分节构造

基、在石碾盘基座上设置六排圆形石轴（即石柱）的简支木梁桥。石柱径 3 尺（合今 0.96 米），长 8 尺（合今 2.56 米），共分 4 节，每节上面中心嵌入短铁柱，与上节底面中心凿成的圆孔接合，拼装成整体的石柱，见图 5 - 1 - 6。如果是整体石柱，不仅取材不便，而且安装困难。古灞桥石柱采取了分节方法，使既长又重的石柱得以顺利安装。这种构造设计很合乎现代铰接装配式构造的原理。如果说古桥技术的可借鉴性，那么灞桥石墩柱的建筑设计是值得借鉴和发扬的。

清代重建的灞桥，在 1955 年改建为钢筋混凝土上部结构，下部旧墩柱仍被保留使用，至今已达 150 余年。

2.宋代的万安桥和安平桥

万安桥和安平桥是中国古代建造的两座相当著名的石梁桥，至今已有 900 余年，在梁桥史上占有极其重要的位置。这两座桥

均建造在宋代对外贸易兴旺和水陆交通繁盛的福建泉州，对经济
发展和便利交通作出了巨大的贡献。其概况和技术特征如下：

（1）万安桥

万安桥位于福建泉州东北 20 里晋江和惠安两县分界处，横跨
洛阳江，故又称为洛阳桥。据罗英的《中国石桥》载：万安桥建
于北宋皇祐五年（公元 1053 年）四月至嘉祐四年（公元 1059 年）

图 5 - 1 - 7   万安桥桥墩及牡蛎加固桥基

图 5-1-8　安平桥图

十二月，建造时间达 6 年 8 个月。全桥长 3600 尺（合今 1106
米①），宽 1.5 丈（合今 4.61 米），排水桥孔 47 道。每孔有花岗
岩石梁 7 根，每根厚约 80 厘米，宽 100 厘米，长约 11～17 米。
每根梁重达 20～30 吨；因石梁屡经更换，长短不一。桥面两旁，
设有石栏，栏板之间有石柱，共 500 根。另外，有石狮、石亭、
石塔等装饰建筑物。此桥最大的技术特点是它的墩基建筑，桥墩
采用石条纵横堆筑（图 5-1-7），墩基则采用了江底抛掷巨大石
块的"筏形基础"，长达 500 余米，宽达 25 米。为进一步巩固桥
基，又采用繁殖牡蛎固结基底的办法，使桥基不致被巨大浪涛冲
毁，创造了古代因地制宜建桥的光辉业绩。至于修建此桥所采用

－－－－－－－－－－

　　① 宋代每尺合今 0.3072 米。

的浮运巨石和吊装石梁的技术，则是中国桥梁史上浮运架桥法的最早记载。

（2）安平桥

南宋绍兴二十一年（公元1151年）修建的安平桥，位于福建晋江和南安两县交界处的安海与水头两镇之间的安海港海湾上，是由福州通往漳州的又一长大石梁桥。修建时，全桥长810丈（约合今2500米），共362孔。由于桥下河道多年淤积，现今桥长仅剩下2070米。桥面分别由4～6块石梁组成。桥墩分别有长方形墩、半船形墩和船形墩3种（图5-1-8），墩下采用大块石抛填的筏形基础。这种基础成为中国古代建桥的又一个技术特点。

第二节　古代拱桥

拱桥是跨越河流的弧形建筑物，在桥梁的发展进程中拱桥要比梁桥具有更重要的历史地位。首先，拱桥跨径大于木、石梁桥，以赵州安济桥为代表，最大跨径达到37米以上；其次，施工工艺要比梁桥复杂，美化要求更高，因而成为中国古代优秀文化的标志之一。拱桥的结构形式，有单拱、多拱、联拱、尖拱、敞肩拱等；从建筑材料论，有石拱、砖拱和木拱；从拱的施工方法论，有拱圈石并列砌置法和纵联砌置法，而在纵联砌置法中又有镶边和框式之分。拱桥种类之多，进一步说明了中国古代桥梁技术的进步和发展。

一、拱桥的起源和发展

拱桥最早起源于石拱。在原始社会，溪流穿过山涧岩石的孔隙，随着水流不断冲刷和自然风化，岩石孔隙逐渐扩大成为洞穴，这就是天然的原始拱桥（见图5-2-1）。

从天然原始拱桥开始，发展到人工凿石砌筑成拱桥，经历了

图 5 - 2 - 1　天然原始拱桥

相当漫长的岁月。1957年 4 月，河南省新野县北寨村出土了东汉时代画像砖，其上记载的拱桥（图 5 - 2 - 2），表明中国用拱结构建桥有着悠久的历史。

秦汉时期重视水陆交通和水利建设，曾经修建过不少拱桥。《后汉书·梁冀传》中就有"飞梁石磴。陵跨水道"的文字记载。这里的飞梁，在古史文献中被解释为"架虚若飞也"，或"架石飞梁尽一虹"，均可证实"飞梁"即是石拱桥。

西晋太康三年（公元 282 年）在洛阳七里涧建成的旅人桥①，《水经注》记载说："下圆以通水"，这里所说的"下圆"，显然是一座单孔圆弧石拱桥。

图 5 - 2 - 2　东汉拱桥画像砖拓片

---

①　《晋书·武帝纪》卷三（1974 年中华书局版）称："泰始十年（公元 274 年）十一月，立城东七里涧石桥"。

　　单孔圆弧石拱桥的建成，给跨越大河建造多孔石拱桥带来了实践经验。到了隋唐时代，多孔石拱桥的建造得到了辉煌的发展。隋仁寿元年（公元601年）在须昌县（今山东省东平县附近）西三里建造的清水石拱桥，"石作华巧，与赵州石桥相埒，长四百五十尺（约合今140米）①"[11]。从这个简略的记载中，可知这座桥的初步概貌。现存的隋代赵州单孔石拱桥，其实际建造年代当在清水石拱桥之前。

　　唐贞观十四年（公元640年），将隋炀帝于大业元年（公元605年）在河南县（今河南省洛阳）北四里洛河上建造的浮桥改建为多孔石拱桥。因《尔雅》一书中有"箕斗之间为天汉之津"之说，故命名该桥为"天津桥"。这座桥梁全长及其孔数虽无记载，但据

图5-2-3　苏州宝带桥

①　按唐代一尺合今31.1厘米折算。

文献"令石工累方石为脚"和"两头点上，中间虚悬"[12]来说，可以证实它是一座石砌墩台的多孔石拱桥。又据传说，建筑这座桥的匠师是唐代韦机。

唐元和元年（公元806年），修建苏州宝带桥，此桥为多孔联拱石桥，（图5-2-3），全桥长约317米，有53孔，桥孔最小为4.6米，最大为7.45米，由第13孔至第17孔的桥面逐渐隆起，以第15孔最高，能通行当时的最大木船。这座桥虽经宋、元、明、清历代重修，但据中国桥梁专家罗英考证，现存的苏州宝带桥仍有唐代修建时的规制。[13]。

在宋、辽、金时期，各地相继修建石拱桥，数量有所增加。北宋宣和二年（公元1120年）在广东海阳县西南30里修建的和平桥，是1座16孔的多孔石拱桥，桥长30丈（约合今92米①），宽9尺（约合今2.8米）而金代修建的北京卢沟桥，则是举世闻名的多孔联拱石拱桥，经历了各朝多次战争，一直保存至今，成为中国优秀的古代文化和建筑遗产。

在元、明、清时期，多孔石拱桥的建造进一步得到发展，技术日益成熟，不仅桥梁长度更大，而且造型和结构各有特征。元至正年间（公元1341年~1368年）修建的江西省永丰县恩江桥，是一座长约400米的联拱大石桥，计23孔，旧名济川桥，后经明代正德年间（公元1506年至1521年）重建，保存至今已有460多年的历史。明崇祯七年（公元1634年）修建的江西省南城县万年石拱桥，桥长达400余米，计23孔，宽5.8米，中华人民共和国成立后于1953年至1954年内对该桥进行了修整，使古桥焕然一新，成为现代公路能够继续使用的公路桥（图5-2-4）。清康熙五十六年（公元1717年）修建的安徽省歙县太平桥曾在道光三十年（公元1850年）重修。至今130多年，通行大型汽车无阻。该

---

① 宋代一尺合今0.3072米。

图 5-2-4   明代江西南城县万年桥

桥是一座长达 279.8 米的多孔石拱桥，计 16 孔，孔径为
12.4～16.0 米，宽 6.9 米，高 20 米，石拱圈厚 50 厘米，坚固耐
久。桥面铺有大块条石，通行便利。

清嘉庆八年（公元 1803 年）重建明代抚州文昌桥。该桥 12 孔，
长 180 米，采用了围堰排水的干修法代替了过去的水修法。重建
后至今不坏，开创了中国桥梁史上最早的先进桥基施工方法。

在前述多跨石拱桥发展的进程中，建筑技术不仅日益讲求坚
固、美观，而且进一步根据水文、河道地质等情况，建立了正式
的修建法规（见本章第五节）。

清朝开始重视对桥下水位的观测。据考古工作者对古桥建筑
的调查，发现多处石桥墩台上刻有清代历年水位的观测记录，这

些记录说明了古代建桥人员为保证桥梁安全重视了对水位的研究。

二、赵州桥、虹桥和卢沟桥

中国古代著名拱桥很多，而在桥梁史上占有特别重要位置的则是隋代的赵州石拱桥，宋代的开封虹桥（木拱桥）和金代的北京卢沟桥（石拱桥）。

（一）隋代赵州石拱桥

位于现今河北省赵县洨河上的著名石拱桥，原名安济桥，通称赵州桥。这座桥始建于隋文帝开皇十年（公元590年）之后，

图5-2-5　隋代赵州石拱桥

完成于隋炀帝大业年间（公元 605 年～618 年），至今已有 1360 多年的历史。它是中国历史上保存较好的一座古代大跨石拱桥（图 5-2-5），也是世界上最早的敞肩式石拱桥。

赵州桥采用现代所说的"敞肩拱"[①]，桥型，即在大拱圈两端上部各加二孔小拱。大拱跨径达 37.02 米，二孔小拱的跨径分别为 3.8 米和 2.85 米，桥梁总长为 50.82 米，两端桥面宽约 9.6 米，中部约为 9 米。这座桥梁在建筑结构和施工工艺等方面均有许多特点，主要是：

大拱圈采用的高度与跨度比例约为 1：5（拱矢高 7.23 米），

图 5-2-6　《清明上河图》中的虹桥

---

①　现在统称为空腹拱。

成为平缓的弧形坦拱桥，这是中国古代石拱桥技术的巨大发展，具有较高的工艺水平。

大拱圈由 28 道独立的拱圈并列砌置组成。每道拱圈由 43 块大块石砌成，各块石之间用"腰铁"联接，形成紧密的整体拱圈。每块石块高 1.02 米，长 0.70 至 1.09 米，宽 25 至 40 厘米，各不相同，便于砌成宽度不一的大拱圈。根据石料尺寸，每块重量最小者达 0.5 吨左右①，最大者达 1.25 吨左右。为了加强纵向并列砌筑石拱圈的横向联系，在跨中拱背上安放了 5 根铁拉杆，4 个小拱顶上则各设横向铁拉杆一根，使全桥成为坚实的整体。

拱脚处用三角形垫石，并有铁柱与桥台相连，用以防止拱圈移向桥台之外。拱脚以下桥台由 5 层料石砌成，厚 1.549 米，宽约 10 米，直接座落在天然砂基上。

至于赵州桥的栏板、望柱（栏杆柱）等石工的精细、优美，也超过了以前各代的石拱桥。

基于以上所述，可以说赵州桥是中国古代石拱桥技术高度发达的标志，而主持设计和施工的隋代匠师李春和李通等人的技术构思则闪耀着中华民族的光辉智慧，将永远彪炳于史册。

（二）宋代汴京虹桥

在隋唐时代，建造石拱桥的史实屡见不鲜，而以木材修建大跨径拱桥，则始于宋明道年间（公元 1032 年至 1033 年）。据文献记载：在青州（今山东省青州县）曾建造了一座大木相贯的拱桥，历 50 余年使用仍不坏。而保存至今的著名古画《清明上河图》，则展示了北宋首都汴京虹桥的全貌（图 5-2-6），并且是仿照青州桥而建②。据近年来研究结果，认为汴京虹桥在宋熙宁元年（公元 1068 年）前已经建成，使用至北宋末期，毁于宋金战火之中，

---

① 据调查，该桥石质为青白色石灰岩，每立方米重 2.58 吨。
② 据金大钧等《桥梁史话》98 页所述，乃命效法青州所作飞桥。

经历了大约 60 年的历史。

虹桥位于汴京（今河南省开封市）东水门外汴河之上，因其外形宛如长虹，故名虹桥。其建筑结构特点如下：

虹桥主体结构是用 6 根圆木纵向交错成等边折架，约有 20 至 21 道，再在折线交点处横穿 6 根圆木，共同组成了整体的木架拱结构（见图 5-2-7）。从《清明上河图》实测，虹桥跨径近 25 米，净跨 20 米，离水面净高 5.5 米～6 米。跨度与高度的比例约为 1∶5，即拱矢度为 1/5，桥宽约 8 米，均铺以板枋，上铺灰土面层。桥塊和拱背培土垫成缓坡，便于行人车马过桥。

桥台用块石砌筑和腰铁连接。北桥台上设有背纤船工通行的过道，过道上有栏柱，用以保障通行安全。此外，桥头两端立有华表，格外壮观。

就整个木拱桥的结构和造型而论，虹桥是中国古代桥梁中的一项独特的创造和发明，这在世界桥梁史上也是少有的先例。根据研究这座桥梁的学者总结，认为其主要优点是：构造轻盈，杆件接合简便，便于预制安装，可以采用短构件拼装成长跨径的拱桥，同时适合于桥下通航。经过长达 60 余年的使用，不仅说明了这座木拱桥的耐久性，而且有力地证明了它的科学价值。至于它对历史上北宋首都汴京所作的水陆交通运输贡献之大，也是不言而喻的。

为了使这座有科学价值的古桥得以重现于世，1958 年，人民政府于武汉长江大桥侧畔莲花湖公园内修建了一座仿古虹桥，以纪念中国古代劳动人民的伟大创造。

（三）金代北京卢沟桥

卢沟桥横跨永定河，位于北京西南郊，距城区大约 15 公里。这座石拱桥自金大定二十九年（公元 1189 年）始建，于金明昌三年（公元 1192 年）落成，至今已有 790 多年的历史。它建造华丽、

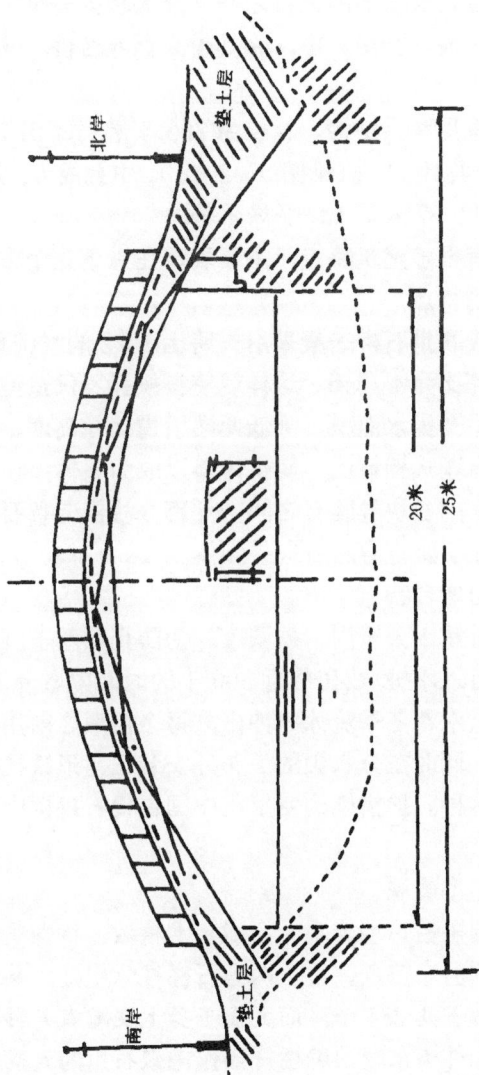

图 5 - 2 - 7　虹桥结构示意图

根据《文物》1975 年 4 期复制

坚固，是中国古代著名的大桥之一。意大利人马可·波罗在他著述的《马可·波罗行纪》中，将其誉为世界名桥，使之扬名于世界。

卢沟桥采用联拱结构，总长为 266.5 米，宽 9.3 米，其中车道宽 7.6 米，共计 11 孔（见图 5-2-8），中孔最大，为 14.26 米，其余孔径由 11.57 米至 13.17 米不等。

卢沟桥有很多建筑特点，主要表现在以下几个方面：

1. 拱圈的特点

中国古代联拱石桥一般采用矢跨比 1/2 的半圆形拱，但卢沟桥采用的矢跨比为 1/3.5，这样就使得拱弧不仅造型宽阔，而且有利于扩大桥孔排水面积，降低两端引道路基高度。在砌筑拱圈方面，采用纵联式砌筑法，使拱体得以成为整体；在拱圈外侧有 9 块券脸石①，各块券脸石之间，又砌 8 块横向条石与券脸石相交，其作用在于防止券脸石向外倾倒。

2. 基础与墩台特点

卢沟桥桥基十分坚固。据调查，为防止墩基下沉，施工中在泥沙河床中打入木桩，故在将近 800 年的时间内墩台仍坚实如故。为减少夏季洪水和冬季流冰的冲击，每个桥墩之前用条石砌成三角形分水尖，同时在分水尖的尖头处安装三角形铁柱加固（见图 5-2-8）。这种防护措施的使用在中国古代石拱桥中是少有的创造。

3. 桥栏造型美观

卢沟桥的桥栏造型美观，石雕艺术精致，特别是柱头石雕，成为这座桥的另一特点。桥上两旁石栏柱（望柱）头上雕刻着各种造型的大狮子共 281 个，而大狮子身上又雕有各种姿态的小狮子 198 个，此外桥东端顶着栏杆当作抱鼓石用的大狮子有 2 个，

———————————

① 券脸石指拱圈外边缘纵向砌筑的条石。

图 5-2-8　金代北京卢沟桥及桥上狮子

桥两头 4 个华表柱头上各有狮子 1 个，总计大小狮子 485 个。由于狮数太多，故有"卢沟桥的狮子数不清"的谚语。石雕狮子造型不一，神态各异，表明了中国古代石工的高超技艺和民族美学的思想。

第三节　古　代　悬　桥

　　中国古代跨越急流险滩的河流中建造大跨径桥梁，多采用绳索悬吊梁板的悬桥或悬索桥。故论悬桥的历史，中国古代悬桥建筑处于领先地位。日本人村濑佐太美曾说："现代斜拉桥结构型式，是古代藤桥的发展，藤桥可称为原始的斜拉桥"[14]。我国的藤桥就是一种悬桥，早在盛唐时代，已经应用于道路交通。如云南省境内的怒江上的藤桥①，美国史密斯(H.S.S mith)在他所著的《世界大桥》一书中作了介绍。

一、悬桥的起源和发展

　　在原始社会，较狭窄的山涧河谷两岸天然生长着的藤蔓植物互相搭接在一起，猿猴等动物可以在上面爬行过河，启发了人类利用藤索过河的想法，这就是人工悬桥的起源(图5-3-1)。

　　在中国古代，悬桥经历了由竹索桥到铁索桥的长期发展过程，无论在结构或造型方面，

图 5-3-1　天然悬桥

---

　　①　美国史密斯在《世界大桥》一书中，称之为萨尔温江上的藤桥。怒江进入缅甸后称萨尔温江，这里实际上是怒江上的藤桥。

都给后来索桥的发展开创了最早的示例。

文献记载中国最早的索桥,是公元前250年的秦国蜀郡太守李冰在今四川省修建的第一座行人"笮桥"(所谓"笮",是用竹篾编成的一种绳索),就是竹索悬桥。到了汉魏时代(公元前206年~公元265年),在西域道路上的罽宾(今克什米尔)地区修建的索桥,则称为"绲桥"。《水经注》记载:"罽宾之境,有盘石之隥,道峡尺余,行者骑步相持,绲桥相引",即指此。所谓"绲",是用竹子编成的粗索,有较强的拉力。到了东晋时期(公元317年~420年),在今四川省成都市西南建有笮桥,名"夷里桥",而同时通往西藏高原地区的道路上,开始有了藤桥,一直到唐代,在唐蕃古道上还有藤桥。图5-3-2是怒江上的藤桥示意图。

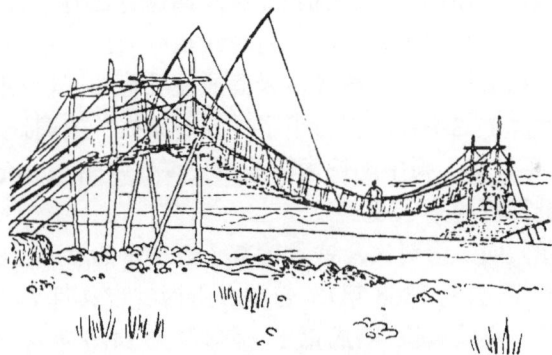

图5-3-2 古藤桥示意图

由于四川、云南和贵州盛产竹,故唐代在这些地方的山区河流上修建竹索桥较多,一般文献上又称为"绳桥"。如茂州(今四川茂汶羌族自治县)汶川(今汶川)西北三里的汶江(今岷江)上架有宽6尺(合今1.76米)、长10步(合今14.7米)的绳桥。"篾笮四条,以葛藤纬络,布板其上,虽从风摇动,而牢固有余"[15]。

《蜀中广记》一书对于修建绳桥的方法有所叙述："绳桥之法，先立两木于水中作为桥柱，架梁于上，以竹为纲，乃密布竹于梁，系于两岸，或以大竹落盛石系绳于上，又以竹纲布于绳，夹岸以木为机，绳缓则转机收之"。在距今1000多年以前的唐代，对于修建索桥有如此巧妙的构思，可以说是古代索桥技术的一大进步。

到了明清两代，西南各地山区江河激流上仍建有各种式样的藤桥。据史载，明代（公元1368年～1644年）云南腾冲东北的龙川江上架有藤桥，东川府的牛栏江（今云南昭通西南）上也架有藤桥，证明了古代藤桥在西南各地应用较为普遍。

至于古代铁索桥的修建始于汉高祖元年（公元前206年）。陕西省襄城县马道驿北的樊河铁索桥，明嘉靖八年（公元1529年）建立的桥碑上对此有所记载，但被认为资料不确，难以证实。也有人认为在西汉甘露四年（公元前50年），四川省已有了长达100米的铁索桥。而有可靠记载的，则是唐代在今云南中甸县西北金沙江上修建的铁索桥，它是唐代由云南通往吐蕃地区（今西藏）的要道。至明代，桥已不存，仅留下了"穴石锢铁"的遗址。如果以公元前50年计算，则中国铁索桥的历史要比欧州在公元1741年始建的铁链吊桥约早1800年。

到了元、明、清时代，铁索桥有了进一步的发展。《吉州志》载：元代末年（公元1368年），曾在今山西省吉县西70里的壶口石峡修建了一座铁索桥。明成化十一年（公元1475年）在今云南省澜沧江上修建的霁虹桥，经过考证，认为这是中国古代保存至今年代最久的铁索桥。这座桥位于今云南省保山县水寨和永平县杉阳交界处，全长113.4米，宽3米，跨度57.3米。清代康熙年间（公元1662年～1722年）曾加以重修。此外，四川龙安府平武县（今四川省平武县）的永济铁索桥，也是明代修建的。另外，还有山西大同铁索桥等。清康熙年间修建的四川泸定铁索桥，是中国著名的铁索桥。

二、珠浦竹索桥和泸定铁索桥

综上所述，中国古代悬桥建筑有着极为丰富的技术构思和创造力。现在进一步考查其施工技艺，加以深入探索，对于中国公路桥梁现代化建设仍有巨大意义。从下面对著名珠浦桥和泸定桥的记述中，可以更详细地了解中国古代悬桥的技术精华。

（一）四川灌县珠浦桥

珠浦桥又名安澜桥，位于四川省灌县西二里的都江堰口，横跨岷江。据《蜀中广记》记载："灌县西二里有桥曰珠浦，即索桥也，其制，两岸凿石为穴，建为石笼，夹植巨木，屹砥湍流，编

图 5-3-3　珠浦桥

竹绳跨江，横阔一丈（合今 3 米余），离水面五尺（合今约 1.5 米），长百二十丈（合今约 353 米）①”。这是珠浦桥的概略情况（见图5-3-3）。

关于珠浦桥的修建年代，一般笼统地认为在唐宋时代；但宋代则是重修，改名为“评事桥”，故确切始建年代尚不清楚。明末毁于战争，改为船渡。清嘉庆八年（公元 1803 年）仿旧制重建，名“安澜桥”。

今人对珠浦桥有如下的描述：“桥长 340 米，8 孔，最大跨径达 61 米，宽 3 米多，高近 13 米。先用细竹篾编成粗 5 寸的竹索24 根，其中 10 根作底索，上面横铺木板当桥面，木板两端再压上二索，与底索一起夹牢桥面板，余下 12 根分列桥的两旁，作为扶栏。为了使桥索形成一体，每隔 1—2 米，用竖直木条两对和众多的铁栓对称地将 12 根栏索夹紧。竖直木条又与桥面下的横木梁联结，形成 U 形木框，底索就扎在横木梁上，以免松散。这样，桥就成为一个整体”(16)。

此外，索桥两端设有石室，室内木笼中安放木绞车，用以绞紧底索；又用木柱绞紧栏索，由于全桥竹索过长，从两头绞紧困难，所以在桥梁中间的石墩上又修建了与桥头同样的石室和木绞车。石室上造有二层桥亭，上层用木梁密排，装砌大石压重；下层则通过行人。

全桥设计构思巧妙，成为中国古代杰出的著名索桥之一。中华人民共和国成立后，1974 年在原桥位处修建闸门，在下游 100米处仍按古代桥型改建成一座钢索和混凝土排架悬桥。

（二）四川泸定铁索桥

泸定桥始建于清康熙四十四年（公元 1705 年），于第二年竣工

---

① 据茅以升：《中国古桥与新桥》，该桥桥长为 330 米，共 9 跨。

通行，至今已有 280 余年的历史。据《御制泸定桥碑记》称：在未建成铁索桥之前，"舟楫行人援索悬渡，险莫甚焉"。由此可知建桥前的交通情况。

铁索桥位于今四川省甘孜藏族自治州泸定县城西，横跨大渡河，东西两岸峭壁耸峙，河水湍急。自建桥以来，为四川省汉源至康定的必经交通要道。1935 年 5 月中央红军长征至此，与防守桥头的驻军激战，胜利地通过了泸定桥。更给这座古代名桥增添了光辉的史迹。

泸定桥全长 300 余尺，约合今 100 余米，桥面宽 3 米，距枯水位高 14.5 米，由 13 根铁链和横、纵木板组成，所有铁索均锚固于东西两岸上的石砌桥台中，桥台上建有护桥桥亭（见图

图 5-3-4　清代修建的泸定铁索桥

5-3-4)。

没有中间吊索，是泸定桥的最大技术特征。全桥承重铁链条9根，两侧扶索各2根，每根铁链条长39.1丈多（合今127.45米），平均由890个扁铁环组成。13根铁链条共有11571个扁铁环，每个环长17～20厘米，外径9厘米，内径3厘米，制作相当精细，大多数环上刻有铁工代号，以示制作者的责任。

从锚固铁索的方法来论，不仅体现了当时建造者的精细构思，而且是现代吊桥锚固方法的启蒙。图5-3-5表明了锚固技术的具体要求。根据文献和1934年12月修理该桥的实际调查，其锚固技术是先将铁索的一端固定在河西岸桥台上，然后牵引铁索过河，再固定于东岸的桥台上。东西两岸桥台背后有埋设铁索的地龙坑道，坑内埋有长达4米、直径20厘米的"困龙"，并有直径14～20厘米的铁制地龙桩。东台为7根，西台为8根，埋设深度约7米，其周围用灰浆砌块石固结，所以来自桥台的压重足以承受铁索的巨大拉力。经过长达200多年的使用，证实了这种锚固铁索技术的稳定性完全符合现代吊桥钢索的锚固原理。

在地处偏远的四川山区，任何建筑工程都是相当困难的。建桥工人对于远运木材和铁索等材料和制造安装工程所付出的巨大艰辛是可以想象的。建桥技术之高，更体现了当时桥工的聪明才智。

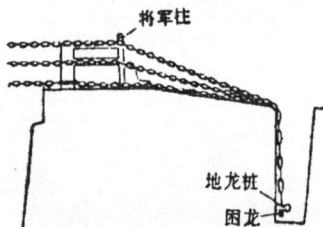

图5-3-5　泸定桥铁索锚固图

为了保护这座具有革命意义的名桥，1961年3月4日中华人民共和国国务院确定泸定桥为全国重点革命文物保护单位。

第四节　古 代 浮 桥

　　浮桥，一般是使用船只和木板连接而成的临时性桥梁。凡深水大河在未建成固定式桥梁前，出于行人和交通的需要，大多采用浮桥过渡的方法。特别是在战争时期，浮桥是不可缺少的重要军事交通设施。它具有架设迅速、拼接可长可短、可以及时拆除等机动灵活的优点。浮桥发展到现代，尽管使用钢浮筒、橡胶充气袋等取代了船只，但其基本原理仍然来源于古老传统的构思。中国修建浮桥已有3100多年的历史，无论在选择浮渡位置或是施工技术上，都有许多特点，尤其是在河流两岸铸制大型锚固引索的"铁牛"，代表了中国古代浮桥技术的高度成就，这在世界桥梁史上是罕见的。

一、浮桥的起源和发展

　　我国古代浮桥起源甚早，远在周代，就有浮桥的记载，那时称为"舟梁"，后来称为"浮梁"。《诗经》一书记述西周姬昌"迎亲于渭，造舟为梁"，是指在渭河上架设浮桥的事，可以证明那时已经有了浮桥。

　　春秋战国时期，出于军事用途，列国在其所辖境内的大江河流上盛行浮桥建设。据《通典》一七三条载："朝邑①（在今陕西东部）有河桥，秦后子奔晋，造舟于河，通秦、晋之道"。这是在鲁昭公元年（公元前541年），秦景公的母弟后子针因怕景公杀害，乘车千辆逃往晋国，途中修造浮桥。又《春秋后传》载"周赧王（姬延）二十八年（公元前287年），秦始作浮桥于河"，这是在黄河上架设浮桥最早的记载。秦昭王五十年（公元前257年），秦、晋

---

　　① 旧县名，现已撤销，并入大荔县。

两国交战，秦国在蒲州(今山西风陵渡一带)的黄河上架设了一座浮桥，自汉以后，通称为蒲津桥。

三国两晋南北朝时代，也架设了不少浮桥。

北魏时代始光四年(公元 427 年)，在云中(今内蒙古自治区托克托附近)西南 200 里处建造的君子津浮桥，也是战争背景下的产物。太平真君六年(公元 445 年)"发冀州民造浮桥于碻磝津"，说明了北魏时代重视津渡的改善。

隋、唐时代，在大河上建造浮桥的技术较之前代有所发展。隋大业元年(公元 605 年)，在洛阳县 4 里处的洛水上建造的浮桥，采用了"大缆维舟，皆以铁锁钩连之"的作法。到了唐代，由于洛水不断溢涨，浮桥常坏，乃于贞观十四年(公元 640 年)正式改建成石桥，命名为"天津桥"[17]。开元十二年(公元 724 年)，鉴于蒲津浮桥是长安通往太原府(今山西太原)的交通要冲，乃下令重新修建，采用了"絙以竹苇，引以铁牛"的方法。兵部尚书张说还奉命撰述赞文(详下文)。另据文献："今造舟为梁，其制甚盛，每岁征竹索价，谓之桥脚钱，数至二万，亦关河之巨防焉"[18]。于此可见蒲津浮桥对唐代关防上的重要性。这座浮桥一直延用到宋、金时代，金末毁于战争。

宋、元、明、清各代，也有很多在大河上建造浮桥的史例。如：宋熙宁年间(公元 1068~1077 年)，在正定府(今河北正定县)附近的滹沱河上架设浮桥一座；元至正二十一年(公元 1361 年)八月，"察汉特尔率师至盐河(在今山东省)，由东阿造浮桥以济"[19]；明代在今甘肃省兰州修建了黄河镇远浮桥。清代有名的浮桥，则是咸丰二年，也是太平天国二年(公元 1852 年)太平军在湖北武汉三镇架设的三座浮桥。据《镜山野史》称："艨艟大舰，排齐江心……浮桥数座，直贯武昌城下"。这些浮桥的架设，对太平军战胜清军发挥了重大作用。

二、《蒲津桥赞》与浮桥技术

在浮桥建筑技术方面，古史文献记述很少。现在保存下来的唐代张说撰写的《蒲津桥赞》，不仅论述了蒲津桥在唐代交通地理和关防上的重要性，而且比较详尽地谈到了浮桥施工技术问题。以下引述《赞文》，并稍加说明，以便从中了解古代浮桥的建造方法。

《赞文》说："域中有四渎①，黄河是其长。河上有三桥，蒲津是其一②。隔秦称塞，临晋名关，关西之要冲，河东之辐辏，必由是也。其旧制，横缃百丈，连舰十艘，辫修笮以维之，系围木以距之，亦云固矣，然每冬冰未合，春沍初解，流澌峥嵘，塞川而下，如础如臼……缏断航破，无岁不有。虽残渭南之竹，仆陇坻之松，败辄更之，罄不供费，津吏咸罪，县徒告劳，以为常矣"。这一段话是指开元十二年以前蒲津浮桥虽然用了竹索100丈（合今290米），连船10艘，用竹缆维系，但是到了春季冰融，浮桥不免被流冰击坏，因而每年花费巨大。尽管如此，管理官员还是要受到惩罚。

鉴于竹索难以抗拒冰块的冲击，所以改用铁索。《赞文》接着叙述了唐玄宗下令改建的情况："开元十有二载（公元724年）……授彼有司，俾铁代竹，取坚易脆。……于是大匠蒇事③，百工献艺，是炼是烹，亦错亦锻，结而为连锁，熔而为伏牛，偶立于两岸，襟束于中潬④，锁以持航，牛以执缆，亦将压水物，奠浮梁，又疏其舟间，画其鹢首⑤，必使奔澌不突，积凌不隘。新法既成，永代作则。"这一段话是指锻炼铁索和采用铁牛固定铁索的方法。从使用年限来论，这种方法大约延用了100年，到了唐

---

① 四渎，指江、淮、河、济四条江河。
② 另二桥指太阳桥和河阳桥。
③ 蒇事，指完成事情。
④ 指固定于水和沙中。
⑤ 鹢，鹢鸟，鹢首，亦作艗首。古代船头上画着鹢鸟，故称船首为鹢首。

大中九年(公元 855 年)，铁索损坏，已不再用，黄河两岸各剩固定铁索的铁牛 4 头。至北宋时代，仍用竹缆浮桥。

第五节　古代桥梁的营造规范

中国古代桥梁建筑是中华民族数千年来高度物质文明和精神文明的产物，也是古代文化发展的重要标志之一。作为桥梁规范来说，它也是古代文化遗产的重要组成部分。后人在不断总结前人修桥经验的基础上，去粗取精，上升为一定的理论，而可以指导后人据以施工的某些做法，就成为后世所遵循的范例或规范。在中国古代，由于历史上的某些原因，被保留下来的有关桥梁建筑规范为数很少，除了北魏郦道元所著《水经注》一书记载了若干有关桥梁技术之外，可以说，北宋时代李诫著的《营造法式》一书则是中国古代正式建筑规范的开端。它包括房屋与桥梁建筑。到了清代，则有《灞桥图说》和民国时期编写的《清官式石桥做法》两种桥梁规范。尽管这些规范书类不够全面，但也可以从中略知某些技术成就。

一、北宋时代的《营造法式》

《营造法式》一书是北宋崇宁年间专门论述营建工程的一部杰出的规范书。著者李诫，字明仲，北宋时代郑州管城县(今河南郑州)人，他在哲宗和徽宗时期(公元 1086 年～1110 年)曾两次担任"将作监"的主管，前后有 13 年之久。"将作监"是主管宫殿、城廓、道路、桥梁等土木工程的总机构。李诫在任职期间，除主持日常政务外，潜心著作，根据当时营建工程实际情况，编出《营造法式》一书。

《营造法式》一书称石拱桥为"共舆水窗"①。造桥之前，先

---

① "舆"字，即"车舆"之意，此处指通过桥梁的大马车。"水窗"，即通水的孔。

选定优良石材，其规格为长 3 尺，宽 2 尺，厚 6 寸。根据拱圈大小，将规格石料再凿成"斧刀石"，这就是现今的楔形石块。砌筑"单眼舆窗"（单孔拱）时，是以河宽为直径，确定拱圈。此外，尚有"双眼舆窗"（双孔拱）。施工时，分别在河川中心和河岸钉入铁钉，作为砌筑时的控制点。

从上述简单的规范中，我们可以概括地了解北宋时代石拱桥的一般建造方法。

二、清代的《灞桥图说》

《灞桥图说》是清代修复陕西长安附近灞桥的一本施工规范书。全书论述了灞桥下部构造、上部构造施工详细规格和砌筑程序。中国桥梁专家罗英编著的《中国石桥》一书作了较为详细的归纳。其中包括：桥梁定向法、刨沙定水平法、开挖基础法、基底打桩法、安砌墩柱法和桥面施工法等。在桥面施工法中又分为：横架木梁、顺铺板枋、叠累栏枋、安路板缘石、砌筑栏墙和栏杆等。此外，还规定了灰土修筑路堤法。

在上述各种施工方法中，不仅对各种材料有详尽的规格尺寸，而且对安装石料提出了极其严格的要求。特别是采用糯米汁加牛血拌和灰浆法，对于栏石的固定接合起到了坚固耐久的作用。这种古老的传统工艺用于桥梁工程，在中国桥梁技术史上也是一项重要的发明。还有采用桐油麻灰作为木梁、板枋等的防腐涂料，也是属于传统的古老工艺。根据古灞桥的耐久年限来论，可以说，《灞桥图说》一书起到了规范应有的作用。

三、《清官式石桥做法》

《清官式石桥做法》一书是近人王璧文于本世纪 30 年代根据清代帝妃陵寝石桥图样等资料，经过整理而编写的一本石桥规范，刊于《中国营造学社汇刊》第五卷第四期。这本规范对于研究中国清代石桥构造及其施工方法颇有价值，日本长崎大学教授小三田了三在他的论文中曾有所评价；而罗英所著《中国石桥》一书，也曾引用了王璧文的论述，作了详细的分析与研究。

《清官式石桥做法》一书中包括两种石桥，即石券桥与石平桥。前者即今所说的石拱桥，后者即今所说的石板桥。

这本规范中比较突出的是关于桥孔孔径的计算方法。图5-5-1是单孔桥的规定，图5-5-2是三孔桥的规定。全书规定了共

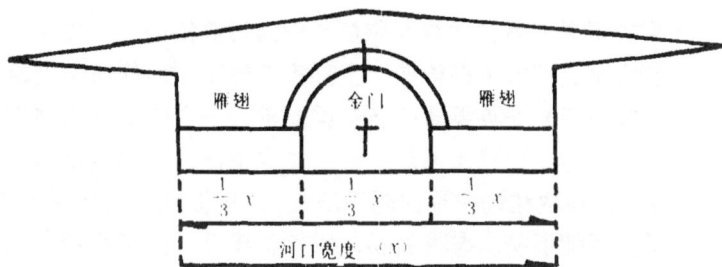

图 5-5-1　单孔拱桥孔径计算图式

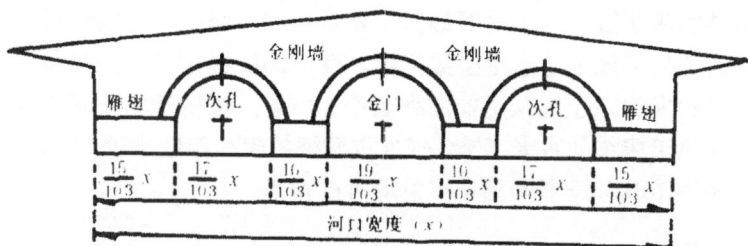

图 5-5-2　三孔拱桥孔径计算图式

有 17 孔拱桥孔径的计算方法。以下只举图 5-5-1 和图 5-5-2 的拱桥孔径计算法，以便略知这本规范的特点。

在图 5-5-1 中，是将河口宽度作为 x 值，然后划分金门（桥孔）、雁翅（八字墙）各为 1/3 x 值，在图 5-5-2 中，是将河口宽度作为 x 值，等分为 103，而将金门（中孔）作为 19/103，次孔（边孔）作为 17/103，其他部分尺寸如图所示。由图可知，多孔桥中的中孔大于边孔，这是以中孔作为标准来推定边孔的。罗英在研究中曾指出，为增高桥下净空和美观起见，全桥长度往往约比河宽加长 40/100 到 100/100。于此可见规范中重视美学的观点，而对于工程的经济性并没有适当的考虑。

第六节　古代渡口

渡口是陆路跨越大河的重要设施。古代限于技术条件，难以在大江急流的河道上修建正式桥梁，如黄河和长江等大河流上，只能依靠浮桥或渡船维持过渡交通。

古代因在渡口设立关卡收税或防御非法偷渡，故称为"关津"或"津渡"。在军事行动期间，渡口又是战守必争之地。于此可见渡口的重要性。

一、渡口的起源和发展

中国古代渡口起源甚早。传说夏代曾凿通孟津。孟津是中国古代黄河上的重要渡口之一，位于今河南省孟津县东北。相传周武王伐纣，在此盟会诸侯并渡河，故称为盟津。到了东汉时期，曾在此设关，为当时雒阳（今洛阳）周围八关之一。

春秋时代，黄河上建立的蒲坂桥（今山西永济西蒲州），也是一处重要渡口。《左传》文公二年（公元前 634 年），"秦伯伐晋"，即取道于蒲坂津。自此以后，历汉、唐以迄于元、明各代，成为军事上必争的交通要地。

随着古代道路的日益发展，黄河上的渡口逐渐增多。如北魏时期的君子津(今山西大同市以西)和碻磝津(今山东茌平县附近)都是当时黄河上的重要渡口。碻磝津在北周时曾设立关卡，名为济州关，至隋末才废除。

除了黄河渡口外，在长江上也曾建立许多渡口。隋代著名的扬子津就是长江上的一处重要渡口，位于今江苏省镇江北岸，南渡至京口(今江苏省镇江市)。大业六年(公元 611 年)二月，隋炀帝曾到达扬子津，大宴文武百官。

唐代对于渡口管理也有严格的律令。

到了宋代,在今江苏省南京市附近的长江上曾设置 6 处渡口。史载:"嘉定五年(公元 1212 年)守臣① 黄度言:'府境北据大江(即长江)，是为天险，上自采石，下达瓜步(在今江苏省六合县东南);千有余里，共置六渡:一曰烈山渡，籍于常平司，岁有渡河钱额;五曰南浦渡、龙弯渡、东阳渡、大城埭渡、冈沙渡，籍于府司，亦有渡河钱额"。这里所说的六处渡口，均属官办渡口。由于"舟楫废坏，官吏、篙工，初无廪给"等原因，致"奸豪冒法，别置私渡"[20]。这说明官渡管理不善，导致宋代私人渡口的设置。

金代在统治地区设置多处渡口，对过往行人实行稽查。史载:"南京(今河南省开封市)延津渡河桥官，兼讥察② 。""同管勾一员，掌桥船渡口讥察济渡……"。[21]

及至元、明、清时代，道路交通进一步发达，许多大、中河流上没有建桥的地方，也设置了许多渡口，便利商旅。《明史·地理志》中载有大、中渡口 15 处，如太原府平陆县(今山西省平陆县)的茅津渡③、长沙府茶陵县的东视渡口、衡州府耒阳县的罗渡、

----

① 守臣，指当时建康（今南京市）的府官。
② 讥察，即今稽查之意。管勾，即主管人员。
③ 为黄河渡口之一，位于今山西省与河南省交界处三门峡市附近。

湖州府安吉县的递铺渡、云南府昆明县的赤水鹏和清水江渡口等。此外，清代在明代原有渡口之外，又增设新渡口多处，如黑龙江省室韦直隶厅所辖的根河口渡口就是其中之一。"根河口新立官渡，为华俄商旅必趋之路"[22]。根河口位于今黑龙江省额尔古纳右旗之南，西与苏联交界。由此可知当时中俄两国边界道路交通中的渡口地位。

综上所述，可知古代渡口的发展情况及其促进交通的作用。现在有些古津渡已不复存在，但是遗留下的若干著名津渡遗址，对于今后考虑建桥或探测河流演变历史，还有一定的参考价值。

二、渡口征税政策与讥察

古代渡口设立关卡的目的在于征税与讥察。这种政策的制定与执行，与在古代道路上设关有一定的联系。这里仅举示例，以明征税与讥察对道路交通的影响。

晋代，"都西是石头津，东有方山津，各置津主一人，贼曹①一人，直水②五人，以检查禁物及亡叛者，其获炭鱼薪之类过津者，并十分税一以入官。其东路无禁货，故方山津检查甚简"。这说明晋代收取过渡税达到了 10%的税率，给予行旅很重的经济负担。

元代，通过渡口须持有通行证件。如至大四年（公元 1311 年）二月"命西番③僧非奉玺书驿券及无西番宣慰司文牒者，勿辄至京师，仍戒黄河津吏检阅禁止"[23]。"玺书"、"驿券"和"文牒"均是通行证件，是防止奸匪流窜、保证社会治安的重要管理制度，但对于商旅往来则有限制和不便之处。

明代及清初，过渡关津也要征税。如明万历十一年（公元 1583

---

①　古代州郡的下属官吏。
②　相当于现今的船员。
③　指古代西域的番族，番亦称番。

年）"革天下私设无名税课，然自隆庆（公元1567～公元1572年）以来，凡桥梁、道路、关津私擅抽税，罔利病民，虽诏察革，不能去也"[24]。这里清楚地指明了明代万历之前，在道路设施等处私自征税对于行人和道路交通造成的不利情况，因而到了万历年间不得不再次发出命令，革除无名税课，以挽回"罔利病民"的影响。清代"设关处所，多仍明制"[25]，到了康熙二十三年（公元1684年），才免去"海口内桥津地方抽税"[26]。这是由于当时已制定了统一于海关征税的办法，从而取消了过渡关津的纳税。

文 献 注 释

（1）《史记·殷本纪》卷三，1959年中华书局版。

（2）郦道元：《水经注·汾水》。

（3）〔唐〕李吉甫：《元和郡县图志》卷十三，河东道、晋阳县条，1983年中华书局版。

（4）（7）《史记·孝文帝本纪》卷十，《索引注一》，1959年中华书局版。

（5）郦道元：《水经注·渭水》。

（6）〔唐〕李吉甫：《元和郡县图志》卷一，1983年中华书局版。

（8）《旧唐书》卷四十三，1957年中华书局版。

（9）罗哲文：《和林格尔汉墓壁画中所见的一些古建筑》，《文物》1974年第1期。

（10）（13）罗英：《中国石桥》1959年人民交通出版社版。

（11）（12）〔唐〕李吉甫：《元和郡县图志》卷十，1983年中华书局版。

（14）村濑佐太美：《藤桥考》，《桥梁》杂志1980年第6期。

（15）〔唐〕李吉甫：《元和郡县图志》卷三十二，1983年中华书局版。

(16) 金大钧等《桥梁史话》，1979年上海科技出版社版。

(17) 〔唐〕李吉甫：《元和郡县图志》卷五，1983年中华书局版。

(18) 〔唐〕李吉甫：《元和郡县图志》卷十二，1983年中华书局版。

(19) (23)《续资治通鉴·元纪》，中华书局版。

(20) 《宋史·河渠志》卷九十七，1977年中华书局版。

(21) 《金史·百官志》卷五十六，1975年中华书局版。

(22) 《清史稿·地理志》卷五十七，1976年中华书局版。

(24) 《明史·食货志》卷八十一，1974年中华书局版。

(25) (26)《清史稿·食货志》卷一百二十五，1976年中华书局版。

第 二 编

中华民国公路的兴建

民国元年～38 年
（公元 1912 年～1949 年）

概　述

中华民国建立之后，内战外患，岁无宁日。先是北洋军阀混战，继之第一、二两次国内革命战争，再是全民抗日战争，最后以中国共产党领导的第三次国内革命战争的胜利，结束了民国38年的统治。在这种政治和军事背景之下，以行驶汽车为主的公路，很多是为适应军事需要而修建的，这是中国公路建设在民国时期的一大特征。随着国内工农业生产的发展和商品流通的需要，沿海和边疆等地区也修建了一些服务于经济建设的干、支线公路，其中包括商办公路，对发展地区经济起到了一定的作用。就全国而言，公路发展的全部历程是极其缓慢、极不平衡的。民国38年的统计表明，在国土辽阔的中国，实有公路13万多公里，约为孙中山《建国大纲》中提出公路计划里程的8％。至全国解放时，能通车的还不到8万公里。在半殖民地半封建社会的旧中国，难以顺利进行全面经济建设，是形成这种状况的根本原因。

从总体上说，尽管公路修建里程为数不多，但也取得了某些开拓性的成就。特别是在工程技术的运用方面，从本世纪20年代至30年代，已采用了当时世界上较为先进的路线勘测设计程序，并结合国情制定了相应的工程设计施工标准及各种规范，付诸实践，积累了经验。在建桥技术上，诸如大跨径钢桁架桥和吊桥的建造，以及钢筋混凝土桥梁的兴建，已跻入当时世界先进技术行列。同时，对解决筑路资金来源和建立路政管理制度等方面，也积累了若干可资借鉴的经验。为全国公路长远建设计，曾就不同时期的国道网提出规划方案，以谋求全国干线公路的互通。但是，这一时期的工程质量低，铺有路面的公路和永久性桥涵尚少，大多经不起自然灾害的损毁。

中国公路兴起，开始于清代末期。当时帝国主义列强，为了巩固其在中国的占领和掠夺的需要，对改善道路交通颇为重视；同时，在时代潮流的冲击下，中国封建社会出现了近代民族工商业，进而导致了传统交通运输方式的改变。因而有些地方开始兴筑行驶汽车的城市道路和短途道路，津、沪等城市与侨乡地区还兴建起近代化桥梁。虽然有些路线是利用旧有驿道改建，标准不高，但对民国初期公路的发展，具有一定的开创性意义。

民国元年，国内有识之士，逐步认识到发展公路交通已成为促进工农业生产和发展国民经济的重要条件。孙中山也多次大力倡导修筑公路，发展交通运输。故在北洋军阀统治时期，各界开明人士大声疾呼，裁减军队，实行兵工筑路，开展官办、民办及商办公路；颁布《修治道路条例》；工程界人士提出全国性的《四经五纬汽车道路》规划方案，形成了这个时期中国的筑路热潮。至民国16年止，全国已建成29170公里的公路，并引进当时国外新兴的科学技术，始建各类新型钢筋混凝土桥梁，展现了当时中国公路应用新技术的良好前景。但是由于各省各自为政，尚无统一标准，加之技术人才匮乏，资金不足，大多因陋就简，大部分桥涵为临时性建筑，土路和简易路面居多，以致后来不得不进行改善。

至民国16年4月，北伐战争取得胜利，结束了北洋军阀长达15年的统治。同年，国民党发动了"四·一二"政变，第一次国内革命战争失败。4月18日国民党在南京奠都，成立中央政权，仍用国民政府名义。为了挽救革命，8月1日，中国共产党举行南昌武装起义，第二次国内革命战争开始，建立了江西等省的革命根据地。此后，日本帝国主义于民国20年发动"九·一八"事变，侵占中国的东北三省，以后又侵占了热河省，逼近华北。在此国难当头之时，南京国民政府却执行"攘外必先安内"的错误政策，继续把战争的矛头指向中国共产党领导的中国工农红军及各个革命根据地，并将修筑公路作为"围剿"红军的重要战略任务，先后在江西和福建两省开展大规模筑路。民国21年11月，全国经济委员会在汉口召开了旨在配合军事"围剿"的苏、浙、皖、赣、鄂、湘、豫7省公路会议，开始大规模兴修"围剿"公路。其后，又将筑路范围扩大到闽、陕、甘、宁等省。为此，强化了中央领导筑路体制，将各省重要干线公路纳入全国经委会督导之下，采用美国各州督造公路制度，指派督察工程司分赴各个督察区工作；同时颁发正规工程标准；积极采用国外筑路技术，完善施工管理等各项办法，从而加速了公路建设的进程。自民国17年～26年的10年间，新筑公路88126公里，连同北洋政府时期所修公路在内，全国公路已达到117296公里，工程质量亦有所提高。

　　为长久建设计，国民政府交通部重新把全国公路分为国道、省道和县道3类，分别由中央和地方掌管；同时公布总长为41550公里的《四经三纬国道网》规划方案以及铁道部相继拟定的12条国道规划。虽然各种规划一时未付诸实施，但成为后来若干国道修建的基本蓝图。

　　此外，全国公路桥梁在这一历史阶段也获得了较大的成就。大跨径桥梁有所突破，如广东省修建的齐塘桥是净跨67米的下承式华伦钢桁架桥。各种类型的钢筋混凝土桥梁也在公路上得到应用，如河南省建成的洛河桥，跨径20米，长384米。同时，新兴的刚构桥也开始建造，传统的石拱桥也有所改进。特别是近代桥梁设计理论已应用于实际工程，提高了建桥的合理性和经济性。对江河渡口也有所改善；路面研究试验开始受到重视；并积极参与国际道路会议的学术活动，吸收国际新技术。所有这些成就展示了当时中国公路建设进步的一面。但是，由于各项工程多系军用，修建时限紧迫，施工标准普遍低，而且滥征工料的现象时有发生，不但加重了修建地区人民的负担和苦难，对工程质量也无法保证。

民国26年，日本帝国主义发动"七·七"卢沟桥事变。在中国共产党倡议下，国共两党第二次合作，共同抗击日本帝国主义的侵略。继卢沟桥事变之后，淞沪战争又起，战火迅速扩大。国民政府于同年10月迁都重庆，偏安西南。为了适应长期抗战的需要，中国公路建设事业在当时面临着极为艰巨而繁重的任务。

抗战之初，国民政府军事委员会召开后方勤务会议，决定赶筑有关军事紧急公路共长3600公里，遍及苏、浙、皖、赣、闽、鲁、豫、鄂、冀、晋、陕等11省；同时抢修南北战场遭受敌机炸坏的重要公路和桥梁。民国27年10月，广州、武汉相继沦陷，平汉和粤汉两铁路亦告中断，后方军运全赖公路交通。而在华北、华东及华中大部分地区沦陷之后，中国共产党领导的国民革命军第八路军及新四军深入敌后武装抗日，实行交通破袭战，大规模破坏敌占区的公路交通。8年中，破坏敌占区公路2万余公里，对日军向大后方进攻给以有力地阻击。

在八年抗战中，公路交通始终处于重要的战略地位。故国民政府迁都重庆之后，曾多次强化管理机构，将公路建设纳入战时体制，直接由军事委员会领导，以加速对西南和西北地区的公路建设，先后兴建和沟通了云、贵、川、陕、湘、甘、新、青等省的省际干线公路和省内的重要联络路线。为了取得国际援华物资和军需品的补给，先后修通了中缅、中印、中越和中苏等国际公路，这在中国公路交通史和抗日战争史上均具有重要的意义。

上述公路除改善旧路外，共新建有标准的公路12737公里，全国公路连同战前修建的在内已达到13万多公里。

在战时极为艰苦的条件下，后方广大筑路员工想方设法，克服物资材料奇缺的困难，在西南地区大江激流上架设了多座悬索

吊桥，如横跨怒江的惠通桥、大渡河桥等；还有乌江连续穿式钢
桁架桥以及其他桥梁。总计战时建造重大桥梁达 40 余座，总长约
6000 米。多数桥梁具有因地制宜和因材定型的特点。有的大桥遭
到敌机炸坏之后，立即进行修复，保证了战时的交通运输。

　　为了提高战时公路交通运输的通行能力，有关路面科学研究
工作得到初步发展。在后方进行了石灰土路面、泥结碎石和级配
路面的研究，并结合施工需要，付诸实际应用。另外，还在滇缅
公路龙陵至畹町段以机械化施工方法铺筑了 123 公里的沥青路
面。所有这些都标志着公路技术的提高。

　　在沦陷区，日本侵略者深知公路在战争中的地位和作用，故
在"九·一八"和"七·七"事变之后，对中国东北、华北地区
先后制定了庞大的公路建设计划，强迫沦陷地区的广大人民长年
累月修建公路，以便利军运，达到掠夺物资和谋求长期占据之目
的。在东北沦陷区共新建和改建公路 35452 公里，修建主要桥梁
87 座，长约 19412 米；在华北沦陷区共新建公路 1253 公里，改善
旧路 10389 公里，新建桥梁 6034 余米；在华东沦陷区则以维护旧
路为主，很少新建。但由于中国共产党领导的敌后武装抗日部队
异常活跃，不断歼敌和破坏交通，致使沦陷区的公路难以畅通，
至抗日战争结束前夕，绝大部分公路处于支离破碎状态。

　　民国 34 年 8 月 14 日，日本宣布无条件投降，抗日战争胜利
结束。不久，国民党政府撕毁国共两党在重庆签署的《双十协定》，
解放战争即第三次国内革命战争全面爆发，最后以国民党彻底失
败而告终。1949 年 10 月 1 日，新中国正式成立。

　　第三次国内革命战争期间，中国公路建设再次体现了是为适
应军事需要而进行的，但工程质量一般较差。

　　民国 34 年底，国民党政府将军事委员会战时运输管理局改
组，恢复交通部公路总局建制，统管全国公路事业。为健全公路
管理起见，特将全国国道划分为 9 个区，设局管理；除东北外，

实际设立了8个区公路工程管理局。同时拟定《四基五经六纬》国道37条，总长61244公里的建设计划，其中已建成的里程54590公里，并极力恢复战时被破坏的公路6万多公里，续建和改善西南与西北干线公路约4000公里，并建大中桥梁11座，其中西汉公路陕西省宝鸡渭河钢筋混凝土大桥全长576米，工程质量良好；在保密公路上建成跨径140米的继成桥，为民国时期最大跨径的吊桥。但是随着第三次国内革命战争的开始，许多公路以服务于国民党政府军运为主，而当其战事失利时，又予以破坏，以致在全国解放前夕，除西南、西北等地区的公路尚可通车外，许多公路处于瘫痪状态。至民国37年12月，交通部公路总局撤离南京而迁至广州，次年8月又迁重庆，最后撤往台湾。其下属各个区局随着战争形势的发展，陆续被人民政权的交通部门接管。至此，国民党政府对全国公路的管理遂告终结。

在解放区，各级政府对于公路交通的恢复非常重视。随着解放战争的节节胜利和解放区的扩大，各解放区先后建立了公路管理机构，积极组织力量抢修公路，恢复交通，以支援全国解放战争。在华北解放区，华北人民政府主席董必武曾提出"既要为战争服务，也要为群众服务"的修路指导方针。为支援平津战役，仅冀中军民就投入8万余人，日夜抢修公路，修复通车的公路达1675公里。在华东解放区，至民国37年止，有32条路线长约4617公里的公路恢复通车。在东北解放区，制定"重点安排，先求其通"的方针，组织力量将重点路线和桥梁迅速修复。至民国38年末，辽东和辽西两省整修干线公路15条，总长2343公里。在吉林和黑龙江两省也修复了许多重要公路和桥梁，支援了解放战争。

抗日战争胜利之后，丧失50年的台湾省重归中国版图，当时成立的台湾省行政长官公署公共工程局，接管了日本占领时期的全部省道、县道、乡道共17517公里，并进行了调查和必要的修复工作。

　　以上概括地阐述了民国时期4个历史阶段公路发展的过程。在连年战乱，政局不稳，物资短缺和经济极端困难等不利条件下，所修公路，数量不多，质量不高，但其社会经济效益还是比较显著的，并为新中国的公路建设奠定了初步基础。

　　在公路建设过程中，有许多工程技术人员为改变旧中国公路交通的面貌，努力发挥聪明才智，苦心钻研技术业务，对旧中国公路工程技术的进步与提高作出了重要的贡献。无论在路线勘测，路基、路面以及桥涵的设计与施工等各个专业技术方面，均有不少建树。特别是在抗日战争期间，大多数工程技术人员热爱国家，勇于献身，为战时公路建设历尽艰辛，成绩显著，功不可泯。

第六章 民国成立至北伐胜利时期的公路

民国元年～16 年

（公元 1912 年～1927 年）

辛亥革命成功，民国缔造，结束了 260 多年清朝的封建统治，中华民族梦寐以求的复兴愿望有了一线曙光；但在民国元年 3 月南京临时政府的权力，竟被袁世凯篡夺，辛亥革命胜利成果付诸东流。民国 5 年 6 月，袁世凯在全国人民讨伐声中病逝北京。日、英、美等帝国主义各自扶植的北洋军阀割据一方，直、皖、奉三大派系互相倾轧，争夺国家政权；各省军阀亦据地称雄，致使全国四分五裂、战祸频仍、民不聊生。民国 13 年，中国共产党与国民党建立了第一次革命统一战线，共同领导北伐战争，民国 16 年北伐胜利，结束了北洋军阀割据的局面。

孙中山在就任临时大总统之后，即积极倡导修建公路。在北洋军阀割据的 15 年中，爱国人士倡议"实业救国"，呼吁停止内战，要求兴办工业，发展交通。民国 8 年 2 月 20 日，在上海举行的南北议和会议上曾有"兴筑国道、修浚河道，以安插兵士"[1]的提案。民国 10 年，以王正廷[1]为首所创建的"中华全国道路协会"[2]，也吁请军政各界积极实行兵工筑路。民国 11 年，孙中山发表《工兵宣言》，进一步推动当时全国各省实行的兵工筑路。而

---

① 王正廷，1922 年曾任外交总长。

② 民国 10 年 9 月 19 日在上海成立，为当时全国公路民间法人团体组织，曾在当时的北洋政府内务部注册，第一任会长为王正廷。

各地军阀出于争夺势力范围的需要，趁机向地方筹款、派工并调部队参与筑路。与此同时，一些省市开明绅商和归国华侨集资修建公路，为发展地方经济作出了贡献。工程界学者积极提出制定国道网规划方案的意见，并介绍国外公路的技术标准和发展情况，以为国内建设公路的参考。民国初期公路的兴建，成效虽小，但对日后中国公路的发展却起着促进的作用。

第一节　清末道路建设的回顾

公路，是联结城市、乡村和工矿基地等，具有一定的技术标准和设施、以及固定的线位和明显的路形、主要能适应汽车正常行驶的道路。依照上述概念，中国正式的公路修建，是自中华民国建立之后开始的。但在清末时期，帝国主义列强为了其在中国的强权占领与经济掠夺的需要，很重视交通建设，曾修筑过一些可以通行汽车的道路。而当时的国内爱国绅商为振兴民族经济，地方官吏为巩固其权势，以及各方人士在外国公路交通迅速发展的影响下，也相继提倡交通建设。因此，修建通行汽车道路的活动，早在清末即已出现。虽其修建里程不多，质量不好，也没有一定的技术标准，尚未形成正式的公路，但为中国公路建设的兴起，却起了开创与促进作用。

一、道路兴建的时代背景

从清道光二十年（1840 年）六月鸦片战争以后，中国沦为半殖民地半封建社会。随着资本主义列强的不断入侵，工业品大量输入，使几千年的中国封建社会经济受到打击，以至于逐步解体。腐败的清政府屈服于外国列强的压迫，签订各种不平等条约，允许他们在中国开辟商埠，倾销其工业品。中国沿海城市如天津、上海、宁波、青岛、广州、福州和厦门等，先后成为他们控制的商埠；还允许他们在天津、上海和汉口设立"租界"，在中国开设银行，兴办工厂，修筑铁路，开采矿产，经办海关、邮政，致使中国的资财和经济命脉受到外国列强的控制和掠夺。

光绪年间，洋货大量进口，影响国货生产，导致财源外流。两广总督张之洞①在上奏光绪皇帝的《覆陈铁路事宜折》中陈述："近数年来洋药洋货进口价值每岁出于土货②出口价值约二千万两（白银），若再听其耗漏，以后断不可支"[2]。这说明洋货在中国倾销的影响已引起清政府官员的忧虑。一些先进的知识分子受到西方资本主义思想的影响，也极力鼓吹建立中国的民族工业，发展商品经济，以期挽救国家。因此，到了19世纪70～80年代，中国出现了民族资本主义性质的近代工业。

由于中国近代工业的出现和商品经济的发展等原因，不可避免地要改变几千年传统的落后交通运输方式，从西方国家输入火车、汽车和电车等交通工具，进而扩建城市道路，利用驿道或官马大道改建为铁路或汽车路。从光绪二十七年（1901年）上海输入欧洲生产的汽车开始，至清朝末年（1911年）的11年间，中国的天津和北京等大城市也先后出现了汽车和电车等先进交通工具，不仅使城市交通面貌渐有改观，而且也促使各地进行道路的修建。

然而，工业原料与工业产品的流通，首先要解决城乡之间或城市与原材料产地之间以及城市与海上港口之间的短途运输问题。光绪二十八年（1902年）四月，清政府立宪派张謇③去日本考察，目睹日本明治维新发展工业和建设公路的情况，回国后，

---

① 张之洞（1837年～1909年），河北南皮人，清末洋务派首领，曾任两广和湖广总督。

② 土货，指当时的国货。

③ 张謇（1853年～1926年），字季直，号啬庵，江苏南通人，清光绪状元，官修撰。民国成立，曾任北洋政府农商总长。

他为发展地方工业，积极致力于江苏南通县的道路建设。到民国时期，他参与"中华全国道路建设协会"的工作，为推动中国公路建设作了一些有益的工作。

二、道路兴建的事例

清同治十三年(1874年)，台湾巡抚沈葆桢修筑以台南为中心的中、南、北三大干线道路。

光绪二十一年(1895年)，日本侵占台湾省，为适应其军事需要和经济掠夺，将沈葆桢修筑的台湾南北道路开拓为军用道路。至次年三月止，改建了由台中至台南及安平间、台南至旗山间、凤山至高雄及东港间，以及台中至埔里间等路线，共长430公里。

光绪三十年(1904年)，德军侵占山东省青岛，修建台东镇至柳树台道路，长30.3公里。

光绪三十一年(1905年)初，江苏省南通县张謇修建唐闸至天生港道路，长6公里。南通(距上海128公里)是江苏省重要产棉地区，建有大生纺纱厂和其他企业，其产品的输出与原料的输入，均须通过天生港至上海的内河，而唐闸至天生港之间的河道曲折浅窄，行船不便，张謇遂利用疏浚河道的挖土修筑沿河道路，既提高了水运能力，又便利陆上交通。当年三月竣工。

光绪三十三年(1907年)五月，欧洲发起万国汽车环行会，以18种汽车40余辆，在巴黎、北京之间进行长途比赛。法、意两国在张家口至库伦(今蒙古人民共和国乌兰巴托)间举行比赛。张家口至库伦间原有道路，是清末官马北路中恰克图路的一段，全长1110公里(今国境内由张家口至二连浩特市，长487公里)，路线大部分通过丘陵起伏地带，无高山阻隔，稍事整修，即可行车。是张库路成为长途通行汽车之始。

光绪三十四年(1908年)，广州建成东沙至沙河道路，长约7公里。

宣统元年（1909 年），由两江总督张人骏与江西巡抚冯汝骙会商，拨库银 5 万两修建了九江至莲花洞的道路，长 13 公里。

宣统二年（1910 年），江苏省南通县又建成由公园至唐闸之间的道路，长 6 公里。

三、城市与侨乡桥梁的兴建

清代晚期，在各方重视道路建设的同时，也从国外传入了桥梁建设的新技术。在设有"租界"地的天津、上海等城市，由于工商业比较发达，交通也较繁忙，陆路有电车和汽车通行，河道有小型轮船来往。为适应这种形势的需要，道路桥梁的建设便开始在大城市兴起。由于机动车的输入，在改变交通运输方式的需要下，中国传统的木、石小跨桥梁难以适应，大跨钢桥的建造便相继出现。但因建桥器材和设计施工技术多依赖外国，这就限制了当时桥梁的发展。在当时的城市与侨乡兴建的一些主要桥梁有：

（一）天津开启式钢桥

清代晚期，在天津建有金华、大红、金钟、金钢（老桥）、万国（老桥）和金汤等多座开启式钢桥。现仅就金钟、金钢（老桥）与金汤三座桥梁的情况择述如下：

1．金钟桥

金钟桥位于小关大街西口金钟河上，建于光绪十四年（1888年），民国 6 年，三岔河口裁弯取直，河段废弃，该桥于民国 9 年移建于三条石东首刷纸庙前的南运河上。

该桥有 3 孔：中孔跨径 10 米，设双叶下承式钢钣梁竖向开启装置（用人力启闭），两边跨各 15 米，全桥长 40.25 米；车行道宽 7 米，人行道各宽 1.5 米，设在两侧梁外，木桥面；下部构造为条石桥台和钢管桩排架墩。桥型见图 6-1-1。

由于该桥年久失修，主梁锈蚀严重，1953 年进行了大修，更换

图 6-1-1　金钟桥侧面图（1986 年摄）

新梁，车道宽度略有增加，载重量也有所提高，至今仍继续使用。

2．金钢桥（老桥）

老金钢桥位于今金钢公园前北运河上，光绪二十六年（1900年）因开辟天津大经路（今中山路）而修建。该桥由英、日两国技师担任设计，共有三孔，中孔为双叶下承式梁开启跨，两边孔为下承式钢桁架，总长 76.2 米，桥面宽 6.45 米；下部结构为沉箱基础上设圆柱形混凝土实体桥墩，外包钢板。后因交通发展，拆除老桥，另建新金钢桥。

3．金汤桥

金汤桥，位于海河上游的市区中心（旧天津城东门外），建于清光绪三十二年（1906 年）。该桥是由当时的天津海关道①与奥、

---

① 清政府主管天津的行政管理机关。

意两国"租界"领事署以及比利时电车公司合资将东浮桥改建而成的永久性钢桥，投资 20 万两白银，（电车公司负担半数），由比利时技师监造。

该桥采用双腹杆式钢桁架结构，上弦呈曲线形，型式优美。全桥 3 孔，左边两孔跨径各为 20.3 米和 20.4 米，均系平转式开启跨，右边一孔跨径为 35.3 米，固定不动。总长 76.4 米。桥面由纵横钢梁和木桥面板组成，宽 10.5 米，车行道宽 6.8 米，铺有单轨电车道，人行道设于桁架外侧。桥型见图 6-1-2。

金汤桥使用 30 年之后，于民国 24 年间进行第一次大修工程。因主桁架紧邻车道边缘部分长年积土，钢架受到严重锈蚀，危及行车安全，由当时的工务局邀请工程师蔡君简专任整修设计事宜，维修费用为 2.5 万元，由东方铁工厂承包施工，采用电焊法补强。

图 6-1-2　金汤桥侧面（1986 年摄）

　　该桥面高度太低，在 1970 年停止使用开启跨以后，影响通航，又受洪水淹没，形成闷孔现象，加重钢桁架的锈蚀，遂于是年进行第二次大修。大修工程包括升高全桥 1.2 米，废除开启式设备，更换木桥面板为钢筋混凝土板，对锈蚀严重的弦杆、腹杆和纵横梁进行补强，并增设下平联和稳定桁架的加强钢板，人行道加宽至 1.5 米。荷载达到 13 吨，经过第二次维修，一直沿用至今。

　　（二）上海的外白渡桥和浙江路桥

　　1．外白渡桥

　　外白渡桥位于上海苏州河上。清光绪三十二年至三十三年（1906 年至 1907 年）将原有木桥改建为钢桁架桥。该桥改建工程由上海英国工程局主任梅恩筹建，全桥 2 孔，每孔跨径为 52.19 米，总长 104.39 米，车行道宽 11.2 米，两侧人行道各宽 2.9 米（现为 3.6 米），计算荷载为 15 吨。全桥所有钢梁由英国克利扶兰钢铁公司制造，为凑合钢梁长度，中间桥墩设于主航道上。基础为木桩基，上置重力式墩台。全桥立面见图 6-1-3

　　2．浙江路桥

　　浙江路桥位于上海苏州河口以西 1.775 公里处，建成于清光绪三十四年（1908 年）。该桥采用鱼腹形下承式钢桁架结构（图 6-1-4)，单孔，跨径 59.74 米，桥长 61.4 米，车行道宽 6.78 米，两侧人行道各宽 2.7 米，重力式桥台，置于木桩基上。

　　（三）兰州黄河大桥

　　兰州是控制甘肃河西走廊及新疆、青海和宁夏等地的要津。清光绪年间，左宗棠督师甘肃，曾拟修黄河铁桥①，以便于渡运，因德商福克索价（白银 60 万两）过昂而未成。后于清光绪三十二

---

　　①　因大桥是一钢铁结构，故称铁桥，不是能通行火车的铁桥。

图 6-1-3　上海外白渡桥（1987 年摄）

图 6-1-4　上海浙江路桥（1987 年摄）

年（1906年）十月，由清廷代表彭英甲与德商泰来洋行经理喀佑斯签订修建铁桥合同。

德商承包兰州黄河铁桥后，委托美国桥梁公司设计，由德国泰来洋行修建。铁桥工程分上、下两部。上部构造系穿式钢桁架，共计5孔，每孔跨径45.9米，全长243米，行车道宽6米，两侧各有1米宽的人行道，总宽8.36米，穿式桁架高5.1米，桥架横梁为钢梁，栏杆由角铁及钢管焊接而成；南北两岸桥台系水泥砂浆砌条石，中间4个桥墩为高强快凝水泥砌料石重力式桥墩。

大桥于光绪三十四年（1908年）四月开工，经过1年零4个月的辛勤劳动，于清宣统元年（1909年）八月八日全面竣工，验收通车见图6-1-5、图6-1-6。

图6-1-5　兰州黄河铁桥全貌

图 6-1-6　兰州黄河铁桥石碑

附：创建兰州黄河铁桥碑记

　　兰州城北滨临黄河为甘凉宁夏各郡及伊塔新疆等处往来大道举凡轺轩传符商贾征旅肩摩毂击相望于途中阻巨漫行者苦之每年春间向由皋兰县鸠工塔造浮桥以铁绳比系廿四舟面以木板籍作津梁入冬冰至桥拆则又招舟以渡迫腊月河冰坚凝改由冰上行走士人谓之冰桥开春冻解冰消复建造浮桥如初顾浮桥当复水盛涨时或中断冬冰街激亦辄断断必溺人而冰桥将开将结之时人马车辆之失陷者尤伙多病涉戕生咸滋永款者左文襄公督师度陇因已恭焉忧之曾议修建黄河铁桥因洋商福克索价过昂事遂中止余于乙巳夏持节西来询悉情形相度河势每思重申前议利济是图适德商泰来洋行喀佑斯游历来兰爰伤司道商定包修与之订立合同集华洋工六七十人料件悉购自外国设法转运至兰经始光绪卅三年二月洎宣统元年六月而工成桥长七十丈宽二丈二尺零架桥四墩中坚铁柱外以塞门德土参合石子成之桥面两边翼以扶栏旁边徒行中驰舆马计造桥工料共银十六万五千两运费并杆绳等项杂用共银十四万余两二共动支库平银卅万两有奇由统捐溢收项下做正开销均经奏咨在案嗟夫冬官既佚考工夫传外人奇技巧思每可以宜民利用而足辅我所不及用人之长亦溪足异一乃上年筹建此桥群相疑沮胥动浮言甚有谓为无成冀其言之必验者而乃其成也又咸以去险就坦易危为安称便如出一口使向者惑于众议不能历久不挠又安必起期蒇事乎凡民可与乐成难与图始大抵然矣余既幸斯桥之成有以绩前贤未竟之功而可资一劳永逸也又冀后来者之补修以时俾此桥千百年如一日而以为利于无穷也爰略概其始末而为之记其督办一切始终其事者为二品衔兰州道彭英甲帮同照料者为兰州府知府刘振镛署皋兰县知县赖恩培监理工程者为洋务局坐办候补知县樊鼎枢徐登弟英文翻译县丞江连庆并孙照磨贤林巡检庆椿蒲千总生禄委运桥料者为候补知县张锤骏沈潮云刘启烈府经历高镜襄县丞麦方堃赵毓岳巡检傅猷典史臧炳文承修者为美工程司满宝本德人德罗华工刘永起例得备书因附名焉。

　　钦命头品顶戴赏戴花翎尚书衔陆军部尚书都察院都御史总督陕甘等处地方兼理茶马粮饷管甘肃巡抚事升允撰文并书。

大清宣统元年仲夏之月吉日

（四）福建泉州顺洲桥

泉州顺洲桥位于晋江下游，中隔小沙洲与顺济桥相连接，为福州、泉州、厦门交通要道。建桥前曾堵溪筑路，并在上游王官村筑有挑水坝一道长 100 米，将水流挑向顺济桥入海。但因影响泄洪，反造成两岸水毁，百姓损失惨重。清宣统三年（1911 年），由菲律宾小吕宋华侨宏济局及地方人士募款修建福建省第一座钢筋混凝土桥梁——顺洲桥。该桥为 2 孔跨径 7 米的肋形拱，全长 38 米，桥面宽 8 米（包括人行道）。民国 10 年，泉州安海公路修成时，即成为通行汽车的公路桥（图 6-1-7）。

图 6-1-7　福建泉州顺洲桥

上述清末所建可以通行汽车的部分道路和桥梁事例，标志着汽车在中国出现后，为适应运输方式的改变，道路设施开始相应地由古代向现代的演进，为后来公路兴建和发展历史的先声。

第二节　公路的初期建设

北洋军阀割据时期，是中国公路建设的初期阶段。民国 2 年，

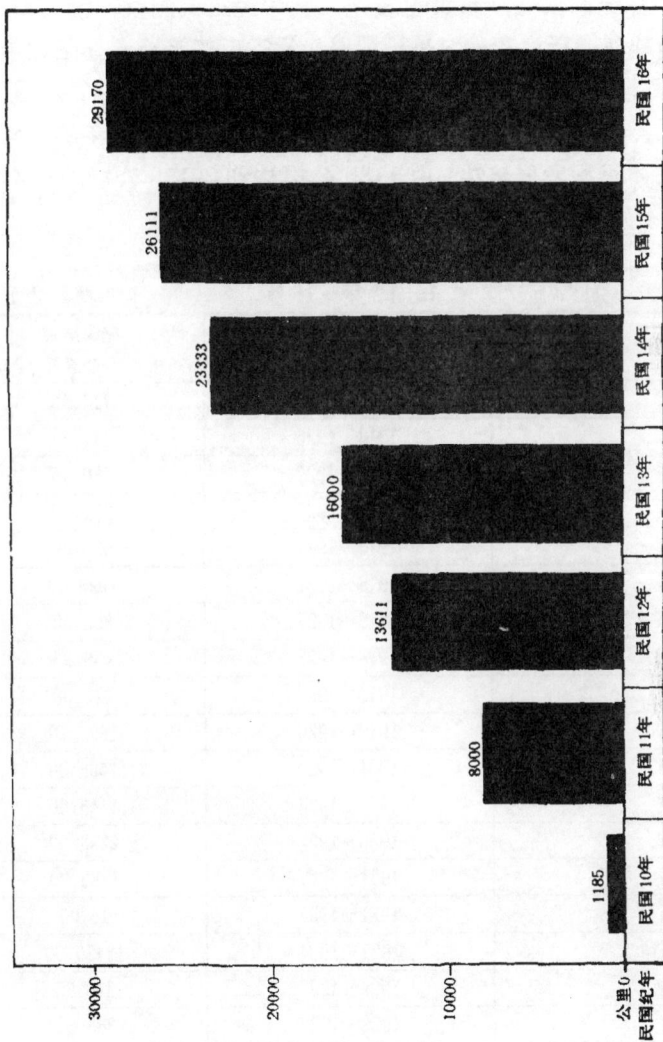

图 6-2-1　民国 10 年至 16 年公路里程增长柱状图

江苏、黑龙江、湖南和四川等省开始修建公路。但早期修建的公路中，标准都很低，质量也较差，其中经正式测设、铺有石子路面、能顺利通行汽车的，是长潭路。各省市的筑路工作陆续展开，截至民国16年底的15年中，共建成公路29625.47公里（表6-2-1），年平均增长1975公里。但从民国10年至16年的7年中，公路修建里程发展较快，由1185公里达到29170公里，年平均增长4664公里，各年增长情况见图6-2-1。

北洋军阀割据时期各省市①建成的公路里程表
民国2年~16年　　　　　　表6-2-1

省、市名称	修建时期（公元纪年）	完成里程（公里）
江苏省	1913~1926	714.45
黑龙江省	1913~1926	541.44
湖南省	1913~1927	140.55
四川省	1913~1927	271.00
广西省	1915~1927	928.00
直隶省	1918~1927	2023.00
热河察哈尔及绥远②	1918~1927	850.00
陕西省	1918~1923	488.90
福建省	1919~1927	412.00
广东省	1919~1926	1692.10
山西省	1921~1927	1435.00
安徽省	1920~1927	1443.00
山东省	1920~1927	2338.00
河南省	1921~1927	1283.00
吉林省	1921~1921	14.00
奉天省③	1921~1924	12420.00
浙江省	1922~1927	316.85
湖北省	1923~1926	885.58
甘肃省	1924~1927	74.30
云南省	1921~1927	14.90

续上表

省、市名称	修建时期 (公元纪年)	完成里程 (公里)
宁夏省	1925~1925	412.00
江西省	1912~1927	14.40
贵州省	1926~1927	95.00
新疆省	1926~1927	691.00
上海市		127.00
总　计	1913~1927	29625.47

① 按当时政区所列。
② 1914年~1927年三省均称特别区，1928年改为省。
③ 包括各县县道及日本占领"关东州"区内所建公路。

　　从表6-2-1所列各省公路中可以看出：其里程数超过1000公里的，多在长江以北地区，如奉天（今辽宁省）、安徽、河南、直隶（今河北省）和山西等省。这些地区是奉、皖、直三系北洋军阀互相争夺的战场，也是当时政治和经济的中心，急需公路交通，因而修建了较多的公路。

　　在民国初期的公路发展进程中，出现了多种筑路方式：有省、市、县地方政府主持修建的，有地方驻军兵工修建的，有绅商和华侨集资修建的，有以工代赈修建的。这是由于当时全国行政不统一，又没有一定的筑路资金和财源来保证工程实施，所以形成各自为政的多种修路方式。另一方面，由于没有统一的公路技术标准，缺乏测设实施人材，所以公路量少质差。但比官马大道的交通已有了较大的进步，并为此后兴建公路提供了借鉴。

　　一、官办公路

　　官办公路是指当时由地方政府出资或官督民办，或官商合办方式而以官方为主修建的公路。官办公路始于民国2年至16年止，各省官办公路主要情况见下表：

各省早期官办公路情况表
民国 2 年~16 年　　　　　　表 6-2-2

省名	路　名	里程（公里）	修建时间（公元纪年）	简要说明
湖南	长潭公路	50.11	1913~1921	督办谭延闿主建，因政局变化，几度停工，费时 9 年，用款 90 万银元
	湘潭~永丰	90.44	1924~1927	用款 81.4 万银元
黑龙江	齐齐哈尔~黑河	541.44	1913~1926	自民国 3 年 1 月起，边修边营运
四川	成都~灌县	55.00	1913~1925	先为官办，到民国 13 年改为官商合办
	成都~赵镇	51.00	1925~1926	官督民办，无路面
	新津~彭山	25.00	1926~1927	无路面
	广安~岳池	27.00	1926~1927	无路面
	广安~罗渡	17.00	1926~1927	无路面
	遂宁~潼南	56.00	1927	无路面
福建	泉州~永春	78.00	1919~1925	护法军总司令宋渊源派华侨施光烈主持修建
广东	琼山~海口	4.00	1919	
	惠阳~平山	33.20	1920~1921	官办工赈，用款 10 万元，红珠碎石及山石路面
	琼山~大致坡	38.50	1923~1925	官督民办
	临高~羊岭	20.00	1923~1925	官督民办，集资 1 万元

续上表

省名	路名	里程 (公里)	修建时间 (公元纪年)	简要说明
江苏	通榆公路	61.00	1920~1927	由县政府修建，其他如南京、苏州、镇江和常州等县也修建地方公路。但因仓促上马，正式成路不多
	通启公路	82.50	1920~1927	
	宝山~炮台湾	2.74	1920~1927	
山西	太原~平遥~忻县	213.00	1920	是山西省修筑的第一条公路
	白圭镇~晋城	348.00	1925~1930	由地方集资修建，因工程浩大，修了5年之久才竣工
山东	烟台~潍县	290.00	1920~1922	分潍县至龙口与龙口至烟台两段施工，用款1.38万元
广西	邕宁~宾阳	91.00	1921~1927	
	宾阳~大塘	110.00	1926~1927	边测设边施工，线形尚好
	桂林~荔浦	104.00	1927	
	容县~武林	83.00	1927	
	其他支线公路	532.00		
陕西	西安~潼关	170.00	1921~1922	就官马大道改建，初由西堂汽车公司出资，长安等县资助，属官督商办
河南	保安驿~灵龟铺	60.00	1921	利用旧有官道平整加宽，经费由县府统筹

省名	路　名	里程 (公里)	修建时间 (公元纪年)	简要说明
吉林	梨树~四平	14.00	1921	与火车站相接,是吉林第一条初具标准的公路
奉天 (辽宁)	旅顺~大连	46.60	1921~1924	日军侵占旅大后施工修建,铺有黑色路面
浙江	萧山~绍兴	48.58	1922~1926	以工代赈雇工与兵工共同修建,桥涵路面发包
云南	昆明小西门~碧鸡关	14.90	1924~1925	省交通司组织施工,民国14年10月初步通车
江西	南昌~莲塘	14.40	1925	是该省最早的官办公路
贵州	贵阳~安顺	95.00	1926~1927	省长周西城从税收拨款修建,民国16年通车
新疆	迪化~塔城	691.00	1926~1928	省主席杨增新利用旧有官马大道改建通车
直隶	北京~天津大道 天津~沧县	约132.00 52.00	1917~1921 1926	属北京境内约长49.60公里,在清代天津至德州的官马大道上整修而成
甘肃	平凉~泾川	约70.00	1927	由省政府动员民工修建

　　由此可见,北洋军阀割据时期的官办公路,修建范围基本遍及全国。说明这个时期执政官员开始重视公路建设。当时修建的公路虽然质量不高,但对发展交通、沟通物资交流和促进局部区域的经济与文化的发展均有一定的作用。

二、兵工筑路

中国幅员广大，交通阻塞。民国初期，军阀混战，人民无法安居乐业。有识人士为发展交通、振兴工业，乃有"裁兵筑路"的倡议。中华全国道路建设协会也在其主办的《道路月刊》上积极鼓吹兵工筑路。当时在广西、上海、山西、浙江、陕西和绥远等省市的驻军，一方面受社会舆论影响，另一方面又可以沽名渔利，纷纷派兵承担筑路任务。据不完全的史料，在民国初期的16年中，兵工筑路里程达到3196.20公里。

在北洋军阀割据时期，兵工筑路的概况如下：①广西省于民国4年～8年，省都督陆荣廷派工兵修建邕宁（今南宁）至武鸣公路，长42公里。民国6年至8年，省督军谭浩明用裁兵一个营的军饷雇工修建龙州至水口关的公路33公里。②上海市于民国7年8月，淞沪护军使卢永祥发动兵工1000人，修筑上海杨树浦平凉路至吴淞蕴藻浜近郊军工路，长约13公里，至次年5月建成通车。工程费除浚浦局捐银2万两和各乡商人捐助数千元外，余由沪北工巡局筹措。③山西省从民国9年开始，参加筑路的兵工为全省总兵额的1/5，修建太原至大同的公路369公里和太原至运城的公路559公里，共长928公里，是当时全国规模最大、成绩最好的兵工筑路。④直隶省于民国9年，建成天津静海经任丘至保定的军用公路160公里。⑤安徽省于民国11年和14年，先后修建怀宁至集贤关公路10公里和合肥至梁园公路33公里，均有兵工参加。⑥浙江省于民国11年，在孙中山的《兵工宣言》号召下，由兵工修建浙闽公路（由萧山经绍兴、嵊县、新昌、天台、临海、黄岩、温岭至平阳）长756公里，兵工最多时达2300人。该路除萧绍段和嵊新段属于官办公路已通车外，其余路段因江（苏）浙（江）两省战争影响仅完成路基工程，不能通车。⑦北京于民国12年，由京兆卫戍司令王怀庆派兵修建北京至古北口公路，长 115 公里。同年，国民军总司令冯玉祥派兵整修北京城至郊区西山一带公路 40 公里。⑧陕西省于民国 12 年，由驻军修建西安至凤翔公路，长 156.90 公里。⑨甘肃省于民国 13 年，由督军兼中华全国道路建设协会名誉董事陆洪涛调派部队修建西兰公路由兰州至东岗镇段，长 8.3 公里。⑩宁夏省于民国 14 年，由冯玉祥派石友三部队整修宁夏（今银川）至营盘水（甘宁界）的大车道（长 285 公里），以通兰州，并整修宁夏至石嘴山的公路 127 公里，以通绥远（今内蒙境内）；同年，又由石嘴山整修至绥远省包头的公路，长 489 公里。以上三路的整修，都为通行炮车和军车之用。

上述史实是部分省内兵工筑路的概况。兵工是经过严格组织训练的集体，担任任何生产建设工作，易于调动、指挥，又比民工能更快更好地完成任务。兵工筑路，在中国有相当久远的传统历史，既可增强部队的技能和体力，以及为道路建设节约投资，又可减少在农村征用劳力，是公路建设的正确政策。但在北洋军阀割据时期，士兵多是穷苦农民，被迫入伍，既要为军阀效命于战场，又要为修路竭力于劳役；而所得待遇却极其微薄，除勉可充饥的伙食和单薄的军衣外，别无其它报酬，偶有犒赏，也微不足道。

三、绅商和华侨修建公路

随着民族资本主义工商业的发展，在北洋军阀割据时期，一些开明绅士、商人和归国华侨向刚刚兴起的汽车运输业投资，以经营汽车公司为目的，开始集资自购汽车，修建公路，经地方政府批准，实行自建、自养和经营管理。以这种方式修建的公路，称为商办公路。当时，北洋政府鉴于私人筑路有利于各地交通运输的发展，故于民国 10 年 6 月由内务部颁发《商办道路规则》，规定了有关独资或集资修筑公路，以利运输的具体条例。自此之后，各地商办公路风起云涌，相继修建。直隶、福建和安徽等省的商办公路最多，是当时公路交通事业比较活跃的地区。据已有资料初步统计，从民国6年～16年的11年中，商办公路达到4327.69公里。由于全国各省的经济条件不同，筑路地区的地理情况各异，建成的公路等级和质量也有较大的差异。这一时期，各省商办公路的概况如下：

（一）直隶省

民国7年，由商人景学钤组织的大成汽车运输公司和顾宝经组织的泰通汽车运输公司，联合改建清代官马北道由张家口至库伦一段为通行汽车的公路，长1110公里。

民国8年，商人段阶平组成德南长途汽车公司，改建清代官马大道德州至南宫一段为公路，长130公里。

民国10年，商人张毓濡组成河北协通长途汽车公司，整修天津至保定公路，长225公里。

民国12年，商人吴承泰组成河北大邱长途汽车公司，整修大名至邯郸公路，长74公里。

以上4条商办公路共长1541公里。

（二）福建省

民国8年～10年，由西贡华侨郑俊怀和郑幼怀兄弟等人组成始兴公司，修建漳州石码至浮宫公路，长33公里；漳州经靖城至宝林公路，长27公里；漳州至浦南公路，长17公里。民国10年～15年，该公司又修建江东桥经漳州至九龙岭公路，长34公里。

民国8年～14年，陈清机等人组成泉安公司，修建泉州至安海公路，长27公里；青阳至石狮公路，长10公里。同时，王辟尘、施光烈等人组成泉洪等公司，修建泉州永春至五里街公路，长78公里；五里街至桥头浦公路，长8公里；永春至太平街公路，长 3 公里。

民国 10 年～12 年，陈时欣等人组成漳程公司，修建宏仁庙至程溪公路，长 18 公里；漳州至霞庄公路，长 10 公里。

民国 11 年，华侨陈嘉庚组成同美公司，修建同安至集美公路，长 20 公里。

民国 12 年～14 年，旅菲华侨李文炳等人组成泉围公司，修建石狮至围头公路，长 26 公里。

民国 13 年，缅甸华侨黄选卿组成鸭杏公司，修建鸭山至杏田公路，长 10 公里。

民国 14 年～16 年，陈炳三等人组成漳焦公司，修建漳州乌石亭至焦溪公路，长 17 公里。

以上 15 条商办公路共长 338 公里。

（三）上海市

民国 9 年 8 月，上海和闵行的地方人士李石英、李平书等 80 人集资 50 万元，创办沪闵南拓长途汽车股份有限公司，于民国 11 年 5 月开始修建沪闵公路，长 29.13 公里，12 月通车。

民国 10 年 2 月，江苏省太仓县旅沪人士洪伯言和项惠卿集资筹组沪太长途汽车股份有限公司，9 月开工修建沪太公路（由上海闸北公园至太仓浏河镇），长 37.25 公里，至次年 3 月 23 日竣工通车，共耗资 30 余万元。

民国 10 年 4 月，上海和南汇两县地方人士穆湘瑶、朱祥绂等人以 20.6 万元创办上南长途汽车公司，10 月开工修建上南公路（由上海县扬思乡周家渡至南汇县周浦镇），长 13 公里，至次年 6 月竣工通车。

民国 10 年，上海浦东塘工善后局和上海川沙交通工程事务所报请上海和川沙二县批准修建川沙县至浦滨庆宁寺公路，长 20.15 公里。次年 2 月开工兴建，完成路基及桥涵工程，可在晴天通车。

嗣因经营长途汽车无利，于民国13年4月改为行驶小火车的铁路。

以上4条商办公路共长99.53公里。

（四）山东省

民国10年～14年，由商民集资修建墨城（今即墨）至城阳公路，长13公里；禹城至东昌（今聊城）公路，长98公里。两路共长111公里。

（五）广东省

民国11年～12年，由海丰和陆丰两县人民集资18.5万元，修建海丰至陆丰公路，长约30公里。

民国11年～12年，由华侨郑秀敦等投资修建恩平县城至圣堂公路，长约20公里。

民国11年～13年，由海丰县商民集资修建海丰至公平圩公路，长约15公里。

民国11年～13年，由商民集资10万元，修建加积市至定安县公路，长57公里。

民国12年，由华侨黄伟如集资4万多元，修建杜阮镇至江门公路，长9公里。

民国12年～13年，由商民集资修建江门至鹤山公路，长28.9公里。

民国12年～14年，由商民集资修建江门至新会公路，长11.5公里。

民国13年，合浦县商民集资6.4万元修建北海至石康圩公路，长55.97公里；同年12月华侨郑泗泉投资11万元，建成石歧至张家边公路，长约12公里。

民国14年4月，临高县商民集资1万元，修建和舍至羊岭公路，长约 70 公里。

以上 10 条商办公路共长 309.37 公里。

（六）安徽省

民国 9 年～16 年，由淮北长途汽车公司修建泗县至五河公路，长 90 公里；蚌埠至亳县公路，长 197 公里；蚌埠至颍上公路，长 53 公里；阜阳至河南周口店公路（省内段），长 72 公里；阜阳至蚌埠公路，长 230 公里；阜阳至六安公路，长 220 公里；阜阳至河南商丘公路（省内段），长 140 公里。

民国 16 年，皖南宣芜广长途汽车公司修建宣城至芜湖和广德公路，长 103 公里。

以上 8 条商办公路，共长 1105 公里。

（七）浙江省

民国 11 年 7 月，"承筑杭余省道汽车股份有限公司"成立，资本 25 万元，8 月开始修筑杭州至余杭公路 26.12 公里；和支线松木场至昭庆寺、松木场至观音桥长 36.57 公里，共长 62.69 公里，至民国 12 年 2 月建成通车。

民国 13 年 3 月，"承筑瓶湖双省道汽车股份有限公司"成立，资本 11 万元，修建杭县瓶窑至余杭县横湖镇公路，长 19.01 公里；塘埠至双溪公路，长 5.76 公里，于民国 15 年建成通车。

民国 13 年 8 月，"承筑余武省道汽车股份有限公司"成立，投资 24 万元，修建余杭至武康公路，长 25.92 公里。

民国 13 年 7 月，"承筑杭余省道留四支路汽车股份有限公司"成立，资本 6 万元，其后增建杭富干线，增资为 15 万元，公司亦改名"杭富路汽车股份有限公司"，修建浙赣线杭州至富阳公路，长 35.62 公里；又修建留下至转塘等支路，共长 18 公里，至民国 15 年建成通车。

民国 14 年 5 月，"承筑余临省道汽车股份有限公司"正式立案，投资 29 万元，修建余杭至临安和化龙公路，长 45.18 公里，同年 11 月通车至临安，临安至化龙一段亦随即建成通车。

民国 14 年 11 月，"杭海二县汽车股份有限公司"成立，修建清太门至七堡公路，长 28.81 公里，至民国 15 年 1 月通车营业。

以上 9 条商办公路，共长 240.99 公里。

（八）奉天省

民国 13 年，建成商办公路沈阳至辽中，长 75 公里。

（九）湖北省

民国 13 年，以官督商办方式，集资 40 万元，建成襄阳至沙市公路，长 212.8 公里。

（十）江西省

民国 13 年，商人万中桢等建立九庐长途汽车公司，投资 4000 元，整修九江至莲花洞旧大车道为公路，长 13 公里。

（十一）河南省

民国 10 年，英商一公司修建焦作至博爱公路，长 17 公里。

（十二）广西省

民国 13 年～16 年，由绅士和民间集资修建由贵县经兴业至玉林公路，长 86 公里；由玉林经陆州至盘龙公路，长 100 公里；由玉林经沙田至博白县公路，长 50 公里；玉林至北流公路，长 29 公里。4 条路共长 265 公里。

以上商办公路大多是省、县地方公路，分布在华北、华中、华南和华东等省。这些公路少则数公里，多则数十或数百公里。

有的路线或为城乡经济发展而修建,或为工矿企业运输而修建(如焦作至博爱公路),其修建性质都属以盈利为目的的私营资本主义交通事业。但在民国初期,开明绅商和归国华侨能投资建设公路,这对中国公路的发展,起着促进作用。随着政局的变化,商办公路有由地方政府收回官办的,也有停止营运的,只有少数继续营运至中华人民共和国成立以后。

四、"以工代赈"修建公路

民国初期,多次发生水、旱及地震等自然灾害。"旱魃为虐,赤地千里",受灾地区多达14省,"遍野嗷鸿,为百年来所未有"[3],灾民以千万计。可见当时灾情的严重!

民国6年,直隶省(今河北省)发生水灾,民国8年发生旱灾。北洋政府任命熊希龄①为赈灾督办,提出"以工代赈,莫便于修筑马路"[4]的主张,是民国时期以工代赈修建公路的开始。

民国9年,直(河北省)、鲁(山东省)、豫(河南省)、晋(山西省)、陕(陕西省)、五省又发生旱灾,灾民多至5000万人。为救灾起见,北洋政府在北京组织国际赈济委员会,梁士诒②任委员长,内务、财政和交通三部总长为当然委员;外交部负责通饬驻外使馆和领事馆,分向国外华侨呼吁募款。所募款项很多,完全用于以工代赈筑路、造桥和修筑河堤。工程开展初期,有人认为是虐待灾民,以后逐渐得到社会人士的认识和赞同,慈善团体也纷纷参加救济。美国驻京公使柯兰(Charles·R·Crane)对于国际赈济委员会工作,深感兴趣,愿予协助。在他的推动下,美国红十字会参加救灾工作,捐助赈款。北方旱灾赈济工作结束

---

① 熊希龄(1870年~1937年),湖南省凤凰县人,民国2年曾任北洋政府国务总理兼财政总长,民国17年任国民政府赈务委员会委员等职。

② 梁士诒(1869年~1933年),广东三水人,曾任清政府铁路总局局长及北洋政府国务总理等职。

后，委员会成为常设机构，工作继续进行，改名为"华洋义赈会（The China Internotional Famine Relief Commission)"，于民国9年9月在上海成立[5]，至民国10年10月各地分会也相继成立，继续办理救灾工作，一直延续到30年代。美国红十字会和华洋义赈会在北洋军阀割据时期以工代赈修建公路共约5989.94公里，共用工费500.72万元。有个别省用赈款筑路延至民国17年以后才完工。

（一）用美国红十字会赈款修筑的公路

1.直隶省民国6年发生水灾，北洋政府拨款15万元和美国红十字会捐款10万元，修建北京至天津公路；后因经费不足，仅修至通州，长20公里，铺有碎石路面。民国9年，贷款修建通州至天津段公路，只修了19公里，用款5.6万元；修筑大名至邯郸公路，长74公里，土路基上铺有部分石灰土路面，用款13万元，至次年建成通车。同年修建天津至保定（南线）公路，长121公里，用工款5.8万元。

2.河南省于民国9年修建清化镇（今博爱县城）至济源公路，长57.5公里，部分路段铺有碎石路面。用款10万元。

3.山西省于民国9年，修建平定至辽县（今左权县）公路130公里，铺有碎石、铁矿渣路面，用款56万元；修建平遥至汾阳公路，长48公里①，土路基上铺有部分碎石路面，用款6.2万元；又修建汾阳至军渡公路，长134公里，铺有碎石路面，用款67.5万元。

4.山东省于民国9年，修建禹城至东昌（今聊城）公路，长98公里；禹城至武定（今惠民）公路，长104公里；武定至埝口公路，长72公里；德县至南馆陶公路180公里，东昌至南馆陶公

---

① 现今里程为37公里，原文献可能包括其他支路或街道里程。

路 67 公里。以上 5 条公路共长 521 公里, 赈款数不详。

以上 4 省共修建公路 1124.5 公里, 除山东省外, 共用工程费
189.10 万元。

(二). 华洋义赈会以赈款修建的公路

自民国 9 年~15 年 7 年期间, 除华北五省发生旱灾外, 江、
浙等省则有水灾, 而甘肃、云南等省则有地震灾害。民国 15 年,
云南大理发生了七级地震, 灾情严重。当时华洋义赈总会及各省
分会积极筹募赈灾费用, 仅上海一地, 募捐 230 余万元。各地除
总会拨款赈济外, 地方政府和绅商各界也有捐助。所有募款均采
用以工代赈方式, 或修公路和市区道路, 或修造桥梁。其中既有
干线, 也有短距离支线; 既有旧路的整修, 又有新路的修建。根
据《华洋义赈救灾总会丛刊》所载资料及其它资料, 其筑路里程
和工程费用见表 6-2-3。

华洋义赈会的筑路里程和工程费   表 6-2-3

省份	路 线	修建内容	完成里程 (公里)	工程费 (万元)
直隶省	21 县	新 路	475	11.05
	正定府区	旧路整修	80	3.60
	邯郸至武安	新 路	29	6.70
	邯郸区	旧路整修	97	1.40
	顺德至定州	旧路整修	50	1.00
	定州	新 路	11	1.10
河南省	29 县	新 路	681	28.05
	开封至商丘	旧路整修	178	3.30
	开封至永城	旧路整修	254	3.00

续上表

省份	路 线	修建内容	完成里程 （公里）	工程费 （万元）
山西省	临汾至浦县	旧路整修	117	0.65
	太原至汾州	新 路	97	7.00
	运城至茅津	新 路	29	11.00
	晋城至阳城	旧路整修	29	0.37
	侯马至禹门	新 路	73	2.20
山东省	周村至清河	新 路	73	6.00
	济宁至曹州	新 路	60	15.00
	武定至东昌	新建桥涵		6.60
陕西省	西安至渭南	旧路整修	70	1.69
	三原至泾阳	新 路	16	2.98
	泾阳至咸阳	旧路整修	39	2.71
	凤翔至扶风	旧路整修	73	3.44
	扶风至武功	旧路整修	23	3.10
	武功至兴平	旧路整修	49	1.31
	武功至乾县	旧路整修	36	2.42
	乾县至咸阳	旧路整修	60	0.50
	咸阳经木梳湾至泾阳	新 路	71	1.28
	咸阳、醴泉及岳家坡附近	旧路整修	22	0.52
	长武至永寿	新 路	130	15.20
甘肃省	定西、朱家井、崖渠川、甘草店、 连大沟、狄道、平番等7地	新 路	126	14.52
	兰州至河口	新 路	81	5.80
	永靖至窦家集	新 路	81	7.50
	会宁至清凉山	新 路	28	2.50
	兰州至甘草店	新 路	65	21.80

续上表

省份	路　　线	修建内容	完成里程（公里）	工程费（万元）
甘肃省	六盘山	新　路	81	15.00
	泾州	新　路	130	5.00
江苏省	泰州、清江浦、镇江3地	旧路整修	19	12.00
	镇江至句容	新　路	46	
江西省	南昌	新　路	16	2.50
湖南省	湘潭至湘乡	新　路	41.19	40.00
	湘乡至永丰（今双峰县）	新　路	49.25	17.00
安徽省	蚌埠至怀远	新　路	15	5.00
	其它各地	旧路整修	616	14.60
热河	凌源至滦平	新石子路面	154	0.90
绥远	平地泉（集宁）至陶林	新　路	60	0.50
贵州省	贵阳至安顺 贵阳至桐梓	新　路	95 220	8.00
云南省	昆明至大板桥龙泉寺	新　路	20	6.00
总　计			4865.44	321.79

　　上述14省以工代赈修建公路共长4865.44公里，用款321.79万元，平均每公里造价约661元。将近5000公里公路的建成，对当时各地区交通有所改善；300多万元赈款使几千万灾民渡过了灾年，为国家交通建设作出了贡献。这可见华洋义赈会以工代赈的政策是正确的。

第三节　公路桥梁的初期建设

　　随着西方资本主义的进入和科学技术的引进，中国近代工业逐渐兴起。单就建材而言，清光绪十二年(1886年)，在今唐山市创办了第一座水泥厂；清光绪十六年(1890年)，湖广总督张之洞在湖北汉阳设立了煤铁厂，为最早的钢铁联合企业——汉冶萍公司奠定了基础。有了工业建材——钢铁和水泥，加上引进国外的新技术和新工艺，就促使中国桥梁建设从木、石结构发展为钢结构和钢筋混凝土结构。

1873年，法国建成了世界上第一座钢筋混凝土拱桥。此后，德、美、日等国相继对钢筋混凝土结构进行研究，并运用于公路桥梁建设。1913年，德国在弗里堡（Freiburg）建成钢筋混凝土无铰悬臂梁桥。1922年，上海建成四川路桥，是中国桥梁史上的第一座钢筋混凝土无铰悬臂梁桥，它标志着中国桥梁建设从此已开始采用国外新理论、新材料、新技术和新工艺。

但在这个时期，中国公路建设由于工业建材不能自给自足，还无法大量修建钢桥和钢筋混凝土桥，仍要依靠天然建材，以提高木石结构的设计理论和施工工艺来修建公路桥梁。大跨石拱和木桁架的采用就是当时公路桥梁利用天然材料取得的新成就。

一、木、石桥梁

（一）石台木面简支梁桥

民国9年，山西省修建太原至霍县干线公路上乌马河（属太谷县）桥，共有60孔，全长1200英尺（约365.76米），是石台木面简支梁桥。当时估价7.68万元，实际费用不详。

同年，又修建北干线（由太原至大同）公路的柏井河（在城晋驿）石台木面桥，共有50孔，全长1500英尺（约合457.2米）。

以上两座石台木面简支梁桥，是民国初期较长的半永久性桥梁。这种型式的中、小桥梁取材容易，施工简便，各省公路桥梁普遍采用。

（二）木桁架桥

汾河大桥位于太原西门外汾河上，是太原至汾阳的重要公路桥梁。该桥由山西大学校长王禄勋设计，民国11年，由包商施工，共有22孔，每孔跨径为30米，全长780米（包括引道）。抗日战争时被炸毁，后又修复。

（三）石拱桥

民国9年，广西省开工修建邕宁（今南宁）至武鸣公路的五海石拱桥（又名镇武桥）。全桥共有3孔，每孔跨径长14.8米，总长70米，桥面宽6.0米，桥高15米，至次年竣工通车，用款4万元。其中除都督陆荣廷捐款约2/3外，余由地方群众负担。这座桥梁未经正式设计，由都安县瑶族石工和武鸣地方群众共同施工。

山西省文水县开栅镇文峪河石拱桥，是太原至军渡间的公路桥，共有12孔，每孔跨径约长6.1米，全桥长约75米，民国10年开工，次年完工。

民国14年，在山西省白晋公路北段上修建分水岭石拱桥，共5孔（跨径长度不详），全桥长60米。

除上述部分大、中型石拱桥外，各地修建小型石拱桥比较普遍。

二、钢桁架桥梁

（一）龙州桥

民国2年，广西省在丽江上修建龙州钢桁架桥，民国4年竣工通车。龙州城自中法战争后辟为通商口岸，丽江横跨城中，两岸交通靠小船过渡，至感不便，都督陆荣廷等筹集资金10万元，修建此桥。该桥是民国时期最大跨径的下承式钢桁架结构，单孔长 106 米，全长 108.4 米，宽 3.8 米；两岸桥台用料石砌成。全部钢材购自越南，水运至龙州。钢桁架在竹材满堂支架上拼装合拢。

　　龙州桥曾通行轿车及载重 2.5 吨的货车，因钢桁架挠度过大，又左右摇摆，只限通行小轿车。民国 15 年，用格构式斜拉钢架，将钢桁架左右吊拉，又在桥两端桥台上装设格构式钢架支撑，以平衡钢拉架的拉力。加固后的钢桁架桥，在造型上更加美观（图6-3-1）。

图 6-3-1　广西龙州钢桁架桥

（二）天津新金钢桥

位于三岔河口附近的海河上，民国11年开工，13年春竣工。全桥采用钢桁架结构，共3孔，中孔长42.60米，为双叶立转电动开启桥跨，两边孔各长21.42米，为固定不动桥跨，总长约86米。接近固定跨的两端，各装配一个铰接的衡重块，由钢筋混凝土筑成。开启时绕一固定轴旋转，开启角度为89°30′，全部恒载均集中于支柱而达于引桥。因受开启装置影响，桥面不能同宽，中孔车行道宽10米，边孔宽10.67米，两侧人行道设于桁架外侧，宽度各为2.13米及2.44米。开启跨设木桥面板，固定跨为钢筋混凝土桥面。

基础采用气压沉箱，主墩深24.38米，墩身及桥台均为钢筋混凝土结构。该桥由美国施特劳斯开启桥公司(Strauss Bascule Bridge Co.)设计并供应钢料，由天津大昌实业公司施工，至今仍在使用，其正面及侧面见图6-3-2及图6-3-3。

图6-3-2　天津新金钢桥正面图（1986年摄）

图 6-3-3　天津新金钢桥侧面图（1986 年摄）

（三）天津新万国桥（今解放桥）

位于海河旧万国桥上游。该桥为三孔钢桁架结构①，中孔为双叶立转电力开启跨，跨长 47 米，两边孔为固定跨，各长 24.60米，全长 96.70 米。开启跨也有衡重块，在桁架下弦靠近引桥部分设一固定轨道，以便于桁架沿轨道开启移动。中孔为木板桥面，两边孔为钢筋混凝土桥面，全宽 19.50 米，车行道宽 12.00 米，余为人行及非机动车道，均设于桁架两边外侧。基础采用气压沉箱，中墩为钢筋混凝土结构。该桥由达德·施奈尔公司(The Etablassemets Dayde and Messrs Sch einer & Co.)于民国 12 年承包施工，至今仍在使用。全桥正面及侧面见图 6-3-4 及图 6-3-5。

①　1956 年由天津大学杨天祥教授主持荷载验算，证明该桥结构性能良好。

图 6-3-4　天津新万国桥正面图（1986 年摄）

图 6-3-5　天津新万国桥侧面图（1986 年摄）

三、钢筋混凝土桥梁

(一) 简支T型梁桥

民国10年，河南省洛阳市利用"北方工赈协会"[1]的赈款，开工修建天津桥(俗称老吴桥)。该桥桥型为钢筋混凝土双柱式墩台、T型简支梁，共23孔，中间21孔，每孔长9.2米，两边孔各为6米，全长206米，桥面宽6.1米(车行道宽5.6米)，至次年6月28日竣工。当年，洛河洪水暴涨，将两端引道和南端3孔冲毁，河道主流南移，北岸成为旱滩。于是在北岸接长路堤，在南岸增加桥孔，但因军阀吴佩孚兵败，工程停顿。遂致一座残桥保留至今。

民国12年，东北旅大南路(旅顺至大连)上，建成龙王塘与乃玉浦两座钢筋混凝土T型梁桥。这两座桥均受到潮汐影响，河面时宽时窄，故加长引线，缩短桥长。两桥均为98米，计10孔，每孔跨径长8.6米，净宽8.4米。下部结构为木桩基础，石砌重力式墩台。

(二) 悬臂梁桥

上海四川路桥位于苏州河上，是中国第一座钢筋混凝土悬臂梁桥，于民国11年建成。该桥桥轴线与河流斜交15度。共有3孔，中孔跨径为36.58米，两边孔各为17.14及17.25米，全长73.17米，车行道宽12.8米，两侧人行道各宽2.7米。桥型美观(图6-3-6)，坚实耐用，迄今仍在使用。

民国13年，上海苏州河上又建成西藏路桥。该桥桥轴线与河流正交，桥型与四川路桥相同，也有3孔，中孔跨径为36.58米，

---

[1]　江苏南通张謇于民国10年在上海组织的赈济团体。

图 6-3-6　上海四川路桥 （1987年摄）

两边孔各为 15.85 米，总长 68.29 米，车行道宽 12.78 米，东侧人行道宽 2.76 米，西侧宽 2.6 米。该桥外型见图 6-3-7，质量坚固，至今仍通行车辆。

图 6-3-7　上海西藏路桥 （1987年摄）

民国 14 年，上海工部局将清光绪十一年（1885 年）建成的河南路木桥拆除，改建为钢筋混凝土悬臂梁桥。该桥有 3 孔，中孔长 37.64 米, 两边孔各长 13.14 米, 总长 64.48 米, 车行道宽12.94 米, 两侧人行道各宽 2.7 米, 下部构造为重力式墩台, 木桩基, 计算荷载 15 吨。桥型美观(图 6-3-8), 质量坚固, 至今仍在使用。

民国 16 年, 上海工部局又在乍浦路渡口处修建一座钢筋混凝土悬臂梁桥, 名为乍浦路桥(俗称二白渡桥)。共有 3 孔, 中孔跨径 36.58 米, 两边孔各为 17.68 米, 总长 71.95 米, 车行道宽12.8 米, 两侧人行道各为 2.6 米, 下部构造为重力式墩台, 木桩基, 质量坚固, 至今仍在使用。其桥型见图 6-3-9。

以上 4 座钢筋混凝土悬臂梁桥, 均为无铰双固定式两端悬臂梁。这在当时世界同类型桥梁中, 是一种造型美观、经济适用的桥型。

（三）连续梁桥

福建省漳州东新桥, 是汀漳龙公路总局于民国 10 年 5 月至民

图 6-3-8　上海河南路桥 (1987 年摄)

图 6-3-9　上海乍浦路桥（1987 年摄）

国 12 年将明代万历年间（1573—1619 年）所建的跨九龙江石台石板桥（28 孔，长约 280 米）改建而成。在旧桥石墩台上建造 18 孔钢筋混凝土连续梁，全桥长 198 米，桥面净宽 4.88 米，两侧人行

图 6-3-10　福建省漳州东新桥

道各宽 0.61 米。改建工程费 6 万元，平均每米 305 元（图6-3-10）。

　　漳州中山桥原名旧桥、南桥，又称通津桥，也是汀漳龙公路总局于民国 14 年冬至次年秋，将宋嘉定五年（1212 年）建成的石梁桥改建而成。该桥为钢筋混凝土连续梁结构，由 3 个沙洲路堤分隔 4 座桥：第一座 2 孔，长 25.6 米，第二座 10 孔，长 94.06 米，第三座 9 孔，长 102.78 米，第四座 1 孔，长 11.1 米，4 座桥共长 233.54 米，连同沙洲路堤长度，总长 426.72 米；各桥孔径自 8.22 米至 12.55 米不等，桥面净宽 5.40 米，第二、第三和第四桥的两侧设有人行道，宽 1.0 米（图 6-3-11）。

图 6-3-11　福建省漳州中山桥

（四）系杆拱桥

　　杨村双龙桥（即西汉桥、罗锅桥）位于天津市杨村（今武清县），跨北运河，是京津公路的咽喉，自民国 10 年 9 月开工修建，次年 3 月完成。该桥桥型为 3 孔下承式钢筋混凝土系杆拱，在中国公路桥梁史上是首次采用；建成后，杨村富绅认为两侧拱圈形

图 6-3-12 双龙桥正面图

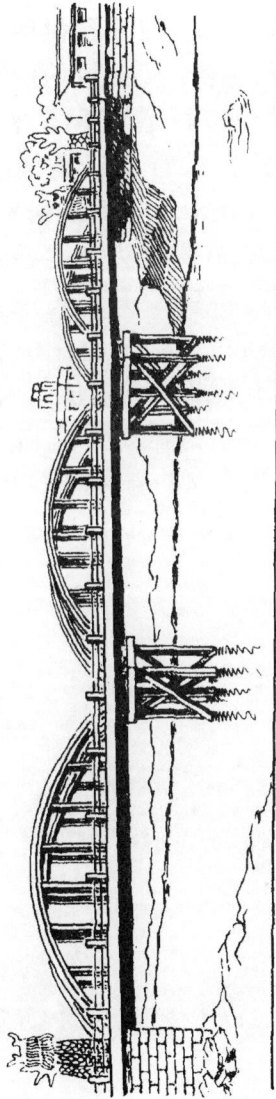

图 6-3-13　双龙桥侧面图

似两条无头无尾的困龙，对村民不利，由各商号捐款，在桥两端的拱圈末端装饰一个龙头和龙尾，与3孔拱圈形成两条龙（一龙向南、一龙向北），故名为双龙桥。该桥每孔跨径长20米，全桥长60米，桥面宽9.7米，其中车行道宽5.5米，两侧人行道各宽2.1米，外侧栏杆由混凝土柱和铁管横杆构成；下部构造为钢筋混凝土双排架墩，桥下净高为6米。全桥工程费为6.5万银元（一说为15万银元），不包括村民加设龙头龙尾费用。桥西设立护桥房，由路警护理，兼收车马过桥费：大车收铜元四枚，骡、马收二枚，驴、牛收一枚，行人不收费。全桥见图6-3-12和图6-3-13。

民国17年4月，在湖南省湘潭至宝庆公路上建成的永丰大桥，是一座中承式钢筋混凝土系杆拱桥。全桥共4孔，2主孔跨径各为24.38米，2边孔各为2.44米，桥长70.71米，桥面宽6.0米，车行道4.16米，两侧人行道宽各为0.92米，桥下净高7.6米。造桥费为4.20万元。

图6-3-14　北京三家店桥侧面图

（五）上承式拱桥

民国 10 年 4 月，北京三家店钢筋混凝土上承式拱桥开工，至民国 12 年 12 月建成通车。

三家店桥位于北京阜城门外约 20 公里的门头沟三家店永定河上。原有木便桥过河，因常年维修，费用过大，又影响交通，北洋政府决定由京兆尹公署拨款 30 万元，交法商设计、施工，采用当时在欧洲比较流行的钢筋混凝土空腹拱结构型式，这是中国公路桥梁史上首次出现的新式结构。

该桥共 8 孔，每孔跨径 30 米，全长 252.9 米，车行道宽 6 米，两侧人行道各宽 1.0 米，外置栏杆，桥下净高 30 米，载重 5 吨。全桥造型美观，结构轻盈，工艺也较先进，至今已用了 60 多年。但因载重较低，目前只允许小型车辆通过。全桥见图 6-3-14 及图 6-3-15。

图 6-3-15　北京三家店桥主体结构图

（六）上承式桁架桥

民国 16 年 4 月，湖南省湘潭至宝庆公路上建成的虞塘桥，是在中国建造的第一座钢筋混凝土桁架桥（图 6-3-16）。该桥横跨涟水支流上，全长 63.2 米，计 5 孔，每孔净跨 9.45 米，桥宽 6.10 米。下部采用重力式青石墩台。投资 2.48 万元。

以钢筋混凝土建造上承式简支桁架桥梁，在 20 年代混凝土桥梁兴起和初步发展的进程中是一种新的尝试，当时在国际上也属罕见。

上述在民国初期修建的这些桥梁是较典型的大、中桥梁，其中有用木、石材料、钢材和钢筋混凝土集料 4 类；在构造方面有

图 6-3-16　湖南省虞塘桥

中国古典民族形式，又有从国外引进的多种形式，可谓"百花齐放"，在一定程度上反映了当时的公路建设者既勇于吸取国外先进技术，又发扬了中国传统的建桥经验，使中国桥梁建设技术达到了一个新水平。

第四节　民国初期的公路分类和国道网刍议

本世纪 20 年代前后，中国各省地方政府、赈济团体和地方驻军都在地方公路建设中，在没有法定的公路分类和统一的建设规划之前，各地公路多是按照当时当地的交通需要而修建，缺少全局的规划和统一的技术标准。至民国 8 年 11 月 14 日，北洋政府大总统以教令第 21 号文件，正式公布了《修治道路条例》，才有了最初的国家公路法规。其后，工程界人士周秉清、易荣膺、吴山和赵祖康等人均按此法规提出个人拟定的国道网方案，以为制定全国公路规划的建议。惜因政局混乱，主管全国公路建设事业的内务部未能予以重视，以致各种方案竟成空文。但从中国公路发展史的研究出发，所有初期公路法规和国道网方案，都有其学术价值和可借鉴之处。

一、公路的分类

中国古代道路是以容纳若干车轨来分类。近代行驶汽车为主的公路，则按国家行政区域分类。在 19 世纪中叶以后，欧美和日本等国的公路有国道(national highway) 和地方道路(local highway)的划分。而在民国初期，则沿袭清代的以省、县行政区划划分公路为国道、省道、县省和里道（即村道）4 类：

国道是指"由京师（首都）达于各省及特别行政区域之道路；由此省会达于彼省会之道路；与要塞、港口及其它军事关连之重要道路"。特别行政区是相当于省一级的行政区，如当时尚未建省的热河、察哈尔和绥远三个特别区。

省道是指"由省会达于各县治（县政府所在地）之道路；由此县治达于彼县治之道路；与本省区内路矿、商埠和工厂及其它军事相关之道路"。"路矿"是指铁路和矿山而言。

县道是指"由县治达于重要各镇乡之道路；各镇乡相衔接之道路；由县治达于港津之道路及其它相邻工厂和矿区之道路"。

里道是指："由此村达于彼村之道路；由此村达于相邻学校和工厂及其它公共事业之道路"。

同时规定了"国道宽度五丈以上；省道宽度三丈以上；县道宽度二丈以上"。而对于里道宽度，则由地方团体酌定。

对于各类道路的核定及施工，也分别作了规定："国道由内务部核定，直接办理"。"省道由各该地方最高级长官酌拟，咨陈内务部核定"。"县道、里道由各县知事（县长）酌拟，呈由该管最高级长官核定，由该知事会同地方自治团体修治"。

当时，虽然将上述条例公布，并通知各省、区执行，但是并未正式核定国道的具体路线，而各省拟定的省道路线也只限于少数省份，如陕西省拟定的东、西、南、北四条省道干线公路。

根据上述法定公路分类，国民政府交通部于民国 17 年制定为国、省、县三类公路。

二、国道网方案的提出

（一）周秉清的《国道网方案》

民国 8 年，北洋政府内务部工程司周秉清根据前述公路分类及其范围，提出了 51 条路线的《国道网方案》，总长 69994 里（合40320 公里）。各条国道起讫点及其里程见表 6-4-1。

周秉清《国道网方案》，将全国分为三大区：从山海关至伊犁（长城以北部分）为北区，从长城南部至长江以北为中区，长江

表 6-4-1

周恭清《国道方案》的路线和里程

序号	起点	讫 地名	点 里	讫 地名	点 里	讫 地名	点 里	讫 地名	点 里	讫 地名	点 里	讫 地名	点 里	共计里程（里）
1	开封	北京	1494	安庆	1270	西安	930	济南	450	武昌	1195	太原	850	6189
2	北京	济南	930	太原	1150	科布多	6280							8360
3	保定	奉天	550	济南	570									1120
4	奉天	珲春	970	爱珲	1490									2460
5	安庆	济南	1340	杭州	640	武昌	610	南昌	670					3260
6	杭州	福州	1030	南昌	1140									2170
7	武昌	长沙	850	西安	1410	成都	2120	南昌	790					5170
8	南昌	福州	860	广州	1550	长沙	730							3140
9	福州	广州	1520											1520
10	广州	长沙	2130	桂林	870									3000
11	长沙	桂林	1640	贵阳	1630									3270
12	桂林	贵阳	1020	云南	2150									3170
13	贵阳	成都	1120	云南	1155									2275
14	西安	兰州	1030	成都	1220	西藏	1590							3840
15	兰州	青海	2140	新疆	4410									6550
16	青海	西藏	710											710
17	成都	长沙	1960	兰州	1580	西藏	3160	云南	1510					8210
18	济南	南京	830	南京	1230									2060
19	太原	内蒙古	1440	西安	1070									2510
20	南京	杭州	490	安庆	520									1010
总														69994

注：每里＝0.576公里；凡起点至一个讫点为 1 条路线。

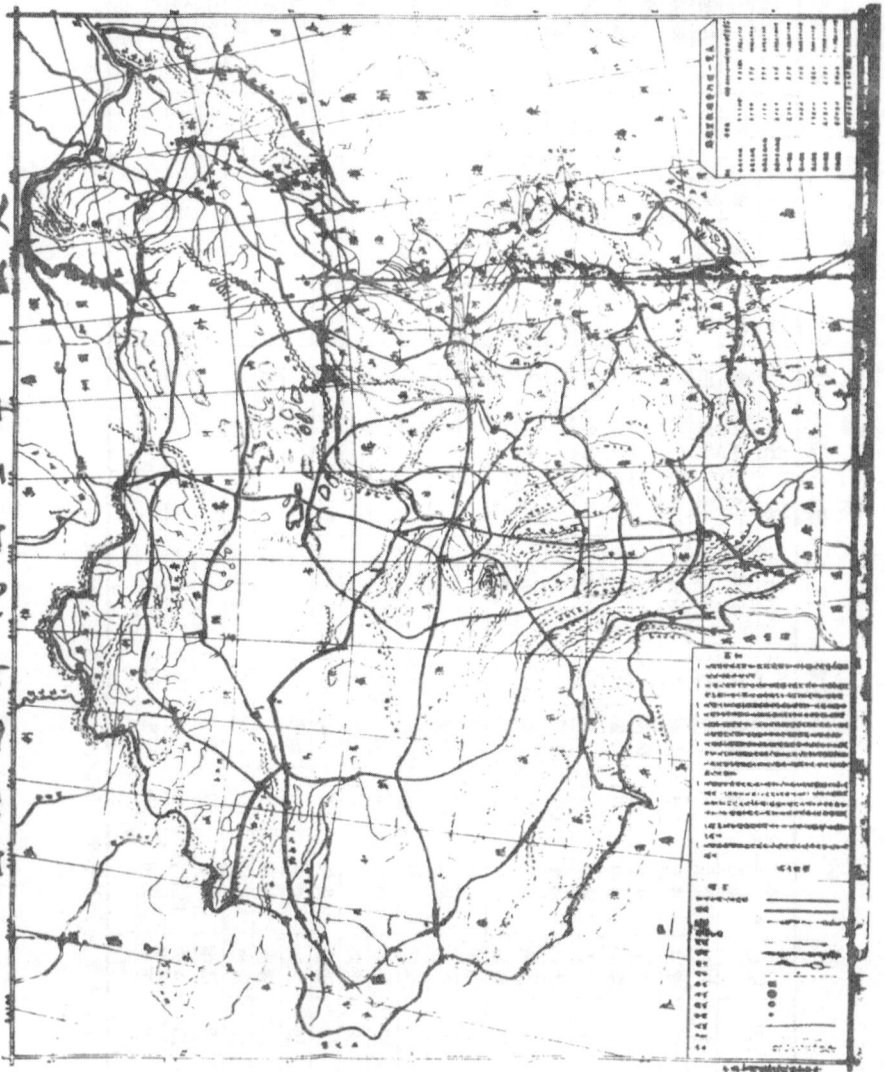

图 6-4-1　建设中华全国汽车道路图

以南为南区。修建计划分为 10 年，每年建成 6999 里（合 4032 公里）。估算 10 年建设经费为 3960.82 万元。

为节省经费，周氏提出了利用旧有官路、大路或邮路的路基，以减少征用耕地和其它困难。但对路基宽度，规定在 50 英尺（15.24米）以上，以适应汽车行驶。

当时工程界杨得任认为周氏方案是"为促动当时政府之最有力者，而政府遂以此方案为将来建设国道之标准方法"[6]。但北洋政府并未对周氏方案以法定方式作出最后的决定。

（二）易荣膺的《拟修国道一览表》

继周秉清之后，易荣膺就全国原有驿道制成《拟修国道一览表》，共计路线 21 条，总长约 70670 里（合 40710 公里）。他与周氏论点有共同之处，主张尽量利用驿道，以减少占地的阻力，比较容易执行。

（三）吴山的《四经五纬国道网》方案

民国 10 年，中华全国道路建设协会干事吴山提出以甘肃省省会兰州为中心的"四经五纬国道网"（见表 6-4-2），并编拟了《建设中华全国汽车道路图》[7]（图 6-4-1）。

建设中华全国汽车道路的四经五纬路线　　　表 6-4-2

线别	线号	线　名		路线经过的省名	备　注
		起点	终点		
经线	第一	滇	蒙	云南、洪江、四川、甘肃、蒙古	
	第二	鲁	新	山东、青岛、直隶、河南、山西、陕西、甘肃、新疆	
	第三	汕头	伊犁	广东、江西、湖南、湖北、四川、陕西、甘肃、新疆	

线别	线号	线名		路线经过的省名	备注
		起点	终点		
经线	第四	爱珲	亚东	黑龙江、奉天、直隶、山西、陕西、甘肃、青海、西藏、	
纬线	第一	西宁	西宁	西宁、武威、宁夏、平凉、天水、西宁	自西宁起环绕兰州宁夏等省回到西宁
	第二	酒泉	酒泉	酒泉、榆林、西安、南郑（汉中）沔县、成都、雅安、巴安、酒泉	自酒泉起环绕兰州经成都等地回到酒泉
	第三				缺资料
	第四				缺资料
	第五				缺资料

这个四经五纬国道网是在中心点兰州之外以 4 个内外环线联结各省会及若干著名大城市，全网总里程约长 106950 里（约合 61600 公里），全部建筑费估计为白银 10695 万两。这个方案曾以中华全国道路协会名义呈报北洋政府内务部备案，而内务部的批文仅是"尚可藉资参考"，既未正式研究，又未明令公布施行。

当时留学德国柏林工科大学的黄君及北京李公度等人对吴山方案提出异议，认为以兰州为中心的国道网只着重经济地理，未涉及国防，"若以国防论，应偏东北；若以商业及实业论，应以汉口为中心"[8]。为此，道路协会的周国衡又在《道路月刊》上发表《全国汽车路线中心点研究》的文章，阐明以兰州为中心是为改变西北和西南地区的交通闭塞和经济落后，急应在该地区修建公路以发展生产的观点。他们的争辩说明了当时工程界人士关心中国公路建设的热忱。

（四）公路专家赵祖康与彭禹谟合拟的《修建南北统一国道计划》

这个计划是在南北两个政府①统治的政局下，为促进南北统一提出由北京至上海（中经直隶、山东、河南、安徽、江苏和浙江等省）的一条国道线，全长 3210 里（约合 1850 公里），计划以 5 年时间完成。为促其实现，曾以中华全国道路建设协会名义呈报北洋政府内务部，列述了修建理由、施工方法和资金来源等，可谓详尽备至。但仍未得到北洋政府的重视，终将计划置诸高阁。

第五节　路政机构的组建

民国初期的路政管理机构，是随着公路事业的发展而由中央至地方相继组建的。民国元年 1 月 3 日，临时政府设交通部和内务部，分掌铁道和公路的建设；在同年 3 月 30 日之后，临时约法②通过，中央设国务院，仍设有内务部、交通部。民国 3 年，国务院改为"政事堂"，而交通与内务两部的职掌未有变动。内务部主管公路业务，多属方针政策和法规条例的制定与颁布，并不直接负责工程管理。公路建设和路政管理均由各省、各特别区和京兆地方等地方政府办理。而各地方政府又因政局动荡和公路建设开始的先后，所设机构名称与规模也不尽相同。

（一）京兆地方

民国 3 年，北洋政府将清代的顺天府改为京兆地方，设京兆

---

① 北方为北洋政府或北京政府，南方为民国 5 年（1916 年）在广东肇庆成立的护国军政府。

② 指临时制定的宪法性文件。

尹公署，负责北京近郊公路的施工。

民国6年，京兆尹公署下设京兆马路工巡捐局，负责京郊公路养护与征收养路费工作。

民国7年，设京兆国道局，仍隶属京兆尹公署。

民国15年，京兆国道局改为署外独立机关。

（二）广东省

民国元年，省政府设军路处，县政府设军路局。

民国9年，省军路处改为公路处，县军路局改公路局。"公路"之名遂由此开始。

（三）湖南省

民国2年，成立长潭军路局，负责长沙至湘潭公路的测设和施工。

民国10年，改长潭军路局为长潭军路事务所，负责该路管理与养护工作。

民国13年，省长赵恒惕决定成立省路总局，负责省道修建工作。

民国14年，唐生智在衡阳召开湖南省筑路会议，成立湘南汽车路局，属官督民办公路机构。

民国15年，先后成立湘中、湘西汽车路局。

（四）其它各省机构

除上述京兆地方及广东和湖南二省公路机构外，尚有浙江等17个省及上海市也分别设立机构主管公路建设与管理工作。民国3年至16年间部分省（区）路政机构的设立和更迭，见表6-5-1。

部分省（市）路政机构的设立和更迭
民国3年～16年   表6-5-1

省市名称	机 构 组 建 年 代 及 机 构 名 称
奉天、吉林、黑龙江省	民国3年政务厅；民国13年东北交通委员会；民国14年实业厅
浙江省	民国5年省道办事处；民国10年省道局筹备处；民国11年省道路局
山西省	民国8年路工总局；民国11年省路管理局；民国16年建设厅
山东省	民国9年省道筹备处；民国12年路政总局；民国16年建设厅
福建省	民国10年公路筹备处；民国11年省道局；民国16年省公路局
广西省	民国10年省工程局；民国14年建设厅
四川省	民国10年省道局；民国13年马路总局
云南省	民国10年全省路政局；民国11年交通司；民国16年交通厅、建设厅
安徽省	民国11年省道局
河南省	民国11年军用汽车总局；民国13年直、鲁、豫汽车路事宜公署；民国14年全省汽车道筹备处
陕西省	民国11年路工局
贵州省	民国11年交通筹备处；民国15年省路政局
江西省	民国14年省道局；民国15年公路委员会
新疆省	民国15年汽车总局
甘肃省	民国16年建设厅省道办事处
上海特别市①	民国16年工务局

① 1927年前为上海道，1927年后改称特别市。

　　上表所列部分地方公路管理机构，仍视路线建设规模大小各自组建，其机构名称与人员编制等，均有差异。表内未列的省、市的公路机构，是在民国16年以后才开始建立的。

第六节 公路法规的制定

公路法规是国家建设公路的基本法令和规章制度，也是一定历史时期内路政方针政策的反映。民国初期，除京兆地方颁布了地方性的法规外，作为国家正式颁布的法规，则始于民国7年。至民国10年止，共颁布了9项重要法规。其中除民国7年由交通部颁布的3项有关汽车公司的条例外，其它6项有关公路建设的法规，则由内务部正式明令公布。

民国8年，大总统徐世昌公布了《修治道路条例》[9]之后，又于次年（1920年）10月16日以教令第18号公布了《修治道路收用土地暂行章程》16条。其中第三条规定："凡经测量由地方官署公布应行收用之土地无论国有、公有、民有，一律用之"。第5条规定："收用国有土地，应通知主管官署，定期移交，概不给价。收用民用之土地，应给予收买费，或酌给附近之官房、官地"。"收用公有之土地，依照收用民有土地办理。但得由地方最高行政长官酌量情形，减轻或免除其他地价"。第10条规定："收用之土地，应于预定期内，交出接收。如逾期不交，该收用机关得会同地方行政公署强制执行。其接收期限由收用机关定之"。第15条规定："关于民用土地之收用，有违法或不当之处时，得依诉愿法或行政诉讼法提起诉愿或行政诉讼"。这对于工程建设征收土地来说，考虑得比较周全。

民国9年10月19日，内务部公布了《国道委员会章程》11条。委员会的宗旨是"筹议关于全国国道一应计划事宜"。委员长由当时的内务部土木司司长兼任。这个《章程》的公布是在周乘清呈报《国道网方案》的第二年，可见与周氏的方案是有联系的。

民国9年11月19日，内务部公布《修治道路条例施行细则》40条。其中详细规定了公路测量各种图表、桥梁和隧道图表的编制要求；公路几何构造尺寸；植树；养护；施工；以及经费的支出与分担等。这个《细则》使当时的公路建设有了初步的技术规定，是后期制定公路技术法规的蓝本。

民国10年6月，内务部公布了《商办道路规则》16条及《商办桥梁规则》10条。这两个条例，均采用通行收费原则，但对邮电人役、警察官吏、宪兵、军队、消防人员、受灾时赈济人员和医生护士及小学生等所乘车马则免于收费。并规定收费年限，至多不得超过15年。这是中国商办公路实行收费的最早规定。

除了上述中央政府颁布的公路建设条例之外，地方政府也根据地方情况公布了一些地方性的法规，如：民国3年6月17日，京都市政公所公布的《公修马路简章》，是修建北京市城市道路的法规；民国6年，京兆尹公署为征收养路费，公布了《京兆乡镇马路工巡局车捐章程》，这是最早征收养路费的一项法规；民国9年1月，山西省公署公布了《山西省路收用土地及给价办法》；民国12年浙江省公布了《浙江兵工修筑省道条例》；民国14年，北洋政府公布了《土地收用法》38条等，所有这些法规，在一定程度上使地方筑路有所依据和遵循。当然，法规中的某些具体条文也有其历史的局限性。

至于纯技术性的设计和施工规范，当时的中央和地方政府都没有制定。

上述公路建设法规的制定，使中国公路初期建设逐渐纳入正轨，都发挥了一定的历史作用。

第七节　公路科技教育

民国初期，公路建设除缺乏资金外，重要的是如何培训公路工程人员的问题。而在当时从清代末期保存下来的少数工科大学的学科，属于综合性质，凡铁路、水利和建筑等，均统一于一个土木工程系(没有公路专业系)，在土木系中教授公路工程；毕业学生很少从事公路业务，有些地方部门不得不以重金向外地招聘。在这种情况下，地方政府只有就地创办中等职业学校，以缓解技术人才的短缺。

一、高等院校的设立

民国初期的高等院校随着政府机构的变化，学校名称及所设学科也有变革。

北洋大学——清光绪二十一年(1895年)，由清政府北洋大臣王文韶创办于天津，初名天津中西学堂。光绪二十九年(1903年)，清政府鉴于工业交通发展的需要，改名天津北洋大学(现名天津大学)，设土木工程、采矿、冶金等系，成为中国最早创办的一所工科大学。民国初期，仍沿旧制，许多毕业学生在国内工矿和交通部门是主要技术骨干。

交通大学——清光绪二十三年(1897年)，盛宣怀在上海创办南洋公学；光绪二十九年(1903年)，改名上海商务学堂；光绪三十二年(1906年)，改名邮传部上海工业专门学校；民国10年，由北洋政府交通部直接管理，同唐山工业专门学校、北京邮电学校和交通传习所合并，改名为交通大学，分设土木、机械、电机以及管理等科系；次年，又改称南洋大学。民国16年，改为第一交通大学，隶属铁道部，(次年定名为交通大学)。在河北唐山设唐山工学院，称第二交通大学，又在北平设铁道学院，称第三交通大学，都教授土木工程，为国家培养了许多建设人才，不少人参加了公路事业。

同济大学——清光绪三十三年(1907年)，由德国人创办同济医学堂于上海。民国6年，北洋政府接管该校，改称同济医工专门学校；民国16年，又将该校改为以理工科为主的综合大学，设医、工、理、文、法5个学院，统称为同济大学。其毕业生很多从事公路建设。

除上述国立大学外，尚有一些省立大学，如山西大学、湖南大学、浙江大学等院校，也培养出一些从事土木工程的技术人员，加入了公路建设行列。

二、中技学校与培训班

清光绪三十一年（1905 年），江苏省南通县人张謇在南通师范学校设测绘班，聘请日本教师，采用日本道路制度和教材，培养测绘人员，充当地方公路的测绘与施工工作。

民国 8 年冬，云南督军公署为修建全省公路，派李小川率领一批军官到日本和国内各地考察公路交通和筑路工程，学习专业知识。

民国 10 年 9 月，云南全省路政局举办路政学校速成班，录取学生 45 人，备取 13 人，学习土木工程课程。

民国 10 年 6 月，广东省政府为培养筑路人员，创办工程生讲习所，由各县选派学生 53 人，学习 6 个月后，返回各县工作。次年 6 月，成立广东省公路处附设工程学院，招收学生 120 人，学习土木工程 2 年，毕业学生分配到各县担任筑路和其他土木工程工作。

民国 10 年，福建省公路筹办处在漳州设立福建公路工程学校，由各县选派学生，第一期 200 人，学习 2 年，毕业后派回各县工作。

民国 11 年，广西创办"广西交通专门学校"，培养专业人才。

民国 14 年，云南省东陆大学设土木工程系，先后聘请段伟和李炽昌等为教授，招收第一班学生 7 人，学习 3 年，毕业后分配到各公路段工作。

民国 16 年 8 月，云南省建设厅设道路工程学校，培养筑路专门人才。

上述地方政府创建中等技术学校培训公路建设人才，虽然规模不大，入学人数不多，但在当时的历史条件下，则是非常可贵并值得推广的。

第八节　道路建设协会及其学术活动

中华全国道路建设协会，是中国公路建设最早的一个群众法人团体组织，民国10年5月在上海成立，会长为王正廷。9月19日得到北洋政府内务部批准注册备案。协会成立以后，全国有18个省和十几个市、县成立了分会，并在南洋和香港等地设立代表办事处，积极开展筑路学术活动，成为当时推动中国公路建设的鼓吹者与支持者。次年，协会会员增达7万余人，其活动一直延续到民国26年，七七事变后，上海沦陷，协会被迫结束。

一、协会的发起与宗旨

在北洋军阀割据时期，国库空虚，交通阻塞，全国工农业陷于瘫痪，国计民生异常困难。当时旅居上海的社会名流张謇、黄炎培①、王正廷、史量才②和朱绍文等67人有鉴于此，公开提出"裁兵救国，化兵为工，先筑道路，便利交通"[10]的口号，并发起组织中华全国道路建设协会，作为推动中国公路建设的民间团体组织。

协会的宗旨和主要任务是："鼓吹提倡筑路的重要意义，唤起国人注意；提倡兵工筑路、国民筑路、省县筑路和拆城筑路；参加国际工程主要集会；举行路、市两政的展览大会；为各省测量、

---

① 黄炎培（1878年至1965年），上海市人，辛亥革命后任江苏省教育司长及中华职业教育社理事长；中华人民共和国成立后，曾任政务院副总理及轻工业部部长等职。

② 史量才（1878年至1934年），江苏江宁人，曾任上海《时报》主笔，并办上海《申报》，"九·一八"事变后，倾向抗日，1934年被蒋介石特务暗杀。

设计和验收道路工程；代筹筑路资金；训练并介绍道路、汽车和市政专门人才；管理建设道路问题之咨询"[11]。

二、协会的组织与其学术活动

协会的最高领导机关为董事会，设董事 100 人，并选出 15 人组成"执行董事会"，作为"督促会务与筹划进行之重要机关"。会内设顾问部、会务部、交际部、讲演部、赛会部、测绘部、工程部、调查部、编辑部和绍介部等 10 个部。各部均设主任和专职职员经办具体事务。

各省、市、县分会的组织和任务，基本上同于总会，除设正、副会长外，并聘请地方社会名流担任名誉会长。

总会所设的主要各部工作要点是：

会务部："专司会务及会员之整顿"。

讲演部："专司讲演道路之重要及建筑上必须之知识及技能"，分为名人讲演、化装讲演及影片讲演。讲演题目有："建筑全国道路之必要"，"裁兵救国与筑路"，"为什么要修筑全国道路"等等。

赛会部："专门搜罗各种道路上应用机械、器具及其标本与车辆；各国道路之修筑经过与计划，设所陈列，以供众览"。

测绘部："专门路线测量之事"。当时由该会测量的路线有上海至南京和上海至杭州的公路干线。《中华全国汽车道路图说》，也是由该部绘制的。

调查部："专司国内外道路概况之调查"。如该会董事、兼调查部主任张孝若①，曾赴欧洲、美国及日本考察公路。同时，宣传中国公路建设成就。

编辑部："专门编辑、出版、发行《道路月刊》，分发至全国各省、各县、各团体、各机关和海外侨胞之团体"。该刊由民国 11

---

① 张孝若，江苏南通人，张謇之子。

年 3 月 15 日出版第一卷第一号起至民国 26 年止，共出版 54 卷（每年 4 卷，每卷 3 期），每期发行约 8000 册。该刊除刊登会务、各种道路规章及来往函件外，还刊登公路工程方面的文章，如徐焕章著《路工学桥梁篇》；陈树棠著《最新道路建筑法》；杨得任著《道路交通史》等，分期连载，对全国各地普及公路技术知识作出了有益的贡献。

民国 14 年，《道路月刊》主编陆丹林编著的《道路丛刊》、《道路全书》先后出版；民国 15 年，陆丹林又兼办上海《时事新报》内《公路周刊》栏，曾发表文章批评了唐绍仪①反对公路建设的错误言论。

绍介部："专司介绍专门人才"。这个部介绍工程司陈树棠前往湖北省修建襄阳至沙市的公路，还介绍工程司刘上琦去福建泉州市政局工作。

除了上述主要活动外，协会曾函请陆军部通令所属机关实施兵工筑路；函请交通部在上海交通大学内增设道路专科，并通电全国，要求退还庚子赔款，用于修建公路。这些活动为推动公路建设造成社会舆论，以引起当时军、政各界和社会团体对公路建设的注意和重视。

三、参加万国道路协会

万国道路协会②(Association Internationale Permanent Des Congres De Route)，是一个国际性的公路学术团体，设于法国巴黎，1908 年召开第一届会议。中国最早参加该会的是清政府邮传部。清宣统二年(1910 年)，曾派驻比利时大使馆参赞王慕陶出席在比利时布鲁赛尔召开的第二届万国道路协会会议，并交

---

① 唐绍仪（1860 年至 1938 年），广东中山县人。曾任清政府外务部侍郎，铁路总公司督办，北洋政府国务总理，国民政府委员等职。

② 即"国际道路会议常设委员会(PIARC)"。

纳年会费 1000 法郎。民国 11 年 9 月 13 日，中华全国道路建设协会派张孝若以政府人员身份出席巴黎的会议，交纳会费 100 法郎，申请为团体会员，此为中国道路团体组织参加国际道路学术团体之始。

民国 12 年，北洋政府交通部派驻法办事处王威出席在西班牙马德里召开的第四届万国道路协会会议。会议就水泥混凝土路面、沥青路面、材料试验、交通规则和交通管理等议题作了讨论。中国交通部向会议提交了《中国汽车运输事业扩张情况》的报告，说明了中国公路与铁路相联络，使货物流通、各项事业得以发展的前景。

民国 15 年，在意大利米兰市召开第五届万国道路协会会议，交通部又派王威出席会议。因会议议题为高级路面，而国内尚未修建此类路面，故未提出报告。

中华全国道路建设协会的一切活动，不仅为当时国内公路界瞩目，而且也引起国外的注意。民国 12 年，德国驻上海领事馆曾致函该会了解当时的筑路情况。该会将"全国已筑之路约有 2 万余华里；建筑之法以煤屑居多，次为石子。路线最长者为晋、浙两省"[12]等公路情况函复该领事馆，对国外宣传了中国公路建设的概况。

协会的建立，既担负着全国公路建设的宣传教育与学术活动，又普及筑路知识，培养专业人才，为当时中国公路建设事业的发展，作出了积极贡献。

综上所述，在北洋军阀割据的 15 年中，虽然由于政局混乱，全国公路建设进展不大，且不平衡，但是随着国外公路技术的逐渐传入和公路工作人员的艰苦努力，使中国公路桥梁技术不断有所改进和提高，为日后公路的进一步发展，奠定了良好的基础；且所修建的公路，对发展各地区的交通运输、经济建设及文化交流确也发挥了不小的作用。

文 献 注 释

（1）叶恭绰：《一九一九年南北议和之经过及其内幕》，载《北洋军阀史料选辑》下册，第10页，1981年中国社会科学出版社出版。

（2）张之洞：《覆陈铁路事宜摺》，又《清史稿·交通志》卷一百二十，第4431页，1976年中华书局版。

（3）《华洋义赈会叙》。

（4）熊希龄：《道路与国际民生之关系》，载《道路月刊》创刊号，民国11年3月15日中华全国道路建设协会版。

（5）颜惠庆：《颜惠庆自传》，载《北洋军阀史料选辑》下册，1981年中国社会科学出版社版。

（6）杨得任：《道路交通史》，载《道路月刊》第七卷第二号，民国12年10月15日中华全国道路建设协会版。

（7）吴山：《计划贯通中华全国汽车道路草图商榷书》，载《道路月刊》第二卷第三号，民国11年8月5日中华全国道路建设协会版。

（8）（9）杨得任：《中国近世道路交通史》，民国10年版《首都图书馆藏书338.13／274）。

（10）《中华全国道路建设协会职员证书》，载《道路月刊》。

（11）《中华全国道路建设协会章程》，同上刊。

（12）《道路月刊》第五卷第三号，中华全国道路建设协会版。

第七章　北伐胜利至抗日战争前夕的公路

民国 16 年 4 月～26 年 7 月
（公元 1927 年 4 月～1937 年 7 月）

　　民国 16 年 4 月，国、共两党合作领导的北伐战争取得胜利，结束了长达 15 年之久的北洋军阀割据政局，国民政府从广东迁往武汉。4 月 12 日，蒋介石在上海发动"四·一二"反革命政变，并于 18 日在南京另立"国民政府"；7 月 15 日，汪精卫等在武汉也叛变了革命，和蒋介石合流，从此，国民政府成为代表帝国主义、封建主义和官僚资本主义利益的政权。

　　自"四·一二"反革命政变以后，至民国 24 年的 9 年中，中国共产党领导的红军，先后建立了江西、湖南、湖北、四川、福建、河南和陕西等省际间的大片革命根据地。蒋介石为"围剿红军"、消灭革命根据地，执行"交通清共"政策，在上述各省大量赶筑公路，以便利其"清剿"军运。这就形成在抗日战争以前中国公路建设为军事服务的基本特点。

　　民国 20 年 10 月，国民政府在国际联盟的协助下，组建全国经济委员会（简称"经委会"），主持全国各项经济建设；会内设公路处，办理全国公路建设，名义是为发展交通，振兴经济，实际是以服务于军事为其主要目的。民国 22 年 5 月，国民政府财政部与美国"复兴金融公司"签订了所谓的《棉麦借款》①合同，借款 2000 万美元，用以购买美国棉麦在华销售；这笔贷款大部分用作进攻革命根据地的军政经费，一部分拨交经委会公路处作为公路

---

①　《棉麦借款》是美国转嫁其经济危机，输出过剩农产品，向中国政府提供的借款。

建设基金。民国 21 年～25 年的 5 年中，经委会公路处拨借各省公路经费共计 1178 万元，加快了军事公路的建设。

第一节　全国公路发展概况

南京国民政府成立以后，全国公路建设事业先后由交通部、铁道部和经委会主持，逐渐消除了北洋军阀割据时期各自为政的局面，在中央政府统一领导下，加速了公路的发展。至抗日战争前夕，全国新建公路总里程达到 88126 公里，年平均增长约 8812 公里，比北洋军阀割据时期年平均里程增长多一倍，连同民国初期修建的公路，全国公路总里程达到 117296 公里（图 7-1-1），与现在各省正式核查这一历史时期的公路总里程 113819.66 公里（表 7-1-1）是接近的。

民国 26 年各省市公路总里程表①

单位：公里　　　　　　　　　　　　　　　　　　表 7-1-1

省、市名称	公路总里程	省、市名称	公路总里程
河　北	6586.00	湖　北	4545.03
北　平	1167.90	湖　南	2721.06
天　津	426.00	安　徽	5731.00
山　西	2938.00	广　东	14518.70
辽　宁	12640.00	广　西	3746.00
吉　林	1307.00	河　南	5700.00
黑龙江	2559.48	新　疆	1343.00
山　东	6813.00	宁　夏	1633.00
陕　西	2124.70	四　川	4206.00
甘　肃	2769.70	贵　州	1686.50
江　苏	5400.00	云　南	3178.20
上　海	289.00	青　海	1336.00

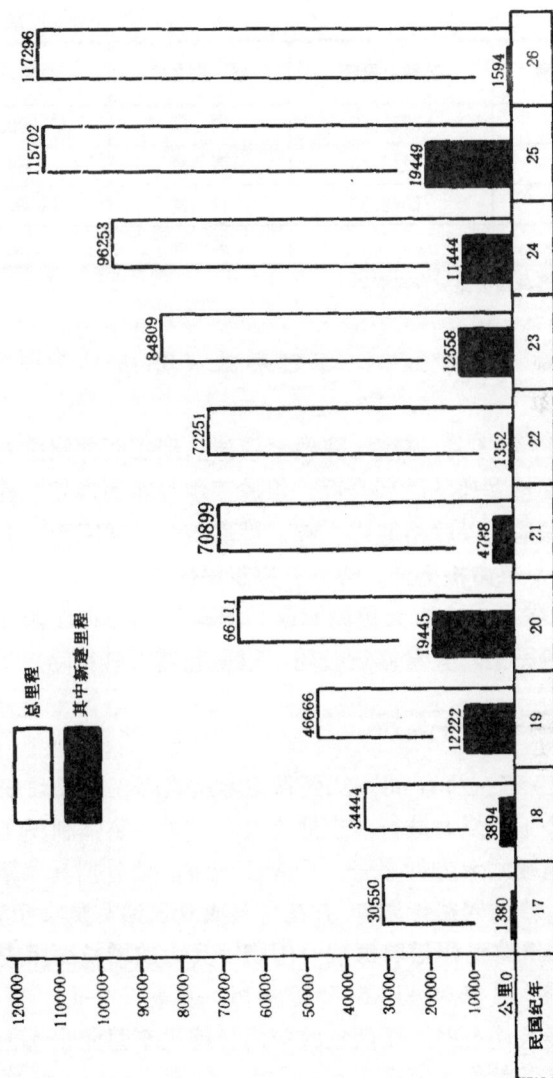

图 7-1-1　民国 17 年～26 年全国公路总里程增长柱状图

续上表

省、市名称	公路总里程	省、市名称	公路总里程
浙　江	3715.69	内　蒙	3902.00
福　建	4218.40	西　藏	（无公路）
江　西	6618.30	台　湾	（日本占领）
		总　计	113819.66

① 根据各省市公路史资料汇编。

第二节　军事公路的修建

民国17年4月，朱德、陈毅率领部队到江西井岗山与毛泽东领导的秋收起义部队胜利会师，组成工农红军第四军，建立了中央革命根据地，以后相继建立起"鄂豫皖"、"湘鄂西"和"闽浙赣"等15个革命根据地。蒋介石遂于民国19年12月～23年10月，在江西省发动5次大规模军事"围剿"，同时在江西和福建两省境内征调民工，大量修筑公路，以便利其军事行动。

一、江西省军事公路

民国19年～24年间，江西省主席熊式辉在国民政府军事委员会的严令下，竭力推行"交通清共"政策，将强制民工筑路列为江西省施政六大方针之一，命令江西省公路处拟具《赣粤、赣湘、赣闽、赣浙四路计划》，并在各县成立筑路委员会负责筹款、加紧赶修。筑路里程随着每次"围剿"兵力的增长而相应增多，五次"围剿"共修建公路5958.7公里，见表7-2-1。

为修建上述公路，江西省政府用公路汽车营业收入、增加盐税和向豪绅派款作为资金；另一方面，江西省公路处为减少筑路费用，改订《筹款派工筑路办法》，规定：对占用土地不给价，仅免钱粮；对迁移房屋、坟墓完全无偿，由业主自理；对土方工程，由民工义务修筑；对桥涵工程，由沿路县政府筹款修建。这样就将筑路负担转嫁到人民群众头上。当时，江西省人民负担苛捐杂税竟达 298 种之多，为修建公路付出了沉重的代价。

为实行强制兵工筑路，南昌行营①规定驻赣部队每月必须修筑公路 50 公里。同时颁发《兵工筑路政策奖励条例》和《兵工筑路惩治条例》，对军工实行监督，以加快筑路进度。

在"围剿"公路总里程中，军工修建的约 1000 公里。

江西省在"围剿"中动用的兵员与筑路里程　　表 7-2-1

次序	起止时间（民国纪年）	历时（月）	"围剿"兵力（万人）	修建公路里程（公里）
第一次	19 年 12 月 16 日至 20 年 1 月 3 日	0.5	10	125.8
第二次	20 年 5 月 16 日至 30 日	0.5	20	201.0
第三次	20 年 7 月至 9 月	3	30	1022.3
第四次	21 年 6 月至 22 年 3 月	10	63	959.4
第五次	22 年 9 月 28 日至 23 年 10 月 21 日	12.8	100	2332.4
	24 年			1317.8
总计				5958.7

二、福建省军事公路

民国 18 年，工农红军第四军由江西省三次进入闽西，先后占领了长汀、上杭、武平、龙岩、永定和平和等县，与闽西地方党组织相结合，于次年建立了革命根据地，成立了闽西工农民主政府。民国 21 年 4 月，红军一、五军团组成东路军，由江西省入闽，一度占领闽南重镇漳州。为此，军事委员会急令在上海抗日的十

---

① 行营为国民政府军事委员会委员长驻各地的办事机构。

九路军①入闽与红军作战，同时又电令福建省政府赶修闽浙和闽粤两条干线公路，限3个月内完成通车，于是开始大举修建闽南和闽西北各线的公路。十九路军入闽后，抽出士兵6000人协助抢修闽西的漳龙、龙连和上杭至焦岭等公路。省建设厅则负责修建朋口经长汀至江西省瑞金的公路。

接着南昌行营又设立了"浙闽赣皖边区公路处，负责办理浙南、闽北、赣东和皖南各边区的公路建设，以配合第五次军事"围剿"。边区公路处处长由浙江省建设厅厅长曾养甫兼任，副处长由浙江省公路管理局局长陈体诚兼任。

民国22年，浙江省修建浙粤干线的江山至浦城公路，江西省修建广丰至浦城公路。同年11月22日，十九路军发动"闽变"，在福建成立"中华共和国人民革命政府"，揭起抗日反蒋旗帜。蒋介石为镇压十九路军，限令浙江省政府在一个月内修通由省界枫岭和花桥至浦城的两段公路，次年初全部完成；随即由四省边区公路处赶修浦城经建阳至南平的公路，曾养甫和陈体诚轮流驻工地督催，急如星火，终于当年12月赶修通车，为蒋介石赢得时间，迅速进军，迫使十九路军败退闽南。此后，福建省建设厅在陈体诚主持下，更大规模组织力量，抢修公路。从民国22年~24年，共建成军事公路11条，总长1104.6公里（表7-2-2）。

上述在江西和福建两省内的"围剿"公路，无论是由兵工或民工施工，都是仓促抢修，土路通车，工程质量极为低劣。而为修建这些军事公路，征用了大量人力、物力和财力，占用了大量良田，拆迁了许多民房，给两省人民带来的苦难是极为深重的。

---

① 十九路军为国民政府军队，总指挥蒋光鼐，副总指挥兼军长蔡廷锴，曾于民国19年~20年在江西与中国工农红军作战。"九·一八事变"后调往上海，对日军进攻上海曾英勇抵抗，自调入福建后，改变认识，与红军订立抗日反蒋协定。

福建省军事公路汇总表 表 7-2-2

线路别	段 别	里程(公里)			开筑年月 (民国)	完成年月 (民国)
		前期完成	本期完成	共计完成		
闽湘干线	漳州龙岩段	27	112	139	8 年 6 月	22 年 5 月
	龙岩朋口段		106	106	21 年	23 年 10 月
	朋口长汀隘岭及隘岭至瑞金段①		93 (15)	93 (15)	23 年秋	24 年春
浙粤干线	枫岭浦城段②		46.6	46.6	22 年 12 月	23 年 5 月
	浦城延平段		238	238	18 年	24 年
	延沙永连段		245	245	23 年春	24 年 6 月
	连城新泉段③		25	25	22 年	23 年 10 月
闽赣干线	建邵光段		112	112	23 年 4 月	24 年 2 月
	光泽杉关段④		27	27	18 年	
浦城龙泉线	浦城花桥段⑤		39	39	22 年冬	23 年 11 月
建阳武夷线	建阳崇安段		61	61	23 年 2 月	24 年春
合 计		1104.6				

① 隘岭至瑞金 15 公里属江西省境由本省代建。
② 系浙江省代修。
③ 朋口新泉间 24 公里与闽湘干线重复不计在内。
④ 由江西省修建,民国 36 年移交本省。
⑤ 由浙江省代建。

第三节 省际联络公路的督造

全国经委会公路处鉴于以往修建公路缺少联络,致使规划未能成为整个体系,深感全国公路建设,如无通盘筹计是不行的。乃于民国 21 年 5 月起,先从苏(江苏)、浙(浙江)、皖(安徽)三省开始,协助省建设当局修建沪杭、杭徽、京芜、苏嘉、长宣、京杭 6 条重要公路,定名为"三省联络公路"[1]。开始了联络公路的修建。同年 11 月,蒋介石为发展中部各省公路交通,将三省公路专门委员会改组为七省（苏、浙、皖、湘、鄂、赣、豫）公路专门委员会，由经委会公路处督导七省公路部门修建会议拟定七省联络公路[2]。嗣后，"应时势需要"，又扩大范围，南至福建，北至陕甘，将督造联络公路增加到十省。自民国24年起，四川、贵州、青海、宁夏、绥远和广东等省又相继列入经委会督造公路范围，使联络公路里程增加到3万多公里。联络公路的督造，使公路建设走向有计划的发展，并对全国公路网规划与规章建立起了促进作用。

一、苏、浙、皖三省联络公路

苏、浙、皖三省联络公路，是在三省道路专门委员会领导下进行修建的。该委员会由经委会2人、三省各2人和国联道路专家2人共10人组成，负责公路设计和审议，并参照美国政府协助各州筑路体制而采取督造各省联络公路的办法，用以实现"工程标准划一、路线贯通、机构协调、指挥灵活"[3]之目的。其工程标准分为甲、乙两种：路基宽度至少为7.5米；路面宽度，甲种为5.5米，乙种为3米，厚度亦有不同规定。工程预算规定每公里造价除特殊工程外，不得超过6000元；至于土方、桥涵和路面等工款及工程管理费等也均有标准规定，以为各省编报工程预算的依据。

三省联络公路6条路线（见图7-3-1），其总长为1044公里，各线长度分别为：

沪杭公路（上海至杭州），长213公里；

杭徽公路（杭州至徽州），长222公里；

京芜公路（南京至芜湖），长92公里；

苏嘉公路（苏州至嘉兴），长67公里；

长宣公路（长兴至宣城），长124公里；

京杭公路（南京至杭州），长326公里。

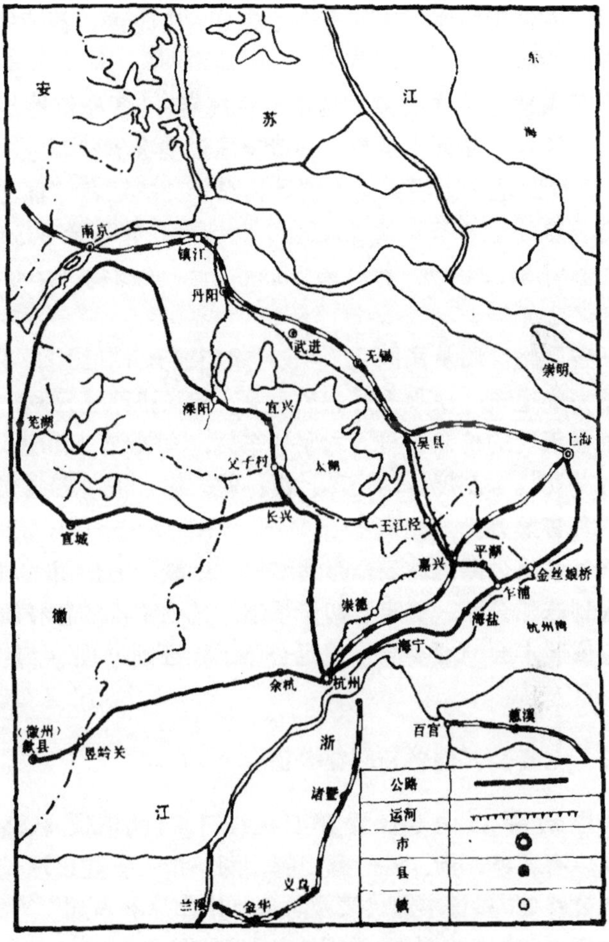

图7-3-1　苏浙皖三省联络公路路线图
选自民国22年11月全国经委会编《杭徽公路通车纪念刊》

这6条公路在三省会议以前已修建了一部分，但缺桥涵，未铺路面，须重新修建；连同未开工部分，应改善和新建的里程实际为505公里。

为了修建这6条公路，两次会议决定："各省筑路经费归各该省自行筹集，如筹不足数，得请全国经委会借垫基金，以便进行"[4]。筑路基金由经委会副委员长宋子文决定在"棉麦借款"中拨交公路处100万元[5]。实际上，共拨发三省基金903945元，其中江苏省348213元，浙江省200000元，安徽省322000元，南京市33732元。

三省联络公路从民国21年5月起相继开工，10月，京杭、京沪两路完成通车；次年6月完成京芜、长宣和苏嘉三路，11月，完成工程艰巨的杭徽公里。六路通车后，有关统一管理、安全设施以及一切规章制度，均交苏、浙、皖、宁、沪"五省市交通委员会"负责筹办。

三省联络公路的建成，起到维护"京畿"的作用；对于日后统一规划修建公路，奠定了初步基础，又可实行"各省筑造联络公路应依照本会〔经委会〕规定公路工程准则办理"[6]的技术规定。

二、七省及其他各省联络公路

民国21年11月3日至10日在汉口举行的七省联络公路修建会议，有"苏、浙、皖、赣、鄂、湘、豫七省建设厅长、全国经委会公路处、参谋本部代表及总部指定出席各员司"[7]参加。在这次会议上，确定下例11条干线公路（见图7-3-2）纳入全国经委会督造范围：

京陕干线公路——由江苏省浦口经合肥达信阳，过邓县达紫荆关（属河南省），长948公里；

汴粤干线公路——自河南省开封起，与平汉铁路线平行，经武昌达南昌，过赣县达广东省南雄，全长 1680 公里；

京黔干线公路——自南京沿江至南昌，经长沙、宝庆而达晃县（今湖南新晃侗族自治县），全长 1791 公里；

洛韶干线公路——自河南省洛阳起经襄阳、长沙、宜章达广东省韶关，全长 1809 公里；

京川干线公路——自安徽省合肥起经桐城、黄梅、汉口、宜昌达湖北省利川，全长 1239 公里；

归祁干线公路——自河南省商邱起经六安、安庆达安徽省祁门，全长 592 公里；

京鲁干线公路——自江苏省浦口起经淮阴达山东省台儿庄，全长 396 公里；

京闽干线公路——自南京经杭州、曹娥、永嘉达福建省福鼎，全长 840 公里；

海郑干线公路——自江苏省东海起经铜山、开封达河南省郑州，全长 651 公里；

沪桂干线公路——自上海经杭州、龙游、乐安、衡阳、永州达广西省桂林，全长 1686 公里①；

京沪干线公路——自南京达上海，全长 307 公里。

以上 11 条计划干线公路共长 11939 公里②，连同与干线公路连接的 63 条支线公路，共长达 22000 余公里，"拟按事实需要之缓急，分期兴筑，预定三年内全部完成"[8]。

这 22000 余公里公路，在七省联络公路会议之前，已修通约 7000 公里。嗣后，闽省公路 870 余公里及陕甘等省西北地区公路相继纳入督造范围之内，至民国 24 年 5 月为止，各省督造联络公路总长度为 29206 公里，其中已通车路线为 18924 公里，已开工路线 4630 公里，见表 7-3-1。

---

① 周一士：《中华公路史》列为 1688 公里。
② 周一士：《中华公路史》列为 11942 公里。

七省联络公路22000余公里的工程费估计为1.15亿元，除经委会拨借约0.39亿元外，由沿线各县政府负担0.76亿元，约占全部工程费66%。

苏浙皖赣鄂湘豫闽暨西北各省
联络公路完成情况

单位：公里   表 7-3-1

省 名	总里程	可通车里程	已开工里程
江 苏	3498	2262	775
浙 江	2574	2198	144
安 徽	3630	3016	124
江 西	4025	2903	657
湖 北	3842	2315	687
湖 南	3270	1779	515
河 南	3274	1933	441
福 建	2664	1470	489
西 北	2429	1048	798
总 计	29206	18924	4630

注：表中可通车路线里程包括临时军用路；路线里程为约计数，非实测里程。另河南提出更改里程数字：将3274改为3521、1933改为2399、441改为1122。因原表系系档案资料，不宜更改，故加注明。

根据民国24年6月15日经委会拨借各省公路基金统计：由民国21年~24年，共拨给各省基金为8473236.85元，见表7-3-2。

上述全国经委会拨给各省修筑联络公路的基金来源除前述"棉麦借款"外，尚有"航空、公路奖券"①收入项下的资金。仅民国23年即拨出300万元。另一方面，从分拨各省基金数字看，大部分用于七省联络公路，进一步证明国民政府对其军用公路的重视。

---

① 民国22年1月11日，国民党第339次中央政治会议决定在全国发行"航空、公路建设奖券"，每年发行4次，每次500万元。

在七省联络公路会议中规定的工程标准："路基宽分为 12 米、9 米及 7.4 米；平曲线最小半径在山岭区为 15 米，平原区为 50 米；最大纵坡为 6%，必要时得增至 8%；路面宽度分为单车道、双车道及三车道三种，每车道宽度为 3 米"[9]。这对全国公路的标准化起着促进作用。

单位：元　　　　全国经委会拨借各省公路基金款额　　　表 7-3-2

省名	历 年 拨 出 基 金				
	民国 21 年	民国 22 年	民国 23 年	民国 24 年	共　　计
江苏	331800	208149.85	563288.24	126849.76	1230087.85
浙江	150000	510000	1350284	—	2010284
安徽	210000	432000	654237	50000	1346237
江西	40030	230000	671960	138010	1080000
湖北	60000	30000	534468	30000	654468
湖南	—	—	486000	20000	506000
河南	40000	80000	410000	48720	578720
福建	—	—	668040	10000	678040
陕西	—	—	100000	—	100000
甘肃	—	—	34824	4576	39400
四川	—	—	—	100000	100000
贵州	—	—	—	50000	50000
前南路军总部	—	—	100000	—	100000
总计	831830	1490149.85	5573101.24	578155.76	8473236.85

注：陕西省提出将第 3、5 两行数字分别更改为 800000，因原表系档案资料，不宜更改，故加注明。

第四节　国家主办的公路建设

经委会公路处督造公路范围扩大至西北地区后，计划修建西安至兰州、西安至汉中和兰州至古浪 3 条公路，目的在于"开发西北资源，便利国防交通"[10]，并组织西北公路查勘团实地视察，结果"以各路工程浩大，需款甚巨……乃决定将兰古路暂从缓筑，而将预定兴筑该路经费分配于西兰和西汉公路"[11]。民国 23 年 3 月，经委会公路处在西安成立直属的西兰公路工务所，着手进行西兰公路的施工；同时进行西汉公路的勘测，并筹划修建。

一、改建西兰公路

西兰公路起自西安，经咸阳、乾县、邠县(今彬县)、长武、窑店而入甘肃境内的泾川、平凉、静宁、定西到达兰州，全长 704 公里，其中在陕西省境内长 199 公里，甘肃省境内长 505 公里，见图 7-4-1。

西兰公路原为陕、甘驿道，早有大车道。清末，左宗棠经营西北，修治道路，路旁遍植杨柳，至今仍存有少量旧路痕迹。民国 16 年，国民军驻防西北，发动当地驻军和民工修筑桥梁、整修路线，西安至长武间可通行汽车，其后地方政府又酌加整修，该路始具雏形。民国 17 年～18 年，陕、甘两省大旱，陕西省建设厅和华洋义赈会以工代赈，修建长武至窑店段公路；甘肃省由当地驻军与华洋义赈会合力修筑兰州至平凉段公路。以上两段大都利用原有大车道略加整修，仅能勉强行驶汽车；又因民国 22 年秋，山洪暴发，沿途桥梁、路基冲毁甚多，交通益感困难。民国 23 年，华洋义赈会代表塔德总工程司将该路正式移交经委会公路处继续修建。由西兰公路工务所刘如松总工程司主持所务。根据当时的人力和财力情况，决定修治原则为"先求维持交通，然后逐步改善；施工计划从 5 月起，分三期进行"[12]：

第一期抢修紧急工程(即沿线重点项目)，如大佛寺和六盘山的石方，三关口的护墙，红土嘴和接驾嘴间的临时桥梁，均需在当年两个月内完成，以维持临时通车。

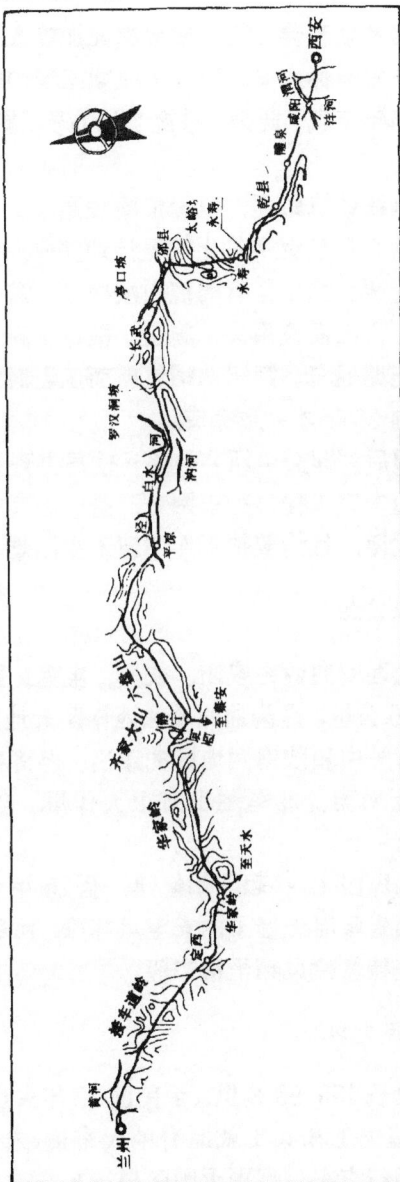

图 7-4-1　西兰公路路线图

第二期为全路各项改善工程，如改建或加建永久性桥涵、加宽路基和设置行车安全标志等，应与第一期工程同时开工，只是完工限期可延至当年年底。此外，再视实地需要，择要铺筑路面，以维持雨后交通。

第三期是在全线铺筑路面，以保证晴雨通车。

第一期工程从5月起至7月止按照计划完成。第二期工程因遇连绵秋雨，第一期已完工程有的被山洪冲毁，需要抢修，又因军工调防，遗留土方工程改用民工施工，推迟了施工进度，拖至次年4月才完成土路通车。第三期铺筑路面工程时，已进入抗日战争时期，至民国28年才大致完成。

西兰公路初通后，即交由西北公路运输局办理营业。由于留有施工质量较差的未完工程，行车困难，遭致旅客的不满和《西北文化日报》的批评，且为养护工作遗留不少困难。

二、兴建西汉公路

西汉公路，由西安向西经咸阳、扶凤、宝鸡、凤州再向南至汉中，全长447.66公里，是沟通西北和西南两大地区的要道。本路修成后，有利于关中和陕南两地区的政治、经济和文化的交流与发展，同时对当时南、北军运也有很大作用。全线路线见图7-4-2。

西汉公路，从民国12年起开始修建，至25年止，先后分为两大段施工：陕西省政府先修了西安至凤翔段，而后经委会直接投资，由公路处主持修建凤翔至汉中段。

（一）西安至凤翔段

西安至凤翔段长156.90公里，于民国12年～19年间，陕西省建设厅多次征集民工和兵工就原有的大车道(未经施测)分段整修拓宽，勉可通行汽车，但雨天则阻碍行车。

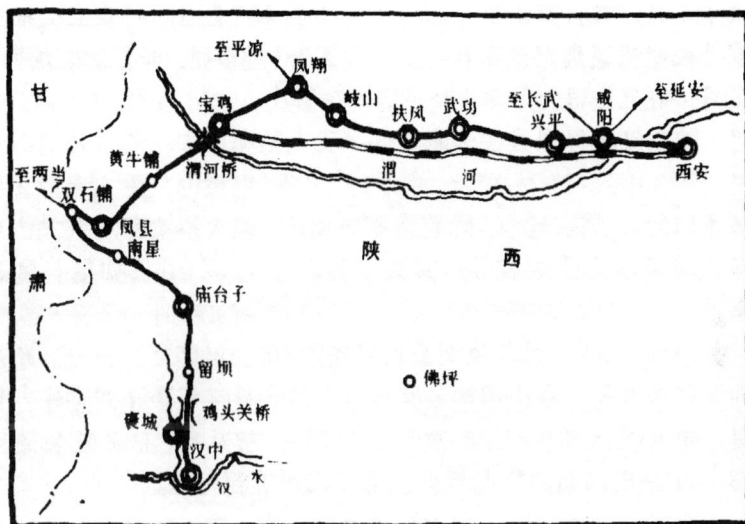

图 7-4-2　西汉公路路线图

（二）凤翔至宝鸡段

凤翔至宝鸡段长 36.6 公里，原有驿道仅可通行工程车和军车。民国 25 年 4 月，西汉公路工务所派队改测，6 月开工兴建，10 月除大桥外完工通车。

（三）宝鸡至汉中段

宝鸡至汉中段长 254 公里，是新建地段，由吴必治和孙发端先后担任总工程司主持施工。其路基土方、小桥涵和防护工程，除凤县留坝段由南星至柴关岭脚一段征用留坝民工数千人修筑外，其余均由包商裕庆和中华兴业两公司承包。

民国 23 年 11 月, 裕庆公司工人 500 名在秦岭一带施工, 至次年 1 月, 增加到 3000 余人。当年 6 月奉令赶工, 经委会公路处副处长赵祖康到路视察督导, 并派工务科长赵履祺驻工地协助; 7 月, 裕庆公司向天津、保定等地招募工人, 增至 7000 余人。8 月, 陕南红军经凤县去天水, 部分工人随军而去, 停工月余; 10 月, 全路开工。11 月, 工人增至 1.7 万人(包括部分工人未做工就被遣散的), 星夜赶修, 除重点石方路段、较大桥梁和鸡头关山洞未完成暂用便桥便道外, 其余工程均于 12 月 26 日如期打通试车。

民国 25 年 4 月, 裕庆公司修建的 67 公里路面、石方、路基加宽和鸡头关三座山洞均告完成, 5 月 1 日宝汉段正式通车。10 月, 鸡头关大桥开工, 至次年 6 月底完成。从此, 宝汉段公路除 187.17 公里路面尚待铺筑外全部完成, 通行无阻。

西汉公路西凤段系就大车道整修拓宽, 技术标准很低; 宝汉段和凤宝段在经委会公路处主持下由国库拨款, 按照一定技术标准测设施工, 是当时较好的公路, 既便利了西北和西南的交通, 又为公路事业培养了一批技术骨干。但当时由于军事需要, 限期赶工, 且因工款不足, 迫使凤留段酒奠梁和柴关岭及留汉段石方艰巨地段降低技术标准, 造成一些急弯陡坡和窄路, 不利行车, 通车不久, 又施工改善。

第五节　委托地方修建的西北干线公路

西北地区公路以甘肃省会兰州为中心, 南通川陕, 东接西安, 西通迪化(今乌鲁木齐市)、西宁, 北至宁夏、陕北; 以西兰、川陕(包括西汉)、汉白、华双、甘新、甘青、宝平、宁平和甘川等 9 线联络贯通, 形成西北五省的交通动脉。

经委会公路处在陕、甘两省境内直接主建西兰和西汉公路的同时，又先后拨款委托西北地方政府修建汉白、汉宁、甘新、甘青和甘川5条干线公路。

一、汉白公路

汉白公路起自汉中，经城固、西乡、石泉、汉阴、安康、平利，由关垭子出陕西，进入鄂境竹溪，又由界岭返回陕西，终于白河，（图7-5-1），全长533公里。它横贯陕西省许多重要县城，东接湖北省老（老河口今为光化县）白（白河）公路，可与河南省南阳和湖北省武汉沟通；南经紫阳或镇巴，可达四川省万源，是陕南与华中和西南地区相联络的干线公路，对当时政治、经济和军事都具有十分重要的作用。

民国23年冬，蒋介石电令陕西省政府："汉白公路急应加工赶筑，限期完成"。当年经委会派张佐周工程司勘定路线；并拨款50万元委托陕西省建设厅负责汉安段（汉中至安康）的测量施工，拨款40万元委托湖北省建设厅负责安白段（安康至白河）的施工。

（一）汉中至安康段

汉中安康段公路长257.5公里，由陕西省建设厅派过锡彤主任工程司负责修建。民国23年，汉安段工务所在西乡成立，下设5个工程段，边测设边施工。因工程艰巨，经费不济，至次年9月停工。民国25年1月复工赶修，至10月初初步修通、试车。嗣因西安事变，未完工程又陷停顿。民国26年5月再次复工，至民国27年3月，全段工程草率完成，后经反复改善，仍难畅通。

（二）安康至白河段

安白段公路长275.8公里，原由湖北省负责修建，后改由陕西省主办。民国26年，陕西省交通厅委派黄庆慈为安白段工务所总工程司，4 月组队测量，8 月完成。全线设 12 个施工分段，由天成、裕明、兴华和中华 4 大公司和部分民工（工人最多时有 22000 人，施工中伤亡 200 余人），于当年 8 月先后开工，至次年 2 月全段初通。又因夏秋中水毁工程甚大，抢修至 11 月才恢复通车。

二、汉宁公路

汉宁公路起自汉中，经褒城、沔县（今勉县）、宁羌（今宁强），至川、陕交界的棋盘关止，全长 156 公里，是川陕公路的重要一段，见图 7-5-1。

民国 24 年 8 月，经委会公路处与陕西省建设厅协商决定：汉宁公路的修建由陕西省负责主持测设、施工，经委会公路处担负全部经费和督造责任，派测量队协助；并商定了工程技术标准和施工方案等。

汉宁公路由汉中至褒城段长 15 公里与西汉公路共线，早已建成；褒城至棋盘关段分为两段施工：

（一）褒城至宁羌段

褒宁段于民国 24 年 9 月开工。由褒城至大安镇长 72 公里，土方路基除极少部分系包商承修外，主要是征集汉中、褒城、沔县、宁羌 4 县民工修筑。自大安镇至宁羌长 39 公里，多系崇山峻岭；五顶关的石方工程非常艰巨，交由包商承筑。因通车限期紧迫，昼夜赶工，于次年 1 月 15 日打通试车。

（二）宁羌至棋盘关段

宁棋段长 30 公里，于民国 24 年 12 月 18 日开始施工，土方路基和路面工程均由宁羌和略阳两县民工修筑。时值严冬，天寒地冻，兼以粮食缺乏，地方不靖，工程进展至为困难。但在两县

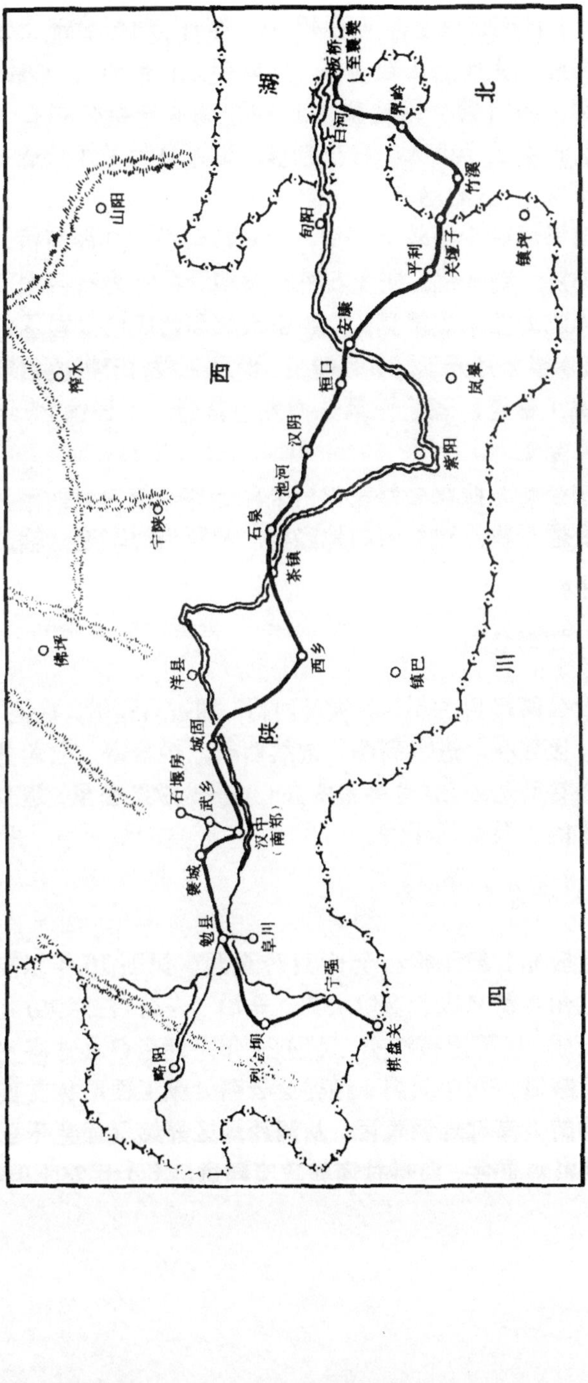

图 7-5-1 汉白和汉宁两路路线图

17000民工日夜奋战下，仅用40个工作日，就将全部土方路基和石子路面修筑完成，工效之高，实属罕见。牢固关和棋盘关石方艰巨工程，由行营公路处派兵工1000人和中华公司石工500人及裕庆公司石工700人，日夜赶修，工人每天工作长达16小时，终于次年2月15日通车。

全路桥涵除少数较大桥梁，如黄沙河桥、九洲河桥、水磨河桥、大安桥、滴水桥、研盘石桥和黄坝驿桥等为石台木面桥外，大多数为临时性木质桥涵，分别由天成和裕庆两公司承包修建，于民国25年2月开工，7月竣工。路面工程，宁棋段由宁羌和略阳两县民工修建，褒宁段系分段发包修建，于民国25年2月开工，5月完工。

汉宁公路与西汉公路及汉白公路连接，是沟通西南、西北和华中的交通干线，对繁荣内地经济，便利当时军事运输，均有重要的作用。

三、甘新公路

甘新公路起自兰州，渡黄河西行，翻过乌鞘岭，沿河西走廊，过戈壁、猩猩峡，进入新疆，继续西行，经哈密、七角井，沿南线经吐鲁番而达迪化（今乌鲁木齐），全长1992公里，是今甘肃和新疆两省的主要交通干线。

（一）甘肃境内工程

甘新公路甘段工程，全长1179公里。民国16年以前，甘新公路由兰州至酒泉段长833公里，是沿"左公（左宗棠）大道"加以整修而成，已可通行汽车。民国22年，继由各县知事差派民间工役进行整修。民国24年，经委会公路处派工程司林文英随同张其昀率领的人文地理调查团，从河西地区开始调查兰州至敦煌间的工程地质；同年，商得甘肃省政府同意，派员于7月9日出发，进行兰威段(长272公里)的踏勘。次年,经委员会公路处派刘如松组织测量队对河武段(长234公里)进行测量,从5月10日至7月15日,历时2月又5天完成测量内外业。同年,甘肃省建设厅成立甘新公路工务所,由刘如松任总工程司,负责兰州至红城子段(73公里)的改建。民国26年9月,又在武威成立甘新公路督办公署,国民政府委任军长马步青为督办,负责督修红城子至猩猩峡段(长1106公里)的工程,动员兵工和民工2万余人,先就原有大道加以整修,使其勉可通车,然后分期改善。

(二)新疆境内工程

甘新公路在新疆境内有南、北二线,以七角井为交会点,七角井经哈密至猩猩峡长389公里为两线的共线。北线是由迪化,经阜康、萨尔、奇台、木垒河、三个泉子、大石头、七角井、哈密至猩猩峡,长792公里。南线是由迪化、经达坂城、吐鲁番、胜金台、鄯善、七角井、哈密至猩猩峡,长813公里。北线在大石头附近,冬季严重积雪,南线在吐鲁番和鄯善一带,夏季酷热,故冬季行车,多沿南线,夏季行车,多沿北线。

北线于民国17年~21年用兵工修筑,完成迪化至奇台一段公路长198公里;奇台至猩猩峡一段公路长594公里,系在原有大道上调直、加宽而成,勉可通车。

南线在民国17年~30年间断续施工6年,除由白杨河经吐鲁番、鄯善至七角井一段约390公里是发动吐、鄯两县人民和少数雇工修建外,其余是平坦的沙土地和砾石戈壁,不加修筑,在原有大道上,勉可通车。

甘、新两段公路都是经过断断续续的6年施工时间才完成的。工程质量很差,陷车、泛浆和水毁等病害都很严重,还有未完的路基和桥涵工程,仍须在养护期中继续修建和改善。

甘新公路新疆境内路线见图7-5-2。

明水
阿　勒　安　西
马莲井
星星峡
伊吾
敦煌
阿克赛
甘　肃
哈密
巴里坤
七角井
木垒河
鄯善
奇台
吐鲁番
达坂城
托克逊
阜康
迪化
米泉
昌吉
库米什
博斯腾湖
和硕
罗　布　泊
玛纳斯
呼图壁
焉耆
库尔勒
尉犁
孔雀河
铁干里克
罗布庄
开都河
和静
塔里木河
车也
沙湾
石河子
独山子

◎	省会
○	县镇
━━	公路
- - -	勉可通车公路

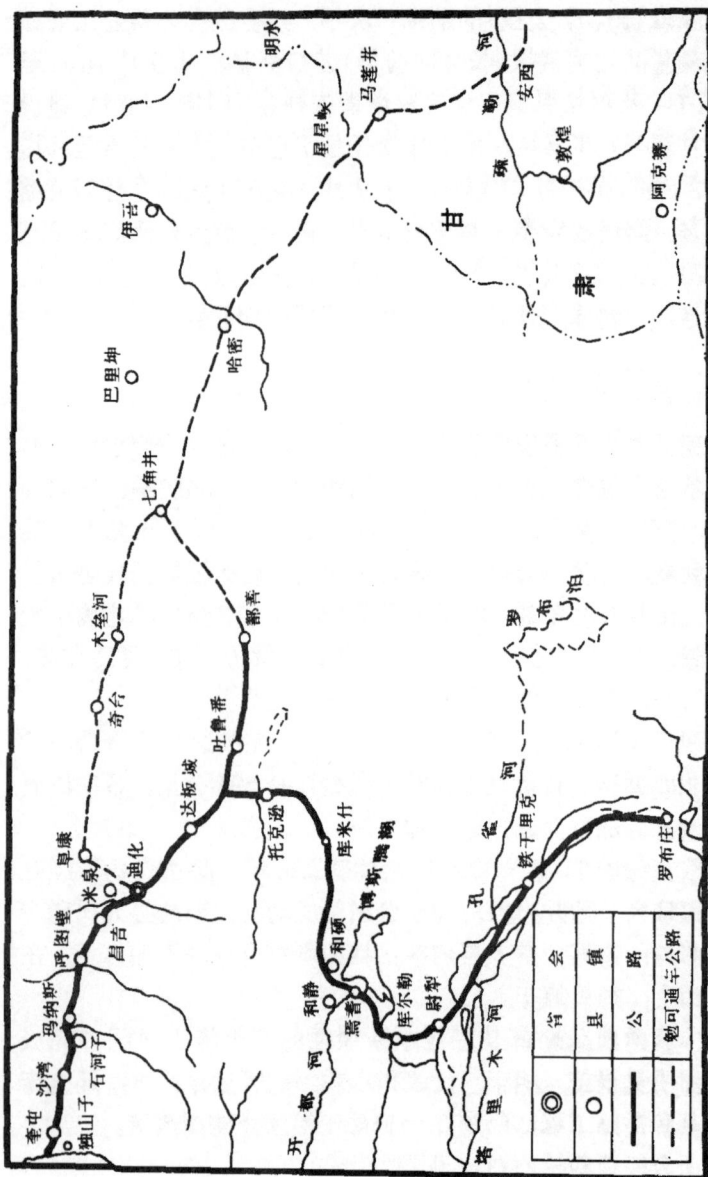

图7-5-2　甘新公路新疆境内路线图

四、甘青公路

甘青公路为甘肃省河口至青海西宁的交通干线。民国 18 年以前是经河口、永登、牛站、乐都而至西宁的"官道"，勉可通行汽车；原线里程绕长（全程约 300 公里），纵坡陡峻（牛站附近路线纵坡达 20%，近湟河处纵坡竟达 50%），工程艰巨（大峡口和小峡口两处石方量大），行车危险。

为改变上述交通不便情况，经委会于民国 23 年 10 月派林约翰工程司会同甘、青两省人员沿黄河和湟水北岸查勘新线，据报新线工程费约需 40 万元；次年 5 月赵祖康副处长亲沿"官道"视察，确认甘青公路有改走新线的必要，并决定由甘、青两省分别组织测设、施工。民国 24 年 8 月起，两省先后动工修建新线，至民国 28 年 9 月，青海省凿通老雅峡路基，西宁至享堂公路长 111 公里大致完成。同年 10 月，河口至享堂公路 78 公里也完成通车。从此，甘青公路的运输里程缩短为 189 公里，比沿"官道"舒顺直捷。

五、甘川公路

甘川公路由甘肃省兰州市经七道梁、中孚、临洮、会川、岷县、宕昌、两河口、武都、文县、碧口、南路岭（今青峪沟），进入四川省白水至昭化（宝轮），全长 695.8 公里（甘肃境内 624 公里，四川境内 71.8 公里），是由兰州至成都公路的捷径，比经天水、双石铺、褒城、广元至成都的路线缩短 300 多公里。

民国 23 年，国民政府为阻止红军经过甘肃北上，电令甘肃省政府从速修建通往陇南山区的公路（其中包括甘川公路），筑路经费在经委会筑路基金中拨给。由甘肃省建设厅组建"临洮工务所"和"甘肃路工总队"施工，征调皋兰、洮沙和临洮三县民工，于次年 7 月开工，昼夜赶修，至 12 月底由兰州打通到会川（长 140

公里）；会川以南工程艰巨、造价很高，一直处于修修停停的状况，主要原因是红军已胜利北上，甘川公路甘境南段工程对当时的军事作用不大。川段工程，四川省政府于民国 24 年 7 月奉令限期赶修；8 月，四川省公路局派出测量队四队赶测；10 月，红军已离川北上，重庆行营下令"暂停施测"，未继续进行。

第六节　修建西南干线公路

　　民国 23 年，红军长征由湘、鄂指向川黔。蒋介石为"追击"红军，派贺国光率领先遣参谋团，于次年 4 月进驻重庆，成立行营公路监理处督导抢修"剿共公路"；并三令五申，电令川、黔、滇等省限期赶修，所需施工经费由行营拨给。于是，西南地区公路的新建和改善工程火速展开。根据行营公路监理处，在民国 26 年 7 月绘制的《川黔滇三省公路路线图》（图 7-6-1）和当时筑路历史资料，在该监理处督导下赶修完成的西南干线公路计有：四川省的川陕公路，由绵阳至棋盘关，长 285 公里；川黔公路，由重庆至崇溪河，长 176 公里；川湘公路，由綦江至茶洞，长 691 公里；川鄂公路，由渠县至分水岭，长 187 公里，以及黔石公路，长 22 公里，共计 1361 公里。贵州省的川黔公路，由桐梓至崇溪河，长 90 公里；湘黔公路，由甘粑哨至鲇鱼铺，长 251 公里；滇黔公路，由黄果树至盘县，长 201.05 公里，共计 542.05 公里。云南省的滇黔公路由平彝（今富源）至胜境关长 13.7 公里，并代管胜境关至盘县在贵州境内 70 公里的施工，共计 83.7 公里。湖南省的湘黔公路，由桃源至鲇鱼铺，长 421.16 公里；以及由洞口至怀化公路，长 150.5 公里，共计 571.66 公里。湖北省的黔石公路，由恩施至石门坎，长 138 公里。五省公路总里程为 2696.41 公里。

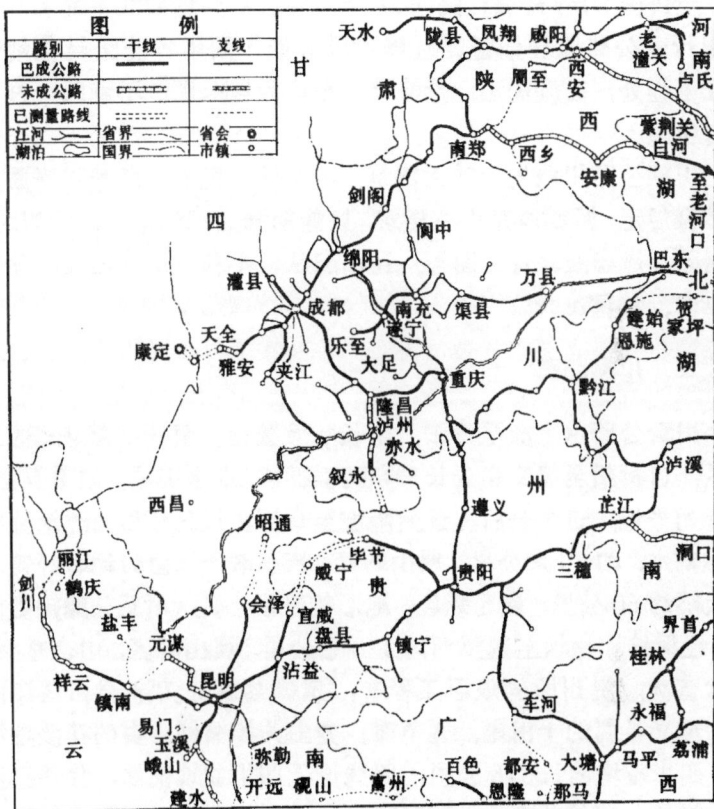

图 7-6-1 川黔滇三省公路路线图

一、川陕公路

川陕公路川段路线起自成都，经绵阳、剑阁、昭化和广元至川陕交界的棋盘关，长 420 公里，与汉宁公路连接。民国 16 年，成都军阀为巩固其势力，派兵修筑成都至绵阳段公路，长 135 公里，至民国 20 年修通。民国 24 年，蒋介石为堵截红军北上，令重庆行营公路监理处督促赶修川段公路；四川省公路局在剑阁成立工程处，征调民工，抢修绵阳至广元段公路，不到两个月，就告粗通。

川陕公路川段先由兵工修筑，后由民工完成，路基和路面大多不符规定，桥梁原是旧有建筑，只能勉强通行汽车；广元以北，沿嘉陵江岸布线，背山面河，迂回起伏，不利行车，需要改善的工程多、数量也大。

二、川黔公路

川黔公路由重庆至贵阳，全长 486 公里。贵州省境内长 310 公里：自贵阳至修文和久长（原名狗场）约 50 余公里，属重丘区，地形尚平坦；过久长后，逐渐降坡至乌江，过乌江后，逐渐升坡至刀靶水，约 70 余公里，属山岭区，起伏较大。由刀靶水经遵义至大桥约 60 公里，属丘陵区，地形较平坦；过大桥后，翻越娄山关，经桐梓和松坎至崇溪河约 120 余公里，属山岭区，山峦重叠，起伏甚大。贵州段的艰巨工程有：息烽县属的黄金洞和乌江两岸，遵义县属的干田尾、九节滩、娄山关和桐梓县属的花溪坪等处。四川省境内长 176 公里；路线位于四川盆地南缘，除邻接贵州的松坎，河谷狭窄、山势陡峻外，其余地形都属丘陵区，工程不大，但沿线地质不良，岩石多为泥质砂岩，地下水丰富，岩层断裂破碎，危岩孤石，比比皆是。

(一)黔段工程(贵阳经桐梓、松坎至崇溪河)

周西成主持黔政时，于民国 17 年 4 月修通由贵阳至桐梓公路，长约 220 公里(中间乌江两岸不通)。嗣后几次与重庆驻军军长刘湘联系合建渝黔马路，均因工艰费巨，未能进行。民国 23 年

11月，贵州省政府接奉蒋介石电令，征工赶修桐梓经松坎至崇溪河段公路 90 公里，因贵州连年战乱，人民穷困，到工人数很少，延至次年元旦才修通到松坎，松坎至崇溪河段则于 6 月勉强修通。7 月大雨，桐松段桥路冲毁，不能通车，行营派 54 师部队配合民工抢修，并先后拨款 17 万元作为贵州段整修经费，派陈克明参议监督施工。民国 25 年秋，贵州省建设厅报请行营批准成立"川黔路工程处"，移用定罗公路经费 35 万元，并商请绥靖公署调 99 师 5 个营的兵员协助民工继续赶工。

(二) 川段工程(重庆海棠溪经綦江至崇溪河)

民国 24 年 2 月，四川公路总局奉重庆行营参谋团令，征调民工抢修川黔公路川段工程，至 6 月 15 日如期打通。但因限期过急，路基太低，易被水淹，桥梁多是便桥，不符合通车要求。是年冬季，重庆行营再下令彻底整修，拨款 17.5 万元作为整修经费。次年 1 月，由巴县、江津和綦江三县民工开工整修，至 9 月结束。路况虽略有改善，但仍不符合要求。

三、川湘公路

川湘公路川段自綦江雷神店起，经南川、武隆、彭水、黔江、酉阳、龙潭、秀山到川湘交界的茶洞，长 691 公里；湘段由茶洞经花垣、吉首、泸溪至三角坪与湘黔公路连接，长 188 公里，全路共长 879 公里。

民国 24 年，重庆行营下令赶修川湘公路，蒋介石派徐源泉为川湘公路督导，并派外籍技术专员开恩洁前往沅陵视察指导、督促进行。

(一) 川段公路

民国 25 年初，四川省公路局设立綦(江)、彭(水)和黔(江)秀

(山)两总段，分别负责川湘公路川段工程的施工。在行营公路监理的严厉督修下，至次年6月，全段粗通。但因强求打通，大桥均未修建，各项工程也多不合标准。

(二) 湘段公路

民国25年2月，湖南省成立湘川公路工程处，负责川湘公路湘段工程；征调吉首、永绥、保靖、古丈、永顺和凤凰等县民工，最多时曾达3万人，至次年年底完成全段路基土方和路面工程，路基石方和桥涵工程概由包商修筑。湘段工程基本是按照省定标准执行，惟沿武水经吉首至矮寨约100公里沿溪线，为减少石方，部分路线有短距离的急弯大坡(13%)，尚需改善。

四、川鄂公路

川鄂公路自成渝公路的简阳起，经乐至、遂宁、南充(原名顺庆)、岳池、广安、花桥、渠县、大竹、梁山(今梁平)、分水场、万县、土门、苏拉口，进入湖北省利川至恩施，全路长892公里(川段701公里、鄂段191公里)，是行营先遣参谋团列入所谓《四川剿匪公路建设计划图表》中的一条公路。

(一) 川段工程

由简阳经遂宁、南充、岳池至渠县段长420公里，以及由分水场至万县段长37公里，都是当地驻军设立马路总局，强迫各县筹款派工兴建，于民国16年开工，至民国19年完工。但因工程简陋，必须整修才能通车至渠县。民国24年12月，四川省公路局奉令完成渠县至分水场路线测量，并计划兴工；次年2月成立两个工程处，会同渠县、大竹、梁山三县民工5万余人，招雇石工1.4万多人，先后开工，因工款和口粮不足，有些工人逃散，但在军令压迫下，仍于10月底草率打通。由万县至湖北利川段，长 148 公里，工程艰巨，又因红军已经北上，形势变化，重庆行营决定停止施工，改修黔江至石门坎 22 公里的黔石公路（又名川鄂南路），与湖北省巴东至恩施公路连接。当年 10 月，由川湘公路黔秀总段招工修筑，至次年 6 月完工，用款 23 万余元。

（二）川鄂南路段工程

由恩施经宣恩、咸丰至石门坎长 138 公里是湖北省巴（东）石（门坎）公路与川湘公路川段连接的路线，在重庆行营督造下，由湖北省建设厅派队测设施工，于民国 25 年 7 月中修成通车。

五、湘黔公路

湘黔公路是湖南省与贵州省的主要交通干线，在湖南省境内分为南北两条路线：北线由长沙经常德、桃源、怀化至鲇鱼铺接黔段，长 635.80 公里；南线由长沙、湘潭、双峰（原永丰）、邵阳、隆回、洞口、黔阳（原安江）、怀化（原榆树湾）至鲇鱼铺长 598.55 公里。在贵州省境内的路段，初名贵东路，是由贵阳经贵定、马场坪、黄平、镇远、三穗、玉屏至鲇鱼铺省界，长 349 公里。湘黔公路因湘段有南北两线，其里程分别为 984.80 公里（北线）和 947.55 公里（南线）。

（一）湘段南线工程

由长沙经湘潭、湘乡至双峰段长 140.55 公里，是南京国民政府成立以前完成的。民国 17 年~18 年，完成双峰至隆回 135.09 公里后暂告停修，民国 23 年 6 月~24 年 5 月继续施工，完成隆回至洞口段 55.27 公里，在抗战前夕，湖南省政府完成湘黔公路南段 330.91 公里。

（二）湘段北线工程

长沙经宁乡、常德至桃源长 214.64 公里，由湖南省政府于民国 17 年 7 月～19 年 11 月修建完成。桃源至鲇鱼铺长 421.16 公里，是在沅陵行营公路处的督造下，于民国 17 年 7 月开工，至民国 25 年 5 月完成的。

（三）黔段工程

由贵阳至甘粑哨段长 98 公里公路（与黔桂公路共线），于民国 17 年 8 月开始施工，因内战多次停修，延至民国 22 年才完成通车。

由甘粑哨至鲇鱼铺（湘界）长 251 公里，曾与前段同时开工，因赶修黔桂公路停工。民国 23 年 8 月，红军长征进入贵州，蒋介石电令贵州省政府赶修黔段公路，薛岳追击部队总指挥部曾于镇远成立工程处，指导军工和数十县民工连夜赶修，民国 24 年 9 月移交行营公路处"整理贵东路工程事务所"接管，至次年 6 月完成德关、镇雄关、望城坡、鹅翅膀等处最艰巨的工程和重安江、秉施的渡口工程。至此贵阳至镇远已可通车，但因工款缺乏，工程进展又成问题。待行营公路处处长胡嘉诏调任贵州省建设厅长后，黔段公路工程由湘黔整理总段工程处负责整修，技术管理人员由行营监理处、行营公路处、江西公路处、四川省公路局及贵州省建设厅抽调 70 余人，工程费呈报蒋介石批拨 50 万元；路基土方和路面工程由民工办理，日到民工约 3 万人；桥梁工程由包商施工，每日约 3000 人；全段工程至民国 25 年 12 月完成通车。

六、滇黔公路

滇黔公路全长 653.7 公里，跨越云、贵两省。滇段自昆明东站起，经杨林、曲靖、沾益、富源（原名平彝）至滇黔交界的胜境

关，长 243.70 公里；黔段经亦资孔、盘县、普安、晴隆（原名安
南）、关岭（原名关岭场）、黄果树、镇宁、安顺、平坝、清镇达贵
阳的威西门，长 410 公里。

　　（一）黔段公路

　　滇黔公路在黔境内的一段是贵州省主席周西成为振兴经济、
便利交通，于民国 15 年决定以贵阳为中心计划修建的贵西线。次
年 2 月开始测量动工，至民国 17 年底，建成由贵阳至黄果树公
路，长 140.6 公里。黄果树以西地形复杂，工程艰巨，限于财力
物力，陷于半停顿状态。民国 24 年，蒋介石为"围歼红军"，电
令滇、黔两省赶修黄果树至平彝（富源）段公路（长 285 公里，在云
南境内仅 13.7 公里），从此滇黔公路在行营公路处拨款督导下正
式修建。黄果树至盘县段长 201.35 公里的施工，由行营公路处制
订《修筑黔滇公路办法大纲》及《修筑黔滇公路征用民工服役暂
行规则》规定：路基土方和路面工程由地方政府征用民工办理，
路基石方和桥涵工程由行营公路处直接办理。在工程处下设置两
个总段工程事务所，以盘江桥为界，东至黄果树为第一总段，派
许明杰工程司任总段长，征调镇宁、关岭、朗岱和安南四县民工
1 万多人；西至盘县为第二总段，派邹岳生工程司任总段长，征
调兴仁、普安、水城、兴义、盘县 5 县民工约 8000 人。从当年 11
月起，两总段边测量边施工。由于国民政府财力困难，不能按工
程预算拨款，以致影响公路的进度和质量。次年 1 月和 2 月，蒋
介石两次电令限 2 月底完工，将 9 县民工人数增加约 1 万人，又
从普定、织金、广顺和紫云 4 县征调 1 万人；全段共有民工约 4
万人昼夜赶工。

　　行营公路处直接办理的路基石方和桥涵工程，由沿线及附近
的 23 县征调石工 3050 人和裕庆公司从河南、山东招雇石工 3000
人共同赶修。3 月中旬，红军行抵盘县附近，盘江以西民工暂时

解散。5月，行营调来3个师兵力约1万人参加筑路，至6月上旬部队调走，工程停顿，为继续完成路面工程，经蒋介石批准，将未完工程照包商单价包给各县民工，所需主要工具由行营供给。于是本段路面工程由14个县的民工28900人继续施工，延至9月全部完成；但平曲线半径有的仅为8米，纵坡有的竟达18%。这段公路大部分是在山岭区，气候恶劣，疟疾流行；赶工初期天寒地冻，完工以前炎热如焚；筑路工人昼夜劳动，缺医少食，疾病蔓延，伤亡累累。至于所谓给价征工，甲种路面厚25厘米，每公里1600元；乙种路面厚15厘米，每公里1000元；丙种路面厚10厘米，每公里750元；丁种路面厚5厘米，每公里330元；微薄的补助，实难补偿民工在施工中和生活上实际需要的开支。

（二）滇段工程

滇黔公路滇段由昆明东站至平彝（今富源）段，长230公里，是由华洋义赈会和云南全省公路总局先后于民国15年～22年间，几次征用民工，修筑完成。民国24年4月，红军长征路过云南，蒋介石电令云南省政府负责抢修平彝至贵州盘县段83.65公里公路。9月，在平彝县城设"平盘段工程分处"，派钱介为主任，组织民工修筑路基土方，桥涵和石砌工程发交包商修建，至次年3月20日完成通车。为整修滇段路基、桥涵和加铺路面，又改组成立嵩（明）寻（甸）、马（龙）曲（靖）和曲（靖）平（彝）3个工程分处负责施工，至民国26年3月，全段竣工。从此，由云南到内地不需绕道越南、香港了。

第七节　其他干支线公路建设

民国20年9月18日至次年1月，东北全境沦陷。民国22年

5月31日，国民政府派熊斌与日本关东军代表冈村宁次签订了
《塘沽协定》，承认了日本侵略军占领东北和热河广大地区的事
实。民国24年，国民政府又屈服于日军的威胁，签订了《何梅协
定》，在华北成立傀儡政权"冀察政务委员会"，下设"冀察建设
委员会"，统筹华北公路建设，以便利"剿匪军事交通"[13]。

与此同时，广东和福建等省的爱国华侨则继续以极大的热情
投资修建地方公路，为便利交通，繁荣经济和发展文化，作出了
杰出的贡献。

一、冀、察、绥地方修建的公路

根据《道路月刊》在民国26年1月的报导，河北、察哈尔和
绥远三省曾于当时修建了若干地方公路。

（一）河北省

"冀察政务委员会"拨给该会建设委员会工款20万元，择
要修建平、津附近公路，计完成平大（北平至大名）、津盐（天津至
盐山）、津保（天津至保定）和沧庆（沧州至庆云）等公路。此外，勘
测并筹建平保路（北平至保定）、津保北线（由徐水县为起点，经容
城、雄县、新镇、静海等地至天津）和邢德线（由邢台经任县、广
宗、清河至山东德州）公路。

此外，河北省建设厅则拟具县道计划，并修建了天津至高碑
店、北平至景县和北平至成安等17条县道。

（二）察哈尔省

民国25年，察北地区计有汽车通行路线7条，即张家口至乌
得、多伦、贝子庙（今锡林浩特市）、百灵庙、张北至商都、宝昌、
沽源至商都，总长2374公里（其中重复里程375公里），全部为自
然沙土路。同年，察哈尔省建设厅发表的公路建设概况，完成阳

原至怀安公路 70 公里，筹建张北至宝昌公路 80 公里的改建工程。同时勘测怀来大桥，准备兴工修建。

(三) 绥远省

绥远省建设厅于民国 17 年成立，制订修路计划，共 10 条长 1617 公里，因力量所限，难以顺利实施。民国 19 年，包乌路(全长 364 公里)，土路木桥建成通车。民国 23 年～24 年曾整修改善。

民国 25 年，重点修建归凉(凉城)路，丰凉路及归托路。各路从民国 20 年起，即已逐步整修为土路，因经费所限，桥梁设施等在民国 25 年才修建完成。

民国 25 年，日伪占据察北，窥伺绥东，住百灵庙的德王与日伪配合，企图进犯绥远。从军事需要出发，绥远省急欲修通归绥南北的公路，由全国经委会拨付专款，于民国 26 年初派遣测设队来绥，直接负责归武路及归东路的桥涵与重点路段工程的修建，至 8、9 月间，因战火逼近，被迫停工，但归武路的土石方工程已大部完成，路况大为改善。至民国 26 年抗日战争前夕，绥远省共有各类公路 24 条，总长 2208 公里(包括部分不需整修即能行车的道路)。

二、粤、闽华侨投资修建的公路

这一时期华侨投资在国内修建商办公路比北洋军阀割据时期有进一步的发展，主要是在沿海的广东和福建二省。据已有统计资料，在抗日战争开始以前的 10 年中，粤、闽二省修建地方公路约 1000 多公里，其中，广东省开平、恩平、新会、中山、普宁、揭阳和梅县等 10 县的侨胞投资修建公路约 500 公里；福建省侨胞投资修建永安至晋江等 30 条公路，长 545 公里。这些侨胞商办公路对当地的城乡交通与经济、文化发展都起了一定的作用。

第八节　主要桥梁和渡口建设

抗日战争前的10年间，公路桥梁和渡口工程建设随着路线建设的增加也有了较大的发展。在70座总长15256米的各式主要桥梁中，中国人自行设计与施工的钢筋混凝土桥梁占了将近一半，而且桥长有的已达300米以上。这说明钢筋混凝土桥梁在公路上的应用已较多，并在一定程度上提高了自身的技术水平。当然，由于建桥所在路线地区及材料、资金来源等原因，还修建了大量的临时性或半永久性桥梁；但随着时代的前进，逐渐向永久性桥梁过渡。为了使路线跨越大江河流，在一时无力修建桥梁的地方，还建设了一批渡口，有的增添了机动渡轮，为公路交通提供了便利条件。

在这一历史时期内，公路和城市道路的钢结构桥梁也有了新的突破；有代表性的广州海珠钢桁架桥，跨径达到67米，宁波的老江下承式钢拱桥，跨径达到96米，都标志着技术水平的提高。另一方面，在继承传统民族形式的基础上，半圆石拱桥和空腹石拱桥也有了新的进展。

一、钢桥

(一)钢桁架桥与钢板梁桥

民国16年，浙江省修建鄞奉路(宁波经江口至奉化包括至溪口镇)的元贞桥，至民国18年完成。该桥有3孔下承式钢桁架(中孔跨径为24.39米，两边孔各为18.29米)和右侧1孔跨径12.19米的工字梁，木桥面宽5.49米，全桥长88米(图7-8-1)。

民国18年，浙江省又在杭长路(杭州至长兴)上建成湖州西门外一座钢桁架桥，为2孔跨径31.40米的上承与下承式钢桁架

图 7-8-1　鄞奉路元贞桥侧面图

图 7-8-2　杭长路湖州西门外钢桁架桥

和 1 孔跨径 13.4 米的工字钢梁，全桥长 77.40 米(图 7-8-2)。

民国 22 年，黑龙江省建成松花江公路铁路两用钢桁架桥，共 19 孔，跨径由 27～96 米不等，桥面宽 6 米，全长 1147.6 米。

同年 2 月 15 日，广东省广州市建成海珠钢桁架桥。全桥有 3 孔，中孔采用开启式结构，跨径 48.77 米，第 1 和第 3 两孔跨径为 67.06 米，桥面宽 18.34 米，全长 183 米；下部结构为混凝土桥墩，中墩基础置于钢板桩上。

民国 22 年，浙江省在义东路(义乌至东阳)上建成东江桥，系利用旧桥的石墩台改建为钢桁架桥。全桥共 8 孔，各孔跨径为 12 米，桥面宽 5.50 米，全长 114.40 米。

民国 23 年，浙江省在嵊永路(嵊县至长乐)上，利用老歌山桥石墩台改建成钢桁架桥，全桥共 13 孔，跨径由 11.65～16.15 米不等。桥面宽 5.50 米，全桥长 193.83 米。

同年，浙江省在奉新路(奉化溪口至新昌)上建成溪口桥。该桥有 4 孔，其中两主孔为上承式钢桁架，跨径各为 52 米；两边为悬臂小孔，各为 10.4 米和 15.6 米，桥面宽 6 米，全长 131 米；下部构造为石砌桥台和钢筋混凝土桥墩。同年，又建成康岭桥(图 7-8-3)。全桥共 6 孔，其中两主孔跨径各为 36 米的上承式钢桁架，3 孔跨径各为 12.4 米的工字梁和 1 孔 3.7 米的木桥。桥面为木制，宽 6 米，长 120.62 米。上述两桥分别位于溪口和康岭附近。

同年，浙江省在丽龙路(丽水至龙泉)赤石，建成赤石桥。全桥共 9 孔，其中 3 孔跨径各为 24.39 米的钢桁架，其余 6 孔为钢筋混凝土梁，每孔跨径由 10--11.6 米不等，桥面宽 5.5 米，全长 144.7 米。

同年 10 月，广东省在开平县齐(垣)深(井)支线公路上建成横跨潭江河的齐塘桥(又名合山桥)。由归国华侨黄勒庸设计，是一座单孔净跨为 67.07 米的下承式华伦桁架桥，桥面宽 9.2 米，长 69.3 米。桁架承重构件采用德国 ST52 高强钢，次要构件采

图 7-8-3　浙江省奉新路康岭桥

用 ST37 碳素钢，是中国最早采用高强钢修建的钢桥。建成至今已达 50 多年，使用情况尚好。

民国 24 年 11 月，福建省公路总工程处派工程司刘天锡负责修筑建阳县城外水南桥，至民国 25 年秋竣工。该桥为浦延公路上的主要桥梁，横跨麻阳溪，系利用古朝天桥的桥墩，重建桥台，改建为钢桁架桥。全桥共 9 孔，每孔跨径 21.5 米，木桥面宽 4.30 米，全长 194.8 米。

民国 24 年，黑龙江省建成嫩江 1 号桥与 2 号桥。1 号桥为 12 孔钢桁架桥，跨径由 13～65 米不等，桥面净宽为 7 米，全长 550 米，下部结构为石砌重力式墩台；2 号桥为 12 孔钢板梁桥，跨径由 13～33 米不等，全长 352 米；下部结构为石砌重力式墩台。

民国 25 年，江西省建成南昌中正桥（今八一桥）。为 28 孔钢桁架桥，每孔跨径 30.48 米，桥面宽 6.50 米，全长 1077.82 米，载重 10 吨。

同年，奉天省（辽宁省）建成安东（今丹东）镇安桥。为悬臂式钢梁，桥面宽 12 米，全长 150 米。同年，又建成本溪太子河桥，结构与镇安桥同，共 7 孔，各孔跨径由 20～30 米不等，桥面宽 8.20 米，长 213 米；还建成大洋河桥，采用二梁式钢板悬臂梁，共 13 孔，跨径由 12～37 米不等，全长 324 米。

民国 26 年，陕西省西汉公路上建成鸡头关桥，全桥约长 50 米。桥在褒城上游 3 公里处跨越褒河，以避免著名石门文物的破坏。该桥初由经委会公路处工程师钱豫格和郭增望设计为曲弦式钢桁架，嗣由国联专家顾桑（Coursin）设计为三铰式钢筋混凝土拱。根据当时的财政情况和施工条件研究比较，最后决定采用造价较低、容易施工的钢桁架方案。钢桥的上部构造为跨径 45.70 米的穿式曲线钢桁架，钢筋混凝土桥面宽 6 米，载重为 15 吨，下部构造为混凝土桥台。该桥由工程师张佐周和刘承先主持施工；桥台和桥面圬工工程由兴业公司承包，钢桁架由上海新中工程公司制造，并派员工押运工地，负责安装，工程费为 77 400 元，每米造价约 1 500 元。

（二）钢拱桥

民国 25 年 6 月 27 日，浙江省建成宁波老江桥（又名灵桥），该桥为三铰下承式钢拱结构，单孔，跨径 97.536 米（320 英尺），桥面宽 20.17 米。这是民国时期建成的第一座大跨径钢拱桥。

（三）平转和平推活动桥

民国 24 年 8 月，江苏省在六合至扬州公路的扬州南门外运河上建成钢梁平转式活动桥梁一座。该桥共 8 孔，两中孔为跨径 9.2 米的钢梁平转式活动孔，两边各有 3 孔跨径 8 米木梁，木桥面，桥面宽 6 米，载重为 10 吨，全长 74.3 米；下部构造为钢筋混凝土排架墩。

民国 25 年 5 月，江苏省在扬州至清江公路上仙女庙镇东建成平推起吊钢梁活动桥一座。该桥又名三元桥，横跨通扬运河，为通航需要，设计成活动孔结构。全桥共 6 孔，其中北起第 3 孔为活动孔，跨径 8.80 米，活动部分由两根钢轨组接成框架，框架一端置于第 2、3 孔间的墩帽上，另一端与固定在第 3、4 孔间墩帽上的钢支座连接，支座为活动铰，钢轨框架可绕铰转动。通过这个设施可平推起吊由工字梁组成的桥面，其余孔径为 5.0～8.20 米不等。全桥宽 4 米、长 43.5 米，载重为 7.5 吨，下部构造为钢筋混凝土排架墩。

民国 26 年，江苏省在扬州建成二道桥（又名石羊沟桥）。该桥共 23 孔，其中第 8 孔为平推起吊钢梁结构，跨径 11 米，其余各孔为松木梁，跨径为 10～10.4 米，桥面宽 4.3 米，全桥长 214 米，载重为 8 吨，下部构造为钢筋混凝土排架墩。

二、钢筋混凝土桥

（一）钢筋混凝土梁、板桥

钢筋混凝土梁、板桥，因工艺简便，采用较广，除福建等省利用旧石桥改建外，各地新建的钢筋混凝土梁、板桥，为数不少，择要记述如下：

1．利用旧桥改建

民国 18 年，福建省对厦门至临岭路的漳州江东桥进行了改建，次年建成通车。该桥是利用旧桥石墩，改建为不等跨的钢筋混凝土三梁式简支桥。全桥共 19 孔，跨径为 7.4 米～21.34 米，其中 8 孔跨径各为 21.34 米，全长 320 米，桥面宽 6.10 米。未设人行道，两边梁外加设钢筋混凝土拱型撑架（图 7-8-4），支撑在

图 7-8-4　福建漳州江东桥

1/4 跨及跨中的横梁上，以加强主梁，结构新颖坚实。

　　民国 20 年，福建省改建福厦路泉州的旧顺济桥，工程费 16 万银元。旧桥为 30 孔石墩石梁桥，建于宋嘉定四年（1211 年）全长

图 7-8-5　福厦路泉州顺济桥

150 丈（约合 461 米），桥宽 1.4 丈（约合 4.3 米），因年久失修，改建为四梁式钢筋混凝土连续梁桥，仍为 30 孔，各孔径由 13～14.8 米不等，桥面宽 5.15 米，全长 387.10 米，至民国 21 年改建完毕。（图 7-8-5）。

民国 20 年年底，福建省将福厦路福州万寿桥改建成钢筋混凝土简支梁桥（图 7-8-6）。原桥为石墩石板桥，已有 600 多年历史，因桥面过窄，不适应交通需要，利用旧桥石墩，每孔现浇钢筋混凝土梁 4 根和桥面。全桥共 31 孔，跨径由 6.9～14 米不等，桥面宽 6 米，另加两侧人行道各 1.5 米，全桥长 334.78 米。改建工程由日商大和公司承包，工程费 14 万余元，竣工后经省建设厅检验，认为工程质量欠佳。

图 7-8-6　福厦路福州万寿桥

民国 22 年年底，福建省将闽粤公路的旧泉州洛阳桥改建成钢筋混凝土简支梁桥（图 7-8-7）。原为古石梁桥，因桥面过窄，不

能通行汽车，以 16 万银元工程费进行改建，用混凝土，将原有 46
座桥墩各加高 2 米，在墩顶上浇筑钢筋混凝土，桥面宽 6 米；全
桥共 47 孔，跨径由 8.4～12.9 米不等，总长 540.8 米（包括中州
路堤 100 米）。

图 7-8-7　福建泉州洛阳桥

　　民国 23 年，山东省改建台儿庄至潍县公路上的临沂沂河旧石
板桥为钢筋混凝土和料石混合桥面；全桥共 61 孔，每孔跨径 5.4
米，桥面宽 3.5 米，全长 369 米，下部为重力式墩台。
　　民国 24 年，江西省建成信丰水东桥，系利用古代石砌墩座改
建为钢筋混凝土梁桥，共 9 孔，每孔跨径 16 米，全长 148 米。
　　2．部分省市新建工程：
　　从民国 17 年起，至民国 26 年止，各地还建成了不少钢筋混
凝土梁、板桥梁，见表 7-8-1。

各地新建钢筋混凝土梁、板桥　　　　　表 7-8-1

修　建时间	地点	桥名	规　　格			简　要　说　明
			桥长（米）	桥宽（米）	载重（T）	
民国 17 年	浙江杭长路	良渚桥	53.35	5.49		钢筋混凝土 T 型梁、排架墩7×7.62 米

续上表

修建时间	地点	桥名	规格			简要说明
			桥长(米)	桥宽(米)	载重(T)	
民国18年	浙江杭长路	湖州南门桥(一字桥)	61.20	5.49		工字梁混凝土桥面12.7+14+12.7,两端桥台各加一暗孔减少土压力,见图7-8-8
	浙江鄞奉路	江口桥	74.00	5.35		钢筋混凝土 T 型梁排架墩7×10.44米,见图7-8-9
	湖南	望麓桥	47.55	5.63	15	钢筋混凝土悬臂梁中孔12.19米,另5孔跨径2.14~9.14米
	福建厦门至隘岭后路	宝林桥	173.74	6.00		钢筋混凝土简支梁 U 形台双柱式桥墩19孔跨径8.5~9.3米,见图7-8-10
民国20年	广东韶兴路	大江桥	372.44	4.84	15	钢筋混凝土简支梁,16厘米板双柱式桥墩,20×18.6米,桥下通航
民国21年	湖南宁乡	沩江桥	138.50	6.10		钢筋混凝土梁桥,重力式墩台8×15.24+2×2.44米
	天津市	引河桥	170.70	6.00		钢筋混凝土连续板梁,单排架桩,28×6.0米
民国22年	浙江苏嘉路	运河桥	76.00	6.00	15	钢筋混凝土 T 型连续梁2×9.0+4×9.5+2×10.0米
	山东福山县	夹河桥	138.00	3.00		钢筋混凝土板,重力式墩台46×3.0米
	江西大余	南安桥	80.00			钢筋混凝土梁,4×20.0米
民国23年	浙江奉海路	凫溪桥	96.00	6.00		钢筋混凝土桥,8×12.0米
	浙江奉海路	奉化桥	60.00	6.00		钢筋混凝土桥,5×12.0米
	河南许南路	卧羊桥	141.00		12	钢筋混凝土桥,9×15.0米

续上表

修 建 时间	地点	桥名	规 格			简 要 说 明
			桥长（米）	桥宽（米）	载重（T）	
民国 23 年	河南信潢路	潴河桥	360.00	5.00	12	钢筋混凝土 T 型简支梁，30×12 米
	河南信潢路	竹竿河桥	396.00	5.00	12	钢筋混凝土 T 型简支架，33×12 米
	河南洛潼路	涧河桥	273.00	6.00		钢筋混凝土连续梁，21×13 米
民国 24 年	河南开周路	沙河桥	118.00	5.50	15	钢筋混凝土连续梁，8 孔，跨径 12.4～15 米
	广东韶关	曲江桥	359.20	6.00	15	三梁式钢筋混凝土悬臂梁 8.28＋9×24.38＋8.28 米，另加 4～5 米跨径引桥 15 孔，东岸 6 墩沉箱，西岸 4 墩桩基
民国 25 年	吉林	沙河桥	65.00	4.50		钢筋混凝土悬臂梁，2×22 米
	吉林	辽河桥	255.40	4.50		钢筋混凝土与钢板联合梁重力式墩台 21 孔跨径为 11.8～12.20 米
	黑龙江	海浪桥（牡丹江桥）	367.00	7.50		钢筋混凝土 T 型梁，重力式墩台，17 孔跨径为 12～31 米
民国 26 年	黑龙江	海拉尔北桥	217.00	5.50		钢筋混凝土与钢板联合梁，重力式墩台，7×30.0 米
	辽宁抚顺	浑河桥	718.90	7.50		由钢筋混凝土悬臂和钢板梁两部分组成，33 孔，跨径为 16.20～25.70 米
	河南洛孟路	洛河桥（林森桥）	384.00	6.90	12	钢筋混凝土悬臂梁 19×20.20 米加石砌路堤 140 米
	河南洛孟路	伊河桥（中正桥）	256.40	6.00		钢筋混凝土简支梁，重力式圬工墩台。17×15.70 米
	河南许南路	浬河桥	175.00			钢筋混凝土板桥，35×5.0 米
	河南南界路	淄河桥	308.08	4.00	15	钢筋混凝土简支梁，重力式台排架墩，28×11.0 米

（二）钢筋混凝土拱桥

民国 16 年，上海建成定海路桥，钢筋混凝土系杆拱结构，单孔跨径 30.50 米，车行道宽 6.50 米，全桥长 88.10 米，设计荷载 15 吨。

民国 23 年，广东省建成梅江桥，位于梅县城区中心，由华侨捐资兴建，主桥 11 孔，是下承式钢筋混凝土系杆拱，跨径 19～2□米不等，两岸引桥各 2 孔，跨径为 8 米的钢筋混凝土梁，桥面宽 5.90 米，全长 260 米，设计荷载为 2.7 吨，只能通行轻车；下部构造：主桥为双柱式钢筋混凝土墩，引桥为钢筋混凝土排架墩。

图 7-8-8　浙江省杭长路湖州南门桥（一字桥）

图 7-8-9　浙江省鄞奉路江口桥

图 7-8-10　福建南靖宝林桥

（三）钢筋混凝土刚构桥

民国22年，广东省在韶关至兴宁公路上建成多座单孔和双孔钢筋混凝土刚构桥。这种桥型是20年代发展的新型桥梁，具有整体框架结构的优点。例如：马坑口桥，单孔，跨径19.30米，长20米；粗石坑桥，双孔，跨径各为11.65米，长24米，两桥车行道宽为4.85～4.95米。

三、石桥

（一）石板桥

民国21年，山东省在泰安改建的大汶口石板桥竣工。该桥系在旧石板桥上加宽桥面，并修补桥墩，共62孔，每孔跨径由3.20～4米不等，全长298米（包括石砌漫水路堤98米）。

（二）石拱桥

民国17年6月，湖南省在湘潭至邵阳公路上建成老龙潭石拱桥，采用空腹石拱结构，共2孔，每孔跨径为18.29米，桥面宽6.60米，全长56.40米，载重为15吨。

民国18年5月，湖南省在醴陵至茶陵公路上建成丹龙石拱桥，共4孔，每孔跨径10.67米，桥面宽6.70米，全长47.50米，载重15吨。同年，在邵阳至洞口公路上建成白竹桥。为空腹石拱结构，单孔，跨径为18.29米，桥面宽5.87米，全长45.72米，载重15吨。

民国20年，云南省在滇缅公路上建成安宁桥，为椭圆拱石桥，横跨螳螂川，共3孔，每孔跨径10米，净矢高2.5米，矢跨比为1/4，桥面宽9米（净宽8.20米），全桥长39.8米；外部用细料石砌成，造型美观。

民国 21 年，陕西省在西汉公路上建成益门石拱桥，为坦拱结构，单孔跨径为 26.20 米，矢跨比为 1/5.72，桥面宽 5.49 米，长 40.84 米。

民国 22 年，四川省在成渝公路（成都至重庆）巴县建成老鹰岩跨线石拱桥，单孔长 32.50 米。由当时任渝简马路总局工程顾问、著名水利专家李仪祉设计。

民国 22 年，吉林省在吉林市区温德河上建成德源石拱桥。此桥始建于民国 13 年，由于当时军阀混战，建桥工程几经周折，最后于民国 22 年完成。共 9 孔，每孔跨径 8.3 米，桥面宽 12 米，车行道 9 米，全桥长 120 米。拱圈及墩台均用花岗石砌成。

民国 25 年 6 月，云南省在呈贡至罗平公路宜良县城东建成汇东桥，横跨南盘江，为半圆石拱桥，共 10 孔，每孔跨径 10 米，车行道宽 7.25 米，另加两侧人行道各宽 1.5 米，全长 134.25 米。

民国 26 年，陕西省建成无定河半圆石拱桥，共 19 孔，每孔跨径 9.50 米，桥面宽 6 米，全桥长 243.50 米。

四、渡口

抗日战争以前，在水深岸宽的江河上，一般靠渡船维持交通。如四川省的嘉陵江、沱江、岷江、雅砻江和长江及其它较大支流上大多是设置渡船渡车。成嘉（成都至乐山）公路长 162 公里，共有 4 处渡口，川陕和川湘公路在川境内共有 5 处渡口，川滇东路在川境内有 6 处渡口，四川省境内公路平均每百公里就有渡口 1 处。当时，全国公路大型渡口有浙江省杭州市钱塘江渡口，福建省乌龙江渡口和湖北省武汉长江汽车渡口。

（一）钱塘江渡口

钱塘江下游江面宽阔，涨潮时波浪汹涌，落潮后两岸都有一片滩地，过渡要通过几百米的跳板；民国 17 年 8 月开工修建钢筋混凝土码头，至民国19年5月完成。北岸码头长880英尺（268米）、宽16英尺（约5米），前端放宽为38英尺（11.5米），长37英尺（11.3米），用作停车场；南岸码头长90英尺（27.4米），前端不放宽，铺筑石子路面及石砌护坡。

　　（二）乌龙江渡口

　　乌龙江渡口是福建省会福州市通往闽南各地的交通咽喉，由于乌龙江下游濒临海口，风大浪高，潮差又大，涨潮时江面宽度约1150米，退潮时约900米；金牛、清凉两山隔江对峙，江面较窄，宽约500米，是理想的天然渡口位置。民国23年，福建省公路局在此修建码头，用块石砌基础，上筑混凝土路面作车行道，两岸共长83米，宽6米；采用平装渡船，由小汽轮拖带，汽车可以过渡，在交通量不大、资金短缺的情况下，为发展公路交通提供了条件。

　　（三）武汉长江汽车渡口

　　民国25年4月，湖北省政府鉴于汉口是鄂东和鄂北路的终点，武昌是鄂南公路的中心，而因1700米宽的长江阻隔，不能办理联运，下令武昌市政处在武昌凯字营和汉口特三区码头之间设置渡轮，式样照五省市交通委员会所建的沪杭公路闵行渡轮制造。至民国27年，武汉长江汽车渡口设有8处军用机渡，其后陆续增强设施，适应了当时的交通急需。

第九节　公路分类与国道网规划的拟定

　　公路分类与国道网规划在北洋政府时期曾拟定过方案。民国17年8月，国民政府交通部在南京召开全国交通会议，重新拟定公路分类与国道网规划。是年10月，国民政府设铁道部，国道改归铁道部主管，因而交通部拟定的国道规划未付诸实施。民国18年2月，铁道部召集江苏、浙江、安徽、湖南、湖北、福建、山东、河南、河北、陕西和宁夏等11省政府代表，组成国道设计委员会，议定《国道路线网》12条路线，并于同年10月22日以部令公布实施。

一、全国公路分类

交通部拟定的公路分类为国道、省道、县道3类（乡道包括在县道内未另列类）：

国道——（1）由此省会达于彼省会之道路；（2）直达商港，贯通全国之道路。

省道——（1）由省会达于各县治之道路；（2）由此县治达于彼县治之道路；（3）联结本省区内工商要邑，以及衔接国道之道路。

县道——（1）由县治达于重要村镇之道路；（2）各乡镇相衔接之道路；（3）由县治达于铁道、国道、省道，以及其它邻近工厂矿区之道路。

同时规定国道由中央政府筹办，省道由各省拟定办法，呈候中央政府核准，再由各省建设厅筹办。县道由各县拟具办法，呈候省政府核准，再由各县建设局修治之。

以上公路分类大体上同于北洋政府时期，并无特殊差异，只是对于县道与铁道、国道、省道的联结，体现了公路网的功能性。

二、国道网规划

（一）《四经三纬国道网》

交通部拟定的国道网规划路线，总称为《四经三纬国道网》，是以兰州为中心，经线行经中心，直达边陲；纬线环绕中心，贯通各大都市，而支线则补干线的不足，经线 4 条，纬线 3 条，总长 41550 公里。其路线经过地点及各线里程如表 7-9-1。

　　除上述干线外还有二条支线规划，分别与第二和第三纬线相衔接。第一条支线由贵阳至开封，联络黔、湘、鄂、豫等省，长 1500 公里；第二条支线由昆明至南京，联络滇、桂、粤、浙、苏等省，长 3200 公里。

　　以上干支公路路线拟定后，曾制定分期修建计划，其主要原则是：[14]凡属经线宜先筹建，以期纵横贯通，各地风俗易于调和和融化；凡交通不便的区域宜先筹建，以便灌输政纲，普及教育；凡在铁道第一期规划中尚未施工之处，应先赶建国道干线公路，以利交通，发展实业。

单位：公里　　　　　《四经三纬国道网》路线表　　　　表 7-9-1

路线名及起讫点	经过省份及主要地点	总　长
（一）经线		16350
第一经线 （洪江～买卖城）	此线自南至北，纵贯云南、四川、甘肃、蒙古等省，经过（云南南部边界）洪江（景洪）思茅、普洱、元江、昆明、武定、西昌、康定、懋功（小金）、松潘、岷县、兰州、凉州（武威）、萨伊尔乌苏、库伦至买卖城（恰克图）	3200
第二经线 （青岛～和阗）	此线自东至西，横贯山东、河北、河南、山西、陕西、甘肃、青海、新疆各省，经过青岛海口、胶县、济南、济宁、开封、郑州、洛阳、潼关、西安、平凉、榆中、兰州、西宁至和阗（和田）	4000
第三经线 （福州～伊宁）	由国境东南起直达西北，斜穿江西、湖南、湖北、四川、陕西、甘肃等省，经过福州、建昌（资溪）、南昌、长沙、常德、奉节、洋县、汉中、天水、兰州、凉州（武威）、张掖、酒泉、安西、哈密、吐鲁番、迪化（乌鲁木齐）、绥来（玛纳斯）至伊宁（伊犁）	4500
第四经线 （瑷珲～亚东）	由国境东北起直达西南，斜贯黑龙江、辽宁、河北、山西、陕西、甘肃、青海、西藏等省区，经过瑷珲（爱辉）、龙江、洮安、开鲁、赤峰、多伦、张家口、托克托、榆林、盐池、海原、兰州、西宁、昌都、拉萨、江孜至亚东。	4650

续上表

路线名及起讫点	经过省份及主要地点	总　长
（二）纬线		25200
第一纬线 （西安回至西安）	此线联络陕西、绥远、甘肃、青海、西藏、四川等省，经过西安、蒲城、延长、榆林、五原、兰州、都兰（乌兰）、邓柯、巴塘、里塘、康定、雅安、成都、三台、阆中、洋县至西安	4100
第二纬线 （开封回至开封）	此线联络河南、山西、河北、察哈尔、蒙古、新疆、西藏、四川、湖北等省，经过开封、汲县、长治、太原、正定、保定、北京、宣化、张家口、康保、滂江、（苏尼特右旗）、乌德赛伊尔乌苏、翁金、乌里亚苏台、镇西（巴里坤）、吐鲁番、若羌、额什尔（乃什）、巴卡若若、赛桥、昌都、得荣、西昌、宜宾、重庆、忠州、万县、奉节、宜昌、襄阳、南阳、禹县至开封	7600
第三纬线 （济南回至济南）	此线联络山东、河北、辽宁、吉林、黑龙江、外蒙古、新疆、西藏、云南、贵州、广西、湖南、江西、安徽、江苏各省，经过济南、德州、天津、朝阳、沈阳、吉林、滨江、龙江、呼伦克鲁伦、库伦（乌兰巴托）、锡尔卡伦、科布多、承化（阿勒泰）、塔城、伊犁、温宿、疏勒、莎车、和阗、竹冈特、拉萨、腾越、大理、昆明、贵阳、独山、柳州、桂林、零陵、衡阳、南昌、景德镇、芜湖、南京、清江浦、海州（连云港）、临沂、泰安至济南	13500

　　关于施工期限及经费也初步拟定：计划分 3 期施工，第一和第二两期各为 3 年，第三期为 4 年。建筑经费按每公里 3000 元计，干线需经费 12465 万元，支线为 1410 万元，两项共计 13875 万元，从国库分期支拨或发行公债解决。

　　（二）12 条国道路线网

　　铁道部公布的 12 条国道路线主要是干线公路，计有京桂（南京至广西龙州）线、京康滇（南京至巴塘及腾冲）线、京藏（南京至西藏拉萨）线、闽新（福州至新疆伊犁）线、京蒙（南京至蒙古恰克图）线、京黑（南京至黑河）线、张远（张家口至抚远）

线、甘藏新（西宁至和阗）线、绥新（绥远包头至新疆疏勒）线、黑蒙新（黑龙江至蒙古及新疆乌苏）线、迪疏（迪化至疏勒）线、陕桂（陕西潼关至广西梧州）线、共长 67553 华里（33776.5 公里）（见表 7-9-2）。当时估计工程费为 36406.8 万元，预计 10 年内完成内部线，20 年内完成边防线，分四期进行。民国 20 年 6 月 6 日，国民政府公布《国道条例》，进行国道修建，至民国 22 年仅完成 5100 公里。"所有筑路事宜，仍由各省自行办理，省际交通仍乏联络如故，以致各该路筑成后之效用，并不显著"；[15]这是周一士①对当时实施筑路结果的评价。

12 条主要干线公路表　　　　　表 7-9-2

编号	路线名称	起点	讫点	经 过 地 点
1	京桂线	南京	龙州	南京、句容、宜兴、长兴、湖州、杭州、绍兴、台州、温州、福州、兴化、泉州、漳州、潮州、陆丰、海丰、肇庆、梧州、郁林（玉林）、南宁、龙州。
2	京康滇线	南京	巴塘腾冲	南京、浦口、庐州（合肥）、安庆、汉口、汉阳、沙市、常德、辰州（沅陵）、铜仁、玉屏、翁安、贵阳、安顺、盘县、曲靖、昆明、楚雄、大理、丽江、巴塘。昆明经普洱至孟养为支线，由大理经永昌（永平）、腾冲为另一支线。
3	京藏线	南京	拉萨	南京、浦口、庐州（合肥）、六安、固始、光州、罗山、信阳、桐柏、枣阳、樊城、老河口、郧阳、白河、兴安、汉中、灌川、成都、雅安、康定、里塘、巴塘、察木多、洛城（昌都）、拉萨。南京至庐州与京康滇线共用；樊城至郧阳与闽新线共用；汉中至成都与陕桂线共用。
4	闽新线	福州	伊犁	福州、延平（南平）、邵武、光泽、南城、抚州、南昌、安义、张公渡、白楼、阳新、鄂城、武昌、汉口、襄阳、老河口、郧阳、西安、兰州、嘉峪关、安西、猩猩峡、哈密、镇西、奇台、迪化（乌鲁木齐）、西来、乌苏、伊犁（伊宁）。

---

① 周一士（1913 年至今），江苏无锡人，曾任江苏省公路局副局长等职，著有《中华公路史》。

续上表

编号	路线名称	起点	讫点	经 过 地 点
5	京蒙线	南京	恰克图	南京、浦口、凤阳、颍州(阜阳)、周家口、郑州、清化、泽州(晋城)、太原、大同、平地泉(集宁)、湶江、乌得、叩林、库伦、买卖城(恰克图)。 凤阳支线至临淮关。
6	京黑线	南京	黑河	南京、浦口、六合、天长、淮阴、海州(连云港)、沂州(临沂)、潍县、武定、沧州、天津、北京、承德、赤峰、洮南、龙江、嫩江、瑷珲、黑河。
7	张远线	张家口	抚远	张家口、赤峰、朝阳、新立屯、新民、奉天(沈阳)、海龙、吉林、五常、方正、依兰、临江(同江)、抚远。
8	甘藏新线	西宁	和阗	西宁、盐池、玉树、土司、拉萨、日喀则、聂拉木、加托克罗托克、和阗。
9	绥新线	绥远	疏勒	绥远、包头、五原、宁夏(银川)、兰州、西宁、敦煌、若羌、且末、于阗(于田)、和阗(和田)、疏勒。
10	黑蒙新线	黑龙江	乌苏	满洲里、库伦(乌兰巴托)、乌里雅苏台、科布多、承化寺(阿勒泰)、塔城、乌苏。
11	迪疏线	迪化	疏勒	迪化(乌鲁木齐)、吐鲁番、焉耆、库车、拜城、温宿、乌什、巴楚、疏勒。
12	陕桂线	潼关	梧州	潼关、西安、宝鸡、汉中、潼川(三台)、成都、泸州、遵义、贵阳、都匀、庆远(宜山)、柳州、梧州。

第十节 公路机构的组建和演变

国民政府在抗日战争以前，主管公路的机构曾有三次更迭，即交通部、铁道部和全国经委会，这3个中央机构均设分属机构或咨询机构。各省、市、县由于担任了一部分地方公路建设事宜，也都有相应的公路机构组织，但各地情况不一，机构名称及其内部组织也多有差异。

一、中央公路管理机构

(一) 交通部主管公路的机构

民国 16 年 4 月，国民政府重设交通部，王伯群任部长，主管国道之修治、审查核批省道建设等公路事业，但实际上交通部除拟定国道计划外，并未着手任何国道的修建。

民国 17 年 10 月铁道部成立，交通部将公路事业移归铁道部主管。

(二) 铁道部主管公路的机构

民国 18 年 2 月，铁道部成立国道设计委员会，负责国道网的编制工作，并主管国道建设事宜。其主要任务是："规定全国国道路线，并权衡缓急轻重，指定兴筑程序"[16]；同时，"筹款直接办理或拨交有关各省区办理国道和边防线之修筑"[17]。

(三) 经委会主管公路的机构

民国 20 年 11 月，经委会筹备处成立，秦汾任主任。

民国 21 年，经委会筹备处内设道路股 (股长赵祖康)。

同年 5 月，成立"苏、浙、皖三省道路专门委员会"(委员 10 人)，负责三省主要道路的设计审计。9～11 月间，筹组成立"苏、浙、皖、京、沪五省市交通委员会"。11 月在汉口召开苏、浙、皖、赣、鄂、湘、豫七省公路会议，将三省道路专门委员会改组为"七省公路专门委员会"[18]，负责办理七省联络公路事宜。12 月将道路股改为公路处，处长陈体诚，副处长赵祖康，负责指导七省公路工程。当时公路处主要任务：一是督造各省联络公路，规划联络公路网，统一公路标准与公路管理，拨借筑路基金；二是主办西兰和西汉两条公路的施工；三是组织测量队协助各省的测量工作。并就七省范围划为4个督察区，在汉口、南昌、安庆、开封分设"公路工程督察处"。

民国22年10月4日，经委会正式成立，直属于国民政府，与五院（行政、司法、立法、监察、考试）平行；会内设秘书、公路、水利、卫生实验和农业5个处，会外设西北、江西和驻沪3个办事处。公路处内设工务、交通和计划3个科与秘书室及养路机构（西北国营公路管理局）。

民国23年9月，公路处在八省设立7个督察区：第一督察区督造湖南、湖北省公路，设督察处；第二督察区督造江西省公路，设督察处；第三督察区督造浙江省公路，设督察工程司1人；第四督察区督造河南省公路，设督察工程司1人；第五督察区督造安徽省公路，设督察工程司1人，副工程司1人；第六督察区督造福建省公路，设督察工程司1人，副工程司1人；第七督察区督造江苏省公路，设督察工程司1人。

各省联络公路均由公路处制定工程标准、施工预算和完工期限，交由各省遵照执行；工程进行中，公路处随时派技术人员前往督导。工程经费由经委会按照工程进行情况拨给补助费30～40%；工程如不按期完成，未付补助费全部停止付给。

公路处督造和主办公路的两种办法是：对各省修建公路拨借基金、进行补助与督促；另一方面，对西北边远荒漠地区的重要公路，必要时采取直接主办施工（设立工务所）、办理营运（设立国营管理局），但主要以督造为主。公路运输业务主要由各省办理，但西兰公路的运输和养护直接由经委会西北国营公路管理局负责。

民国23年6月，陕、甘、闽三省加入经委会督造范围，七省公路专门委员会又改组为"公路委员会"，成为设计审议机关，负责公路建设的全面规划。另有"公路交通委员会"负责公路监理工作，其日常业务由公路处交通科办理。公路处除直属于经委会外，并受公路委员会和国联特派顾问指导。

　　同年，经委会公路处设西兰公路工务所于西安，负责西安至兰州公路的改善工程；设西汉公路工务所于宝鸡，负责西安至汉中公路的新线施工和老路改善。两工务所内部组织和所属总段、分段的组织，均按经委会所订《工务组织暂行规程》办理。

　　上述机构组织见图 7-10-1。

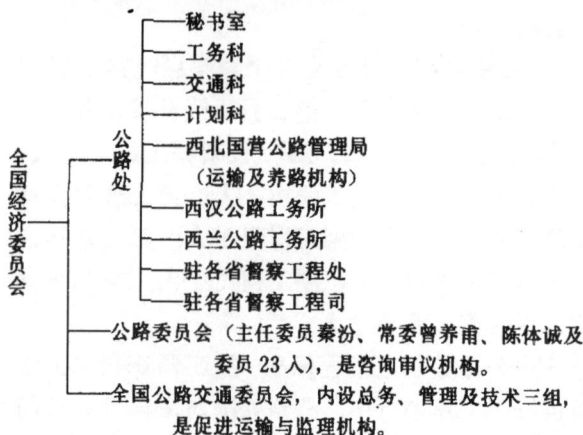

图 7-10-1　全国经委主管公路机构图

二、地方公路管理机构

　　国民政府成立之后，各省管理公路多由建设厅下设公路局或公路处主办。但各省组织互有不同，演变也多。

　　在经委会公路处的督导下，各省公路机构有所改进。如"湖南全省公路局"奉令于民国 21 年 11 月改名为"湖南省公路局"，增设机械工程司、秘书，局外的管理处亦随着业务的发展作相应的调整。到民国 24 年 6 月，成立"养路工程处"，专办养路工作。次年 1 月，裁员简政修改组织章程，公路局的机构进行局部改组，成立总工程司室和秘书室；改组总务、管理两科为事务、业务科；撤消机务科及养路工程处，仍在业务科内设机械工程司、养路工程司，分管机务和养路技术的改进及设计事项。这个组织直到抗日战争初期，没有变化。

民国17年~26年间，全国省、市除西藏外，都先后建立公路机构，其演变的名称和年份见表7-10-1。新疆、甘肃、上海公路机构无变化。

民国17年~26年部分省、市
公路机构的建立和演变   表7-10-1

省、市名称	组建年份及机构名称		
江苏	民国17年公路局	民国20年建设厅第二科	
湖北	民国17年省道管理局	民国24年公路管理局	民国26年建设厅公路处
河北①	民国17年第一省路局		
天津	民国17年第二省路局		
青海	民国17年建设厅		
热河②	民国17年建设厅		
察哈尔②	民国17年建设厅		
绥远	民国17年建设厅		
宁夏	民国17年建设厅	民国22年省道管理局	民国24年建设厅
湖南	民国17年第一、第二、第三汽车路局	民国18年全省公路局	民国21年省公路局
辽、吉、黑三省	民国17年建设厅		

省、市名称	组建年份及机构名称			
浙江	民国17年 省公路局	民国20年 省公路管理局	民国25年 交通管理处	民国26年 公路管理局
河南	民国17年 省道办事处	民国18年 省公路局	民国22年 建设厅工务处	
山东	民国17年 干线管理局	民国19年 6个区汽车路局	民国23年 全省汽车路管理局	
云南	民国17年 全省公路总局	民国19年 建设厅	民国24年 全省公路总局	
广西	民国17年 区公路管理局	民国20年 省公路管理局	民国23年 省道局	民国24年 省公路管理局
广东	民国18年 建设厅	民国19年 公路处	民国21年 建设厅	民国26年 建设厅公路处
江西	民国18年 省公路处			
贵州	民国15年 路政局 民国18年 省公路处	民国20年 省公路局	民国24年 全省公路管理局	民国25年 车务总段 民国26年 省公路局
陕西	民国19年 省公路局	民国21年 建设厅		
山西	民国21年 汽车路管理局			
安徽	民国21年 省公路局			
福建	民国23年 公路总工程处			
四川	民国24年 省公路局			

① 1928年6月28日，国民政府改直隶省为河北省。京兆特别区撤消，划归河北省。

② 1928年7月，原热河、察哈尔和绥远三个特别区分别改为热河省、察哈尔省和绥远省，省会分别设于承德、张家口和归绥。热河省辖承德、朝阳2府及赤峰属15县置。察哈尔省辖原宣化府15县和顺天府24县。绥远省辖原归绥道所属12县及后来增设的包头等5县，计17县。

第十一节　公路技术标准和
规章制度的颁布

国民政府奠都南京初期，各省公路建设依旧各自为政，互不联系，技术标准不统一，管理制度混乱，工程质量很差，难以适应交通运输的需要。随着公路建设的进展和中央机构的建立，国外筑路建桥新技术标准不断引进国内；同时，根据当时的国情，中央有关部门制定了一些筑路工程标准，施工规则以及筹集筑路资金条例等规章，并正式公布执行。这使中央直属施工机构和各省筑路部门有了可资依据的统一标准，在一定程度上保证了某些工程的质量。以下将铁道部和经委会颁布的重要规章摘要叙述。

一、铁道部颁布的规章

民国18年8月，铁道部公布《建筑国道筹款计划大纲》9条。这个大纲规定修建国道筹集经费分为两种：一是"税款之指拨"，规定国道本部路线之经费，"以田赋附加之全部或一部为主，不足时以关税、盐税附加或拨款补助"；而对于国道边防线之建筑费，则"以关税、盐税附加或拨款为主"。二是"公债或证券之发行"，不论部办工程或地方工程用款，均由铁道部主办。如本章第一节所述，发行"航空公路建设奖券"，即属于证券范围。

同年9月，铁道部公布《国道暂行条例》17条，规定国道由铁道部主管。同月，铁道部又公布《建筑国道征用民工通则》15条，其中对征用民工范围，规定只限于国道经过的县及其邻县；对"一户一丁"者，准予免征；同时，规定了农闲时征用。

同年10月22日，铁道部颁发《国道工程标准及规划》31条及其附录，其中主要规定了路基、路面宽度、线形几何标准、国道与铁路交叉、植树等。在附录中，又对桥梁荷载作了具体规定。

此外，铁道部又制定了《国道设计委员会组织规程》13条，确立了国道设计委员会的主要任务是建设国道，完成国道筹款计划、兵工筑路计划、经营国道运输事业计划以及组织国道建筑机构等。

二、经委会颁布的规章

民国23年6月，经委会将《管理筑路基金章程》18条改为《管理公路基金章程》20条。其中规定筑路基金专用，不得移作别用；公路基金由该会指定银行存放；各省因建桥涵、路面及特殊工程请借基金不得超过其工程总价的40%；按请借基金契约于工程开工后，分别按路基、路面、桥涵拨借15%～30%的基金。

同年6月，经委会将《督造七省公路章程》改为《督造各省联络公路章程》18条，9月4日经国民政府核准施行。其中主要规定：各省公路勘测设计文件和图表应按章程中第七条的7项规定报送审批后，方可正式施工。施工后，须按第八条规定报送施工单位主管人员、包工合同副本、材料样品等报表。各路工程竣工后，应将养护和营运办法以及车辆设备等报该会公路处查核。

同年7月20日，经委会公布《公路工程准则》24条，其中规定该会督造各省联络公路，"所有工程标准除另有规定外，须依照本准则办理"。在这个准则中，对路线几何标准、路基、路面、桥涵及安全设施均作了较为细致的规定。例如将路面分为6级，非绝对需要或无国产材料者，不宜建筑高级路面；同时对路面压实厚度也作了详细规定。

民国24年，经委会制定了《协测各省公路路线办法》8条，对测量公路提出了具体要求，并支援了地方测量路线业务。

民国24年至25年，经委会公路处又增订了有关公路设计、施工和工程设备的规定，如：《路基工程施工细则》54条；《公路桥梁、涵洞工程设计暂行准则》26条，统一了全国公路桥涵设计标准；《西北国营公路管理局桥梁施工细则》72条，提出保证工程质量和施工安全的严格要求；《苏、浙、皖、京、沪五省市公路交通标志、号志设置保护规则》22条，对统一公路交通管理、加强行车安全均有详细的规定。

民国25年，经委会制定了《公路工程图表、书类暂行细则》16条，对完善工程技术资料提出详细要求。

以上各种章则的制定，对促进当时公路的设计、施工以及资金的运用，起到了良好的作用。

第十二节　公路业务管理制度的初创

公路建设须有相应的人力、物力和财力并加以严格的管理，才能发挥其效能。举凡劳务、工程材料、机具、财务、人员任免与教育等，均属公路业务管理范畴。国民政府交通部和铁道部虽先后制定了若干业务管理的规章和条例，但多限于资金运用，管理范围有限。自民国22年经委会主持公路业务后，管理范围渐宽，从人员培训、劳工伤亡抚恤到工程财务决算等，均纳入业务管理范围；同时地方公路建设和施工单位，也相应地制定了若干地方性业务管理制度，使公路修建工程得以循序进行。至民国25年止，公路业务管理制度粗具规模，为抗战时期公路建设的业务管理工作奠定了基础。

一、财务管理

随着公路事业的发展，为了新建与改善工程的顺利进行和正常养护，须确定公路建筑费与养护费的来源及专门的财务管理制度。

民国22年，经委会公路处颁发《支出凭证单据应行注意十八点》，规定支出凭证照审计法规施行。

民国24年8月，经委会五省市交通委员会第11次常委会通过《统一公路会计制度委员会组织简章》，次年9月经全国公路交通委员会第一次常委会修正，组成统一公路会计制度设计委员会，始着手编制公路会计制度，曾向有关部门寄送会计科目征求意见。嗣因公路机构及隶属关系几经变更，编制工作时断时续，故抗战前未能制定完善的公路会计财务管理制度，然而为了筹集筑路资金和实施工程预决算制度，中央有关部门和地方政府曾颁布和实施下列若干办法，用以进行当时的公路建设。

（一）公路建设资金的筹集与管理

民国初期，公路建设经费的筹措尚无成法。民国18年8月，铁道部公布《建筑国道（公路）筹款计划大纲》，规定筹集经费的两种办法；民国23年，经委会公布《管理公路基金章程》，规定筑路基金专款专用，不得移作他用。此时，经委会共拨借资金2430万元，修建公路51215公里。另外，各省还采用不同方式和规定进行筹集公路资金，主要是：

1. 以田赋附加作为筑路经费

如浙江省在田赋上附加一成；安徽省在田赋上附加半成；湖南省在田赋上附加曾高达三至六成；江苏省则按亩捐五分收取。

2. 以盐斤和其它税附加作为筑路经费

如福建省在盐米捐款上附加和丁粮上附加；广东省在钱粮上附加、烟酒税上附加和在粤汉铁路附加客票补贴；湖北省在盐厘砂矿税上附加；湖南省在盐斤上附加并收杂特税；江西省在盐斤上附加；浙江省收卷烟特税；江苏省在冬漕上附加。

3. 发行"建设公债"和"筑路公债"作为筑路经费

民国17年，浙江和福建两省共发行公路公债290万元；民国18年，浙江省发行建设公债58万元；民国19年~20年，江苏省发行建设公债 380 万元；民国 22 年，安徽省发行筑路公债 50 万元；民国 23 年，湖南省发行建设公债 1000 万元；民国 24 年，湖北省发行建设公债 60 万元。所有这些公债大部分作为公路建设之用，并有条例公布，规定偿还期限及利息。

除上述办法外，有的省或向银行和汽车公司贷款，或以开放路权招商投资，或以车务营业余利投资，或以车辆互通附捐筹修路经费。总之，筹集筑路资金办法甚多，作为历史的经验，多方集资筑路办法实可借鉴。

（二）确定工程概算与预算标准

为了严格管理筑路资金的合理使用，经委会于民国 21 年 11 月公布了《公路工程概算标准》，实行统一公路概算的编制，制定了每公里工程概算标准（表 7-12-1）。民国 23 年，经委会公布了《审核公路工程预算办法》，并规定公路工程最高标准单价（表 7-12-2）。

每公里公路工程费概算数　　　　　表 7-12-1

工程项目	公路等级	甲等	乙等	丙等	单价
	路基宽度（米）	12	9	7.5	
测	量（元/公里）	80	80	80	
路	基（元/公里）	1260	1080	900	0.13 元/立方米
桥	梁（元/公里）	2800	干 2800 支 2400	2400	300～ 350 元/米
涵	洞（元/公里）	900	700	600	100～150 元/道
路	面（元/公里）	2400	干 2400 支 1800	1800	0.60～ 0.80 元/平方米
工程管理费	（元/公里）	460	干 420 支 320	320	（约 6 %）
总	计（元）	7900	干 7480 支 6380	6100	

审核公路工程最高标准单价　　　表 7-12-2

工程项目	工程种类	单位	单价(元)	备注
桥	永久性（上、下部构造用砖、石、混凝土、钢料）	米	450	
	半永久性（下部构造为永久性，桥面用木料）	米	350	
梁	临时性（上、下部构造全用木料）	米	200	
涵	排水面积 1 平方米	座	500	均为
	排水面积 2 平方米	座	700	永久
洞	排水面积 4 平方米	座	1000	性
	排水面积 4 平方米以上	座	1200	
水	直径 15 厘米	道	20	混凝
	直径 30 厘米	道	70	土或钢筋
管	直径 60 厘米	道	250	混凝土
	直径 90 厘米	道	450	
路	二级路面（厚度 15 厘米）	平方米	0.60	
	三级路面（厚度 25 厘米）	平方米	1.20	
面	四级路面（厚度 30 厘米）	平方米	1.40	

（三）工程预算编制细节

为修建和养护公路编制经费预算，通常是先按各项业务工作和工程数量编制"工程计划书"，然后据以计算所需劳力、材料、机具和各种附属设施等，并根据实施条件和工程期限，编制"工程总概算书"。如工程时间要跨越年度，还要按照工作能力和财务状况编制"年度计划书"和"年度概算书"，以为工程进度的标准及考核的依据。

1．新建工程预算书和图表

（1）工程计划书：工程的缘起、踏勘经过及选线理由（附：路线平面及纵断面缩图）、工程数量、施工编制程序表（附：人工表、工具材料、食粮数量表、工程月份进度表）、单价分析表、工程费用明细表。

（2）工程概算书：总概算书和概算附表（购置费用、员工薪资、办公费用、路基工程、桥、涵、过水路面工程、路线保卫工程明细表、现金月份分配表）。

（3）工程图表：工程设计图、实测路线平面图、纵断面图、横断面图、实测用地图、路线坡度表、弯道表、路基工程土石方计算表及分析表、桥涵和路面工程表、保卫工程（包括标志、号志、行道树及防护）表、渡口设备表、标准工程设计图与特殊工程设计图（如大桥、渡口、码头、山洞等工程）、养路工程和交通管理设备表。

　2．改善工程和抢修工程等预算书和图表

各按其范围参照新建工程预算书和图表编制。各项工程凡未经测设者，按实际情形酌编简明概算及计划，于测设完竣后，补编图、表。

预算核定后，在施工期间，如因工程计划变更致工程增多、或发生重大灾害致工程有损失、或因经济情况变化致费用剧增等情况，可请求追加预算。项目间有支出超溢及敷余可资留用时，得请求留用。

二、材料管理

抗战前，公路等级较低，筑路材料多以就地取用砂、石、木等天然材料为主，交由包商承包或由民工采备，或向地方政府征购；承担公路修建部门只着重于材料的检验，很少自备材料，自任管理；当时，主管全国公路建设的部委并未设立材料管理部门，材料的采购权限、收发保管和消耗标准，均未制定统一的规则，说明对材料的管理尚未引起重视。至于地方公路建设部门的材料管理也处于创始阶段。民国17年，湖南省各汽车路局工务处内设"考工兼材料股"。民国20年以后，各省公路局才开始对钢材、水泥和油料等进行购备、储运与管理。民国23年，福建省建设厅设"材料股"，负责办理厅属各单位需料的采办和审批事项；公路总工程处则由工程课兼管材料工作。民国25年，湖北省公路管理局对于工程用料经总工程司审核后，交购料委员会采购，再交物料总厂或材料股核收储存。同年，广西省公路局在第三科（总务）内设材料股、管理材料。

三、人事教育

工程技术人员及各种专业人员的任用、培训、调迁、考核、奖惩和铨叙①等事，各级公路单位均依据《公务员任用法》②、《考绩法》③、《惩戒法》及《技术人员任用条例》④办事；并随着公路事业的日益发展，依次建立起适合于公路建设特点的人事教育制度。

民国17年以前，新疆省内的公路完全由群众修筑，没有工程技术人员指导；嗣后成立"公路工程学校"（后改为"公路工程技术人员训练班"），聘请苏联工程司授课。

同年，河南省省道办事处开办道路工程训练班，专门培训道路工程初级技术人员，每期3个月，学员毕业后分配到各县参加县乡道路的施工。

民国19年，交通部公布《派赴国外实习员章程》，规定因部务需要，选派实习员或自请实习经部批准者，由交通部或驻外公使介绍，分别到各国的公司、工厂或其他机关实习，两年期满回国在部派的单位服务。

---

① 指评定职称。
② 民国22年3月13日公布，24年11月13日修正，26年1月26日国民政府修正公布。
③ 民国24年7月16日公布。
④ 民国24年11月8日公布。

民国 22 年，经委会公路处颁发《工程人员试用办法》，规定一年期满考核甄别。同年 7、8 两月，该处连续举办公路工程司短期训练班二期，学员为各省公路主管机关保送的现职人员和国内各大学所保送的土木工程系毕业生经甄别合格由公路处招考录取者，聘请专家分授公路行政、财务、工程等学科，授课、实习各两星期，毕业学员共 37 人。次年，又举办机务、车务、会计及汽车驾驶人员训练班。

民国 23 年 7 月，经委会公路处曾派驻欧公路运输研究员，期限一年。次年，又派员赴欧美调查公路交通及工程，为期 9 个月。派员出国考察学习，学习国外筑路先进经验，是提高国内公路技术的重要途径，也是促使公路建设发展较快较好的主要因素。

民国 23 年 10 月 11 日，中央政治会议议决:《公务员任用法》中某些条款不宜用于任用技术人员，即任用技术人员"不宜援用具有革命功勋资格"[19]。

四、劳工管理与劳保福利

（一）工人管理

兴建公路初期，公路部门对筑路民工只拨付很低的生活费、伤病医疗和伤亡抚恤费，交由地方征工组织发给，并不直接管理;对兵工和包工也只分别拨付津贴和工料款，交由部队和包商发给。

随着公路事业的发展，公路机构逐渐健全，开始雇用工人建立专业队伍，固定工人迅速增加;有关工人的医疗设施和伤亡抚恤等，也逐渐制定了办法,进行直接管理。福建省于民国 16 年～17 年，先后两次制定民工派工法令。民国 18 年 9 月，铁道部公布施行《建筑国道征用民工通则》。民国 20 年后，鄂、浙、闽等省制定《养路道班管理规则》。民国 23 年，经委会西北办事处会同陕、甘两省政府颁布《西北公路征工筑路暂行章程》。粤、赣、滇、川等省也分别颁布了本省征用民工条例。

关于工人工资无统一标准，由各省、市公路部门视具体情况自行规定。如湖北省于民国 17 年～20 年间制定修正的《省道各路工程处员役俸薪支给暂行章程》中规定：养路工人每月 12 至 17 元，工头 15 至 20 元。民国 26 年，浙江省规定道工工资每月 12 元，领工 15 元。

　　（二）职工劳保福利

公路职工的劳保福利主要分为伤病医疗和伤亡抚恤两项：

　　1．伤病医疗

早期各地筑路工人没有专业医疗设施，民国 22 年，经委会开始设置七省公路卫生组，分驻南京、汉口、南昌、安庆、开封，各组设医师 1 人、护士 2 人、助手 1 人，进行防疫与伤病医疗工作；药品及疫苗等费，由经委会中央卫生设施实验处与各省主管公路机关平均分担。其后，各地公路员工的伤病医疗，陆续设立医疗所和医院负责诊治。

　　2．伤亡抚恤

公路员工的伤亡抚恤，筑路初期没有统一办法。对于民工，都在《征工筑路办法》内有所规定，一般是因工作受伤致残者，给一次抚恤费 50 至 60 元；在工地死亡者，给棺埋费 20 元和一次抚恤费 80 至 100 元。

地方公路员工的抚恤办法，各有不同。民国 16 年，四川省嘉渠马路总局岳池工程处对因公致死者给安葬费 24 元，因病死者抚恤 8 元；江苏省公路局道班、飞班工人重伤致死者按工作时间发 4 至 14 个月工资的一次抚恤费，伤残不能工作者按服务时间发 3 至 10 个月工资的一次恤伤费；民国 21 年，浙江省公路局对道工积劳病故者，给棺殓费 20 元及两个月工资的一次抚恤金。

综上所述，在此期间，有关工人管理与职工劳保福利制度仅仅是初步建立，在管理方面并不完善。

第十三节　科学研究与学术活动

本世纪 20～30 年代，世界各国不断开展国际间的学术交流，探讨筑路技术的提高，促进公路事业的发展，特别是研究如何解决采用沥青材料铺筑路面，以提高原有碎石路的通行能力，已成为当时国际公路科学研究领域中的一个重点。正在积极发展中国公路建设的先辈技术人员，受到国际研究路面技术的影响之后，亟力撰文介绍国外研究成果，并开始进行沥青路面和水泥路面的科学研究。

一、科学研究

公路路面工程是当时科学研究的主要项目。南京国民政府成立以前，中华全国道路建设协会《道路月刊》编辑主任吴承之，曾译《土沥青治养石子路面法》一文，介绍用土沥青处治碎石路面及其施工办法。但因国内缺乏沥青材料和试验设备未能在公路上试行铺筑，只在上海和天津等大城市租界地区内的主要街道上采用了此法。南京国民政府成立之后，虽有顾在延先后在《道路月刊》上发表的《石脑油马克达（当）①路及块土沥青之筑法》及《碎石路面涂抹柏油之优点及其筑法》和魏秉俊于《公路》月刊上介绍的《沥青乳化油之构成及其在公路上之应用》等技术论文。但是这些文献资料的介绍，并没有直接用于国内大规模筑路。

民国 21 年 12 月，经委会公路处为研究各种路面的建筑技术，在京杭国道南京市麒麟门至马群镇间修建一段 31 种类型的试验路面，命名为"第一试验路"（包括石块、碎石、青砖、混凝土和

_____
① 马克达（当）路，是英文 Macadam 的译名，即碎石路。

轨道式等路面），并编有《第一试验路报告》。次年10月，又在南京市中山门外孝陵卫附近京杭国道上建筑"第二试验路"（包括膏体沥青、液体沥青和乳化沥青等路面），用各种沥青材料和不同操作方法铺筑，共长1650米。这两段试验路，主要是根据交通量、建筑费和养路费三方面，研究各种路面的适应性，但因事先没有准备好必要的试验仪器和机具等设备，以致未能收到预期的效果。

民国25年冬，由于两次试验路的教训，认清了公路科学研究的重要性，因此经委会公路处与上海交通大学合作筹设"土壤试验室"，并在南京市麒麟门建成"中央路工试验所"，以对各项公路技术问题进行试验和研究。

民国26年，经委会公路处"中央路工试验所"派工程司陈孚华在西兰公路咸阳市附近修筑水泥稳定土壤试验路面一段，通车不久即发生大量坑穴、裂纹，其原因主要是由于水泥配合失当和压实不够所致。

总之，当时的公路科学研究工作，尚处于起步阶段。

二、学术活动

巴黎国际道路协会是世界性的公路学术活动组织，中国早已加入，并且历年缴纳会费，但出席会议的人员都是就近由驻法使馆或交通部驻巴黎办事处所派，既非公路工程技术人员，又是临时委派的代表，致使参加国际学术活动所起的作用不大。嗣后鉴于国内修路的需要与世界潮流的影响，才选派公路科学、技术专家、学者和负责领导公路建设工作的专业人员参加国际公路学术活动，并在国内出版科技刊物介绍各项公路建设经验，对于促进公路事业的发展取得一定的效果。

（一）国际道路协会第六次会议

民国19年，国民政府派浙江省公路局局长陈体诚、安徽省建设厅技正赵祖康、贵州省建设厅技正花莱峰和陇海铁路工程局局长兼铁道部工程科科长凌鸿勋出席在美国华盛顿召开的国际道路协会第六次会议。会议自 10 月 6 日起至 11 日止，为期一周，讨论的课题分为两大项，即"建筑与养护"和"运输与行政"。第一大项中分"混凝土和炼砖等材料铺筑路面的经验和成绩"、"修建沥青路面的最新方法"、"在殖民地和未经开垦地带修建公路"及"养护进行资助的方法与计划" 4 个题目；第二大项中分"道路运输与它种运输共同组织、配合协作或单独使用"及"大城市区内外的运输规划、交通号志、道路设计与工程费用如何适应建设区内的运输需要" 2 个题目。大会闭幕后，美国道路宣传部随即组织与会代表分 3 路旅行参观，历时 2 周，为各方代表提供筑路与养护工程的知识，并介绍美国近代道路种类，报导道路运输方面的成就等。

（二）国际道路协会第七次会议

民国 23 年，国民政府派上海市工务局局长沈怡、经委会公路处副处长赵祖康、湖南省公路局总工程司周凤九、安徽省代表王南原、中华全国道路建设协会代表江鸿和湖南省公路局工程司童恩炯出席在德国慕尼黑召开的国际道路协会第七次会议。会议自 9 月 3 日起至 8 日止，讨论的题目有水泥筑路的革新、沥青材料筑路的革新、其它筑路与养路方法、交通安全设备、交通与路面的关系和交通法规等 6 项。与会人员还参观了阿尔卑斯山公路、施工中的大桥和"双轨汽车路"（即高速公路）。双轨公路路基宽24 米，混凝土路面，长约 1500 公里，是希特勒在发动第二次世界大战以前，首先在国内修建的贯通全境的重要公路，其后军队得以迅速运输，证明公路建设对国防和战略方面有重大作用。

（三）出国考察调查

民国 24 年 10 月 1 日，薛次莘奉经委会和上海市政府的派遣，偕同敖京斯基①去美国和欧洲调查公路路政。从美国西部旧金山到东部华盛顿历时 30 天，参观了 10 个州的公路（主要是就地取材的低级路面），6 处筑路材料试验室，5 处土壤试验室，6 处公路机关，总计汽车行程 8500 公里。11 月 28 日，薛次莘等自纽约乘轮船去欧洲调查，先后到法国、瑞士、德国、波兰、意大利、英国等 6 国，考察参观了公路、试验室、采石场等多处，于民国 25 年 3 月 26 日离英返国。

这次对国外公路的调查是最主要的一次国际学术活动，搜集到的技术资料也比较全面，其中包括各种路面建筑和养护方法、石块路建筑和材料的采集、公路设计、各种行车设备、筑路材料试验、城市道路及桥梁设计等。

（四）国内学术活动

国内公路学术活动以中华全国道路建设协会出版《道路月刊》为主，中国工程司学会和中国土木工程司学会虽然也有所活动，但对公路建设方面的作用不很显著。随着中央公路管理机构的建立与加强，为推动当时公路建设事业的发展，民国 24 年 6 月创办了《公路》杂志，报导各地公路建设情况，介绍各项公路建设经验，深受全国公路界的欢迎，销售量日益扩大，逐步代替了《道路月刊》的发行。

---

① 敖京斯基，波兰人。国际联盟派驻经委会的工程专家，兼任经委会公路委员会委员。

文献注释

(1)(2)《公路委员会第一次会议主任委员秦汾致词》，载《全国经委会会议纪要》第五集，民国23年6月。

(3) 俞飞鹏：《十五年来之交通概况》，民国35年4月。

(4)(5) 全国经委会筹备处：《会商苏、浙、皖三省道路建设事宜》民国21年4月，南京国家第二档案馆（四四）533号卷宗。

(6)《全国经委会督造各省联络公路章程》，载《全国经委会会议纪要》第五集，民国23年6月。

(7)(9) 洪瑞涛：《一月来之交通新闻》，载《交通杂志》第一卷，第三期，民国21年12月，交通杂志社版。

(8)《全国经委会督造各省联络公路之经过》，载《交通杂志》第二卷，第五期，交通杂志社版。

(10)(11)《办理西北公路建筑及运输业务报告》，载《全国经委会会议纪要》第五集，民国23年6月。

(12) 赵祖康：《三十年来之公路工程》(西兰公路)》。

(13)《一年来之公路建设》，载《道路月刊》第五十二卷，第三号，民国26年1月，中华全国道路建设协会版。

(14) 章宏序：《中国路政沿革》，载《工务总署公路局试验调查报告》，民国32年12月。

(15)(18) 周一士：《中华公路史》(上部)，1984年台湾商务印书馆版。

(16)(17)《国民政府国道条例》，载《工务总署公路局试验调查报告》民国32年12月。

(19)《公务员任用法第二第三第四条之第四款于技术人员之任用不适用之令》，载《主计法令汇编》第一辑，民国23年10月11日。

第八章　抗日战争时期的公路

民国 26 年 7 月～34 年 8 月

（公元 1937 年 7 月～1945 年 8 月）

　　民国 26 年 7 月 7 日芦沟桥事变,日本帝国主义发动了侵华战争，自此中华民族开始了全面的抗日战争。

　　为了适应抗战军运，国民政府军事委员会在南京召开后方勤务会议，议决赶修紧急公路 3600 公里，遍及苏、浙、皖、赣、闽、鲁、豫、冀、晋、湘、鄂 11 个省，并调整中央战时行政机构，铁道部与交通部合并，将经委会经管的公路业务并入交通部，下设统管全国公路事业的机构——公路总管理处。为确保国际的援助和后方军需物资的供应，曾多次强化公路建设体制，加速对西南、西北大后方广大地区的公路建设，尤其滇缅、中印两条国际公路的贯通，具有重要的历史意义。由于公路建设吸收了大批铁路、水利等工程技术人员，锻炼了一支公路建设队伍，适应了战时公路紧急抢修的需要。

　　华北、华东等广大地区沦陷后，中国共产党领导的边区政府和抗日根据地军民在敌后坚持抗战，进行破路歼敌的交通破袭战，给敌伪的交通运输造成困难，为抗日战争的胜利作出卓越贡献。

　　抗日战争时期，敌我双方出于战争的需要，公路的修筑始终处于错综复杂的局面，建设与破坏交替进行。我国较大规模的新建公路仅限于西北、西南和中南部分地区。这是抗战时期公路交通的基本状况。

第一节　战时公路机构的演变

民国 27 年,全国经济委员会和公路处撤销,交通部与铁道部合并组成交通部,下设公路总管理处,负责主管公路建设业务。为适应战时运输需要,中央公路行政部门又曾两次改属于军事委员会。

抗战八年中,中央公路行政机构的隶属关系经历了数次变动,一时属政, 一时属军; 工程建设与运输管理,也是时分时合, 合了又分; 其下属业务机构亦同时随之改组。业务人员忙于交接事宜, 特别是主管人员和科室负责人,往往随着机构的变更而调动。尽管如此, 但为抗战胜利, 救亡图存, 公路员工仍积极工作, 以保持军运公路的畅通。

抗战时期,中央公路行政机构和所属业务机构更迭情况, 见表 8-1-1 和 8-1-2。

抗日战争时期中央公路行政机构更迭情况　　表 8-1-1

时　间	撤销单位名称	新建单位名称	新建单位负责人
民国 27 年 1 月	全国经济委员会公路处	交通部公路总管理处	1 月在汉口成立, 7 月迁往重庆, 处长赵祖康
民国 30 年 7 月 1 日	交通部公路总管理处	军事委员会运输统制局公路工务总处	军事委员会运输统制局于民国 29 年 4 月成立, 何应钦兼主任
民国 32 年 3 月 1 日	军事委员会运输统制局公路工务总处	交通部公路总局	交通部部长曾养甫兼局长, 副局长赵祖康、龚学遂
民国 34 年 1 月	交通部公路总局	军事委员会战时运输管理局	交通部部长俞飞鹏兼任局长, 交通部次长龚学遂兼任副局长, 美军麦克鲁上校兼助理副局长。

抗日战争时期中央所属西南、西北公路业务机构的变更情况

表 8-1-2

地区	时　　间	撤销单位名称	新建单位名称	新建单位负责人
西 南	民国 27 年 3 月	全国经济委员会西南运输总管理局（其前身为西南各省公路联运委员会）	交通部西南公路运输管理局	局长薛次莘，副局长王世圻、莫衡
	民国 28 年 8 月	交通部西南公路运输管理局	交通部西南公路管理处	处长薛次莘，副处长莫衡
	民国 30 年 7 月	交通部西南公路管理处	军事委员会运输统制局西南公路管理处	处长薛次莘，副处长肖庆云、李晋候
	民国 31 年 1 月 1 日	军事委员会运输统制局西南公路管理处	军事委员会运输统制局西南公路工务局	局长肖庆云
	民国 32 年 3 月	军事委员会运输统制局西南公路工务局	交通部公路总局西南公路工务局	局长肖庆云
	民国 34 年 2 月 1 日	交通部公路总局西南公路工务局及西南公路运输局合并撤销	军事委员会战时运输管理局西南公路管理局。	局长陈延炯，副局长谢文龙、王仁康、丘秉敏、钱豫格
西 北	民国 26 年 10 月	全国经济委员会西北国营公路管理局	全国经济委员会西北运输局	局长　刘景山
	民国 26 年 12 月	全国经济委员会西北运输局	交通部陕甘运输管理局	局长　谭伯英
	民国 27 年 2 月	交通部陕甘运输管理局	交通部西北公路运输管理局	局长　谭伯英
	民国 30 年 7 月	交通部西北公路运输管理局	军事委员会运输统治局西北公路运输局	局长　宋希尚

续上表

地区	时　　间	撤销单位名称	新建单位名称	新建单位负责人
西 北	民国 31 年 4 月	军事委员会运输统治局西北公路运输局	军事委员会运输统治局西北公路工务局	局长　凌鸿勋
	民国 32 年 1 月	军事委员会运输统治局西北公路工务局	交通部西北公路运输局	局长　何竞武
	民国 32 年 3 月	交通部西北公路运输局	交通部公路总局西北公路工务局	局长　凌鸿勋
	民国 34 年 2 月	交通部公路总局西北公路工务局	军事委员会战事运输管理局西北公路管理局	局长　何竞武

　　除表列业务机构外,尚有若干专路工程局(处)或管理局(处),如民国 27 年 4 月成立的汴粤公路整理工程处; 8 月成立的川滇公路管理处;民国 30 年 7 月成立的滇缅公路工务局;民国 32 年 5 月成立的川康公路管理局和川陕公路工务局;民国 33 年 3 月成立的兰宁公路工程处等,均属中央领导下的专路业务机构。这些机构因时因事设置,或合并或撤销,均无定则,由此可见战时体制下机构演变的频繁状况。

　　至于抗战时期西南和西北各省地方公路机构,与战前无大出入。

第二节　战时干线公路的发展概况

　　抗日战争爆发后,华北、华中、华南等地铁路沿线及重要港口和城市相继沦陷。为了坚持抗战,取得外援,国民政府在西北维护与改善甘新和西兰两路,以加强苏联对中国军援物资的内运;在西南兴建昆明到中缅边境畹町、桂北车河镇至中越边境岳圩、云南保山至缅甸密支那等公路,使中缅、中越和中印交通沟通,为进一步取得国际上对中国抗日军需物资的补给,创造了便利的运输条件。同时,鉴于南北交通依靠旧有公路,不仅路线迂回过长,而且标准低、质量差,难以胜任军运。故在西北地区兴建由平凉经陇县至宝鸡和由兰州经岷县至昭化及由汉中经西乡、万源至重庆三段公路,以缩短西北与西南两地区的运输里程;在西南地区兴建由隆昌经泸州、毕节至沾益的川滇东路,以及由乐山经峨眉、西昌至祥云的川滇西路,使直达重庆和成都的运输路线更趋便捷。修建这些公路的任务艰巨、时限紧迫,加之自然环境非常险恶,或为崇山峻岭,或为荒漠高原,或为沼泽地带,或为原始森林,而敌机又不断侵袭、狂轰滥炸,但热爱祖国、坚持抗日的广大公路员工,终以不屈不挠的精神,战胜艰险和困难,为大后方公路交通动脉的畅通,谱写了一曲英勇抗战的凯歌。在八年抗战中,新建公路 12737 公里,连同战前历年修建的公路在内,使全国公路总里程增长至 13 万多公里(图 8-2-1)。

抗日战争时期,全国除沦陷地区外,国内和通往国外的主要干线公路共有 38 条,总长 22039.28 公里(见表 8-2-1)。这些公路多数分布于西南和西北地区。此外,雅安至富林、酉阳至龚滩等地方公路,虽属新建,但路线较短,未予列入。表内所列东南公路系指湘、桂、粤、赣、闽、浙六省的联络线,是绕于敌后游击区的重要交通孔道,为打击敌人和维护人民经济生活曾作出过重大的贡献。

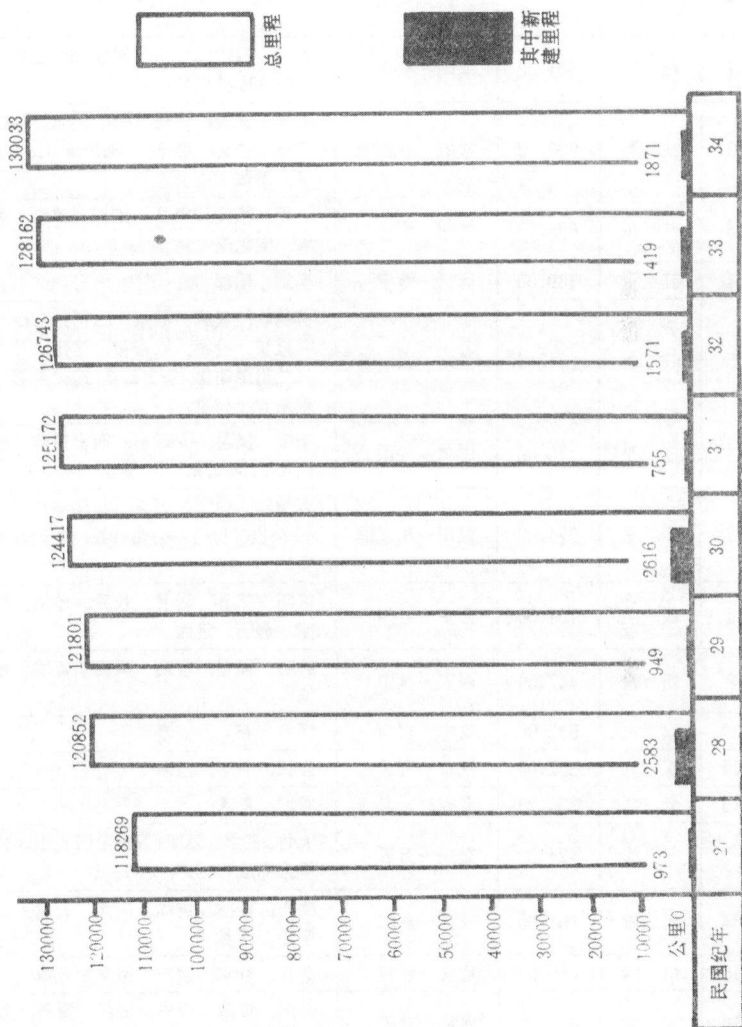

图 8-2-1 抗日战争时期全国公路里程增长柱状图

抗日战争时期的主要干线公路　　　表 8-2-1

序号	公路名称	公路长度（公里）	起讫地名	经过主要城镇
1	湘桂	601.00	衡阳～柳州	祁东、零陵、桂林（湘段 206 公里、桂段 395 公里）
2	湘黔	700.32	常德～甘㞎哨	桃源、沅陵、怀化、芷江、晃县、玉屏、三穗、镇远、黄平、（湘段 449.32 公里、黔段 251 公里）
3	甘川	695.80	兰州～昭化	中孚、临洮、岷县、武都、碧口、白水、宝轮院
4	甘青	189.00	河口～西宁	享堂、乐都
5	甘新	2647.00	兰州～霍尔果斯	乌鞘岭、武威、酒泉、玉门、安西、猩猩峡、哈密、吐鲁番、迪化、乌苏（兰州至迪化 1992 公里，迪化至霍尔果斯 655 公里）
6	宝平	176.80	宝鸡～平凉	千阳、陇县、安口窑、四十里铺（陕段 113.56 公里、甘段 63.24 公里）
7	宁平	374.00	银川～和尚铺	青铜峡、中宁、固原（和尚铺至平凉 47 公里，与西兰公路共线、未计入长度）
8	西兰	704.00	西安～兰州	咸阳、乾县、彬县、长武、泾川、平凉、静宁、定西
9	西汉	447.50	西安～汉中	武功、凤翔、宝鸡、凤县、留坝、褒城
10	汉白	533.00	汉中～白河	西乡、石泉、安康
11	汉宜	357.00	汉口～宜昌	应城、沙洋、当阳
12	老白	230.20	老河口～白河	谷城、草店
13	汉渝	424.00	重庆～万源	大竹、达县、万源（万源至西乡 163 公里未完成）
14	川陕	561.00	成都～褒城	绵阳、梓潼、剑阁、广元、七盘关、宁羌、沔县
15	川黔	486.00	重庆～贵阳	綦江、赶水、桐梓、遵义、息烽
16	成渝	444.00	成都～重庆	简阳、资阳、资中、内江、隆昌、荣昌、永川、璧山

序号	公路名称	公路长度（公里）	起讫地名	经过主要城镇
17	川　湘	879.00	綦江～三角坪	南川、涪陵、彭水、黔江、酉阳、秀山、茶洞、泸溪、（湘段 188 公里，川段 691 公里）
18	川　康	226.00	雅安～康定	天全、下南坝、两路口、二朗山、大渡河、冷竹关
19	川　中	201.00	内江～乐山	自贡市、荣县、五通桥
20	川滇东	791.56	隆昌～天生桥	泸州、纳溪、叙永、赤水河、毕节、威宁、宣威、沾益
21	川　鄂	892.00	简阳～恩施	乐至、遂宁、蓬溪、南充、岳池、广安、渠县、大竹、万县、利川
22	乐　西	525.00	乐山～西昌	峨眉、富林、冕宁
23	西　祥	548.00	西昌～祥云	益门、会理、永仁、大姚
24	黔　滇	653.70	贵阳～昆明	黄果树、晴隆、盘县、胜境关、平彝、沾益、曲靖、杨林
25	黔　桂	329.00	贵阳～柳州	贵定、都匀、独山、南丹、河池、宜山、大塘
26	黔桂西	413.00	晴隆～百色	兴仁、安龙、册亨、八渡、田林
27	桂　穗	482.00	桂林～三穗	龙胜、通道、靖县、锦屏、天柱、（桂段 154 公里、湘段 192.5 公里、黔段 135.5 公里）
28	滇　越	295.60	呈贡～蒙自	宜良、路南、开远
29	滇　缅	959.00	昆明～畹町	楚雄、祥云、下关、保山、龙陵、芒市（潞西）
30	华　双	411.30	华家岭～双石铺	通渭、秦安、天水、徽县、两当
31	保　密	389.00	保山～密支那	腾冲、古永、国界
32	河　岳	487.00	车河～岳圩	东兰、田阳、田东
33	康　青	720.00	营官寨～歇武	道孚、甘孜、石渠
34	青　藏	827.00	西宁～玉树	倒淌河、大河坝、黄河沿、清水河、歇武

序号	公路名称	公路长度（公里）	起讫地名	经过主要城镇
35	桂 越	445.00	大塘～镇南关	宾阳、南宁、宁明、凭祥
36	东 南	1668.00	金华～曲江	①金华经丽水至浦城②浦城经建阳至光泽③光泽至南城④鹰潭经南城至赣县⑤泰和至银坑⑥泰和至界化陇⑦吉安至赣县⑧曲江经坪石至连县等八线
37	贺 连	140.50	莲塘～连县	鹰扬关、连山（桂段62公里、粤段78.5公里）
38	秀 玉	186.00	秀山～玉屏	松桃、铜仁（川段22公里、黔段164公里）
	总　计	22039.28		

第三节　抗日前方公路的抢修与破坏

一、公路的抢修

民国 26 年至 29 年之间，国民政府为便利军事进退，紧急抢修了一些军用公路。

在河北省，为便于军队在石家庄集中，曾拟征调民工限期抢修由沧州、德州、保定和杨柳青四处至石家庄的公路，长 617 公里，由于应征民工很少，工程没有完成。

在上海战场，日军飞机轰炸公路桥梁，江苏省政府在经委会公路处派员协助下建立公路工程队担任抢修，以维持十九路军的军需物资运输。

在华南战场，广东省军政部门在广州陷落以前，抢修完成广韶公路未通车路段和韶关至鹰扬关通往广西的路线，长 341 公里，以利粤北防务，便于向西撤退。广州陷落后，广西省成为转运国内、外物资的枢纽，省政府奉令改善南达镇南关北通贵州和东连粤北等公路的桥梁和渡口，并增修与越南相通的新线河岳公路，长 487 公里，以及与邻省沟通的公路 430 公里，共发动民工 30 多万人。

河南省军政部门从黄河决口以后的 5 年中，乘日军暂停西进之机，在豫西伏牛山区新建 4 条公路，长约 190 公里；路成后，河南省政府和第一战区司令长官蒋鼎文率部退往陕西。同时，还发动大量民工整修由洛阳至陕西潼关、安徽界首和河南南阳以及豫西南干线公路约 1800 公里的桥梁、渡口和路面，以利军运。

湖北省政府为保卫武汉，从民国 26 年下半年起至次年年底，主要是加铺通往鄂东南几个边界城市的干线公路路面约 320 公里，补修汉口至宜昌公路路面长 357 公里，还改善了鄂西北一些干线公路的桥涵和渡口。民国 32 年上半年，在鄂西南与湖南接壤处修建完成咸丰至来凤的公路，长 52 公里，沟通了湖南和四川省的交通。

湖南省在抗战期间抢修公路是从国军在徐州败退后奉令开始的。主要是赶修湘黔公路由洞口县至榆树湾（今怀化县）未通路段 148.38 公里，桂林至贵州三穗公路湘境段长 192.20 公里，烟溪至山塘驿公路 119.68 公里，衡阳至邵阳公路 108.72 公里，以及其它短途公路 28.02 公里。多是由东向西指向贵州的撤退路线。

江西省从民国 27 年起，先后在赣西南和赣南新建一些公路长 1110 公里，以维持军商运输，全省公路里程达到 7728.30 公里。

二、公路的破坏

淞沪战役失利之后，江苏省军政部门通令各县将京、沪、杭间 14 条重要公路和桥梁破坏，南京沦陷前夕又下令将苏北沿江公路及徐州地区和淮北盐区公路破坏。

民国 26 年 11 月河南省彰德县（今安阳市）被日军侵占。次年初，黄河北岸的河南全部县城失守，国军奉令炸断黄河铁桥，并破坏豫北公路 295 公里。5 月，日军从濮县渡过黄河，向河南东部进攻，薛岳集团军向西撤退，河南省政府迁至南阳市，遂将豫东 9 条长 1153 公里的公路和桥梁彻底破坏。6 月，日军占领开封，分兵进攻新郑，以夹击郑州。国民政府急电河南省政府派军队炸开郑州以北花园口的黄河大堤，使河水改道冲泻豫东南，以阻止日军西进。这种企图阻止敌军的作法并未能阻止日军的绕道进攻，反而使豫、皖、苏三省人民蒙受惨重灾难。据统计，有 44 个县乡的 1000 多万亩土地被淹没，89 万人被淹死或饿死，河南全省 41.42% 的公路被冲毁，其中全部被淹的有 5 条，673 公里，部分被淹的有 4 条，839 公里，共计 1512 公里。

民国 27 年 4 月，日海军侵占厦门，福建省军政部门遂将围绕厦门的公路约 90 公里和福州至泉州的洛阳大桥加以破坏；5 月，省政府迁往闽西永安县，开始分期分段地破坏公路，至年底止，共破坏干、支路线 33 条，长约 1000 公里。从次年起至民国 31 年的 4 年间，又继续破坏 40 条公路。长 1640 公里。日军入侵福建的 5 年中，连年破坏公路达 2529.6 公里，占全省公路 4218.4 公里的 60%。

日军入侵赣境，江西省政府组成军事工程队，配合驻军进行修路和破路的任务。民国 27 年年底，破坏了南昌以北的九江、彭泽和景德镇等县的公路 1392 公里；次年春南昌陷落，又将吉安以北各县及赣湘和赣皖等公路 2144 公里破坏；民国 31 年破坏上饶、南城、分宜和安福等县公路 1231 公里；民国 33 年，因日军窜扰赣南，破坏赣西南的泰和、永新、遂川和吉安等地的公路 894 公里；总计破坏公路 5661 公里，占全省公路 7728.30 公里的 73.3%。

民国 27 年 10 月，日军侵占广州以后，相继在汕头和沿海港口及海南岛海口市登陆，并向内地深入；次年侵占了广州和汕头附近的 15 座县城及海南岛的 16 座县城，广东省政府迁驻粤北韶关，国民党十二集团军退守粤北和粤、赣边区，两次下令地方政府破坏公路 12554.6 公里，占广州失陷前全省公路 14860 公里的 84.5%。

广西省政府在日军侵占广州后，即奉令将邻近粤边及郁江两岸的公路先行破坏，至民国 28 年 10 月，先后破坏贺县、信都、怀集、苍梧、容县、北流、玉林、陆川、博白和横县、永淳、邕宁等境内的干线公路约 900 公里。11 月，日军侵占南宁，又破坏桂平、贵县、宾阳、武鸣、平果、平马（今田东）龙州、凭祥、宁明、崇善、绥录等县间的公路，共约 1000 公里。民国 29 年 9 月，日军侵入越南，广州湾危急，广西省政府又奉令将桂东南和桂西南的公路约 200 公里破坏；10 月，日军从南宁退走，省政府为了防守，再将接近国界的靖西、龙州、凭祥、宁明和那楠等县的公路彻底破坏。民国 33 年 9 月，日本侵略军在太平洋战场遭到失败，企图在中国战场作最后的挣扎，对桂林和柳州发动进攻，省政府奉令进行大规模的公路破坏，除桂西北由田东至八渡 216 公里尚完整外，共破坏干、支线公路 4296 公里，占全省公路 4733 公里的 90.8%。

民国 26 年 12 月杭州危急，为阻止日军过江和从海上进犯，浙江省军政部门下令炸毁钱塘江大桥。民国 27 年，督饬地方政府破坏接近杭州和沿海地区的公路 1000 多公里，民国 28 年至 30 年间，国民党军队因日军在杭州湾渡江和从镇海登陆，侵占了萧山、绍兴和宁波，又破坏公路 600 多公里。

第四节　抗日军民开展交通破袭战

民国 26 年 9 月，中国共产党领导的八路军第一一五师在晋东北平型关歼灭日军 3000 多人；不久又在忻口会战中动员山西人民 7000 多人将代县经灵丘、广灵、河北省蔚县至张家口的各条公路约 370 公里完全破坏, 以切断忻口战场日军的后方补给和增援。

民国 28 年初, 八路军在冀中河间县齐会村战役中, 破坏公路 400 多公里, 铁路六段、割断大量电话线, 击毙日伪军 700 多人。

民国 29 年 8 月 20 日至 12 月 5 日, 八路军在华北战场出动 100 多团的兵力对日军展开大规模的反攻, 号称"百团大战"; 同时展开交通破袭战, 冀中人民重点破坏公路约 1180 公里; 冀东军民对境内的公路进行彻底破坏; 冀南群众破坏区内铁路和公路约 6000 多公里, 给予敌人严重的打击, 毙伤日伪军 25000 多人。

民国 30 年, 八路军动员冀中群众 35000 多人再次破坏由北平至大名和由沧县至石家庄的公路, 填平封锁沟, 割断电话线; 并对两条公路交叉附近的日军据点进行袭击。在北岳区的第一一五师和冀南的第一二九师也协同群众展开交通破袭战, 破路填沟, 以打乱日军的活动。7 至 11 月间日伪军 13 万多人, 分别对晋察冀、晋冀鲁豫、山东和苏中、苏北等解放区进行"扫荡"。八路军和新四军分别组织群众, 展开地道战、地雷战、麻雀战、围困战和破袭战等多种战术, 并派出大批武工队深入敌后, 灵活机动地打击日伪军。

民国 31 年 10 月, 山东省胶东区军民 15 万人, 在伏击"扫荡"烟台至青岛公路以东地区的日伪军战斗中, 破路 115 公里, 毙、伤许多敌人。11 月, 日伪军 6000 多人在飞机、坦克、汽艇和骑兵的配合下, 从围绕洪泽湖的皖东北和苏西北各县 (泗县、五河和宿迁、淮阴、盱眙等县) 向苏西北青阳 (今泗洪) 和丰城抗日根据地反复合击、"清剿"。新四军四支队主力跳出合围圈, 在日伪侧翼和后方进行破袭战, 灵活机动地打击敌人, 破坏了宿迁、新沂、徐州和淮阴等县的公路, 粉碎了敌人的围攻。

民国 32 年 2 月, 日伪军约 2 万人, 在空军和海军的配合下分 5 路向苏北阜宁、盐城地区的抗日根据地进行"扫荡"。新四军四支队主力采用游击战术, 化整为零, 伺机打击敌人, 广泛发动群众破路毁坝，在一个多月的百余次战斗中歼敌 1800 多人；从 4 月起至次年 4 月的一年反"清乡"战斗中，破坏公路 120 公里，竹篱 140 公里，桥坝 15 处，毙、伤、俘日伪军 3000 多人。6 月至 7 月间，新四军第一和第四分队分别发动群众 1 万多人进行交通破袭战，破坏江苏省东部启东、南通和如皋等县的公路约 220 公里和桥梁 87 座，使日伪军处于强弩之末的困境。10 月初至 11 月底，北岳区八路军和群众进行了三个月的反"扫荡"，毙、伤、俘日伪军约万人，炸毁火车 12 列、坦克和汽车 200 多辆，击落飞机 1 架，破坏桥梁 13 座、公路约 1100 公里和铁路约 6 公里，填平许多封锁沟，并缴获大批武器和物资，解放 2000 多个村庄。与此同时，日本帝国主义在东南亚受到美、英、法等国盟军的反击，急需打通向华南进犯的交通线，故对华北的"扫荡"已力不从心。八路军和爱国人民开始从反"扫荡"转为局部反攻，解放区进入恢复和再发展的新时期。

民国 33 年 4 月起，日军为援救其侵入南洋的孤军，打通由华北至华南的交通线，从河南向湖北、湖南和广西省进犯。而苏中根据地的新四军发动群众、围攻日军，广泛破坏公路 140 多公里，破坏桥梁 40 多座。河南省爱国军民大量挖交通沟，在隐蔽中消灭敌人。山东省抗日军民与日伪战斗达 3000 多次，破袭公路 170 余次，破坏公路 3500 多公里，使日伪军受到严重的打击。

从上述抗日战争八年的部分交通破袭战史绩看，共破坏公路约 2 万公里，对支援抗日战争的胜利，起了重大作用。

第五节　西北中苏交通干线公路的整修

国民政府西迁重庆之后，为将从苏联进口的国际军援物资运进国内，对川陕、西兰、甘新和迪霍（霍尔果斯）等干线公路进行了整修。

一、川陕公路

川陕公路川段由成都至七盘关长 420 公里，路况不好，只能勉强维持通车。民国 29 年 5 月，国民政府交通部为加强川、陕交通，成立川陕公路川段改善工程处，至次年年底，主要完成武侯坡、剑门关和牟家坡等处危险路段的改善工程，并新建 5 座大中桥梁。其中：金雁桥和平桥，为钢筋混凝土梁桥；板板桥和武功桥，为石拱桥；王家营桥为半永久性结构。同时，为涪江和白水河等渡口增加一些渡船，使在平水时每日可渡车 150 辆，交通情况大有改进；并对所余临时性桥梁和路面工程及不断发生的水毁工程，继续加以整修与改善。

陕段由七盘关至褒城长 141 公里，褒城经宝鸡至西安长 432.5 公里，全段长 573.5 公里，未完工程主要是大中桥梁和路面的兴建和改善。民国 26 年 9 月，西北行营领导的西兰、西汉两路工程处在宝鸡成立宝汉总段，担任由凤翔至汉中（长 296.16 公里）的路面铺筑，及部分路基加宽和续建涵管的改善工程，至次年 9 月次第竣工。同年 3 月，交通部公路总局在褒城成立汉宁总段，担任褒城至勉县间路面铺筑和主要桥梁的改善和加固工程。至 9 月底，应做工程基本完成。

同年 4 月，在宝鸡成立金、千、渭桥工总段，担负了桥梁的修建任务。

宝鸡渭河桥于民国 27 年 4 月开工，至 6 月建成 65 孔，孔径 7 米，共长 455 米的木架，钢轨梁、木面（宽 4.2 米）桥，可通行载重 5 吨的车辆。同年 6 月至 9 月，建成 74 孔，孔径 5 米，全长 370 米的临时性千阳河桥；并将 77.5 米的金陵河混凝土漫水桥改建为 88 米长的木桥。

民国 28 年 1 月起，川陕公路的整修、改善，由西北公路运输管理局成立"整理川陕公路临时工程处"负责。至 9 月底，完成风宝段路面约 30 公里，加固了千阳河桥，还在原渭河桥下游 600 米处，另建一座 103 孔，孔径 5.5 米，共长 515 米的木架桥，专供军运，称为"军桥"。至年底，在褒七段完成五丁关北坡改线约 3 公里，并加铺了路面；还改善许多急弯路段，在路基过窄处设避车道百余处；加固木桥面多座；新建 7 孔沮水河石拱桥（长 87.5 米）；还将褒河渡口改建为 8 孔，孔径 19 米，全长 152 米的石台木桁架桥。

民国 30 年 3 月，改善工程交由褒城工务段续办，至次年 6 月，将黄沙河木架桥改建为 11 孔，孔径 6 米，长 90.5 米的石拱桥；新建 5 孔，孔径 10 米，长 72.8 米的水磨河石拱桥；又将九洲河木架桥改建为 22 孔，孔径 6 米，长 131 米的石台木面桥。

二、西兰公路

民国 26 年 8 月，经委会公路处协助西北行营组成西兰、西汉两路工程处，主持两路的路面铺筑工作，由刘如松任总工程司。西兰工程处下设 3 个总段。陕境内第一总段的路面工程，从 9 月起先后开工至 12 月底，兵、民工完成由三桥（黄河北岸）至乾县间的水泥稳定土壤路面 30.8 公里；乾县至窑店（第一总段的终点）间的泥结碎石路面 24 公里，是由包商施工，至次年 2 月完成。甘境内两个总段的路面工程，由省政府征调泾川、平凉、静宁、定西和皋兰等十余县民工施工，日达 2 万多人，至民国 28 年 8 月完成。10 月，交通部在兰州成立西北工程处，接管西兰公路继续办理东段路面和改善工程。11 月，在彬县成立西兰公路东段工务所，主持西安至泾川的路面施工，至年底共完成泥结碎石路面 171.5 公里。从此，西兰公路基本上畅通无阻。

其他改善工程，在陕境内的由西北行营咸阳桥工处于民国 28 年内修建完成，主要是咸阳渭河军用木便桥（木排架墩台，钢梁，木桥面，36 孔，孔径 5.8 米，长 208.8 米，桥面宽 4.2 米）；沣河军用木便桥(15孔，孔径5～5.4米；长79.2米，在原桥下游30米处)；在甘境内急需改善的工程是：有些弯道半径只有8米、最大纵坡11％、最短视距15米、宽度只4米的路基，年久失修、载重不足的半永久性和临时性桥涵，薄层砂砾路面和人力渡口等。民国28年10月起，由西北工程处负责改善。民国30年2月，交通部在天水成立西北公路管理处，接管西北干线公路的改善和养护（包括西北公路运输管理局公路工程业务和甘肃省建设厅管辖的干线公路），至民国34年3月，与西北公路运输管理局合并，在兰州成立西北公路管理局，负责西兰公路甘段桥涵的新建、维修及路面的养护、如泾川汭河桥、定西十八里铺桥和蟭口桥及东段沣河桥的修理或改建。

三、甘新公路

甘新公路甘段由红城子至猩猩峡长1106公里。第一期改善工程从民国27年4月起按标准改修急弯陡坡路段，并将玉门至安西间在疏勒河以南路线改在疏勒河以北的戈壁滩上，线形顺直，工程也较简易，便于养护。第二期工程自8月起，开始增建桥涵、修建石方路基和铺筑路面，至次年11月底完成。第三期修建未完的桥涵和路面工程，从民国29年3月开始，至12月结束。全部改善工程共用550万元。

由兰州至红城子段长73公里，于民国27年12月至30年，先后由甘肃省建设厅兰红段路面工程队和西北公路工程局河口工务所进行改善。主要完成路面及沙井驿、八个湾、下虎头崖和拉拉湾等处的路基改善，并建成沙井驿半永久性桥和咸水河石拱桥。全部工程由国民政府拨款75万元，甘肃省投资5万元。

甘新公路新段的南线新建工程，新疆省政府于民国26年下令复工修建。由各县的工商界和当地富绅捐款，征雇民工施工。南线除达坂城后沟山区、胜金口（台）和西盐池山区工程较大外，其余是沙土地和砾石戈壁，不加工修整即可在原有大道上勉强通行汽车，至民国 30 年基本建成。惟质量太差，行车速度很慢，轮胎、油料损耗很大，多数天然路基仍须整修和改建。

四、迪霍公路

迪霍公路自迪化（今乌鲁木齐）起，经昌吉、呼图壁、绥来（玛纳斯）、奎屯、乌苏、古尔图、沙泉子、精河、清水河至霍尔果斯（霍城），全长 655 公里。新疆省主席盛世才为改善与苏联的关系，取得经济和军事上的援助，于民国 23 年 5 月，聘请苏联专家 26 人担任迪化至霍城的路线测设工作（包括至伊宁的路线），次年发动民众捐款，先在果子沟和沙泉子一带开工，至民国 26 年，先后建成 26 孔、全长 212.7 米的奎屯大桥（木结构），37 孔、全长 186.8 米的四棵树大桥（木结构），7 孔、全长 109.9 米的古尔图大桥（木桁架）和 80 米长的精河中桥，至此，迪霍公路在抗战初期基本修通。但还有陡坡和沙丘等不利行车路段，以及在春季泛浆、夏季水毁和冬季严重积雪的病害，遗留的部分路基、路面和桥涵工程，也需要继续修建。

民国 28 年，苏联援助国民政府的抗战物资，均从霍尔果斯运入，因此，迪霍公路的改善、维修成为新疆省政府的主要任务。从民国 29 年起，继续修建遗留的部分工程，至民国 31 年，完成了急弯的改建、路基的加宽及大中型桥 13 座和一些小桥，使迪霍公路成为新疆省内较好的公路。

上述四路的整修和改善，为抗战时期打通中苏交通，顺利运进军援物资作出了应有的贡献。

第六节　西南国际干线公路的修建

国民政府为确保经缅甸、印度和越南进口的国际军援物资的

运输，对由重庆经过云南和广西省通往缅甸和越南的干线公路进
行了整修和新建，如川黔、黔滇和滇缅东段及黔桂等干线公路的
整修，滇缅西段和中印保密段及河岳等公路的新建。

一、川黔公路

川黔公路在贵州省境内的松坎至崇溪河段水毁，抢修工程是
抗战前夕开始的，除恢复冲毁的路基、路面和小桥涵外，主要是
赶修乌江大桥和改善急弯陡坡的危险路段，如遵义县娄山关和桐
梓县花秋坪（即七十二拐）两段改线工程，于民国27年3月先后
完成。花秋坪改线工程长18.16公里，工程艰巨，改善后缩短行
车里程约1公里，最大纵坡由14%降为10%，减少了冰冻、浓雾
路段，增强了行车安全，效果较好。

乌江是川黔公路上最大的河流，抗战前用渡船渡车，已不能
适应战时国际运输的需要。民国28年至30年，交通部西南公路
总管理处在乌江上建成一座3孔连续穿式华伦钢桁架桥，全长
110米，中孔跨径55米，两边孔各27.5米，桥面宽6.18米，设
计载重15吨，钢筋混凝土桥墩高达30米（图8-6-1）。钢桁架
是向法国爱非尔公司订购，由法国海运1万多公里抵达越南，再
从越南陆运到昆明转达乌江。因交通中断，转运不易，约有20%
的钢桁架未能运到国内，只得另行设法配置，兼以汽油奇缺，配
件和水泥不能按计划运到工地，拖延了完工期限。

四川省境内的改善工程，主要是增建桥梁和添置渡口设备。
民国26年冬至28年春，建成綦江和赶水两座下承式木桁架半永
久性桥，减少了两个渡口；民国29年两桥被洪水冲毁，綦江桥改
建为4孔钢梁桥，赶水桥改建为2孔半穿式木桁架半永久性桥，
均于次年春完工通车。此外，还为长江上的海储和娄九两渡口增
添一些汽划，以加强渡运能力。

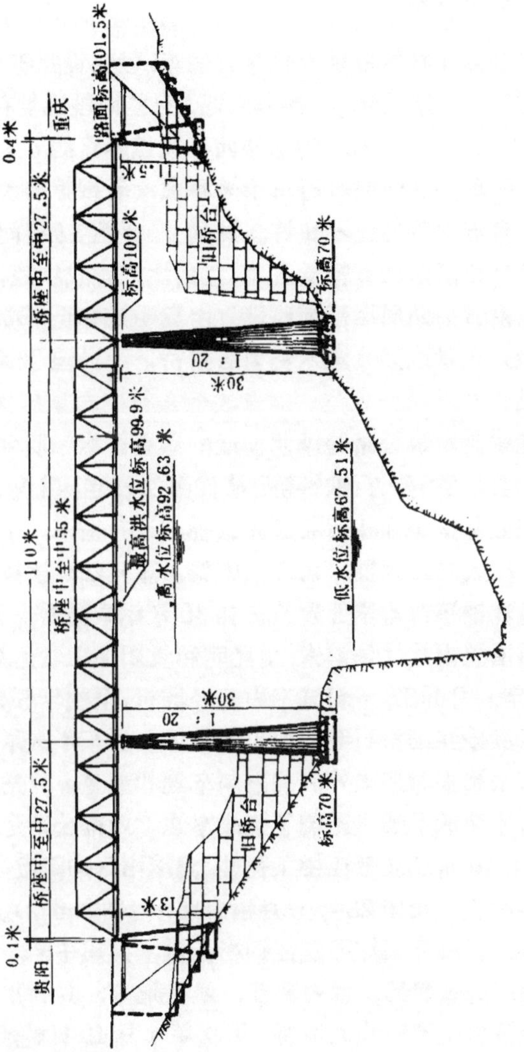

图 8-6-1 乌江钢桁架桥立面图

二、黔滇公路

黔滇公路虽在抗战前夕已全线通车,但在贵州省境内的路线,由于工程艰巨,施工草率、标准太低,有些路段纵坡在15%以上,有的弯道半径小于5米,晴隆城西半关越岭路线4公里内设回头弯道24道(称为24拐),行车十分不便,若按标准改善,废弃旧线太多,且当时条件也不允许。民国27年至32年间,国民政府多次拨款交给滇黔两省择要改善。在黔境内建成坝陵桥和盘江桥;在滇境内由省公路局嵩平铺路段(由嵩明杨林至平彝滇黔交界的施工工段)负责改建6座木桥为石拱桥,于民国26年11月内,全部完成。

盘江桥是黔滇公路跨越北盘江的重要桥梁。明朝末年黔滇古驿道跨北盘江建有人行铁链桥、清代数次改建。黔滇公路初通时,行营公路处曾按1.5吨荷载加固该桥,通行空车。抗战初期,贵州省建设厅成立三大桥(盘江、施秉、重安江)桥梁工程处,决定在旧盘江铁链桥桥位处建造一孔36米钢索吊桥,因上海沦陷,改用多节层叠钢片代替钢索,由昆明和贵阳加工驮运至工地安装。民国26年8月开工,备料施工中几经周折,至次年5月建成通车。桥塔为石灰砂浆砌块石等截面正方柱体,通车不久塔身微裂,除以钢绳和水泥临时加固外,并限制车速和载重,只准单车过桥,这样就造成交通不畅,影响了抗战军运。西南公路运输管理局于民国27年10月成立盘江桥工程处,向越南订购跨度48米钢桁架用以修建新桥,民国28年5月建成通车(图8-6-2)。民国30年6月8日,日机9架炸毁盘江钢桁架桥,交通中断。当即在上游抢搭浮桥,赶造渡船,整修码头,维持通车,并利用原钢索吊桥材料在原桥台上架设临时便桥,于次年4月19日建成通车。为保证抗战军运需要,再筹建新吊桥,载重由10吨改为15吨,桥跨为48米,全长103米,桥塔采用钢筋混凝土结构,两岸接线路基

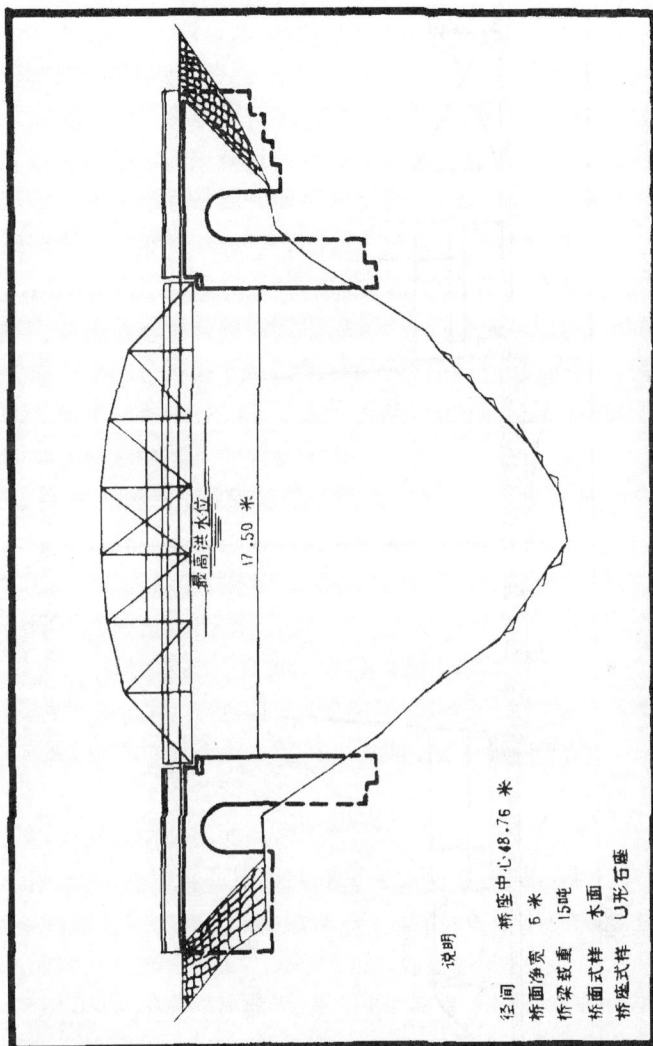

图 8-6-2　盘江钢桁架桥（民国 28 年 5 月通车）

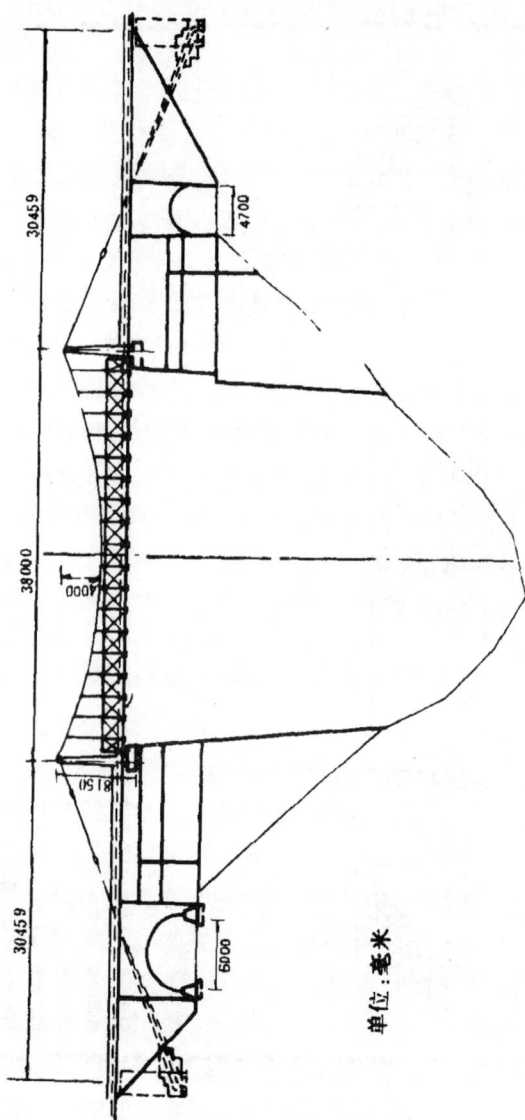

30459

4700

30459

38000

4000

8150

6000

单位：毫米

图 8-6-3　盘江钢索吊桥（民国 32 年 7 月建成）

改为双车道。因备料困难，工程延至民国32年7月10日才完成，见图8-6-3。

三、滇缅公路

滇缅公路东段原名"滇西干线"，由昆明起经安宁、禄丰、楚雄、镇南（今南华）、祥云、弥渡、凤仪至下关全长411.6公里，早于民国24年修通。昆明至禄丰段104公里，铺有泥结碎石路面；禄丰至下关段多为土路，在沿山坡的山脊路线上有9处平曲线半径小于10米，最大纵坡达13.24%，天子庙和定西岭的平曲线半径和最大纵坡也都不符合标准规定，路基宽度只有5米。民国25年，由云南省禄凤段工程分处继续改善并修筑路面。

民国26年10月，国民政府为开辟一条通往缅甸仰光的出海交通线，派外交部次长王芃生与云南省政府委员缪云台，于11月赴仰光与缅甸政府协商修建滇缅公路，并拨款交云南省政府主建下关至畹町段，腊戍至畹町国外段由缅甸政府修建。次年1月，云南省政府在保山成立总工程处，由技监段纬主持工作，下设6个工程分处；2月设功果桥桥工处，由夏国光任主任；同时，经委会公路处派科长赵履祺、技正徐以枋率领副总工程司郭增望等一批技术人员驻工地协助抢修。下畹段新线由下关经漾濞、保山、龙陵、芒市至畹町全长547.4公里。民国26年11月开工。在民国27年前后，每天有筑路民工和包工5万多人，最多时达20万人，至民国27年8月底，仅9个多月时间，完成土方1100多万立方米、石方110万立方米、小桥涵约1700多座和部分路面工程，达到初步通车，其施工速度之快是世界筑路史上前所未有的。但由于沿线气候炎热，疫病流行，人多赶工，造成严重伤亡事故，死亡工人约二至三千人，沙伯川、杨汝光、王纪伦、李华、潘志霖、杨汝仁、张文远和陈昭等8位技术人员也牺牲于工地。滇缅公路的高速建成，是云南省各族人民和筑路员工的爱国热忱与辛

勤劳动的结晶。滇缅公路打通后，民国 27 年 11 月 8 日，自苏联
熬德萨开出的英国船斯坦荷尔号装载 6000 吨援华物资抵仰光港，
通过伊洛瓦底江水运至八莫，再经滇缅公路运入中国；截至民国
28 年 11 月中，通过该路运入武器及其它物资达 27980 吨。滇缅公
路示意图，见图 8-6-4。

　　民国 28 年 1 月，交通部滇缅公路运输管理局接管滇缅公路的
改善和未完工程及汽车运输，将全路（昆明至畹町 959 公里）划
分为 7 个总段、26 个分段（3 个总段负责东段的改善工程），除建
立养路道班（以 10 公里为一班、修建一个道班房）负责路基和路
面的维修及清理小坍方等工作外，主要是续建未完成的大中桥梁
和芒市（潞西）至畹町间 86.4 公里路面工程，以及清除大坍方和
增设标号志等。大中桥梁交包商修筑，土方工程（路基、便道和
清除坍方）和泥结碎石路面，则征用民工修建。全路越岭路线有
较多急弯陡坡和视距短促的路段，经常发生路滑翻车事故，曾向
江苏招募 30 余名弹石工在羊老哨、级山坡和天子庙等急弯陡坡路
段试铺弹石路面，效果很好，故在西段越岭路线上也择要铺筑。
滇缅公路通车不久，日交通量就达到 800 辆，原有泥结碎石路面
不能适应运输要求，从民国 29 年 7 月起，在昆明至碧鸡关段试铺
沥青路面 14.6 公里，效果良好。遂于次年 2 月，在畹町至龙陵段
加铺柏油路面 135.4 公里，在保山附近铺筑 4 公里，在下关附近
铺筑 3 公里。民国 31 年 6 月，日军侵占缅甸进迫怒江西岸，筑路
机械遭受破坏，柏油煤沥青来源中断，路面工程随即停顿。这 157
公里柏油路面的铺筑，是中国公路采用工业材料和使用筑路机械
铺修高级路面的开端。

　　抗日战争期间，滇缅公路在运输国际援助物资中，发挥了很
大作用。自民国 28 年 2 月至 30 年 12 月，共运入外援物资 221567
吨。民国 31 年元旦至 2 月 20 日，战局紧张，空袭频繁，仰光告
急，在此紧急情况下，滇缅公路在 50 天中仍抢运物资 52000 吨。

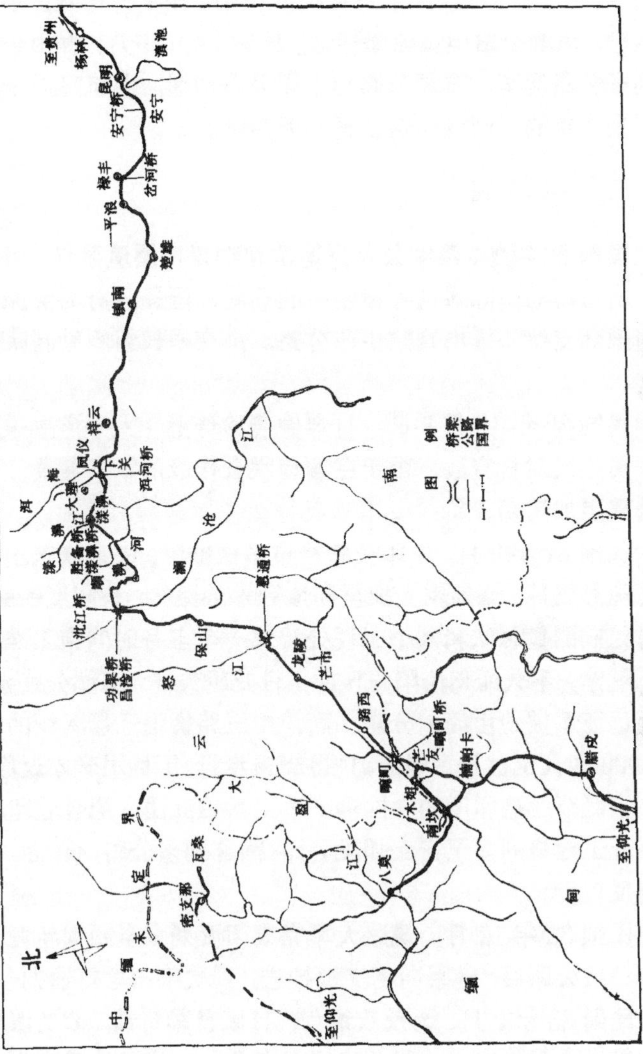

图 8-6-4　滇缅公路示意图

民国 31 年 2 月仰光失守，中缅交通中断。援华物资改由中印缅航空运输。滇缅公路担负陆路转运。民国 34 年 1 月，保山—密支那—列多公路通车，滇缅公路与中印公路沟通。至抗日战争胜利，在不到半年的时间内运送物资 5 万余吨。

四、中印公路

民国 29 年冬，滇缅公路惠通桥和功果桥屡遭轰炸，当时中国唯一出海口的国际通道有被阻断的危险，国民政府为确保抗日战争的国际支援，提出修建中印公路，由交通部组织勘测队进行踏勘。

民国 30 年 12 月 8 日，日本偷袭珍珠港，太平洋战争爆发，美、英正式对日宣战，由于在缅甸联合作战的军事需要，修建中印公路更加迫切。

民国 31 年 2 月，中印公路经过多次勘测，决定修筑由滇缅公路龙陵经腾冲、缅甸密支那至印度列多的路线，与印度铁路相接。3 月组成测量总队和六个工程处，仅一个多月时间施工准备工作即已就绪。不久缅甸沦陷，5 月 4 日龙陵失守，滇缅公路被切断，中国远征军被迫由缅甸分东、西、中三路撤退，已入缅的筑路员工 6000 多人也被日军隔断，只得绕道步行，历尽艰辛才返回国内。当年圣诞节西撤印度的中国远征军工兵独立团，配合驻印美国工兵团开工抢修列多至密支那段公路（简称列多公路，长 434 公里），以利反攻。

民国 32 年 12 月，筑路大军完成印度列多至缅甸新背洋最困难的一段公路后，随军向密支那推进，到次年秋才打通列多公路。

民国 33 年 2 月，为反攻缅甸，打破日军封锁，故由滇缅公路工务局负责筹建中印公路北线的保密公路。该路从云南省保山县大官市滇缅公路 690 公里处起，经蒲缥、打板箐、怒山、怒江、腾冲、欢喜坡，过古永河，越高黎贡山至 37 号中缅国界桩（长 234

公里），进入缅境密支那宛貌止（长 133 公里），全路长 367 公里，可连接仰光铁路与列多公路。中印公路南线由滇缅公路终点畹町经八莫至密支那，长 337.9 公里，全在缅甸境内。中印公路路线见图 8-6-5。

同年 7 月 7 日，保密公路第一工程处在保山成立，沈来仪、李温平、周乐颐和李家驹任正、副处长，下设 7 个测量队（测毕改为总段）和 3 个工程队，担任中国境内的测量和施工。当即派第一至第四测量队绕过日军侵占的腾冲城，潜行至古永进行分段测量。随着密支那，腾冲和龙陵先后收复，第五和第六测量队开始测量大官市至腾冲段正线，第七测量队测量龙腾支线（长 78.8 公里），以便利用日军强修的军用便道提早打通中印公路。大桥工程另设 3 个桥工处，由龚继成局长兼任主任，黄京群任副主任，领导施工。9 月，保密公路第二工程处在缅甸洒鲁成立，黎杰才、沈锡霖、余智任正、副处长，下设 5 个工务段、3 个测量队担任缅境段的测量和施工，由中国筑路员工出境修筑，美军工程队以机械协助。11、12 月间，第一工程处集中力量先抢修靠国界的艰巨石方（用机械钻孔爆破）、古永坝的沼泽路段（采用沉筏换土、人工配合机械施工）和龙腾支线的龙川江木便桥，另新建 4 孔、7 米，全长 28 米的木结构猴桥。

民国 34 年 1 月 6、7 两日大雨，龙川江桥和猴桥均被冲毁，缅境段路基边坡崩坍。1 月 19 日，建成龙川江 13 孔、全长 96.1 米的木桁架桥，修复木猴桥，缅境段坍方宣告清除。自此初步打通了由昆明经楚雄、南华、下关、保山、龙陵转龙腾支线，再由腾冲经 37 号国界桩、密支那至列多的中印公路（全长 1568 公里）。仅四个月时间，入境汽车达 1 万多车次，运进军需物资 5 万余吨。同时，对保密公路正支两线继续施工改善和加宽。规定路基宽度：龙腾支线一律为 7.5 米；保密正线平原区为 12 米，丘陵区为 9 米，山岭区为 7.5 米。路面宽度：龙腾支线为 3.5 米，保密正线

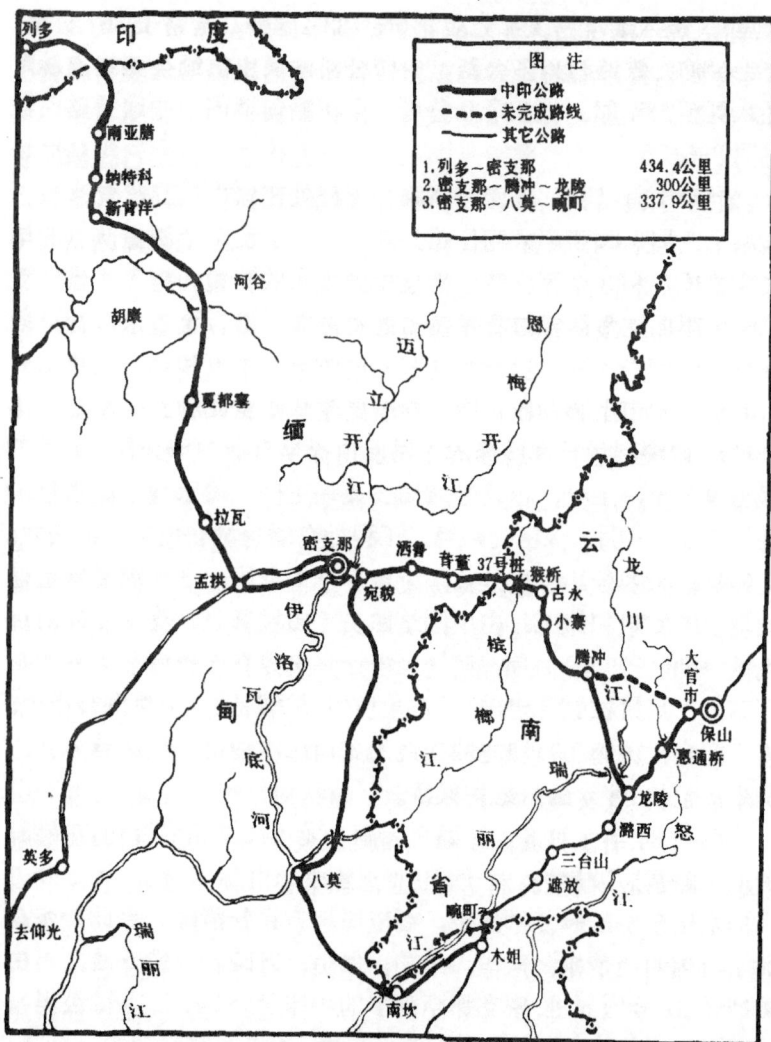

图 8-6-5 中印公路路线

为 6 米；路面厚度 20 厘米。桥梁宽度与荷载：龙腾支线为单车道，净宽 4 米，载重 H—12 至 H—15 吨；保密正线为双车道，净宽 7.5 米，载重 H—20 吨。

同年 6 月 20 日，猴桥建成正式桥梁。上部构造为一孔双层双排贝雷钢桁架，跨径 45.7 米，木桥面净宽 3.3 米，下部构造为石砌桥台。全桥共用贝雷钢桁架 120 片，由盟军供应。

中印公路的兴建，广大筑路员工付出了艰巨的努力，蒙受了巨大的牺牲，对支持抗战军运作出了贡献。但日本帝国主义投降后，中美租借法案终止，中印公路的军运随之停顿。又因国民政府还都南京后财政拮据和云南公路管理当局经费短缺，无法对此国际通道进行养护，以致年久失修而告荒废。

五、黔桂公路

黔桂公路由贵阳起，东经龙里、贵定、甘粑哨（属平越县），南经都匀、独山至黔桂交界的南寨，再经芒场、南丹、车河至河池止，全长 390 公里（黔境 280 公里、桂境 110 公里），早于民国 23 年（1934 年）春，由黔、桂两省省政府建成通车。这条公路多在山岳地带，黔境路线翻越观音山、谷蒙关和鸭公关三个分水岭，纵坡竟有 24% 的；桂境路线在大山塘和七星坡等处都要回头展长，而纵坡仍有 18% 的，急弯陡坡比比皆是，所有桥涵都是临时性的，路段很少铺筑路面，雨季经常停止通车。民国 27 年，西南公路运输总管理处分别拨款给黔桂两省政府，整修黔桂公路，主要是加铺路面·增建桥涵，改善急弯陡坡和最危险的路段（如黔段内的白腊坡、擦耳岩和黑石头等），至民国 28 年 3 月，按拨给的工程费，完成初步的整修工程。以后，国民政府行政院继续拨款，进行改善、养护。

六、河岳公路

河岳公路起自广西省南丹县属的车河，经高峰、三旺、东兰、三石、凤凰、万岗、田阳、祥州、平马（今田东）、作登、足荣、天保（今德保）、都安、靖西和化峒而达岳圩以南的中越边界，全长 487 公里。该路平马岳圩段长 171 公里，曾由天保和平马两县集资于民国 16 年和 17 年间施工，因翻越摩天岭等 4 座高山，工程艰巨，工款不济而停工。民国 26 年 1 月，广西省政府拨款续建，至同年年底，基本完成通车，但路基宽仅 5 米，且全段未铺路面，雨天交通阻断。车河至平马段长 316 公里，其中除早已建成的车厂路共线 14 公里，邕色路共线 30 公里外，高峰至田州段长 272 公里全是新线。这段须翻越香河坳等五座山岭，工程量较大。民国 28 年初，国民政府拨款交广西省政府，征调民工 108000 余人，于 1 月加宽平岳段路基和铺筑路面，4 月兴筑高田段新路。至民国 29 年 2 月，平岳段竣工，高田段边通车、边施工，11 月底（除路面未全铺外）竣工。完成的路基纵坡有 17%的，桥面较窄，还有盘阳、红水河和右江三处渡口，有待继续改善。

在河岳公路开工时，其终点至越南重庆府 21 公里，仅是乡村道路，不能通行汽车。经与越方多次会商，决定由越方从重庆府向北修建 9 公里路基，其余路基和全部路面由广西省派出民工 6500 余人负责修建。民国 29 年 1 月中开工至 2 月中，除继续完成路基外，还铺筑路面，以利通车。这一新线的开辟，使暂存在越南的军用物资源源运回国内，供抗战军用之需。

第七节　省际主要干线公路的修建

为缩短省际和区间的运输里程、加速物资周转，国民政府决定在西南地区修建川滇东路和汉渝公路；在西北地区修建华双公路、甘川公路和宝平公路，以适应抗战需要。

一、川滇东路

川滇东路自成渝公路（成都至重庆）上的隆昌县起，经泸州、叙永，跨川黔交界的赤水河至黔境毕节、赫章、威宁、越黔滇交界的杉木菁至滇境宣威、沾益的天生桥止，全长791.56公里。

川段由隆昌县至赤水河，长273公里，是重庆行营拨款，由四川省公路局在泸州成立"川滇东路总段工程处"，江大源为总段长主持修建的。于民国27年3月开工，日夜抢修，至12月19日粗通。因未完工程尚多，行车困难，交通部再拨款改善，加宽危险窄路，修建正式桥涵。次年11月，交通部成立川滇东路管理处（后改名川滇东路工务局）接管改善工程。对母猪洞、天生岩、东门菁、韩宗堡、乾圹、山关和走马岩等处单车道路基，酌予加宽，改善了急弯陡坡，翻修了部分路面，改建赤水河桥为3孔、跨径36米、长110米的上承华伦式钢桁构桥；将损坏的曹溪沟石拱桥改为木桥；并整修宋江和永宁两座便桥。这些改善工程于民国32年完成，通车情况有所改进。长江泸县渡和沱江小市渡两个渡口，在常水位时，每日可渡车五、六十辆，渡运设备未予增加。

黔段由赤水河至杉木菁364.46公里，由成都行营拨款交贵州省建设厅在毕节成立"川滇公路贵州赤威总段工程处"，主持赤水河至威宁段（长263.59公里）的施工。民国27年4月开工，路基土方由赤水、仁怀、黔西、毕节、威宁等九县民工5万多人赶修，路基石方和桥涵工程由贵阳等56个县石工14000多人修建。工地气候恶劣，霍乱流行，给养困难，生活艰苦。在建设厅厅长叶纪元的亲自督催下，民工发扬爱国精神，排除万难，昼夜奋战，终于11月10日抢修通车。但因行营限期太紧，跨河多是便桥、便道，路面未铺，雨季无法畅通。嗣奉重庆行营命令，按标准继续整修，至民国28年8月完成。

滇段杉木箐至天生桥长 154.1 公里，其中由天生桥至宣威段长 76.7 公里，早于民国 23 年由沾益和宣威两县政府征工建成；宣威至杉木箐段长 77.4 公里，与黔境由杉木箐至威宁段长 101.7 公里，均由云南省公路总局宣昭段工程分处分为三大段施工。民国 27 年 2 月开工，路基土方由宣威和威宁两县民工义务修建，路基石方和桥涵工程包给石工工头承做，路面工程也由两县民工修建，酌给补助费，至 12 月底，完成土方路基和桥梁工程约 80%、涵洞 70%，未完桥涵则设便桥、便道，在艰巨的石方路段建成 5 米宽单车道路基，基本上能通行汽车。路面工程，由天生桥至宣威段铺筑的泥结碎石路面，于当年 7 月完成；宣威至威宁段路面工程，于次年 4 月交由贵州威杉段路面工程处征调威宁、毕节和盘县 2 万民工赶修，至 8 月完成。

川滇东路基本上是按照干线公路标准施工的。除少数工程艰巨路段的平曲线半径和最大纵坡超过标准及部分路基为单车道外，工程质量在当时是比较好的。这条公路建成后，由昆明经天生桥、毕节、隆昌至成都，行程长 1233.56 公里，比由昆明经贵阳、重庆至成都缩短运输里程 351.14 公里，有很大的经济价值，且对抗战军运又多了一条南北联络干线。

二、汉渝公路

汉渝公路起于汉白公路（汉中至白河）上的西乡，经镇巴、万源、宣汉、达县、大竹、邻水、江北等县而至重庆，长 587 公里。实际修通重庆至万源段，长 424 公里，是由重庆通往陕西省褒城的最直捷的干线，比由重庆经成渝公路和川陕公路至褒城，可缩短 270 余公里。故汉渝公路的修建，对加强战时西南与西北地区的交通运输有十分重要的意义。民国 27 年 2 月，国民政府令交通部从速修建汉渝公路。4 月，交通部公路总管理处组织两个踏勘队，分南北两段进行踏勘，南段踏勘重庆至万源，由孙发端领队；北段踏勘西乡至万源，由黄庆慈领队；两队都于当年秋天踏勘完毕。

全线分三段测量：西万段自西乡古城起，经镇巴、渔渡坝翻越大巴山的铁匠垭至万源，长163公里，除铁匠垭上下山外，多属平原及丘陵地区，于民国27年5月开始测量，11月测竣。

万竹段自万源县城南门起，经青花溪、王家坝、罗文坝、胡家场、罗江口、达县城东、越州河南行经石枢店、石河场、东林桥、连接川鄂公路而达大竹北门附近，共长223公里，多属山岭及丘陵地区，最大高差为380余米。民国27年9月开始测量，12月测竣。

竹渝段自大竹北门起，经庙场、柑子铺、邻水鑵、子坝、高滩场、梅家坡、兴隆场、木耳场、两路口、人和场至相国寺，共长201公里，大部分是丘陵区，山岭及平原区次之。民国28年4月开始测量，8月测竣。

全线初期分设汉宜（汉中至四川宣汉）和宜渝（宣汉至重庆）两工程处负责施工，分别由黄庆慈和孙发端任主任工程司。民国28年6月，汉宜段工程处奉令撤销，公路工程限在四川境内，至大巴山西侧万源县为止；10月，宜渝工程处改名汉渝公路工程处，先后由孙发端和丁贡南任主任工程司，处外设7个总段（万竹段4个、竹渝段3个），负责由万源县至重庆的公路施工。另设汉渝公路桥渡工程处，徐芝田任主任工程司，负责大桥和渡口的建设。

万竹段于民国28年1月开工，至次年3月，除达县通川大桥外，完成路基土方180多万立方米，石方140多万立方米，永久性桥梁50余座；在全部土方路基上铺了路面；在万源城南7公里凿通石冠寺隧道，达到全段初通。

通川桥位于达县州河上，为16孔、全长300.9米的钢筋混凝土梁板桥。它是当时四川公路上的第一座大型桥梁，民国30年初，与其他未完工程同时竣工。

竹渝段于民国 29 年 1 月开工，至 10 月，除由嘉陵江渡口工务所担负的一段路线和渡口工程外，完成路基土方 220 多万立方米，石方 98 万多立方米，永久性桥梁 13 座和全段路面，达到初通。

嘉陵江渡口工务所担任重庆小龙坎至江北仁和场约 20 公里的公路工程和渡口工程及渡运设备等，于民国 31 年完工。

三、甘川公路

民国 28 年，抗日战争进入第三年，日军已侵占山西南部，陕西随时可能发生战事，国民政府为保证西北与西南交通不致中断，决定续修甘川公路，拨款交四川省政府赶办。12 月，交通部派员会勘路线，决定川、甘两段在南路岭接线，限期抢修。

民国 28 年 3 月，甘肃省建设厅奉令赶修会川以南未完工程，改组原甘川公路临洮工务所，组建第三和第四工务所，负责由会川至通北口段长 224 公里的新建工程和兰州至会川的改善工程，至同年 12 月修通。次年 1 月，成立第五工务所，负责通北口至文县月亮坝段，长 136.98 公里的新线工程，民国 30 年 12 月，因国民政府停止拨付工款而停工。甘川公路甘段经过两次抢修，耗费很多人力和财力，竟功亏一篑。主要是由于日本帝国主义发动太平洋战争后，无力对陕、甘进犯，这条新建公路就失去其重要意义；兼之国民政府财政困窘，难以支付巨大的新建工程费用，也是中途停修的另一原因。

四、华双公路

华双公路，自甘肃省通渭县西兰公路的华家岭起，经马营、通渭、秦安、天水、江洛镇、徽县、两当、杨家店而达陕西省凤县的双石铺与西汉公路相接，全长 411.3 公里，为西兰、西汉两条公路的连络线；是由新疆经甘肃省兰州到四川的直捷通道，比由兰州经西安、宝鸡至双石铺，可缩短运输里程375.2公里。华双公路的修建分为由华家岭至天水和由天水至双石铺两大段先后进行。

（一）华家岭至天水段

华天段长180公里，从民国21年起，甘肃省政府用陇南赈灾款2万元，征雇通渭、秦安和天水各县民工，连年修建，民国24年初，国民政府军事委员会为堵截红军长征，电令经委会公路处会同甘肃省政府组织施工队伍，征调民工赶修兰秦汽车路（即兰州至天水公路），至8月中，全线路基初步修通，即遭暴雨冲毁。甘肃省政府迫于军令，勒令沿线各县限期修复，并对通渭县县长贺人俊予以撤职处分，以肃政令。各县在严令之下，昼夜赶修，草率依限完成修复任务，工程质量很差，仍由各县民工继续整修。

民国27年1月，经委会公路处奉军事委员会令赶修华双公路，以适应抗日战争的军运需要。在天水成立天凤公路工程处，由吴必治任总工程司兼处长，一面改善华天段公路，一面新建天双段公路。

（二）天水至双石铺段

天双段长231.3公里，从民国27年4月起，由设在娘娘坝、徽县、两当的3个总段边测设、边施工。第一总段路线跨越黄河与长江的分水岭齐寿山（秦岭支脉），冬季常有雪害，路基工程较大。第二总段负责江洛镇以北的沿溪路线，悬崖峭壁，砌石路堤易遭水毁，防护工程较多。第三总段路线翻越玉堂山和两当山，跨过永宁河和两当河，路基和桥梁工程都较大。全段工程，由包商施工。施工人员不少是从敌占区千辛万苦地来到后方参加抗战的，在筑路工作中都很积极认真。在近万名工人中大部分是河南和山东的青壮年，工效很高；至当年 12 月底，土路、便桥通车，工程质量基本符合设计技术标准。次年 1 月，天凤公路工程处撤销，华双公路未完工程移交甘肃省建设厅接管。在天水设华双公路第一段工务所、第二段路面工程队，并成立养路道班维持通车；至年底，完成了路面工程和由徽县至麻沿河段沿河线的防护工程。民国 29 年 3 月，华双公路改称华天双公路（仍属甘肃省建设厅），改设第一、第二桥工所，分别修建南河川（天水城后山北侧）漫水桥及马陵关和马陵沟两座石拱桥。在抗战后期，还建成了永宁河大桥，加强了华天双公路的通行能力。

五、宝平公路

宝平公路自川陕公路宝鸡起，经县功镇、千阳、陇县，出陕境大桥村、入甘境安口窑，至西兰公路平凉四十里铺止，长 176.8 公里（陕境长 113.56 公里，甘境长 63.24 公里），是川、甘两省省会交通不经过西安的另一条捷径，对便利安口窑生产的优质煤和陇东磁器外运及抗战时期军运都有很大作用。为此，民国 29 年 1 月，国民政府军事委员会令陕、甘两省赶修宝平公路，由国民政府拨给工款。

（一）陕段工程多次赶修

民国 29 年 6 月，陕西省建设厅在陇县成立陕段工程处，由吴之揆任主任工程司，下设 3 个工程段，分别管理宝鸡至千阳、千阳至陇县和陇县至省界（与甘段连接）的新建和改善工程。千阳至陇县段与凤（翔）陇（县）公路共线，属于改善工程，其他两段新建工程发交 5 家公司包修，均于同年 10 月 12 日开工。因物价飞涨，供应困难，各公司每日上工人数总共只有 300 至 400 人，到年底只完成很少工程。于是陕西省政府征调民工 3000 人，并商调胡宗南两团工兵参加施工，至次年 3 月底修通土路。但由于桥涵未动工，许多便道，坡度太大，试车非常困难。又因工款不济，工程陷于半停顿状态。民国31年2月，陕西省建设厅在国民政府军事委员会运输统制局的拨款和催促下，继续征调民工赶修。至8月，完成了全段路基和大部分小桥、涵洞；但还有大桥5座、小桥19座和全段面工程尚未兴建，影响全线的畅通。民国32年9月和11月，第八战区司令长官胡宗南两次电令天水西北公路工务局，限期完成宝平路陕段未完工程，至次年初，完成了4座桥梁和部分路面和防护工程。7月，山洪暴发、新建的木桥被冲毁，改修过水路面，维持通车。由于当时国库空虚，供应困难，兼以货币贬值，百余公里的公路工程竟然无法善终。

（二）甘段工程一次建成

民国29年11月，甘肃省建设厅在安口窑成立"宝平公路甘段工务所"，分3段边改线边施工，路基土方和路面工程由民工修筑，桥涵和防护工程由小包商承筑。全段路线基本是在黄土山岭上，坚石路基和桥涵工程都不大。但由于缺乏砂石材料，铺筑路面较为困难，几处土挡墙是用当地建房方法分层夯实而成。至民国30年6月，除薄层路面需要加强养护外，其它工程均按设计标准一次完成。试车、验收，认为路线标准和工程质量良好，节余工款移交西北公路工务局组织道班进行养护。

第八节　其他新建的干线公路

国民政府为开发后方西部地区，充实抗战力量，决定在四川修建川中公路和乐西公路，以及由西康省省会西昌至云南省祥云的西祥公路，以便与乐西公路连接，构成川滇西路；另外在青海省修建青藏公路西宁玉树段，与川康公路的营歇段相连，以构成康青交通干线。施工中，筑路员工在敌机空袭下战胜艰险完成任务，为战时公路建设作出了贡献。

一、川中公路

川中公路是指内江至乐山的公路，位于四川中南部，以其地理位置而命名；它是从成渝公路上的内江起，经自贡市、荣县、五通桥至乐山止，长201公里。沿线经过四川省的产盐区和产糖区，并邻近煤铁藏量丰富的威远，具有一定的经济价值。

民国29年2月，交通部公路总管理处在荣县成立川中公路工程处，吴启佑为总工程司，下设两个总段负责施工。3月开工，因值农忙，第一总段民工未能如数应征，改为雇工。招雇农民2000多人，按日发给工价，工程进展顺利，至6月底如限打通，得到军委会嘉奖。

二、乐西公路

乐西公路自川中公路的终点乐山起，跨青衣江，经峨眉、龙池和金河口，翻越簑衣岭至岩窝沟，入西康境，至富林、农场（石棉），跨大渡河至洗马沽，翻越分水岭经冕宁、泸沽至西昌止，长525公里。沿线附近资源丰富，如乐山的黄丝，峨眉的白腊和药材，汉源和越西的煤，农场的石棉，冕宁和泸沽的铁，大渡河中游的沙金及西昌的羊毛和药材等。故这条公路的建成，对发展地方经济，支援抗战，有很大的作用。

民国27年，国民政府军事委员会命令成都行辕公路监理处筹建乐西公路。次年1月，国民政府行政院会议决定由交通部办理。2月起，交通部公路总管理处派队踏勘，与西昌行辕和西康省政府选定路线方案后，组队测量；在乐山成立乐西公路工程处，派肖庆云和孙发端先后任总工程司，赵福基和张佐周任副总工程司，处下设8个总段、三个桥工所和路面工务所主持施工。施工工人由四川和西康两省政府下令征调民工6.3万人，工程处组成石工队6队约8千余人，连同兵工共达10万余人。8至12月份，在公路两端的第一和第六总段先后开工，赶修3个月就打通180公里，为抢修中段工程增加了劳力，便利了运输。其它段、所于民国29年6月以前相继开工，至年底，全线路基初步打通。施工中，常遭日机轰炸，同年8月19日，乐山被炸，帮工程司沈瑾芳全家4人及监工员贺兴书、范国鼎惨遭炸死，为抗战捐躯。尚有未完成的岩窝沟艰巨路基工程、桥梁渡口工程，除几座大桥（暂设便桥便道）和路面工程外，均于民国31年2月完成通车。3月，乐西公路工程处结束，交由川滇西路工务局改善养护，并继续完成大渡河吊桥工程。

三、西祥公路

西祥公路从西康省西昌乐西公路的终点缸窑（距西昌城13公里）起，经西溪越分水岭至会理经鹿厂越马鞍山至金沙江北岸山顶，下至鱼鲊；渡金沙江入云南省境至拉鲊，经永仁和大姚而达祥云县下庄街的大沙果村与滇缅公路315.08公里处相接。全长549公里。这条公路完成后，从缅甸进口物资，可沿西祥和乐西两条公路经仁寿至成都，比经昆明沿川滇东路到成都，可缩短运输里程约295公里；是抗日战争时期，国际物资运至四川省首府成都的捷径。

民国29年8月，交通部奉军事委员会令筹建西祥公路，派员踏勘；10月，在云南禄丰县成立西祥公路工程处，在西昌设办事处，由滇缅铁路工程局局长杜镇远兼任工程处处长，处下分设12个总段（云南境内为1～7总段，西康境内为8～12总段）负责施工；11月、12月，各总段先后开工。为加快修通西祥公路，以"十六字诀"来指导施工，即"先求其通，后求其备，多绕少挖，多挖少填"。实质是尽量利用便桥便道，勉强通车，以应付限期，然后逐步加工完成。这十六字诀当然不是经济、安全的施工办法，但是在当时历史条件下，是一种适应紧急运输的临时措施。全路路基土石方，由康、滇两省征雇民工修筑，每日有 3 万多人，工程进展较快。桥涵和防护工程由各总段直接发包修筑，也较顺利。至民国 30 年 6 月，全线打通。

民国 31 年 1 月，西祥和乐西两公路合并为"川滇西路"，西祥公路为南段，乐西公路为北段。4 月，在西昌组成"川滇西路工务局"，负责养护改善。8 月，因腾冲、龙陵已被日军侵占，国民政府下令破坏川滇西路南段，于是又发动民工劳动两个多月，把祥云至金沙江边的公路破坏。次年 8 月，军事委员会驻滇交通指挥部又决定修复川滇西路南段并指定改在镇南（今南华）与滇缅公路接线；川滇西路管理局（是川滇西路工务局与运输局合并组成）在永仁成立"南段修复工程处"，下设 4 个总段和 16 个分段，负责测设施工。路线从白塔海子（在大姚与姚安之间）起，改用滇缅铁路运料便道和一部分滇缅铁路路基（滇缅铁路已决定停修），至镇南县城与滇缅公路 230.49 公里处接线。自金沙江至镇南长 243.3 公里，比原线缩短 45.7 公里；但与滇缅公路相交处，则东移 84.59 公里。修复工程由云南省政府征调永仁和姚安等 4 县民工约 3 万人，并由各总段就近招雇包工，以补替远道不能按时到工的民工。于同年 10 月 1 日起先后开工，至次年 1 月底，民工完成路基土石方工程，其他路面和桥涵工程多未完成；7 月工程大致完成，但仍留有超过 10% 的陡坡路基、薄层和破坏的路面及许多临时性桥涵等工程，给养护和行车带来了不少困难。

四、青藏公路西玉段与康青公路营歇段

（一）青藏公路西玉段

该段自青海省会西宁起，经湟源、恰卜恰（今共和）、大河坝、长石头、黄河沿、竹节寺、歇武至玉树（结古），全长 827 公里。

路线翻越日月山、柳梢沟、河卡山、鄂拉山、姜路岭、长石头、马拉驿山、野牛岭、巴颜喀拉山和燕沟山，跨越湟水、黄河和通天河（长江上游）等河流，穿过草原和雪山，大部分横卧在海拔3000至4000米高原上。这是民国时期在青藏高原上修建的第一条公路。沿线除日月山以东为农业区外，其余均为牧业区，居住着藏、蒙等游牧民族。玉树为青海省南部的物产集散地，商业发达，茶叶、粮食和布匹多由四川、西康运入，日用百货等物资则多由印度经西藏运入。玉树地区所产药材和少量黄金及羊毛从南路运至昌都，北路运至西宁销售。青海各寺院活佛赴西藏朝拜，多由此路前往或在玉树逗留。

青藏公路是西北地区通往西藏和西康的交通要道，在政治、经济和军事上很重要。早在民国16年，曾由西宁的甘肃省道办事分处主持修建西宁至湟源段公路，长45公里。民国18年，青海建省后，省交通处继续从湟源修建至哈拉库图，长35公里。民国26年4月，青海省政府向国民政府行政院报送修建西玉段公路计划和路线图，经军委会批准并电令青海省主席马步芳"赶修竣工"。同年4月，强迫被俘红军1000余人修筑西宁至大河坝公路，当年完成工程1/3后撤走。民国27年，青海省建设厅组织民工和兵工继续修建未完工程，年底完工。在这两年内，建成了西宁至大河坝289公里便道。

抗日战争中，国民政府为打通四川至甘肃的第二条后备交通路线，行政院于民国30年9月，组成"康青交通视察团"赴青海视察；次年5月，军委会决定：先修青藏公路西玉段，工人由青海省就地征调，经费由中央补贴。民国32年、青藏公路工程处在西宁成立，处长由原青海省建设厅厅长马骧兼任。副处长兼总工程司为陈孚华，副总工程司为刘承先和李昌源。工程管理人员和工程技术人员由交通部委派；督导则多由青海省军官或县长及专员担任。测设施工的技术和管理人员，全部在重庆和乐山两处抽调，组成 6 个测量队，分别由两位副总工程司率领，先后于 6 月和 8 月进入工地。第一至第三测量队担任湟源至大河坝段 203 公里的测设任务；第四至第六测量队担任大河坝至黄河沿段 297 公里的测设任务。

西宁至湟源的原有公路，勉可通行汽车，只需局部改善。新线测量实际是从湟源开始，而由湟源至倒淌河段路线，除日月山（高差 240 米）的老线上弯急坡陡需要改线外，基本是沿老线定测。倒淌河至大河坝段要翻越柳梢沟、三塔拉（沙漠区）和河卡山。

大河坝至黄河沿段路线翻越 4 座山，以东鄂拉山为最陡峻，上山线采用一组回头弯道，下山三组回头弯道，最大纵坡为 8%。

黄河沿至玉树段路线翻越 3 座山，以巴颜喀拉山的海拔为最高（约 4850 米），但高差不过 200 余米，不需展线，工程亦不大；燕沟山的南坡较陡，采用一组回头弯道，展线下山。路基工程以通天河南岸石方较为艰巨，采用部分单车道和 6 米宽路基。

全线河流有湟水、黄河和通天河三大河，湟水有老木桥，可加固利用。通天河水深流急，须采用木渡船过车。黄河岸平水浅，冬天可在冰上通行，夏季仍需用渡船。

施工总段和分段的技术人员，实际是由各测量队的队员兼任，一边测设，一边主持施工。工人由各县征调的藏族民工和马步芳的骑兵担任。路段按县、部族所在地区分配，县长和部族头人亲到现场督工。逾期不完工，县长将受降级处分；若督导有方如期完工，则发奖金予以鼓励。

民国 32 年 6 月，第一至第三总段（由第一至第三测量队改名）开工，由于湟源至大河坝段多利用老路，工程比较简便，10 月即告完成。第四至第六总段（由第四至第六测量队改名）开工较晚，8 月初出现霜冻，路基挖土工程甚感困难。因马步芳对省内居民的洗劫、残杀、2000 名果洛族民工拒不应征修路，到路藏工有因天寒致病而逃走的，实际上工人数不到计划的40%。马拉驿工程，由于玉树骑兵旅因故未到，改调已完工的民工协助抢修。9月下旬，冰冻盈尺，朔风似箭，民工伏地哀号，员工也感难支，遂于10月3日粗通至黄河沿后，暂时停工。民国33年4月起，各总段先后进入工地展开工作，全路实到兵工和民工17996人，至10月初，全路工程即告完成。黄河和通天河都用渡船渡车，沿通天河岸石方路基采用单车道，宽5米。全线两年投资共计27358.2万元，平均每公里造价约39万元。

西玉段打通时，沿线桥涵、房屋多未兴修，在一次试车后再未使用，经水冲风蚀，多已毁坏，部分路迹逐渐消失难辨。由于对高原筑路缺乏经验，投资过少，未按标准完工，致未能发挥交通的效益，但在这条公路的测量，施工中，积累了一些高原的地质、水文、以及气候等技术资料，为后来在高原筑路提供了借鉴。

（二）康青公路营歇段

康青公路首段，康定至营官寨段63公里，已于民国30年打通。营歇段自西康省营官寨起，经岔路口、泰宁（今乾宁）、中古垭、集思中、道孚、过鲜水河经炉霍、雄鸡岭、卡萨山、甘孜、跨越雅砻江经大金寺、松林口、玉龙（马尼干戈）、海子山、催拉格马山（泽拉山）、苍朗松都山（雪踏山）、石渠至康青两省交界的安卜拉山，下山至青海歇武寺，全长720公里。其中康境长693公里，青境27公里。营官寨至甘孜间海拔在3000米以上，甘孜至歇武间海拔多在4000米以上。越岭路线除海子山和安卜拉山下山需要展线，石方工程较多外，其它路段的工程都不大。只是沿线高寒，居民极少，无农产区，施工的劳力和粮、料，全靠内地供应，运输只用牛马驮运，十分困难。于民国33年10月打通。

营歇段施工草率，试车后无车通行，以致日久废弃。实际上由于抗日战争接近胜利，在后方西部修建公路已不是国民政府当

务之急，何况国库空虚，更无力顾及这些地区交通建设的进一步
维修和改善。

第九节　主要桥梁与渡口建设

抗战期间，国民政府对公路建设的重点置于西南和西北两大
地区。在改善和新建两区 22 条主要公路上共有各类桥梁 3345 座。
其中永久性 1510 座占 45%；半永久性和临时性 1835 座占 55%。
这些桥梁大部分建筑于抗战之前，战时新建的桥梁占少数，但一
些大型桥梁在建筑技术上比战前有了进一步的提高，诸如跨越大
江激流，已非传统的木石桥梁所能胜任，采用单跨悬索桥梁结构，
创造性地解决了战时公路急需通车的问题。如滇缅公路的功果桥、
惠通桥以及乐西公路的大渡河桥等，均属抗战时期的代表性桥梁。
此外，这一历史时期的钢桁架桥和钢筋混凝土桥，也有了新的发
展和进步。同时，传统的石拱桥仍在许多路线上因地制宜继续修
建。

除桥梁外，对西南和西北地区若干重要公路上的渡口设施也
进行了改善。

一、功果桥

功果桥位于云南省功果地方，故名。民国初年，云龙县士绅
筹资建成一座铁链索悬桥，通行人马。民国 26 年，抗战开始后，
经委会公路处派员协助云南省公路总局功果大桥工程分处筹建公
路钢索吊桥。为应急需在原铁链悬索桥上游 8 米处新建一座柔性
钢索木面吊桥，跨径为 88.55 米，设计荷载 5 吨。民国 27 年 3 月
开工，5 月装配完毕，6 月初正式通车。民国 28 年，交通部滇缅
公路运输管理局鉴于运输繁忙，功果桥的柔性钢索承受车荷时桥
面沉降度大，一面整修加劲木桁构以提高其通车能力，一面在距

功果桥上游 700 米处建一座新吊桥，(图 8-9-1)。由交通部技术厅桥梁设计处处长钱昌淦主持。该桥设计荷载为"H—10"，两钢桥塔中距为 135 米、高 18.5 米，每塔由两根 1.43×0.48 平方米的角钢矩形柱构成，柱间上部设横梁二道，梁间设交叉斜撑二层，塔脚以上6.95米一段塔身用混凝土包裹。

　　两岸的锚锭是在岩石上凿坑，并以混凝土埋置 38 根直径 32 毫米圆钢拉杆构成，上方砌石加压。

　　钢悬索直径为 35 毫米，由 19 根钢丝绳组成。两悬索间中距为 5 米，悬索的跨中垂度为 13.5 米。每悬索下设吊索 43 根与桥面下外侧钢纵梁(高 220 毫米、厚 12.2 毫米工字钢共 7 根)连接，

图 8-9-1　新功果桥被炸毁前全貌

在纵梁下每隔3米设一根高380毫米、厚20.5毫米的工字钢，两端与下面的加劲钢桁构固结，全桥共设横梁43根。

上述所用钢丝绳、钢材和水泥等主要材料均经缅甸进口，零星材料和木构件等在国内配备。施工工人从各地招募，多为杭州钱塘江大桥技工，也有由华北和上海来的工人。新建功果桥于民国29年11月4日完成通车。因主持设计施工的钱昌淦从重庆飞返昆明途中罹难牺牲，为表彰其建桥功勋，交通部批准新功果桥改名"昌淦桥"。通车仅一个多月，该桥遭敌机轰炸，下游主索和加劲桁构连同木桥面坠入江中（图8-9-2）。滇缅公路运输中断。为恢复交通，护桥员工利用空汽油桶拼成渡船以渡汽车，在桥位上下游架设过江钢缆以吊运物资。

图 8-9-2　新功果桥被炸后残迹

二、惠通桥

惠通桥位于云南龙陵县松山腊猛村脚，跨越怒江。民国20年龙陵县县长邱石磷与第一殖边督办李日垓共同倡议筹建吊桥，在"缅甸华侨公会"会长梁金山捐款约2.7万银元的协助下，招募印籍技工和旅缅华籍技工多人参加吊桥的施工，至民国24年1月中建成。

吊桥两岸桥塔中距为87.23米。钢桁架桥塔高7.85米，上下游主索各用2根直径1.125英寸（28.6毫米）钢缆组成，主索横向中距为5.18米，两端用混凝土锚固于岩壁内；主索下吊杆由2根直径20毫米圆钢组成，全桥共有54副吊杆。桥面下每3米设1根（由2根高约200毫米的槽钢背向用螺栓组合）横梁，以与两侧吊杆相连。其余纵梁和桥面均用木材制作。桥面净宽为4.35米。每次可通过荷重驮马7匹（约合2吨）。

民国27年4月，龙陵保山段工程分处对惠通桥进行加固：两岸钢塔用混凝土包裹填实，成为钢筋混凝土结构；每边主索各增7根钢缆；吊杆改用4根1.25英寸（约合32毫米）钢索；横梁改用12×5×18英寸的工字钢，并用5×18英寸方木制成的加劲桁构代替两侧纵梁。加固工程于10月下旬完成，每次可通行一辆10吨重车。次年2月正式开放行车，滇缅公路得以畅通。

民国29年10月28日至30年2月27日，惠通桥遭受敌机出动数以百计架次的反复轰炸（图8-9-3）。虽经多次修复，但载重能力逐渐降低，只能通行7.5吨重车。护桥员工所作贡献可与新功果桥（即昌淦桥）护桥员工的功勋媲美，他们共同创立了中国公路员工在抗日战争中的英雄业绩。

三、大渡河桥

大渡河桥位于乐西公路农场（距富林约50公里）附近，桥位

图 8-9-3　惠通桥被炸一瞥

处河面宽约 110 米，两岸都是石岩，修建桥台无水下工程，但引
道石方较大。

　　桥型采用跨径为 105 米① 的悬索吊桥，桥宽 4 米，载重 10 吨。
索塔由 2 个宽 2.5 米、厚 3 米的浆砌石柱以钢筋混凝土过梁连接
而成，石柱间的塔门净宽 4 米，柱顶安置铸钢活动索鞍，承放钢
索。吊桥主索因太平洋战争，运输途中部分损失，采用 6 根 35 毫
米钢索和 1 根 26 毫米钢索组成，其实际最大拉力为 111 吨，吊杆
为 21 毫米方钢条，上端打成眼形杆，下端加粗成直径 32 毫米的
螺丝连接钢垫板以支承横梁；索夹用 19 毫米厚钢板制成，宽 13
厘米，其上端与主索连接处做成 4 种不同斜面，使与主索斜度相

　　① 　郭增望：《乐西公路修建概述》所记跨径为 110 米，今据《四川公路史》

符合,上下各用 2 个直径 19 毫米的螺丝夹紧;下端用钢框连接,使其摆动自如。加劲桁构采用两铰式华伦木结构,格距 2.5 米,高 2 米,两桁构间距为 5 米,与主索在同一立面上。为减少接榫割切面积,采用直径 10 厘米和直径 6.5 厘米钢圈连接,桥面净宽 4 米,其纵横梁和面板均用松木制成。锚锭是用槽形钢和工字钢交错连成井字形方格架、外包混凝土而成,其底部做成阶梯形,顶部砌筑块石以增加重量,使其不滑动或转动。

民国 30 年 3 月起,乐西公路工程处开始测定桥位,筹备开工,因北岸桥台基础被淹无法施工,延至次年初,由郭增望任桥工所主任,恢复施工。4 月份完成北岸桥台,并开工兴建南、北两索塔。川滇西路工务局接管后加紧赶工,至民国 32 年 7 月 20 日完成桥面通车,9 月初完成加劲桁构的安装,吊桥工程全部竣工,全桥造价除管理费外,总计 430 万元,每米造价约 4.1 万元。在抗战期间,工业材料和技术工人都很缺少,能建成这一大桥,实属不易。吊桥完成后,川滇西路减少了一个渡口的待渡时间,但由于单车道桥面,尚需设人管制交通。

四、其他桥梁

抗日战争期间,各省因地制宜修建了一些桥梁,见表 8-9-1。

抗日战争期间各省新建的部分主要大中桥梁　表 8-9-1

省名	桥名(路名)	孔数跨径(米)	桥长(米)	桥面净宽(米)	计算荷载(吨)	桥型说明	建成年月(民国)
云南	共济桥(嘣垒支线)	1×56.40	60.00	4.50	10	K式钢桁钢筋混凝土桥面	29
	㳇江桥(滇缅公路)	1×24.00 1×30.00	62.70	4.20	10	半穿式不等跨钢桁构,石台木面	29.11

续上表

省名	桥名（路名）	孔数跨径（米）	桥长（米）	桥面净宽（米）	计算荷载（吨）	桥型说明	建成年月（民国）
云南	胜备桥（滇缅公路）	1×36.00	46.30	4.20	10	半穿式钢桁，混凝土台基上砌料石	33.6
	云兴大桥（路美邑至罗平公路）	7×10木叠梁1×11 2×12木桁架1×5木单梁	134.90	3.64	8	桥轴与主流斜交20°	33.12
	畹町河桥（滇缅公路）	1×21.35	21.35	3.28	10	原石拱桥炸毁，现为贝雷钢架，是中缅界桥	34.3
	漾濞江桥（滇缅公路）	1×55.00	55.00	4.20	10	柔性钢索吊桥，桥塔中距55米	35
贵州	重安江桥（湘黔公路）	1×35.00	35.00	4.20	10	钢桁构	28.5
	施秉桥（湘黔公路）	2×21木桁构4×21钢桁构	132.00	6.00	10	钢木桁构	30.1
四川	茶洞桥（川湘公路）	5×20.00	100.00			木桁架	27
	黄许镇桥（川陕公路川段）	13×12.80木桁构15×5.00木梁	241.40			石台、木桁架和木梁	29.5
	通川桥（汉渝公路）		300.90			钢筋混凝土梁板	30

续上表

省名	桥名 (路名)	孔数跨径 (米)	桥长 (米)	桥面净宽 (米)	计算 荷载 (吨)	桥型说明	建成年月 (民国)
四川	金雁桥 (川陕公路)	10×10.00	130.00	6.00		石墩台，钢筋混凝土梁，木面	31.3
	赶水桥 (川黔公路)	2×24.00	51.00	4.00	10	钢桁构（原半穿式木桁构桥水毁后改建）	34年夏
湖北	大溪沟桥 (老白公路)	1×33.00	51.30	3.50		石拱桥	30
	恩施清江桥 (巴石公路)	6×19.40	116.40	5.60+2×1.2	15	下承式木桁构	32.1
广西	三江口桥 (黔桂公路)	5×25.00	133.85	4.00	15	上承式钢桁梁混凝土墩台	29.7
	怀远桥 (黔桂公路)	6×25.00	154.80	4.00	15	上承式钢桁梁混凝土墩台	29.12
广东	南渡江桥 (海榆东线)	52× (6～60)	587.60			3孔60米穿式钢桁构3孔36米敞式钢桁构其余为不等跨木梁、钢筋混凝土梁	30.6
陕西	咸阳渭河桥 (西兰公路)	36×5.8	208.8			穿式钢梁木面	27
	黄沙河桥 (川陕路褒棋段)	11×6.00	90.50	6.00	15	无铰石拱，	31
新疆	库车桥 (迪喀公路)	1×30.00	30.00	5+2×2.00		木桁架，有托梁斜撑架	29
	达板城桥 (迪喀公路)	1×18.50	28.60	7.00	10	木夹板拱	29

省名	桥名 (路名)	孔数跨径 (米)	桥长 (米)	桥面净宽 (米)	计算 荷载 (吨)	桥型说明	建成年月 (民国)
新	叶尔羌桥 (迪喀公路)	78×8.00	632.80	7.00	5	简支木叠梁。由4座桥组成连路堤共长1372米	32
疆	阿克苏新大河桥（迪喀公路)	32×12.00 2×5.50	397.00	6.00		复式八字撑架木桥	34
福	水西桥 (福赣公路)	10孔22.08 ~25.76	238.83	4.2+2×0.75		钢板梁木面	27
建	九曲桥（建阳武夷路)	7×20	148.35	4.3		石墩木桁架木面	
甘	南河川渭河桥(华双公路)	19×9.0	171.19		7.5	石墩台，钢轨梁木面、木排架桩基漫水桥	30
肃	马陵关桥 (华双公路)	1×22.0	50.20	6.7		石桥台，石拱桥峰高17.0	31.2
	永宁河桥 (华双公路)	2×10.5 11×12.0		单车道		钢筋混凝土排架肋板桥	34

五、渡口

西南和西北地区一些重要公路的跨河路段，除建桥者外，还对渡口设施进行了改善，增添了设备，为战时交通运输作出了贡献。概况见表8-9-2和表8-9-3。

抗日战争时期西南地区重要公路渡口概况　　表 8-9-2

路名	渡口名	水面宽度(米)		码头引道(对)	趸船		汽划		渡船		单向过渡时间(分钟)		每日能渡车辆(辆)	
		洪水	枯水		艘数	吨数	艘数	马力①	艘数	吨数	洪水	枯水	日班	夜班
川黔公路	长江海储渡	1050	520	1	—	—	1	68	—	—	—	—	—	—
					2	15	1	70	—	—	—	—	—	—
							1	65	3	12	12	6	150	—
				1	—	—	—	—	4	12	—	—	—	—
									1	20	—	—	—	—
					4	20	4	-	1	15	25	30	120	—
					—	—	2	—	2	12	8	5	—	—
	长江娄九渡	650	260	2	3	16	—	—	—	—	—	—	—	—
					1	7	9	-	9	20	45	10	100	
海广支线	长江广阳坝渡	520	310	1	—	—	1	—	8	10	35	15	50	
湘黔公路	沅水辰溪渡	1500	800	1	—	—	2	19	10	15	30	15	60	—
川湘公路	芙蓉江江口渡	120	58	1	—	—	1	40	2	10	65	30	20	10
	乌江彭水渡	485	150	2	2	5	2	30	5	10	20	8	50	30
	张排寨渡	70	45	2	—	—	3	15	6	15	25	12	100	—
	铁山河渡	50	250	2	—	—	2	14	5	10	60—90	15	120	45
成渝公路	沱江梓木镇渡	200	160	2	—	—	2	15	5	10	—	10—20	150	60

续上表

路名	渡口名	水面宽度(米)		码头引道(对)	趸船		汽划		渡船		单向过渡时间(分钟)		每日能渡车辆(辆)	
		洪水	枯水		艘数	吨数	艘数	马力①	艘数	吨数	洪水	枯水	日班	夜班
川陕公路	涪江绵阳渡	300	175	1	—	—	—	—	3	—	—	—	—	—
	白水河郭家渡	280	140	1	—	—	—	—	3	15	90	40	30	—
	嘉陵江广元渡	250	120	1	—	—	—	—	2	10	120	30	36	20
汉白公路	汉江石泉渡	450	90	1	—	—	—	—	1	10	100	40	8	6
	汉江安康渡	350	130	1	—	—	—	60	4	20	20	15	60	—
汉白公路	汉江白河渡	394	110	1	—	—	—	—	2	20	—	—	—	—
	城南渡								6					
川滇公路	长江泸州渡	1300	700	1	—	—	—	60	1	10	20	15	60	—
		—			—	—	—	—	2	5	35	15	50	
	沱江泸州渡	1000	500	1	—	—	—	—	12	5	50	20	50	—
					—	—	1	16	12	5	120	15-10	40	
乐西公路	芒溪河五通桥渡	80	78	1	—	—	3	—	4	—	—	—	—	—
	岷江乐山渡	370	295	1	—	—	—	—	2	10	40	15	30	—
	青衣江渡	1600	150	1	—	—	—	—	3	10	20	5	20	—
西祥公路	金沙江渡	275	—	—	—	—	—	—	1	6	—	—	—	—

续上表

路名	渡口名	水面宽度（米）		码头引道（对）	趸船		汽划		渡船		单向过渡时间（分钟）		每日能渡车辆（辆）	
		洪水	枯水		艘数	吨数	艘数	马力①	艘数	吨数	洪水	枯水	日班	夜班
川康公路	南河新津渡	200	150	1	—	—	—	—	1	8	—	—	40	
	斜江河羊场渡	580	52	1	—	—	—	—	1	6	—	—		·
	泸山河飞仙关渡	166	40	1	—	—	—	—	1	16	—	—	—	
	大渡河泸定渡	160	120	1	—	—	—	—	2	10	60	12	45	
新乐公路	岷江邓印渡	600	200	1	—	—	—	—	1	6	—	—	—	•
	鲜滩渡	150	50	1	—	—	—	—	1	10	40	8	70	
	三汩桥渡	190	60	1	—	—	—	—	1	10	50	10	60	
	盘河渡	300	30	1	—	—	—	—	1	75	60	15	40	
汉渝公路	嘉陵江石门渡	400	300	1	1	75	—	—	4	15	50	30		

① 1马力＝0.735 kW

注：民国32年2月海储渡渡口，添置设备，开办夜渡。

抗日战争时期西北地区公路渡口概况表　　表8-9-3

省名	公路线别	渡口名称	渡口设施概况
新疆省	迪喀公路	焉耆渡口	民国33年大桥建成前，用两只单船连成渡船，可载汽车1辆。码头5处。
		阿克苏渡口	新大河桥建成前，曾分设渡口，用渡船过渡汽车。
		一干其渡口	叶尔羌桥建成前和被水冲毁后，均用渡船过渡汽车。
	库若公路	孔雀河渡口	配有升降活动码头和跨河浮渡钢索，以及两岸各设人力铰盘，但迄未使用，仍靠旧式独木舟拼制渡船，勉强过渡3—5吨空汽车。

第十节 公路业务管理制度的演进

抗日战争期间主管交通事业部门针对后方筑路条件，结合战前制定的业务管理制度，增补了若干条例，并予以充实和提高，对加强与完善公路业务管理制度起到了一定的作用。

一、财务管理制度的续建

关于财务管理制度，交通部公路总局鉴于公路附属机构多次改变隶属关系。原订的《处理公路工程帐暂行办法》和《处理公路工程材料帐暂行办法》，不复适用，乃于民国32年初，参照各公路例行制度的一般规定及公有营业会计制度设计的要点，重新起草编制若干条例，发交各路研究，并于同年11月1日召集各公路会计人员和业务单位代表开会讨论。于民国33年12月制定完成《统一公路会计制度》，其主要内容是：

① 会计科目分为：资产负债类、损益类、养路余绌类和盈亏整理类；

② 簿记组织系统（附系统图略）；

③ 会计凭证分为：原始凭证和记帐凭证；

④ 会计簿籍分为：序时帐簿、分类帐簿和备查簿；

⑤ 会计报告分为：月份报告和年度报告；

⑥ 会计事务处理程序分为：现金出纳程序、折旧费计算法、工程帐处理程序、材料帐处理程序、营业收入养路收入之报解及检查程序；

⑦ 各公路附属机关报销处理办法有：备用金、报销和列帐办法。

虽然制定了较为完善的财务管理制度，但自抗日战争开始，物价逐年上涨，至民国34年底，已上涨1631倍，公路造价也相应骤增。根据统计资料，抗战最后 5 年每公里公路造价约增百倍，这是由于当时财政混乱，物资奇缺，通货膨胀，民工不满情绪增长，消极怠工，工效很低，管理费用增大等因素所造成，以致工程预算逐年大幅度追加。

民国 31 年 2 月 2 日，运输统制局转发《追加预算案处理大纲》对追加预算虽有限制，但实际上追加数额，往往超出原预算多倍。例如：

民国 32 年预算数 4.5 亿元，追加数 14.68 亿元，增加 3.26 倍；民国 33 年预算数 10.58 亿元，追加数 57.63 亿元，增加 5.45 倍；民国 34 年预算数 153 亿元，追加数 643.1 亿元，增加 4.2 倍。

工程预算的成倍追加，说明了货币贬值和物价飞涨的趋势，工期越长追加数越大。

二、材料管理制度的建立

（一）材料管理的机构和法规

民国 27 年，交通部增设材料司，以统辖材料厂、库、主办材料的采购及储运事宜；并于 3 月 24 日制定《采购材料临时办法》14 条，规定料价在 5 万元以下者可用定单，5 万元以上者要订立合同报部批定。4 月 9 日，颁发《各属零星购料办法》，规定料款 5 千元以下者由各属单位自行采购，上报备查，7 月 5 日订立《处理料帐暂行办法》26 条，主要是有关收料、发料、料价、月结和年报等问题，这些办法的特点是集中采购权限；材料运杂费不列入料价，但以加成计算。民国 30 年，运输统制局在公路工务总处内设材料科，以统管局内外的工程材料。次年 4 月 8 日制定《处理公路工程材料暂行办法草案》49 条，主要是关于预算、购料、收料、发料、点查（会计部门每年至少派员点查一次）、报表（每五日填报收发料报告）材料科编报月报送会计转帐，料库每半年编存料报告送材料科转呈局长，这个办法是为统一公路工程材料和集中管理而制定的。

部属公路管理部门结合实际情况和条件，制定本地区的材料处理办法，报部批准后执行。如民国28年西南公路管理处制定《战时主要公路征购材料钢要》和西北公路运输管理局制定《处理材料暂行简则》；次年，滇缅公路运输管理局制定《处理材料规程》等。

（二）材料供应的方式

1.就地取材

建筑公路所需的土壤、砂、石、竹、木、尽可能就地取材，以减少运输费用。发包工程由承包商备料，材料运距按调查资料先有明文规定，或就材料产地测定运距。自营工程或供料包工工程由工程处雇工或征用民工采购，材料的产地和质量及运输方式（包括工具）都要实地调查、比较决定。养路材料，一般由养路部门商请地方政府在冬季农闲时期组织区、乡民工采购，以备次年养护维修之用，料价比当地正常价格低，其管理费用由养路部门津贴。最高不超过料价的10%。材料运到工地后，都要经过主管工程司检验其质量和数量，符合规定后方可使用。

施工所需砖、瓦、石灰等也宜就地采集，或发包征购。发包征购者，更要在质量和运距方面作出严格规定。

2.外购与转运

在外埠采购工程材料，一般由主管工程部门办理。民国27年4月，交通部规定：以材料款额划分采购权限。民国31年，采用集中管理办法，各公路局（处）在编制工程年度概算中，须按工程计划用料，估计关税、运杂费等，附编购料预算，不易预计的零星材料，酌列总额10%的零星购置费，随同工程概算报交通部核定。

采购材料，依据核定的购料预算和《各属零星购料办法》的权限规定进行，并编送规定的表报。但由于物价不断上涨，《办法》限制5000元购买权限的规定逐渐成为空文。

趸购材料，均根据部长或次长的命令或公路主管机关的请购单办理。各路工程局（处）的购料须经局长核准。购料程序是询价、比价、订购或招标购办；并按《采购材料临时办法》采用定单或订立合同等手续。石油产品、橡胶制品、钢材、洋松等都向英、美等国订购；在香港、广州和昆明等地设有办事处或转运所，承办材料购、收、储、运等事宜。太平洋战争爆发后。则由中印和滇缅公路输入。

材料交货时。必须按定单或合同的规定和图样说明进行检验，有时由主管机关派员会同检验；各工程局招标订购的大宗材料，要专案报部派员会验。验收后，填具验收材料报告；不符合订单或合同的则拒绝验收，一切退货损失由包料单位或承办人负责。

材料的转运，经报部转财政部发给国府护照，免税放行，发料库派专人押运。运输途中如有损失、短少，由发料库调整、补足。填具损失材料报告，注明原因，经押运员签认，报部核销或依其情节分别处理。

3.制造加工和改制

公路工程处（所）有时就工程急需，结合工地条件，办理一些器材的制造、加工和改制。如铁件（螺丝和扒钉等）、炸药、石灰和砖瓦等的制造，人工施工的工具（镐、铲、锤、桶等）和运输车辆（木板车和小推车等）的加工、改制，所需经费及运杂费作为工程费列报。

抗日战争时期，交通部在成都接管行营公路监理处所属工厂改组为工具、钾硝监制所，为乐西公路制造炸药和手工工具。根据民国 34 年 7 月的调查，交通部下设 8 个器材厂，如泸县电信机料修造厂，制造电报电话机件，年产近万件；钢铁配件厂，年产配件 26.5 万多件；中央电瓷制造厂，年产绝缘子 14 万多只；中央汽车配件制造厂，年产配件 15.4 万多件；中央湿电池制造厂，年产焊条等 7.6 万多件；邮电纸厂，年产纸张约 4 千令；西北林业公司，年产枕木 13.2 万多根；甘肃水泥厂，年产水泥制品 2.3 万多件、重 20.3 万公斤。这些器材厂的规模很小，产品不敷实际需要。特别是水泥厂的产量太低，又因交通不便，运销非常困难。

（三）材料的管理

各路工程局（处）在适当地区，设立材料库或转运所，并视工程需要，沿公路线设立材料分库。材料管理包括收发保管、材料价格和材料消耗定额的查定。

1. 收发与保管

收发与保管主要是按照《处理料帐暂行办法》和《处理公路工程材料暂行办法草案》的规定，进行点收、入库、发料、运输与填制表报等工作，即要保证器材的完整无损，又要注意库存的防护与安全。

2. 材料价格

材料价格包含原价、加工费、运费、关税和杂费等。公路用料来源不一，转运周折，无论外埠订购、国外进口或部内调拨，每项材料经常不能一次运到，收料地点也不在一处，收料单位往往不付料款。因此，发票与运杂费单据经常不能同时送到，更难随材料到达。故交通部于民国 27 年 7 月规定：材料单价由材料司每年核定一次，收入材料以原价为依据，原价不明的可暂估价。路用材料由材料司指定距该路最近的材料厂、库交货，所有材料的运费、关税、杂费等，概不列入料价之内，但发料价值另加 20% 附加费，以资抵补。民国 31 年，运输统制局在《处理工程材料暂

行办法》中规定：材料价格采用平均单价。至于工程退料及工地
转运材料的运杂费，径在工程项下列报，不计入料价之内。

3. 材料消耗标准

经委会公路处西兰公路东段路面工程计算用料标准的主要
项目，(见表 8-10-1)。

公路工程用料消耗标准　　　　　表 8-10-1

工　程　名　称	单位	材　料　消　耗　量				
		火药(公斤)	水泥(公斤)	石灰(公斤)	粗砂(立方米)	碎石(立方米)
1 路基土石方工程						
孤石、坚石	立方米	0.300				
穿山（开山）坚石	立方米	0.375				
半山洞坚石	立方米	0.900				
2 路面工程						
一级路面	公里				80	426
二级路面	公里				80	570
3 桥涵工程						
混凝土工程 1:4:8	立方米		192		0.46	0.96
1:3:6	立方米		245		0.46	0.93
1:2:4	立方米		360		0.45	0.90
石灰混凝土工程 1:3:6	立方米			150	0.46	0.92
砌石工程 1:3 石灰砂浆砌块石	立方米			36.5	0.30	
1:3 石灰砂浆砌粗条石	立方米			23.0	0.20	

续上表

工程名称	单位	材料消耗量				
		火药 （公斤）	水泥 （公斤）	石灰 （公斤）	粗砂 （立方米）	碎石 （立方米）
3　1：3石灰砂浆砌 　　细条石拱石	立方米				12.0	0.10
1：3水泥砂浆	立方米		106.50			0.20
1：3水泥砂浆砌 细条石及拱石	立方米		53.00			0.10
1：2水泥砂浆勾缝	平方米		25.50			0.003

　　以上所述公路工程材料采取集中管理、统筹购拨的办法，在抗日战争时期料源缺乏、运输不便的情况下，是有利于工程进行及核算的。但毕竟属于创始阶段，供应点不多，管理还无统一制度。材料发包虽经过投标、比价、订约、检验，而承包人往往假借公用之名，欺骗乡民、降价收买、谋取暴利。在修建乐西公路和改善川陕公路成广段时，峨嵋和绵竹等县人民申诉"包商强伐民树不给树价"和"征购乖方①违反民意"的事情。至于对公路材料的名称、编号和计量单位的统一规定，仓库最高、最低存量的拟定，材料消耗标准的订定，都是必要建立的管理制度。但因公路管理机构不断更替。人事变动很大，虽有制度终未全面执行。

三、人事教育

　　（一）技术人员铨叙与薪俸规定

　　公路技术人员的铨叙，是按照交通部颁发的《公路技术人员铨叙规则》和《初级技术人员叙用规则》办理。公路技术人员的

---

　　①　乖方即戾方、是不按正常方法收方，而采取苛刻的收方方法。

职位分总工程司、正工程司、副工程司、帮工程司和工务（程）员等；初级技术人员分帮工程司、工务（程）员和助理工务员等职位。职位等级与职称薪俸的规定，见表8-10-2。

呈请铨叙人员应是大学土木和机械工程专科的毕业生，或经特种考试交通部公路技术人员考试合格者为限。由任职单位将其资历和体格检验表等有关证件，呈送公路总局甄选委员会复审，依其学绩、体行、经历及一般能力之表现，叙列资位，转呈交通部复核合格后，颁给资位证书。对公路技术上有重大发明，或有特殊贡献者，或有高深造诣并有专门著作者，叙较高资位。至于晋叙资薪，仍由任职单位办理后，在证书填注。

公路技术人员出国留学，或因机构裁撤、紧缩而停职，或辞职奉准，或调任非技术职务者，得保留其资位。

（二）考绩与奖惩

关于公路职员的考绩与奖惩，交通部于民国29年3月制发《非常时期交通部公路职员考绩奖惩暂行规则》；公路总局又于民国32年5月制发《非常时期公路职员考绩奖惩暂行规则补充办法》。其中规定的考绩标准是：工作的勤惰、优劣、迟速；操行是否公忠、谨严、廉洁；学识是否胜任，有无增进。

考绩办法分三种：①平时考绩。由直接长官依标准按月记录，按季呈报、酌拟记功、记过、不予奖惩。功过标准是：处置临时事件得当、或办事勤慎成绩优良等，均记功；工作不良、或品行不端等，均记过。②特殊考绩：随时依据确实事迹呈报。对公路技术有特殊贡献或发明、或设法扩展业务获得利益等，酌予奖励；营私舞弊、或意图破坏交通或路产等，均记过。③年终考绩：工作为主要因素，严守工作时间，办事无误，为考核标准；特著劳绩或改进业务有贡献等，酌加考分，最高为50分；其次考核操行与学识，以守纪律与胜任职务为考核标准。最高各为25分。

交通部公路职员薪俸等级

等级		薪(元)	管理人员职称
一等	一	600	局长、处长
	二	550	
	三	500	
	四	475	副局长
	五	450	
	六	425	副处长
二等	一	400	
	二	380	科长、专员、办事处主任、秘书
	三	360	
	四	340	直属厂长、办事处副主任
	五	320	训练所主任、课长
	六	300	
	七	280	帐务检查员、视察员、精查员、材料点查员、助理秘书、股长、各段修理厂长
	八	260	
	九	245	
	十	230	科员、股员、会计员、课管理员
	十一	215	
	十二	200	
三等	一	185	各电台管理员、各修理厂、货物管理员、一等站站长
	二	170	
	三	155	
	四	140	材料库管理员、二等站站长
	五	130	
	六	120	
	七	110	办事员、助理会计员、二等站站长
	八	100	
	九	90	各停车场管理员、学工员、副站长
	十	80	
	十一	75	绘图员、报务员、副站长
	十二	70	
	十三	65	助理员、三等站站长
	十四	60	
四等	一	55	轮渡管理员、廊员（司事）、站员
	二	50	练习员
	三	45	
	四	40	
	五	35	练习生
	六	30	

〔民国30年五月修正〕　　　　　　　　　　　表8-10-2

医务人员职称			等级	薪(元)	工程技术人员 职称					初级			
			一等 一	600	总工程司								
			二	550		副总工程司							
医师、医院院长、诊疗所主任、主任医师			三	500		主任工程司	正工程司						
			四	450			副主任工程师						
			二等 一	400				副工程司					
			二	380					帮工程司	帮工程司			
			三	360									
			四	340									
	护士长、司药长、技师		三等 一	320									
			二	300									
			三	280									
			四	260									
		护士、司药	四等 一	240							工务员	工务员	
			二	220									
			三	200									
			四	180									
			五等 一	160									
			二	140									助理工务员
			三	120									
			四	100									
			六等 一	90									
			二	80									
			三	70									
			四	60									

平时考绩作年终考绩的参考，平时记功 3 次者，年终记大功 1 次；记大功 3 次者，呈部嘉奖。记大过 1 次降级， 2 次免职。

按年终考绩的总分数，规定其奖惩：80 分以上者晋级；未满 80 分，连续 2 次在 70 分以上者，给 1 次奖金；70 分以下者留级；不满 60 分者降级或免职；无级可降者依级差比例减薪或记过。

晋级时如原薪已达最高级满 2 年者，以应升之职存记，遇缺提升，无缺改给 1 次奖金，或给年功俸、按年递晋。在同一单位连续服务 15 年， 5 次考绩均在 80 分以上，给奖章或奖状。并发 1 个月俸的 1 次特别奖金。

此外，对请假未逾规定日期者，给优待假或奖金。学术进修成绩优良者，给奖品或 1 个月俸以内的奖金。工作成绩显著者，专案奖励。

（三）人员培训

抗日战争期间，交通部于民国 27 年将过去举办的机务、车务、会计及汽车驾驶人员训练班合并为公路技术人员训练所，统一训练工务、机务及运输管理人员。次年 6 月 30 日改名为交通技术人员训练所，除招生外，并就部辖各交通机关现有员工轮流抽训，毕业后仍回原处服务。此外，还举办公路技术人员特种考试：公路初级技术人员、事务人员及初级考试及格服务 3 年以上的工务、业务人员，可应试高级工务人员、业务人员的考试；工程实习生、司事可应试初级工务人员、业务人员的考试或受训。

另外，西南公路管理处与西北工程处，曾设监工训练班调训监工和招生训练。如西南公路管理处从民国 29 年 9 月起，将全部监工轮流训练， 4 期共 186 人；并于民国 32 年 1 至 5 月，成立公路初级技术人员训练班，训练监工以上、工务员以下之工程人员 36 人。

关于考察实习方面，交通部于民国 29 年，一面派现任公路人员出国实习,一面指定在美留学生的实习科目,交流国内外技术。民国 31 年 9 月。交通部制发《公务员进修及考察办法》。

自建立公路机构以来,专业人员逐渐增多,至民国 34 年,直属系统员工有近 6 万余人,其中工程技术人员占 1/4 强,在公路工程机构中则占 2/3。抗战时期虽机构频繁更迭,技术人员补充困难,但各级公路部门一直比较注重培训专业人员,或开训练班,或聘请专家分授专业学课,继而成立技术人员训练所,施以学技训练,举办特种考试,提高专业水平。并开展学术研究,派员赴欧美考察、实习、引进国外公路技术。因而工程技术力量日益壮大。在管理工作中,实行任免、调迁、考绩、奖惩、铨叙等较系统的办法,对于公路建设人才的培育亦具有辅助作用,制度可称完备。

四、劳工管理与劳保福利

抗日战争时期,为完成期限紧迫的新建和改建公路,建立了各种专业施工队伍。至民国 34 年直属国民政府公路部门的固定工人达 4.2 万多人,占员工总数的 74%。有关工人工资、津贴与考核奖惩及医疗设施、伤亡抚恤等,各公路部门逐渐制定办法直接管理。抗日战争以前,鄂、浙、闽等省制定了《养路道工管理规则》。民国 27 年,直属西南公路运输管理局公布《技工艺徒等领发工资暂行办法》,并于民国 30 年,修正为《工人管理规则》;民国 32 年,公路总局令颁《司机、技工待遇办法》。至此、中央直属施工机构的劳工管理终于有章可循。

(一) 工人的工资和津贴

民国 30 年 8 月,西南公路管理处修正的《工人管理规则》中规定:工作时间每日 8 小时,如超过规定,酌加工资;工资等级分为 32 级,见表 8-10-3。

西南公路管理处工人工资等级表　　　表 8-10-3

等级	工资(元)	工　人　工　种
1	140	工匠领班
2	130	机匠
3	120	补胎工
4	110	
5	100	
6	95	车工　锻工　钳工　铸工
7	90	模型工
8	85	监工　司机
9	80	船工　木工
10	75	铁工　漆工　印刷工
11	70	大车　大副
12	65	材料夫　(工)　缝工
13	60	泥水工　竹工·晒图工
14	55	
15	50	
16	45	测夫　树艺工　(工)　公役　副匠　信差
17	40	厂夫　站夫　播机工
18	38	小工　司机助手
19	36	试用监工　石工
20	34	
21	32	
22	30	艺徒
23	28	渡夫总班长　渡夫班长
24	26	道班班长　渡夫　水手
25	24	看桥工　道工　巡路工
26	22	
27	20	
28	19	
29	18	
30	17	
31	16	
32	15	

民国 32 年 10 月 30 日,交通部公路总局颁布司机技工待遇办法,规定了技工工资的等级及工资。如表 8-10-4。

交通部公路总局技工工资等级表　　表 8-10-4

等级 \ 数量档次	一	二	三	四	五
1	180	110	75	56	40
2	160	100	70	52	38
3	140	90	65	48	36
4	120	80	60	44	34

关于工人生活津贴的发放:抗日战争期间,物价不断上涨,生活费用与日俱增。因此,除工资外,另有生活津贴。西南公路运输管理局于民国 28 年规定对技工、助手和艺徒,按工资额增发生活补助费:工资 40 元以下的 4 元,40 元以上的每 10 元增加 1 元,但最高额为 10 元。民国 30 年 7 月份起,统一按《非常时期改善公务人员生活办法》第 12 条的规定:"工役每人每月得购领平价米 2 市斗,工役的家属得购领平价米 2 市斗,但不得超过 2 人,其未办平价米地区施行米代金办法,比照办理"。其后米代金也改为生活补助费,按工资加成计发。

地方公路部门也有相似的规定。浙江省公路管理局在民国 32 年 8 月规定:除工资以外,月给食米 60 斤;以后又有增加。福建省公路工人待遇,在民国 33 年规定:月给糙米 60 斤外(当时米价每斤由 4 元涨至 13 元),养路队队目月支 310 元,小工 250 元,桥工队目 460 元,技工 400 元;以后亦有增加。

(二)工人工作的考核和奖惩

工人工作成绩的考核,当时交通部或中央其他管理机构没有统一规定,由下属各单位自定办法。西南公路管理处曾于民国 30

年规定：每半年考核一次，分别奖惩。凡服务勤奋、成绩优异者，节约物料有事实可查者，增加生产成绩显著者，在工地拾得财物送交主管人员招领者，变起非常能应付得宜或奋勇救护者，因公致受重伤者，在一年内不请假者，分别给予嘉奖、记功、奖金、晋级。因行为不检影响本部门名誉者，毁损公物者，工作不力者，不服从指挥或违犯规则者，工作疏忽屡肇事端者，旷工一星期以上者，发生事故逃避不救者，分别给予警诫、记过、罚金、降级、开除。请假继续一个月的得酌情予以解雇。

民工和兵工如期或提前完成筑路任务，分别给予奖旗、奖金。

（三）职工劳保福利

1．伤病医疗

民国 27 年，西北公路局在兰州设立诊疗所；次年，西南公路管理处设置龙里诊疗所，不久扩充为卫生事务处（所）。民国 30 年，西北公路管理处成立，于 4 月间设置天水、徽县和平凉诊疗所，年底改天水所为医院。

民国 31 年和 32 年，交通部先后公布《各附属机关非常时期员工暨其直系家属伤病治疗补助办法》。规定各附属单位得设医院、诊所，员工本人及其直系家属患病，由服务机关医院免费诊治；其未设院（所）者，得委托当地医院代办。员工本人患重病，非本机关医生或委托医院所能诊治，并经证明转送其他医院诊治者，其医药费在 500 元以内者全数补助，500 元以上者酌予补助。但直系家属免费诊治，不过是徒有规定，未见施行。

民国 32 年 2 月，西南公路局在贵阳东山设立医院一所，西北公路局将兰州诊疗所扩大为医院。民工在工作期间，遇有疾病、受伤，均可免费治疗。

地方公路部门，医疗办法也有规定。如浙江省公路局规定，道工因公致伤致病者，给予医治，不扣工资。四川省嘉渠马路总局岳池工程处规定，重伤者给医药费 10 元，轻伤者给 5 元。

2. 伤亡抚恤

民国 27 年 12 月，交通部规定公路员工抚恤适用《铁路员工抚恤通则》；员工因执行职务伤残者，按其情况及服务年限，给予 12 至 24 个月平均薪资的一次恤金，死亡者另加丧葬费 50 元。在职满 3 年以上积劳病故者，按服务年数酌给 1 至 12 个月平均薪资的一次恤金。

3. 员工退休

民国 32 年 4 月 15 日，交通部公布的《部属机关员工退休规则》中规定：凡员工服务满 15 年，年令满 55 岁者；服务满 25 年，成绩优异，年令满 45 岁者；或服务满 10 年以上，年令满 45 岁，体弱不堪任职，经医生证明属实者，可以自请退休。年令满 60 岁或服务满 40 年者，或身体残废不胜职者，得令其退休。

退休员工，按退休的月俸及服务年资，核给养老金。凡服务满 10 年者，每月给月俸的 25%；10 年以上者，每满一年加发 2.5%；满 40 年者给月俸的全数。服务未满 10 年命令退休者，酌给一次退职金，按每服务一年以一个月俸计算。

退休员工回原籍者，按出差旅费规则，发给本人及眷属回籍旅费。亡故时按抚恤规定给恤。

4. 福利设施

自民国 28 年开始，各路先后设立福利会，曾举办下述事项：

1) 消费合作事业。采购米粮，供给各宿舍，并照原价分售给员工家属，养路工人工资低微，亦由工程处购办廉价食粮。

2) 设置食堂、宿舍、浴室、理发室和书报阅览室及组织球队和剧团等娱乐活动。

3) 职工子弟教育，西南公路局曾对练习生及艺徒施以技艺学习，于夜间授课，并在重庆和贵阳设立子弟小学。西北公路局曾设幼儿园一所，并贴费办理兰州、天水扶轮小学和蔡家坡扶轮中学及兰州西北师范学院附中分校。

五、公路工会

民国28年6月29日，交通部转发第五届中常会通过的《公路工会组织暂行办法》中规定："公路工会以增进工人之知识技能，提高工人之工作效率，加强工人之团结力量，并谋发展国家之交通事业为宗旨"。还规定了公路工会的主管官署为建设厅，最高监督机关为交通部；国营公路的工会，由交通部直接管理监督，在业务方面须受各该路管理局（署）管理与指挥。其组织办法是：凡服务于同一公路区域，年满16岁以上的各种工人，集合50人以上，得依法定程序，发起组织工会。工会设理事和监事。工会职员必须在工作时间外办理会务或举行会议；必须驻会工作者，得推定常务理事一人，并须呈请主管局、署核准后施行。

根据上述组织办法，川桂公路工会首先筹备，并于民国29年更名为西南公路工会筹备委员会，交通部指派西南公路管理处处长兼任筹备委员。筹委会制定了工会组织通则，规定了会务：如团体协约的缔结或废止，为会员介绍职业，举办劳动保险、医院诊所和托儿所，组织生产、消费、购置、信用、住宅等合作社及其他有关工人福利的事务。

民国34年10月15日，西北公路工会正式成立，总会设在兰州，分会有西安、兰州、酒泉、天水和褒城5处，另有支部46处，直属支部6处。至民国36年6月，入会者共计6248人。交通部直辖公路和省、市公路部门都陆续成立了公路工会。

工会组织，原为保障工人权益和工人福利，促进事业发展的群众团体；而当时公路工会组织办法所阐明的宗旨及规定的主管官署，监督机关的权限，毫未涉及会员大会的权力，理事和监事的职责，还限制了会员与工会职员的活动，直属公路工会的负责人由交通部指派，无疑成为官办工会，是公路业务管理部门和国民党机关的附属机构，必然为反动的权势所利用，成为压迫工人的工具。有些主持工会的负责人图谋私利，为权势效劳成为工贼，工人的团结和权利，反而遭到破坏，蒙受损失。

第十一节　陕甘宁边区的公路

民国24年10月，中国工农红军在陕北吴起镇（今吴旗）胜利会师，成立了"陕甘宁苏区"；次年改称"陕甘宁特区"，后又改为"陕甘宁边区"。民国26年9月6日成立"陕甘宁边区政府"，下设建设厅，由刘景范任厅长，厅下设公路局，有正、副局长各1人(钱维人任局长)、总工程司1人、工程司4人；下设总务、工程和交通三科及秘书室，各设科长（主任）1人、科员、事务员及书记各3至5人，工程科和交通科各设佐理工程司和工务员各3人；并按工程需要，设置工程处和测量队。其组织编制见图8-11-1。

民国28年5月，边区建设厅将公路局撤销改为工程科，先后由谢怀德和丁仲文任科长，下设总务和道路两股，总务股下设管理、设计和绘图三室。同年12月底，建设厅改编，成立交通运输局，由丁仲文和曹世华任正、副局长，其业务执掌范围扩大为水利、市政和道路建设及各种运输事业；局内职工共21人，外属单位131人，其中有工程司3人、工务员2人和监工员20人，分布在各路局、工程处内。

民国30年7月，边区建设厅为精简机构将交通运输局改为第四科，丁仲文任科长，科内职工减少为13人。

一、建设方针

抗日战争开始，边区政府的交通建设主要服从于支前的需要。如对咸榆公路富县米脂段和绥德宋家川支线的养护和兴建，使能

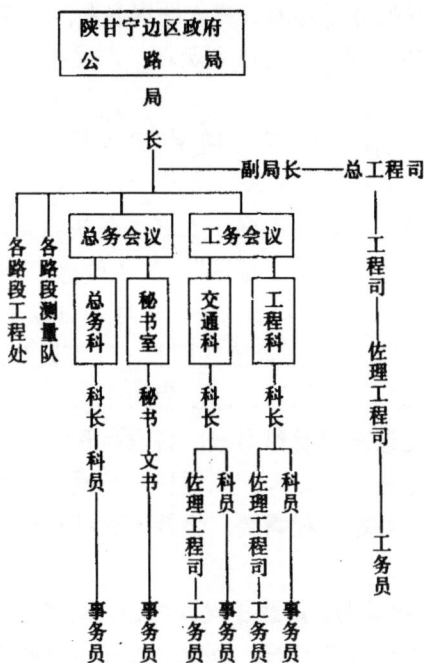

图 8-11-1　公路局组织编制

保持经常通车以支援抗日战争和物资交流。民国 31 年至 34 年，在边区大生产运动期间，为了发展运盐与反经济封锁，进行 1000 公里大车路的建设，以弥补公路路线的不足。虽然这个计划由于形势的变化未能全部实现，但也体现了边区政府的交通建设，既服从于当时的政治任务，又服务于经济建设。其建设方针是：动员公私力量新建与整修驮道、大车路和公路，大搞群众性的运输，以利货物运输与军事交通；便利经济发展，促进边区的经济建设。

二、边区道路的修建

民国 26 年，首先修建延安姚店子至延川王家屯一段 40 公里的公路，于年底全部完成。从此咸榆公路全线通车，不仅加强了军运，同时对经济的发展也起了很大的作用。

民国 27 年，动员群众修通了延安至安塞 32 公里的大车路。次年将大车路展至龙石头及茶房川；并将咸榆公路分成 4 段进行彻底整理和改善，使咸榆公路在边区所辖路段的工程质量得到了提高，保证了行车安全。

民国 29 年至 30 年共修筑大车路干支线 7 条，全长 1035.5 公里。修建里程及桥涵数量见表 8-11-1。

民国 30 年完成的主要大车道　　　　表 8-11-1

路名	里程（公里）			桥梁（座）	便桥（座）	涵洞（道）	说　　明
	全长	修筑	通车				
安庆路	300	300	300	—	21	4	民国 29 年修成，工资完全发给、非义务动员
庆临路	255	235	255	8	1	4	鄜（富）县至牛武镇 20 公里为已成路段
西华支线	15	15	15	—	—	—	工款和工额均在定庆路内，2 公里为市内道路
延临路	65.5	65.5	65.5	—	49	—	延安至柳林子 45 公里，工程费包括在庆临路内
延定路定丹段	105	102.5	105	1	18	7	延安至杨家岭 2.5 公里是以前修的。1982 年调查：全路长 277 公里，定丹段长 181 公里
延靖路	160	75	115	2	—	1	延安至靖边杨家畔 160 公里，有 45 公里未修通，只有 40 公里是以前修的。1982 年调查全路长 169 公里
清靖路	135	110	45	—	—	—	清涧至薛家畔 135 公里，清涧至大坪 110 公里动工修筑，仅通车瓦窑堡 45 公里
总　计	1035.5	903	900.5	11	89	16	

　　民国 31 年，边区政府确定的修路方针是：未通者修通，已通者改善。故将主要力量集中在几条交通最繁重的干线大车路上，如延安定边、定边庆阳及清涧靖边等线。

　　此外，还兴建佳县至螅镇 50 公里和延安黑家堡至延长 30 公里两条大车路。民国 32 年，对运输繁重的大车路改建为公路。如延安至延长的大车路是边区经济要道之一，便利延长的石油、棉花、土纱、食粮和水果等土产品的输出，以及由山西省入口的生铁转运到延安，同时将延安的食盐和煤炭运往延长，并向山西出口。随着运量的增加，这条大车路，已不能适应物资运输的需要，故改善为公路。该路全长 50 公里，土方工程动员民工完成，石方采用雇工。由于路基初成，路面松软，以后加强了养护。

　　民国 33 年以后，建设重点转向改善和提高现有各路，添修桥涵。由于边区范围扩大，当年成立"关中专区"，并在专区内建成马栏经庙湾至柳林（淳耀县）长 35 公里和淳耀县的衣食村至陈家楼子长 12 公里的两条大车路。从此，可将淳耀县衣食村的煤运往内地，又可将马栏等地的木材供给衣食村，特别是沟通了由边区到关中的最大口岸柳林镇（当时淳耀县政府所在地），功用很大。

　　民国 34 年，以绥德宋家川公路为主，继续改善提高，其中绥德至吴堡段曾动员民工 1200 余人，于春季动工改善了 45 公里，路幅宽度达 5 米。该路经改善提高后可以通汽车，是当年筑路的主要成绩；其他公路的改善也取得一定的成效。迄抗日战争胜利，边区的公路，详见表 8-11-2。

民国 34 年陕甘宁边区公路　　　　表 8-11-2

路　　别	起　迄地　点	里程（公里）	路　线　概　况
咸榆公路	洛川～镇川	466.0	民国 27 年前修通。一般路幅宽 7 米，最窄处不少于 5 米；最大纵坡 10%，最小平曲线半径 15 米。除榆林附近及铜川以南为国民政府管辖区外，其余全部属陕甘宁边区政府管理

路　别	起迄地点	里程（公里）	路　线　概　况
绥宋公路	绥德～宋家川	63.5	民国 24 年～25 年，由国民政府用军工修通，一般路幅宽 6 米，窄处 5 米，最大纵坡 15%，最小平曲线半径 15 米
延靖公路	延安～真武洞	47.0	民国 30 年边区政府按大车道修通，能通行汽车。但路基有损坏，桥涵、水管全部未修
延韩公路	延安～韩成	256.0	延安至临镇段 70 公里，边区政府于民国 30 年修通。只完成路基，桥涵修的很少，原有木便桥多腐朽。临镇至宜川段 62 公里，国民政府曾修通，通过一次车；未经测量，坡大弯急，桥涵修建亦少，尚难通车。宜川至韩城段 124 公里，国民政府于民国 31 年修通，路幅宽 4.5 米，最大纵坡 15%
延定公路	延安～郝家岔	60.0	边区政府于民国 30 年按大车路修通，延安至郝家岔勉强通行汽车
绥定公路	绥德～石湾	95.2	国民政府于民国 25 年用军工修通，勉强通行汽车
清靖公路	清涧～子长	46.4	边区政府于民国 30 年按大车路修通，清涧至子长段，勉强通行汽车
富桑公路	富县～桑柏	148.0	国民政府于民国 26 年～27 年修通，富县至宜川段长 103 公里，路幅宽 4 米，最大纵坡 15%，宜川至桑柏段长 45 公里，路幅宽 4.5 米，一般纵坡 8%，桥涵载重为 3 吨
肤长公路	姚店子～延长	50.0	边区经济路线。于民国 32 年由边区政府建成通车。
洛宜公路	洛川～宜川	76.0	国民政府于民国 29 年修成便道，路幅宽 4 米，最小平曲半径 10 米，一般纵坡 6%，最大纵坡 15%。民国 33 年国民政府改建为正式公路，路幅增宽为 5 米
洛白公路	洛川～白水	113.3	国民政府于民国 30 年征用民工修通
宜白公路	宜川～白水	101.0	国民政府于民国 33 年征用民工修通
合　计		1522.4	

上表所列 1522.4 公里公路是陕甘宁边区的全部公路，见图 8-11-2。

因限于财力、人力和砂石材料，铺筑泥结碎石路面有困难，所以都是土路，以致雨季泥泞，行车困难，而且缺少桥涵，故当时改善重点是增修必要的桥涵。如延安附近各路段的桥梁，富县的榆林桥，延川县境内的马家坪、双庙和刘家疙瘩等处的桥梁，这些桥梁建成后，对车辆的顺利通行起到很大的作用。

边区政府为维持地方交通从大修大车路着手，然后根据交通发展情况，择要改善提高成为公路，这种在民间运量大、汽车数量不多的条件下发展交通的方针，是符合经济发展规律的。

三、公路技术标准与施工组织

（一）技术标准

民国 30 年，边区政府动员群众修筑了 1000 多公里的大车路使之联结成交通网，路幅宽度曾规定一般为 3 米。

关于公路的技术标准，一般路幅宽度为 5 至 6 米，平川地段宽度为 7 至 9 米，悬崖陡壁工程艰巨的个别地段，也有 3 至 4 米的；最小平曲线半径约在 10 米以上，最大纵坡要求在 8% 以下，但实际上有 15% 左右的。

（二）施工组织

施工前均由建设厅及公路单位派工程技术人员进行测设、编制概算和预算，呈请审批后开工。施工组织是临时性的，一般有关筑路的各区政府均成立临时性的"筑路委员会"，区长为主任委员，负责领导与组织动员。工程一般分为土工和石工两种：新建或养路土工全部动员民工义务劳动；石工由政府雇工完成。因此，边区筑路一般分为民工的组织领导和现场管理两部分。

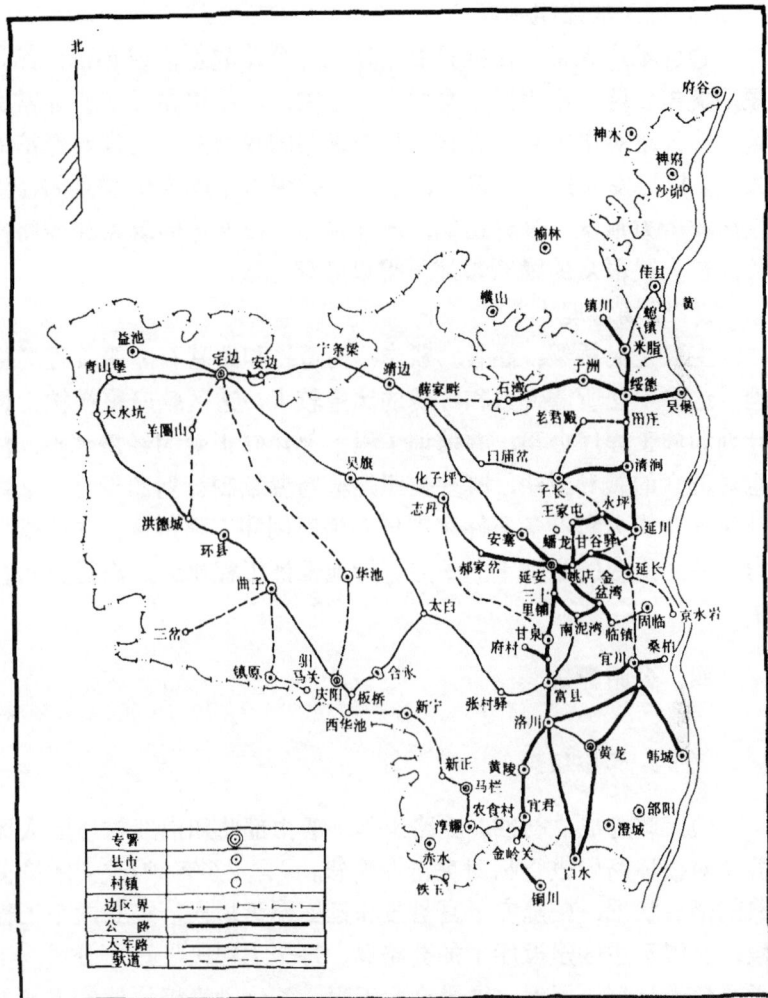

图 8-11-2　陕甘宁边区公路和道路路线示意图（民国 34 年）

1. 民工的组织领导

边区地广人稀，在抗日战争期间，公路的新修或补修，都是短期突击任务，征用民工数量大、范围广，组织领导工作非常繁重。边区政府重视宣传教育，阐明筑路的政治意义与发展经济的关系，以启发人民群众筑路的热忱；并深入了解人民群众的经济生活和劳力情况，妥善组织，加强领导，使繁重的筑路和养路任务，在人民群众的踊跃参加下得以胜利完成。

2. 现场管理

主要是对桥梁、涵管、驳岸、构造物和路基石方等工程的管理。这些工程所需劳力和经费的比重较大，边区政府重视按工程计划和施工程序办事，并培训工程干部建立正确的经济观点，注意对群众的领导方法，既要按照运输需要编制计划和设计，又要针对群众能力和设备条件来安排实施时间和工程进度，在珍惜民力、节约用费的原则下，千方百计地保证工程质量，满足运输要求。

四、公路养护

（一）养路组织

边区政府成立初期，养路工作一般由部队和沿线村庄的人民群众对损坏路段进行临时突击性整修。民国 27 年，为改变咸榆公路的落后状况，在延安至富县段和延安至延川段，成立两个工程段，直属于边区建设厅下的公路局。每个工程段设三个分段，工程段负责计划、督促、领导全段工程，各分段直接领导施工和养护工作，其组织编制如图 8-11-3。

段长兼理一个分段，路工队负责公路路基和排水工程的整修等工作。

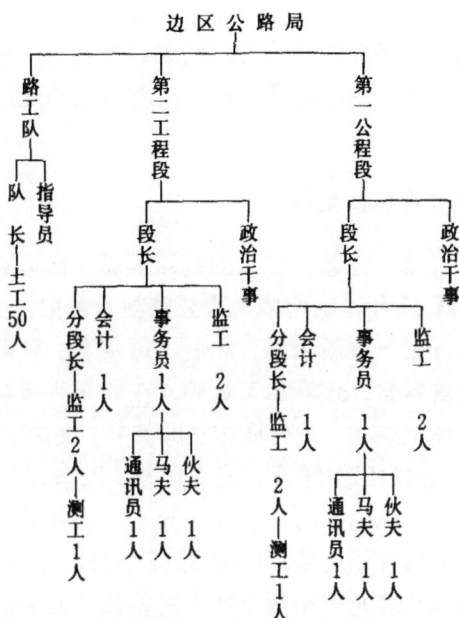

图 8-11-3　边区的养路组织

（二）养路规章

民国 30 年 1 月 16 日，边区政府公布了《陕甘宁边区义务养路队暂行组织规则》及《陕甘宁边区民众义务养路队章程草案》等。在每条公路建成后，即将沿线十里以内的修路队转变为义务养路队，负责该路的养护工作。次年，在富县至米脂（咸榆公路的一段）公路上，设立延川段和甘泉富县段两个工程处主办修建和养护工程。

五、爱路模范

在边区里，修路养路已成为群众的自觉行动，不断涌现出修路英雄、模范人物。他们的模范行动，对边区的交通建设起到一定的促进作用。

（一）劳动英雄段生福

段生福老汉是一位急公好义的筑路英雄。他辛勤修路，二十年如一日。民国11年，铁角城一段公路被水冲毁，交通断绝，他用100多个工开出一段新山路。此后，每年春、秋两季，他领着儿子用毛驴驮着粮食、炊具和工具等，在北至张崾岘、南至铁角城的160里道路上巡视，遇有损坏立即修补。民国27年，他卧病在床不能修路，就拿出大洋5元雇人代修。民国31年，他家附近有个姓罗的没粮吃，他拿出一大斗"糜子"雇姓罗的去修路，既救济了村友，又修好了公路。民国33年3月，张崾岘的路坏了，跌死牲口，他就领着儿子和两个雇工去抢修，6天把路修好。段生福视修路为已任，不论到哪里，一见路坏就修补。民国33年，他被全乡一致选为劳动英雄，在"三边群众大会"上被评为甲等英雄。

（二）修桥模范鲁颜曾和梁满成

边区修桥模范鲁颜曾和梁满成是延安蟠龙区和青化砭区的居民。他们热心公益，目睹蟠龙至瓦窑堡间咀村附近急需建桥，鲁颜曾卖羊20多只，麦子1石，与梁满成两人共捐1000元，并在延安、甘泉、富县一带募捐3万元。于民国31年春天开工，到冬季建成9米高的一座桥。所差工款，边区政府给了补助。民国33年，鲁、梁等人又在柳沟门募捐建成一座小桥。

（三）模范干部张登俊和张玉兴

民国 34 年秋，洪水冲毁延安县甘谷驿东门外一段公路，影响交通，甘谷驿市文化主任张登俊和优抗主任张玉兴两人主动捐款，并参加抢修。他们是边区政府干部中的修路模范，对发动群众举办交通事业起着积极的作用。

以上列举几位爱路模范，说明了当时边区广大人民拥护边区政府发展交通，自觉修路、护路的革命热情，同时，也证明了边区政府为改善人民生活，兴修公路，便利物资运输的政策，赢得了人民的积极支持。

第十二节　沦陷区的公路

中国的东北及华北、华东地区和华南的部分国土，于民国 20 年"九·一八"事变和民国 26 年"七·七"事变后先后被日本帝国主义所侵占。日本侵略军为加速其军运，便于掠夺物资，曾制定了庞大的筑路计划，并强迫沦陷区人民修筑公路。但由于抗日爱国军民的英勇抗战，使日军企图以筑路而达到长期占据沦陷区的野心完全破灭。

一、伪满洲国的公路

日本帝国主义于民国 20 年策动"九·一八"事变，先后侵占我国东北辽、吉、黑、热四省，于民国 21 年（伪大同元年）3 月，成立傀儡政权"满洲国"（以下简称"伪满"）；至民国 34 年（伪康德 12 年）9 月 2 日，日本帝国主义签署投降书，统治东北 4 省达 14 年之久。其公路组织机构与修建公路情况如下：

（一）公路组织机构的演变

1. 国道会议

国道会议是伪满洲国国道建设的最高决策机构。设议长一人，由国务总理大臣兼任。副议长为伪民政部与交通部大臣。议员有伪国道局长、关系部总务司长以及专家学者组成。主要审议伪国务院总理大臣提出的国道建议，以及水利工程等重要土木工程。

2. 国道局

日本关东军特务部于民国21年（伪大同元年）10月，在奉天（今沈阳）成立"临时道路建设事务所"；次年3月，伪满政权成立"国道局"直属于伪国务院，接管事务所工作，国道局共有190余人，其中日本人占90%以上，局长藤根寿吉原任满铁理事、关东军特务部顾问。

3. 伪民政部土木局

民国26年（伪康德4年）1月1日伪政权将民政部土木司与国道局合并，在伪民政部内设土木局，管理伪满境内的全部道路建设。

4. 伪交通部道路司

民国26年（伪康德4年）7月1日，道路建设与管理由民政部划归交通部，伪交通部内设道路司，下设监理、直辖工事和地方工事3个科及哈大道路调查事务所，原"建设处"改为"土木工程处"。民国28年（伪康德6年）图门、牡丹江、东安、黑河和海拉尔5个土木工程处专门修建军用道路。次年，将土木工程处移设珲春。至于南满一带道路，主要移交各伪省公署负责修建。

伪哈大道路调查事务所于民国28年（伪康德6年）成立，民国31年（伪康德9年），迁到"新京"，（伪满政权首都，今吉林省长春市）改称"国防道路建设处"。

民国32年(伪康德10年)，伪交通部又将道路和都市计划两司合并，改称"建设司"。

5. 伪交通部土木总局

日本帝国主义发动太平洋战争后，实行了"战时体制"。民国33年(伪康德11年)3月1日，伪交通部另设"土木总局"专门修建关东军指定的军用道路和机场。实质是关东军公开地指挥修建军用道路。

当时，伪省建设厅改为交通厅，没有建设厅的设交通科；重要县、旗设运输科。

在关东军的策划下，伪满道路组织机构屡经变动，每变动一次，就增大一些关东军直接操纵权，为日军修建军用公路。

(二) 公路计划及完成情况

伪满公路计划分为6类：

1. 国道

国道标准按起讫点的重要程度与路宽分为一、二、三级：

一级国道——首都"新京"通往"省公署"所在地与重要城市的道路，

二级国道——连接重要城市间的道路；

三级国道——连接县城和地方城镇的道路。

各级公路的技术标准如表8-12-1。

各级国道的技术标准　　　　表8-12-1

等级	路宽 (米)	用地宽度 (米)	最大纵坡 (%)	横断坡度 (%)	视距 (米)	平曲线最小半径 (米)
一级	7.0	28	3.3~7.0	5~7	100.00	100.00~30
二级	6.0	24	4.0~10.0	5~7	50.00	100.00~20
三级	不作规定					

桥梁设计的车辆荷载为汽车 8 吨，验算荷载为 12 吨压路机，均布荷载为 500 公斤/平方米。

伪国道局成立后，对关东军特务部提出的《建设国道十年计划》因财力和物力不足，不得不将原订的 6 万公里改变为：第一个五年计划民国 21 年～25 年（伪大同元年～康德 3 年），修建国道 1 万公里；第二个五年计划民国 26 年～30 年（伪康德 4 年～8 年），修建国道 1.3 万公里。

实际上第一个五年计划仅完成 8992.3 公里；并修建永久性桥梁 20 座，总延长 4570 米。第二个五年计划仅执行到民国 28 年（伪康德 6 年）为止，完成 6489.1 公里；共完成 15481.4 公里。

日伪修建国道，以改造旧有道路为主，新建为辅；避免与铁道平行的路线。第一个五年计划中整修的主要干线，以军用道路和警备道路为重点，实际都是军用道路。为配合希特勒德国法西斯的对苏备战，加紧修筑军用道路。从民国 33 年（伪康德 11 年）起，在原第二个五年计划拟修的 1.3 万公里国道中，着重抢修北部边境 4000 公里的军用道路，由图门、牡丹江、东安、黑河和海拉尔 5 个伪交通厅直辖的工程处承担。至于南满一带的国道，由有关各伪省公署作为地方道路进行修建。

2．地方道路

地方道路计划是由伪满民政部土木司提出的，即将东北原有的 36672 公里道路，择其与"维持治安、警备急需者"作为重点，从民国 22 年（伪大同 2 年）至民国 27 年（伪康德 5 年）整修 20000 公里。

地方道路的修建由各省"民政厅土木科"和各县"土木股"承担，主要靠奴役沿线农民组成所谓"爱路会"摊派修筑；伪交通部每公里仅补助 200 元作为工具材料费用。

截至民国 28 年（伪康德 6 年）底，地方道路共整修 13898.9 公里，修建桥梁共 21618 延米。

3. 警备道路

警备道路当时又称"治安道路"或"讨伐道路"。是日本帝国主义专为"讨伐"中国共产党领导的抗日联军,强化治安而修的道路。

民国28年(伪康德6年),仅在伪吉林、牡丹江、间岛和通化等省就抢修了"警备道路"600公里。

民国29年(伪康德7年),关东军又限令伪热河省在丰宁、兴隆和滦平等县抢修了"警备道路"200余公里。

4. 军用道路

军用道路当时又称"特殊道路",除上述国道中关东军令伪满交通部在北部边境拟修的4000公里军用道路以外,民国30年(伪康德8年)7月,关东军为配合法西斯德国入侵苏联,又令伪满交通部紧急突击抢修"关东军特别演习军用道路"1000公里,主要包括下列路线:

① 海拉尔地区:免渡河附近兴安岭山区约100公里;

② 黑河地区:黑河、呼玛间和兴安岭山区约400公里;

③ 佳木斯地区:佳木斯和富绵间的松花江畔约100公里;

④ 东满地区:东宁和老黑山以及半截河和平阳镇到绥阳间,还有虎林、虎头和兴凯湖一带约400公里。

伪满交通部为突击抢修以上的军用道路,采用"总动员",增设"佳木斯土木工程处",将"珲春土木工程处"移往鸡宁;并将南满一带的水利工程技术人员由关东军指挥,所需劳力与工具由各省、县摊派,当年9月基本完成抢修任务。

民国34年日本帝国主义投降时,军用道路共完成约4000公里。

5. "开拓民"道路

开拓民道路是日本帝国主义为大规模移民到土地肥沃地区(或军事重镇)而修筑的道路。从伪满成立后,日本帝国主义向

我东北移民：第一次武装移民是在民国 21 年（伪大同元年）10
月，到达地点为佳木斯；次年，到达地点为永丰镇。这种武装移
民除每人发给步枪外，还配备迫击炮、机枪等武器。到民国 25 年
（伪康德 3 年）7 月止，共强制移民 5 次，2900 户，7296 人。

民国 25 年（伪康德 3 年）8 月，日本帝国主义订有《开拓国
策二十年百万户计划》，计划从民国 26 年（伪康德 4 年）起，每
5 年为一期，共分 4 期，移民户数逐年增加，分别为：10 万户、
20 万户、30 万户和 40 万户。这些武装移民计划要强占哈尔滨以
北良田 9922500 公顷。

根据上述情况，伪交通部拟订了《开拓民道路五年计划》。从
民国 26 年~30 年（伪康德 4 年~8 年）按国道标准修建，包括移
民地城市道路在内，预计修建公路 4000 公里。截至民国 27 年（伪
康德 5 年）底，日本帝国主义实际上已在东北 45 个地区，移民 3
万多户，共修建开拓民道路 1272 公里。此后日本帝国主义由于战
争紧急，其大量移民计划没有得逞。

6. 国防道路

民国 28 年（伪康德 6 年），关东军提出修建哈尔滨至大连公
路（哈大公路），当时也叫"国防道路"，仿照德国的高速公路修
建。它是连接南满港口大连与北满国境的军用道路，构成一条军
事和经济的交通大动脉。

修建此线的目的首先在于军事，如果中东或南满两铁路上任
何一座大桥被炸毁，会使交通中断，军运不能专靠铁路，还应有
相应的高级道路；其次在于工业，民国 25 年（伪康德 3 年）沿线
工厂有 4655 个，占全东北工厂总数的 70.8%，年生产值达 2.7 亿
元，占全东北工业生产总值的 80%；此外，沿线煤、铁等矿产资
源十分丰富，沿线地区也是主要的农业产区。

根据上述情况，伪交通部于民国 28 年（伪康德 6 年）在沈阳
设"哈大道路调查事务所"进行调查与勘测；至民国 30 年（伪

康德 8 年）选定路线共长 1031 公里。由于缺乏财力和物力而搁浅。后因日本帝国主义挑起"太平洋战争"，关东军为对苏备战又提出必修此线，称为"国防道路"。伪交通部于民国 31 年（伪康德 9 年）在"新京"设"国防道路建设处"，并于鞍山、奉天、四平、九台和哈尔滨五处设"建设事务所"。

第一期建设计划是修建奉天至鞍山间，新京至公主岭间和哈尔滨至榆树间各 100 公里，共计 300 公里。因极度缺乏钢筋和水泥等材料，至日寇投降前夕，只能驱使几万名所谓"国民奉仕队员"，大致完成九台至哈尔滨一部分路基及奉天至鞍山极少部分路基；此外，曾在辽阳和鞍山间进行了 50 米长的水泥混凝土路面和几个涵洞的试点工作。

哈大公路，计划上、下行驶各二车道，中间设 4 米的分隔带，车行道两侧另设大车道；预定修水泥混凝土路面与立体交叉，沿线还有信号等设备。设计主要指标，见表 8-12-2。

哈大公路设计主要指标 表 8-12-2

设计指标	平原区	丘陵区	山岭区
设计车速（公里／小时）	160	140	120
平曲线半径（米）	1800～5800	1000～2200	600～1300
视　距（米）	300 以上	175 以上	150 以上
纵断面坡度（%）	3 以下	5 以下	6 以下
凸形竖曲线（米）	18000 以上	9000 以上	5000 以上
凹形竖曲线（米）	7500 以上	5000 以上	3500 以上

这条路线主要是为军事侵略和经济掠夺而修建，原定设计指标有的不切实际，线型上缺点很多。

截至民国 34 年（伪康德 12 年）8 月 14 日日本帝国主义投降，共约完成上述 6 类道路 35452.3 公里。

（三）伪满洲国的主要公路和桥梁

1. 安城国道

安城国道是由中、朝边境城市安东（今丹东）起，沿辽东半岛南海岸西行，中经大东沟、黄土坎、大孤山、青堆子、庄河、花园口至城子瞳，全长216.2公里，是连接大连与朝鲜的陆上捷便通道，又是关东州内大连至城子瞳铁路的连接线。

这条路线早在清朝就已形成，当时是山东和河北等省向东北移民的主要道路之一。甲午和日俄两次战役，日本曾利用此路进军；尤以日俄战役，日军从大孤山和庄河及花园口等处登陆后，驱使当地居民进行整修。民国11年，王永江任奉天省代省长，令各县整修道路，对本路又进行整修。但因当时还没有汽车，仅供马车通行。伪满时期，关东军提出修建此线，民国21年（伪大同元年）沿原有路线修建为安城国道，开始行驶汽车。其主要目的是为镇压以岫岩为中心"三角地带"的抗日武装部队，并进行经济榨取。

2. 京吉国道

京吉国道是从"新京"（今长春市）的吉林大马路终端起，经过拉拉屯、石碑岭和大蒋家屯一带起伏不大的丘陵地区后，到达饮马河平原；过岔路河后，路线进入丘陵地区，经拉溪、搜登站及大绥河等村落，穿过老爷岭的溪谷，到达吉林市西南的黄旗屯附近止，全长108.8公里。

自古以来长春与吉林就有密切的联系，修建铁路前的道路交通很繁忙，是政治和军事上的重要路线；铁路修通后，交通量一时为铁路所吸引。但日伪为维持其反动统治，镇压爱国抗日部队，就修建了这条所谓"第一条国道"。

3. 北承国道

北承国道从北票起，经朝阳、凌源、平泉到热河省会承德止。

全长342.9公里。其中朝阳至承德段从清朝到民国，都是一条重要道路。自民国12年以来，东北军阀曾多次整治，到民国17年已能通行汽车。

民国22年（伪大同2年）3月，关东军侵占热河后，责成伪国务院在原有道路的基础上，按一等国道标准改建。

热河一带山区全无植被，水土流失严重，河流很不稳定，架桥有一定困难，日伪为应急与节约，大多修过水路面。

此路也是关东军对付热河抗日武装的主要警备道路之一。

4. 讷黑国道

早在清朝本路就是重要的官马大道，从民国到伪满时期仍是东北北部的干线道路。路线由讷河起，经嫩江、科洛站越过兴安岭，经三站、二站到东北北部门户黑河止，全长366.4公里。伪满时期仅就原路加以整修而已。

5. 齐海国道

这条路也是旧有的官马大道，是东北重镇齐齐哈尔通往东北地区西部门户海拉尔的干线道路。"九·一八"事变后，日本帝国主义为保持中东铁路的军事交通运输，很重视这条由齐齐哈尔经甘南、扎兰屯、博克图越过大兴安岭到达海拉尔，长约400公里的汽车路线。

日本侵略军曾利用此线大量屠杀东北抗日部队，蹂躏无辜的爱国人民，并对苏联进行备战。

在建设上述道路时，对所跨主要河流架设大、中桥梁87座（未包括饮马河桥），总计19412.2延长米。其中除温德河桥、嫩江1、2号桥及松花江桥已列入第二章外，现将长100米以上的永久性桥梁51座，总计12817.5延长米，见表8-12-3。

伪满时期修建的主要桥梁　　　表 8-12-3

编号	桥名	河名	结构型式	桥长(米)	孔径(米)	桥宽(米)	建成年度	备注
1	戈呀河	戈呀河	钢板梁、沉井基础、重力式墩	310	2×18 11×24	5.3	民国34年(伪康德12年)	仅修下部墩台
2	吉林大桥	松花江	钢筋混凝土双悬臂、沉井基础、重力式墩	449	2×23 13×31	9	民国29年(伪康德7年)	
3	延平	布尔哈通延吉河	钢筋混凝土T型梁、沉井基础、钢筋混凝土桩三根	240	20×12	12	民国25年(伪康德3年)	
4	汛河	汛河	钢筋混凝土悬臂梁、重力式墩台	212	2×17 8×20	6	民国32年(伪康德10年)	
5	柴河	柴河	钢筋混凝土悬臂梁、重力式墩台	304	5×21 12×16	6	民国32年(伪康德10年)	1985年良好
6	双安	辽河	钢筋混凝土悬臂梁、重力式墩台	492	9×20.8 9×28.5	6.7	民国32年(伪康德10年)	1985年危险
7	朝阳	大凌	钢筋混凝土悬臂梁、重力式墩台	342	17×20	5	民国31年(伪康德9年)	1985年危险
8	寺院1号	牛毛生	钢筋混凝土T型梁、混凝土重力式墩台	150	11×11.5	3.5(行人道2×1.0)	民国27年(伪康德5年)	1985年危险(梁断裂)
9	寺院2号	牛毛生	钢筋混凝土T型梁、混凝土重力式墩台	110	9×11.6		民国27年(伪康德5年)	1985年良好
10	甸心	牛毛生	钢筋混凝土T型梁、重力式墩台	110	9×11		民国27年(伪康德5年)	1985年良好

编号	桥名	河名	结构型式	桥长（米）	孔径（米）	桥宽（米）	建成年度	备注
11	荒沟甸	牛毛生	钢筋混凝土T型梁、重力式墩台	100	9×8.8		民国27年(伪康德5年)	1985年良好
12	清河	清河	钢筋混凝土悬臂梁、重力式墩台	256	16×16	6	民国24年(伪康德2年)	1985年危险
13	浑河大桥	浑河	钢筋混凝土悬臂梁、三柱式墩台	650	31×8～22	9(行人道2×0.75)	民国31年(伪康德9年)	1985年良好
14	西江大桥	浑江	钢筋混凝土悬臂梁、重力式墩台	467	9×24 10×20	5	民国32年(伪康德10年)	1985年良好
15	老虎洞	老虎洞河	钢筋混凝土板、混凝土轻型墩台	181	4×45	4		1985年良好
16	石门子	柳河	钢筋混凝土板、重力式墩台	137	16×8	4.5	民国28年(伪康德6年)	1985年良好
17	牛头山	拉林	钢筋混凝土T型悬臂梁、重力式墩台	444	2×18 17×24	6	民国33年(伪康德11年)	1985年良好
18	温春	牡丹江	钢桁梁、重力式墩台	204	9×12.2～65	6	民国31年(伪康德9年	1985良好
19	海浪大桥	牡丹江	钢桁梁、钢筋混凝土T型梁、重力式墩台	367	17×12～31	7.5(行人道2×1.5)	民国25年(伪康德3年)	1985年良好
20	孙吴北	逊河	钢筋混凝土简支梁、重力式和木桩式墩台	162	10×10.2～34	6		1985年良好

续上表

编号	桥名	河名	结构型式	桥长（米）	孔径（米）	桥宽（米）	建成年度	备注
21	老站一	公别拉	钢筋混凝土T型梁、混凝土重力式墩台	121	8×15	6		
22	团山	拉林河	钢工字梁、混凝土重力式墩台	210	15×13	6	民国24年（伪康德2年）	1985年良好
23	铁岭河大桥	牡丹江	钢工字梁、混凝土重力式墩台	395	14×12 7×30.5	6	民国25年（伪康德3年）	1985年良好
24	穆棱河大桥	穆棱河	钢筋混凝土T型梁、混凝土重力式墩台	114.5	9×12.5	6.5	民国32年（伪康德10年）	1985年良好
25	绥阳西大桥	绥芬河	木桁梁、重力式墩台	166.5	13×12.5	6	民国23年（伪康德元年）	1985年一般
26	梁家	公别拉	钢筋混凝土悬臂梁、重力式墩台	102.0	2×13.5 5×15.0	6		
27	沐河	沐河	钢筋混凝土悬臂梁、重力式墩台	111.0	5×22.2	7(行人道 2×0.75)	民国24年（伪康德2年）	
28	密山大桥	木会	钢筋混凝土悬臂梁、重力式墩台	199.0	9×20		民国28年（伪康德6年）	
29	科洛	科洛	钢筋混凝土T型梁、混凝土重力式墩台	117.9	9×13.1	4.5	民国24年（伪康德2年）	

续上表

编号	桥名	河名	结构型式	桥长（米）	孔径（米）	桥宽（米）	建成年度	备注
30	宁安大桥	牡丹江	钢筋混凝土T型梁、混凝土重力式墩台	308	2×19.5 11×24	6	民国31年（伪康德9年）	
31	北河沿	绥芬河	钢板梁、重力式桥墩台	279.5	11×24.5	6		
32	海拉尔北大桥	海拉尔河支流	钢筋混凝土板与钢板联合梁、钢筋混凝土重力式墩台	217.0	7×30	5.5	民国26年（伪康德4年）	1985年良好
33	呼达罕	海拉尔	钢筋混凝土T型梁、混凝土重力式墩台	129.0		6	民国31年（伪康德9年）	1985年良好
34	索伦大桥		空心板悬臂简支梁、钢筋混凝土双柱式墩台	128.6	9×10.75～20.3	4.5		1985年良好
35	伊敏		钢板桁钢筋混凝土墩台	150				
36	呼伦		钢筋混凝土	350				
37	兴安大桥		钢筋混凝土	230				
38	大同		钢筋混凝土	290				
39	暖泉		钢筋混凝土	100				
40	抚顺	浑河	空心板悬臂简支梁、钢筋混凝土双柱式墩台	718.9		7.5	民国26年（伪康德4年）	
41	大洋河	大洋河	钢桁梁	326		6	民国25年（伪康德3年）	

编号	桥名	河名	结构型式	桥长（米）	孔径（米）	桥宽（米）	建成年度	备注
42	通化		钢筋混凝土	200				
43	通辽	西辽河	钢筋混凝土板与钢板联合梁、钢筋混凝土重力式墩台	255.4	19×12.2 2×11.8	4.5	民国25年（伪康德3年）	已水毁
44	昌图		钢筋混凝土	153			民国27年（伪康德5年）	
45	本溪湖	太子河	钢筋混凝土	272	7×20 ～32	8.2	民国25年（伪康德3年）	
46	瑷河	瑷河	钢筋混凝土	356.2	19×18	5		1985年良好
47	镇安		钢筋混凝土	150		12	民国25年（伪康德3年）	
48	滦平		钢筋混凝土	200				
49	凌河		钢筋混凝土	500				
50	巴林		钢筋混凝土	100				
51	锦州		钢筋混凝土	180				
	合计		12817.5米共计51座					

二、伪华北政务委员会辖区的公路

民国26年"七七"事变之后，日本帝国主义先后占领我华北四省（河北、河南、山西和山东）大片国土；12月，汉奸汤尔和、王克敏等在北平(北京市)组成了傀儡政权"华北临时政府"。次年4月1日，设置了日本式的"建设总署"，作为"建设华北"

的领导机构，负责制定华北地区公路、水利和城市（主要是城市道路）的建设政策和规划，并领导下属各工程局进行工作。实质是执行侵华日军军部——"华北驻屯军司令部"的指令，直接为日本侵略服务的一个工程建设指挥中心。

民国 29 年，伪华北临时政府并入以汪精卫为首的伪国民政府，改称为"华北政务委员会"；伪建设总署于民国 32 年，改名为"工务总署"。

（一）伪建设总署的机构组织

在伪建设总署内设置公路、水利、都市计划、交通、河运和总务 6 个局，参事、调查和秘书 3 个室及企画委员会；署外设置北京、天津、济南、太原、保定、石门（石家庄）和唐山 7 个工程局及开封工程处；此外，还有"国立华北观象台"和"土木工程学校"。各署内局和工程局之下设立业务科室和施工所。

在上述机构组织系统中，所谓督办、署长、局长和科长等职，虽由中国人充任，但无实权；而技监（相当于总工程司）和参事（技术人员）等职，完全由日本人担任，掌握实际权力。诸如建设规划、重大技术决策和技术文件，必须经过日本官员签署方得生效。这就是傀儡政权的实质。

伪建设总署的技术人员职称，分为技监（正）、技士和技佐（相当于正或副总工程司、工程司和助理工程司）三级。民国 35 年，国民政府交通部公路总局第八区公路工程局接管伪工务总署时，有职员 1469 人，其中技术人员 613 人（包括任主要技术职称的日本人）

（二）伪建设总署（工务总署）制定的公路计划

伪建设总署按照日军军部指令，一面组织抢修、恢复旧有公路，一面调查交通情况，先后四次制定公路建设五年或十年计划。

第一次十年计划，编列国道 8205 公里、省道 7743 公里，总投资伪币 4.8 亿元，计划自民国 27 年起，十年完成。但因计划过大，投资困难，无法实施。

第二次五年计划，改善和新建公路约 11600 公里。投资伪币 1.34 亿元，计划自民国 29 年起，五年内完成。从投资金额看，主要是以改善路况，维持通车。但在敌后抗日军民不断破坏公路的打击下，计划无法实行。

第三次十年改善计划，自民国 30 年起，伪工务总署按国道和省道及其重要程度分别计划：

以伪政权"华北政务委员会"所在地的北京为中心，沟通华北四省省会所在城市、重要港口以及通往东北的干线公路，列为国道。例如由北京至济南、太原、开封、塘沽和山海关等地的干线公路。共计 25 条，总长 8250 公里，计划投资伪币 1.782 亿元。

以各省省会为中心，通往省境内重要港口城市、重要矿区和棉粮产区的公路，列为省道。例如北京至怀来、唐山至喜峰口、保定至天津、石门（石家庄）至济南和青州至石臼所等公路，共计 50 条，总长 9460 公里，计划投资伪币 7517.5 万元。

在华北各地抗日军民不断扩大反攻的打击下，所谓第三次十年公路建设计划执行不久，又作第四次修改，把 25 条国道计划里程压缩为 7110 公里；50 条省道压缩为 7549 公里。

从以上四次变更公路建设计划的情况看，短短几年间不断缩短里程、减少投资，说明日伪政权处于中国人民的包围之中，困难重重。

（三）伪建设总署（工务总署）的筑路与建桥情况

根据伪建设总署统计资料，自民国 27 年至 34 年的八年中，改善公路 10389 公里，补充或养护公路 14608 公里，改建桥梁 4071 米，补修或养护桥梁 22733 米。自民国 29 年至 33 年的五年中，新建公路 1253 公里（每年新建里程分别为 393、222、343、133 和 162 公里），新建桥梁 6034 米；实际投资伪币 19625 万元，仅完成第三次计划投资的 77.5%（仅为第一次计划投资的 32%）。

在上述新建公路中，除由天津至塘沽和沧州至石门（石家庄）等重要公路外，大部分是短距离的矿区公路（如山西阳泉至孟县）和山区公路（如河南新乡至淇县）。所有公路的修建、养护都是强迫当地居民进行的；同时，又反复被抗日军民破坏，路况非常低劣，只能勉强维持通车。

民国 34 年初，伪币贬值，物价上涨，敌伪政权已无力新建、改建公路，维护通车也感困难。当年八个月中仅维修 68 公里公路，就花费伪币 1.1 亿多元，约占过去七年总投资数额的 50% 以上。

伪建设总署虽然未能按其计划完成筑路工作，而通过公路运输为侵华日军掠夺走我国的重要战略和军需物资却是不少的。华北地区盛产煤铁和棉粮，大部分从产区用汽车集运于日军占领的铁路沿线和各大城市，供给日军使用；一部分则通过塘沽、青岛和威海卫等港口运往日本。仅河南省在民国 29 年至 30 年的一年内，从各县通过公路就集运战略物资 37.7 万多吨，其中运往日本的达 5.03 万多吨。至于从山西、山东和河北省掠夺的物资更多，难以统计。

这一时期修建的桥梁有：

民国 31 年，在河北省修建石匣岭桥。该桥为单孔曲弦钢桁架长 70 米，桥宽 5.80 米。民国 32 年，在山西省修建的左家堡汾河钢桁架桥，计 3 孔，中孔跨长 75 米，两边孔跨长各为 48 米，共长 186 米，宽 4 米，为民国时期最大跨径的钢桁架桥。

三、汪伪统治区的公路

民国 26 年 12 月 13 日, 国民政府所在地南京被日军占领。民国 27 年 3 月, 在日本帝国主义操纵下, 在南京成立名为 "中华民国维新政府" 的傀儡政权, 梁鸿志任行政院长, 下辖苏、浙、皖 3 个省和京沪 2 个特别市。民国 29 年 3 月 30 日, 汪伪国民政府在南京成立, 名义上统辖华北、华东、以及华南广东等沦陷地区的各个伪政权, 而实质上仍操纵于日本帝国主义侵略者的手中, 实行其分而治之的政策。

(一) 汪伪政权的公路机构

伪中华民国维新政府交通部内设 "路政司" 管理公路。

汪伪国民政府于民国 32 年 2 月成立建设部, 内设 "路政署", 下有公路处, "掌握公路之推进"。

汪伪所辖三省两市的公路组织机构, 除上海市于民国 30 年 9 月, 由公用局主办城市道路建设并施行汪伪批准的《上海特别市工务局养路工程队暂行组织章程》外, 以江苏省较具规模, 浙江省次之, 安徽省只由建设厅办理, 并未成立公路专业机构。

伪江苏省政府于民国 29 年 4 月迁至苏州, 先后成立苏北和苏南两个公路管理处。经办全省公路运输及养路工作。同年 5 月 10 日, 省公路局成立。内设两科一室(秘书): 第一科分事务和文书两股; 第二科分工务和业务两股。这个组织系统直到日本帝国主义投降。

伪浙江省公路组织机构是先在地方成立。民国 31 年 7 月, 伪浙东行署成立。内有建设科负责公路建设。次年 5 月, 伪行署改成伪宁波专员公署, 并成立第一区工务局, 所有公路、通讯各项建设, 均由该局协助各县办理。民国 33 年 3 月, 伪省政府始成立浙江省公路管理处, 管理杭州至富阳、杭州至余杭和杭州至萧山等公路，并协修浙北干线。次年 7 月，伪省公路管理处改为省公路管理局，局长由伪省长兼任。为加强对公路交通的管理，原计划在局下设立三个公路管理处，分管杭州附近各公路。实际上只成立一个杭富公路管理处。

伪广东省政府于民国 29 年 10 月成立。下设建设厅，主管公路修建事宜。

（二）汪伪政权的公路建设

在汪伪政权成立后，首先修复了杭州钱塘江大桥，并修通了萧绍（萧山至绍兴）公路，使日军得以向浙东一带进行骚扰。伪建设部曾拟定《公路建设三年计划》，准备由民国 32 年下半年开始，三年内完成以下七条干线公路的整修：京沪干线（南京至上海）；京曹干线（南京经杭州至曹娥）；京蚌干线（南京至蚌埠）；沪寿干线（上海经杭州至寿昌）；京徽干线（南京经芜湖至徽州）；京庐干线（南京经和县、巢县至庐江）；京淮干线（南京经扬州、高邮、宝应至淮阴）。

以上干线总长 2124 公里，其中已通车的有 806 公里，需要修复的 1143 公里，需要新建的 175 公里。此外，与上述各干线有关连的公路支线（省道和县道）总长 2317 公里，除已通车的 1867 公里外，需要修建的 450 公里。所有各干线的新建工程拟设公路工程局负责办理。

上述计划几乎全部落空，因为不到两年日本帝国主义投降，汪伪政权也随之覆灭。

汪伪时期的复路工程以修复京杭国道由吴兴至长兴段为最大。

民国 29 年，伪江苏建设厅成立省公路局，先后修复路线达 1087 公里，花工程费 593742 元；新筑路线近 450 公里，花工程费 653742 元。

关于修复和新筑公路的工程经费来源，大多由伪"治安委员会"的交通网整理费项下开支，以及由当地伪县政府就地筹募。关于已经修复通车公路的养护工作，伪江苏省建设厅订有《公路巡护办法》和《养路施工细则》，通令各县照办。汪伪交通部曾通令各省转各县设置"道路爱护会"和"养路工程队"等组织，担负随时修筑和养护公路的职责。

就公路专业机构组织和规章法令等而论，伪江苏省比浙、皖两省较为完全。但到日本投降时，江苏省公路通车里程仅剩876公里，占抗战前夕通车公路5400公里的16.2%。可见位于汪伪政权中心的江苏省的公路同样是残破不堪的。

华东和华南日军占领区的公路建设，除苏、浙、皖三省外，日军在广东省曾通令各县先后修复了29条公路，共长635.2公里。民国29年至30年，日军在海南岛修复环岛公路，并在海榆东线上修建南渡江大桥。该桥有木材、钢筋混凝土和钢桁架三种形式，跨径大小不一，最小6米，最大60米，全桥52孔，总长587.67米，是为军事抢修的半永久性桥。日军为镇压抗日武装及"清乡"和"扫荡"等需要，在广东省沦陷区还新修了一些短途公路。据民国31年2月调查，共32条，总长122.5公里。

另外，日军在湖南省占领区内，也修建了一些公路和桥梁。民国33年6月以前，湖南省沦陷区仅限于湘北、华容、岳阳、临湘等少数县份；以后，湘中地区相继沦陷。日军对已被破坏的公路很少修复，为行军计一般只作临时抢修，采取便桥、便道，勉强维持通车。长沙第二次沦陷以后，日军企图长期盘据，为谋求军运便利，并为避免盟军空袭起见，特在粤汉铁路和长沙岳阳的古代驿道之间，新修一条简易军用公路；路线经过之处拆毁民房无数，用梁檩权做便桥木料，砖瓦铺筑路面，迂回弯曲长达200余公里，路侧无排水边沟，路基无泄水涵管，雨时泥泞不堪，路线最小平曲线半径有的在10米以下，最大纵坡有的超过20%。这种简易公路的出现，说明敌伪临近覆灭时的窘迫情景。

在衡阳宋家塘公路上的杠里渡和西渡两座大桥，其上部结构被毁后，日军未能修复，仅采用临时活动桥面，每天晚间7时架设。进行军事运输；次日早晨5时拆除，以避免盟军飞机轰炸和抗日人民利用。

综上所述，汪伪政权和当时东北、华北的伪政权都是日本帝国主义的傀儡，修建公路是为日军侵略战争服务，其标准简陋，质量低劣；同时，在抗日军民不断打击之下，敌伪政权无法实现其修路计划。

第九章　抗战胜利至中华人民共和国成立前夕的公路

民国 34 年～38 年

（公元 1945 年～1949 年）

　　民国 34 年 8 月 14 日，日本帝国主义宣布无条件投降，并于 9 月 2 日在投降书上签字。至此，八年的全民抗日战争宣告胜利结束。同年 10 月 10 日国共两党共同签署了《双十协定》。民国 35 年 1 月 10 日，达成《停战协定》。同时宣布召开政治协商会议。同年 6 月，国民政府背信弃义，以"恢复交通"为借口，强占解放区各大城市，单方面撕毁了停战协议，向解放区发动了全面进攻。全国公路遭到又一次极大的破坏。

　　国民党政府还都南京之后，极力恢复各省市管辖的政权，筹组中央和地方公路管理机构，在交通部公路总局下，设立了直辖的八个区公路工程管理局。同时，制定全国国道网方案，修订公路技术规范，以图加快公路事业的恢复和建设。但是，这一切机构组织及其规章制度未能长久，而随着国民党军队的节节败退，人心日趋涣散。至民国 38 年 4 月 23 日南京解放，国民党政府逃离大陆，八个区公路工程管理局先后由解放军军管会接管。全国解放时，因大部分公路在内战中受到破坏，当时通车里程还不到 8 万公里。

　　另一方面，随着解放区的扩大，东北、华北和华东等解放区为了适应新形势的发展，正式组建公路管理机构，开展了支前公路的修建和原有公路的改善。所有这些，不仅有力地支援了全国解放，而且为后来中华人民共和国公路机构的组建奠定了基础。

第一节　公路管理机构

民国35年1月1日,国民党政府军事委员会战时运输管理局撤销,恢复成立交通部公路总局,统一管理全国公路事业。首任局长肖庆云,局内设秘书、人事、技术、统计和警稽五室,总务、工务、运务、材料、会计和监理六处及设计考核委员会。为了实行分级管理,局外计划设置九个区公路工程管理局管辖国道,全国公路分区如图9-1-1。另设直属公路工程处、机械筑路总队、国道测量队等分支机构。至于省县公路分别由各省管理,经中央统一机构名称为公路局,隶属省政府建设厅,并受交通部公路总局的指挥和监督。嗣后有江苏、浙江、安徽、江西、湖南、湖北、福建、广东、四川、贵州、河北、河南、山东、山西、台湾及东北各省相继成立了公路局。

一、区公路工程管理局的组建

区局的管辖范围开始以区局驻地为中心,为便利运输,将1000公里以内路线上的较大城市定为终点。但按此原则划分区局,使同一省内的国道由几个区局分管,一个省内省道的督察和协作也由几个区局办理,交通管理出现错综复杂的情况,不利于公路事业的发展。为此,公路总局于民国36年1月,令将各区局的管辖范围按省界划分,予以重新调整。

（一）第一区公路工程管理局

民国35年3月1日,第一区局在南京成立,首任局长许行成,总工程司刘元璜,初辖国道6029公里,纵横于苏、浙、皖三省和鲁、豫、赣、闽四省各一部分。自奉命管辖范围限于苏、浙、皖三省后,将5条国道的部分路段分别移交第二、第三和第八区局

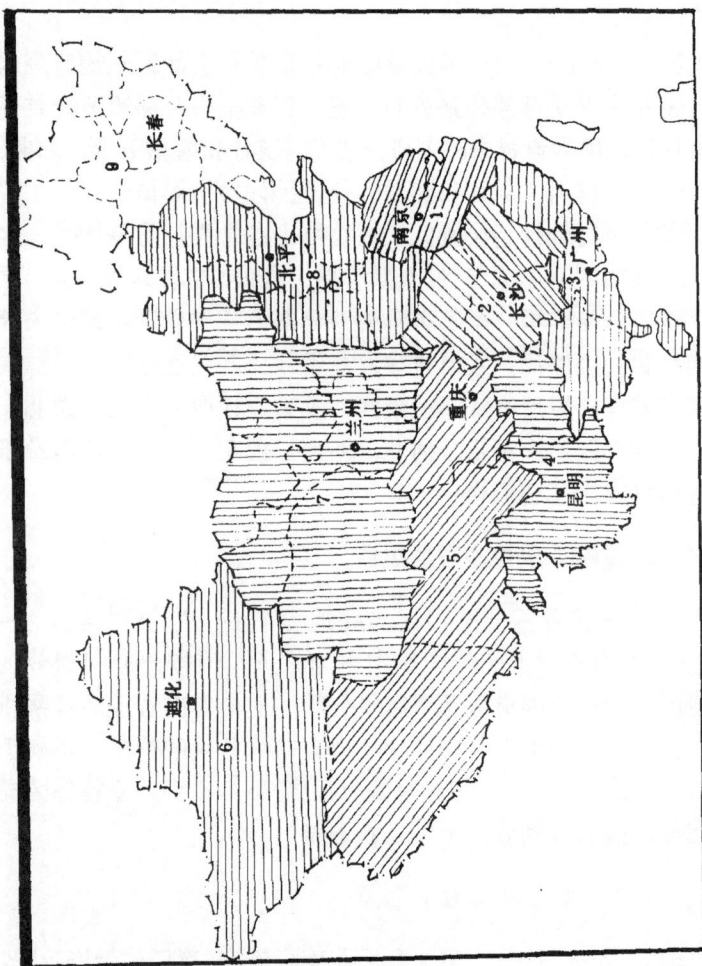

图 9-1-1 全国公路分区图

接管,里程减为 5037 公里,下属机构也有所调整。共设上海、南京、杭州、歙县 4 个工程处和浦口、徐州、杭州、芜湖、安庆 5 个总段。

(二) 第二区公路工程管理局

第二区局基本是由西南公路局芷江分局人员组成。民国 35 年 3 月 1 日在湖南晃县筹备成立,首任局长周凤九、总工程司刘鸿照, 3 月 19 日迁至长沙, 4 月移驻汉口。组建初期以汉口为中心,管辖国道 1696 公里,包括湘、鄂、赣、豫、皖、陕六省的部分国道和武汉长江轮渡。次年奉命改管湘、鄂、赣三省国道,管辖里程约 7603 公里。除组建初期成立的武(昌)长(沙)路复修工程处、常(德)万(载)路复修工程处和沅(陵)常(德)路复修工程处及九个工务总段外, 为接管前述三个区局移交的国道工程长沙宜章公路, 又成立芷江、湘潭和耒阳等五个工务段, 还接管下摄司和衡阳两个渡务所。

(三) 第三区公路工程管理局

第三区局,民国 35 年 5 月 1 日在广州成立,首任局长王节尧、总工程司金士宣, 接管广东全省及桂、闽、湘、赣四省部分国道,共长 2139 公里。年底奉令改管粤、闽、桂三省国道长 7770 公里。由广州、福州、柳州和柳寨四个工程处分别接管上述三省内全部国道。

(四) 第四区公路工程管理局

第四区局由云南分局及西南公路、川滇东路和川滇西路四个管理局合并组成, 1946 年 3 月在昆明成立,首任局长葛丰、总工程司吴融清, 接管云南和贵州两省国道及川、康、湘、桂四省部分国道,共长 5578 公里。奉命改管滇、黔两省国道后, 将原管上述四省部分国道移交第五、第二和第三区局, 同时在云南境内设立昆明、姚安、下关、保山和曲靖五个总段及腾冲工务段，在贵州境内设立安顺、毕节、遵义、镇远和独山五个总段及兴仁工务段，共管理两省国道4501公里。

（五）第五区公路工程管理局

第五区局由原川陕、川康和川湘三个管理局合并组成，1946年3月1日在重庆成立，局长熊哲帆，总工程司丁贡南，管辖川、康两省大部分国道和陕、鄂、湘三省部分国道，共长4657公里；奉命专管川、康、藏三省国道后，将在陕境辖线移交第七区局，湘、鄂辖线移交第二区局，并从第四区局接管了川、康两省部分国道。至此该局管辖的已成公路在川、康两省境内的共长3969公里。下设重庆、达县、泸州、南川、黔江、内江、雅安、成都、广元、西昌、会理11个总段。

（六）第六区公路工程管理局

第六区局由交通部公路总局派员与新疆省公路局合并组成，1946年7月1日在迪化（今乌鲁木齐市）成立，局长刘良湛、总工程司刘霄，接管新疆省境内全部公路工程和运输业务及安西至猩猩峡、安西至茇茇台两段国道和青海省西北部茫崖金鸿山段公路的改善与养护，总计管辖国道长6749公里。

（七）第七区公路工程管理局

第七区局由西北公路管理局改组，1946年3月在兰州成立，首任局长沈圻，总工程司孙发端（兼任副局长），管辖陕、甘、宁、青、绥五省的部分国道，长3493公里。以省划界后，接管第二、第五和第六区局移交的路段，管辖里程增为9490公里。各条国道按其里程长度设置一至两个工务段负责管理。民国37年3月，在宝鸡成立"宝鸡渭河桥工所"（10月改称"桥工处"），负责修建宝

鸡渭河大桥。

(八) 第八区公路工程管理局

第八区局由交通部公路总局平津区办事处改组, 1946年4月1日在北平成立, 首任局长罗英, 总工程司孙书元, 管辖冀、察、热、晋、鲁、豫六省的国道, 共长8217公里, 分设保定、太原、济南、青岛四个工务总段和昌黎工务段及第一、二、三、四工程队, 担任公路的抢修和管理。按省划界后, 管辖冀、察、热、晋、鲁、豫六省国道, 总长8631公里。

原计划在东北各省设立的第九区局, 因发生内战未能成立。实际只成立了八个区局。各区局所辖公路里程, 见表9-1-1。

此外在总局之下设有筑路机械管调处, 首任处长黄祝民; 所属三个机械筑路总队, 由李温平、黎杰材和蔡世琛分任首任总队长。另设青新公路和福厦公路两个工程处, 由马骥和蔡世琛兼任处长; 设立第一国道测量队, 队长郑在校; 设立东北公路督修工程处, 隶属于东北运输总局, 但未能展开工作。台湾省行政长官公署交通处下设公路局, 负责公路恢复工作。

八个区公路工程管理局所辖国道里程

单位: 公里 民国37年4月 表9-1-1

区 局 编 号	所辖各省简称	管辖里程	通车里程	阻车里程
1	苏、浙、皖	5037	4064	973
2	湘、鄂、赣	7602	6290	1312
3	粤、桂、闽	7770	5508	2262
4	黔、滇	4501	3845	656
5	川、康、藏	3969	3065	904
6	新疆	6729	6477	252
7	陕、甘、宁、青、绥	9490	7214	2276

区　局 编　号	所辖各省简称	管辖里程	通车里程	阻车里程
8	冀、察、热、晋、 鲁、豫	8631	2679	5952
总计		53729	39142	14587

注：表中数字引自交通部公路总局民国37年出版的《公路统计年报》

二、公路的分级管理

抗日战争时期，西南和西北两地区及其邻近省的公路建设和维修，基本由国民政府拨款派员与有关省公路局所属部门配合进行，较好地完成了战时交通的重要任务。战后实行公路分级管理，国道和省县公路分别由各区公路工程管理局和各省公路局管理，养路费也分别征收和使用。国道的技术状况一般比省县公路好，通行能力和交通量也比较高，养路费的收入比省县公路多。而省道养路费之收入少到难以进行维修，故各省公路局对分级管理制度不满，国省两道管理机构常发生摩擦。民国35年10月，第三区公路工程管理局在湖南省湘黔公路衡阳榆树湾（今怀化市）段设置管理机构，强行拔除省公路局所设养护道班的路牌，驱逐养护人员，引起严重纠纷。问题的实质是为争夺养路费的权益。民国37年5月，江苏、浙江和四川等15省公路局召开会议讨论公路分级管理的体制问题，会后曾联合呈报交通部称："查我国现行之公路交通政策，平时以奖励及培植民营、发展地方经济为主旨，固应绝对避免政府与人民争利，中央与地方争权。……惟值此农村崩溃，省地方财政破产，本身业务收入日趋清淡，既不能仰给于省库，更不能资之以民力。而中央所控制公路建设之财力、物力，又悉以公路总局直属之区局及运输处为分配对象，各省局则每使向隅。……且各省自建之最有利干线，中央以一纸命令列为国道国营，一线生机，复遭剥夺，最后惟有退出岗位，坐待瓦解。

……今日之制度，似有重行慎加检讨之必要。……应如何予以根本调整加强，拟请钧长迅赐明白指示……"[1]。

同年 11 月，交通部就 15 省会呈批复："现行管理制度不能改变，但对省运经费，可视实际需要，尽量增加补助款额，所需工程及运输器材，可予补充。对军事区公路，可不分级，悉由区局商同区军事当局和省公路局、汇编整个抢修计划概算，呈请核拨专款，按路段核实分配抢修，以配合军事需要"。这一分级管理的争议问题就此不了了之。但我国幅员广大，各地区的经济和交通条件差异很大。公路的管理究应采用何种制度，分级管理还是分省管理？对于这一历史问题是值得探讨的。

第二节　战后公路的抢修与恢复

抗战胜利后，国民党政府下令紧急抢修和恢复公路交通。军事委员会战时运输管理局按照当时全国复原和军运的需要，制定了各省公路修复计划，按急要程度先后进行。

一、初期的紧急抢修

（一）湖南省

军委会战时运输管理局第五工程队会同湖南省公路局芷江分局，抢修湘黔公路由洞口经邵阳至湘潭段公路、长沙经湘潭至衡阳段公路和由青龙界至星子界（去贵州锦屏）段公路，共长 800 余公里。

湖南省公路局抢修湘粤公路由衡阳经郴州至小塘（去广东坪石）段，湘桂公路由衡阳经零陵至枣木铺（去广西全州）段，湘赣公路由耒阳经茶陵至界化垅（去江西莲花）段和菜花坪至攸县段公路，共长 500 余公里。

川湘公路管理局抢修川湘公路北线由茶庵铺经常德至长沙段、长沙经浏阳至东峰界（去江西万载）段295.54公里，黄花市经官塘至界上（去江西修水）段公路225公里，共长500余公里。

第四方面军工兵和日本战俘抢修长沙经汨罗至岳阳市段公路，约长160公里。

以上1960余公里公路的抢修，到民国34年年底，完成土路基能勉强通车的干线公路达1340余公里。

（二）湖北省

湖北省建设厅工程队从民国34年8月起，抢修樊城至老河口、樊城至随县、沙市至荆门、汉口至宜昌、汉口至黄陂、武昌至鄂城、武昌至咸宁等七条公路，约长920公里，均于年底完成。

（三）河南省

河南省为省政府从西安迁回开封，从10月起抢修由潼关经陕县、洛阳、郑州至开封和由豫西南西坪镇起，经内乡、南阳、叶县、许昌、尉氏至开封的公路。两线共长974公里。

（四）山西省

民国34年夏,国民政府拨款2.3亿元抢修陕西宜川至山西大宁公路的晋境段长110公里。吉县和宜川是当时阎锡山省政府的所在地，抢通宜大公路，便利晋、陕两省国民党军队的联络和协作，是国民政府为全面反共而对西北地区的军运交通所作的一次重要部署。

（五）绥远省（今内蒙古自治区西部）

日军投降后，绥远省抢修五原包头公路长约218公里，重建临时性木桥22座。使部队可由银川、石嘴山等地直达包头，再往华北。

（六）江西省

江西省修复赣西南吉安、兴国、赣州和龙南一带的公路，共完成 647 公里。

（七）浙江省

浙江省抢修丽水大港头公路 20.74 公里，江山经龙游、兰溪至金华公路 140.62 公里。丽水经缙云至永康公路 71.88 公里，永康至金华公路包括上茭道至武义支线 62.30 公里，共长 295.54 公里。另有杭徽线由杭州经临安、昌化至昱岭关段（包括余杭支线）长 148.12 公里，由战时运输管理局第三工程干部总队于 11 月以土路便桥抢修通车。浙江省初期修复的公路共有 443.66 公里。

（八）福建省

福建省抢修由马尾经福州、古田至建瓯的公路 275 公里和古田羨洋支线 36 公里，共长 311 公里，并于年内完成。

（九）广东省

广东省公路处从 9 月起，分段抢修广州以东的广州至博罗 138.2 公里，广州至韶关 332 公里，梅县至汕头 288 公里，官渡至柳城 214 公里和广州至深圳 158 公里等 10 条干线公路，共长 1616.2 公里。先后于 10 月至 12 月修复通车，到年底广东省公路通车里程总长 3425.7 公里。

（十）广西省

广西省公路管理局会同中央在桂的公路工程单位抢修南宁至田东、桂平至贵县等六条公路，共长 739 公里；抢修南宁至大塘、宾阳经玉林至戎圩和玉林经陆川至盘龙三条公路，共长 683 公里；大塘至六寨和桂林至青龙界两条公路，共长 483 公里；南宁至镇南关、戎圩至东崖、柳州至长安、柳州至石龙和桂林至黄沙河和荔浦至鹰阳关 6 条公路，共长 627 公里。同时，省公路工程队还修复了一些支线，共修复干、支公路 2754 公里。这些初期抢修完成的工程，由于经费少、限期紧，仅能以便道便桥维持通车。

二、后期的修复与改善

民国 35 年，紧急抢修告一段落后，各省又开始着手公路的修复和改善。

（一）湖北省

湖北省公路局于民国 35 年 1 月 1 日成立，当年夏季，利用日军战俘约 5000 人抢修汉口东南地区武昌至鄂城，武昌经咸宁至蒲圻，咸宁至楠林桥，通城至崇阳，谌家矶经团风至黄冈，仓子埠至阳逻和新州至团凤 7 条公路，共长 461 公里；还整修汉口至麻城公路的黄陂渡口。到 5 月中修复通车的有：老河口至樊城约 70 公里，襄阳至沙市 213 公里，汉口至宜昌 366 公里，武昌至羊楼洞约 150 公里，黄陂至河口约 57 公里，襄阳至花园 259 公里，武昌至大冶 124 公里和汉口至麻城 133 公里等八段公路，共长约 1369 公里。

同年 4 月，第二区公路工程管理局接管武汉长江汽车轮渡。6 月，抢修武昌界上公路，年底恢复通车。

民国 36 年 5 月，第二区局抢修武昌至全家源、汉口至小界岭、汉口至宜昌公路，共长 744.1 公里。

到民国 38 年 3 月止，湖北省在第二区局和省公路局的抢修下，能通车的公路共计约 1400 公里。

（二）浙江省

民国 35 年 1 月，第三方面军督率日军战俘，配合浙江省各县民工抢修京杭公路由杭州经长兴至省界父子岭段长 132.2 公里，与苏段连接；抢修沪杭公路由杭州经乍浦至金丝娘桥段长 134.03 公里，抢修杭淳公路由杭州钱塘江大桥北岸起经富阳、桐芦、白沙至淳安包括圆通寺接线和建德支线共长 195.68 公里，年底土路便桥通车；次年 7 月修建完成杨村、窄溪和大畈三桥及富阳渡口；整修杭嵊公路由杭州钱塘江南岸西兴起，经绍兴、曹娥至嵊县包括曹娥至江边和林下至章镇支线共长 132.54 公里；8 月完成路面和小港渡口，勉可通车；抢修兰溪、寿昌、白沙（今建德）公路包括寿昌支线共长 55.71 公里，10 月修复通车；抢修宁波经江口至奉化及溪口公路（长 44 公里）的桥梁（重建江口桥）和溪口镇的混凝土路面，次年 5 月又重建元贞桥（贝雷钢架），11 月完成；还有由碧湖经松阳、金岸至龙游公路长 148.52 公里和由嵊县经东阳至永康公路长 134.27 公里。

以上是浙江省后期修复通车的 8 条公路，共长 976.95 公里。浙江省总计修复公路 1420.61 公里（县乡公路、市区道路和零星工程未计入）。

（三）冀、热、察三省

第八区公路工程管理局于民国 35 年改善天津塘沽段公路，秦皇岛至北戴河海滨公路（长 21.47 公里）和新建汤河贝雷钢桁架桥（5 孔 21.34 米、长 106.7 米）。修建北平至归绥国道在察哈尔省境内的路线（南口、康庄、怀来、宣化、张家口至怀安积儿岭省界止，长 226 公里）和张家口至崇礼公路（54 公里）。抢修和改建怀来妫水河石拱桥（7 孔长 61 米）、宣化泥河子桥和柳川河桥、柴沟堡南洋河桥和怀安五里河桥。新建了青龙桥钢筋混凝土桥面和怀来妫水河半永久性桥，以及由下花园至宣化的水结碎石路面约长26公里。还修复了北平至承德公路250公里，滦河渡口增设渡船和混凝土桥。第八区局在冀、热、察三省内共抢修了9条国道，完成1246.30公里和一些桥涵。

河北省公路局于民国35年6月14日由北平搬到保定，为配合国民政府进攻解放区组成抢修公路工程队，抓伕派料随军抢修了省道679公里，大部分在北平、天津附近和冀东地区。次年，工程队随着国民党军队抢占地盘的扩大，又在保定周围（北至涿县、南至正定）抢修了省道214公里；此外滦县、雄县、满城和正定等24县抢修了县道1472公里，全省共抢修公路2365公里。

热河省建设厅于民国35年9月22日，从朝阳迁到承德，抢修了锦州、朝阳、平泉、宽城、隆化和古北口等地之间的公路共830公里。

察哈尔省公路管理处于民国35年12月在张家口成立，以张家口为中心，在怀来、阳原、怀安、尚义、康保、张北、沽源、崇礼和赤城等县之间，抢修了14条省道共长1307公里，还抢修了27条县道，长约2500公里和一些桥梁。

（四）江西省

江西省后期抢修的公路有：鹰潭至洋湾31公里，温家圳至张王庙283公里，高坊岭至吉安200公里，南昌至九江185公里，九江至莲花13公里及初期未修复的南昌至南城173公里，共长885公里，均于民国35年6至9月通车。两期共修复1532公里。民国37年7月，江西省公路局奉令抢修由泰和经遂川至赣州段公路长166公里，于次年5月草率抢通。

（五）广西省

民国35年9月，广西省政府商请行政院善后救济总署广西分署拨助赈粮、赈物，采用"以工代赈"方式继续整修省内公路。其中继续整修上年已粗通的公路：在桂东北有黄沙河至荔浦线257公里，荔浦至贺县八步160公里和柳州至荔浦138公里；在桂南有贵县经宾阳至大塘196公里，贵县经玉林、容县至苍梧戎圩296公里，玉林经陆川至盘龙100公里，宾阳经南宁、崇左至镇南关（今友谊关）365公里，吴圩至东崖60公里；在桂西有南宁经百色至八渡411公里；以及其他几条公路共长2253公里；多数于次年12月前先后整修完毕。修复的公路有荔浦至濛江部分路段90公里，田东至靖西138公里，玉林至博白50公里，容县至平南武林83公里，以及其他几条公路共长412公里；除容武线83公里延至民国37年4月修复外，均于民国36年5月前先后完成。总计整修和修复的公路共长2665公里。

（六）广东省

民国35年底，广东省修复的公路长2622.17公里，包括坪石经连县至鹰阳关公路196.5公里，广州至云浮公路98公里，兴宁至大畲坳公路117.5公里，广州至东兴公路204公里，遂溪安铺至海安203公里和海南岛环岛公路929公里等十五条公路；全省公路通车里程达6047.87公里。同年8月15日起，实行《修正广东省公路修复及行车办法》，对商办公路批准给予15年至20年的专利权，商人积极参加复路工程，次年共修复公路1385.82公里，全省公路通车里程达7433.69公里。

（七）宁夏省

国民党军队进攻陕甘宁边区时，银川至平凉和兰州至银川两条公路为军运必经之路，故国民政府拨给专款，由省政府与第七区局加紧抢修两路的桥涵和渡口设备。民国35年起，省政府征集民工整修宁平公路由中宁至香水河约80公里的路基和路面，赶建兰宁公路各渡口的渡船和由白圈子至中宁约 100 公里的路面；还整修了银川经横城、灵武、宝塔、盐池至陕甘宁边区的公路 186 公里、西吉至固原公路（西兰公路的废弃路基约 89 公里）及固原至甘肃镇原公路宁境 62 公里。第七区局担任宁平和兰宁公路的桥梁抢修。

（八）陕西省

西北地区的公路在抗日战争中有所改善，但其通行能力不高。国民政府军事委员会为其几十万大军进攻陕甘宁边区的军运需要，从民国 35 年起，严令第七区局和省公路局加速整修改善西安到潼关公路 170 公里的桥涵，多次拨款加铺咸榆公路在洛川以南的路面，改建通往河南长坪的西坪公路商县界牌段约 135 公里的路基和桥涵。

（九）福建省

福建省后期修复的公路共长 1264.9 公里。其中国库拨款交省公路局和第三区局先后修复的长 274.7 公里，由地方政府与商营汽车公司协同修复的长 326 公里，由民工义务劳役修复大部分土方，由商营汽车公司各自修复营运的长 606 公里，由省公路局和地方政府修复的长 58.2 公里。商营汽车公司对当时福建省的公路交通曾起过积极的作用。

（十）江苏省

交通部公路总局第一区公路工程管理局接管军委会战时运输管理局南京办事处，组织员工抢修省内公路，民国 35 年底，完成京杭公路苏段和其他路线约 2000 多公里。次年 6 月，修复京鲁国道由浦口起经六合、蒋坝、淮阴、宿迁、窑湾、邳县至山东省台儿庄，长 329 公里；扬清干线由扬州仙女庙起，经高邮、宝应、淮安至淮阴,长 190 公里;又在苏南抢修京沪干线由镇江经丹阳、武进至江阴段长 137 公里的沿江公路。

(十一) 山西省

为进攻解放区,山西省主席阎锡山曾计划在三年内整修全省公路 7500 余公里,民国 36 年 2 月开始兴建,由第二战区公路管理局继续改善初期草率抢修、勉强通车的宜川大宁公路。嗣因战争失败,又计划在太原城外修建环城公路和阵地公路。截至 9 月底,仅完成吉县大宁公路 42%的路基改善工程及修复太原至榆次 35 公里和太原至忻县 82 公里的公路,建成太原环城公路 81 公里和阵地公路 104 公里。

(十二) 河南省

除初期抢修的 974 公里公路外,到民国 36 年 5 月止,又抢修了 28 条公路,共长 3177 公里。其中主要路线有洛阳潼关(陕西)公路南北两线共长 562 公里;南阳西坪公路长 172 公里是改善工程;开封老河口(湖北)公路长 389 公里,其中开封南阳段长 297 公里是改善工程;洛阳开封公路长 234 公里,也是改善工程;以及用赈灾款整修的 8 条公路,在豫东的 4 条长 461 公里,在豫南的 4 条长 200 公里。

(十三) 湖南省

湖南省由第二区公路工程管理局抢修的公路有常德万载公路的湘段长 295.54 公里,武昌至黄花市公路的湘段长 150.26 公里,榆树湾至常德长 324.38 公里和澧县东岳庙公路长 30 公里,以及长沙至宜章小塘公路长 387.47 公里。这 5 段公路共约 947 公里,到民国 37 年底,先后修复通车。

湖南省公路局负责抢修浏阳、醴陵、攸县至花坪段公路,桂阳、郴县至资兴段公路和常德、临澧至澧县段公路，共长 339 公里，于民国 38 年 6 月完成通车。

第三节　新建的公路

抗日战争胜利后，为了便利复员、接管，亟谋恢复交通，曾紧急抢修了大量公路。但自民国 35 年内战全面爆发后，国民党政府统治区的日益缩小，已无力顾及更多的公路建设，仅在西北、西南和华南部分地区择要修建和改建了少量公路。其中由交通部公路总局组织修建的南疆、青新两条公路为当时西北地区的重点工程。其他则多为零星路段的局部修建，由有关省负责进行。

一、南疆公路

南疆公路起初系指由甘肃省敦煌起，经甘、新两省交界茇茇台到新疆若羌的路段，长 739 公里；后又向西展筑，经且末、民丰至于阗（今于田），长 770.61 公里。基本上参照丙级公路技术标准修建。在国防、经济以及民族团结等方面都有重要意义。

（一）南疆公路甘境段

民国 34 年 7 月，西北公路工务局在敦煌成立南疆公路甘段工程处，处长王竹亭，负责修建由敦煌县起经南湖、大草滩至茇茇台长 333 公里的南疆公路甘段工程。施工人力由安西和敦煌两县征调的民工 800 人，担任路基土方和路面铺筑；由驻军调派的士兵 257 人和由酒泉与兰州等地招雇的技工 1200 余人组成桥工队，担任桥梁的修建和行车标号志牌的制作。并由工程技术人员负责技术指导和督工人员配合各队组织管理。工程进展比较顺利。8 月开工，年底打通。支出法币 8.2 亿元。次年 6 月交通部组织有关单位乘车查验，发现大部分路基松软，路面石子太大不平，行车

颠簸，靠近芨芨台前有一段碱滩长 30 公里，阻碍行车，整个工程
尚待进一步改善。

（二）南疆公路新境段

民国 34 年 7 月，战时运输管理局南疆公路新段工程处在迪化
成立，并受新疆省政府的双重领导，处长刘良湛，担任由若羌经
米兰、东格里克、金雁山、沙山、红水、红泉至芨芨台止的新段
路线长 406 公里的施工。9 月初，且末县民工 200 人整修若羌至米
兰段 74 公里，10 月初完成后，与焉耆专区民工 2000 人向东展筑；
甘段 11 月中初步打通后，有工人 600 名配骆驼 400 峰调新段赶修
芨芨台至红水段 47 公里路线。次年 1 月 20 日，在严寒中将新段
工程毛路打通。支用工款法币 12.9 亿元。4 月工程处改编合并成
立第六区公路工程管理局，在敦煌设南疆公路工程处，处长谢元
模，对敦煌至若羌路线进行改善。

（三）南疆公路展筑路段

民国 35 年秋，交通部公路总局电令第六区局组织展筑南疆公
路由若羌经且末、民丰至于阗路线和青新公路北段由金鸿山至青
海省茫崖路线，次年 6 月两线相继开工。

若于公路是环绕塔里木大沙漠公路（由库尔勒经库车、阿克
苏、喀什、叶城、于阗、若羌、复至库尔勒）南侧尚未接通的一
段，长 770.61 公里（其他路段早先已有简易公路）。为便利施工
物资运输，由若羌和于阗相向施工。若羌至且末段长 316.61 公里，
以沙河湾为界分两小段施工：沙河湾至且末小段长 183.03 公里，
由且末县民工和招雇技工于民国 36 年底修通毛路；沙河湾至若
羌小段长 133.58 公里，于民国 37 年 3 月打通毛路。于阗至民丰
段长 124 公里，由两县民工承担施工，民国 36 年底完成全部路基，
次年 4 月完成全段砂石路面，9 月 17 日建成于阗桥。民丰至且末

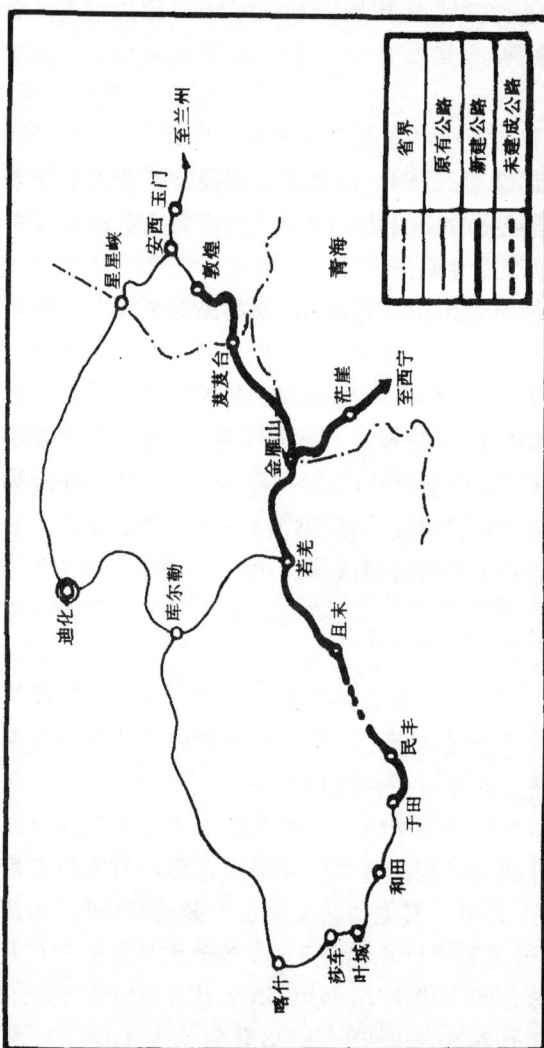

图 9-3-1 南疆公路示意图

段长 330 公里，分三小段施工；民国 37 年 3 月，由和阗（今和田）、墨玉、洛浦和策勒四县民工 2100 余人修建民丰至安迪尔小段长约 140 公里，年底完成；12 月初，墨玉、洛浦和策勒三县民工 1070 人提前开工，修建安迪尔至喀拉米兰小段长约 90 公里，民国 38 年 3 月中，又有和阗民工 650 人参加赶工，4 月 21 日竣工；喀拉米兰至且末小段长约 100 公里，民国 38 年底由且末民工完成路基 50 公里，除喀拉米兰以东 50 公里路线未修通，以便道通车外，至此，南疆公路经五年施工才完成一个雏形（图 9-3-1）。

二、青新公路

青新公路，是通往新疆的第三条路线，既较隐蔽安全，又更便捷。该路自青海省青藏公路倒淌河起，经茫崖、金鸿山（新境）至若羌止全长 1550 公里。其中倒淌河至茫崖长 1070 公里，茫崖至金鸿山长 186 公里为新建路段；金鸿山至若羌长 294 公里与敦若路共线。青新公路以茫崖为界，分南北两段，参照丙级公路技术标准先后施工。施工之前，先于民国 35 年 4 月，由工程司齐树椿率领武装踏勘队对路线进行踏勘。历时 110 天，踏勘路线 1232 公里，于 8 月中旬返回西宁。

（一）青新公路南段

青新公路南段是交通部公路总局在青海省组织修建的重点工程，民国 35 年在西宁成立青新公路工程处，青海省主席马步芳兼任处长。省建设厅长马骥和西北公路工程管理局工程司于述士任副处长。下设 10 个工程总段和督工组，后改组为 5 个测量队和 5 个施工队，担任南段的测设和施工。筑路工人以各县征雇藏、蒙、汉等族民工为主（总数达一万多人），还有一部分保安处兵工和由云南省滇缅公路抽调的一营工兵携带筑路机械参加协助，沿线的保卫和督工，由保安处骑兵第二团官兵一千余人和甘肃省驻军一营人担任。当年 5 月开工, 次年 9 月南段 1070 公里工程基本完成, 共投资 540 亿元。9 月 15 日, 马步芳率同试车委员 39 人和职工警卫, 乘汽车四辆由西宁出发, 由于盐碱沮洳路段陷车, 难以通行, 到 24 日只有两辆抵达南段终点茫崖。要达到正常行车, 还需投资改建。

(二) 青新公路北段

茫崖经金鸿山至若羌段为青新路北段, 由第六区局南疆公路工程处负责修建。民国 36 年 4 月, 成立青新公路北段新工务段, 并指定南疆公路工程处副处长陶炳元率队复勘路线, 督导施工; 6 月 6 日, 先由西北行辕特遣工兵第 19 团第 1 营的首批官兵 360 名用筑路机械开工, 月中增雇工 200 名; 7 月下旬, 后批工兵 112 名投入施工, 进度很快, 计划 10 月底封冻前即可完成。但因当地哈萨克族居民对筑路产生误会, 以至停工累月。至 8 月底和 9 月初, 又先后增补两批民工 700 余人, 继续进行。10 月底, 因天寒地冻, 机械全部撤出, 乃降低标准减少填挖。次年 1 月中建成新线 186 公里毛路, 投资 165 亿元, 其中运费支出几近 60%。这段路使用机械筑路, 在新疆尚属首次。另外, 在沙漠和湿陷路段采用压柳枝碎石路面, 是筑路员工在实践中的创造, 有总结研究的价值。

青新公路是国道网规划中横贯东西的纬 4 线的组成部分, 在国防上和经济上都有重要意义。但因自然条件太差, 施工困难, 不得已降低了技术标准, 特别是对盐碱、沮洳及 "水戈壁" 地段未做认真处理, 仅达到毛路初通, 后来又未作认真改善, 致使部分路段荒弃。

三、其他公路建设

（一）甘肃省

民国 34 年，甘肃省抢修了庆阳经合水至宁县公路约长 70 公里，宁县至盘克公路约 60 公里，环县至宁夏甘碱子公路长约 125 公里；又在陇东抢修庆阳至窑店、宁县至正宁和早胜至永河（在宁县南）三条支线，共长 200 公里，是为堵截解放军并向延安进军而修建的。

同年 3 月，甘川公路复工，次年 3 月修通至武都，再次停工。民国 37 年 9 月，第七区局组队测量武都至四川广元路线，11 月复工兴建，终以缺少工款，未能建成这一联络西南、西北地区交通最捷近的干线公路。

（二）宁夏省

民国 35 年，宁夏省修筑靖远经海原、红圈子至黑城镇公路长 175 公里，在潘家堡与宁平公路相交，以缩短由兰州进军经宁夏去边区的距离。次年，修建静宁经西吉至海原公路长约 189 公里。民国 37 年，修建海源至高崖公路约 60 公里，只完成路基土方，石方工程未动工，未能通车。

（三）陕西省

抗战胜利以后的四年中，陕西省修建六段公路，共长 175 公里，其中较长路线是由咸阳经延安至榆林公路的洛川黄龙支线长 75.1 公里，系地方政府征工修筑，民国 35 年通车；还有由三原经淳化、职田至甘肃庆阳公路的三淳段长 52 公里，同年 1 月开工，5 月竣工。

（四）四川省

民国36年，国民党军队连连败退，四川省政府和省参议会喧嚷筹建"设防"公路，妄图把解放军阻挡在四川境外。但因计划修建公路多达2532公里，需款无着，只能零星修筑局部工程，无法畅通。这些工程是：

1. 达广公路

达广公路起自汉渝公路的达县，经平昌、巴中、旺苍至广元，与川陕公路连接，长390公里，是所谓"设防"公路的重要路线。于民国37年1月，在达县设立大巴山公路工程督导处，仅完成达县境内76公里公路的部分路基土方。其他均未动工。

2. 成巴公路

成巴公路起自川陕公路新都县境的唐家寺，经金堂、中江、三台、过涪江至盐亭、南部，跨嘉陵江至仪陇、双石桥，讫巴中止，长418公里，是由成都通往大巴山最捷近的路线，也是大巴山"设防"的另一条主要公路。民国37年8月，四川省公路局主持施工，因工款不济经过多方紧缩勉力维持，次年10月全路工程完成过半，试车尚可通行，遗留工程并未继续进行。

3. 梁开公路

梁开公路自川鄂公路梁平长龙起，经新盛、开江至普安，长75公里。为修建普安附近飞机场，在川鄂边区绥靖公署的监督下，梁平和开江两县筹款征工，于民国38年草草打通。

（五）云南省

民国36年12月，第四区局组建昆洛公路昆明思茅段测量总队，并与省公路局各派两个测量队，担任昆思段493公里的路线测量。次年1月至5月，基本完成测量任务，但行政院以昆洛公路工程庞大，饬令暂缓修筑；云南省政府认为昆洛公路是滇南重要干线省道，决定自筹资金、征工修建。10月11日成立"昆洛公路筹修委员会"，省建设厅长任主任委员，第四区局局长任副主任委员，委员由省政府下属单位领导人员和第四区局副职中派充；同时成立昆洛公路工程处，第四区局局长兼任处长，成立征工处，省公路局局长兼任处长。省政府虽有决心修建昆洛公路，但因巨大工程费未能解决，施工难以进行。民国38年5月，省政府鉴于南京解放，下令撤销昆洛公路所有组织机构，昆洛公路的筹建工作遂告停顿。

（六）广西省

广西省公路局和地方政府筹款兴建的4条短途公路，共长128公里：

1. 荔浦至濛江公路的新开至太平段长57公里，民国36年9月建成；

2. 苍梧戎圩至梧州公路长12公里，民国37年1月建成；

3. 容县绿荫至黎村粤界公路长26公里，民国37年2月建成；

4. 平南武林至藤县寨咀公路长33公里，民国37年4月建成。

（七）湖南省

湖南省公路局和湘救分署新建公路704.36公里，其中主要的585.78公里如下：

1. 民国36年完成的有：零陵东安线长38.69公里，邵阳新化线长74.22公里，衡阳常宁线长72.67公里；

2. 民国37年完成零陵道县线长98.10公里；

3. 民国38年完成的有：洪江经会同至响水坝线长79.77公里，陬市慈利线长73.33公里，郴县资兴线长58.15公里，竹篙塘新宁线长90.85公里。

第四节 主要桥梁和渡口的修建与改善

抗战胜利后，在修建和改善公路的同时，还加速修建抗战时期被破坏的和未完成的桥梁。如保密公路的惠人桥，成为民国时期建成的最大跨径钢索吊桥。并且，在恢复被日军炸毁的惠通桥与其他桥梁方面，还创造和积累了一些因地制宜的施工技术经验。另一方面，极力改善有关路线上的渡口设施，强化管理，以维持当时的公路交通。

一、惠人桥

惠人桥为保腾公路跨怒江的钢索吊桥，主跨 140 米，边跨 30 米，桥面宽 4 米，全长 176.778 米，塔架由贝雷钢架组成，加劲钢桁架为箱形。石砌桥台高 12 米是民国时期最大跨径的吊桥。民国 37 年第四区局复工兴建，于 5 月 18 日完成。

为纪念因公殉职的前保密公路新工总处处长龚继成，将桥名改称"继成桥"。

二、宝鸡渭河桥

国民党政府为进攻陕甘宁边区，集中大军于陕西，川陕公路军运非常繁重，宝鸡渭河木桥不能胜任。民国 37 年 3 月，第七区局奉交通部令在距宝鸡城南约 1 公里处新建 1 座 72 孔、跨径 8 米（每 4 孔 1 联）、桥面宽 6 米、长 576 米的钢筋混凝土桩柱墩台和连续式 T 型组合梁桥（图 9-4-1）。该局在宝鸡成立渭河桥工程处，刘承先、戴竞和梁锡伯任正、副处长，负责设计和施工工作。施工采取"分项发包办法"，由许多小营造厂分项承包，各自用人工操作同时赶修。当时货币贬值，物价飞涨，第七区局为使包商安心施工，保证工程进度，指定宝鸡公路管理站将每日征收的养路费按当日牌价折成银币存入银行，作为建桥专款；工程经费以银币计价，通过银行结算支付。因此，包商积极赶工，工程进度较快，于次年 5 月 15 日完工通车。全桥造价为 1048 亿金元券（折合银币 70 万元），超出原概算金元券 60 万元的 17 万倍，在当时物价飞涨、币制混乱的情况下，能完成这座永久性桥梁是很不容易的。

图 9-4-1　宝鸡渭河桥

大桥通车后 5 天，西安被中国人民解放军解放，西北地区的国民党军政人员和部队辎重及眷属物资等相继抢运过桥，仓惶南逃。7 月 14 日，宝鸡解放，国民党军队将大桥炸坏 7 孔，长 56 米，使在困难情况下仓促建成的大桥，只用了两个月又遭破坏。宝鸡解放后，公路职工搭建临时便桥维持交通，并随即加紧修复大桥，于 10 月竣工，对解放大西南发挥了很好的作用。

三、其他桥梁

（一）第二区局辖区

第二区局在湖南省常万公路（由常德经益阳、宁乡、长沙、浏阳、东峰岭至江西省万载）上修复和新建的桥梁共计 1516.23 米，其中较大的有：

1. 严家河桥，位于益阳县附近。民国 35 年 9 月由第二区局常万工程处建成。该桥为 12 孔，跨径 7 米，全长 85 米的单排架、挑梁、撑架式木桥。

2. 望麓桥，位于长沙市郊。常万工程处于同年 12 月，在川湘公路局所建混凝土墩台上建成 5 孔（2 孔 3.14 米＋2 孔 10.56 米＋1 孔 13.35 米）全长 45.54 米的石台墩、车架钢梁木面桥。所谓车架钢梁是以汽车架铆制的大梁，其上下弦是用车架部位 20 厘米宽的槽钢组成，斜杆等件则用角钢代替。

3. 浏阳大桥，原为石台墩、车架钢梁木面桥，抗战中被破坏。常万工程处于民国 36 年 6 月改建为 10 孔（7 孔 12.85 米＋1 孔 12.1 米＋1 孔 7.6 米＋1 孔 8.45 米）、全长 125.8 米的石台墩、叠梁斜撑木面桥。

4. 瞿家塆大桥，在武昌长沙公路湘境段内，第二区局武长公路复修工程处于民国 36 年初，着手修复，年底竣工通车。该桥原为 5 孔 15.24 米钢筋混凝土梁桥，抗战中遭受破坏。修复时先整修原有石墩台，然后在每孔中加设双排木架，以缩小桥跨便于架设木叠梁，成为石墩台和木排架及木叠梁的临时式桥。

（二）第三区局辖区

第三区局在长宜公路原青草石拱桥残存的墩台基础上架设 7 孔跨径 12 至 16 米，全长 152 米的木架木面桥，以维持辖神渡冬季水浅不能渡车时的公路交通。

第三区局广东省辖境内先后修复了 60 多座木结构大中桥梁，没有新建工程。

民国 37 年和 38 年间，第三区局先后将福建省福厦公路泉州洛阳桥的钢筋混凝土桥面被破坏部分用钢梁木面修复；又将泉州顺济桥被炸毁的 9 孔，改建为工字钢梁木面桥；并将同河道的顺洲桥的两端木桥长 52 米改建为钢筋混凝土排架墩、工字钢梁木面桥，连同老拱桥共长 70 米。

第三区局广西省辖境内民国 36 年修复宜山县怀远镇龙江上的怀远桥，将原为 6 孔 25 米、宽 4 米、长 168.3 米的石墩台、戛乌式木桁架，改建为 6 孔 25 米，上承式钢桁梁石墩台木面桥。同年 8 月，在宜山县境内修复位于龙江与环江汇合处的三江口桥。该桥原为 5 孔 25 米、宽 4 米、长 155.8 米的上承式钢桁梁混凝土墩台木面桥，与怀远桥同时为国军炸毁。修复时，照原式重建，其钢桁梁是 H-20 军用钢梁，次年 4 月完工通车。这两桥的重建，加强了黔桂两省的联系和物资交流。

（三）第四区局辖区

第四区局接管云南省国道，新建的大中桥有保密公路保山腾冲正线上的惠人桥、龙文桥和果朗河桥。龙文桥为保腾段跨龙文江的钢索柔性吊桥，塔距 63 米，木桥面宽 3 米，塔架高 6 米，用单排单层贝雷钢架构成；民国 34 年冬开工，民国 37 年 6 月建成。同年，第四区局在保腾公路上又建成 2 孔、27.43 米、桥面宽 3.1 米的钢桁架果朗河桥。

民国 38 年冬，第四区局保畹抢修队修复滇缅公路怒江惠通桥桥面。利用拆下的中印输油管道的油管，构成倒人字形油管框架，每两框架用横向斜撑组成一组纵横梁、上铺木桥面。

民国 34 年初，云南省公路管理局开工修建省道会泽昭通公路上跨牛栏江的江底桥，民国 36 年 2 月完成通车。该桥是混合结构，中部主孔为 1 孔 19.5 米鱼腹式钢板梁，会泽岸为 2 孔 10 米石拱，昭通岸为 1 孔 10 米石拱，桥面宽 3.46 米，设计荷载 20 吨。民国 36 年 4 月，修建完成在威宁昭通公路上的靖西 6 孔、10 米石拱桥。

（四）第五区局辖区

民国 37 年 4 月，第五区局在川康公路上建成 33 孔 7 米、全长 232 米石墩台钢筋混凝土桥面的邛崃桥，这是第五区局在其辖区内修建的唯一大型桥梁。

（五）第六区局辖区

民国 35 年，新疆省公路局在迪霍公路修复被烧毁的古尔图大桥。该桥上部构造为 2 孔、7.5 米和 5 孔、16.3 米、净宽 4.65 米、长 109.9 米的木桥面，下部为浆砌条石基础和木排架墩。4 月，由泽普、莎车和叶城三县人民出力出钱抢修完成叶河桥 12 孔水毁工程。8 月，第六区局接办省公路局在迪化喀什于田线开工抢修的焉耆大桥工程。该桥为 102 孔、跨径 4 米、宽 4 米、长 408 米的木桩墩台；设计荷载约 5 吨。

（六）第七区局辖区

民国 36 年 3 月，甘肃省第八行政督察专员（兼保安司令）主持修建甘川公路两河口桥，省建设厅派技术人员指导。该桥为 12 孔、跨径 7 米、宽 4.5 米、长 84 米的石墩台木面桥，引线土方工程和木料运输由西固县征派民工担任，石方工程和木桥制作雇工包做。石墩基础下打直径 20 厘米、长 5 米的基桩 42 根，桩顶承台为厚 2 米的 1∶3 石灰砂浆砌块石体。大桥建成后，便利了甘南山区农副土特产的输出，为改善藏汉人民的生活和文化交流创造了条件。

民国 36 年 8 月，第七区局在宁平公路上建成 5 孔、10 米、长 51.4 米的香水河钢筋混凝土梁木面桥；11 月，又在兰宁公路上修建了 4 孔、6.5 米和 4 孔、7.5 米、长 58.4 米的长山头钢筋混凝土板梁桥（图 9-4-2）。

图 9-4-2　长山头桥

民国 37 年，第七区局将西兰公路泾川汭河桥的木桥面改建为钢筋混凝土板梁桥面，并加铺河底块石以保护墩台基础。该桥原为 17 孔、跨径 6 米、净宽 4 米、长 129 米的木面桥，原有石墩台仍被利用。

民国 37 年，第七区局在甘青公路青海省境内享堂建成 1 孔、跨径 45 米、宽 6.5 米、长约 46 米的上承式钢桁架桥。

四、重要渡口概况

公路渡口在 4 年内战中，一般只对渡运的设备加以修复和改善，很少增建新的渡口。

新疆库尔勒若羌线上的孔雀河渡口，水深 6 米，宽 53 米，原用独木舟拼成渡船，可渡重物 3 吨，以滑轮系于跨河钢索上，借水流推力滑渡，码头系排桩柳条护岸。后请苏联技术人员另行设计，渡船载重 15 吨，可渡卡车两辆，配建升降式码头，跨河架钢索，两岸设绞车帮助浮渡，但因流速每秒只 0.5 米，船体过重难以行动，不能使用。民国 34 年，以空汽油桶 30 只加独木舟拼成渡船，可渡 5 吨车。民国 36 年，设 8 吨渡船 2 艘。民国 37 年，增建 4 对码头，以钢索绞盘渡车，20 分钟渡 1 辆。

宁夏省凡跨黄河的公路都设有渡口，如永宁至灵武间的仁存渡，平罗至绥远拉僧庙间的石嘴山渡，中宁过黄河的石空渡，青铜峡至水泥厂的王洪堡（今宁朔）渡及中卫至申家滩的莫家楼渡等。

陕西汉中白河公路上有城固、石泉、安康和白河4个跨汉江的渡口，都用木船摆渡汽车。城固汉江的滩宽水浅，冬季建木桥过车，夏季桥毁仍用渡船渡车。民国37年至38年间，汉白公路连遭水毁和军事的破坏，各渡口渡船多被冲毁和炸毁，第七区局在这期间增建渡船15艘，维持当时的渡运任务。

根据民国34年度《交通部统计年鉴》，四川和西康两省公路渡口有26处，其中由第五区局主管的有21处，设渡口所20个。国道渡口中用汽划拖渡者有：川黔公路的海储和娄九两渡，川滇东路的沱江和长江两渡，成渝公路的桦木镇渡，川湘公路的彭水渡，汉渝公路的石门渡，川陕公路的绵阳、宝轮院和广元三渡及川滇西路的金沙江渡等渡口11处；其余10处渡口，都是人力摆渡。各渡口员工总计610人，在洪水时期增设飞班员工260人。由于渡运设备破旧，第五区局竭尽全力抢修渡船、购备油料，重要渡口加开夜渡，以维持紧急军运。川陕公路的三处渡口，更是养护重点。

成都至乐山与川滇西路由岩窝沟经乐山至内江段，经常有美军车辆来往，省公路局对乐山和徐浩两渡口作为重点维护，并添建渡船。

民国38年冬，解放军沿川陕、川湘、川黔和川滇东路分兵入川，国民党军队大肆破坏公路交通、炸毁桥梁和渡口设备。如川湘公路上的江口和彭水两渡口及川滇东路安富县（今纳溪）岷江渡口的汽车渡船都被国民党军队烧毁。而成渝公路内江桦木镇沱江渡口的汽划和渡船，为内江养路段员工设法保护，未遭破坏。

贵州川黔公路乌江渡口，有码头2对、机动渡船3艘、木质渡船11艘，乌江桥建成后仍保留渡口备用，滇黔公路永宁盘江渡口，在下游铁索桥修复后仍留船渡备用；湘黔公路黔段的施秉沅阳河渡口和重安江渡口，桥梁建成后渡口仍保留备用。川滇东路的赤水河渡口及桂穗公路跨锦屏清水江和亮江的两处渡口，还有滇黔公路江西坡、川滇东路七星关和兴仁江底公路犀牛塘三处临时渡口，建桥后即撤销。属于省道的有五处渡口管理所。民国36年，因养护经费困难，只能保留鸭池河、沅溪江两处渡口管理所，勉强维持渡运。属于第四区局的黔境渡口情况比较好些，但并无改善提高。

广西通车干线和重要支线上共有渡口33处，抗日战争后期，为遏制日军进犯，曾自行破坏汽艇13艘和渡船50艘，损失极为严重。战后复路初期，在多数渡口用民船改装成渡车船恢复交通。随后陆续新建了一些单车渡或双车渡。但除了省路局和三区局"共管"的个别渡口有两艘渡船外，其余渡口只有一艘渡船，因而渡运经常阻断。在众多的渡口中，仅三门江、亭子、宁明等渡口配有汽艇，其余渡口均用人力摆渡，渡运效率极低。民国38年11月间，广西省渡口设施又遭到溃逃的白崇禧部队的破坏，更增加了恢复交通的困难。

第三区局管辖的广东省国道中，广州韶关小塘公路上曲江渡口，接管前已由省公路局修复，有渡船1艘；广九北线（广州经东莞至深圳）设有新塘、中堂、红庙、公涌和东莞5处渡口，民国36年11月接管后开始整修，次年3月完成通车；广州经江门、阳江、梅箓（今吴川）、遂溪至海安线广州、九江、单水口、合山、水东（今电白）、公子渡和大岸等13处渡口，接管前已由商人及沿线县政府和民营筑路公司草率修复通车，接管后又三次拨款整修，到民国37年底，整修好码头34座，渡船10艘。

闽西北有渡口8处：南平崇安公路上有南平水南渡、建瓯水西渡、建阳水东渡和崇安公馆渡，建阳光泽公路上有麻沙渡及和顺渡，新泉经上杭至岩前公路上有石圳潭渡和上杭水西渡；后因崇安公馆渡改线及建阳和建瓯建桥撤销三处渡口，麻沙及和顺两渡口由第三区局福州工程处接管，南平渡口归省公路局管理，上杭水西和石圳潭两渡口委托地方管理，渡运设备仍由省局负责督造。福州厦门公路上乌龙江渡归商人经营，直至建桥后方废弃。

抗战胜利初期湖南全省共有 41 处渡口，其中第二区局主管的有长沙、益阳、辰溪和衡阳等 13 处，省公路局管理的有湘潭、邵阳、安江和常德等 27 处，平江渡口则由县商会管理。常德至江西万载公路四处渡口，先由川湘公路局复路工程处用 3 只民船捆扎成临时渡船维持通车；民国 35 年 4 月，第二区局常万工程处接管常万线后，在各渡口添置双车渡船或拖轮，并逐步增设三车渡船以加强渡运能力。长沙衡阳宜章公路的渡口先由第三区局接管，民国 36 年 2 月，移交第二区局常万工程处长宜总段养护；除将辖神渡改建为石拱桥外，对下摄司和衡阳两渡口设备只进行日常维修。民国 36 年，常德经怀化至晃县鲇鱼铺公路的铁山河和张排寨两渡口增添了渡运设备，加强了管理工作。

湖北省襄阳沙市公路的蛮河渡口和襄阳花园公路的襄樊、清河、滚河及沙河等四处渡口，是湖北省最早建成的公路渡口。汉口宜昌公路设有满家岗、长江埠、应城、皂市、沙洋、辛安、杨家泽和沙溶（两河口）等八处渡口。汉口经黄陂、麻城至省界的小界岭公路上有黄陂渡口。光化县老河口经谷城、草店、黄龙滩至陕西省白河公路上有老河口和黄龙滩两渡口。长江上有武汉和沙市两渡口。这些渡口是民国 37 年湖北省内的主要渡口，其中属第二区局管辖的有汉宜、汉小和老白三条公路 11 处渡口及武汉长江渡口，另外六处渡口由省公路局管理。

武汉长江渡口（又名武汉汽车渡口）位于华中交通要冲，是在抗战前夕设置的。抗战初期由武汉卫戍司令部指定两处码头供民用车辆过渡，六处码头专供军运。日本投降后，武汉汽车渡口业务，由国民党军后勤总部管理。民国35年4月，由国民党军后勤总部水运指挥部移交第二区局武汉轮渡管理所接管。用15马力渡船载两辆2.5吨汽车，每90分钟过渡1次，风大及夜晚均不能航行。6月下旬，国民党军大量工炮部队的重武器、重型车辆和筑路机械，都要在武汉过江北上，国民党军后勤总部与第二区局组成"武汉军渡指挥所"管理渡务，并向上海善后救济总署借调船只和机具以应付紧急军运。10月以后，军运减少，军渡所于年底结束，仍由第二区局武汉轮渡管理所专管。民国37年，增制400吨长方形驳船改制的"十车渡轮"3艘和一些器材，保证了在六级以下大风时和夜间的渡运。35分钟可渡运一次。次年初，国民党军队大量向华南撤退，武汉长江渡口又发生抢渡高潮，武汉警备司令部军渡指挥所与军委后勤部先后派军官指挥军运。5月，武汉解放前夕，渡口的码头和渡船被国民党军队炸毁。

第五节 公路技术规范

交通部公路总局鉴于抗战时期制定的公路技术规范已不适应战后建设的需要，对原有的路线、路面和桥涵等设计、施工规范进行了修订。但是随着内战的发生，所订规范未能全面实施。

一、公路路线测设规范

民国35年10月，交通部交通技术标准委员会公路组制定了《公路路线规范草案》初稿，共五章（总则、路线平面、路线纵面、路线横面和公路交叉）40条。按行政管理系统分公路为：主要干线，由中央直接主办；次要干线，由中央督造或直接主办；主要支线和次要支线，均由地方办理；乡村支线，由县或县以下地方办理。又按行车密度和运输量的大小，分为甲、乙、丙、丁四个等级，并规定了各种干支线应采用的等级和各级公路的技术指标。

　　该规范草案首次引进了公路交叉的内容，交叉分为平面、环形和立体三种。平面交叉角应为 60°～120°，纵坡度要小于 3%，不得已时可达 6%，平面交叉的视距如表 9-5-1。平面交叉转弯道其技术指标如表 9-5-2。漏斗式交叉是于交叉处相当距离内加铺一二个车行道，或用长半径的平曲线连接。环道技术指标如表 9-5-3。

平面交叉视距（米）　　　　　　表 9-5-1

路线等级	平　原		丘　陵		山　岭	
	最短	适当	最短	适当	最短	适当
乙	70	110	50	70	30	40
丙	50	70	30	40	20	20
丁	30	40	20	20	—	—

平面交叉转弯道技术指标　　　　　　表 9-5-2

转弯车速（公里／小时）	转弯半径（米）	路面宽度（米）		
		单向单车道	单向双车道	双向双车道
30	15	5.0	8.5	9.6
40	25	4.4	7.6	8.4
55	40	4.3	7.0	8.2

环 道 技 术 指 标　　　　　　表 9-5-3

设计行车速率（公里／小时）		30	40	55	70
交织距离（米）	最小	35	45	60	80
	最大	70	90	145	200
中心和辐射形交接处的最小半径（米）	无超高	15	26	61	133
	0.06 超高	15	23	53	110

　　立体交叉的视距应与无交叉处相等，其纵坡度不得超过 3%。主要公路尽可能从桥下穿过，横向净空包括路面、路肩和分车带等。桥台及翼墙至少应位于路面外 1.2 米，最好在 1.8 米外。竖向净空在路面上至少应为 4.25 米，路肩上至少应为 3.8 米。匝道

数目应视转弯车辆密度和经济情况而定，其宽度、曲度同分道转弯式规定，其坡度不得超过 4~6%。

公路与铁路交叉，甲等公路应采用立体式，其他各等公路可用平面式。平面交叉式的平交角应尽量用直角。交叉处公路路基宽度每车行道应加宽 0.6 米，其坡度不得大于 3%，不得已时可用6%。

民国 35 年 11 月，公路总局又制订《公路踏勘规程》六章 22 条，其主要内容为：凡直辖或督造公路的踏勘，悉依本规程及局颁《公路工程设计准则》办理。踏勘之前须先查明踏勘路线的系统及其用途以定工作目标，并须搜集地形资料详细研究，以为实地踏勘之依据。

与此同时，还制定了《路线初测规程》九章 45 条，阐明初测目的，要求对路线附近地形及其附着物详细测量绘图，以为纸上定线、初步预算及将来定测的根据。

次年 4 月，公路总局将上述两个规程合并，并增加了定测内容，制为《公路路线勘测规程》，共五章 62 条，其主要内容：

第一章总则。系踏勘队与测量队的组织和编制，以及勘测程序和勘测标准。

第二章踏勘细则。规定了踏勘速度、选线原则、踏勘细目及踏勘报告的内容。

第三章初测细则。阐明选点原则、路线取舍标准及工程准则中关于路线线形的规定；对中线测量、水平测量、横断面测量和地形测量，作了详细规定；定出了地质调查、材料调查的内容，以及初测报告和绘制图表的内容。

第四章定测细则。分定点、中线、纵断面、横断面、用地、土壤和水道等七组，采用实地定线、编制定测报告并绘制图表；还规定了路线复测要点及复测报告内容。

第五章附则。系章则修改及公布程序。

民国 37 年 1 月，公路总局将勘测工作的操作程序，制订为《公路勘测工作处理规程》六章 12 条，主要规定了工作范围、预算编造程序、踏勘队与测量队的组织编制、勘测报告的程序、勘测费决算书的编送等。

二、公路路面设计规范

民国 36 年 6 月，交通技术标准委员会公路组制订了《公路路面规范草案》，分上下两卷，上卷为路面设计，见表 9-5-4。

《公路路面规范草案》各章章名　　　表 9-5-4

路　　面　　设　　计			
篇次	篇名	章次	章　　名
1	路面材料设计	1	路面材料调查
		2	级配砂石之设计
		3	沥青材料之设计
2	路基设计	4	土壤性质及其特性
		5	土壤分组
		6	土壤纵断面
		7	旧路与新路路基土壤勘测
3	路面设计	8	路面设计要素
		9	柔性路面之设计
		10	刚性路面之设计
		11	路面断面之设计

路面分高、中、低三级，其类型如表 9-5-5。

各级路面的种类　　　表 9-5-5

路面等级	高　级	中　级	低　级
路面种类	沥青混凝土	沥青表面处治、贯入式沥青碎石	水结碎石
	片地沥青砂	粗级配厂拌冷铺	泥结碎石
	片地沥青碎石	密级配厂拌冷铺	级配砂石

续上表

路面等级	高　级	中　　级	低　级
路面种类	水泥混凝土	粗级配沥青就地拌和	水泥土壤
	砖　块	密级配沥青就地拌和	砾　石
	石　块	就地拌和沥青砂 水泥结碎石	煤　屑

　　沥青材料的分类与标号以及土壤的分组及其承载力等指标，基本上采用英国标准。设计路面所用的车轮荷载参数如表 9-5-6。

设计路面所用的车轮荷载参数　　　　　表 9-5-6

公路等级	甲	乙	丙	丁
车轮荷载(公斤)	5500	4500	3000	1800
轮胎单位压力 (公斤/平方厘米)	6~7	5.5~6.5	5~6	4.2~5.2

　　在《公路路面规范草案》中，推荐采用三角座标法来进行级配砂石混合料的组成设计。在柔性路面设计中，推荐采用理论公式法、经验法和通用法三种。理论公式法中介绍了美国麻省规则(Massachusette Rule)、黎黎瓦(Charles Lelivre)、赫格与旁乃(Harger and Bonney)、葛莱(B.E.Gray)、侯逊(Hawthorn)；哈素(Hcusel)等公式。经验法中介绍了美国地沥青学会(Aphalt Institute) 法。通用法中介绍了美国的典型结构与经验厚度。

　　在刚性路面设计中，介绍了用美国欧尔德(Clifforol older)、威斯特卡德（Westergaard）和希斯（Sheets）三种公式来计算荷载应力，并用布拉得伯利（Bradbuy）公式来计算温度翘曲应力。此外，还推荐了等厚式与厚边式面板的经验厚度和各种接缝的间距数值。

　　民国 36 年 7 月 19 日，公路总局颁布《公路路面工程设计细则》12 条，规定路面为高、中、低三级，并规定路面最小宽度，见表 9-5-7 和表 9-5-8。

路面分级和种类　　　　　　　表 9-5-7

路面等级	高　　　级	中　　　级	低　　　级
路面种类	水泥混凝土、片地沥青、沥青混凝土、炼砖、整齐石块、木块、地沥青块	水泥结碎石、沥青结碎石、砂拌地沥青、沥青材料处治的砂土、贝壳、砾石、熔渣和水结碎石等；利用沥青或水泥等稳定土壤	涂油或用氯化钙、氯化钠稳定的土壤路面，不加处治的砂土贝壳、水结碎石、泥结碎石砾石、行车结碎石、级配土壤、圆石等
路面拱度	1∶50～1∶200	1∶30～1∶100	1∶15～1∶50

路　面　最　小　宽　度　　　　　　表 9-5-8

公路等级	路面最小宽度（米）		
	平原区	丘陵区	山岭区
甲　　等	7	7	7
乙　　等	7	6	6
丙　　等	6	6	5.5

弯道处的路面依照《公路工程设计准则》规定加宽。路肩的横坡度 1∶10～1∶25。路面分为单层式、双层式与三层式 3 种。路面形式为：薄边式、等厚式与厚边式 3 种。

路面设计的载重（公吨）为甲等 18，乙等 15 或 13.5，丙等 12.5 或 9。

路面性质分为刚性（水泥混凝土或基层为水泥混凝土）、柔性（路面各层均用沥青、碎石、砾石、砂土等材料铺成），同时还规定了路面设计的各种参数。

以上两个公路路面设计规范详见《中华民国公路法规选编》。

三、公路施工规范

民国 36 年 4 月，公路总局颁布《公路路基工程施工规范》（修正草案）七章 45 条，其主要内容：

第一章总则。为工程范围与施工程序等。

第二章土堑工程。为开土堑程序及废土处置与坍方处理和路堑改善。

第三章石堑工程。规定了开石要点、选孔方法、凿孔程序、装药发火程序及大规模开炸方法、半山洞开凿程序。

第四章路堤工程。为地基处理方法，筑堤程序，筑堤高度，路堤改善。

第五章水沟工程。为明沟与暗沟的施工方法。

第六章防护及其他工程。包括材料选用、圬工施工方法、干砌石工、石护栏与路缘石的施工，混凝土与钢筋混凝土工程的施工方法，木制防护工程的施工方法。

第七章附则。为材料处理与工程核算。

《公路路面规范草案》下卷为路面施工共9篇，对各种路面施工均有明确的规定，其主要内容如表9-5-9。

《公路路面规范草案》路面施工内容　　　表9-5-9

篇次		章次	章　名
4	土壤路面底层	12	土壤底层
		13	级配砂石底层
		14	水泥土壤底层
5	粒料路面底层	15	翻修底层
		16	砾石底层
		17	水结碎石底层
		18	泥结碎石底层
		19	大块石底层
6	土壤路面面层	20	级配砂石面层
		21	水泥土壤面层
7	粒料路面面层	22	煤屑面层
		23	砾石面层

续上表

篇次		章次	章　名
7		24	水结碎石面层
		25	泥结碎石面层
8	块料路面面层	26	弹街石面层
		27	石块面层
		28	砖块面层
9	刚性路面面层	29	水泥结碎石面层
		30	水泥混凝土面层
10	沥青涂层	31	沥青透层
		32	沥青粘层
		33	沥青封层
11	沥青表面处治	34	沥青表面处治(用于表面浮松路面)
		35	沥青表面处治(用于表面紧密路面)
		36	沥青表面处治(用于旧沥青或混凝土路面)
12	沥青碎石面层	37	热贯沥青碎石面层
		38	冷贯沥青碎石面层

　　民国36年2月，第五区公路工程管理局制订《钢桥工程规范书》四章27条，主要是对包商的制约，规定了工程范围、合同附件、施工标准及安全设备和竣工验收的要求；明确了工具及材料由包商自理；还有材料装运与钢桥装置、铆合的规定和油漆的要求。

　　同年6月26日，该局又制订《木质、石砌及混凝土桥梁涵渠工程施工规范书》九章122条，规定的施工标准有挖基、抽水和防水的办法；基础打桩的方法；石料和石灰的选择、配合与施工，木材的选择、加工与施工方法；混凝土与钢筋混凝土的材料采、储、运与加工，混凝土的配合、搅拌、灌注的方法，块石混凝土的施工及水中灌注，钢筋的弯、扎、接等；拱桥拱架的制做与砌拱方法；铁件的采运、制造与油漆；还土和填土的程序等。

同年 7 月 19 日，公路总局颁布《水结碎石路面施工规范》，共六章 22 条，其主要内容：路面宽度、厚度和路拱，均有标准图；规定了材料性质、规格及石料级配；路床采用槽式建筑法，对开挖、滚压作了规定；路面底层的滚压与面层的滚压等。

同年 9 月 30 日，公路总局颁布《灌沥青碎石路面施工规范》，共四章 18 条，主要规定：路面尺寸依照设计图，基层应坚实稳固，并得利用原有碎石、砾石或弹石路面作基层；碎石的性质和级配及沥青的种类和标准；施工程序为清理基层，撒铺粗碎石、滚压、沥青料加热与灌注、撒铺细石料、滚压，灌注封层沥青，撒铺石屑、滚压。

民国 37 年 1 月，公路总局颁布《公路工程处理规程》（附：工程发包办法），其中《公路新筑、改善、复修、设备工程处理规程》十一章，主要规定了举办工程时一切有关的工程事务手续。如计划的核准、计划预算的编送、工程施工程序、工款处理，各种报告的程序、工程验收、决算处理等程序。

以上七个施工规范详见《中华民国公路法规选编》。

民国 37 年 2 月 21 日，第四区公路工程管理局制订《处理工程暂行办法》六条，为各工务段、队处理工程，控制预算，争取时效的辅助办法。

次年 1 月，该局依照公路总局颁布的《公路工程处理规程》编纂《新筑、改善、复修、设备、修缮、抢修工程处理规程》文件，规定了适用范围及工程内容，计划概算、施工预算的编制方法，开工及竣工的报告和决算。

第六节　国道网的制定

　　民国 35 年，交通部公路总局曾结合已成公路进行全面规划，制定了《四基五经六纬国道网》方案。这个方案原则上是以重庆、汉口和西安为内环三个中心，互相联络成为基网；由这三个中心分向外围，引伸至南京、广州、昆明、兰州和北平等五大据点，构成国道网的骨干，采用甲等标准修建；再由这五大据点分途四出，与重要港口、边防重镇和国外交通网相衔接，内与各省省会、经济中心和工业基地相联络，均采用甲或乙等标准修建；从而使首都与各重要海港与省会以及省会之间，各省会与各重要城市之间均有公路互相联络。

　　国道网路线，除东北各省、台湾省和海南岛的国道路线另案规定外，先规定四基五经六纬国道 15 条及经纬联络国道支线 22 条，共计 37 条，总长 61264 公里，未成里程 6654 公里，已成里程 54610 公里，重复里程 4041 公里，实际里程 57223 公里，详见表 9-6-1。

交通部公路总局《四基五经六纬国道网》里程

单位：公里　　　　　　　　　　　　　　　　　　　　表 9-6-1

线　别	路线起讫	未成里程	已成里程	总长	重复里程	实际里程
基一线	上海～拉萨	1180	4041	5221	—	5221
基二线	九龙～涝江	—	3411	3411	80	3331
基三线	马尾～霍尔果斯	—	5386	5386	63	5323
基四线	畹町～承德	540	4075	4615	206	4409
小　计		1720	16913	18633	349	18284
经一线	海安～山海关	—	4297	4297	216	4081
经二线	汕头～周家口	—	2042	2042	76	1966

线　别	路线起讫	未成里程	已成里程	总长	重复里程	实际里程
经三线	常德～澧江	—	2128	2128	198	1930
经四线	湛江～百灵庙	540	3074	3614	1085	2529
经五线	打洛～陕坝	1054	2567	3621	150	3471
小　计		1594	14108	15702	1725	13977
纬一线	厦门～镇南关	—	1923	1923	275	1648
纬二线	上海～天生桥	—	2782	2782	390	2392
纬三线	吕四港～襄城	—	2053	2053	196	1857
纬四线	连云港～明塔盖	2314	3345	5659	487	5172
纬五线	青岛～宁夏	450	1499	1949	406	1543
纬六线	多伦～陕坝	—	1224	1224	70	1154
小　计		2764	12826	15590	1824	13766
经二、一	歙县～芜湖	—	242	242	—	242
经三、一	汝坟桥～开封	—	178	178	—	178
经四、一	玉林～莲塘	78	306	384	—	384
经四、二	桂林～衡阳	—	361	361	—	361
经四、三	荔铺～三穗	—	584	584	—	584
经五、一	北海～沙子岭	—	1025	1025	29	996
经五、二	河口～呈贡	191	297	488	—	488
经五、三	绵阳～双石铺	—	565	565	—	565
经六、一	镇南～小官河	—	278	278	—	278
经六、二	歇武～倒满河	—	673	673	—	673
经六、三	酒泉～叉道	90	360	450	—	450
经六、四	若羌～库尔勒	—	442	422	—	442
经六、五	乌苏～塔城	—	354	354	—	354
小　计		359	5665	6024	29	5995

续上表

线　别	路线起讫	未成里程	已成里程	总长	重复里程	实际里程
纬一、一	广州～信都	—	279	279	19	260
纬二、一	泰和～榆树湾	—	758	758	61	697
纬二、二	永嘉～洋湾	—	659	659	34	625
纬二、三	象山～杭州	—	257	257	—	257
纬三、一	保山～滇边	—	234	234	—	234
纬三、二	三角坪～黔江	—	457	457	—	457
纬五、一	安西～红柳沟	—	759	759	—	759
纬五、二	白杨河～莎车	217	1215	1432	—	1432
纬六、一	潍县～威海卫	—	480	480	—	480
小　计		217	5098	5315	114	5201
总　计		6654	54610	61264	4041	57223

民国 36 年 9 月，国民党政府行政院新闻局印发了《国道网计划》，其中对全国干、支各线计划情况均有详述。本节除略去沿线经济情况和各地物产外，分别节录其主要内容。

一、国道基线

国道基线共 4 条，总长 18633 公里。

（一）基一线

上海至拉萨，总长 5221 公里。这是一条东西横贯的动脉，从东海滨经济中心的上海，直达西藏的拉萨，差不多从海平面一直爬到海拔 3700 米的高度，而沿线有的路段海拔高度还不止此。全线跨越苏、皖、鄂、川、康、青、藏等七省区，经过长江三角洲、太湖区域、四川盆地和青藏高原等不同的地理境域。沿途著名的山岭有皖山、武陵山、邛崃山、大雪山、沙鲁里山、宁静山、唐古拉山和喜马拉雅山。

从上海出发经锡沪公路的大场、太仓、常熟和无锡，锡宜公路的漕桥和宜兴，京杭国道的溧阳、天王寺、句容和南京，江南公路的采石、当涂、芜湖、南陵、青阳、贵池、殷家汇和大渡口，渡长江抵安庆后由高河埠、潜山、太湖、宿松、黄梅、广济、浠水、柳子巷、黄陂、汉口、长江埠、皂市、沙洋、十里铺、当阳、鸦雀岭、宜昌、巴东、恩施、宣恩、咸丰、石门坎、彭水、武隆、南川、雷神店、重庆、青木关、璧山、永川、荣昌、隆昌、内江、资中、资阳、简阳、成都、新津、雅安、康定、道孚、甘孜、邓柯、歇武至玉树；玉树至拉萨段仅作路线勘测，从唐古拉山口入藏，经拉玉山口、拉尼山口而至拉萨。

（二）基二线

九龙至滂江总长 3411 公里，这是一条纵贯南北精华地区的重要路线。九龙是我国输出输入货品的前哨，滂江在察哈尔边境内（今内蒙古自治区苏尼特右旗），距外蒙边境不到 180 公里，过去是张库公路的中程要镇。

．从九龙出发经龙岗、东莞、广州、从化、新丰、翁源、曲江、摺岭（又名骑田岭）、宜章、耒阳、衡阳、下摄司、长沙、平江、九岭、通城、崇阳、咸宁、武昌（汉口柳子巷段与基一线相合是重复里程长 80 公里）、柳子巷、小界岭、仁和集、潢川、息县、新蔡、项城、周家口、淮阳、太康、杞县、开封、封邱、滑县、濮县、清丰、南乐、大名、冠县、临清、恩城、德州、东光、南皮、沧县、青县、静海、天津、河西务、安平、通县、北平、下花园、张家口、汉诺坝、张北、温都托罗盖，而达滂江。

（三）基三线

马尾至霍尔果斯，总长 5386 公里。这是西北与东南的对角线，也是海疆与陆疆的联络线。该线已全部畅通，穿过闽、赣、鄂、豫、陕、甘、新七省，经过东南沿海和太湖区域、秦岭和汉水区域、陕甘盆地、黄河上游、塞外草原和准噶尔盆地等七个自然区域。在工程上，以筹岭、九宫山、秦岭、大洪山、六盘山和天山最为艰险。其中甘新公路的修筑，使内地与新疆的空间距离大为缩短，有利于新疆经济贸易的发展，使基三线能代替土西铁路的地位。

（四）基四线

畹町至承德，总长 4615 公里。畹町在滇缅边界上，隔瑞丽河与缅甸九谷相望，公路直达腊成。基四线由畹町经遮放、芒市、龙陵、保山、永平（先后跨越怒江、澜沧江）、下关、楚雄、禄丰、安宁、昆明、沾益、天生桥、宣威、哲觉南；进入贵州哲觉黑石头、威宁、赫章（渡乌江、过七星关）、毕节；过赤水河进入四川叙永、泸州、荣昌（接成渝公路）、重庆（沿汉渝公路）、邻水、大竹、达县、万源；进入陕西镇巴、石泉、西安、渭南、华县、华阴、潼关；渡黄河进入山西的风陵渡、曲沃、临汾、洪洞、霍县、灵石、平遥、太谷、太原、阳泉、过娘子关；进入河北石家庄、保定、北平、顺义、怀柔、密云、古北口；进入热河滦平至承德。

以上 4 条基线的位置见图 9-6-1。

二、国道经线

国道经线共 5 条，总长 15702 公里。

（一）经一线

海安至山海关，总长 4297 公里。这是一条大致与海岸平行的干线公路，是海疆国防的纵贯动脉。全线工程较国道基线容易施工，只是福建段工程较为困难，山东沂蒙山区也有峰峦叠嶂的山

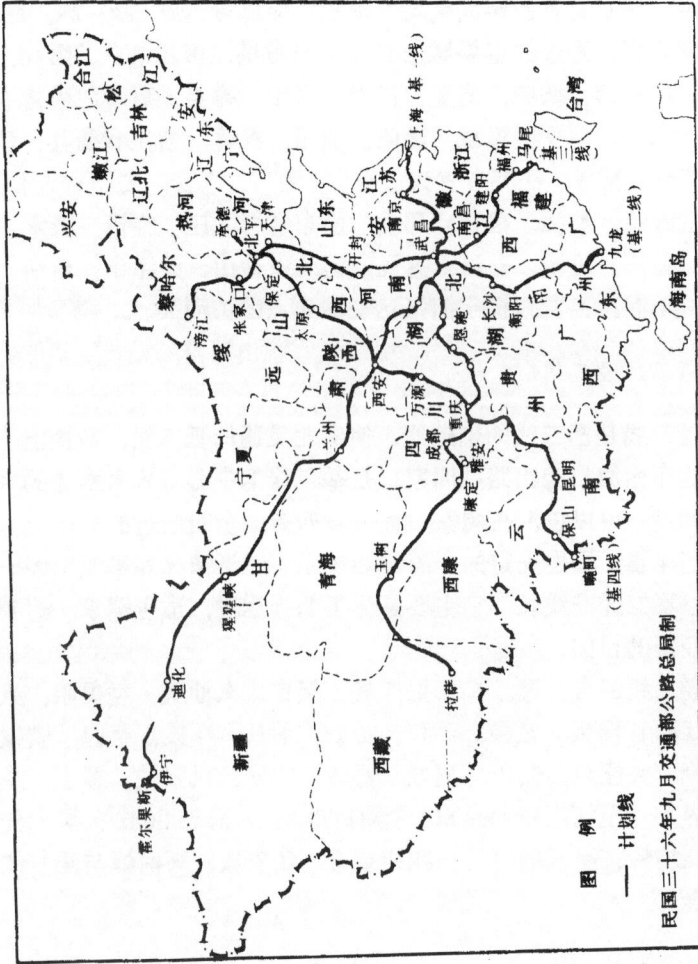

图 9-6-1　国道网基线图（此图系历史资料）。

民国三十六年九月交通部公路总局制

图　例

—　　计划线

道。但较福建段的里程短。

经一线起自雷州半岛南端的海安，穿越粤、闽、浙、苏、鲁、冀沿海六省，经过的重要城市有：广东省湛江市、电白、阳江、恩平、广州市、增城、博罗、河源、兴宁、梅县、蕉岭；福建省新泉、永安、南平、建瓯、建阳、浦城、枫岭；浙江省衢县、建德、杭州、长兴；江苏省宜兴、南京、浦口、六合；安徽省天长；江苏省盱眙、淮阴、宿迁、邳县；山东省台儿庄、临沂、沂水、临朐、益都、济南、齐河、惠民；河北省盐山、天津市、塘沽、唐山、丰润、卢龙、抚宁而抵达长城起点的山海关。

（二）经二线

经二线是基二线的辅助线，使南北贯通的基二线，衔接上一条通达东南海口的出路。周家口是基二线的中心，将来物品的吞吐与调剂，可以总汇在周家口而分发四方。全线经过的地区大都是物产丰富、民生安定的丘陵地和平原，经济情况并不亚于经一线，但不如经一线长，它主要是为了加强运输，适应需求，达到繁荣经济的目的。

经二线经粤、赣、皖、豫四省，起自广东汕头、经揭阳、兴宁；江西省瑞金、赣县、泰和、吉安、清江、浮梁、至德；安徽省东流、大渡口、安庆、桐城、舒城、六安、正阳关、颍上、阜阳、界首、至河南省周家口（今周口市）止，总长2042公里。先后在高坊岭、温家圳与基三线相重合，在安庆、高河埠与基一线相重合。

（三）经三线

从湖南常德直通蒙古边境漖江，总长2128公里的经三线是具有基二线同样功能的干线，国防与经济意义都很重大。从体系上讲，经三线与基二线都是以经济物力支援塞外边防的动脉，基二线的周家口和经三线的常德处于同一重要位置，同是全线的枢纽埠。基二线在周家口与经三线的衔接，使经三线可通过基二线到达东海岸，而经三线在常德又与纬二线相衔接，更可以获得上海与天生桥间苏、浙、皖、赣、湘、黔、滇的经济支援，所以经三线和经二线单在国道经线的系统上，不免有一枝一节的感觉，但从整个国道网计划中看，经二线和经三线非但拥有广大的腹地，而且使周家口和常德可以获得极度的发展，成为中部两大商业都市，密切与武汉相呼应。就工程而言，常德至南阳基本上是平原地带，自南阳经方城、叶县、始入伏牛山与嵩山的丘陵区，渡黄河后进入山西高原的太行、太岳山地，再至白圭落入汾河平野，忻县以北开始穿越内长城山地，直达雁门关外的应县，又重入桑干河的开阔地区，出长城后地势平坦，沙碛中有起伏的小丘陵，但无碍于公路的行车，平地泉以北攀越大青山，岭高谷深比较险阻，此后直抵滂江也尽是沙地。从地势的概观，经三线自然环境所给的阻力，仅有山西高原的二段和大青山的翻越比较难行，在平原地带和沙碛地带汽车通行均称便捷。

经三线从常德起，经临澧、澧县；湖北省公安、沙市、江陵、荆门、襄阳、樊城、光化；河南省邓县、南阳、方城、叶县、宝丰、临汝、伊川、洛阳、孟津、孟县、沁阳、博爱；山西省晋城、高平、长治、沁县、太谷、榆次、太原、忻县、代县、怀仁、大同；内蒙古丰镇、集宁至滂江。其中樊城邓县段与基二线相重合，白圭太原段与基四线相重合，有重复里程 198 公里。

（四）经四线

湛江市到百灵庙总长 3614 公里，是沟通我国南北的第二条干线，与基二线平行，九龙至湛江约 350 公里，百灵庙至滂江也不过 200 公里。故同为北边国防与南海海防的联络线，但基二线经过的地区，远较经四线为繁荣，经四线比较基二线偏西，所以很受地形环境的限制，不仅山高谷深、人口稀少，而且地方经济急待开发。重庆附近与西安南北两段是全线北部和中部最富庶的区域，柳州以南人民多殷实自给，人烟稠密，农作物繁茂，与北段大不相同。因此经四线的修建，可使所经粤、桂、黔、川、陕、绥六省地区的国民经济获得调和与开发。

就工程而言，湛江贵阳段公路穿过南岭复杂的地理环境，工程艰巨，但因抗战时期国际运输的关系，公路屡经培修，路面和路基尚属完善。贵阳重庆段工程以娄山关南北两侧较为困难，经过屡次改善也算畅通了。重庆经万源、镇巴至西安段，以子午谷的工程为最大障碍。西安以北为陕北黄土高原地带，情况较恶劣，路面起伏不平。延安南北路段年久失修，仅可勉强通车。榆林至包头多是沙碛地带，沿线人烟稀少。东胜至包头间的公路情况恶劣不堪，包头以北至百灵庙段须通过大青山，尚未兴筑。全线能通车者为3074公里，尚有540公里亟待兴筑。

经四线从湛江起经遂溪、廉江；广西省陆川、玉林、贵县、宾阳、迁江、宜山、河池；贵州省独山、都匀、贵定、龙里、贵阳、息峰、遵义、桐梓；四川省綦江、重庆、邻水、大竹、达县、万源；陕西省镇巴、石泉、西安、咸阳、泾阳、三原、耀县、铜川、宜君、黄陵、洛川、甘泉、延安、延长、延川、清涧、绥德、米脂、榆林；内蒙古东胜、包头、固阳、百灵庙（今达尔罕茂明安联合旗）。

（五）经五线

经五线是滇缅南界的打洛至绥西后套的"沙漠之镇"陕坝（今杭锦后旗），总长3621公里。打洛本属思茅道，居澜沧江右岸，受横断山脉纵谷的限制，一切贸易商务多赖缅甸，在国防上也很重要。

从云南南部打洛起经佛海、车里、思茅、宁洱（今普洱）、墨

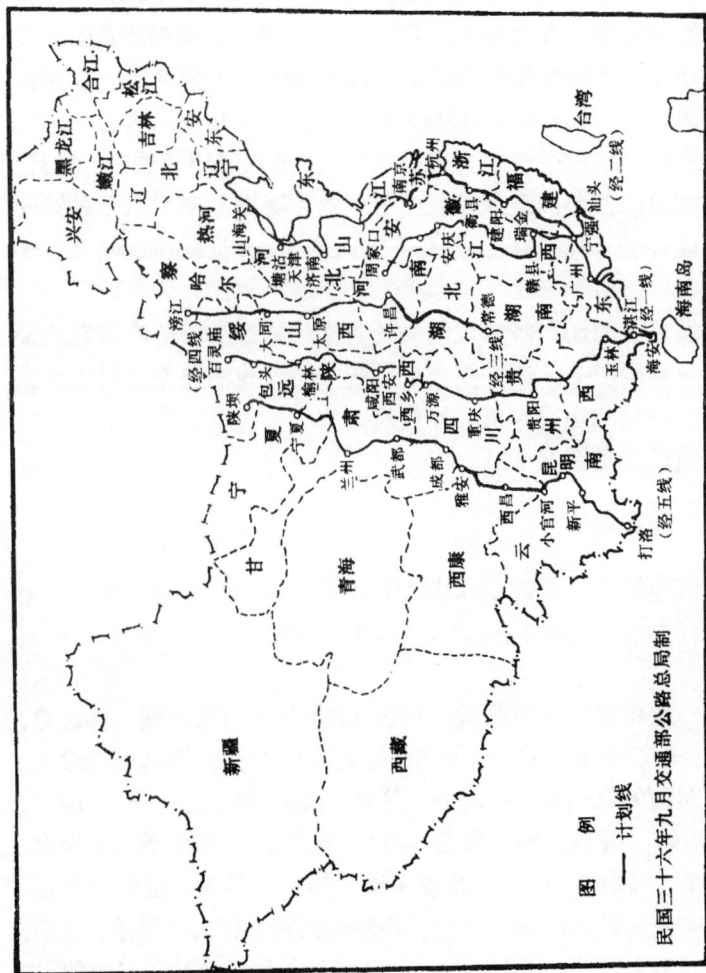

图 9-6-2　国道网经线图（此图系历史资料）。

民国三十六年九月交通部公路总局制

图　例

—— 计划线

江、新平（由打洛至新平所经地区为澜沧江、把边江和元江的纵谷与哀牢山和无量山的峻岭，沿途低洼处森林密迩，温湿而多雨，高峻处谷深岩峭，人迹绝少，工程浩大）、昆明、富民、元谋；进入西康小官河（衔接西祥公路）、西昌、冕宁（山势更急，公路盘旋小相岭而上，工程至为艰巨）、富林、雅安（与基一线重合一段）、成都、绵阳、江油至平武（穿越摩天岭）；进入甘肃省武都、岷县、会川、临洮、兰州；进入宁夏中卫（地形崎岖，中卫以下是河套平原、地势平坦）、银川、平罗；进入内蒙古磴口达陕坝（今杭锦后旗）。

陕坝是绥西新经济建设勃兴的重点，后套水利造成了它的繁荣，在未来国防上，也是相当重要的。经五线的联络，可以使南方国防门户与北边国防重心连接起来。

国道经线见图 9-6-2。

三、国道纬线

国道纬线共 6 条，总长 15590 公里。

（一）纬一线

纬一线由厦门至镇南关，总长 1923 公里，横跨闽、赣、粤、桂四省，是繁荣厦门的一条动脉，也是当时国际上的后方补给线。从厦门对面的嵩屿起，经龙海、龙岩、新泉（接上经一线）、朋口、长汀、隘岭；进入江西省瑞金（与经二线重合一段）、赣县、南康、大庾（余）、梅岭；进入广东省南雄、始兴、韶关、曲江、乳源、连县、连山；进入广西省莲塘、八步（贺县）、钟山、平乐、荔浦、修仁、雒容、柳州、南宁、苏圩、思阳（上思）、宁明、凭祥至镇南关（今友谊关）。

（二）　纬二线

纬二线由上海至天生桥，总长 2782 公里。是国道纬线中横贯西南和东海的一条动脉，经苏、浙、皖、赣、湘、黔、滇七省。天生桥至沾益 17 公里，纬二线在此可以衔接基四线。沿线所经地区大部是富庶的鱼米之乡，经济价值远在其他各线之上，大致全程可以湘省桃源为界点，桃源以上地势渐险峻。

纬二线的西段较东段艰巨。桃源以上多坡道，过鲇鱼铺进入黔境，公路从海拔平均 200 米的湘西谷地，攀登至海拔一般在 1000 米以上的贵州高原，工程浩大，镇远以南有盘山的险道，施秉以东有鹅翅膀的险工，抵黄平县更须超越海拔 1100 米的大山，处处皆深谷，步步尽崎岖。贵阳安顺段地势比较平坦，过镇宁后又入群山，中有关索岭、盘江桥和二十四拐之险，过盘县进入滇境至天生桥，海拔为 1950 米。

从上海起经浙江省余杭、杭州、临安、昌化；进入安徽省歙县、屯溪、祁门；进入江西省浮梁、万年、东乡、高安、上高、万载；进入湖南省浏阳、长沙、宁乡、常德、桃源、沅陵、辰溪、芷江、晃县；进入贵州省玉屏、三穗、镇远、施秉、黄平、龙里、贵阳、清镇、安顺、盘县；进入云南省天生桥。

（三）　纬三线

纬三线起自江苏省启东县吕四港（是长江口的著名盐场），止于襄城（在陕西汉中区，是川陕公路的重镇，北控秦岭山路，南控巴蜀栈道，是汉中水路的起运点，老河口襄城公路与襄花公路的修筑，都是为了补救汉水运输的不足），总长 2053 公里。

纬三线从吕四起，经海门、南通、如皋、泰县、江都、扬州、仪征、六合、江浦；进入安徽省和县（均与大江相平行，地势平坦）、含山、巢县、合肥、叶集；进入河南省商城、仁和集、潢川、罗山、信阳、桐柏（入大别山北麓）、唐河、南阳、邓县；进入湖北省老河口（与基三线相重合）、谷城；进入陕西省白河；南入湖北省竹溪（在巴山及武当山间，海拔达 600 米，是全线的险工）；进入陕西省平利、安康、汉阴、石泉、西乡、城固、南郑（今汉中）至褒城。

（四）纬四线

纬四线是横贯东西国境的大动脉，由连云港至明塔（铁）盖，总长 5659 公里，是国道计划中最长的一条干线。连云港在江苏东海临洪口附近，是陇海铁路东端的吞吐港。明塔盖在新疆蒲犁县西南境，是喀喇昆仑山的重要隘口、国防上的重要据点，跨越峻岭后可通达克什米尔。

纬四线从江苏省连云港起，经灌云、沭阳、宿迁、睢宁、徐州；进入安徽省萧县；再经河南省永城、商丘、宁陵、睢县、杞县、开封、郑州、洛阳、灵宝；进入陕西省潼关、华阴、华县、渭南、临潼、西安、咸阳、兴平、武功、扶风、歧山、凤翔、宝鸡、大散关（进入秦岭山区）、凤县、双石铺；进入甘肃省两当、徽县、天水、定西、榆中、兰州、河口；进入青海省享堂、乐都、西宁、湟源、倒淌河（青藏公路的起点）、都兰（乌兰）、红柳沟、茫崖；进入新疆若羌、且末、策勒、洛浦、和阗、墨玉、皮山、叶城、泽普、莎车（遥望穆斯塔格山、峰峦重叠、工程浩大）、蒲犁、南至高逾雪线的明塔盖（明铁盖）。

（五）纬五线

纬五线由青岛至宁夏，总长 1949 公里斜穿华北，沟通河套与黄海的交通。它的建成大有裨益于黄河流域的运输，河套的物产均可直接由本线集中启运青岛。青岛是山东主要港口、海军根据地，在国防地位上很重要。

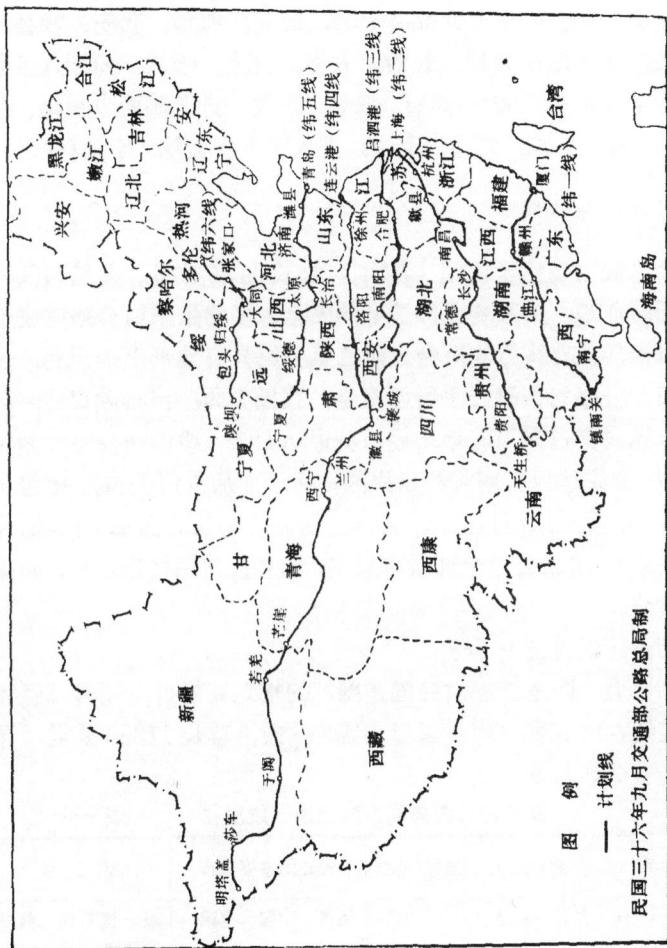

图　例

—— 计划线

民国三十六年九月交通部公路总局制

图 9-6-3　国道网络线图（此图系历史资料）。

纬五线从青岛起经潍县、寿光（与胶济铁路平行）、济南、齐河、聊城、冠县；进入河北省大名、成安、邯郸、武安、涉县、东阳关；进入山西黎城、长治、太谷、白圭、平遥、汾阳（吕梁山峰峦重叠地势渐峻）、离石、柳林、军渡；进入陕西省吴堡、绥德、双胡峪、石湾、靖边、定边；进入宁夏省盐池、宁夏（银川）。

（六）纬六线

纬六线由多伦至陕坝（善坝），总长1224公里。多伦与陕坝均系国防前哨，关系着北方边务的安全。多伦张家口公路完成于抗战以前，塞外草原的高台地对修筑公路具有地形上的便利，过张家口，公路与铁路线平行西南走，直抵大同；出得胜口后，公路在丰镇斜穿过黑河谷地，经凉城通达归绥（绥包间公路多循民生渠行，故先达包头南黄河口岸的南海子而后入包头市），出包头经公庙子，渡五加河至五原，再跨过后套各渠从北面抵达陕坝（今杭锦后旗）。这条公路全部虽可通车，但各段道路情况不一，尚须加以整修。

国道纬线见图9-6-3。

除以上《四基五经六纬国道网》的规划路线外，还有《经线国道支线》13条和《纬线国道支线》9条，总长11339公里，详见表9-6-2和表9-6-3。

交通部公路总局经线国道支线里程　　　表9-6-2

线　名	起讫地名	里程(公里)	经过的重要城市	附　注
经二线一支线	歙县～芜湖	242	绩溪、宁国、宣城	基一线与纬二线的联络线
经三线一支线	汝坟桥～开封	178	襄城、许昌、鄢陵、尉氏	基二线与经三线的联络线

续上表

线　名	起讫地名	里程（公里）	经过的重要城市	附　注
经四线一支线	玉林～莲塘	384	苍梧、信都、贺县	纬一线与经四线的联络线
经四线二支线	桂林～衡阳	361	黄沙河、零陵、祁阳、洪桥	经四线三支线与基二线的联络线
经四线三支线	荔浦～三穗	584	桂林、义宁、龙胜、青龙界、靖县、星子界	纬一线与纬二线的联络线
经五线一支线	北海～沙子岭	1025	钦州、南宁、武鸣、田东、田阳、百色、田林、安龙、兴仁	纬二线通往广东西部的港口
经五线二支线	河口～呈贡	488	蒙自、开远、竹园、弥勒、石林、路南、宜良	
经五线三支线	绵阳～双石铺	565	剑阁、广元、襄城	经五线与纬四线的联络线
经六线一支线	镇南～小官河	278	姚安、大姚	经六线与基四线的联络线
经六线二支线	歇武～倒淌河	673	竹节寺、黄河沿、大河坝	基一线与纬四线的联络线
经六线三支线	酒泉～叉道	450	金塔、毛目、流沙	通额济纳旗的交通线
经六线四支线	若羌～库尔勒	442	尉犁	南疆东区与迪化的交通线
经六线五支线	乌苏～塔城	354	托里、额敏	基三线两端的重要吞吐口
经线支线总长		6024		

交通部公路总局纬线国道支线里程　　表 9-6-3

线　名	起讫地名	里程(公里)	经过的重要城市	附　注
纬一线一支线	广州～信都	279	大沥、三水、四会、怀集	纬一线通达广州的支线
纬二线一支线	泰和～榆树湾	758	永新、茶陵、安仁、耒阳、衡阳、邵阳	经二线与纬二线的联络线
纬二线二支线	永嘉～洋湾	659	青田、丽水、碧湖、龙游、衢县、常山、草坪	洋湾在纬二线
纬二线三支线	象山～杭州	257	宁海、新昌、嵊县、曹娥	
纬三线一支线	保山～滇边	234	腾冲	中印公路国内段
纬三线二支线	三角坪～黔江	457	泸溪、所里、永绥、茶洞、秀山、酉阳、两河口	黔江在基一线上
纬五线一支线	安西～红柳沟	759	敦煌、玉门关、若羌	沟通甘新公路与青新公路
纬五线二支线	白杨河～莎车	1432	托克逊城、库米什、库尔勒、焉耆、库车、巴苏、拜城	北疆与南疆的大动脉
纬六线一支线	潍县～威海卫	480	昌邑、掖县、黄县、烟台、牟平	潍县在纬五线上
纬线支线总长		5315		

　　上述国道网规划是民国时期第三次制定的方案。虽然由于历史原因未能全面实施，但从国土地理和物产分布以及当时国防等情况出发，纵横相连，四方相通，水陆衔接，内外兼顾，制定出如此详细的国道网方案，不失为公路建设中的一项重要研究成果。

第七节 解放区的公路简况

抗日战争时期，中国共产党领导的八路军和新四军以及地方游击队，曾在东北、华东和华北地区开辟了广大的抗日根据地和解放区。抗战胜利后，解放区的军民为迅速恢复生产，积极抢修公路和桥梁；嗣因国民党发动内战，为防止其进犯，有计划地对战地的公路和桥梁进行破坏，同时在解放区后方修路建桥，便利运输，支援前线，配合人民解放军作战，开展以修为主和修破兼施的交通战略。

一、东北解放区

抗战胜利初期，中国共产党领导的八路军和新四军部分军队先后从喜峰口、抚宁和山东烟台等处进入东北地区，收复了朝阳、山海关、绥中、兴城、锦州、沈阳、铁岭、四平、辽阳、抚顺、本溪、庄河和丹东等城镇；北满的抗日联军，则收复了哈尔滨和牡丹江等大中城市，建立了辽宁省、安东省、辽北省和吉林省及部分县乡政权。民国34年12年起，国民党军队为争夺东北地区的统治权也进入东北地区挑起内战，民国37年11月，中国人民解放军取得辽沈战役的全面胜利后，东北全部解放。

（一）辽热地区的公路修复

民国34年11月8日，大连民主政府成立，组织群众恢复生产和创办人民交通事业，接管了满铁子公司"大连都市交通株式会社"，改名为大连市交通公司，先后恢复了通往金县和旅顺的客货运输。民国36年，关东地区成立了公路建设委员会，各县设立公路工程办事处，开始按计划修建公路。民国38年，修复了大连至沈阳和旅顺等干线公路50多条，总长约1160公里，对支援东北其他地区的解放战争起着重要作用。

民国35年3至10月间，国民党军队侵占了沈阳及其周围城市。为保卫安东地区，赛马、凤城、宽甸和桓仁四县，紧急抢修凤城至赛马、宽甸至赛马、田师傅至桓仁和桓仁至宽甸等4条公路。民国37年1月，安东省民主政府（位于丹东）为支援爱国保田自卫战争，在各县设立支援前线委员会；7月成立安东省公路管理局，维护安东至通化（当时属于安东省）和安东至大连两条公路干线的畅通；9月，辽宁省民主政府在瓦房店成立辽宁省公路管理局，对庄河、岫岩、海城和辽阳等地1100多公里的公路进行了抢修。

民国37年3月起，热河省民主政府（位于承德）命令各盟（专署）、旗长（县长）迅速整修朝阳地区（当时属热河省热东地区）公路，很快就完成了凌源至朝阳、赤峰至朝阳和朝阳至羊山等公路的抢修任务；4月初，热东办事处公路工程队对凌源至建昌公路上的水毁路基和桥梁进行抢修并恢复通车；10月中，建平县人民政府又在赤峰至朝阳公路的河流上修建便桥，以利军运；10月下旬，由辽西进攻锦州的东北野战军后方补给线被廖耀湘兵团在辽西彰武县截断，热河省甘旗卡（今内蒙地区）动员民工从八仙洞经奈曼旗、下洼（都属内蒙地区）至北票新建一条长350多公里的公里，对保证作战部队的物资供应和解放锦州战役的胜利作出了贡献。

（二）吉林地区的公路抢修

民国34年11至12月间，吉林地区先后成立辽北省和吉林省两个民主政府。辽北省民主政府设于四平市，吉林省民主政府因当时苏联军队未撤出吉林市，先设于永吉县岔路河（次年从盘石迁入吉林市），对伪满交通进行接管。次年国民党军队侵占辽宁地区，由沈阳等城市继续进犯长春、吉林，吉林省民主政府随东北民主联军迁往延吉市。民国36年，东北民主联军进行全面反攻，国民党军队退居长春和吉林两市，次年长春吉林解放，吉林省民主政府迁回吉林，立即抢修吉林到长春公路，围困长春。吉林至桦甸、盘石；梅河至东丰公路成为四平战役主要供应线。至8月，已修通延吉至吉林和吉林至伊通之间的21条公路，共长1000余公里。

民国37年8月，辽北省民主政府按东北野战军司令部的要求，紧急通知各专署和四平市、昌图、法库、彰武、新立屯、黑山和北镇等县动员群众抢修四平至锦州地区的公路，9月中，东北野战军开始发动辽沈战役以前，辽北省人民共抢修公路4300多公里，桥梁380多座，基本保证了辽沈战役的军运需要。

（三）东北地区的公路机构和建设概况

1. 公路机构

民国37年11月初，东北全境欢庆解放，东北行政委员会交通部接管了国民政府设在东北的公路管理处，成立了东北公路管理局，任命徐彬如为局长。次年3月，东北各省分别成立了公路局。5月，各省公路局按照东北行政委员会《关于加强公路组织》通令的规定，一律改称公路管理局，由省政府主席直接领导。局内设秘书、工程和路政三科，定员30人至50人；各县在民政科内设公路股，编制3至5人；各区设公路助理，或由民政助理兼办；村（乡）设不脱产的公路委员；各省辖市由建设局设科（股）管理公路工作。

东北全境公路管理机构的建立。对于当时恢复和发展东北地区的公路交通事业创造了有利条件。

2. 建设概况

民国38年2月和5月，东北公路管理总局为贯彻"发展生产、支援全国解放战争"的方针，两次召开东北各省市公路局长会议，部署公路的恢复工作。根据当时实际情况，采取了"重点安排、先求其通"的政策。各项工程由各省公路管理局组织工程队施工，总局派技术人员协助指导。对整修公路的标准也作了明确规定，一般按原有宽度整修，路面要铺垫砂石达到平坦。在这些方针政策指引下，各省公路管理局对重要干线公路和桥梁进行了整修，保证了交通运输的畅达。

民国38年，辽宁和安东两省合并为辽东省，辽北和辽西两省合并为辽西省，沈阳、鞍山、抚顺、本溪为东北人民政府直属市，旅大地区仍为苏军管理的特区。

辽东和辽西两省共整修干线公路15条，总长2343公里。辽东省修复了安东普兰店公路上的碧流河桥和安东通化公路上的瑷河桥，新建了沈阳大连公路上的辽阳太子河桥等；辽西省修复了沈阳山海关公路上的锦州女儿河桥等5座木桥，新建了13座大中型木桥。

抗战胜利后，吉林省内除延边老解放区外，绝大部分地区公路遭到了不同程度的破坏，能够维持通车的只有2000余公里，其余路线需要整修恢复。民国38年6月，吉林省民主政府下达了动员群众、恢复整修公路的指示，开展春秋两季整修公路的工作，这对于吉林全省公路运输的恢复，开创了有利条件。

二、华东解放区

民国34年8月日本投降后，国民党军队抢先接管了日伪军所控制的鲁、苏两省较大城市，如济南、青岛、徐州等地和其间的重要交通线。而山东省解放区则遍及鲁中、滨海、胶东、渤海和鲁南地区，区内公路交通先在省军区司令部兵站部（后勤部）领导下配合军事行动展开工作，次年初修复了临沂、德州、烟台等城市周围的公路共长2196公里。2月7日，山东交通总局正式成立(局长赵志刚)，下设公路、电话和邮政三个管理局，汽车公路管理局局长为邓寅冬。此后各行政区也先后设立了交通局或办事处，各县设立了交通科，建立了修路和护路的规章制度，逐渐形成了当时的公路管理体制。民国36年2月，华东人民解放军在莱芜人民大规模破坏交通线（迫使敌军机械化部队运动困难）的配合下，全歼国民党七十三军6万余人；5月，又在民兵爆破队破路炸桥的支援下，取得孟良崮战役的胜利，全歼国民党七十四师3.2万余人。同年秋天至次年7月，解放军先后攻克了周村、张店（今淄博市）、潍县和兖州，切断了济南至青岛、潍县和徐州的公路交通。8月，围攻济南，鲁中南一、七两个分区民工和历城民工昼夜抢修公路和桥梁，很快就完成了1700余公里公路的整修和129座桥梁的架设，修好了50公里大车道，对华东野战军攻克济南起了一定作用。

山东解放区地方政府在抗日战争胜利后，也修建了一些公路和桥梁，民国35年春，沂水县民主政府修建120孔长320米的沂河桥。民国36年春，修建长40公里的马站至北杏公路，将鲁中和滨海两解放区联结起来。民国38年夏，修建烟台青岛公路上的朱崖河桥，长204米，还有漫水路堤810米。

从以上解放战争的胜利，可见公路交通对战争的胜负至关重要。当敌强我弱时，可破坏公路以阻截敌人，争取时间的主动；当集中兵力围攻敌军时，则需有便利的交通以加速部队运动和军需运输。故战争中根据军事的进展情况，必须随时架桥修路、随时毁桥破路，具有既修又破和修中有破的策略性。

民国37年6月起至次年1月10日止，华东和中原两个野战军协同取得淮海战役的胜利，也是与广大人民的积极修路建桥、赶送军粮弹药、保证军事需要的巨大劳动分不开的。

民国35年及37年，华东解放区的公路变化情况，见表9-7-1及表9-7-2。

民国 35 年华东解放区的公路　　　　表 9-7-1

路　名	经　由　地　点	里程(公里)
临博路	临沂、蒙阴、莱芜、博山	208
临新路	临沂、郯城、新沂	90
临胶路	临沂、莒县、诸城、胶南	215
临沂路	临沂、河阳、沂水	105
临涛路	临沂、莒南、汾水、涛雒、日照、石臼所	154
临费路	临沂、费县	45
临台路	临沂、向城、兰陵、台儿庄	90
临枣路	临沂、苍山、向城、枣庄	110
莒沂路	莒县、四十里铺、沂水	40
莒石路	莒县、三庄、日照、石臼所	99
诸日路	诸城、桃林、日照	75
惠羊路	惠民、利津、羊角沟	145
惠博路	惠民、滨县、北镇（滨州市）、博兴	90
德惠路	德州、临邑、惠民	120
德沧路	德州、吴桥、东光、沧县	120
文俚路	文登、荣成、俚岛	65
威石路	威海卫、文登、荣成、石岛	118
烟威路	烟台、牟平、威海卫	90
烟潍路	烟台、蓬莱、龙口、掖县、沙河、潍县	217
总　计	19 条路线	2196

民国 37 年华东解放区的公路　　　　表 9-7-2

路　名	起讫点、经过点	里程(公里)
济潍路	济南、淄博、潍坊	240
济徐路	济南、兖州、徐州	360
济德路	济南、临邑、德州	120

路　名	起讫点、经过点	里程（公里）
济禹路	济南、齐河、禹城	60
济惠路	济南、济阳、惠民	120
兖济路	兖州、济宁	30
兖汶路	兖州、宁阳、汶上	70
临枣路	临沂、向城、枣庄	110
临石路	临沂、莒南、石臼所	180
临东路	临沂、沙河、东海	180
临徐路	临沂、台儿庄、徐州	180
徐东路	徐州、瓦窑、东海	252
徐宿路	徐州、睢宁、宿迁	112
徐萧路	徐州、萧县	25
张临路	张店（淄博）、莱芜、临沂	253
张高路	张店、桓城、高苑（高城）	40
青临路	青州（益都）、沂水、临沂	220
烟威路	烟台、牟平、威海卫	90
烟潍路	烟台、蓬莱、黄县、掖县、昌邑、潍县	290
泰莱路	泰安、莱芜	53
潍新路	潍坊、诸城、莒县、临沂、郯城、新沂	361
新南路	新泰、楼德、南驿	60
平诸路	平度、高密、诸城	120
莒沂路	莒县、四十里铺、沂水	40
莒石路	莒县、三庄、日照、石臼所	99
马北路	马站、东莞、北杏	45
曲邹路	曲阜、邹县	25
曲姚路	曲阜、姚村	9
寿益路	寿光、益都	35
广临路	广饶、临淄	28

续上表

路　名	起讫点、经过点	里程(公里)
惠昌路	惠民、利津、羊角沟、昌邑	215
德石路	德州、临邑、惠民、昌邑、潍县、平度、文登、荣成、石岛	595
总　计	32 条路线	4617

三、华北解放区

民国 34 年 10 月，晋察冀边区临时行政委员会在张家口成立晋察冀边区交通局（局长张冲），下设邮电、铁路和公路三个局，分管业务。公路局局长王化民和工程队队长王连峰于次年春开始主持组织修建公路和桥梁，当年 6 月，以冀西北的张家口为中心，修复了张家口至内蒙化德线长 157 公里；蔚县至下花园（张家口南）线长 116 公里；张家口至兴县（内蒙兴和）线长约 120 公里；张家口至涞源线长 227 公里；张家口至承德线长 397 公里；张家口至佛玉口线长 125 公里和天镇（晋北）至丰镇（内蒙）线约 100 公里；以上七线共长约 1240 公里。又建成宣蔚公路洋河大桥。并由张冲率领技术员工对宣蔚线桑干河铁索桥的桥台和铁索及桥面进行了整修。

民国 35 年 3 月，冀中行署交通管理局成立（局长丁适存），指导各县在春耕前按村分段，修复了北平至大名线北段由固安经任丘至献县公路长 165 公里，淮镇至晋县公路长 127 公里，高阳至大城公路长 80 公里，高阳至辛集（束鹿）公路长 122 公里。以上四线共长 494 公里。还修建了河间至蠡县间的西关桥。

同年 4 月，冀东行署布置复路工作，到 6 月中，以遵化为中心先后修复了遵化至平谷线长 105 公里、至雅洪桥（鸦鸿桥）线长 66 公里、至青龙线长 149 公里、至喜峰口线长 50 公里、至鹰手营子线长 136 公里、至卢龙线长 116 公里，以上六线共长 622

公里；另由承德公路局修筑的承德至围场线长146公里；总计修复七线，共长768公里。

同年4月，晋冀鲁豫边区交通局动员冀南各县群众，以邯郸为中心，到6月底先后修复了邯郸至涉县至山西长治线大约187公里、至大名线长79公里、至山东临清线长103公里、至广平线长48公里、至威县线长95公里，元氏至磁县线长169公里，邢台至临清线长115公里，衡水至大名线长200公里，南宫至新河线长23公里，清河县王官庄至临清线长25公里，以上十线长约1044公里。在河南省修复了濮阳至道口线长约50公里和濮阳至大名线长约76公里及焦作至栏木镇线（里程不详）。在山东省修复了临清至夏津线长约32公里，菏泽至济宁线长约114公里，菏泽至河南考城线长约80公里，以上15线（不包括焦栏线）总计长约1396公里。

民国36年春，冀南行署开展春季公路普修，共整修完成武邑经威县至大名公路长251公里，广平至邯郸公路长48公里，邢台至临清公路长128公里，王官庄经油房至夏津（山东）公路长39公里，南宫至德州公路长85公里，威县经香城固至馆陶长60公里，经巨鹿至高邑长124公里，南宫至辛集（束鹿）长70公里，以上八条公路总长805公里。

同时，解放区日渐扩大，为支援前线运输，晋冀鲁豫边区政府对已修复的公路逐步建立养护组织，并制定了如下的管理规定：

"沿线公路两侧五华里以内的村镇划为养护村，组织公路管理委员会，由村中群众选出委员3～5人，主任委员由村镇委员担任，负责组织群众对所辖路段进行巡视；遇有破损或被雨水冲坏部分以及积水路段，随时补修，雪后扫除积雪，并于公路的一边储备砂土、以便在雨雪后撒铺，保证公路畅通"[2]。

与此同时，晋察冀边区交通局成立工程指挥部。派马奔任技术顾问、沈兰任政治指导员、王连峰任行政主任。对通往山区根据地的阜平至繁峙公路长 59 公里进行测设施工，以支援战争及便利五台山区民间运输。

同年 11 月 12 日，石家庄解放，晋察冀边区与晋冀鲁豫边区连成一片，两边区间的断头公路得以连通，更便利了支前运输。

民国 37 年 2 月，晋察冀边区交通局从唐县迁驻石家庄；6 月 12 日，晋察冀与晋冀鲁豫两边区合并，成立华北联合行政委员会；9 月 1 日，撤消两边区政府，在石家庄成立华北人民政府，董必武任主任；同时在交通部下设华北公路总局，曹承宗任局长，冯于九任副局长。11 月，冀东行政公署成立冀东区交通管理局，张振宇任局长、程平任副局长，下设公路管理站和管理段，执行修路和养路工作；次年 5 月，区交通管理局改为冀中行政公署交通处，杨沛任处长，各县市设交通科主办公路事宜。

为迎接中共中央迁到河北省平山县西柏坡，民国 37 年 5 月，北岳行署要求边区交通局配合各县整修通往西柏坡的 4 条公路：由石家庄至定县的平原区道路长 92 公里，由石家庄经获鹿至郭苏的道路长 82 公里，由石家庄经正定至郭苏的道路长 96 公里（郭苏西面靠近西柏坡），由郭苏至阜平的山区道路长 92 公里。这 4 条道路在平原区宽 7 米，山区宽 3~5 米，坡陡弯急，勉可通行汽车。

民国 37 年冬，东北野战军在辽沈战役取得胜利后，挥戈入关，投入解放平津的战役。冀东区热河省紧急通知各县分村分段负责迅速抢修各线公路，以保证东北野战军进关的运输。兴隆县群众积极抢修该县周围（东至迁西、西至密云、东南至遵化、北至承德）的公路共长 439 公里，并在各线河沟上修建了桥涵。滦南县一区修筑丰南至乐亭公路约长 110 公里，只用了三天就完成了任务。可见当时在华北人民政府领导下的广大人民群众迎接解放的积极热情。华北各级人民政府还组织人民群众修复了平汉公路和平大（名）公路上的固安永定河桥。冀中区军民 8 万余人日夜抢修，很短时间就在冀中平原修复了公路 1675 公里。肃宁县民工 2 万人在五天内就修好公路 200 余公里；任丘县民工五天内就完成任丘至大城和天津至保定两条公路 75 公里的整修。

平津战役从民国 37 年 12 月初开始，次年 1 月 31 日胜利结束，华北地区基本获得解放。为支援解放军南下，华北人民政府组织群众抢修平汉、平大和津浦三大干线公路：

1. 平汉线从北平起经涿县、定县、石家庄、邢台、磁县，进入河南省安阳、新乡、获嘉至武陟，共长 631 公里（河北省境内 441 公里，河南省境内 190 公里）。

2. 平大线从北平起经固安、任丘、献县、武邑、威县、进入山东省南馆陶、冠县、河南省南乐、濮阳、滑县至新乡，共长约 576 公里（河北省境内 415 公里、山东、河南省境内约 161 公里）。

3. 津浦线从天津起经青县、沧县、南皮、吴桥，进入山东省德州、夏津、临清、堂邑、莘县，进入河南省范县至濮阳与平大线连接，共长约 496 公里（在河北省境内 173 公里、山东省境内约 247 公里、河南省境内约 76 公里）。

此外，还有天津经任丘至保定支线长 182 公里，邯郸至威县支线长 108 公里和邯郸至馆陶支线长 72 公里，共计 362 公里。

上述三条干线和三条支线总长 2065 公里。均于民国 38 年 3 月底完成。当时对工程标准规定：平曲线半径不小于 50 米；最大纵坡不大于 6%；干线路基宽度不小于 9 米；桥面宽度永久性 7 米，临时性 4.5 米；桥涵载重能通过 12 吨汽车。

公路养护由各地方政府在农闲时组织民众义务普修。

在抢修三大干线中，大军纷纷南下，沿线村庄的青年团、妇联会和儿童团等群众组织上路载歌载舞，慰问解放军，与数万筑路民工形成声势浩大、兴高采烈的群众性支前运动。

三大干线中的桥梁工程，由华北公路总局工程队分驻工地指导施工。其主要大中桥有：

　　① 平汉公路唐河桥（定县附近）为 18 孔、跨径 3.5 米、长 63 米木桥；

　　② 平汉公路漳河木便桥（磁县南）为 8 孔、跨径 7 米、长 56 米中桥；

　　③ 山东临清桥（跨卫运河）为 7 孔木桥，3 孔贝雷钢桁架，全桥长 105.6 米；

　　④ 平大公路南馆陶桥（跨漳卫河）为 14 孔、跨径 4 米木梁和 2 孔跨径 25.01 米贝雷钢桁架混合式大桥，全桥长 108.02 米。

　　民国 38 年 2 月，华北公路总局从石家庄迁往北平，接收第八区公路工程管理局。六、七月间，在北平、保定、石家庄、任丘、威县、临清、邯郸、天津成立 8 个公路管理处，以加强公路的管理和养护。

第八节 台湾光复后的公路

　　台湾省地理位置重要，物产富饶，交通发达。全省面积包括本岛、澎湖 97 个小岛和新南群岛及其他附属岛屿共 35961 平方公里，约为福建省的 1/3。清光绪 21 年（1895 年），因甲午战争失败，被迫割让与日本。抗战胜利之后，丧失 50 年的台湾得以光复，重归中国版图。民国 34 年 11 月，台湾省行政长官公署正式成立，全面接管了日本台湾总督府的一切统治权力。

　　日本投降前夕全省公路破坏严重，接管之后立即制定工作计划，对公路工程设备实况进行了调查，并即着手谋求恢复。

一、机构组织

　　光复前台湾总督府交通局下设道路港湾课，主管公路和港湾的建设事务。民国 35 年 8 月，台湾省行政长官公署交通处，在台北市设立公路局（局长华寿嵩），内设秘书室、人事室、监理处、业务处、技术处、材料处、总务处、会计处、统计室；局外设材料总库、台北修车厂，并在台北、台中、高雄、枋寮、花苏（花莲港）设公路段，各段任段长一人。全局共有职工 991 人，其中职员 480 人、工人 511 人。民国 36 年 5 月起，公路局改隶台湾省政府交通处，局内外组织机构有所调整。民国 38 年 10 月 1 日，公路工程正式划归台湾省公路局管理。

二、公路概况

（一）公路分布

由于天然地形所限，全省铁路和公路先在西部发展。同时，全省大中城市如台北、台中、嘉义、台南、高雄和屏东等也分布在西部。由基隆起连接这些城市的公路，为台湾本岛的主要干线公路，称之为南北纵贯公路，全长 454.17 公里。东部公路由屏东向南折向东部台东，花莲、苏澳和宜兰而至台北，与西部公路构成环岛一周的环岛公路，包括西部纵贯公路在内，总长为 1031.716 公里。

由于地形原因，横贯东西的公路工程十分艰巨，修建不多，仅 180.158 公里。

（二）公路里程和工程概况

台湾省在光复时，共有各种公路 17517.80 公里。其中已完成的省道 1137.50 公里，县道 2601.30 公里，乡道 13533.10 公里和尚未完成的省道 245.90 公里。按公路密度计算，平均每平方公里有 0.47 公里公路，为全国各省之冠。如除去乡道，平均每 9 平方公里有 1 公里公路。各种公路分布于台北、新竹、台中、台南、高雄、台东、花莲和澎湖 8 县，见表 9-8-1。

就全省公路技术状况来说，路线虽然经过山岭地带，但一般纵坡并不太大，最大者为 10%，一般在 1~7%。

单位：公里　　　　　　　**台湾全省公路里程**　　　　　表 9-8-1

县名	总　　计	省　　道		县　　道	乡　　道
		已完成	未完成		
合计	17517.80	1137.50	245.90	2601.30	13533.10
台北	2825.80	259.60	—	482.20	2084.00
新竹	3025.60	126.90	—	503.70	2395.00
台中	2977.10	293.40	17.70	379.00	2287.00
台南	5294.60	118.90	—	512.90	4662.80
高雄	2104.30	184.30	—	471.00	1449.00
台东	540.00	88.50	58.90	138.20	254.40
花莲	736.40	65.90	169.30	100.30	400.90
澎湖	14.00	—		14.00	

根据路基宽度，主要公路分为三等：宽 14 米以上者为一等，宽 12 米以上者为二等，宽 10 米以上者为三等；南北纵贯公路属于一等路。

公路路面除南北纵贯公路采用水泥混凝土或沥青路面外，其余公路为砂砾（碎石）路面。

全省主要公路概况见表 9-8-2。

台湾省主要公路概况　　　　　表 9-8-2

	起讫地点	长　度（公里）	最大纵坡	最小半径（米）	路面情况	路基宽度（米）	路面宽度（米）
环岛公路	基隆-台北	29.930	1/30	22	中央 6 米混凝土路面、两侧柏油路面	11~15.0	10~14
	台北-新竹	73.482	1/20	16	砂砾路面	11~14.5	5.45
	新竹-台中	123.905	1/13	25	砂砾路面	14.5	5.45
	台中-台南	162.290	1/25	11	砂砾路面（台中乌日间柏油路面）	14.5	5.45

	起讫地点	长　度 (公里)	最大纵坡	最小半径 (米)	路面情况	路基宽度 (米)	路面宽度 (米)
环 岛 公 路	台南-高雄	43.221	1/30	49	台南至高雄州界间砂砾路面台南州界至高雄间混凝土路面	14.5	砂砾5.5 混凝土 6.0
	高雄-屏东	21.299	1/50	15	柏油路面(基础混凝土)	14.5	6.0
	屏东-水底寮	37.399			砂砾路面	10~15	5~5.5
	水底寮-枫港	26.701		10	砂砾路面	6~10	4~5
	枫港-台东	108.900	1/12	5	砂砾路面	4~10	3~5
	台东-花莲港	177.300			砂砾路面	6~8	3.6~5
	花莲港-苏澳	119.876	1/10	5	砂砾路面	3.6~15	3~10
	苏澳-宜兰	23.613	1/25	15	砂砾路面	10	5
	宜兰-新店	73.500	1/15	10	砂砾路面	8~10	5
	新店-台北	10.300	1/100	20	砂砾路面	10	5
	合　计	1031.716					
横 断 公 路	台中-草屯	19.200			柏油路面	10	3
	草屯-埔里	42.758			砂砾路面	5~10	4~5
	埔里-富士	41.400			砂砾路面	4~5	3.6~4
	富士-初音	76.800	.		砂砾路面	1.5~3.6	3
	合　计	180.158					

（三）主要桥梁

台湾行政长官公署公共工程局于1946年对上述公路的主要桥梁进行了调查统计：桥长在100米以上的共有28座，其中500米以上的大桥有9座（包括1000米以上的大桥2座）。大部分桥梁采用钢筋混凝土结构（表9-8-3）。但桥面宽度一般为4—5.5米，台北大桥最宽为13.217米。

综上所述，台湾省光复后公路已具备一定的规模，到民国 38 年止，为适应当时军政需要，经过当地政府积极恢复、整修和改善，不仅便利了公路运输，而且为后来全省经济发展奠定了基础。

台湾省公路主要桥梁 表 9-8-3

桥　名	地点	桥长(米)	桥面宽(米)	桥面结构	完成年度
台北桥	台北	436.284	13.217	上层沥青下层钢筋混凝土	1925
凤山溪桥	新竹	190.890	5.454	上层混凝土下层钢筋混凝土	1930
头前溪桥	新竹	572.670	5.450	混凝土	1930
中港溪桥	新竹	252.000	5.500	上层混凝土下层钢筋混凝土	1935
后龙溪桥	新竹	318.624	5.500	上层混凝土下层钢筋混凝土	1934
大安溪桥	台中	916.026	5.500	上层混凝土下层钢筋混凝土	1934
大甲溪桥	台中	1214.730	5.500	上层混凝土下层钢筋混凝土	1934
大肚桥	台中	593.880	5.450	上层混凝土下层钢筋混凝土	1923
虎尾溪桥	台南	189.000	5.500	上层混凝土下层钢筋混凝土	1934
牛稠溪桥	台南	211.468	5.500	上层混凝土下层钢筋混凝土	1932
八掌溪桥	台南	237.792	5.450	上层混凝土下层钢筋混凝土	1930
曾文溪桥	台南	339.210	6.300	上层混凝土下层钢筋混凝土	1929
二层桁溪桥	台南	180.302	5.454	混凝土	1933
下淡水溪桥	高雄	1700.400	7.500	上层混凝土下层钢筋混凝土	1938
潮州大桥	高雄	208.000	5.000	混凝土	1934
新埤桥	高雄	391.300	5.500	混凝土	1940
坊寮大桥	高雄	154.000	5.000	混凝土	1931
枋山桥	高雄	182.000	5.000	混凝土	1931
大竹高桥	台东	150.000	4.000	混凝土	1937
吕于仑桥	台东	180.000	4.000	混凝土	1936
南大麻桥	台东	150.000	4.000	混凝土	1935
丰平桥	花莲港	501.600	4.000	混凝土	1944

桥 名	地点	桥长（米）	桥面宽（米）	桥 面 结 构	完成年度
卡南桥	花莲港	236.340	3.650	木材	1922
大浊水桥	台北	515.524	3.650	木材	1921
兰阳大桥	台北	785.074	5.000	上层混凝土下层钢筋混凝土	1935
大里桥	台中	252.480	5.500	混凝土	1937
草湖桥	台中	172.480	5.500	混凝土	1937
乌溪桥	台中	627.000	3.600	混凝土	1935

第九节 战后公路事业的国际援助

第二次世界大战期间，中国是联合国的成员国和抗击德、意、日法西斯战争的盟国。抗战结束后，联合国以一部分"善后物资"拨交中国政府恢复经济建设；美国则以《租借法草案》贷款为中国培训包括公路技术在内的各种建设人才。

一、联合国善后救济总署的援助

联合国善后救济总署（简称联总）负责处理在法西斯战争中受害国家的善后救济工作，其救济活动及于 39 个国家。在国民党政府行政院下设有中国善后救济总署（简称行总），凡联总运到中国的物资和器材（包括医药卫生用品、车辆、配件、机器、原料、衣服、粮食）以及派来的大批技术人员，统由行总支配。

国民党政府交通部将行总配给的善后物资和器材多用于公路的修复和改善。

民国 35 年内，湖南省公路局在修复 8 条长 1 038 公里的公路工程中，得到行总湖南分署拨给救济物资 11 600 多吨（约为所需的 1/6），还由该署直接在衡阳、邵阳和零陵间修建了 4 条公路长

266 公里；湖北省改建襄阳至沙市公路的桥梁得到行总湖北分署在钢材、水泥和洋松等建材方面的资助；安徽省利用善后物资以工代赈，修复安庆至合肥公路约长 186 公里；福建省修复福厦公路长 298 公里，由联总供给筑路机械及钢材和皱纹铁管等材料；行总补助 132 万工日的主副食品和机械用油的经费。

民国 35 至 36 年期间，河南省以工代赈修复 8 条公路长 873 公里，所需经费由行总河南分署担负 6 成，并把面粉直接运到各县；广西省由行总广西分署拨给赈工食粮 1 万多吨（每工 3 市斤），整修公路 2 253 公里、修复公路 412 公里、新建公路 128 公里；浙江省修复公路 754 公里，先后由行总浙江分署拨给面粉 2 462 吨（占预算 6 000 吨的 41%）。

民国 36 年 4 月，第三区局修复广东省广州海安公路 672 公里，得到行总广东分署拨给赈米 1 282.79 吨和桥梁费 5 亿元。

二、利用美国贷款培训建设人才

美国向共同作战的盟国借贷或出租武器、弹药、战略原料、粮食和其他物资所订立的条文，称为《租借法草案》。这个草案于 1941 年 3 月由美国国会通过总值约 470 亿美元的贷款，其中以 3/5 供应英联邦，约 1/5 供应苏联，其余供应法国、中国和其他国家，并规定在战争结束后清账偿还。

民国 32 年 1 月 19 日，交通部根据美国《租借法草案》考选实习人员文件，制定交通部 32 年度《选派国外考察及实习人员办法》，计划选派考察人员 30 名，实习人员 255 名，分配去美国 200 名，英国及加拿大 85 名，其中公路部分计划 26 名。考察期 1 年，实习期 2 年，实习人员在国外大学继续选读部分课程。实习项目公路部分有土木工程、机械工程、汽车运输等项。民国 33 年 11 月，第一次实际考选出国实习人员 28 名，于民国 34 年 5 月，会同其他专业实习人员由重庆飞印度，乘美军运输舰经大西洋至美国华盛顿，然后分到各州公路局学习。民国 36 年 10 月，大部分实习人员由太平洋乘轮返国，带回了美国筑路、桥梁和其他工程的新技术、新工艺，这对当时中国公路建设事业起到了改进和提高作用。

第十节　新中国成立前夕的公路和桥梁概况

抗日战争期间，全国公路有破有建、时破时建，变动频繁，公路里程变化不定。抗战胜利初期，为了复员、接管，各个地区积极恢复交通，对公路进行紧急抢修和改建，公路里程有所增加；根据民国 34 年 12 月，交通部公路总局的统计公报，全国（包括台湾）公路里程总计有 133 722 公里，其中已通车的有 69 841 公里（表 9-10-1）。但自民国 35 年 6 月内战爆发后，双方为了适应军事需要和互相牵制，使公路和桥梁再度处于有破有建的变动状况。尤其是自民国 37 年起，国民党政府对全国局势逐渐失去控制，官方统计已自动中断。因而能具体反映民国 38 年新中国成立前夕之公路实况的权威资料形成空白，但根据当时形势分析。实际情况与上述 1945 年 12 月的统计数目相比，里程不会增加很多。民国时期的公路主要桥梁见表 9-10-2。

全国公路里程

单位：公里　　　　　民国 34 年 12 月　　　　　表 9-10-1

省　别	总　计	已通车	修复中	尚待修复
总　计	133 722	69 841	1 771	62 110
江　苏	3 797	587	424	2 786
浙　江	3 200	1 550	398	1 252
安　徽	5 412	888	—	4 524
江　西	6 906	4 535	218	2 153
湖　北	4 534	1 729	—	2 805

续上表

省　　别	总　　计	已通车	修复中	尚待修复
湖　南	3 440	3 066	—	374
四　川	6 377	6 377	—	—
西　康	1 624	1 624	—	—
河　北	2 326	160	180	1 986
山　东	6 252	—		6 252
山　西	3 211	—	60	3 151
河　南	6 858	861	—	5 997
陕　西	4 390	4 330	60	—
甘　肃	6 225	6 225	—	—
青　海	3 085	3 085	—	—
福　建	4 416	2 029	307	2 080
广　东	14 516	5 006	124	9 386
广　西	5 650	3 279	—	2 371
云　南	4 418	4 418	—	—
贵　州	2 893	2 893	—	—
辽　宁	3 191	—	—	3 191
吉　林	2 603			2 603
黑龙江	2 654			2 654
热　河	2 330	—		2 330
察哈尔	2 479	—		2 479
绥　远	4 151	415	—	3 736
宁　夏	2 529	2 529	—	—
新　疆	5 738	5 738	—	—
蒙　古	3 778	3 778	—	—
西　藏	1 050	1 050	—	—
台　湾	3 689	3 689	—	—

本表录自国二档十五·2493 资料。其中西藏列有公路 1050 公里，尚待考证。

表 9-10-2

民国时期主要公路桥梁表

序号	桥型	时间(公元年)	地点	桥名	跨径(米)	孔数	桥长(米)	载重(吨)	车行道宽(米)	附注
1	开启桥	1922	天津	新金钢	21.42+42.60+21.42	3	85.44		10~10.67	双叶开启,沉箱基础
2	开启桥	1926	天津	万国	2×24.60+1×47.00	3	96.7		12	14+47+14(今解放桥)
3	开启桥	1934	广东	海珠	67.06+48.77+67.06	3	183	20	12.1	三跨钢桁中孔吊升开启
4	开启桥	1935	江苏	石羊沟	9~11	23	214	8	4.3	钢筋混凝土排架第8孔设启闭孔长11米
5	开启桥	1935	江苏	三元	5~8.8	6	43.5	7.5	4	活动孔8.8米
6	开启桥	1935	江苏	扬州运河	3×8.0+2×9.2+3×8.0	8	74.3	10	6	设2个9.2米跨度转活动孔
7	钢桁架桥	1915	广西	龙州	106.00	1	108.4	2.5	3.8	下承钢桁在竹脚架上拼装
8	钢桁架桥	1929	浙江	元贞	12.19+18.29+18.29+24.39+18.29	4	88		5.49	钢桁架,右侧1孔12.19米工字梁,1947年重修3孔钢桥
9	钢桁架桥	1929	浙江	湖州西门	2×31.4+1×13.4	3	77.4			钢桁架2孔,钢工字梁1孔

① 伪满州国在东北修建的桥梁见第三章第十二节。　② 台湾公路桥见第四章第七节。

续上表

序号	桥型	时间(公元年)	地点	桥名	跨径(米)	孔数	桥长(米)	载重(吨)	车行道宽(米)	附注
10	钢桁架桥	1934	浙江	溪口	1×15.6+2×52+1×10.4	4	131		6	悬臂钢桁
11	钢桁架桥	1934	浙江	康岭	3×12.4+2×36+1×3.7	6	120.62		6	钢桁架(半穿式)2孔,工字梁3孔,木面1孔
12		1934	广东	齐矿(合山)	67.07	1	69.3	15	5.2	下承华伦式简题钢桁架
13	钢桁架桥	1935	福建	水南	21.5	9	194.8		4.3	钢桁架木沉箱
14		1936	江西	南昌中正	29×6+28×32.31	57	1077.82	10	6.5	引桥29孔,正桥28孔,下承式钢桁架
15		1937	陕西	鸡头关	45.7	1	50	15	6	穿式钢桁架
16		1939	贵州	重安江	35	1	35	10	4.2	钢桁架
17		1940	广西	三江口	25	5	133.85	15	4	上承华伦式钢桁木面
18		1940	广西	桂江	34.2	5	181	10	9	上承钢轨、木组合桁架
19		1940	广西	怀远	25	6	154.80	15	4	上承钢桁架

续上表

序号	桥型	时间(公元年)	地点	桥名	跨径(米)	孔数	桥长(米)	载重(吨)	车行道宽(米)	附注
20	钢桁木面桥	1940	云南	共济	56.4	1	60	10	4.5	K式钢桁，钢筋混凝土面
21		1940	云南	沘江	1×30+1×24	2	62.7	10	4.2	半穿钢桁架
22		1938	陕西	咸阳渭河	5.8	36	208.8		4.2	穿式钢梁木面桥，混凝土台
23	钢桁梁桥	1941	贵州	施秉	21	6	132		6	4孔上承钢桁架，2孔木桁架
24		1941	贵州	乌江	27.5+55+27.5	3	110	15	6.9	穿式华伦连续桁架
25		1941	海南岛	南渡江	6~60	52	587.67	20		钢桁木、钢筋混凝土混合桥
26		1942	河北	石匣岭	70	1			5.8	曲弦钢桁架
27		1943	山西	左家堡汾河	48+75+48	3	180	10		钢桁，民国以来最大跨径
28		1944	云南	胜备	36	1	46.3	10	4.2	半穿钢桁，利用敌炸毁水中的钢料
29		1948	云南	果朗河	27.43	2		10	3.1	钢桁架

续上表

序号	桥型	时间(公元年)	地点	桥名	跨径(米)	孔数	桥长(米)	载重(吨)	车行道宽(米)	附注
30	砖石拱桥	1948	青海	孝堂	30	1		20	6.0	上承钢桁架,钢筋混凝土板桥面
31		1928	山东	合榴路	25	1	30		4	
32		1928	湖南	老龙潭	18.29	2	56.4	15	6.6	空腹石拱
33		1928	浙江	新安	2×8.6 2×8.4 1×9.5	5	57.8		4.2	
34	石拱	1928	湖南	丹龙	10.67	4	47.5	15	6.7	空腹砖拱
35		1928	湖南	白竹	18.29	1	45.72	15	5.87	空腹石拱
36	石拱	1931	云南	安宁	10	3	39.8		8.2	椭圆石拱(跨螳螂河)
37		1932	陕西宝鸡	益门	26.2	1	40.84		5.49	坦石拱,矢跨比1/5.72
38	石拱	1933	云南	马过河	10	5	62.8		8.3	石拱
39		1937	陕西绥德	无定河	9.5	19	243.5		6	半圆石拱
40	石拱	1938	云南	耳河	18	1	26	15	5.9	块石拱
41		1941	青海	玉带	8			10	10	变截面砖拱
42		1941	湖北	大漆沟	33	1	51.3	10	3.5	条石拱,民国时代最大跨径

续上表

序号	桥型	时间(公元年)	地点	桥名	跨径(米)	孔数	桥长(米)	载重(吨)	车行道宽(米)	附注
43		1942	陕西	黄沙河	6	11	90.5	15	6	无铰石拱,襄城工务段主建
44		1942	山西	漳河黄碾	6×8.2+4×8.8	10	142		8.9	石拱
45	钢板梁桥	1937	河南	七里河		28	308		4	上承钢梁
46	钢板梁木面	1938	福建	建瓯水西	22.08~25.76	10	238.83		4.2	钢板梁木面,老桥利用
47	石拱及钢梁	1947	云南	江底桥	1×19.5 3×10	4	70	20	6.4	鱼腹式板梁及石拱
48	钢筋混凝土悬臂梁	1922	上海	四川路	17.14+36.58+17.25	3	73.17	15	12.8	钢筋混凝土悬臂梁
49	钢筋混凝土连续梁	1922	福建	东新	11.0	18	198		4.88	老石梁拆去,改为钢筋混凝土连续梁
50	钢筋混凝土悬臂梁	1922	江苏	南京挹江门	15.25+30.5+15.25	3	61			钢筋混凝土悬臂梁
51	钢筋混凝土悬臂梁	1924	上海	西藏路	2×15.85 1×36.58	3	68.29	15	12.78	钢筋混凝土悬臂梁

续上表

序号	桥　型	时间(公元年)	地　点	桥　名	跨　径(米)	孔数	桥长(米)	载重(吨)	车行道宽(米)	附　注
52	钢筋混凝土悬臂梁	1925	上海	河南路	2×13.41+37.64	3	64.48	15	12.94	钢筋混凝土悬臂梁
53	钢筋混凝土连续梁	1925	安徽	永桥	17	11	185		5.5	钢筋混凝土连续梁
54	钢筋混凝土连续梁	1926	福建	漳州通津	8.22~12.55	22	426		5.4	老埃上梁连续梁，包括沙洲路堤
55	钢筋混凝土悬臂梁	1927	上海	乍浦路	1×36.58+2×17.68	3	71.95	10	12.8	悬臂梁
56	钢筋混凝土桁架桥	1927	湖南	戴塘	9.45	5	63.2		6.1	上承桁架
57	钢筋混凝土T型桥	1928	浙江	良清	7.62	7	53.35		5.49	钢筋混凝土T型梁，排架桥墩
58	钢筋混凝土简支梁	1929	浙江	江口	10.44	7	74		5.35	简支梁
59	钢筋混凝土简支梁	1929	浙江	湖州一字桥	1×12.7+1×14+1×12.7+2×10.9	5	61.2	15	5.49	简支梁

续上表

序号	桥 型	时间(公元年)	地 点	桥 名	跨 径(米)	孔数	桥长(米)	载重(吨)	车行道宽(米)	附 注
60	钢筋混凝土悬臂梁	1929	江苏	南京中山	30.5	1	61		22	悬臂梁
61		1929	湖南	望鹰	1×12.19+2×9.14+3×2.44	6	47.55	15	5.63	悬臂梁
62		1931	天津	引河	6	28	170.7		6	连续板梁,排桩及柱
63		1931	广东龙川	大江	18.6	20	372.44	15	4.84	下承半穿简支梁,双柱墩
64	钢筋混凝土连续梁	1932	福建	泉州顺济	最大跨径14.8	30	387.10		5.15	
65		1932	湖南	沩江	8×15.24+2×2.44	10	138.50	10	6.1	废汽车梁利用
66		1934	浙江	奉化	12	5	60	6	6	
67		1934	浙江	兔溪	12	8	96	6	6	
68		1934	河南	卧羊	15	9	141	12	5	
69		1934	河南	清河	12	30	360	12	5	T梁
70		1934	河南	竹竿河	12	33	396	12	5	T梁
71		1935	河南	淠河	13	21	273		6	连续梁

续上表

桥型	序号	时间(公元年)	地点	桥名	跨径(米)	孔数	桥长(米)	载重(吨)	车行道宽(米)	附注
	72	1935	山东	白狼河	5.5	18	105		3.5	钢筋混凝土板
	73	1935	广东	曲江	24.38	9	359.2	15	3.67	悬臂梁
	74	1936	吉林	沙河	22	2	65		4.5	悬臂梁
	75	1936	河南	汝河	6	22	132	15	5.5	悬臂梁
	76	1936	河南	沙河	12.4~15	8	118		5.5	T梁
	77	1937	河南	洛河	主跨20.2	19	380		6.9	桥中有流水路堤140米
钢筋混凝土连续梁桥	78	1937	广西	古排桥	15.25	7	106.68	10	4.0	桥墩为重力式坞工
钢筋混凝土简支梁	79	1937	河南	伊河	15.7	17	256.4			
	80	1937	山西	太原汾河	10	70	700		6.0	
	81	1942	四川	峨眉河	22	3	99			
	82	1947	辽宁	大洋河	9	4	41		9	钢筋混凝土板桥
钢筋混凝土连续板梁板	83	1947	宁夏	长山头	4×6.5+4×7.5	8	58.4	15		连续板梁(兰宁公路)

续上表

序号	桥型	时间(公元年)	地点	桥名	跨径(米)	孔数	桥长(米)	载重(吨)	车行道宽(米)	附注
84	钢筋混凝土T简支梁	1948	上海	乌镇	10.97+11.2+11.58+11.2+10.97	5	57	10	6.18	简支梁
85	钢筋混凝土简支梁	1948	上海	信丰	2×10.36+3×10.67	5	54	20	11.9	简支梁
86	钢筋混凝土	1922	天津	杨村双龙	20	3	60	5	5.5	下承拱,收费桥
87	拱桥	1923	北京	三家店	30	8	252.9	5	6	上承助拱
88	钢筋混凝土系杆拱	1927	上海	定海路	30.5	1	88.1	15	6.5	系杆拱,主跨长30.5米
89		1928	湖南	木丰	2×2.44+2×24.38	4	70.71	10	4.16	中承拱
90		1934	广东	梅江	11 (19~22)+2×8	13	260	2.7	5.9	下承拱
91	钢拱	1936	浙江宁波	老江桥	97.536	1			20.17	三铰下承拱
92	木夹板拱	1940	新疆	达坂城	1×4.5+1×18.5+1×4.5	3	28.6	10	7	
93	石砌嵌合木桥梁	1922	山西	汾河	30	22	780			桥长包括引道
94	木桥	1934	河南	梨树墚	7	22	154		5.5	木梁
95		1936	河南	洛阳		114	344			木便桥

续上表

序号	桥型	时间(公元年)	地点	桥名	跨径(米)	孔数	桥长(米)	载重(吨)	车行道宽(米)	附注
96		1937	新疆	奎屯	2×4+24×8	26	212.7		7	木墩梁、木排架
97		1947	河北	大渡口	12.5	18	228		4	木撑架、混凝土墩
98		1938	四川	茶渭	20	5				木桁架
99		1940	新疆	库车	30	1			5	木桁架、有托架斜撑梁
100		1940	西	金洋河	5.5	24	139.7	7.5	5.5	木梁、石台
101		1940	四川	球溪河		7	122		10	木桁构、位于成渝公路
102	木桁构	1941	四川	七星关	18.5	2	36	12		半穿式木桁架
103		1947	新疆	焉耆	4	102	408	5	4	木桥
104		1947	新疆	叶尔羌	8	78	632.8(4座全长)	7	5	由4座简支木叠梁和桥墩组成，全长1 372米。
105		1943	湖北	恩施清江	19.4	6	116.4	15	5.6	下承木桁架
106		1945	新疆	新大河	32×12+2×5.5	34	397		6	复式八字撑架木桥
107		1945	云南	云兴桥	7×10+1×11+2×12+1×5	11	134.9	8	3.64	石台木桁架

续上表

序号	桥 型	时间(公元年)	地点	桥 名	跨 径(米)	孔数	桥长(米)	载重(吨)	车行道宽(米)	附 注
108	石桥改造	1924	吉林	德源	8.3	9	120		12	石桥用钢筋混凝土加宽
109		1927	湖南	万福	13.4	9	166.8	15	6.4	老石拱桥,加钢筋混凝土面
110		1930	湖南	楮神渡	13.72	7	113.2			老石拱桥,加钢筋混凝土面
111	石桥改造	1930	福建	江东	7.4~21.34	19	320		6.1	
112	石桥改造	1931	福建	万寿	6.9~14	31	334.78		6	
113	石桥改造	1933	福建	泉州洛阳	8.4~12.9	47	640.8	20	6	包括中洲路堤100米
114	工字钢梁	1930	福建	南门	6.8		68.6		6	工字钢梁,钢筋混凝土面
115	钢筋混凝土	1933	广东	马坑口	19.3	1	20			
116	钢筋混凝土连续梁	1949	陕西	宝鸡渭河	8	72	576	20	6	连续式T型组合梁桩柱排架墩
117	跨线桥	1933	四川	老鹰岩	32.5	1	32.5			
118	浮桥	1934	青海	黄樵黄河						木船12只搭成浮桥

续上表

序号	桥　型	时间(公元年)	地点	桥　名	跨　径(米)	孔数	桥长(米)	载重(吨)	车行道宽(米)	附　注
119	公铁两用桥	1937	浙江	钱塘江	67	16	1453	15	6.095	上层公路,钢桁梁,引桥钢拱(双铰)连续刚构
120	悬索桥	1938	湖南	龙滩	80	1	82.08	10	4.5	柔性基链吊桥
121		1938	云南	惠通	87.23	1	中距87.23	10	4.35	柔性钢索吊桥
122		1938	云南	功果	88.55	1	中距88.55	7.5	3	
123		1938	贵州	盘江	38	1		15	4	1943年另在下游750米处建48米跨径的新吊桥
124		1940	云南	昌淦(功果备桥)	135	1	中距135	10	4.2	钢塔,钢加劲梁
125		1942	四川	大渡河	105	1	中距105	10	4	木桁加劲
126		1944	云南	景云	88	1	中距88	8	4.5	木桁加劲
127		1945	云南	龙文(右江)	63	1	中距63	10	3	贝雷钢桁架桥塔
128		1945	云南	南盘江	63.4	1	中距63.4	10	4	铁链桥

续上表

序号	桥型	时间（公元年）	地点	桥名	跨径（米）	孔数	桥长（米）	载重（吨）	车行道宽（米）	附注
129		1944	云南	漾濞	55	1	中孔55	10	4.2	
130		1948	云南	继成	1×140+1×30	2	176.77	10	4	贝雷墩，边孔30米钢箱桁架
131	利用废弃油管桥	1937	云南	龙川江	6.2	5	50	10	5	油管梁
132	军用贝雷桥	1945	云南	瀨町河	21.35	1	21.35	10	3.28	贝雷梁桥
133	军用贝雷桥	1945	云南	梁桥	43.54	1	45.75	10	3.28	贝雷梁桥
134		1948	广西	三江口	25	5	133.85	20		用美军钢梁修复
135	贝雷桥	1948	浙江	焦山门	53.4	1	53.4			单孔，双层，下承贝雷梁

文　献　注　释

（1）四川省交通厅档案室：《国民党四川省政府公路局工程暂时卷宗》第 117 号内 2998 号卷。

（2）解放区山东省政府：《关于各公路沿线养路小组暂行办法》，1947 年公布。

第十章　公路工程技术的发展

公路工程是公路建设的重要组成部分，主要包括：路线勘测、路基、路面、桥梁的施工和养护等方面。在民国时期 38 年的公路建设中，上述各方面均积累了一些成功的经验和失败的教训。工程技术专家为公路建设作出了贡献，有的还十分显著。值得记述，以资借鉴。

第一节　路　线　测　设

路线勘测是公路建设的重要环节。民国时期的公路建设，一般都经过勘测，只是有草测与详测之分。一些军用急造公路，如在江西省和福建省"围剿"红军的公路和一些地方驻军派兵自建的公路，都是在草率勘察中兴建的。各省政府主持修建的公路及在广东和福建等省的商办公路，基本上是按照法定的技术规范，经过详细勘测，编制设计文件和概算，报请上级批准后，才开工修建的。

一、勘测设计的组织编制

民国初期，各省公路勘测工作没有组织专业队伍，都是临时抽调技术人员担任，或由施工单位兼办；随着公路建设任务的发展，勘测专业队伍才逐渐组建起来。

民国 5 年 10 月，湖南省军路局由施工单位抽调测绘人员和测工担任长潭公路路线测量，测完后担任施工。民国 18 年，湖南全省公路局在局内设工务科以掌握公路勘测、设计和制图等工作。
至此湖南省公路测设工作逐渐组成了专业队伍。

民国8年，河南省由潼关至观音堂公路的施测是临时聘请土
木建筑工程司施皋等人担任。

民国13年，云南省滇西省道由昆明至碧鸡关段的勘测是由昆
明舍资段工务处测量队担任，也是由施工队伍中抽人组成的临时
组织。民国18年，滇东和滇西两路分别由技监段纬和李炽昌率队
临时勘测，测毕即改组为滇东和滇西两路工程处，担任施工。

民国16年，四川省嘉渠马路总局内设测量科，仅有测量员两
人。

民国17年8月，广西省建设厅颁布《建筑公路工程暂行细
则》，其中第二章是测量暂行细则，无专业测设机构，由临时组成
的专线公路局（后称工程或工程处）进行测量，工程技术人员既
担任测设又负责施工。

民国17年，浙江省公路局局内设有专业测量队，测量任务完
成后，测量队即改组为工程处担任施工；或先组成工程处，边测
量边施工。这种测量、施工的合一组织，在当时情况下，既有利
于培养全能的技术人才，提高公路质量，又可避免测量与施工之
间的矛盾；也可省去交接手续，减少人员往返调动，便于及早施
工，更好地改正差误；特别是对限期紧迫的公路建设，采用这种
办法，更为有利。到民国19年，浙江全省有27个兼任测量的工
程处和5个专业测量队，可见浙江省公路局对公路测设工作的重
视。

福建省民办公路初期，都由各"汽车路"公司聘请技术人员，
按各自拟定的技术标准进行勘测。民国18年制定《福建省公路局
勘测路线规程》，以后才逐渐组建公路勘测专业队伍。

民国23年，全国经济委员会（简称经委会）公路处组成3个
测量队，派往江西省协测军事公路。每队有工程司兼队长1人，

技术员 5～9 人，测工 11～14 人和若干民工协助清场工作（表
10-1-1）。次年，又组成 5 个测量队，分赴西北、西南和东南地
区，协测各省公路。每队工作人员增为 7～10 人，测工和普通工
为 23～32 人（表 10-1-2）。

　　从上述两表内容，可以看出测量队的组织概况及内外业的进
度。这些测量队兼做踏勘工作和比较路线的测量，对熟悉路线情
况更好地完成测设任务是有利的；但为防止可能产生的片面性。
测量队在踏勘后，应将路线方案报请有关领导单位派员核查。

　　经委会公路处在两年内(1934 年～1935 年)组成 5 个测量队，
派往陕、甘、川、鄂、闽、赣 6 省协助测设公路 1700 余公里（多
在地形复杂、客观条件困难地区），不仅加快了军用公路的修建，
对各地测设专业队伍的组建，也起到示范、倡导的作用。因为当
时全国各省都缺乏自己的公路测设专业队伍，中央政府保有一定
的技术力量，既能及时派往各省帮助工作，加速公路建设，又可
集中各省情况做一些科学研究工作，提高公路建设的技术水平。
但到民国 25 年年底，测量队全部撤销，专业测设力量未能继续发
展下去，殊为可惜。

　　民国 23 年，经委会公路处直接负责西汉公路的修建，在路线
勘定后，组成三个测量队分段测量。各测量队的组织，分定线、
导线、水平、地形、断面 5 组，共计约 28 人，内业由各组担任，
事务由测工办理，地质、水文和桥涵的调查工作由断面、地形和
水平三组分别兼任。

　　民国 25 年，经委会公路处组成的甘新公路兰州武威段测量
队，比西汉公路的测量队加设了内业组，由副工程司任组长，工
程员和练习员各 1 人为组员，使力量得到充实，这不仅是保证测
设进度和质量的重要措施，也使测量队的编制更加趋向合理，此
种组织一直沿用到抗日战争时期，无大变动。

　　民国 35 年，交通部公路总局制定《国道测量队组织规程》和

表 10-1-1

全国经济委员会公路处测量队协测江西省公路的组织和工作情况
民国 23 年 12 月 31 日

项目 队别	路线(段)名称	实测里程(公里)	实用日数(包括路鉴和停工)	实测日数	平均每日进度(公里)	测量人员	测量及工人人数	内业日数	平均内业进度(公里)	内业人数	停工日数	实际测绘日数	全线测绘费(元)	平均每公里测绘费(元)
第一队	临川东乡线(北段)	19.80	29	5	3.96	7	13	6	3.30	6	18	11		
	临川樟树线	45.75	73	13	3.52	7	13	24	1.99	6	36	37		
	万年大源线	28.41												
	万年余干线	25.40	56	15	3.45	5	11	33	1.56	5	8	48		
	沪桂干线													
	临川八都段	170.60	101	25	6.83	5	12	50	3.41	5	26	75		
	崇仁凤冈线	26.06	20	5	5.22	6	11	10	2.89	6	5	15		
	合　计	316.02	279	63	5.02			123	2.57		93	186	13063.55	41.33
第二队	许鄱干线													
	方家塘萧渡段	39.34	79	8.5	4.63	7	14	21	1.87	7	49.5	29.5		
	萧渡瑞昌段	82.37	81	17	4.85	7	14	44	1.87	7	20	61		
	永修星子线及观音	67.08	56	20	3.35	7	14	27	2.48	7	9	47		
	桥乐山二短支线													
	宜黄南丰线	51.06	38	10	5.12	7	14	26	1.96	7	2	36		
	合　计	239.85	254	55.5	4.32			118	2.03		80.5	173.5	11242.67	46.87
第三队	(威宜支线)宜丰	62.12	131	20.5	3.03	5	12	35	1.77	5	75.5	55.5		
	铜鼓段													
	上高分宜线	69.47	70	21	3.31	9	12	43	1.62	9	6	64		
	新喻峡江线	61.30	30	11	5.57	9	12	13	4.71	9	6	24		
	永丰藤田线	42.88	18	6	7.15	8	12	10	4.29	8	2	16		
	合　计	235.77	249	58.5	4.03			101	2.33		89.5	159.5	13205.95	56.01
	三队合计	791.64	782	177	4.47			342	2.32		263	519	37512.17	47.30

《公路路线勘测规程》,对踏勘队和测量队的组织,分别规定如下:

(一)踏勘队组织

由总工程司兼队长1人（或经验丰富之副总工程司,或正工程司兼任）,副工程司或帮工程司1人及其它工作人员若干人（如工程员、医师、报务、事务员和测工等）组成。

(二)测量队组织

①初测的员工:队长由副总工程司1人（或由经验丰富的正工程司）担任,兼任选点组工作;副工程司2人和帮工程司3人,分任中线、水平、地形、材料调查各组工作。地质人员1人,负责地质调查。工务员3～4人,任内业工作。

②定测的员工:队长由副总工程司（或由经验丰富的正工程司）1人担任,兼任定点组工作;副工程司2人和帮工程司4人分任中线、纵断面、横断面、用地、水道各组工作。未经初测的定线,须添设地质人员和帮工程司各1人,分任地质和材料调查工作。工务员3～4人,任内业工作。

上述规定,除当时公路总局成立的国道踏勘队和国道测量队外,各省测量队限于人力,多未能按规定编制进行组建。

以上测量组织的演变过程,说明了公路勘测设计工作逐渐得到重视,组织编制逐步充实完善,对野外实测工作的精度及内业设计文件的质量,都起到一定的保证作用。

二、技术规程的建立与演进

中国公路路线勘测的早期技术规程是从日本和欧美各国先后引进,在修建公路的实践中逐步建立、修订而成。民国9年～35年,公路路线的主要技术指标演进情况见表10-1-3。

表10-1-3中所列公路路线技术指标,是国民政府铁道部的

全国经济委员会公路处测量队
民国24年

项目 队别	省名	路线名称	起讫地点	实测里程 (公里)	队长 姓名	队员 人数	测工及 工人 人数	开测日期 (年、月、日)
第一队	甘肃陕西	天广路	天水至略阳	216.024	孙恩秀	10	32	24.1.9
	陕西	略大路	略阳至大安驿	51.043	孙恩秀	8	32	24.11.14
		合　　计		267.067				
第二队	湖北	毂房路	石花街至冲天坡	61.56 比较线2处计 21公里	陈坚	8	23	24.5.3
	四川	川廉线	经新庙场至泸定海子坪	53.277 比较线1公里	方鹤年	8	27	24.9.13
		川鄂线	梁山袁坝驿至大竹县	45.500	方鹤年	8	27	24.12.13
		合　　计		163.437				
第三队	福建	浙粤线	梅烈至杉口	16.437	陈万恭	8	30	24.4.13
		永大德路	永安至西洋	19.400	陈万恭	7	30	24.4.30
		闽赣路	闽候溪头镇山坡至旧镇	150.700 比较线7处计 10.93公里	陈万恭	8	30	24.5.30
		水谷路	水口至谷口	19.900	陈万恭		30	24.11.9
		合　　计		217.367				
第四队	福建	杭峰线	峰市至上杭	60.700 比较线5.8及 上新接线 6.48公里	郑传霖	7	31	24.4.26
		连宁路	连城至宁化		相麗华 (暂代)	6 (连宁)	31	24.9.24
		宁石路	(省界)、宁化至石碧	109.972	廖德谊	8 (宁石)		
		合　　计		182.952				
第五队	陕西	西凤段	宝鸡渭河南岸至凤翔	43.600	孙廉范	8	27	24.11,9
		合　　计		974.423				

注：测绘费仅列经常费，包括停测期间费用在内。各队开办费及由京派往各省往返
经审核原表第4行8栏合计数163.437应更正为182.337；另第4行最后一栏的总

协测各省公路的组织和工作情况
12月31日　　　　　　　　　　　　　　　　　　　表10-1-2

测竣日期 (年、月、日)	测量期停工日数	实测日数	平均每日实测 (公里)	内业完成日期 (年、月、日)	测绘费 (元)	平均每公里测绘费 (元)	备考
24.7.28	106	96	2.25	24.11.13	24150	111.8	该队原称天广路测量队,自24年3月份起改为协测各省公路第一测量队
24.12.22	15	24	2.13	未报	3150	61.8	该队图表尚未制竣,测绘费暂结至12月止。
	121	120	2.22		27300	102.2	
24.6.16	12	33	1.93	24.7.20	6300	99.0	
24.10.16		34	1.60	24.11.20	8400	156.6	
24.12.29		17	2.68	未报	2800	61.6	该队图表尚未制竣,测绘费暂结至12月止。
	12	84	1.95		17500	107.07	
24.4.22		10	1.64	24.4.26	2800	170.00	
24.5.11	3	9	2.16	24.5.28	2100	108.3	
24.11.4	54	实测97日比较线9日	1.54	未报	14700	81.0	该队图表尚未制竣,测绘费暂结至12月止。
24.12.10	10	22	0.91	未报			
	67	147	1.49		19600	90.17	
24.8.23	16	实测25日比较线3日接线3日	2.35	24.8.31	11200	153.40	
24.11.14	17	35	3.14	24.12.26	8400	76.3	该队于民国25年1月31日结束。
	33	66	2.77		19600	207.13	
24.12.9				未报	4200	96.30	该队于民国24年12月31日结束。
					88200	100.86	

旅费等项,概未列入。

计数974.423应更正为893.323,因原表系档案资料,不宜更改,故加注明。

民国时期公路路线的主要技术指标

表 10-1-3

规范名称	编制单位	编制年代	平曲线最小半径（米）（一般）平原	（特殊）山岭	两反向平曲线间直线长度（米）	最大纵坡（%）	竖曲线最小半径（米）平原	山岭	竖曲线最短长度（米）凸形	凹形
修治道路条例（附施行细则）	内务部	民国9年	30（90尺）	20（60尺）	13.33（40尺）	3.33%（1/30）				
国道工程标准（国民政府铁道部）		民国18年	100	<100 须经批准	160	8％特殊情况可以加大		350		
公路工程准则	全国经济委员会公路处	民国23年	100	60	30	6% 8%（限长200米）	1000			
重要公路工程标准	军事委员会	民国27年	30	15	25	6% 9%（限长150米）				
公路工程设计准则	交通部公路总管理处	民国30年	平原丘陵山岭 甲 170 100 乙 130 60 丙 100 45	山岭 甲 45 乙 25 丙 15	≥两平曲线缓和长度之和之半	平原丘陵山岭 甲 4 6 8 乙 5 7 9 丙 6 8 10			当 $L<S_1$ $L=2S_1-\dfrac{800}{G_1-G_2}$ 当 $L>S_1$ $L=\dfrac{S_1^2(G_1-G_2)}{800}$	$L=\dfrac{V^2(G_1-G_2)}{360}$
公路路线规范草案（初稿）	交通部交通技术标准委员会	民国35年	平原丘陵山岭 甲 300 200 100 乙 200 100 45 丙 100 45 20 丁 45 15 (15)	山岭 甲 100 乙 45 丙 20 丁 (15)	≥两平曲线缓和长度之和之半	平原丘陵山岭 甲 3 4 6 乙 4 6 7 丙 5 7 8 丁 5 (10)			当 $L<S_1$ $L=2S_1-\dfrac{442}{G_1-G_2}$ 当 $L>S_1$ $L=\dfrac{S_1^2(G_1-G_2)}{442}$	$L=\dfrac{V^2(G_1-G_2)}{360}$

续上表

最短视距（米）	平曲线内侧加宽（米）半径	加宽度	平曲线超高度（米/米）	超高加宽缓和长度（米）	桥头和隧道口直线长度（米）	交叉度	路线交叉 最短视距（米）	桥下净空（米）
平原 125 山岭 可减短	<100 100至150 150至250 250至300 >300	2.0 1.5 1.0 0.5 0.0	$E=\dfrac{810}{R}$	15	30			4.75（铁路） 6.7
	$W=N\!\left(R-\sqrt{R^{2}-36}+\dfrac{O\cdot N}{\sqrt{R}}\right)$		$E=\dfrac{V^{2}}{127\,R}-f$	$L=\dfrac{0.035\,V^{2}}{R}$	30	≥45°	50	4.75（铁路） 6.7
	$W=N\!\left(R-\sqrt{R^{2}-36}+\dfrac{O\cdot N}{\sqrt{R}}\right)$		$E=\dfrac{V^{2}}{127\,R}-f$	$L=\dfrac{0.035\,V^{2}}{R}$	20	≥45°	50	4.25
						60°至 120° 之间	50	

	平原	丘陵	山岭
	大于100		大于60
平原丘陵山岭			
甲	180	100	60
乙	140	80	40
丙	100	60	25

路线交叉

	平原	丘陵	山岭
平原丘陵山岭			
甲	150	110	80
乙	110	80	50
丙	80	50	30
丁	50	30	
平顶丘陵山岭			
甲	70	50	30
乙	50	30	20
丙	30	20	
丁			

注：1. 甲、乙、丙、丁——公路等级，2. L——长度（米），3. E——超高度（米/米），4. W——加宽度（米/米），5. V——设计车速，6. R——平曲线半径，7. S——最短视距（米），8. G₁、G₂——两相邻纵坡代数差（%），9. f——路面摩擦系数，10. N——车道数（单车道为1，双车道为2）。

规定，有的指标偏高，不适合当时一般公路的要求。从经委会公路处成立以后，公路的勘测规程和设计文件，虽经多次修订而渐趋完善，但当时公路建设多系军事性质，限期紧迫，经费不足，多数未能完全按规定指标设计、施工，亦不能适应交通运输的实际需要。

公路勘测程序也属规程范畴。民国35年，交通部公路总局编印《公路法规汇编初集》，对勘测设计分踏勘与初测两个程序，其具体规定如下：

（一）踏勘内容

主要是：①确定各主要控制点；②绘制代表性的纵、横断面；③进行地质、水文、经济、交通、工料、大桥与渡口的调查；④绘制与以上有关的各项图表和《报告书》。

（二）初测内容

主要是：①大旗（选点）；②中线；③水平；④横断；⑤地形；⑥调查；⑦内业。各组的分工，以及应编制的各项图表和《报告书》的内容，见《公路法规汇编初集》。

民国36年，对以上规程进行增订时，除踏勘与初测制出细则外，增加了定测（含复测）细则。这一整套包括：踏勘、初测、定测（含复测）3种细则的《公路路线勘测规程》，虽未正式公布应用，但这是在以往多年工作中，经过实践积累经验提高认识的基础上进行汇总而制订的，是民国时期的公路测设总结，为进一步改进中国公路测设的技术规程奠定了基础。

总的来看，中国公路测设规程，在经委会公路处成立以前比较简单。汉口七省公路会议以后逐渐趋向完善，并且有些省、市公路的勘测参照中央技术规程做了补充规定。但是，由于任务紧急、限期通车，测设路线有时也不能按规程办理，有的踏勘与测量同时进行，有的甚至"边测量边施工"。因此，测设质量受到严重影响，致使有的公路竣工不久即需改建或整修。

三、设计文件的编制与审批

北洋政府内务部在《修治道路条例》中规定："国道的修治，由内务部核定，省道由各该地方最高级长官酌拟，咨陈内务部核定，县道和里道由各县知事酌拟呈报，由该管最高级长官核定"[1]；又在《修治道路条例施行细则》中规定："修治道路应将路线详细勘测……并备具各项图书表报（指设计文件中图表），由内务部核定之"[2]。这是我国关于编制和审核公路设计文件最早的明文规定（见《中华民国公路法规选编》）。

以后，张库、沧石、烟潍三路陆续进行修治，所有勘测设计文件分别由主办的铁路单位进行编制和审批。湖南省军路局所修建的长潭、潭宝、衡郴等路，都由主办的施工单位审批。这些勘测设计文件，具有路线说明、工程数量和费用，以及简略图表，基本是按照上述两个"规定"办理的。

民国23年9月，经委会公路处，在《督导各省联络公路章程》中规定：各省于已测路线设计完竣后，应造具下列各项图表书类，送会审核。

① 全路工程计划简要说明书；
② 实测路线平面图及纵、横断面图；
③ 桥梁、涵洞、路面工程设计图及主要桥梁位置图；
④ 路基土石方计算表；
⑤ 全路桥梁、涵洞一览表；
⑥ 其它特殊工程设计图表及详细预算；
⑦ 全路工程费预算书。

民国25年，又在《公路工程图表书类暂行细则》中对上述《章程》的图表书类作了更详细的规定（见《中华民国公路法规选编》）。

至此公路设计文件的编制有了更完善的规定。

关于设计文件的审批，经委会公路处于民国 21 年拟定《审核各省联络公路工程预算最高标准单价表》，作为编制和审核踏勘概算、测量预算依据，也是从经济方面控制公路勘测设计工作的具体措施。这项规定，在抗日战争以前，对公路建设经费起到一定的控制作用；到抗日战争后期，由于物价飞涨，工程经费完全失去控制，使不少路线多次追加预算，不得不变更设计。如乐西公路，因每斤米价由 0.20 元上涨到 1.50 元，工程预算一再追加仍不能按设计标准施工，只有降低标准，减窄路基，加大纵坡，才勉强完工。但在施工中途变更设计，特别是降低标准，必须报请上级批准。乐西公路的降低标准，就是经过交通部公路总管理处处长赵祖康亲到现场，就地审查，作出决定的。

又如重庆行营主修的川滇东路（隆昌经泸州、毕节至杉木箐接滇线至沾益），在施工期中，一再变更设计，也是派督察工程司吴汉卿常驻总段就地审批。

各省公路设计文件的编制和审批，与上述情况大致相同。如浙江省的新路测设，除大桥由公路局设计科（室）负责外，其它工程全由测量队（工程处或总段）设计、编制文件，报局审批。较小的工程设计文件可报备案。

民国 37 年 1 月，交通部公路总局公布《交通部公路总局公路勘测工作处理规程》，对所属各区公路工程管理局，或直属的国道踏勘队及国道测量队，办理公路踏勘和测量工作，进一步作出处理程序和规定。各省公路踏勘和测量工作，由中央拨补经费者，亦依照办理。其中第九条规定：

"路线勘测完毕后，勘测队在二至三个月内，依照《公路路线勘测规范》之规定，编造踏勘报告或测量报告及全部图表，送由区局或省局检具该项报告和图表各二份，呈送本局核办"[3]。

这说明当时交通部公路总局对编制和审批公路勘测设计文件

的重视。

四、干线公路的测设示例

民国时期，各省、市公路部门在公路勘测工作中都有一些实践经验，国民政府直接主办的公路勘测也取得较好成绩。

（一）杭徽（杭州至歙县）公路的勘测

民国21年6月，杭徽公路（是七省联络公路中较重要的路线）皖段由两个测量队进行测量，安徽省测量队由歙县西门外太平桥起至大安桥止，计长51公里，其中黄驼岭、中岭和杉树岭，地形复杂，选线困难；经委会公路处测量队由大安桥至昱岭关（省界）止，计长11公里，因老竹岭横亘其间，乃测越岭、沿溪两线进行比较。

同年8月，公路处令浙江省公路局派队去皖，协同研究，重新选线。老竹岭一段长10公里的路线，经过实地研究，数次选测比较，才最后决定采用沿溪线。杉树岭、中岭和黄驼岭三处，亦同样在三大山谷中展线，反复比较，另选新线，各项工程基本符合标准。

歙昱段是国内公路中一条难测路线，当时负有声望的工程司孙发端、吴必治等都先后参加主持其事，经过多次勘测比较、反复研究，终于选出比较经济合理的路线。在杉树岭的回头弯道上，首次采用了"发针形曲线"，是我国最早引用国外公路测设技术而出现的新线型。

（二）陕西省西汉公路宝鸡至汉中段的勘测

西汉公路宝汉段的勘测是由经委会公路处于民国23年领导进行的。踏勘工作由副处长赵祖康、国联技术顾问敖京斯基和一些工程司，分组进行；路线定测由孙发端、张鸿遴和张昌华率领三个测量队分段进行。路线经过踏勘审定后，进行详测。西汉公路路线须翻越秦岭、九奠梁和柴关岭三座大山。秦岭高差（由观音堂至岭顶）580米，自然坡度达14.3%，山势陡峻，展线困难。队长孙发端及早从岭脚沿山坡提升路线，充分利用山坡有利地形进行展线，上山路线长10.42公里，平均纵坡5.4%，岭顶开挖17米，技术标准为全路之冠，当时被誉为公路选线杰作。九奠梁和柴关岭路线也反复比较，数次改测。但在柴关岭改测中，为减少路基土石方，以加速赶工，竟采用几个12米半径的回头弯道，造成视距差、行车难、不安全的后果。

（三）甘新公路兰州至武威段的勘测

民国24年8月，经委会公路处派刘如松组队勘测兰州至武威段公路，先踏勘、后测量，取得较好的效果。具体情况如下：

1.踏勘后，编制《甘新公路工程查勘报告及建议书》，分上、下两编：

上编为《报告之部》，阐述踏勘经过及发现的问题。对全路概况的介绍，包括各段工程现状、沿线人口密度、社会经济实况以及有关地理、地质、气候、雨量和筑路材料等自然条件、运输工具和运量等调查资料。

下编为《建议之部》，提出测设与施工应注意的事项，并根据轻重缓急，拟订各种方案，分别提出《分期改善工程数量及经费概算表》。

2.测量工作，全队分为选线、中线、水准、横断、地形、内业六组，对各组提出精度要求、操作方法和工作进度。

《甘新公路兰武段测量报告》在经委会公路处主办的《公路》杂志上刊登，引起当时公路界的重视，认为是较全面的技术文件，对全国公路的测设工作有一定的促进与提高作用。同时，各省逐渐扩大公路建设，在勘探工作方面也取得了不同程度的成就和经验。

(四) 滇缅公路下关至畹町段的勘测

民国 26 年 10 月, 国民政府派员与云南省政府商定滇缅公路下关至畹町段的路线方案, 并派员与缅甸政府商得同意后, 于 11 月即派队赶测。全段 547 公里, 须翻越六座大山, 穿过八处悬岩峭壁、跨过五条大江; 测量里程除由漾濞县城至漾保 (云龙保山交界坡脚) 140 公里公路早已测量外, 尚有 400 多公里, 限期一个月测完, 四个月修通, 以适应抗日战争的军事急需。因此, 滇缅公路下畹段的测量是在施工队伍的催促下进行的, 测量队员工付出了巨大的辛勤劳动。

(五) 中印公路的三次踏勘

1. 民国 30 年, 中印公路勘测队从西昌起踏勘到中甸, 分为南北两路: 队长袁梦鸿负责北线, 到西藏省边界受阻折回; 副队长陈思诚负责南线, 经缅境葡萄至印度的萨地亚(又称雷多), 完成了任务。

2. 民国 31 年 2 月 12 日, "新德里会议"否定了第一次踏勘的路线, 改为由列多、葡萄、密支那、腾冲至龙陵路线。途中因仰光失守, 缅北吃紧, 奉令停勘。

以上第一次和第二次的踏勘工作, 异常艰苦, 工程司冉超在踏勘中, 因积劳成疾, 以身殉职。

3. 民国 31 年, 交通部派祝寿萱、容祖浩和翟维洋等组成"新印交通勘查团"由印度的吉尔吉特, 越过帕米尔高原, 至新疆省的莎车为终点。踏勘后, 建议从吉尔吉特向南延伸至海维兰, 可以利用印境已有的公路和铁路; 全线长 1055 公里, 其中有 86 公里已成公路可以利用。这条路线, 虽未进行测量和施工。但为通往巴基斯坦的公路, 积累了技术资料。

（六）青藏公路湟源至玉树段的勘测

民国32年，交通部公路总局在重庆组成六个测量队，分由刘承先、李昌源两位副总工程司率领，从6月起先后进入青海省，担任湟玉段公路的测量，边测量边指挥施工。至10月底完成湟源至大河坝段的测设及施工任务和大河坝至黄河沿的一部分任务，因天气寒冷停工。次年春复工，一面继续完成大黄段测施任务，一面进入黄河沿至玉树段测量施工，至10月完成全线工程，举行通车典礼。这条公路处于青藏高原，地势高寒，地质复杂，有流砂、沮洳湿地，给测量、施工增加很大困难。

（七）中印公路保山至密支那段的测量

民国33年8月2日，日军从密支那败退，交通部公路总局令滇缅公路第一（国内段）和第二（国外段）两个工程处组织测量队，配合美国工兵机械筑路队施工。当时国内段大部分尚有日军，第一工程处三个测量队（队长李家驹、程绍麟和韦宙）绕越高黎贡山，潜赴敌后开展勘测工作，既无武装保卫，又缺自卫手段，时有生命危险。但全体员工激于爱国热忱，发扬"大无畏精神"，终于完成了任务。

（八）交通部公路总局组队勘测高级公路

民国36年，交通部公路总局成立国道踏勘队和国道测量队，负责勘测由上海经南京、合肥、郑州至西安的高级公路，国家踏勘队因组建较晚，未曾开展工作。第一国道测量队（队长郑在校）由江苏省常熟县起，经江阴、镇江至南京，在浦口下游过江，测到合肥；在南京整理图表期间，南京解放，国道测量队和国道踏勘队均由南京军事管制委员会接管。同年，拟利用美国贷款修建由重庆经武汉至南京的高级公路。踏勘工作由第五区局负责重庆至恩施段，第二区局负责恩施至武汉段，第一区局负责武汉至南京段，各局踏勘报告呈送南京后，因南京解放未能收到测量指令。

抗战胜利后，国民党政府发动内战，公路工作的特点是复路、毁路、抢修交替进行，一般的公路勘测工作已经很少；拟议中的几条高等级公路大多未开始踏勘，个别踏勘的也是草草了事。

五、公路定线技术的研究

北洋军阀割据时期，中国公路建设处于萌芽阶段，技术力量薄弱，测量设备简陋，一般只用罗盘仪量角度，用花杆对点测定直线，用手水平代替正式水平仪使用。这种简易作法在各省公路建设中普遍采用。县乡公路有的不进行测量。

国民政府初期的公路建设发展较快，在路线勘测中积累了不少经验。

民国25年，九省公路查勘团对苏、皖、豫、陕、川、滇、黔、湘、赣九省的公路路线技术状况进行了视察，并提出如下建议：

① 平曲线半径往往过小，为增加行车（尤其是军用车辆）速度，在可能范围内宜采用较大平曲线半径。

② 越岭路线不宜密集于一面山坡上作短距离盘旋；应依山势远绕，尽量减少回头弯道，以增进行车安全与速度，并避免军运、人马辎重密集于一处，增大敌人袭击目标。

③ 盘山路线坡度不可因地形稍有困难而忽上忽下，致使里程无谓延长。

④ 沿山路线多喜利用山谷平地，为节省工费起见自无不可，惟山区可耕之田已属不多，再为路基所占用，未免有与民争地之弊。又因宽筑路基，常须填窄溪流，一旦山洪暴发，更有冲刷或淹没路基之虞。故今后勘定路线，似应"高瞻远瞩"，不应仅以目前节省工程费为目标。

⑤ 山岭路线过求直捷，固属不可，过于迁就地势，亦属不宜。

前者增大填挖及桥涵工程费用，后者增加车辆燃料消耗与时间损失以及夜间行车的危险，故山地定线更应慎重比较和研究。

⑥ 凡弯道上坡度应力予降低，在雨雪较多地带更应严加限制以谋行车安全。

⑦ 路线穿过城镇，在目前似属利于客运，然于军运则多不便；加以豫、陕等省的寨门多而且窄，大客车及军用车通行尤有困难，应添筑绕城路线为宜。

⑧ 筑路征工既多，应注意节省民力。但勿一时惑于节省经费，迁就旧路，终因弯曲太甚，将来仍须改线；在踏勘时如未能多选数线进行比较，路成后发现缺点又须改弦更张。

上述各点，确中时弊，是公路定线研究的写实资料。

民国 31 年，交通部公路总管理处处长赵祖康，在其《公路定线之研究》论文中，有以下主要论述：

① 公路定线的控制因素

首先要考虑车辆（Traffic）、地形（Topography）和费用（Total cost）三个控制因素（简称3T）。就是说，路线等级应按"交通量"与"行车密度"而划分；定线应按《公路工程设计准则》并结合当地地形选用各项技术指标；费用包括建筑、养护和行车等各项费用，应全面考虑其相互关系，亦即结合当前利益与长远利益综合研究。

② 公路定线应达到的目标

目标有四个，即：速度（Speed）、安全（Safety）、经济（Sharing）和风景（Scenery）（简称"4S"）。就是说，公路定线要就行车速度、安全、工程经费和沿线景观四个方面综合研究，反复比较。

③ 公路路线的主要测设工作

共有四项，即：定线（Location）、坡度（Grade）、排水（Drainage）和路面（Surface）。首先要做好路线的定位测量（定

线），平面上要按标准规定力求舒顺直捷，纵断面上要照顾人、畜
力车的交通情况，力求平缓；山区路线最大纵坡宜限制在 8 ％，
长度不超过 200 米。

　④ 山区路线的种类

　共分五种：第一、越岭线（Cross-ridge Location），第二、
山腹线（Side-hill Location）。第三、山脚线（Foot-hill Loca-
tion），第四、山谷线（Valley Location），第五、沿岭线（Along
-hill Location）。如何选择运用，应结合当地实际情形而定。

　一般沿岭线与山脚线比越岭线较为经济，因工程数量较小。
但有时风化石较多地带，越岭线反较节省。易于开挖（注：是否
稳定、不发生坍塌?）。故须事先进行地质调查和研究工作，审慎
进行。

　以上四点是参照美国公路勘测定线技术并结合定线经验而撰
写的，是研究公路定线技术的指导性文献。

　民国 32 年，赵祖康、郑德奎在《三十年来中国之公路》论文
中，对当时国内公路定线技术水平有以下评论：

　"中央公路同人，积十余年之经验，对于山路定线尚有研究。
美国Crousby所著一书，有助于我国工程司者不少。诸如：越岭
线、沿溪线、沿岭线之选择，发针形曲线之采用……可谓皆有相
当成就"[4]。

　这说明中国公路定线技术的研究已有了一定的成就。从以下
4 条公路改线的结果，也可以证实中国公路定线技术水平的改进
和提高。

　① 民国 24 年，云南省对宣威至昭通公路进行复测，发现原
测路线不仅填挖偏大，且纵断面图上大多将纵坡以大改小，与实
际不符，不得不全面改测。结果：宣威县境内省去土石方工程约
100 万立方米，高填、深挖达 7 ～ 8 米以上的路段全部避开；昭通
县境内省去土石方工程约 20 万立方米；不仅工程数量大为缩减，

且少占很多农田。

②　民国 25 年，川湘公路在施工前进行四个工区的改线测量（全长 40 余公里），将局部越岭线改为沿溪线，使路线缩短 8 公里多，减少土石方 150 多万立方米，节省工程费 100 多万元；受到重庆行营公路监理处的"传令嘉奖"。

③　民国 28 年，乐西公路在"望乡台"处的初测路线有 20 余米深的穿山路堑，还有 1 座大桥。第八总段利用石工未到时间再次改测，越岭线改为沿溪线，减少石方工程 10 多万立方米和 1 座大桥，共节省工程费 200 万元，施工时间也缩短了。其他总段也有一些因改线而节省经费和缩短工期的事实。

④　陕西省咸阳至榆林公路路线，经中部县刘家川后，由沮水左岸跨到右岸，北经狄家川后，又跨回左岸，路线里程不到 3 公里，两次跨河，建木便桥两座，维持通车，每年洪水时便桥被冲毁，交通中断，屡毁屡修，所费不赀。民国 28 年，将路线全部改沿左岸，省去两桥，线型又较舒顺，效果良好。

因改线而取得良好效果的事例很多，说明公路路线需要反复研究的重要性和必要性。干线公路要求按初测与详测（定测）分两步进行，也是为使定线工作做到深入研究，以提高公路质量。

民国 36 年 1 月，交通部第七区公路工程管理局主任督察工程司刘承先在《山地定线及改线问题之研究》论文中，有关山岭区公路定线几个技术问题的研究：

①　在"引言"中，阐述公路定线实为一种科学，受自然条件和技术标准的限制和影响很广泛。如：当地的地形、地质、气候、海拔、安全、美观、建筑费用、行车要求、施工和养护等方面均须综合考虑。

②　地形问题

山区路线根据地形，一般分为越岭和沿溪两种。越岭线又因山脉不同，有跨越主峰后即行下坡者；又有主峰相连数峰，须连续跨越数峰，经过相当距离后始能下坡者。前者可沿山坡等高线自上而下地选点；后者要在坡上来回盘旋。两种方法，如地形允许，采用前法较好。但多因限于山势，有时不得不采用后法。沿溪线的纵坡一般比较平缓有利行车，但在峡谷中，石方工程大，河道弯曲，平面线型差，桥涵和防护工程也较多，是其缺点。

③ 地质问题

地质构造和土壤性质，都是决定路线的主要因素。在岩层节理发育，特别是向外倾斜的路段，路基边坡经常发生大量坍方，破坏路基，影响通车。在土质不良地带，如粉沙土、沼泽土、盐碱土、腐殖土等，路基容易沉降变形，故无特殊情况，应尽量避免在地质土壤不良地段设置路线。

④ 气候问题

气候变化对公路路基影响很大。在高寒地区，路基饱含水分，因气候变化产生冻、融现象，常使边坡坍塌，路面翻浆，阻碍交通。故在多风雪地区，路线尽可能选在山阳，并须注意排水。

⑤ 海拔问题

汽车功能，因海拔增高而降低，关系到路线的纵坡设计。且高寒地区，冰雪多，云雾大，行车困难。故路线在高海拔的极限纵坡，应适当减小，以策安全。

⑥ 经费问题

过去有些公路因经费不足而降低设计标准，如改小平曲线半径，或加大纵坡，以减少土石方数量；将永久性桥涵改为临时性等变更设计方案。公路工程过于迁就经费，无异"削足适履"，以致新建公路不久即须改善、整修，耗工费时莫此为甚。

从上述一些改线事例和论文，可见在南京国民政府和抗日战争时期，修建了许多山区公路，在路线的反复研究、一再比选中，既丰富了公路技术知识，积累了不少实践经验，又培养了许多公路建设人员。

　　总结民国时期修建公路的实践经验，在正常情况下，公路勘测设计工作必须按规定程序进行，照规范去做，同时，为了进一步提高测设质量，建立专业测设队伍，也是非常必要的；如测设人员能参加施工，在实践中验证测设成果的质量，了解工程实施的工艺，使理论联系实际，借以提高测设人员的技术水平，有利于公路建设事业的更快发展。

第二节　路基工程

　　民国初期，中国公路工程技术处于启蒙阶段，不少公路是沿旧有"驿路"或"官马大道"拓宽整修而成，一般是随地起伏，弯急坡陡，雨季常受水淹，难以行车。经委会公路处主管全国公路以后，才开始重视路基技术的研究，对公路沿线的地质、土壤进行调查，对路基的设计高度和边坡坡度作了规定。

　　抗日战争时期，西南地区公路在夏秋多雨季节，常有大量坍方和水毁，破坏路基，阻断交通，情况严重。公路部门为根治路基病害，组织专门机构，对地质、土壤和防水、排水措施，进行深入研究。交通部与清华大学合办昆明公路研究实验室（简称路工实验室），对路基土壤的试验、研究，有以下论述：

　　"《土壤力学》之研究，应用于道路工程者甚广，用土壤作材料，不外路基和路面。抗战以前，向不为人所注意；抗战以后，对路面开始注意，对路基仍不关心，其实路面载重是由路基承受，如果路基支承力不够，任何路面均无法维持其平整状态。美国公路专家史密斯曾说：'80%的路面损毁是由于路基不好'。密西根公路局也认为：'所有路面全由下面土壤支承，如果路基土壤支承力薄弱或不均匀，路面就无法完成其任务。因此，改良路基不仅可以减少养路费用，也是改良公路的百年大计'"[5]。

　　以上论述，强调了路基土壤的支承力对整个公路工程的重要意义；同时又指出不重视路基设计、片面强调路面工程，是舍本求末，是不经济的，应该予以重视。

抗战胜利以后，交通部交通技术标准委员会在总结以前技术标准使用的基础上，对路基标准有所修订。但因政局关系，未收实效。

总的来看，民国时期公路路基工程技术上的进展是缓慢的。在公路路基宽度上因限于经费，新修路基一般勉强并行二辆汽车，也还有单车道的，严重影响了公路的质量和通行能力。

一、公路路基技术标准的演进

公路路基工程的技术标准主要包括：路幅宽度、设计高度、填方和挖方、边坡、山洞和半山洞等项的规定。

北洋政府内务部《修治道路条例》和《修治道路条例施行细则》，对我国公路路基作了最早的、简略的规定。

国民政府铁道部《国道工程标准及规则》，对公路宽度用公制作了明确的规定。并对路基边坡作出大致的规定。

全国经委会公路处《公路工程准则》，对路基的规定比过去有较大的改进、亦更具体，一直沿用到抗日战争初期。

抗日战争初期，军事委员会《主要公路工程标准》是为求速成、省经费、降低工程标准，以适应军事急需而制定的。它制定了在单车道路基旁设置避车道的标准。

交通部公路总管理处《公路工程设计准则》，是基于抗日战争中期，后方公路受到运量高涨的压力，路基宽度不能适应；兼以西南地区在雨季经常发生严重坍塌，路基破坏，影响军事和经济的紧急运输。因而在路基宽度和防水、排水措施中，提出较高的要求。

抗日战争胜利后，交通部交通技术标准委员会《公路路线规范草案初稿》，对路基边坡的稳定和排水措施作了进一步的规定。

　　总的看来，民国时期的公路路基技术标准，是从无到有，由略及详。到抗日战争中期，为适应当时的交通量，路基标准有所提高，公路干线基本上是以双车道为主。但有时因工程艰巨，经费拮据，限期紧迫，又常将规定的路基宽度减窄，降低技术标准，以致当时公路的质量差，不能满足交通运输的需要，往往在竣工通车以后，不断进行改善。其主要原因是：先后制定的公路路基技术标准，虽不断有所改进提高，但仍跟不上日益增长的交通量的要求；兼以财力、物力的缺乏，不能彻底按照规定标准执行，往往为赶工而在施工中任意改变设计，减少工程数量，降低技术标准。

　　民国时期公路路基主要技术标准演变概况见表10-2-1。

二、路基的结构形式

　　公路路基主要有三种形式：全填（路堤）、全挖（路堑）和内挖、外填（又称半挖半填）。全填路基需要边填高，边压实，分层填筑，达到密实。全挖路基是就原地面向下挖成槽形。原地层组织比较密实，不需夯压即可土路通车，适合紧急抢修的要求。所以，民国时期的公路设计，有"宁挖勿填"和"多挖少填"的原则。但在风沙、积雪和湿陷地区，则应填高，不宜深挖。

　　内挖外填路基是山区公路常用的经济设计形式；但外填部分容易产生沉陷、滑移，与内挖部分脱离，导致路基纵向开裂，影响行车安全，加重养护工作。

　　路基形式主要是由于中线位置和设计纵坡所决定的，而路基形式的设计又反过来说明公路定线和定纵坡的经济性与合理性。这是公路设计在平、纵、横三方面相结合的技术问题，必须综合考虑，反复研究。

　　在沿溪路线遇到悬崖峭壁，路基横断面形式则是设计中最主要的研究课题：是采用半山洞全挖路基，还是部分开挖，而在外侧设置栈桥或挡墙工程，成为半挖、半桥（砌）路基，就要研究比较，慎重选定。

山岭路线的内挖外填路基，如在风化碎落地区，则要考虑在其内侧设置护坡或挡墙，以保持边坡的稳定。有时外侧路基工程太大，难于填筑，也可考虑设置挡墙，以减少填方工程。山岭路线，一般是处于坡大弯急的状态，路基工程的经济和行车的安全，是路基设计的首要问题。这就要结合纵坡度和平曲线的大小来考虑路基的合理宽度，及必要的超高、加宽和保证行车安全的防护措施。

总之，公路路基结构形式的设计必须结合其所在地区的地质、地形，以及经济、安全，从平、纵、横三方面进行研究比较。例如，川陕公路在朝天驿附近的明月峡悬崖陡壁上开凿的半山洞，长达864米，是民国时期国内最长的公路半山洞路基工程。其中一段为保全四川省"千佛崖"的古代文物，在外侧修筑一段巨形挡墙，以构成路堤。

在孙发端和张佐周著的《西汉公路路基工程概述》中，对跨过秦岭的路线关于路基工程的影响，有以下记载："本段（宝鸡至凤县）路基工程，除沿溪线外，惟秦岭为最艰巨。至于挖方处边坡坡度，亦按实地情形决定，不尽依照标准图样。如普通黄土，其支持力实远胜于软石，故将边坡缩小。又为避免巨量填挖起见，多建干砌块石保坎（即挡墙）。岭上共有保坎二十处，最高者达10米，因基础坚实，墙身尚属稳固。最高填方为10米，距离甚短。。最深挖方为岭顶一段长90余米，最深处中心挖下17.6米。此处如开200米长的山洞，两头可缩短盘山线总计不过600米，而山洞所费特巨，自无足取。如开70米山洞，路线不能丝毫缩短，而开洞所需仍属不赀，故岭顶不惜开凿深沟。后经查所开石质异常松软，如开山洞，势必加砌衬圈，所费更巨，益见原来路基设计是适当的"。

民国时期公路路基

（民国8年

标 准 规 范	编制单位	编制时间	路　基　宽　度（米）			
《修治道路条例》和《修治道路条例施行细则》	北洋政府内务部	民国8至9年	(5丈)约17	(3丈)约10	(2.4丈)约8	
《国道工程标准及规则》	国民政府铁道部	国民18年	路堤	半填半挖	路堑	
			12	10.5	9	
《公路工程准则》	全国经济委员会公路处	民国23年	12	9	7.5	
《重要公路工程标准》	军事委员会	民国27年	平原	山岭		
			7.5	6~5		
《公路工程设计准则》	交通部公路总管理处	民国30年	甲	乙	丙	单车道
			12	9	7.5	4.5
			9	7.5	6	4
《公路路线规范草案》初稿	交通部交通技术标准委员会	民国35年	等级	平原	丘陵	山岭
			甲	12	12~9	9
			乙	9	9	7.5
			丙	9	9	6~4.5
			丁	6	6	6~4.5

注　据

主要技术标准的演变
~35年)　　　　　　　　　　　　　　　　　表10-2-1

边　坡　坡　度（高：宽）						备　注
		1：1.5				规定道路中部应高出水面1尺（约33厘米）
	（填土）	（填石、挖土）				
	1：1.5	1：1				
路堤	沙土 1：2	普通土 1：1.5				必要时，各种宽度可减少1米。
路堑	沙土 1：1.5	普通土 1：1	坚隔土软土 1：0.5	坚石 1：0.5~1：0.25		路基高度须超过该地普通水位50厘米以上
路堤（甲、乙、丙）	沙土 1：2	普通土 1：1.5				5米宽路基，每公里至少须设6米宽的避车道4处，每处长度至少20米
路堑（甲、乙、丙）	沙土 1：1.5	普通土 1：1	坚隔土 1：0.5	石方 1：0.25~1：0.5或直立		
路堤（甲、乙、丙）	沙土 1：2	普通土 1：1.5	坚隔土 1：1.5	软坚石 1：1		4.5米宽的路基用于山洞或半山洞。路基高度除按民国23年规定外，须超过两旁水田1米
路堑（甲、乙、丙）	沙土 1：2	普通土 1：1.5	坚隔土 1：0.75~1：0.5	石方 1：0.25		

等级		沙土	砾石	炉堛	粘土	软石	坚石	丙等路的人兽力车稀少，在平、丘区的路基宽度可减为7.5米
甲	路堑	1：1.5~1：3	1：1.25~1：1.5	1：1.75	1：2~1：2.5	1：0.5	1：0.25	
乙	路堤	1：1.5~1：3	1：1.25~1：1.5	1：2	1：3.5~1：5	1：1.25	1：1	边坡坡度遇特殊情形得予变更
丙	路堑	1：1~1.75：1	1：1~1.75：1	1：1~1.75：1	1：1~1.5：1	1：0.5	直立	
丁	路堤	1：1~1：1.75	1：1~1：1.75	1：1~1：2	1：1~1：1.5	1：1.5	1：1	

以上路基的结构形式是平、纵、横标准运用的典型示例。

三、路基设计的主要因素

随着交通量的增长，公路质量要求的提高，对路基设计的主要因素考虑愈为周密。因而土壤性能、排水处理、边坡稳定等，都逐渐提到重要的课题上来。全国经委会公路处重视公路沿线地质、土壤和降水等的调查，配有专业技术人员负责进行。地方公路部门在筑路实践中，也逐渐认识到路基的强度和稳定性与其所在地带的地质、土壤性质和降水有密切关系。

（一）地质、土壤的调查研究

民国24年～25年，经委会公路处派地质工程司林文英对西北的主要公路进行地质土壤调查。在他编制的《西北公路地质调查报告》中有以下的内容：

① 西（安）兰（州）公路的路基土壤，大致分为：黄土、粘土、砂砾土和岩石风化土四种不稳定的土壤。前两种构成软性路基，后两种构成中性路基，全线很少有硬性路基，故需全线铺筑路面。②西（安）汉（中）公路的路基土壤，在渭河和清江河冲积平原为砂砾土；在秦岭、酒奠梁和柴关岭等山区为花岗岩、大理岩、石英岩、砂岩、页岩、板岩、片岩和千枚岩，大部分属于硬性路基。故用当地砂砾、碎石铺筑的路面，效果较好。③甘青（兰州至西宁）公路，半数是用沿线砾石构成的硬性路基，可暂不铺路面。

以上调查资料说明秦岭以北黄土地区上的西北公路大多是中性和软性的不稳定路基，必须注意加强面层。

当时进行上述工作，属于开创阶段，限于人力和仪具设备，只由个人单独进行，虽不甚详细和深入，但已"取得初步成果"，对公路路基设计和路面投资，以及路线选定，都起到指导性的作用，同时，对地质、土壤的调查研究工作，也起到推动作用。

（二）路基的排水处理

1.水的为害及排水的重要性

（1）民国24年，经委会公路处在《西南公路》中，着重指出："公路排水为道路工程中之重要问题，工程司应予深切研究。常见建筑物因一部分损坏，导致全部崩陷而不可收拾；皆因对水之问题未能妥善处理。故于设计之先，应搜集一切应有资料，详加研究，作出精密之计划……"。

（2）民国25年，国联专家顾桑在《西兰、西汉公路视察报告》中，曾经提出：兹将本人观察所及，关于公路排水之设施，应行改进各点，分述如次：①路旁沟底于适宜之间隔，可埋置石块，借以阻止流水之冲刷，使边沟之纵断面，不致变更过甚；②于边沟适宜之处，应筑横沟，以排除沟水于低远之地，如在常有暴雨地区，尤为重要；③凡路线沿山麓敷设处，横沟之间距须减短；④路线如筑于挖土处，两旁坡顶可筑挡水墙，以减少水流冲刷（按即挖"截水沟"）；⑤边沟与路基下横沟接口处，沟底须筑储水池，使夹杂物可以停储其中，惟沉积物须随时排除；⑥挖土处路基两侧边坡，如有雨水从坡顶向下倾泻，须筑石砌引道，以免水流漫溢坡上；横沟出口如位于边坡上，亦须用块石铺砌，以防流水冲刷。

（3）民国31年，《西南公路》发行《水毁工程专号》，指出受水危害的公路：四月份有川黔、川湘、黔桂，五月份有黔滇、湘黔等线，严重影响交通的畅通，这是以往路基设计考虑不周所造成的恶果。

（4）水对公路路基的危害，在抗日战争初期影响最大。如滇缅公路东段历年水毁造成大量路基坍方：

民国28年，计395780立方米；

民国 29 年，计 149635 立方米；

民国 30 年，计 242900 立方米；

民国 31 年，计 79218 立方米。

其中以民国 28 年 9 月，禄丰至一平浪 20 多公里，因水毁而塌方 30 余处。有的从 200 米以上的坡顶滑下，堆成象一座小山。不仅埋没公路，堵塞（星宿）江水，还断绝交通 18 天。

西北地区，如华（家岭）双（石铺）公路上 300 至 320 公里处，在民国 32 年遭到洪水淹没；徽县至白水江段的沿河路基，冲毁 10 余公里。

昆明公路研究实验室为此特发表《路基排水之重要》的论文，文中指出："公路建筑，水之为患最为恶劣。例如：路面破裂、路基下陷以及边坡坍方等等，均系水在其中蕴酿而成。往往工程进行中，对于路基排水未予注意，一至雨季，种种劣痕均暴露出来，影响交通至为严重……"，呼吁在路线勘测时，必须探明地下水位深度，沿线土壤的种类与性质，以便合理地确定路基设计的高度和形式。因为路基底面以下的地基土，如果饱含自由流动的游离水（地下水），会减弱其内摩阻力和粘着力，从而降低其承载力，导致路基的沉陷或降落。路基本身如受地面水或毛细水的浸湿，就会降低其强度和稳定性，往往出现坑槽或边坡坍塌现象。

《论文》还强调：（1）调查游离水位及路基土壤性质的钻探工作，必须在雨季进行，以求得其较高值；（2）对受游离水和毛细水影响的路基，须挖深沟以降低地下水位；在路基上部盲沟，铺一层粗料或不透水的物质，以防止毛细水的危害；（3）如山坡渗水，可设截水沟将水导离路基，使其不受冲刷与浸湿，保持稳定；（4）关于路基表面的雨水，要靠路基的纵、横向坡度和边沟排水；但往往因坡度大，雨水会在纵向冲毁路面和边沟，在横向冲毁路肩和边坡。防治措施有：①一般将边沟底做成台阶式，以减少水流的冲刷力；②用石料铺砌边沟以抵抗水流的冲刷和破坏；③路肩和边坡也用块石加固，或植草皮等防护。

从上述文件资料来看，充分说明公路建设人员进行路基设计时，对排水问题的重要性是明确的。但是由于排水措施的工程费用大，一般不考虑防冲措施，留待养路时根据历年洪水冲刷的实际情况去研究处理，因而贻留后患。

2. 土壤冰冻作用与路基的关系

土壤冰冻作用，在北方常使公路路基翻浆，路面开裂、沉陷，严重影响行车安全，甚至断绝交通，为害甚烈。

（1）民国35年，昆明公路研究实验室在《实验报告》中的《土壤冰冻作用及与路基之关系》一文中指出：“纬度较高地带（如西北、华北和东北一带），每届严冬，土壤冻结，因之体积增大。更因土壤结构、颗粒、水分及地下水面高低不同，相邻断面发生不同的膨胀，使路基、路面起伏不平。春暖时期，路基土内水分融解，如难排泄，易使路基松软，促成路面破裂（翻浆）”。

这说明如果路基土内含水过多，除了滑移、沉陷，丧失稳定性外，在高寒地带，还会产生冻裂、翻浆等病害。

上文又介绍了几种防止冻害的方法，除按《路基排水之重要》论文中，提出的几项措施，如：除“挖深沟、设盲沟和更换土壤”等措施外；还有以下方法：

① 在路基内设置粗料层或不透水物质；

② 在路基内设“绝热层”，以防止冻结的下透；

③ 利用化学处理（如撒盐等），以减低土壤冻胀速率。

以上各种方法，以挖沟最常用，是比较经济的措施。其它方法，须视当地气候和材料以及路基的高度和土壤的性质，按工程经济和便利施工的原则，研究选用。

（2）关于冰冻作用，引起路基翻浆的记载，以新疆省《路基翻浆的整治》一文，最为详细，其内容大致如下：

民国35年春季，新疆省焉耆与轮台两地区共130公里的公路路基翻浆严重，交通断绝达 40 天之久，造成很大困难。

① 主要起因，焉耆盆地地势低洼，土壤含碱量很高，约有 70 公里公路春季翻浆严重；轮台地区有 60 公里公路，因碱性冲积也严重翻浆。

② 翻浆情况。碱性土含水多，又不易蒸发；加以砂粒过细和毛细管作用，地下水位升高。冬季结冰时，水线上升至表面；春暖冰消，表层先解冻，土壤软化，翻浆开始。全部过程，可分为四个阶段：

第一阶段，表层解冻，一般在 3 月中旬，水分不能下渗，一受压力，水即上冒。

第二阶段，全部解冻，一般在 3 月 20 日至 4 月 5 日，表层水分尚未蒸干，下层亦已溶解软化，水分饱和，未及排泄和蒸发，此为最严重时期。

第三阶段，橡皮路状，约在 4 月 5 日至 15 日，表面 20 厘米厚度已逐渐蒸干，下面仍然稀烂；虽无泥泞陷足现象，但稍受压力，下层烂泥即挤向四周，隆陷不平，呈弹性现象，故称为"橡皮路"。

第四阶段，恢复时期，约在 4 月下半月，土内含水，逐渐蒸发和排出，表层干硬厚度约达 50 厘米后，可恢复常态。

③ 整治措施。交通部第六区公路局于同年 7 月初成立后，即对上述两段翻浆路基进行整治：设排水设备，先挖深 1 米、顶宽 1.5 米、底宽 0.5 米的边沟；更换土壤，无力举办，改为加铺树枝，以加强路面承重能力；路面部分，除加铺树枝外，再加铺砂、石，厚 40 厘米，宽 5 米；因量力而行，先铺厚 17 厘米，宽度暂铺 3 米。

④ 后果和结论。民国 36 年，各段所铺砂、石和树枝厚度不同，其效果适成正比：第一年在翻浆最严重地段，铺厚达 40 厘米处，到第二年翻浆极微，畅通无阻；第一年翻浆较轻地段，未加

整治或略加整治处，到第二年翻浆剧烈；经加铺 20 厘米厚的砂、石和树枝，即逐渐好转。

以上是民国时期整治路基因冰冻引起翻浆的较全面记载。虽经两年的处理，以最低级的廉价措施，仅完成原计划的 1／4；但是在人烟稀少、自然条件极艰苦的地区，各县已尽最大努力，人民群众付出巨大的劳力（共做 27.5 万工日），取得了一定的成绩，为继续治理奠定了初步基础。

（三）边坡的稳定与坍塌处理

路堑挖方边坡的稳定，关系到公路交通的畅通和安全。民国时期新建公路，因经费少，限期紧，为减少土石方工程数量，除减少路基宽度外，往往在挖方处采用较陡的边坡。

西北黄土地区，气候干旱，雨量稀少，公路挖方采用陡峻边坡，甚至垂直，基本上能够稳定。西南和沿海地区，雨水较多，土质松软，经常发生山坡崩塌；即使采用平缓的挖方边坡，在过多破坏山坡自然组织地段，因扩大受水面积，雨季也常发生坍方，毁路阻车。滇缅公路在云南省境，民国 28 年～31 年 4 年间，全线坍方总量达到 86.8 万立方米，严重影响到国际公路运输线的畅通。

民国 35 年，吴柳生工程司在《公路实验报告》中，提出《塌方之研究》的论文，其中讲到：

（1）塌方起因，是由于土壤稳定性能的丧失。稳定性能即土壤的抗剪力（T），其公式为：

$$T = n \cdot \tan \psi + c$$

式中：n——垂直压力；

　　　　ψ——土壤内摩擦角；

　　　　c——单位面积的粘着力。

水在土壤中会发生滑润作用，减少土壤颗粒间的吸力与摩阻力，并增加土壤的重量，因而导致塌方。

（2）塌方种类：①破裂；②流动；③凹陷。

（3）防止措施：①增加表面迳流；②稳定沙层接触面；③改进透水层的排水等处理方法。

以上资料，说明路基边坡和坍方处理曾经受到重视，并进行过研究和讨论；虽然效果不显著，但已有了初步的理论基础。

四、特殊地区的路基工程

特殊地区的路基，需采取特殊措施或特殊结构。民国时期限于财力、物力和人力，一般多采用便道或单车道路基，只求汽车能够驶过，不求畅通。

（一）沼泽地区的路基

中国南方湖泊、水田较多；青藏高原，有湿陷草地；东北黑龙江附近，有"塔头墩子"，都属于沼泽地区。路基通过湖泊、水田，多采用路堤，其高度应按填土的毛细管作用，进行设计，以防止塌陷。在湿陷草地和塔头墩子地区，路基需要先用砂砾或柴排作底层，在它上面再填筑路堤，并须预留沉降高度。

民国32年，青藏公路穿越黑河地段的路堤是在柴排上填铺一层砂砾作为路基底层，基本上保证了稳定。在淤泥不深的湿地，如巴颜喀拉山坡的沮洳地，曾采用挖去淤泥、换填新土的方法，对保证路基的稳定，更为有效。

（二）悬崖峭壁上的路基

在陡峭壁立的坚硬岩石上，公路路基内侧一般设计为外倾边坡。民国22年，浙江省公路管理局制定的"山坡开山"（即半山洞）路基标准图中，己、庚两种介绍了这种型式，见图10-2-1，并用在丽（水）缙（云）公路上。

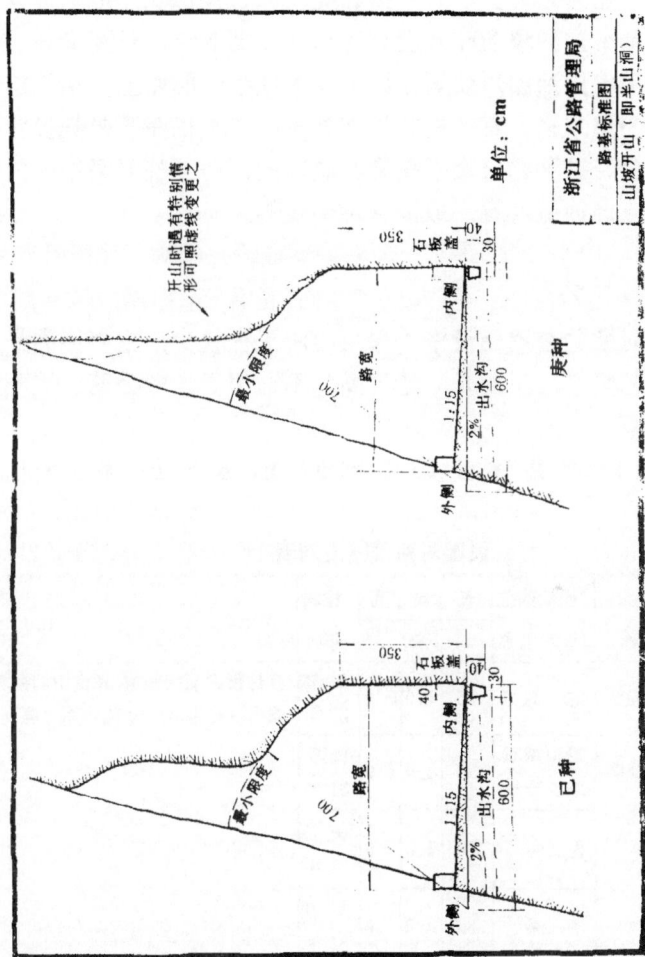

图 10-2-1　山坡开山

标准图中说明 1. 凡遇石壁峭立在 70°以上经详细考查确系石质坚实且无裂痕者方可采用。2. 弯道之超高在路之内侧者，加至路平为止，在路之外侧者，不另加高。3. 边沟每长 100 米须备出水沟。4. 单车道约隔 300 米应有让车处，宽 6 米，长至少 30 米。

在四川省川湘和川陕等公路上有多处半山洞路基。由于这种路基多数为单车道。有的地方为加宽车行道，在路基外侧设置栈桥悬出路台。这种路台大多在紧急通车的形势下临时采用；为保证安全，应向内侧展宽，取消这种构筑物。

（三）山洞

民国时期的公路建设中，采用山洞工程较少，主要原因是山洞工程工艺复杂，工期长，造价高，不适用于一般公路，更不利于赶修通车。

民国时期共建公路山洞 37 座，总长 2174.2 米（表 10-2-2）。

民国时期公路山洞表　　　　表 10-2-2

省市地名	路线名称	山洞的位置和名称	长	宽	高	建成年代	备注
			（米）				
北京	门头沟至怀来公路	珠窝	36	4.0	5.0	民国29年	日伪侵占期间修建，珠窝山洞在解放后改建为永久山洞，其余 3 座废弃
		沿河城车站左一号	36	4.0	5.0	民国31年	
		左二号	30	4.0	5.0	民国31年	
		右一号	80	4.0	5.0	民国31年	
河北	张家口至沽源公路	大境门外	43	5.0	3.5		日伪侵占期间修建，年份不详
		西甸子南	15.3	5.3	4.0		

续上表

省市地名	路线名称	山洞的位置和名称	长	宽	高	建成年代	备注
			(米)				
辽宁	沈旅公路	黄泥川	254.5	7.4	5.4	民国11年	有照明，衬砌漏水，日本人修建
		白云山	163.7	7.4	5.4		
吉林	旅顺至佳木斯公路	棒棰折子	42	4.3	3.4	民国32年	伪满时修建，石灰岩；裂缝
	浑江至长白公路	发花山	25	4.0	3.3	民国30年	石灰岩，完好
		六道沟	38	4.3	3.4	民国36年	石灰岩，完好
		六道沟	23	4.0	3.4	民国36年	石灰岩，完好
		六道沟	12	4.3	4.2	民国36年	石灰岩，完好
	浑江至大栗子公路	望江下	47	4.2	4.2	民国30年	石灰岩，完好
山西	太原至大口公路	北关东	66	5.0	5.4	民国29年	现已改线，不通行
		北关寨	199	5.1	5.4		
		西庄	227	5.0	7.0	民国29年	仍通行，稳定
		土门	86	5.0	5.0		
陕西	西汉公路	鸡头关1号山洞	17	4.5	5.5	民国24年	
		鸡头关2号山洞	25.2	4.5	5.5		
		鸡头关3号山洞	4	4.5	5.5		

续上表

省市地名	路线名称	山洞的位置和名称	长	宽	高	建成年代	备　　　注
			(米)				
四川	成渝公路	老鹰岩	63	5.3	3.7	民国22年	K 429+903
	渝万公路	凉风垭	16	5.05	5.9	民国	解放后,两座改为明沟
		凉风垭	16	5.05	5.9	30年	
		石冠寺	13.5	5.05	5.9	民国	K 409+840
		石冠寺	16	5.05	5.9	30年	K 409+860
	贡井至连接场	石牛洞	166.3	5.50	3.82 4.0	民国30年	漏水
	酉阳至龚滩公路	江东峡	21.8	3.5	5.5	民国	
		岩木底	23.1	4.0	4.5	33年	
		岩门底	29.3	4.0	5.0		
湖南	湘黔公路	洞口一号	23.5	4.6	5.2	民国28年	岩石质,较好
		洞口二号	13.5	4.6	5.2	民国28年	
安徽	祁门至芦溪公路	K 8~K 9	80	5	6	民国31年	
		K 8~K 9	50	5	6	民国31年	
		K 8~K 9	30	5	6	民国31年	
广西	田东至岳圩公路	大甲	100	8	20	民国28年	天然溶洞,稍加修整
	桂林至青龙乡公路	石门洞	42.5	6.6	4.37	民国31年	人工开凿,无衬砌
共计		37座	总长 2174.2 米				

表内所列广西省两座山洞的宽度与高度是采取的平均值;

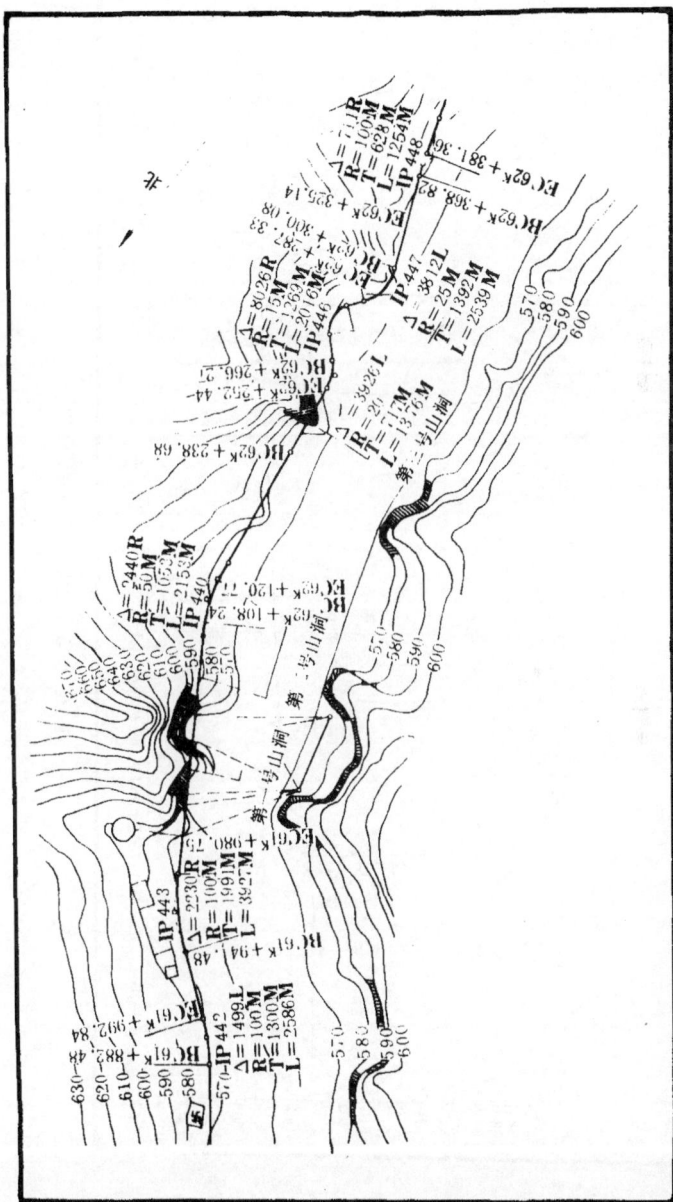

图 10 - 2 - 2　鸡头关下山洞位置平面图

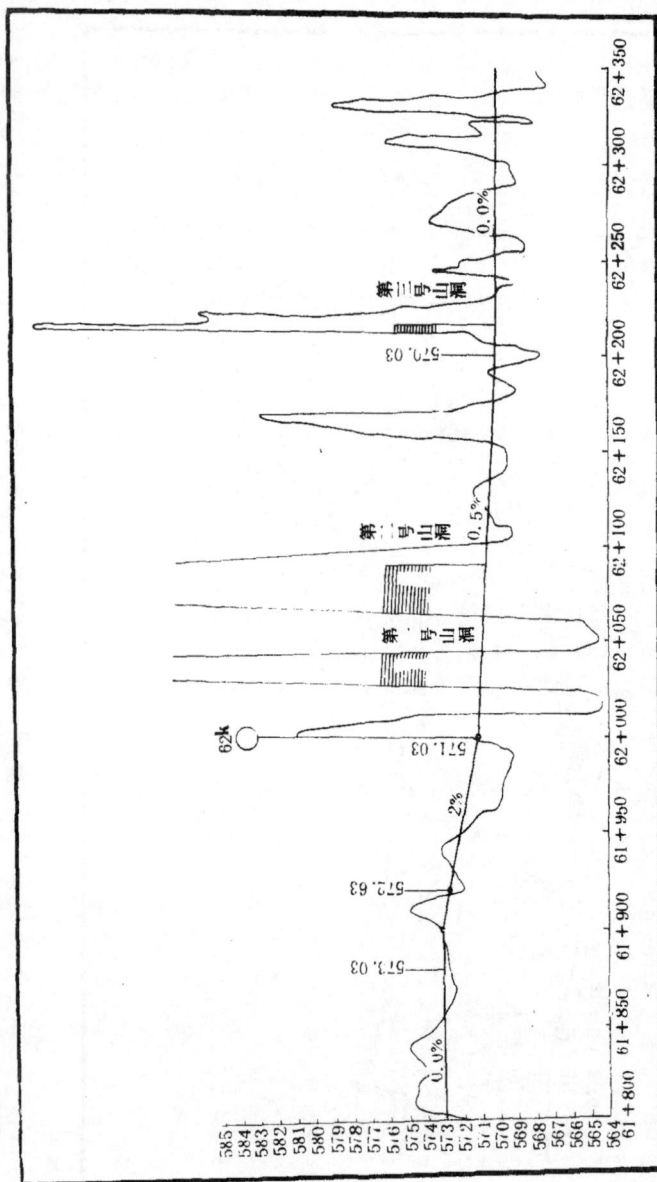

图 10-2-3 鸡头关下山村纵断面图

辽宁省两座山洞是日本人占据旅大时修筑的，标准较高；四川省成渝公路上重庆市附近修建的老鹰岩山洞，是中国自己设计和施工的第一座公路山洞，配合附近的一座立交跨线桥（都是李仪祉设计的）宏伟壮观，当时称为工程奇迹；但山洞净高仅3.7米，载货卡车通过受到了限制，对交通运输有一定的影响。西汉公路在褒城县鸡头关对岸修建的3座短山洞，是为避免大量开山石方，阻塞褒河，及保存鸡头关河岸上的石门古迹。鸡头关下山洞的位置和纵断面见图10-2-2和图10-2-3。

（四）流沙及戈壁地区的路基

沙漠地区分为流沙和戈壁两种，修筑路基困难很大。主要是流沙易被风吹走，使路基蚀失；戈壁松散，不易稳定，容易产生搓板，行车颠簸。

民国时期，在沙漠地区修筑公路，先有绥新（呼和浩特至哈密）公路，后有南疆（包括：库尔勒至若羌；若羌至且末）公路。

1. 绥新公路所经地区，大多为戈壁。行车最困难路段为居延海附近，沙砾松散，公路路基需采取特殊措施。

民国23年，绥新长途汽车公司拨车十余辆，分别由绥远（呼和浩特）、哈密两地雇工整治。在软沙地段修筑路基，先垫以木柴，上面再覆盖沙土，加以整平。如遇芨芨草及白莉草墩，需将根部铲除后，再用砂铺平。

2. 民国36年~37年两年中，修筑两段南疆公路，库尔勒至若羌长442公里，若羌至且末长300公里。两路位于沙漠地区边缘，俗称"戈壁滩"。在基层松散路段需挖开砂层，先铺垫树枝编成的柴排，然后再加铺砂土面层。由于沙漠地区缺少石料，柴排必须很厚，路基才能稳定。沙漠地区路基很容易遭受风砂侵蚀，严重的只须2~3个月就被风沙淹没无法行车。因此养护工作极为重要，必须常驻足够的道班，才能维持交通。

（五）　泥石流区的路基

在山谷沟口通过的公路，雨季中常因泥石流阻断交通，但一般为害不大，可以短期清除恢复通车，必要时应采取措施避免危害。

1.青海省西宁至湟源间有小段公路在山沟口下面通过，为防止山沟泥石流的破坏，在路堑顶上修建一道类似渡槽式的工程，将山沟里流下来的泥石流排走，不致流到路堑里。

2.泥石流地区的公路一般可按泥石流量的大小和频率，修建桥涵或过水路面通过，后者比较经济又容易养护。

五、路基的防护工程

（一）上、下挡墙

公路沿河路线的路基外缘，往往遭受洪水冲刷；局部高填土路段，有的路基坡脚深入河内，小的河流易被堵塞；大的河流易将边坡大部淹没水中，使路基发生沉陷。

越岭路线的路基内侧边坡，为减少挖方数量防止土石方滑移、坍塌，以及上述沿河路线所遇到的情况，都必须设置上、下挡墙，作为路基的防护工程，方能保证安全。

民国时期，公路路基采用的上、下挡墙，一般是干砌或石灰砂浆砌（很少用水泥）块石，很少用粗条石。高度一般为4～6米，而西汉公路跨越秦岭处的干砌挡墙，是用大块石，精工砌筑，最高达10米。

石灰砂浆砌块石挡墙的高度，一般不超过8米。而川湘公路有几处挡墙竟超过12米，主要是分成台阶砌筑，下段顶石要比上段底石加宽几十厘米，比较稳定。

在西北黄土地区，块石运距很远，为减少工程费用，在山坡路基外侧，用研细黄土分层（每20厘米为一层）夯实，成为土墙式的防护工程。土墙外侧的边坡比石砌挡墙的边坡陡，甚至是垂直的，主要是使受雨面积达到最小；土墙顶面要略高于路基，并用石灰（或水泥）砂浆护面，以防雨水冲蚀；路基顶面也要做成向内倾斜的横坡，使雨水从边沟排走。

这种夯土挡墙较多用于陕、甘两省的地方公路。甘肃省平宝公路在安口窑附近的山坡路线上，也采用这种夯实挡墙多处，效果很好。可惜这种在西北黄土地区的特殊防护工程没有加以深入研究、改进提高，使其长期停留在原始状态中，没有能够得到发展，甚至逐渐失传、废弃。

（二）护坡与护坡道

护坡多用于沿河或沿溪的路堤，根据历年洪水时期的冲刷情况，由养路单位或改善工程机构设置。新建公路往往限于工程费用以及掌握不准水文实况，很少设置。

护坡道是在路堤坡脚和取土坑之间设置的纵向平台，一般宽1米。也有在高填土的边坡上设置的，其宽度由0.5～1.5米。钱塘江大桥南岸接线路堤，高达14.33米，分三级填筑，每级边坡脚设护坡道宽1.5米，经过长期考验尚称稳定，护坡道宽度最多为2米。

（三）桥头路基防护

桥头路基防护工程，除桥台的左右翼墙外，多采用锥形护坡，其设计多根据桥位地形采用水泥砂浆或石灰砂浆浆砌以策安全。

（四）护栏

护栏多设于山区路线和市内交叉路口的一侧或两侧，特别是在傍山路线的回头弯道和单车道路段的外侧设置护栏，对减少司机精神紧张及防止行车事故能起到很大作用。其型式一般分为：
竖立木桩或木栏杆的临时式；用块石（干砌或浆砌）筑成矮墙或
桩柱式墩垛的永久式；后者较前者更为安全，较多采用。

第三节 路 面 工 程

民国时期的公路，铺筑路面的为数不多，且一般多为低级的
砂砾、煤渣等简易路面；在中级路面中，最常用的是泥结碎（砾）
石路面；只在个别路段采用级配碎（砾）石、弹石和沥青表面处
治等路面，其里程在全部路面中为数很少。

由于泥结碎（砾）石路面取材容易、工艺简单，且在交通量
不大的情况下，能维持晴雨通车，因而成为当时的主要公路路面
形式。到抗日战争时期，在滇缅公路上开始修建沥青路面，在乐
西公路上修建级配石子路面，但因时局关系，都没有继续发展。

一、路面工程的发展情况

公路建设早期，由于交通量不大，路面工程尚不被重视，因
而资料缺乏，零乱不全，现仅就各省史稿所载，略经比选，按照
路面等级与结构类型，述其梗概。

（一）低级路面

低级路面，包括砂砾简易面层及煤灰、炉渣等路面，主要路
段为：

民国 2 年，湖南省军路局建成长潭公路长沙至大托铺段长 18
公里，铺有砂砾路面。

民国 9 年 12 月，福建省建成漳州至浮宫公路长 33 公里，铺
有砂石路面，宽 5 米。

民国 10 年，广西省改善龙州至镇南关公路长 55 公里，择要

加铺砂石路面。

民国 10 年，山西省由美国红十会捐款修建平定至辽县（今左权县）公路长 121 公里，铺有炉渣、煤灰、碎石路面。

民国 12 年，浙江省"承筑杭余省道汽车股份有限公司"，建成杭州至余杭公路长 36.57 公里，铺有煤屑石子路面。

民国 17 年，辽宁长途汽车公司建成奉天（今沈阳）大西门外至辽中县东门公路，长 75 公里，铺有粘砂土简易路面，仅能经营季节性运输。

民国 19 年，陕西省公路局在西安至潼关公路上铺筑砂砾路面，是陕西省公路铺筑路面的开始。

民国 23 年，黔桂公路柳州至旧河池段铺了砂石路面。

民国 35 年，甘肃和新疆两省建成的南疆公路，铺筑简易路面100 公里，宽 3.5 米，占全线公路里程的 13.5%。

民国 36 年，青新公路南段，铺筑砂砾路面 130 公里，占全段里程的 12.15%；同年，青新公路北段，铺筑砂砾路面 94.5 公里，厚 3 厘米。

（二）中级路面

中级路面，以碎石、砾石、砖块、泥结碎石和级配路面为主，各地铺筑简况如表 10-3-1 所列：

中级路面修建情况表 表 10-3-1

路线名称	长 度（公里）	路面类型	修建时间	简 要 说 明
江苏省南通至任港、天生港、狼山和唐闸四条公路		碎石	民国 7 年	
广西省邕宁（今南宁）至武鸣公路	42	碎石	民国 8 年	部分路段铺有碎石路面
湖南省长沙至湘潭公路	全线	碎石	民国 10 年	

路线名称	长度 (公里)	路面类型	修建时间	简要说明
安徽省怀宁至集贤公路	20	碎石	民国11年	由华洋义赈会拨款2万元组织灾民和兵工施工铺筑
贵州省滇黔公路贵阳至黄果树段	150	碎石	民国17年	部分路段铺筑碎石
四川省遂宁至简阳公路		碎石	民国18年	由驻军施工
河南省开封至朱仙镇公路	3.5	砖碴	民国20年	是河南省公路铺筑路面的开始
江苏省镇江大市口至江阴夏港镇	115.44	碎石与碎砖	民国23年	压实厚度17厘米
山西省平遥至军渡公路由平遥至汾阳段	46	泥结碎石	民国10年	
云南省昆明至碧鸡关公路	14	泥结碎石	民国14年	用蒸汽压路机碾压
浙江省萧山至绍兴公路	48.58	泥结碎石	民国15年	宽5.5米—7米、厚32厘米,是当时的标准路面(图10-3-1)
贵州省川黔公路贵阳至桐梓段	220	泥结碎石	民国16年	部分路段铺筑路面,建成后因遭连雨,路面松散
湖南省湘潭至宝庆公路	172.82	泥结卵砾石	民国17年	5—7厘米石子作基层,厚9厘米,2—4厘米砂砾作中层,厚5厘米,0.2—0.8厘米粗砂作面层,厚1厘米,质量坚实,是当时的标准路面
云南省由昆明至古城公路	90	泥结碎石	民国22年	

路 线 名 称	长　度 （公里）	路面类型	修建时间	简　要　说　明
江西省由南昌至莲塘段	14.4	泥结碎石	民国 22 年	由华洋义赈会出资修建
黔桂公路贵阳至独山子间旧河池至六寨段	全段	泥结碎石	民国 23 年	
西兰和西汉公路		泥结碎石与天然级配砂砾	民国 27 年	部分路段利用当地天然级配砂砾铺筑
沪杭公路	20	水结碎石	民国 36 年	由交通部第一区公路工程管理局杭州工程处施工

（三）　高级和次高级路面

高级和次高级路面，主要包括弹石、沥青（柏油）、桐油渣和水泥混凝土等，各地铺筑简况如下：

民国元年，浙江省民政司长褚辅成在杭州羊市街至章家桥间修建一段弹石路面，长 1 华里（约合 570 米）。

民国 4 年，江苏省无锡商人投资修建开源公路，长 7.5 公里，铺有弹石路面。

民国 17 年，浙江省在宁波至奉化公路上，由江口至奉化间修建弹石路面（图 10-3-2）5 公里。同年，该省公路局在溪口镇（蒋介石故居）修建水泥混凝土路面，长 1.3 公里，宽 5 米，厚 15 厘米（图 10-3-2）。

民国 20 年，江苏省在南京至董塘长 190 公里公路上铺筑弹石路面占 90%。

民国 30 年，为适应当时公路交通量不断增大的需要，在西南地区，铺筑了一些沥青路面，并制定《浇柏油路面标准图》（图 10-3-3）和《施工说明书》掌握施工。先后完成昆明至碧鸡关 14.6 公里，下关附近 3 公里，保山附近 4 公里，畹町至龙陵黄草坝 135.4

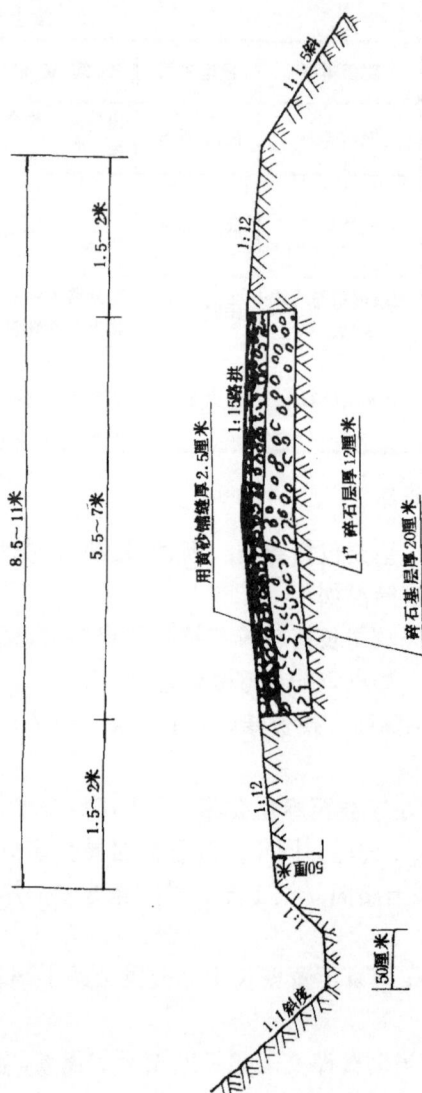

图 10-3-1　泥结碎石路面

1.1.5路肩

1:12

1:1.5路拱

用黄砂填缝厚 2.5厘米

1" 碎石层厚 12厘米

碎石基层厚 20厘米

1.5～2米

5.5～7米

8.5～11米

1.5～2米

1:12

50米面

50厘米

1:1斜坡

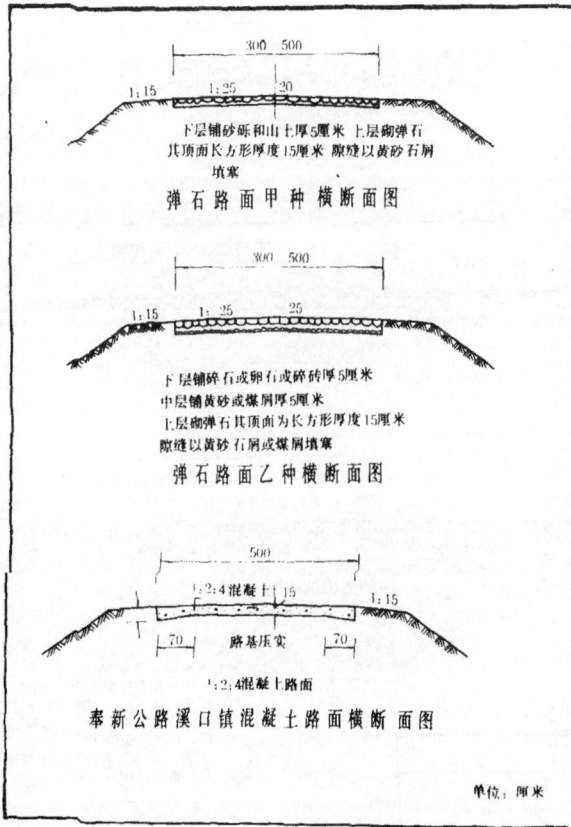

图 10-3-2 路面标准图

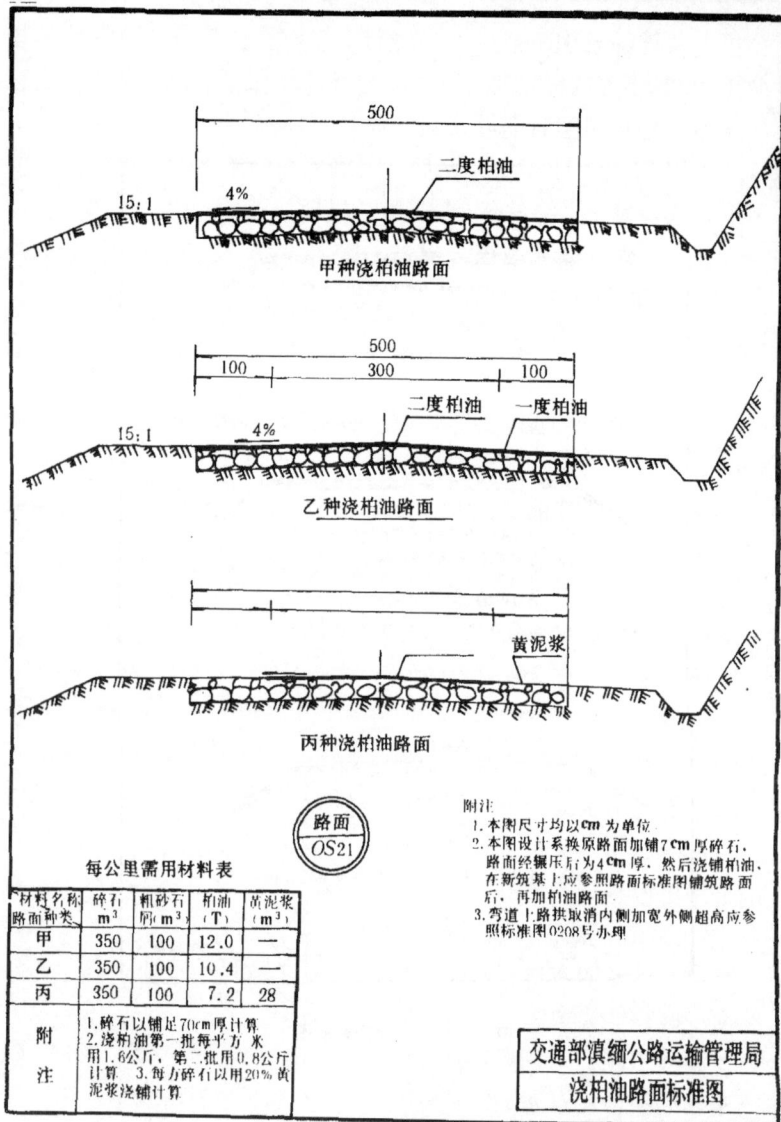

500

二度柏油

15:1　　4%

甲种浇柏油路面

500

100　　　　300　　　　100

二度柏油　一度柏油

15:1　　4%

乙种浇柏油路面

黄泥浆

丙种浇柏油路面

路面
OS21

附注
1. 本图尺寸均以cm为单位。
2. 本图设计系换原路面加铺7cm厚碎石。
路面经辗压后为4cm厚，然后浇铺柏油，
在新筑基上应参照路面标准图铺筑路面
后，再加浇油路面。
3. 弯道上路拱取消内侧加宽外侧超高应参
照标准图0208号办理。

每公里需用材料表

材料名称 路面种类	碎石 m³	粗砂石 屑(m³)	柏油 (T)	黄泥浆 (m³)
甲	350	100	12.0	—
乙	350	100	10.4	—
丙	350	100	7.2	28
附 注	1.碎石以铺足70cm厚计算。 2.浇柏油第一批每平方米 用1.6公斤，第二批用0.8公斤 计算。　3.每方碎石以用20%黄 泥浆浇铺计算。			

交通部滇缅公路运输管理局
浇柏油路面标准图

图 10-3-3　浇柏油路面标准图

公里，共计铺成 157 公里。（使用 37 年以后，芒市公路养护总段曾于 1978 年春取样试验，说明原用油料质量是好的，老化程度极为缓慢）这是民国时期最长的一段沥青路面。

民国 31 年，四川省公路局，利用桐油油渣，在重庆市化龙桥至小龙坎公路上，铺成厚 15 厘米的桐油渣路面，长 7.5 公里。但在一年后，路面普遍脱皮，松散，终至失败，其主要原因是对民国 27 年所修桐油试验路面中的缺点，未予重视，没有技术措施，盲目施工所致。

民国 32 年，新疆迪化市（今乌鲁木齐）铺筑沥青路面，沥青砂面层厚 5 厘米。所用独山子天然地沥青，须加热熔化分离出所含杂质后铺成路面，质量良好。

民国 35 年，交通部第八区公路工程管理局接管伪建设总署修建的北京至天津公路，铺有水泥混凝土路面，宽 3 米，厚 15 厘米。

此外，在《七省（苏浙皖赣湘鄂豫）公路调查报告》中对七省公路路面的评述是："各省所筑公路路面宽度，除浙、湘两省比较重要路线外，其余多不能容两排车辆通行。且均铺筑过薄，一遇重车碾压，便成粉碎，其中尤以江西省的路面为甚"[6]。这份资料指出当时浙江和湖南两省路面质量较好，江西最差，河南和湖北两省路面最少。

民国 24 年 12 月，经委会公路处在《公路》杂志上发表的《全国公路里程统计表》内，山东省建成通车的公路 5569 公里中，只有 52 公里铺筑路面；河北省的公路 2352 公里中，只有 16 公里铺筑路面。这说明在抗日战争之前，公路在华北平原地区很少铺筑路面，通行能力很差。

民国 25 年，《九省（苏、皖、豫、陕、川、黔、滇、湘、赣）公路查勘报告》对路面的评述是：①长江以北宝鸡以东，各省公路仅重点铺筑路面，路拱和超高均未顾及。②宝鸡以南常德以西：川陕公路路面宽 4 米，全线铺筑，一部分石子松动，应加滚压；

川黔公路全线有简易路面，宽窄不等，修养亦未见认真；皖省公路（指皖南）路面宽3米，除少数路段外，修养尚佳；江苏省公路（指京芜路）路面，有卵石及弹石两种，均宽3米。弹石路面欠平整，行车震撼，应赶修整平。

民国25年，河南省财政厅长尹任先和建设厅长张静愚，为改善公路技术状况，提高通行能力，开始重视路面建设，遂以营业税作抵押向南京、上海等地银行筹款400万元，大部分用于铺筑路面工程，至抗战前夕，全省先后铺筑路面共长1786公里，对路况大有改善。

根据以上史实，在民国时期，中国公路很少铺筑正式路面，特别在缺砂少石、降雨量很少的华北、西北地区，多是土路通车，晴通雨阻，而在多雨的华东、东南地区，由于经费所限，只能铺筑简易路面和薄层泥结碎石路面，难以适应交通发展的要求。直到抗日战争期间，迫于军运的需要，始有沥青路面的铺筑，以及各种较高级路面结构的试验研究。这一新的起步，为以后公路路面的提高和发展，开创了美好的前景。

二、路面技术标准与设计方法

（一）技术标准

民国时期，公路路面的技术标准是从无到有，由简及详，逐渐改进的。

民国9年11月，北洋政府内务部公布《修治道路条例施行细则》，其中有关路面的只有两条规定：一是"路面作弧形式，由中部向两旁倾斜，其倾斜度应视筑路材料适宜用之"；二是"路面陷凹之处，均须用新料补筑，与原路高低一致"[7]。这是公路路面最初的技术标准。

民国18年，铁道部公布《国道工程标准及规则》，将路面分为 4 种：甲种——碎石路面；乙种——砾石路面；丙种——沙泥路面；丁种——泥土路面。并规定：国道必须采用甲种路面，非经铁道部批准，不得采用它种路面。各种路面须按《标准说明书》施工，必要时路面可用柏油材料修建。

上述规定中，丙、丁两种路面，实际是无路面的土路。在铁道部主管期中，亦未用"柏油材料"修筑路面，只有泥结碎石和砾石路面。

民国 23 年，经委会制定《公路工程准则》，将路面分为六级（表 10-3-1）。

六级路面技术标准　　　　　　表 10-3-1

级别	种　　类	拱　度	压实厚度（厘米）	宽　度（米）
一级	土　　路	1∶12～1∶15		单车道 3 米
二级	砂　砾	1∶20～1∶30	15～25	双车道 6 米三车道 9 米
三级	泥结碎石	1∶20～1∶30		
四级	弹　石	1∶20～1∶25	面层 10～15垫层 3～5基层 8～15	
五级	砖块、石块	1∶30～1∶50		
六级	水泥、柏油	1∶40～1∶60	（临时设计）	

民国 30 年，交通部公路总管理处制定《公路工程设计准则》，对路面技术标准，又有进一步的规定（表 10-3-2）。

三级路面技术标准　　　　　　表 10-3-2

公路等级	路面级别	路面种类	路面拱度(%)	路面宽度(米)	备注
甲　等	高级路面	水泥混凝土路面	1∶60～1∶100	6.50	
		沥　青　路　面			
		砖　块　路　面			
		石　块　路　面			
		木　块　路　面　等			

续上表

公路等级	路面级别	路面种类	路面拱度(%)	路面宽度(米)	备注
乙 等	无尘土、长年通车路面	弹石路面	1：30 ～ 1：60	6.00	
		沥青表面处治			
		土壤水泥路面			
		化学处治的稳定土壤			
丙 等	长年通车路面	按当地所产路面材料及路床土壤状况设计	1：15～ 1：30	3.50	

　　表内所列等级较前略有简化，种类罗列更多，都是来自国外的技术资料。但是，当时国内实际情况，除滇缅公路采用沥青表面处治和局部弹石路面（又称"弹街路"）外，仍主要采用泥结碎石路面。原因是沥青、水泥、化学处理药剂，当时都属稀有物资，难以大量用于公路路面。

　　民国36年，交通部公路总局公布的《公路路面工程设计细则》，对路面的技术标准又有新的发展（表10-3-3）。

三级路面技术标准　　　　　　　　表10-3-3

路面级别	公路等级	路面最小宽度(米)			路面拱度	计算荷载(吨)	路面种类
		平原区	丘陵区	山岭区			
高级路面	甲等路	7.0	7.0	7.0	1：50 ～ 1：200	18.0	水泥混凝土路面、沥青碎石路面、炼砖、整齐石块路面、木块路面等
中级路面	乙丙等路	7.0	6.0	6.0	1：30 ～ 1：100	15.0 或 13.5	泥结碎石路面、水结碎石路面、沥青表面处治路面、水泥或沥青稳定路面等
低级路面	丙等路	6.0	6.0	5.5	1：15 ～ 1：50	13.0 或 9.0	矿土或贝壳路面、级配土壤路面、弹石或圆石路面

① 本表是根据《中华民国公路法规选编》第 250~252 页中条文制定。
② 路面等级和种类的选用，应就工程经费、行车密度、车辆种类、载重等级、路基强度、材料供应和沿线的气候、雨量等情况，研究决定。
③ 路面横断面分为薄边式、等厚式、厚边式三种；又分为单层、双层（面层和基层）、三层（面层、中层又称垫层、基层）。
④ 路拱型式有屋顶式和抛物线式。在弯道超高处不设路拱。
⑤ 路拱度的选用，视路面平滑程度、透水性、纵坡大小和雨量多少等情况决定。

以上所列公路路面技术标准是逐渐演进的，一般能对设计和施工起到指导的作用。但表 10-3-3 的规定，是在国民党政府临近溃败时期制定的，未及执行。

（二）设计方法

泥结碎石路面，一般可以就地取材，施工简易、造价较低。故在民国时期广泛采用。但在设计理论上，尚少具体研究，特别是凭经验和目测交通量来决定路面厚度，难免有失误。

在交通部公路总局《公路路面工程设计细则》中规定刚性路面设计公式（包括：板厚设计、横缩缝间距、横涨缝宽度、连结钢筋的间距等计算公式）和柔性路面设计公式（包括：轮胎与路面的接触面积、路床的容许单位抗压力、后轮施于路面上的单位压力和路面厚度等计算公式）。所有这些公式都是选自国外的技术资料，因战争关系多未能付诸实施。

民国 19 年，浙江省公路局局长陈体诚出席在美国华盛顿召开的"第六次国际道路协会会议"，引进美国公路路面设计和施工方面的理论与经验；后来又根据浙江省各地所产路面材料情况，制定《路面工程标准图》19 种。前 6 种是简易路面（用砂砾、小卵石、碎砖、煤渣和贝壳等材料铺筑）；其次 3 种是常用的泥结碎石路面，厚 10、15、20 厘米，都是采用灌黄泥浆法施工；其余 10 种是弹石、块石、柏油（即沥青）、水泥混凝土路面。以上路面标准设计图纸。特别是前 9 种为各地所引用，起到缩短设计时间和保证路面质量的实际作用。

路面施工的技术规定在本章第五节中阐述。

三、路面材料

路面材料主要分为骨料、填料和结合料三类。随着路面设计规范的逐步增订,路面材料的分类也愈加详细,对其性质的研究和试验也愈受重视。民国初期的公路大多是土路,少数是简易路面,谈不上路面材料的研究。民国12年和15年,北洋政府交通部先后派员出席在西班牙首都马德里和意大利的米兰市召开的第四和第五次国际道路协会会议,对国际研究路面材料的情况才有了初步的了解和注意。

国民政府交通部门鉴于原有土路和简易路面不能适应运输需要,力图改变公路路面落后状况,开始注意路面类型和材料的研究,重视国际道路会议的作用。当在美国华盛顿召开的国际道路协会第六次会议和德国慕尼黑召开的第七次会议时,分别派遣工程专家陈体诚、赵祖康等四人和沈怡、赵祖康、周凤九等六人出席会议,引进了有关水泥、沥青等路面材料的技术资料。

民国24年10月1日,经委会和上海市政府派简任技正薛次莘偕同国联专家敖京斯基顾问,赴欧美调查路政和利用当地材料修建低级路面的操作方法,把调查低级路面的建筑材料试验和土壤试验作为主要对象:在美国参观了十个州的公路、六处筑路材料试验室和五处土壤试验室;在德国参观了四处试验室和一处采石山场;还在英、法、意和波兰等国参观了各处材料试验机构。薛次莘回国后,先后参加“九省公路查勘团”和“京滇公路周览团”,了解各省公路路面状况,并介绍了国外公路路面材料的研究情况,从而推动了国内路面材料的研究。

民国25年经委会公路处与上海交通大学合作,筹设土壤试验室并在南京麒麟门外成立中央路工试验所。

民国29年1月~30年7月间,交通部公路总管理处在昆明与清华大学合办"公路研究试验室"，着重研究土壤性能；又在四川省乐山县与武汉大学合办"公路试验室"，集中力量研究乐西公路的级配碎石路面。交通部公路工程总局在重庆与重庆大学合办"公路研究试验所"，着重研究路面结合料的选用问题。以上各试验机构和路面工程机关均有专门刊物登载试验记录、研究成果及野外经验。如乐西公路路面工程事务所编制的《路面》，昆明公路研究试验室出版的《公路研究》及其它书刊。在上述刊物中，关于路面材料的研究和试验方面较有现实意义的论文可供参考的有：

1．《公路路面材料研究与试验》

这是李谟炽向中国工程师协会第十届年会提出的论文，主要是关于烧土稳定、石灰及水泥稳定、级配拌合稳定土壤和改良土壤泥结碎石路面等问题。

2．《泥结碎石路面试验报告》

这是李谟炽与涂汉廷合著的三篇论文综合而成的：①烧红土及石灰稳定路面；②生红土及石灰稳定路面；③泥结碎石路面石灰泥浆流率试验。

3．《级配石子路面》

此文登载于昆明公路研究试验室出版的《公路月刊》第一期，主要内容介绍：①级配石子路面之原理；②级配石子路面的建筑法；③级配材料配制设计法。

以上论文的主要研究方向是级配碎石和土壤稳定，虽符合当时路面工程的需要，但多未运用到实际公路路面建设，故效果不大。民国34年10月～35年9月，交通部第八区公路工程管理局局长罗英曾组织技术人员对华北公路路面进行座谈研究（包括：廉价铺装、氯化钙及炉灰渣的应用、稳定土壤和沥青土路面），并编制《各种材料试验结果汇编》，可惜也未用于实际工作中。

四、试验路面

试验路面是提高路面实践技术水平的一种有效措施，是为大规模工程的设计、施工提供可靠的依据。

（一）第一试验路

民国 21 年 12 月，在南京市中山门外孝陵卫与麒麟门之间的马群镇附近试铺路面 31 种类型，全长 1995 米，定名为"第一试验路"，宽 5.5 米，包括以下类型：

①　石块路 9 种：计正交半整齐式（横向接缝与路面中线垂直）4 种；马赛克整齐式（接缝成弧形）3 种，弹石路 2 种；

②　碎石路 7 种：计石灰结 1 种；泥结和水泥结各 3 种；

③　青砖路 1 种；

④　轨道路 4 种：计青砖轨、大石板轨、大石块轨、混凝土轨各 1 种；

⑤　混凝土路 10 种：计无竹筋的 6 种，有竹筋的 4 种。

试验路所用弹石是南京市青龙山的石灰石，质地坚硬，修凿尚易；半整齐石块和整齐石块是青龙山的石灰石和镇江金山的花岗岩。砂料产自试验路附近各山和龙潭一带；滁县滁河所产黄砂，质坚粒粗，不含泥土，但运费较贵；砖料用往年拆卸废弃的普通青砖，稍含水分，质尚坚硬，打成碎块。

试验路施工情况：普通半整齐石块路面铺砌较易；马赛克整齐石块路面和弹石路面，石块大小不齐，铺砌须有技巧；特别是利用旧石块路段，因缺乏棱角，排砌不易紧合，铺成不久，即发现沟槽数处。据民国 36 年调查，上述试验路面，除马赛克整齐石块路面完整无损和混凝土轨道、大石板轨道、半整齐石块路面和弹石路面基本完好外，其余各种试验路面均已损坏，改建为双层沥青表面处治。按第一试验路经过 15 年的使用情况，证明了块石和混凝土是比较经久耐用的路面材料。

（二）第二试验路

民国22年10月，经委会公路处又在南京孝陵卫附近京杭国道上铺筑"第二试验路"。主要是试用各种不同沥青材料和不同操作方法来铺筑各种沥青路面，计有：膏体沥青、液体沥青和乳化沥青等。这次试验，由于所用材料国内尚无生产，全部购自国外，难以推广采用。

上述两处试验路面是按交通量、建筑费和养护费三个因素研究各种路面的适用性和经济性。虽然未能取得完善的结论，但对路面材料的继续研究和建立新的试验机构却有参考作用。

（三）水泥稳定土壤试验路面

民国26年，经委会公路处"中央路工试验所"派工程司陈孚华在咸阳市附近西兰公路上修筑水泥稳定土壤试验路面20公里，厚15厘米。所用土壤为粉砂，水泥用量为5％，水用量为土重量的18—19％。铺后不久，即发生大量孔穴、裂纹，经分析其破坏原因是：

1．通过很多铁轮大车，路面经受不了摩擦和直接剪切；
2．施工时仅用两吨重的人力滚筒碾压，压实度不够标准；
3．没有拌合机具，水泥与土壤的人工拌合不够均匀；
4．水泥用量不够准确。

（四）"柏油路面"试验路面

民国29年9月～30年5月，滇缅公路运输管理局报请交通部批准铺筑"柏油路面"，为取得经验，先在昆明西站至碧鸡关段（长14.6公里）作双层表面处治试验路面。碎石厚度为7厘米，经碾压后为4厘米；浇铺"柏油"第一度每平方米用1.6公斤，第二度用 0.8 公斤。经过几个月的观察，证明效果良好，试验成功，为以后大量在该路西段（保山至畹町）进行铺筑取得了依据。

（五）桐油油渣级配试验路面

交通部公路总管理处指派陈本端工程司研究利用桐油修筑路面的方法，于民国 27 年 5 月，在重庆至桂花园铺筑桐油残渣（提炼代汽油的副产品）级配试验路面一段长 2 公里，经过一年行车，桐油皮大量脱落，路面出现坑洞。其主要原因是对桐油粘结力、油面厚度、桐油和石灰用量与固结时间等，没有科学数据，以及施工工艺和早期养护均无妥善措施造成的。

（六）级配碎石试验路面

民国 28 年～29 年，乐西公路第一总段"路面工程事务所"在乐山附近铺筑一段级配石子试验路面，其设计要点是：

1．混合粒料的大小和数量应不超出《富勒氏理想曲线——级配石子界限图》中所定范围；

2．混合粒料的配合一般采用三种材料，用量配合采用《三角形图解法》，从而得出混合料的成份；

3．混合料在一定压力下的最佳含水量应通过工地试验求得，并据以在施工碾压时控制路面的压实度；

4．路面最小厚度应为混合料中最大粒径的三倍；稳定土路基的路面厚度一般为 10 厘米。

级配路面的技术性较强，施工要求高。当时由民工铺筑，工具设备简陋，施工时间紧迫，监工人员对此种路面既不熟习又无经验，因而路面的质量没有达到预期的要求。

（七）弹石试验路面

民国 29 年，滇缅公路运输管理局由上海招雇弹街工 30 余人，在急弯、陡坡路段试铺弹石路面，取得了良好的效果，主要是：坚实耐用，防滑安全，清洁无尘，易于养护，显示了弹石路面的优越性。嗣后每年旱季都陆续增加新铺里程，一直延续到1966年能利用国产沥青铺筑路面之后才逐渐停止采用。

这种路面需要有专门技巧、操作熟练的技术工人；而且工期较长，造价较高，面层不易保持平整，行车颠簸，是其不足之处。

(八) 泥结碎石路面的修养试验

民国31年8月14日，昆明公路研究试验室为验证泥结碎石路面的稳定性和路拱的持久性，在贵州省遵义进行实地试验。

第一试验段，采用天然级配河底砾石，其成份为粗料22%，细料70%，结合料8％。由于结合料太少，酌加质量较优的天然泥土予以补充。这种泥土经试验液性限度为39，塑性指数为21，粘土含量为76，都合乎规定标准。河底砾石大小不一，大者超过10厘米（按规定直径不得超过2厘米），需经过筛分。全段长40米，宽6米。

第二试验段，采用加石灰级配拌合法，修补12×2及3×2.5米的洞穴两处。所用石料是利用从路面挖出的旧石子，经冲洗及筛分后使用，另加结合料。

第三试验段，采用石灰泼浆法修补洞穴四处。

第四试验段，采用不加石灰泼浆法及不加石灰拌合法，修补洞穴两处。

第五试验段，采用不加石灰级配拌合法及铺泥法，修补洞穴3处。以上加铺路面与修补各坑穴，在竣工的第二天晚上，虽经一次大雨冲刷，尚无异状。以后又经数次大雨，第一试验段加铺40米长的路面，前20米未加石灰，泥泞甚多；后20米加石灰亦起泥泞，但比较轻。其它各试验段，均甚良好。特别是加石灰及不加石灰的级配拌合法最好；泼浆法次之，铺泥法又次之。用铺泥法所补的坑穴虽起泥浆，但较工人原用的铺路旧方法强得多；惟各坑穴经车辆往来碾压，渐呈沉陷状态，这是由于补铺时未经压实所产生的沉落现象。

以上是泥结碎石路面养护方法试验的经过，足以说明级配拌合法的优越性。

（九）沥青表面处治试验路面

民国36年，交通部公路总局第一区局用膏体沥青在南京市汤山至竹厂段旧有的碎石路面上，铺筑沥青试验路面，厚3厘米，长约5公里，情况良好。这是民国时期最后一次铺筑的公路试验路面。

所有以上的各种试验路面，其目的是企图运用科学方法摸索出一种切实可行的途径，从而改善国内公路路面，提高公路本身的经济价值，用以增进汽车运输效益，并使国内材料充分得到利用，以收功利兼备的效果。

民国时期，路面工程随同公路建设的发展从无到有，由低级到次高级和高级。但是从无到有这一过渡阶段比较容易，主要是用简易路面或泥结碎石路面代替土路通车。而由低级过渡到次高级和高级这一过渡阶段。主要由于经费、材料和技术三大问题不易解决，从而使民国时期的公路只能长期采用泥结碎石路面。另外，公路建设单位往往把路面作为扫尾工程，在土路通车后，只留少数人员进行路面施工或交养路部门施工，这是路面工程不受重视的普遍现象，也是阻碍路面技术改进提高的原因之一。

第四节　桥梁工程

公路桥梁是公路建设的重要组成部分，它随着整个公路事业的发展而发展。

民国以前，帝国主义为便利其经济侵略，常用贷款方式在中国滨海商埠地区修建一些永久性钢桥。民国时期，中国自行设计、修建的公路桥梁，因限于财力物力，一般多采用小跨径的临时性木桥或半永久性石台木面桥；只有少数省修建一些永久性桥，如湖南省的砖石拱桥，广东和福建等省由华侨投资修建的一些钢桥和钢筋混凝土桥。较大江河水深流急，当时无法修建大跨径桥梁，多用渡船维持交通，严重影响了公路运输的畅通。

民国25年，经委会公路处制定颁布了《公路桥梁涵洞工程设计暂行准则》，使公路桥梁建设逐渐纳入正轨并得到较大发展。浙江、湖南、广东、江西和福建等省分别修建了一些新颖多姿、跨径较大的公路桥梁，并且在就地取材和利用废料来新建、加固或改造旧桥方面取得较大成果。如能滩河悬链桥利用废汽车钢架熔炼铸造的链条眼杆，是最典型的利用废料的事例。

抗日战争期间，在国际通道滇缅公路和保密公路上修建了一些大跨径钢桥和悬索吊桥及个别军用钢桁架桥，使桥梁结构和施工工艺获得了较大发展。一些建桥员工为完成建桥任务历尽艰辛，甚至献出了生命。

抗战胜利后，国民党政府发动内战，公路和桥梁多遭破坏，唯唐山、辽河、上海和宝鸡等地所修钢筋混凝土桥及云南和浙江省所建钢桥，得以在战火中保存下来，实属幸事。

一、桥梁测设

（一）桥位勘测

桥位勘测工作极为重要，它通过对地形、地质和水文等的调查勘测和钻探，为桥梁设计、施工提供所需要的基本资料。民国时期，特大的重要桥梁一般都经过地形测量、水文调查和地质勘探，取得水位、流速及河床的冲刷深度和基岩深度等资料，以决定桥位、桥长和桥型，然后进行结构设计，钱塘江公铁两用桥是用水利局记载的有关资料，作出轮渡、隧道和桥梁三种比较设计方案，最后才选定桥梁方案，其建设程序在当时最为完善。一般桥梁只作地形和地貌的测量，河床地质勘探和土壤试验等都无条件进行，桥梁基础的深度和式样须待施工开挖后才能确定。洪水的流量和频率等无系统资料（一些桥按汇水流域面积推算）不能进行水文计算，水位仅从调查洪水痕迹及向当地群众访问，只有一个高水位，所以桥长大致与河宽相差无几，往往造成浪费。亦有因勘测不周，桥长、孔径和基础深度设计不当，致遗后患的。桥位处很少修建导流构造物，有的也未经过详细调研。

（二）标准规范的应用

清末民初，公路桥梁设计没有自己的规范，由欧美国家引进的技术标准又不统一，以致所有桥梁全凭当地传统惯例修建，虽属同一类型、同一跨径，而其结构尺寸却大不相同，质量也有不小的差别，在设计技术方面发展缓慢。

民国19年前后，浙江省公路局按照国外资料第一次编译《公路桥梁设计规范》。供各省建桥之用。民国29年，交通部公路总管理处制定颁发了《公路桥梁涵洞工程设计暂行准则》（草案），并规定，凡受中央补助的公路桥梁均须根据《准则》设计，经过十年建设的实践经验，其内容逐渐改进充实，初步形成适合国情统一规程。民国30年，交通部修正公布了《公路桥梁涵洞设计准则》，其比较重要的修正有以下各点：①半永久性及临时性桥梁的载重标准，按其跨径长短而变更其等级。②规定国产材料的资用应力，并增加材料项目及应用范围。③其它局部细节的修改。

这个《准则》的一些技术指标在抗战时期略有降低。

民国35年后，颁布了《桥梁涵管工程施工规范书》，包括打桩、砌砖石、打混凝土及钢筋混凝土等各种工程施工工艺的规定。

民国 36 年，交通部公路总局颁布的《公路桥涵设计细则》（草案），系根据《准则》并参考美、德有关规定重新修订。由于建桥经验不足，势必借鉴国外先进技术，取长补短，以求更快更好地改进提高公路桥梁的建筑技术。

历次公路桥梁规范的演变情况见表 10-4-1。

（三）跨径范围

按照构成桥梁的材料及形式，上述《规范》对跨径范围，规定当同一跨径可用不同材料或形式时，可就经济与美观综合比较决定之。

① 木桥——单梁 3～8 米，叠梁 6～10 米，桁梁 10～25 米，钢木桁架 10～30 米；

② 砖石混凝土和钢筋混凝土桥——钢筋混凝土板 3～6 米，梁 6～15 米，拱 10 米以上，刚构 3～30 米，石拱 3～20 米，砖或混凝土拱 3～10 米；

③ 钢桥——钢梁 5～20 米，组合梁 10～25 米、钣梁 10～30 米，桁架 20 米以上；

④ 悬索桥——无规定，一般在 80 米以上。

（四）定型设计

民国初期，公路桥梁设计缺乏统一标准，计量制度不同，跨度参差零乱。实际上，一些桥梁很多类似之处，如能标准化，就可减小设计工作量、加速制造安装和节约材料。民国 19 年，浙江省开始进行标准图设计，经委会编制了一套桥涵标准图，包括涵洞（木、石、混凝土和绞纹管），石拱桥，墩（石、木和钢筋混凝土），台（U 形、翼形、石柱和木柱），木桥（梁和桁架），钢筋混凝土板及梁，工字钢梁及钢桁架等项。各省公路局和各区局也陆续有标准图的制订，如福建省于民国 23 年至 25 年有木桁构桥、

历次公路桥梁规范演变情况表

表10-4-1

规范名称	编制单位	编制时间（年）	车辆载重（吨） 永久性	车辆载重（吨） 半永久性	车辆载重（吨） 临时性	车行道宽度（米） 永久性	车行道宽度（米） 半永久性	车行道宽度（米） 临时性	备注
公路工程准则	经委会	北洋政府时期	>10		5				重量10
公路桥梁涵工程设计暂行准则	经委会公路处	民国23年	12	7.5	7.5	6	5.5	4	半宽4 重量10
公路桥梁涵设计准则	交通部公路总管理处	民国25年	15	10	10				半宽4 重量10
公路桥梁涵设计准则	交通部公路总管理处	民国30年	15~20	跨径<6米时,10,跨径6~14米时,12,跨径>14米时,15	7.5~10	单车道4米 双车道6米			半宽4 重量10 半宽4 重量10
公路桥涵设计细则	交通部公路总局	民国36年	1级车列主车18吨(副车14吨) 2级车列主车13 1/2吨 副车10 1/2吨 3级车列主车9吨副车7吨			双车道<6米 每增一车道加宽3米			①相当于H-20,相当于H-15,相当于H-20 ②计算8米以上简支梁时应以甲载等代荷载代替货车荷载。③乙种等代荷载,用于计算集中荷载之处。

工字钢梁和钢筋混凝土组合桥面、钢轨梁和混凝土桥面、钢轨梁木面、钢轨桩和柔性排架墩及钢筋混凝土套筒基础等标准图。民国 26～27 年，公路总局八区局有钢筋混凝土 T 梁、钢筋混凝土方柱式墩、混凝土墩台、半永久性墩、木墩台、木桥面和渡船等标准图。民国 30 年，西南公路标准图中有石箱涵、石拱涵、木桥面、木梁、钢木桁梁（承式、穿式、跨径达 25 米）、石拱桥（半圆、坦圆、椭圆、跨径达 30 米、坦度达 1／5）、钢筋混凝土板桥（跨径 3～7 米）、墩（石、混凝土）、台（U 形、八字形）、渡船（17 米长）等。这些仅是民国时期的部分标准设计图纸。

（五）大桥的特殊设计

凡不能套用标准图的大桥均作特殊设计。西南公路上的乌江浮桥、施秉木桥、皋阳石拱桥、大罗溪钢筋混凝土连续梁桥、綦江钢桥、惠民连拱及拱架图等都是当时的特殊设计。特大跨径及靠近大城市的城市桥，一般需要集中力量进行特殊设计，如澜沧江昌淦桥是由交通部技术厅桥梁设计处专门设计的。

二、结构体系与设计理论

（一）结构体系

民国时期，公路桥梁主要是学习国外技术，发展汉唐时代已经形成的具有中国特色的梁、拱、悬、浮等传统的结构体系。

1．梁式桥

民国时期，公路梁式桥有实体和桁架两种形式的简支梁、悬臂梁和连续梁。

① 实体梁，一般由木料、钢材或钢筋混凝土制成。木梁由圆木或方木制成单梁、叠梁的简支体系；钢梁有工字梁、钢轨梁或钢钣梁；钢筋混凝土梁有板梁、T 梁，偶有下承半穿式板梁，例

如广东的龙川桥。另有钢板梁与钢筋混凝土面板组合而成的实体梁，例如内蒙的海拉尔桥。

②　桁架梁，也是由木、钢和钢筋混凝土等材料制成，还有钢木组合的桁架梁。最简单的桁架梁分为单柱式或双柱式，湖南省虞塘桥为上承式钢筋混凝土双柱式简支梁。最常用的为华伦式或豪式的桁架，有等高度、变高度、上承、下承、穿式或半穿式各种简支桁架。云南省共济桥是K形钢桁架；上海浙江路桥是十九世纪风行一时的穿式鱼腹形钢桁架。

③　除简支体系的实体式或桁架式梁外，尚有连续或悬臂体系，如泉州顺济桥上部构造为四梁式钢筋混凝土连续梁；天津引河桥是钢筋混凝土连续板梁；贵州省乌江桥为三孔穿式华伦连续钢桁架；松花江公铁两用桥有一组带悬臂梁的三孔连续梁；浙江省溪口桥为两端带悬臂小孔的连续钢桁架；上海河南路桥为钢筋混凝土悬臂梁，宝鸡渭河桥是钢筋混凝土连续梁等等。

2．拱式桥

①　砖、石拱桥——中国古代曾以空腹、大跨、矮桥台的坦石拱桥著称。民国时期，公路永久性桥仍以单孔或多孔砖、石无铰实腹拱居多，其拱圈为半圆、坦圆或多心椭圆形。大跨石拱桥，费时费工，很少修建。湖北省大漆沟桥（跨径 33.4 米）和陕西省益门桥（跨径 26.2 米），是这个时期跨径最大的石拱桥。湖南省老龙潭双肋石空腹坦拱（矢跨比 1／6）桥，坦度较大，式样新颖；丹龙桥则为空腹砖拱。

②　钢筋混凝土拱桥——民国时期修建的一些钢筋混凝土拱桥，如湖南省永丰桥是具有吊杆的中承式拱桥；广东省梅江桥和天津双龙桥，均为下承式拱板；北京三家店桥和广西五里亭桥，均为上承式肋拱桥；无推力系杆拱桥也有出现。上海定海路桥就是一例。

③　钢拱桥——浙江省宁波老江桥为单铰穿式下承式钢拱

桥，"长虹卧波，独树一帜"。钱塘江公铁两用桥的南、北引桥均有跨径 50 米的双铰钢拱。

④　木拱桥——新疆省达板城木拱桥建于民国 29 年，系用木板按拱度层层叠累、钉结，再用U形铁箍箍紧而组成的拱圈。

3．悬索桥

①　铁链眼杆式悬索桥——湖南省的能滩桥是在民国 26 年前设计，抗战期间完成，具有铸钢塔架和铁链眼杆悬索，无加劲梁。

②　钢索悬索桥——抗战期间公路跨越山涧大河多用悬索桥。有云南省惠通和功果、贵州省盘江、四川大渡河等悬索桥，其锚碇为重力式或隧洞式，索塔用石砌或钢架，桥面和加劲桁梁均为木制；云南省昌淦桥在混凝土锚碇上压块石，索塔和加劲梁均为钢制；云南省继成桥的锚碇设在地面以下，用贝雷架组成。为了抢修通车还利用旧废料修建了一些小跨径悬索桥。如跨径 48 米的盘江桥，24 米的挑子坝桥和最小跨径 20 米油管梁木桥面的龙川江桥。

4．浮桥

在兰州黄河上，自公元 1372 年～1909 年 500 余年间均用浮桥过渡。广西省桂林东门外原有浮桥，于民国 29 年才改建为 5 孔、36.2 米钢木组合桁架桥。抗战时期，滇缅公路用空汽油桶渡船连接为浮桥，别开生面。

5．刚构桥

刚构为世界新兴结构体系，30 年代引进中国，修建了一些单孔或多孔钢筋混凝土刚构桥，如广东省马坑口桥和浙江省牛厄滩桥等，广西省邕宾公路上还建成了几座连续刚构桥。

6．其他类型桥及有关建筑物

民国时期，公路桥若按上部构造使用方式可分为活动式与固定式；按修建目的可分为民用或军用；按跨越对象可分为跨河桥或跨线桥，按平面形状可分为正交与斜交；按所承荷载可分为公路桥与公铁两用桥，按桥面的高低则有过水桥等等。

①　活动桥——早期多为城市桥，如天津老万国桥和金汤桥均为平旋开启式；新万国桥（今解放桥）为双叶钢桁竖旋开启式；广州海珠桥为三跨钢桁两端提升开启式；江苏省于民国 24 年～26 年，在扬州运河等地修建木面活动桥数座，可用人力旋转或纵移开启。

②　军用钢桥

贝雷钢桥是可拼可拆的轻便菱形腹杆钢桁架组成，抗战期间由盟军传入。

美国轻型钢桥为上承式箱桁，跨径 38 米以下无须修建桥台，用螺栓临时串连，数小时即可架成通车。江苏省曾将螺栓加焊固定，充做永久式桥使用。

以上两种军用钢桥，以贝雷桁架用的较多。如民国 34 年云南省猴桥（原有藤拱人行桥一座，行人爬上爬下形似猿猴，由此得名）曾采用一跨 43.54 米的贝雷桁架；浙江省焦山门桥采用单孔双层双排贝雷桁架，跨径达 53.4 米。

③　跨线桥——是公铁两路立交或两公路立交时的桥梁，如湘潭钢筋混凝土拱形跨线桥和四川省老鹰岩盘山线跨线桥等。

④　斜桥——民国时期的公路桥梁很少与河流斜交，城市桥限于场地多用斜交，如上海河南路桥因斜交将 30 米桥长斜成 37.63 米；云南省蛇长河多孔石拱桥斜交 20°。

⑤　过水桥——宽浅河流上多采用这种过水低桥，大水时桥面暂时淹没阻车，桥头设有水深标志。

⑥　公铁两用桥——哈尔滨松花江桥和杭州钱塘江桥均为公铁两用双层钢桁架桥，上弦承公路，下弦承铁路。

⑦　桥梁墩台及其基础形式——江西南昌中正桥的墩台为不锈钢柱包混凝土，属于永久性构造。贵州省乌江桥桥墩高 30 米，

为钢筋混凝土构造。海南岛南渡江桥桩基为高桩承台型式。公路桥基础型式还有砖、石和混凝土的扩大基础、套筒、沉井或沉箱等。

⑧　防护及导流措施——钱塘江桥桥墩下用柴席抛石下沉，防止墩基被冲；宝鸡渭河桥用木桩、木笼填块石及柴捆乱石截流导水；新疆省木桥排架围以木框，用卵石压枝防冲。

（二）设计理论

1．简短的回顾——世界上由于工业建材钢和水泥的产生，促进了桥梁技术的发展，但建材的合理使用，有待于科技原理在桥梁工程中的应用。16世纪开始，国外科学研究着重实验，其科学技术随之勃兴，而中国闭关自守，不重视科学研究，致传统建桥技术停滞不前，有关桥梁工程的理论乃自国外传入。

2．设计理论和计算方法——19世纪中产生的材料力学，阐明了应力与应变的关系，奠定了弹性设计理论基本法则，此为结构构件强度与稳定性的计算方法的基础。民国时期，无论梁、拱、悬索各种体系桥梁的内力、应力与变形，均按弹性理论容许应力的方法进行计算。

3．各种体系桥梁的计算理论

①　世界各国对静定实体梁一直沿用19世纪完成的弯曲理论，因对应力分布深入了解，圆形或矩形截面进化为工字形，钢筋混凝土梁多用T形。木梁梢结成叠梁，按整体考虑，跨径大为增长。梁按弯曲轴弹性曲线方程可求出最大挠度。钢筋混凝土板桥体系将活载分布在一有效宽度后，取单位宽作简支梁看待，双向板分两个方向，按单向板配筋。

②　静定桁架梁桥，由三角形几何不变构件组成。较实体梁重量轻，可以加大桥跨。古代木、石梁跨不过10～20米，民国时期，龙州钢桁架桥跨径达108.4米，广东省合山桥和浙江省钱塘

江桥达 67 米。为了节约钢材，桁架常以木代钢；或在一个桁架内钢木混合使用。分别承受拉力、压力，如跨径 25 米的沙宜桥及跨径36.2米的桂林桥等组合结构，说明结构理论促进桥型桥跨的发展。桁架变形用威立亚特—摩尔（Williot-Mohr）图解法绘制，如西汉公路的钢桁架即以此法设计预拱。

③ 连续梁是超静定结构，因为它要考虑基础不均匀沉降引起的不利影响，是民国时期公路连续梁桥修建不多的原因之一。连续梁内力用三弯矩原理求解，荷载最不利位置在影响线上求得。

④ 拱桥，石拱桥的计算与古代拱桥（赵州桥）比较无重大突破，但从设计理论上应用了结构力学原理代替传统经验法则来讲，却是根本性改革。民国初期，沿用压力线法将石拱作为刚体来分析。20 年代以后，湖南省永丰中承式拱桥的设计，按弹性理论得出的公式来计算内力。系杆拱是外静定的双铰拱，水平推力由系杆来承担，如上海定海路桥将钢条包在混凝土内承受拉力。木拱桥也是按双铰拱计算。

⑤ 古代悬索桥多为上承铁链式。民国时期，悬索桥按弹性理论设计。为了使荷载分布均匀，增加桥梁刚度而设置了加劲梁。考虑加劲梁与悬索共同变形的挠度理论对特大跨径桥梁十分有利，但从当时的悬索桥跨度而言无此必要，如昌淦桥跨径 135 米，用弹性理论计算之后，曾与挠度理论计算比较，挠与弹之比，弯矩为 90%，剪力为 94%。

⑥ 刚构是 20 世纪钢筋混凝土广泛应用后被大量采用的新型式；30 年代引入中国公路后，广东省官汕线曾修过几米至十几米的单跨或多跨的刚构桥。初期刚构计算多按力法求解，考虑温度影响及支座位移。40 年代渐近法发展起来，如宝鸡渭河连续刚构就是用弯矩分配法设计的。

⑦ 福建省钢筋混凝土板与钢梁组合梁及海南岛高桩承台，是桥型设计的新型结构。

⑧ 桥台和挡墙的设计用库伦或朗肯公式计算。

⑨ 民国时期尚无完整的空间理论，只对木桥面及钢筋混凝土板（单向、双向、悬臂）上的荷载有简单的分布规定。

4．学术探讨与试验研究——在工程司学会及道路协会等学术团体所出版的《工程》及《道路月刊》等刊物上发表的著作，以及公路技术座谈会的课题，一类是报导当时的建设成就，如茅以升的《桥渡专号》和《钱塘江桥专号》，周凤九的《湖南公路桥概况》，罗英的《公铁两用桥》和《铁桥加固》等；另一类是计算理论的研究，如蔡方荫的《桩公式和桩承重及无铰拱分析》、林同楼的《直接力矩分配法》、嵇铨的《钢筋混凝土桥式选择及加固桥梁法》、黄文熙的"框架用骈坚量解析法"、赵国华的《桥梁载重研究》、《木桥设计法》及《复筋混凝土梁计算捷法》等；其它还有：上海基桩、钻探桥基地质研讨、公路钢筋混凝土框架设计、钢筋混凝土梁计算、钢筋混凝土模型试验之研究等等。从上述一些研究著作，可见当时桥梁学术探讨的一般情况。

公路桥梁的试验研究，实际是很少的。有些桥用材料的检验是委托一些大学试验室办理的，如定海路桥的快凝水泥混凝土是交给南洋大学试验 7 天及 28 天的强度；大渡河桥的水泥、木材和钢材是交武汉大学试验的。桩的承载力常在现场实地验证，如海珠桥和南渡江桥的木桩都经过载重试验；南渡江的木桥面曾做静载试验。钢筋混凝土模型材料的模拟尺寸经过探讨。民国 24 年～32 年，东北三省对建桥材料及冬季施工做过试验研究，并在水淬渣制代水泥和各型桥梁结构方面取得一些成果。

三、建桥材料

民国时期，公路桥梁材料多数为砖、石、木材等，少数采用钢材和水泥。木材容易腐烂，最多 5～6 年即须更换，只能用于小跨径临时性桥梁。砖、石和素混凝土用于小跨径永久性桥梁的上、下部构造，钢材或钢筋混凝土用于永久性大、中桥梁，钢索则用于大跨径桥梁。半永久性桥的下部构造采用砖、石、混凝土或钢筋混凝土等永久性材料，其上部构造则采用临时性木材。

（一）木材

民国初期，因为国内缺乏长、直的桩木和板材，本松的容许应力为洋松的80%，桥梁木材多用洋松，但硬木的强度与洋松相差不多。怒江桥使用了当地的栗木，一般桥的桥面用杉木或槐木。木构件一般用螺栓和铁板连接，也曾采用环接合以节省接头钢材。

（二）砖、石、混凝土及胶结材料

砖有机制和手工制两种。石料一般为花岗岩、石灰岩和沙岩，按构件的重要性分别选用。素混凝土有1：3：6和1：4：8的体积配合比，其容许单位压应力约为其极限强度的1／5。砖石墙、墩、拱的容许单位应力系按1：3水泥砂浆砌筑规定的；如用其它成分配合，则须根据试验决定。民国时期，砖石圬工很多是用石灰砂浆砌筑，拱石用1：1：4水泥、石灰砂浆砌筑，也有用1：2石灰砂浆砌筑等等。云南省的公路桥梁曾采用烧红土代替水泥，所用石灰、烧红土砂浆能在水下结硬，其1：1：15配合比的相当于15号水泥砂浆，在水下半年标号可达25号。当时所用水泥一般未作出厂试验，石灰也不进行科学分析，有什么用什么，标号质量均无确切保证。

（三）钢材

民国时期，钢铁生产不多，钢梁、钢桁架和吊桥钢索等均从国外订购、远运工地安装。建筑钢及铆钉钢是普通碳素钢，它的屈服点大约是2100公斤／平方厘米，抗拉、抗弯的标准容许单位应力为1300公斤／平方厘米，约为极限强度的1／3。钱塘江公

铁两用桥钢桁架是高强度铬铜合金钢，容许应力采用为碳素钢的
1.5倍。广东省齐塘桥钢桁架用的是德国ST 52钢，容许拉应力为
2100公斤／平方厘米。贝雷钢桁架的标准容许应力为1700公
斤／平方厘米。但如作为临时性建筑物，其容许应力还可加大。
悬索桥所用钢索有麻心和钢心的。老惠通桥和功果桥主索是六股
麻心索，其安全系数为3～4。昌淦桥用ϕ35七股钢索，其拉断
力为252吨，安全系数为5。大渡河桥用ϕ35七股十九丝钢索，
其拉断力为110吨，安全系数为3.5（实用4.1）。继成桥用ϕ36
七股七丝钢索，其强度为90吨，安全系数为5。吊杆可为圆钢、
方钢或钢索。钢索锚固使用灌锌套筒。中正桥桥墩采用不锈钢是
特殊情况。一般钢桥防锈均用油漆。

（四）钢筋混凝土的钢筋

一般为普通建筑碳素钢，其受拉容许单位应力为1200公斤／
平方厘米，抗剪单位应力为1100公斤／平方厘米。混凝土的体积
配合比有1：2：3和1：2：4，其28天强度为160和120公
斤／平方厘米，容许单位弯压应力约为上述强度的1／3。

（五）土壤

规范中规定了各类土壤容许单位压应力及各种桩径的木桩和
钢筋混凝土桩的承载力，有疑问时应在工地作载重试验或根据打
桩情况确定。

（六）废材

抗战时期建桥材料缺乏，工程司们曾利用废料（如用铁路废
桥和废钢轨做成钢梁、钢柱和钢弦杆或用作钢筋）修建各种桥梁。
如湖南省能滩桥的悬链和钢塔是用汽车废底盘铸成；滇缅公路的
临时渡船和浮桥是用空油桶做成。解放前夕云南省曾利用输油管

和汽车大梁建桥。

中国从 1886 年唐山首先建水泥厂起到民国 37 年已有多家，有些厂的水泥质量超过外国。钢铁工业不发达，产量不多，仅有几家工厂能轧制少量的大型钢材，其余只能生产小型钢材或钢筋，不能满足国内工程建设的需要。抗战期间，国际路线被封锁，公路所用钢、铁、水泥和木材无法进口，只能就地取材与设厂自制，开始走自办工业的道路。人类社会的演进与材料的发展有很大关系，石器进步为铜器又进步为铁器，导致生产力不断提高，桥梁技术的发展也是如此。由木料而砖石，耐久性大为增加；由砖石演进为钢铁，强度倍增、自重减轻，跨越能力亦随之加大；钢筋混凝土能发挥钢和混凝土的抗拉、抗压性能，又有耐蚀耐用、易于养护等优越性，逐渐代替了一部分钢材建筑。民国时期国内建材工业虽很薄弱，但为促进桥梁建设仍有不小的贡献。

四、桥梁工程技术的发展

民国时期，公路桥梁建设，由于连年战争的急需，在财经十分困难的情况下，仍然有所发展。桥型由传统梁式、拱式发展为桁架、刚构和悬索诸式；建材由砖、石、木发展为钢和钢筋混凝土；设计改变了过去多凭经验而开始以科学理论为基础的分析计算方法。

（一）桥型、建材和桥跨

木梁桥由实体截面发展为木桁架桥，加大了跨径，如新疆库车木桁架桥跨径达 30 米。木梁和木柱有的用沥青处治，以防腐蚀。

钢筋混凝土梁桥有较多的采用，扩大了永久性桥的种类，改变了梁式结构跨径不大的概念，如上海河南桥跨径达 37.63 米，乍浦路、四川路、西藏路诸桥跨径 36.58 米次之，吉林松花江桥跨径 31 米，南京中山桥跨径 30.5 米又次之。

钢桁架桥渐多修建，如广西省跨径 106 米的龙州桥，跨径 96 米的松花江公铁两用桥，跨径 75.3 米的山西左家堡汾河桥，跨径 70 米的河北省石匣岭桥，跨径 67.07 米的广东省齐塘桥和跨径 67 米的钱塘江公铁两用桥等。这些桥梁的修建，为将来钢材工业发展时进一步修建大跨、轻型桥积累了经验。

拱式结构从古代的砖、石半圆拱和坦拱发展为有铰钢拱、钢筋混凝土肋拱及系杆拱，使有推力拱进而为无推力拱，简化了墩台设计，增大了桥跨。砖石拱桥桥跨与传统古拱相比无发展，以湖北省大漆沟石拱桥跨径 33.4 米为最大。钢筋混凝土拱桥以上海定海路桥 30.5 米、北京三家店桥 30 米的跨径为大。钢拱桥以浙江省宁波 97.536 米的老江桥跨径最大。

修建少数悬索桥是为适应抢修军事公路的需要，也是将来修建特大跨径桥梁的必要准备。以云南省 140 米继成桥和 135 米昌淦桥和四川省 105 米大渡河桥的跨径为大。

开启桥以广东省 48.77 米开启孔，海珠桥和天津 47 米的万国桥为大。

（二）桥长

以浙江省 1453 米的钱塘江桥、新疆省 1372 米的叶尔羌桥、黑龙江省 1147.6 米的松花江公铁两用桥、江西省 1077.82 米的南昌中正桥等桥最长，辽宁省 718.9 米的抚顺桥、海南岛 587.67 米的南渡江桥和陕西省 576 米的宝鸡渭河桥的桥长次之。（台湾修建者未计入）

（三）应用先进技术和新的建桥途径

引进军用装配式钢桁架桥，便利紧急抢修。

采取公、铁两用桥与改建老桥通行汽车，以及利用废料建桥，创造新的经济途径。

（四）工程标准和标准设计

初步制订了自己的工程准则和设计及施工规范，并在建设实践中逐渐充实完善。规定出各级公路桥梁载重、净空和材料应力等统一标准，改变了初期外国人插手和各自为政的局面。根据规定标准开始设计出一些标准图纸，便利了桥梁建设，对保证工程质量、节约人力、提高工效有很大作用。

（五）人才培养

在各大学中设立土木系和在实践当中培养了不少桥梁建设工程技术人员。通过学术组织进行交流经验、出版刊物、普及科技知识等活动，促进了桥梁技术的提高，并随着桥梁施工技术和施工机械的引用，初步形成一支桥梁专业施工队伍。技术人员的培养还有计划、有安排地选派了中、青年出国学习。

民国时期的公路桥梁随着战争的需要和公路事业的发展而逐渐有所发展。清末，天津和上海等大城市就有一些大跨径钢桥出现，是帝国主义列强为其经济掠夺而兴建的。桥梁技术操于外国人之手，当时中国人自己修建的公路桥梁大多数是小跨径临时性木桥，少数是中等跨径（20米左右）永久性石拱桥。民国时期，经委会公路处督导全国公路建设，制定了公路技术标准和设计规范，选派技术干部到国外参观学习公路技术，于是公路工程逐渐纳入正轨，形成统一计划，统一标准，公路得到较大发展，建桥技术亦随之不断改进。

第五节　施工工艺与组织管理

民国时期，公路施工规程从无到有，逐渐有所充实改进；施工工艺从简到繁，由人力到机械施工。但因战争频仍，财物匮乏。

大部分公路是按"先通后备"的原则，分段分期进行，通车后继续修建，或者在养护中逐渐改善，不能完全按照建设规程和设计图纸施工，这是公路质量差的主要原因。再者对民工和包商的施工管理不严，也是影响公路质量的一个因素。

一、施工组织

民国初期的地方公路一般由地方政府筹款主办，如湖南省修建长沙至湘潭公路、广西省修建邕宁至武鸣公路，贵州省修建贵西、贵东公路，山西省修建以太原为中心的境内公路等，都是省款省办。从经委会建立公路督导制度起，修建三省和七省联络公路，是由该会在公路基金中拨给部分工程费并派驻督察人员督导

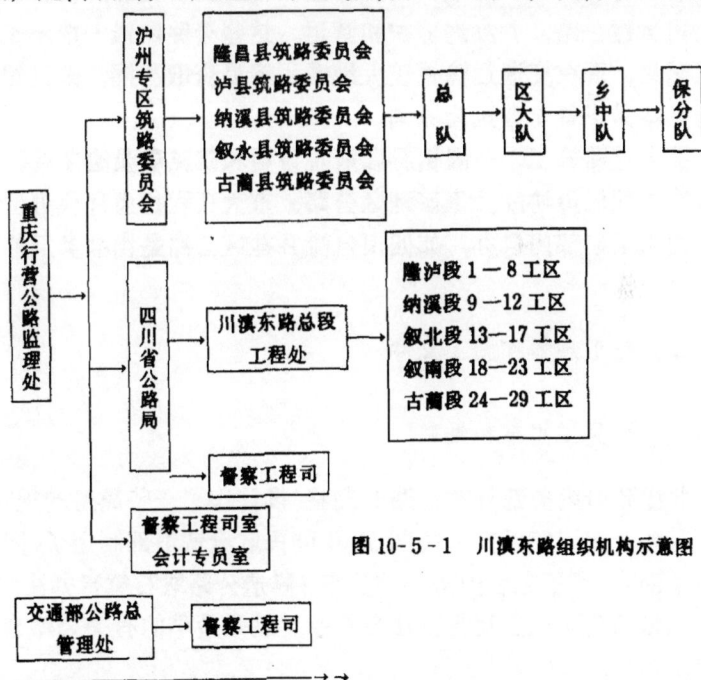

图10-5-1　川滇东路组织机构示意图

各省组织施工。除少数重要公路（如西兰、西汉）由经委会公路处直接筹建以取得管理经验外，其他如西北的甘新、甘青、咸榆和汉白及西南的滇黔、川湘和湘桂等公路，都是由国民政府补助经费，督导地方政府组织施工的。在抗战期间，因地方政府修建紧急公路，在财力、物力和技术力量方面都有困难，汉渝、滇缅、川中、乐西、青藏和康青等重点公路，则由国库支付全部工程费，中央部门直接负责组织修建。但一般公路的修建，仍以中央部门补助经费、由地方政府组织施工为主。其组织机构一般是设工程总段和分段领导施工。设筑路委员会主持征工和粮食供应，如川滇东路的组织机构见图 10-5-1。

有些省如广西、广东、福建、浙江等省的侨胞和绅商集资组织公司自建公路，并办理养护和营运。这些公路路线一般不长，工程简易，而在交通运输量较大地区，容易获取利润，故其组织机构基本是以便于营运为原则。

县乡道路施工，一般由县政府建设科和筑路委员会主持，有时呈请省厅派员协助。工矿地区公路，重大工程由省厅代办，一般工程由工矿部门自办，如四川自流井盐区公路是由盐务局修建的。

二、施工规程和施工文件

（一）施工规范和细则

北洋政府内务部只对道路的勘察、设计作了一些简略的规定，很少有涉及施工的条文。民国 18 年国民政府铁道部制定了《国道暂行条例》，4 年之后内务部才公布《修造公路取石暂行办法》7 条和《修造公路取土暂行办法》6 条，这是最早的有关公路施工规定。

民国 24 年 9 月，经委会公路处颁布《路基工程施工细则》；

次年，又颁布《桥梁施工细则》和《公路工程图表、书类暂行细则》。对路基和桥梁的施工均提出详细要求，对竣工文件的数量和种类也有明确的规定。各施工局、处对较大型的工程还制定了具体施工细则，如滇缅公路运输管理局制定了《加铺柏油路面施工说明书》、甘川公路川段工程处制定了《路基土石方施工细则》和《桥涵挖基及筑坝工程施工细则》等。民国36年，交通部公路总局先后出版了交通部技术标准委员会制定的公路路基、路面和桥涵等施工规范。这些规范的制定和制度的建立虽不尽完善，且在执行过程中也因条件不同、贯彻不一而效果各异；但总的来说，对施工管理还是起了促进作用，使公路建设逐步走上正轨。

（二）施工程序及文件

民国时期，施工程序和文件没有统一的规定，以致施工各行其是。

1. 一般的施工程序见图10-5-2

2. 主要施工图表
① 工程计划简要说明书，
② 实测路线平面图及主要桥梁位置图
③ 桥梁、涵洞和路面工程主要设计图，
④ 路基土石方计算表，
⑤ 沿线砂石、木材分布情况表，
⑥ 全路桥梁、涵洞一览表，
⑦ 其它特殊工程设计图表及详细预算，
⑧ 全路工程费预算书，
⑨ 全路各地里程表，
⑩ 材料、工资、运费详细预算表；

3. 施工期间使用的文件
① 反映工程进度和工程数量及材料消耗的旬、月报表

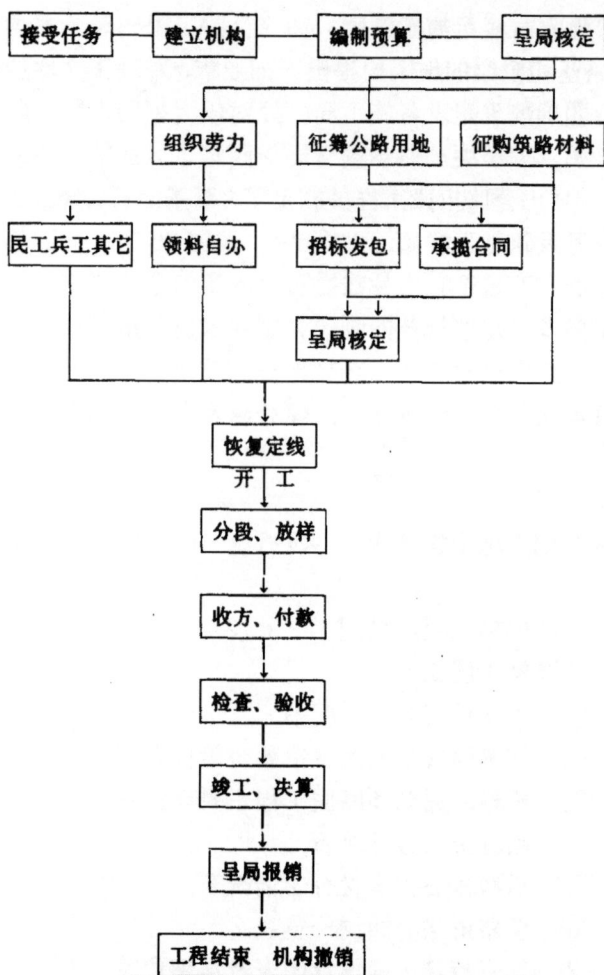

图 10-5-2 公路施工程序示意图

和进度示意图,

② 修改设计申请书,

③ 完工证和验收单;

4．验收时使用的文件
　　① 施工说明书，
　　② 竣工图表，
　　③ 工程决算书，
　　④ 工程竣工验收报告；
5．常用施工表格
　　① 工人每日生活费用表（表5-5-1），
　　② 工程单价分析表（表5-5-2），
　　③ 工程单价计算表（表5-5-3），
　　④ 工程数量计算表，
　　⑤ 收用土地价格分析表，
　　⑥ 土方计算表，
　　⑦ 工程预算书，
　　⑧ 点工单，
　　⑨ 停工单，
　　⑩ 材料旬报表，
　　⑪ 工程旬报表，
　　⑫ 工程费请款凭单，
　　⑬ 验收通知书，
　　⑭ 工程竣工验收报告，
　　⑮ 工程决算明细表．
　　⑯ 工程决算书。

　　民国时期一般的预、决算表格比较简便实用，有了工程数量就可用单价算出工程费用。预算是施工前发包的依据，如物价波动发包费用不能满足施工需要时，可通过协议作合理的调整。抗战胜利以后，由于通货膨胀，物价直线上升，原订工程合约无法履行，需要根据物价指数进行单价调整，决算时则按竣工验收的工程数量及调整单价计算工程费用。

工人每日生活费用表
（民国38年2月上旬）　　　　表 10-5-1

生活品名称	每工每日消耗	单价（元）	合价（元）	备　　　考
米	1.75 市斤	9.73	17.03	以食米每市
油	1.20 市两	5.50	6.60	斤 9.73 元
盐	4 市钱	0.06	0.24	时生活品单
蔬　菜	1 市斤	4	4.00	价填列
木　柴	2 市斤	1.2	2.40	
布	0.04 市尺	52	2.08	
草　鞋	1/5 双	9	1.80	
合　　计	工人每日生活费用 34.15 元，采用 34.20 元			

工程单价分析表　　　　表 10-5-2

料	项别	水　泥 （元/桶）	钢　料 （元/公斤）	铁　件 （元/公斤）	木　料 （元/立方米）	火　药 （元/公斤）
价	单价		200		270	

工	项别	普 通 工		技 术 工		工 头		附 注
		工资定额	合　计	工资定额	合　计	工资定额	合计	
价	单价	2.2 x	75.24	3.3 x	112.86			x＝34.20 元

工程单价计算表　　　　表 10-5-3

工程项目		干砌块石	干砌乱石	填挖砂砾石	见水挖砂砾石	船运块石	汽车装卸
单　　　位		立方米	立方米	立方米	立方米	立方米公里	立方米
劳力定额	技工	2.0	1.0				
	小工	1.0	0.5	1.0	1.0	5.0	1.0

续上表

工程项目	干砌块石	干砌乱石	填挖砂砾石	见水挖砂砾石	船运块石	汽车装卸
单　位	立方米	立方米	立方米	立方米	立方米公里	立方米
材料定额　火药 / 钢钎	0.75 市斤 / 0.1 市斤					
工具消耗	7%	5%	5%	5%	5%	5%
包商利润	20%	20%	20%	20%	20%	20%
计算式	（2×112.86＋75.24）×1.27＋0.75×135＋0.1×100	（1×112.86＋0.5×75.24）×1.25	1×75.24×1.25	1×75.24×1.25×2	5×75.24×1.25×0.25×0.95×1.25	1×75.24×1.25
单　价	493.47	188.10	94.05	188.10	139.90	94.05

注：1．采矿砾石工率表内包括筛工应除去。为 2.5－1.5＝1.0 工；

　　2．见水挖砂砾石加倍给价；

　　3．船运块石按 25% 计价，运距在 500~100 米内，以 95% 计价，如需多人抬运，加价 25%。

三、劳力来源和工资待遇

民国时期修建公路主要依靠人力和简单工具，往往一条公路的修筑需要几万甚至几十万工人，因此组织人力和管理施工是非常繁重的工作。

劳动力的来源主要是民工、包工和兵工，还有一些其它来源如雇工、战俘和监狱犯人，但都是临时性的。

（一）民工

公路工程征调民工，主要是担任路基土石方施工，有时也担任粮、料的运输。一般要由公路沿线的县政府征调以万计的民工，对限期抢修通车，起着决定性作用，但由于所给报酬很少，甚至没有报酬，这对穷苦农民来说，则是严酷的劳役。

关于征调民工筑路，从中央到地方都制定有详细的规则。如国民政府铁道部公布的《建筑国道征用民工通则》和经委会西北办事处会同陕、甘两省政府颁布的《西北公路征工筑路暂行章程》；粤、赣、滇、川等省也分别颁布了本省征用民工条例；福建省曾先后四次制定民工派工法令，对各个时期筑路征用民工的范围、组织方法和待遇等都有具体的规定。

征工范围一般在公路两侧 5 里以内，人口稀少地区扩展到10—15 里，甚至还到百里之外。民工为 18—50 岁的男子，按户、按地或按丁征工；应征民工因故不能出工时，按当地当时物价缴纳一定数量的代役金。代役金一般高于民工工资。

民工一般按县、区和乡分成大、中和小队或小组，由工段技术人员指挥施工。有的分组劳动、按月收方，民工定期轮换。有的分段劳动、按段收方。担任的工程完工后才能回家。

各地民工的待遇差别很大；乐西公路由四川和西康两省征调的民工，其待遇也各不相同。

《四川省非常时期征工服役暂行办法》规定：工人每日待遇为 $(1.2+0.4+0.4)x$，即是 $2x$。x 为当地 1 市升米的价值；1.2为每工日所需米粮的升数；0.4 为每工日所需蔬菜和杂用，折米 4 合；另一 0.4 为每工日工资，折米 4 合。工程单价：普通土 1立方米为 $1.6x$，坚隔土 1 立方米为 $3.2x$，软石 1 立方米为 $3.2x$，采砂石 1 立方米为 $4x$，敲卵石 1 立方米为 $10x$，敲碎石 1 立方米为 $8x$，铺压路面 1 平方米为 $0.33x$，翻修路面 1 平方米为 $0.5x$。……

民工路途口粮和住宿衣被都要自己备带，往返旅途以区公所为出发点，30 华里以内每人给予半日的待遇，60 华里以内每人给予 2/3 日的待遇，90 华里以内每人给予 1 日的待遇，90 华里以外每增加 30 华里增给 1/3 日的待遇，在区署集合期内每人另给

1日的待遇。

民工在工作期间生病或工伤，工程机关给予医药治疗。民工在工地死亡或重伤残废者，工程机关按照有关规定分别给予棺埋费和抚恤费。

普通工具如铁锹、扁担、土箕和绳索等以民工自带为原则，但必需的补充或修理由各县、市筑路委员会商同工程机关酌予补助；特种工具如十字镐、铁锤和石滚等概由工程机关购备，发给民工使用，工毕交还，不得遗失。

西康省民国30年民工待遇：普通土每立方米由0.2元增至0.85元；坚隔土每立方米由0.25元增至1.35元；雨天停工每人每日0.1元；旅费每人日行80华里0.2元；民工食粮运费每60斤运80华里0.6元。

由上可见同一时期，同一条公路，待遇并不一样。四川省按米价折算，可以随米价的增涨而调整待遇，西康省采用固定金额，与当时物价波动是不适应的。

其他地区的民工待遇，每年也不相同。

福建省民国17年民工每日除膳食费0.2元外，发0.2～0.4元的工资券（积有成数时换成公路公债券），不出工者交纳代役金0.4～0.6元／日。民国21年仅发公债券不发膳费，不出工者交纳代役金按当时雇工价值交纳现金。民国24年不给工资仅发茶水费，筑路填挖普通土每公里在5000立方米以下者给10元，每公里在5000至7000立方米以上者给20元，坚隔土每立方米照普通土的2立方米计算，填筑高度达2米以上者每立方米照1.2立方米计。民国35年，修复沿海各县公路的土方工程390万立方米全由民工义务修建，有的公路施工还要地方捐款、捐料。

民国26年～31年是新疆省公路大发展阶段，当时修建的公路几乎全部由民工义务施工，既无报酬还要捐款、捐料。

云南省曾明文规定：每人每年义务工役五日，自带口粮和工具；同时还规定：孔径1.5米以下的涵洞和长度不足50米的岩石路基，由所在县政府派工义务包修，所需钢钎、炸药和料具由地方出资购买。

逢灾荒时用赈灾款征集灾民修路与征工修路的性质是相同的，只是工款来源和工资待遇稍有差异。民国35年，联合国善后救济总署湖南省分署修建零陵至道县等四条公路，对灾民采用"直接承包制度"，工粮和器材由主管部门控制，分发赈工食用；赈工每30人为1棚，推选棚长1人，负责领粮、料和工款。每棚所得工款按31份分配，棚长得2份，其余各得1份。赈工工饷，原则上每人每日基本口粮1.5斤面粉，后按工程量发给。普通土每立方米1斤面粉，副食费75元；坚隔土1.32斤面粉，副食费90元；烂泥土1.74斤面粉，副食费140元；软石2斤面粉，副食费150元……。赈工到达工地旅费津贴，行程40公里以上按半个工日津贴。

民工是筑路的主要劳动力，大部分来自农村，农民在封建地主的压迫剥削下已很贫困，应征去远地修路还要自备口粮和工具，有的要借钱筹粮，背上一笔高利贷；到工地无工棚则露宿荒野，食粮少则叶草充饥；战时公路一般需要昼夜赶工，民工劳动强度大，挖土炸石危险多，一旦染病受伤、成为残废甚至死亡。据川黔公路卫生服务团一个多月的医疗报告说："诊治病工12163人中以伤寒病最多，占70%以上，创伤次之；至于死亡人数，虽无确切统计，约计不下千人。"根据这个不完全的数字，死亡人数竟达病工的1/10，可见当时工地医药条件之差。

（二）包工

招标发包是这一时期修筑公路的主要方式之一，路基石方和大、中桥梁及其他人工构造物大部分由包工完成。如陕西省西汉公路工程主要是由上海裕庆建筑公司承包，木、石梁桥由中华兴业公司承建；浙江省奉新公路的溪口和康岭两座大桥由上海新中工程股份有限公司修建；福建省万寿和江南两桥的改建工程是日本大和工业合资会社承包。

工程发包必须签订施工合同或承揽书，以便监督查核。民国37年1月，交通部公路总局颁发《工程发包办法》，主要是对包商承包各项工程的规定。而在此办法颁发以前，早已实行招标承包工程了。招标发包一般要经过以下几项手续：

1. 招标

招标由发包单位（省公路局或工程处）备好工程图纸、施工说明书、工程数量和材料计算表等技术资料，包商据以估算工程造价填好标单，然后缴纳押标金，将标函投入招标箱内。发包单位邀请省审计处及地方政府派代表担任监标人，会同全体投标商当面开标。开标前预算金额保密，得标造价应接近或低于工程预算，如所投标价均较预算为高，发包单位和监标人认为不能发包时得再次招标。投标必须有三家以上厂商参加方能生效，参加厂商不足三家时，可以延期开标或再次招标。

2. 议价或比价

议价或比价又称"直接发包"。当发包的工程较小、造价不大，或工期要求紧迫时，发包单位可在得到上级同意后，采用议价或比价的方式招商承包。议价是包商将所估工程造价与发包单位公开商量确定，比价则是有二个以上的包商同时提出估价单，交发包单位比选后决定。

3. 订立合同或承揽

发包单位通过招标、议价或比价决定包商后，即与承包商订立合同或承揽书。合同适用于较大工程，由包商单方向发包单位签订。不论合同或承揽，其内容大致相同：①工程项目和规模；②工程单价和总价；③工程开工和竣工日期，可能施工的天数或最少出工人数；④工程所需材料来源；⑤工程保固期限；⑥工程逾期完成或违反规定的罚款；⑦工程分期付款的规定；⑧工程变更设计时双方应负的责任；⑨合同或承揽签订后市面工料价格变动的处理办法；⑩工程施工图及施工说明书。

包商签订合同或承揽时，应向发包单位缴纳一定数量的保证金，并有殷实的担保商号具结做保。

4．验收及保固

工程竣工后，应经发包单位验收，方发给九成工款，然后报请上级主管单位和省审计处派人会同验收，重大工程还需报请中央派员复验。验收如有不符规定的，应由包商进行补做或修改后再行验收。工程验收合格后应在工程费内扣留相当于总造价2—5％的保固金，并由包商会同原担保商号向发包单位填具保固切结。

各项工程保固期限，一般规定为：路基工程三个月，路面工程六个月，桥梁及其他工程构造物一年。工程在保固期内，如无天灾人祸等其他外来影响而有所损毁时，应由原承包商加以修复，或由工程机关、养护单位代为修复，所需费用在保固金内扣除。工程保固期满，剩余的保固金发还包商。

有时包商承包一项大工程后，又分包给其他小包商，形成大包和二包，二包有时再继续分包。这样辗转分包，经手人从中渔利，工人倍受剥削。为了防止二包从中剥削，工程项目不大时可由工程处或总段采用小包工制，直接发给小包施工。小包工制也有合同，只是手续较简；小包只负责施工，工程处（总段）供给材料和机具。签定合同后先发给一笔小额周转金，如超过一个月还不开工，则取消合同，追回周转金并根据合同赔偿误工损失。小包工制有利于施工工人，但在监督、管理上增加许多麻烦，需酌增技术人员加强管理与指导。

包商一般都具备一定的经营管理能力和施工经验，并有一定数量的固定技术工人。他们善于精打细算，对于劳动力的使用、材料的处理、运输的计划等都能较好地安排，**避免浪费**。有些包商还能自制炸药、石灰和开山工具，与建筑厂商有一定的联系，不但能包工，还能包料。包商在甲方的严密监督下，工程质量尚可保证。但也有因缺乏施工能力和经验，不能按合同完成任务，贻误工期造成损失的。

有的包商以渔利为目的，往往偷工减料和残酷剥削工人，甚至小包工头也会破产。如四川重庆著名的小包工头陈吉安和其他一二十家小包工在川陕公路承包时，因受大包商剥削而倾家荡产。又如民国26年川湘公路的包商从湖北省招雇石工3000余人，完工后欠发工人工资，工人不走，包商便勾结彭水县官府，每名工人只发2元路费，被武装押送出境。

这一时期米珠薪桂，百物昂贵，公务人员生活艰苦。包商乘机利用多种引诱手段贿赂公务人员，相互勾结，营私舞弊，使工程受到损失，也是包工制度中存在的一个问题。

（三）兵工

清末民初军阀割据，各自为政。广东、广西、湖南、湖北、山西和四川等省的军阀都曾派兵修建一些公路，用以巩固和扩大自己的地盘，并作为派款、剥削人民的口实。

民国21年，蒋介石为"围剿"江西红军，命令"军事进展到哪里，公路修通到哪里"。南昌行营还发布《围剿部队修筑公路令》，规定各"剿共"部队除作战期外，以师为单位，每月应在驻防区内修筑50公里公路。4年中，江西省由兵工修筑的公路将近1000公里。同年，十九路军为进攻闽西红军，抽调士兵几千名组成三个筑路大队，修筑龙岩至连城和新泉至岩前公路，并抽调士兵2000名改建泉州洛阳桥。

新疆省迪化至喀什和若羌至库尔勒的公路，40年代曾由兵工和民工联合进行修筑。

40年代，青海省马步芳骑兵在修筑西宁至玉树的公路中，既对民工进行监督，同时也参加了施工。

兵工筑路一般不发工资，有的只发伙食费，有的按工程量发少许犒赏费，这样可以降低工程造价。对于边远地区人口稀少，征工不易之处，利用兵工筑路亦属必要。

（四）其他

1.雇工

民国时期修建公路，没有固定的专业筑路队伍，除民工、包工、兵工外，只对零星工程和不能发包的工程才临时雇工，组织桥工队或铺路队自行施工。自办工程临时雇工多为技工，其待遇采用日薪或月薪制。

自办的方式很多。福建省颁发的《各县组设石工队开筑公路石方办法》规定：石工队由各区、保选派年壮力强的工人，每10名组成1组，5～10组为1队，由公路工程处派具有开山经验的指导员率领到工地练习开山、炸石技术，练习1个月后，考选成绩合格者当石工，继续施工，择其技能娴熟者派充队长或组长；不及格者延长练习期半个月再行考试，再不及格者开除。练习期内，每月给伙食费5元。练习期满后，按考试成绩评定等级。队长月给工食18元，组长月给工食15元，石工月给工食10～12元。雨天停工，每人每天发给伙食费0.15元。每工日至少应开石方半立方米，能力薄弱或工作疏忽的，扣减工食或开除；成绩优良的，工程完成后，发给旅费，增给工食，遣往他县工作。

四川省乐西公路在招包石工困难时，曾组织石工大队，工人多达8000余名。

2.监犯和战俘

民国时期，曾利用监犯和战俘修筑公路，但都是临时措施，管理困难。浙江、江苏、甘肃、福建和山西等省虽制定了监犯筑路条例，但未普遍执行。

四．人力施工

中国人口众多，工资低廉，民国时期公路工程施工基本是以人工为主。

（一）路基施工

征调民工和兵工修建公路路基，是最经济的方法。但多数民工和兵工没有筑路经验，必须事先实地放出路基型式，才能照样施工。西汉公路凤留线南星至柴关岭山脚一段，征集民工万余人，放样、整平工作非常繁重，监工人员疲惫不堪。安徽省公路部门为解决民工施工的技术管理问题，在修筑休绩公路前招募基本工人一队，进行训练后分定线、领工和修缮三个组，派往工地指导民工施工。定线组定出路基界线和填挖尺寸，使工人照样施工，不致乱填乱挖。领工组每人率领工人10或20名，按规定工效工作。修缮组对路基边坡和边沟进行修整，使之符合规定标准。

公路路基施工，一般是按路线长短、工程难易和施工人数，分段分期或全线同时进行。乐西公路曾采用"先修工程最难和最易的路段"的施工方案。因为最易的路段提前完成，可以便利后勤运输，最难的先施工，对全线赶工通车有利。

公路路基，一般有全填、全挖、半填半挖和开山（石方）4种形式。

1.全填路基

全填路基，一般是从路基两侧或一侧就近取土填筑，土质不好的地区才远运土。就近取土可以考虑取土坑的利用，单面挖取土坑，比双面挖取土坑少占农田，而且因单面取土坑宽、坑深，雨季大雨后，不单可以航行小型农船，还可以利用来改河、填河，一举多得。

　　全填路基的压实是民国时期修路的普遍问题,一般都不碾压。用木夯和铁、石碾人工打夯作用不大,用铁石滚筒、混凝土圆筒(内装砂或水)滚压也难达到压实要求,特别是冬季用冻土填路更无法压实。唯一措施是按路堤的高度,在填筑时预留一定的沉落度(高4米以下的路堤预留4～5%),在行车碾压下任其自然沉落逐渐达到一定的压实度。

　　2.全挖路基

　　在天然地面上挖掘而成的路基,具有一定的密实度和强度,不用碾压即可通行汽车,故民国时期修建公路有"宁挖勿填"的设计原则。

　　挖土工程,一般按不同的土类和不同的施工季节而采用不同的工具和操作方法。西汉公路在冬季天寒地冻时施工,民工自备的铁锹和锄头无法挖土,由工段发给钢钎、大锤和十字镐打破冻层,甚至用柴草烧解冻层,以便破土施工。民工为减少打破冻层的困难,常在冻层下掏洞挖土,称为"挖神仙土",既好挖土又避风寒,但也不断出现冻层崩坍伤人的事故;包工则用炸药爆炸冻层,对坚实的土方有时也用爆炸松土提高工效。

　　3.半填半挖路基

　　这种路基形式常见于傍山越岭路线,是设计人员以挖作填的经济方案。但在山坡陡峻之处,外侧填方容易滑移下沉,致使路基发生断裂沉陷,影响行车安全。为阻止填方滑移。规定在填方的原坡面上挖成梯形台阶,有时还设置矮墙挡土,但效用不大,因为边挖边填,在陡坡上无法压实,仍需长期自然沉降,故这种路基在施工和养护中都有较多的整修工作。

　　半填半挖路基一般是挖多于填,往往有余土需要远运利用。西汉公路工务所为减少包商付款,降低工程造价,规定利用方的免费运距为20米,还规定余土先向20米外运送,使山坡路基的计价填方减少到最低限度。

4.开山路基

开山路基是经打眼放炮、爆炸石岩整修后建成的路基，爆破的施工问题主要是在保证工人和居民、行人的安全下，如何定好炮眼数量、位置和深度，以达到用适量炸药（民国时期只能自制少量的黑炸药，效力不大；黄炸药是进口物资，较少应用)炸出，抛走较多的石方。如用药量过大，往往影响边坡的稳定，并带来坍方的危害。故各省公路部门都重视开山领工和监工的培养，以指导开山路基的施工。

开山路基有半开和全开之分。半开路基的填石有轻微下沉、与开挖部分发生分裂需要整修和废石需要运走的问题。全开路基的石方量大，不能抛走的部分要迅速处理(清理和运走)；它关系到施工的进度和工程费用的开支，需要有妥善的安排和足够的运渣车辆与撬石工具，如不能就地处理废石，远运则困难更大。

半山洞和山洞，实际是全开路基的特殊形式。民国时期川陕公路的明月峡以及浙江和湖南等省悬崖峭壁的山区公路上曾修建一些半山洞。在施工中工人的安全是首要问题。开工初期，工人多借助吊索打眼放炮，稍有不慎就有生命危险。工程向岩内掘进，常有落石伤人事故，故对爆破工艺有更高的要求，对各个石壁的岩性要有正确的鉴别，对岩石的节理要经常注意观察。当时很少修建山洞，已修的几个质量也不高。如四川省重庆老鹰岩山洞顶部经常滴水，净高3.7米通不过大型载货卡车，说明设计标准和施工工艺还是比较落后的。山洞施工程序以西汉公路鸡头关山洞为例(图10-5-3)。从洞顶中部开始，扩大到设计宽度，然后向下分层开挖。钻孔进度每小时12厘米，平均每立方米石方用工10个。

(二) 护墙施工

公路护墙主要用块石干砌或石灰砂浆砌做，干砌的高度一般

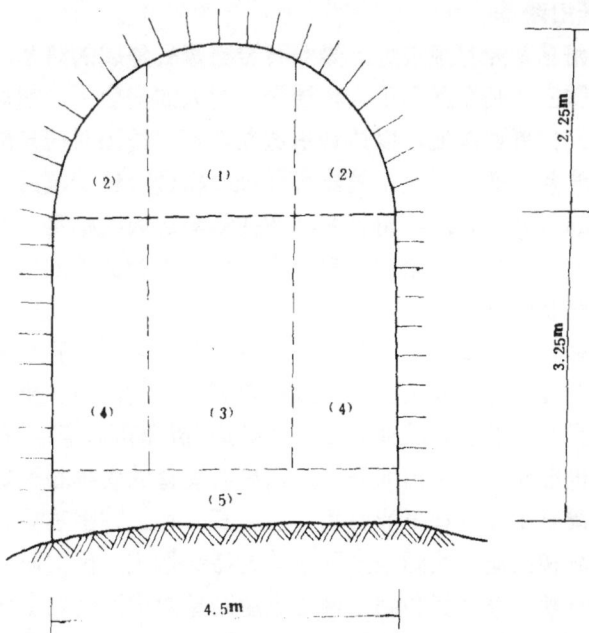

图 10-5-3　鸡头关山洞开挖示意图

不超过 4 米，浆砌的不超过 8 米。西汉公路秦岭上至今尚存高达
8 至 10 米的干砌护墙，这是当时监工和工人在施工中选用坚硬的
大石块（2～4 人抬运），要求每层垫平错缝，墙背填石注意筑砌
稳固，填土层层夯实，精心施工。川湘公路湘境段还有超过 10 米
高的干砌护墙。水泥砂浆砌护墙造价较高，一般少用。

　　西北黄土地区沟壑纵横路基很高，修建护墙可减少占地和土
方量。但当地石料奇缺，筑路工人因地制宜大多采用一种"打土
护墙"的方法修建护墙。如甘肃省宝平公路华亭县境内修建护墙
的办法：先将路堤外侧底部整平，用草绳拉住纵向护木（约 20 厘

米直径的杉木），也可用玉米或高粱杆捆成草把代替，然后在护木内填满润湿、松散的黄土，用铁锤夯击成蜂房形，加土再夯至与护木相平，成为土护墙的第一层（其宽度视墙高而定）；割断草绳，将护木上移，再用草绳拉住，加土夯平，成为第二层；逐层上移，直至墙顶为止。墙的外侧基本是直立的，内侧一般为 1：0.25 的斜坡；顶宽一般为 80～100 厘米，顶部略高于路面，不使雨水从墙顶外流，以防冲毁，顶部常用石灰三合土封面（厚 3－5 厘米）。露在墙外拉护木的茅草绳松散开成为保护层，可以防雨防风。这种土护墙经济适用。

(三) 路面施工

公路路面工程由于缺乏工业建材（如水泥和沥青等）和施工机具，一般多采用低级的泥结碎（砾）石路面；后期试筑级配路面和弹石路面及柏油（煤沥青）路面，但未广泛采用。

1. 泥结碎（砾）石路面

泥结碎石路面系中国独创。这种路面的施工方法，通常是分层摊铺碎（砾）石，先大后小，分层灌浆、碾压（一般是两次灌浆、两次碾压），最后铺石屑或粗砂磨耗层，稍加碾压即可通车。也有在碎（砾）石层上"干扫"粘土、洒水冲灌的施工方法，甚至还有先将碎石与粘土洒水拌和均匀，然后摊铺、碾压的施工方法。路面的质量问题，主要是要选好坚实的碎石和塑性较高的粘土；如何做好灌浆和碾压工作，也是施工中不可忽视的问题。泥浆未灌透影响路面的整体性；泥浆灌多了，雨季会发生翻浆，影响行车的安全。碾压工作也有过多过少的问题，过少压不实，过多过重也会造成碎石离散或粉碎。

2. 级配路面

级配路面施工中的主要问题是选备最佳级配的天然砾石料和准确地按设计要求施工。四川省乐西公路铺筑这种路面的施工工程序是：

①　用容积为1立方米的木框计量级配石料，按设计用量分堆在路基上。

②　备好设计规定的、通过2毫米筛孔的粘土用量。将20%粘土调制成适当稠度的泥浆（过稠难与石料拌和、过稀不便碾压），其余80%粘土用于干拌。拌和时在石料上浇一次泥浆，即撒一次干粘土、再加石料，然后用铁铲均匀拌和。

③　按略高于设计的厚度均匀摊铺，然后用石滚反复碾实（滚重越大，效果越好）。

这种路面的施工工艺比泥结碎石路面严格，选料、配料、水量、拌和及碾压等都要按照设计要求进行，稍有不合就会降低路面质量。乐西公路首次修建这种路面，技术人员和工人都不熟悉，完成的路面没有符合设计要求。

3.弹石路面

这种路面很早用于南方城市的街道，所用块石的体积小，便于取材和施工，又易于翻修，但表面的平整度较差，行车颠簸，是其缺点。滇缅公路在陡坡急弯处铺弹石路面近百公里，保证了车辆的安全；但经行车碾压，弹石产生不均匀沉陷，增大车辆上行的困难和下行的震动，需要在养护中不断整修。

弹石路面的垫层材料可用山砂、石屑和煤屑，在施工中须注意：

①　选用坚实耐磨的石块，粗加工约为10厘米见方的表面和厚于10厘米的锥形石。

②　整平、夯实土基，摊铺、夯实垫层。

③　铺砌时，要注意衬垫稳固，缝隙紧密。

④　砌筑一段长度后，须用木夯锤试石块是否稳固；松动部分，立即挖出，重新垫砌。

⑤　在已检验过的路面上撒布填缝石屑，以竹帚扫入石缝，

或用灌浆法将石屑灌入石缝，然后用 60 磅重的大木夯打一遍。

⑥ 用石滚来回碾压，务使石缝充满填料，石块紧密。

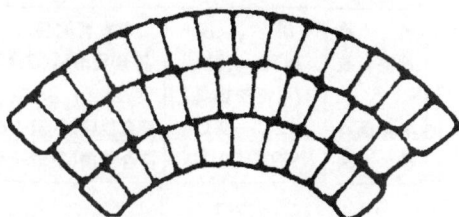

(b)马赛克式 弧线分列排行

(a)正交式 直线分列

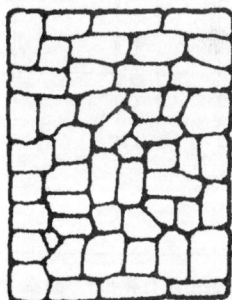

(c)弹石式 不分行错缝排列

图 10-5-4   弹石排列形式

弹石排列形式，一般有正交式（直线分列排列，图a)、马赛克式（弧线分行排列，图b) 和弹石式（不分行，错缝排列，图c) 三种，见图 10-5-4。

4. 沥青石子路面

滇缅公路龙陵至畹町段和江苏省南京至汤山公路都曾修建沥青石子路面，其施工要点，如图 10-5-5。

这是分层铺压的一般方法，适于机械施工。施工中要注意石子清洁无尘、摊铺均匀。碾压要从路面外侧逐渐向内进行，碾压次数应根据现场实际情况做出决定。

沥　青　加　热		
名　　　称	温　　　度	对沥青的要求
地沥青胶	163℃—191℃	符合美国M 22-42
	可不加热或	
乳化沥青	32℃—38℃	符合美国M-51—41
柏　油	93℃—121℃	符合美国M-52—42

整压路基

撒铺基层碎石 → 重滚碾压 → 浇　洒　沥　青 → 撒铺面层石子

撒铺封层石屑 82—163 公斤/平方米　　　灌封层　开放行车　碾
轻滚碾压 2 小时/1200 平方米　　←　沥　青　　　　　　压
随扫随压修理路拱、纵波　　　　　　　　　　　 1—4

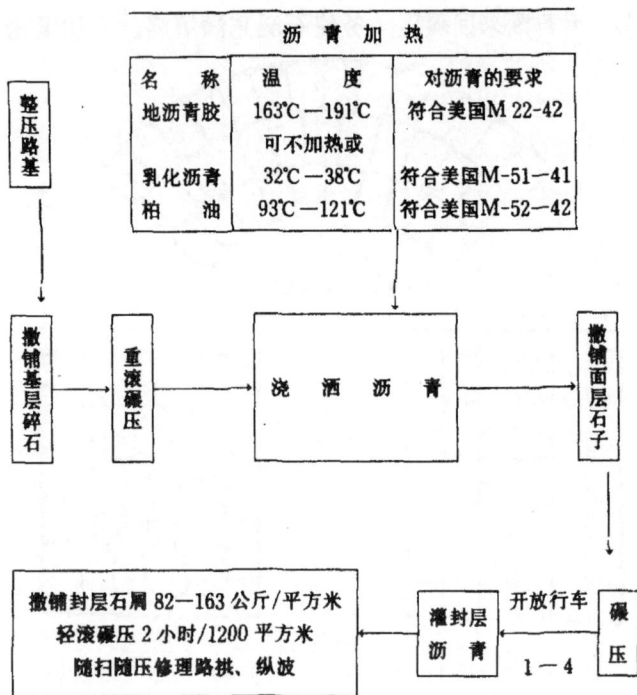

图 10-5-5　沥青石子路面施工程序示意图

（四）桥梁施工

民国时期的各种公路桥梁，如木桥、石拱桥、钢筋混凝土桥、钢桥和吊桥等，都是以人工施工为主；只有一些人字扒杆、抽水机、绞盘、桩锤和打桩架等简单工具配合施工。

1．石拱桥

建筑石拱桥首先要选用石质好、运距近、运输方便的料场。吉林省扶余县万姜桥石场离桥址 300 余公里，运距虽远，但石质坚硬，场地在松花江边和桥址上游，夏季用船运，冬季用爬犁在冰上运，运输方便，仍是适当的料场。

石拱桥的墩台基础，一般应建筑在基岩上或在冲刷线下的砾石或硬粘土的坚实硬层中，如湖南省老龙潭桥和陕西省益门桥等；也有置于深达基岩或硬层中的木桩基上，如云南省安宁桥等。墩、台体积一般较大，分干砌和浆砌两种施工方法。干砌墩台多用整齐条石分层砌筑，浆砌可用整齐块石或粗加工石块，分层或不分层砌筑。胶结材料有石灰砂浆、水泥砂浆、烧红土砂浆等。烧红土是抗日战争时期研制成的一种代水泥胶结料，其主要化学成分为氧化铝和氧化铁。烧红土配制砂浆的体积比一般为 1：1：1.5（石灰膏：烧红土粉：砂），其28天龄期的强度为15公斤/平方厘米，在水中6个月龄期强度可达25公斤/平方厘米，比石灰砂浆高。在滇缅公路、川滇东路和西祥公路西康省境内工程中，广泛用作涵洞胶结料。

福建省古田、屏南、闽清和永泰等县有许多优秀石工，其砌石经验是：①选用花岗石和青石等坚硬石料；②砌石要经过试砌、加工和安砌三道工序；③多用大石块，多安丁字石。

拱圈多在满堂木拱架上砌筑。如贵州省平坝刘公桥是一座跨径9米的单孔实腹拱桥（图10-5-6），其木拱架用硬木"对面楔"（两个异向斜面木）调整，各木杆件间的联系有对销螺丝、榫头和扒钉等数种。全部拱石须分类和编号。拱圈用浆砌块石从两端拱脚起对称地向拱顶砌筑，外环用五角石镶面，水泥砂浆勾缝。护拱、侧墙、护坡均为浆砌块石。

陕西省宝鸡益门桥的拱圈是用双层环状叠砌法砌筑。外环镶面拱石凿成五角石，使外环呈花角形状，每块拱石顶部有一个水平和垂直面与侧墙纵横砌缝吻合，十分美观。

对跨径较小的石拱圈，民间多采用尖拱法合拢。即拱顶封拱石做成楔形，安装时用木锤向下锤击，使拱圈石挤紧、向上升起，达到拱圈自动脱离拱架。尖拱法可使浆砌拱圈非弹性压缩减少到最小。

2. 木桥

木桥容易腐朽，其墩台在水中时干时湿，更易腐朽。故木桥施工要注意各接点的防水、通风以及墩台木柱的防腐处理。这一时期木桥的防腐一般是涂热沥青（或煤焦油或桐油）二至三道，但效果并不很好。湖北省恩施清江大桥为防止木桥被风雨浸蚀，除在桥面上搭雨棚外，还在桥木的顶面和外面涂以桐油，但在其下面和内侧不涂桐油，使桥木水份逐渐风干，以延长使用寿命。木桁架连结点的孔眼必须进行防腐处理，方能保证桁架的使用周期。桁架桥的起吊和安装，一般只用扒杆和卷扬机，在施工中要注意安全。为防止桁架在行车时产生较大挠度，必须按照设计的预留拱度施工。

民国29年，新疆省在迪喀公路上建成达板城白杨河木拱桥。全桥长28.5米，中孔18.5米，边孔各4.5米。迪岸在整体基岩上，喀岸在孤岩上。桥面净宽7米。中孔矢高2.64米，f/L=1/7，拱肋高0.75米，宽0.23米，共13层木板钉结而成，每根肋用22根U形铁箍箍结。全桥5根板肋，肋距1.4米，肋上有7排立柱，排架架距2.4米，排架上肋与肋之间，均有剪刀叉木撑。拱肋木板全部用清油浸泡，防腐效果良好，至今仍然完好，其结构见图10-5-7。

3. 钢筋混凝土桥

钢筋混凝土桥一般是在现场用人工拌和、浇注、很少机械设备。

浙江省鄞奉公路江口桥的钢筋混凝土桩柱墩，采用3—5吨的蒸汽打桩机打桩。

湖南省宁乡沩江钢筋混凝土梁式桥的重力式圬工墩台采用分批围水施工。围堰构造是在墩位四周打入直径13厘米的木桩，间距约2米，木桩两侧装8厘米厚木板，中填粘土，高出水面约30

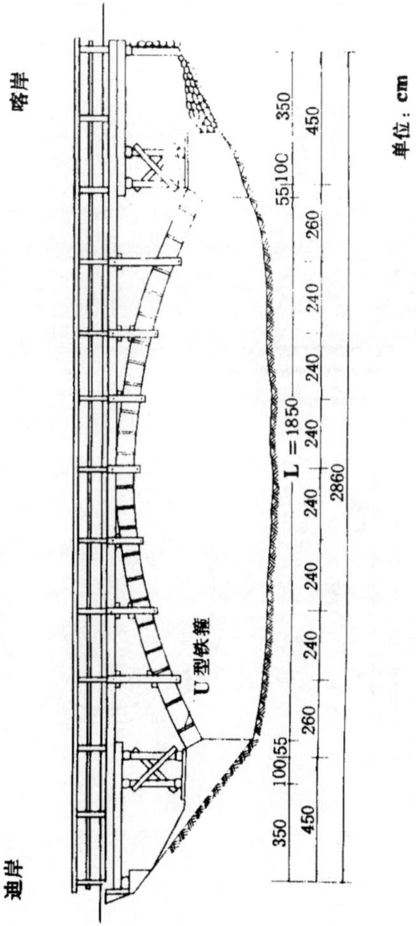

图 10-5-7　达板城白杨河木拱桥

单位：cm

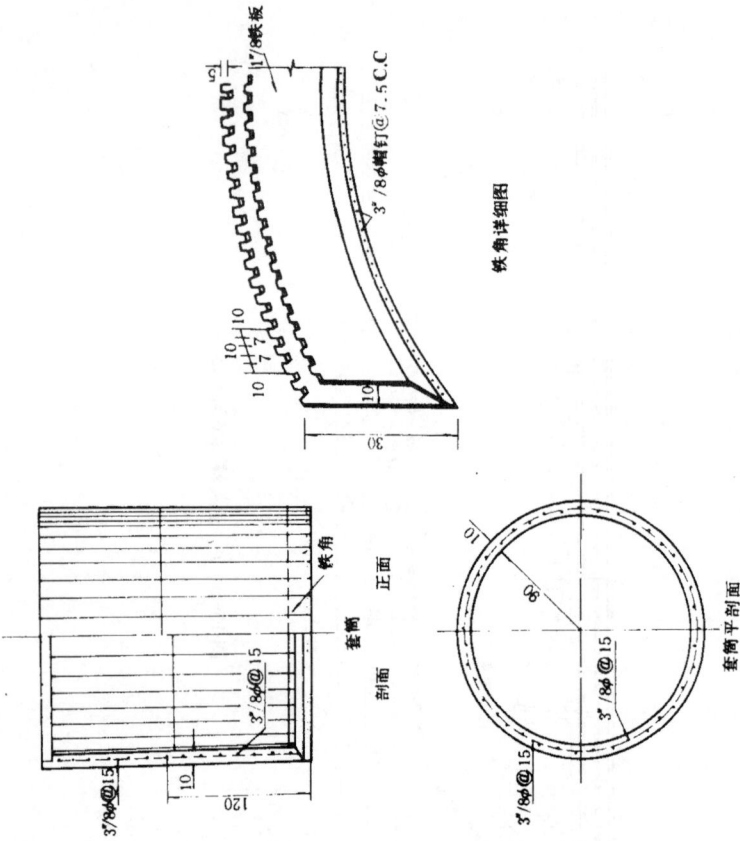

铁角详细图

3″/8φ螺钉@7.5C.C

1″/8″铁板

正面

剖面

铁角

套筒

3″/8φ@15

3″/8φ@15

套筒平剖面

3″/8φ@15

3″/8φ@15

图10-5-8　钢筋混凝土套筒

厘米，用旧式人力水车抽水。河底为红色坚隔土，挖深约 4 米后，先干砌块石一层，并以混凝土填充间隙，然后再分四层浇筑混凝土，每层间插入鱼头石以加强联系。

浙江省杭徽路凌家桥的钢筋混凝土套筒基础是用套筒挖基法施工。套筒高 1.22 米，其内径最大者为 1.83 米，最小者 1.60 米，壁厚 10 厘米，共分四种，上小下大，套筒下端设铁脚以利下沉。挖掘速度每个套筒约为 5～9 天，视地质情况而异。施工中，筒内必须适度留水。福建省古瓯公路上，许多桥梁采用钢筋混凝土套筒基础（图 10-5-8）。

陕西省宝鸡渭河桥的钢筋混凝土排架桩是用木制桩架人工拉锤施工，其钢筋混凝土上部构造是在满堂脚手架上浇筑。为防止不均匀沉陷，支架脚下满铺 5 厘米厚木板，在木板与立柱间设置"对面楔"，在浇筑过程中发现漏浆，可及时打紧"对面楔"。第一联施工时因是 12 月中旬，气温较低，采取简易保温。

4．钢桥

钢桥构件是在国外或国内工厂制造，运到工地安装。贵州省乌江大桥三孔连续钢桁梁是由法国运至工地，在桥两岸分别组装，推向桥中合拢。浙江省奉新公路溪口桥 4 孔上承式钢拱架是在支架上拼装、铆接，经工段检查合格后，才涂红丹和油漆。同路的康岭桥 5 孔上承式钢桁架在两岸拼装、铆接，用悬臂拖拉法推进就位；为安全计，在河中设立临时支架。

云南省滇缅公路的畹町桥、保密公路的猴桥和浙江省京杭公路的瓶窑桥等都是贝雷钢架桥①，均采用悬臂推出法安装，为减轻悬臂重量，先用鼻架和单层单排及少数横梁做引导。畹町桥设

---

① 贝雷钢架是在第二次世界大战期间，美国人贝雷（Bailey）所创造。主构件每节长 3.05 米（10 英尺），高 1.55 米（5 英尺 1 英寸），厚 0.18 米（7 英寸），重 259 公斤(570 磅)；用钢销插入两端上下的销孔互相连接，可装配为单排单层或多排多层的钢架桥。

双排单层贝雷钢架，跨径长 21.34 米（70 英尺）；猴桥设双排双层贝雷钢架，跨径长 43.54 米（143 英尺）；瓶窑桥设 3 孔贝雷钢架，全长 69.65 米。抗战胜利后，在浙江省内的京杭、沪杭和杭徽三条国道中有 13 座贝雷钢架桥，全长 430 米。

5. 吊桥

公路吊桥以云南省保密公路的继成桥（又名惠人桥）主跨径 140 米，设计荷载 H—20 为最大；除云南省昌淦桥（135 米）和四川省乐西公路的大渡河桥（105 米）外，其他吊桥的主跨径都在 100 米以内，设计荷载为 7.5--10 吨，桥面都是木结构。吊桥施工机具非常简单，主要是起重用的手摇车、神仙葫芦和大小滑车，以及拉伸主索设备和铆接、灌锌等机具。

锚锭一般用槽形钢及工字钢交错构成井字形方格，外包混凝土（宜一次浇注），底部须做成阶梯形；有时在锚锭体上再砌筑块石压重；锚锭以嵌入坚硬岩层内，用混凝土固定。

大渡河桥索塔用浆砌块石，昌淦桥索塔用型钢，惠通桥用钢筋混凝土，继成桥用贝雷片修建。

索鞍在索塔上的位置，在主索未受力前应偏向两岸锚锭，受力后才逐渐移向索塔中心（图 10-5-9）。

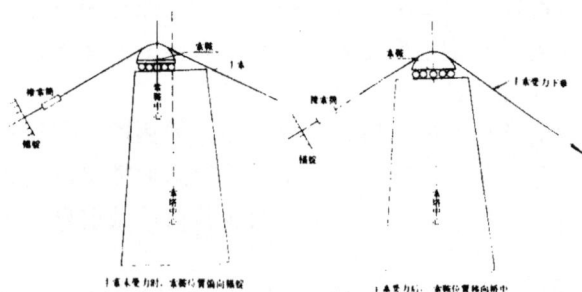

图 10-5-9 索鞍在主索受力前后的位置

钢索在架设前必须经过预拉和详细丈量，钢索两端须散开洗净，纳入接索筒内，用锌液灌注固定；接索筒另一端与锚锭拉杆连接。钢索过河是以 8 # 铅丝、棕绳和 16 毫米小钢索为引索，在两岸各设绞车让主索和引索往返绞渡。

钢索架在索鞍上，须用水平仪校核其垂度，并调节锚锭拉杆上的接索筒，使钢索垂度符合要求。

为安装横梁、纵梁、桥面板和加劲桁构，在桥塔上设置工作钢索二根，以承载工作木箱。大渡河桥的加劲桁构全部为木制，联结处用钢环，效果很好。

6.浮桥和渡船

西北地区，常用牛皮浮船渡河。公路养护部门利用这种传统经验，将许多经过防腐处理的整个牛皮装满干草后缝紧，制成浮船。连接若干浮船成为浮墩（间距约 5 米），然后在浮墩上架设木梁和桥面板组成牛皮浮桥，桥的两端和中间用钢丝绳与两岸连接。甘肃省天水南河川在未建桥前，一直用这种浮桥维持交通；但在洪水期间须拆除，以防冲毁。

抗日战争时期，滇缅公路的悬索吊桥屡遭日机轰炸，护桥员工利用空汽油桶建造渡船和浮桥，保证了车辆的通行。渡船过河是用人工拖拉，也有用汽车做动力的。

空汽油桶浮船须根据载重需要，决定尺寸大小。100 个空桶组成的浮船可载重 5.5 吨，144 个空桶组成的浮船可载重 10 吨。浮船的空汽油桶用 10×20 厘米的方木夹紧，四周用铁皮和 15×15 厘米的护木围护。船的两端翘起，船头做成半圆形分水尖式以利航行。用钢索将若干个浮船连起来、架上桥梁及桥面即成为浮桥。

安徽省宣长公路暂节渡口，使用簰渡。即以当地盛产的粗毛竹数百根分层纵横排列，牢固结扎，上铺车道板，成为竹簰，可以载车摆渡。

五、机械施工

（一）　机械筑路的兴起和发展

民国 14 年 9 月,云南省交通厅从越南购进卡车 4 辆和蒸汽压路机 2 台。同年,浙江省亦从国外进口 2 台开山机和其他机械,这是中国购置筑路机械的开端。嗣后,云南、浙江、上海、河北和陕西等省市也零星进口了一些蒸汽压路机、内燃压路机、轧石机和平地机等。这些机械主要供包商使用,并在合同内注明按机械施工的单价计算。

民国 27 年,交通部利用"桐油借款"向美国购买汽车和修车设备的同时,也买了 10 台压路机和 5 台羊脚辗。

民国 30 年,滇缅公路畹町至龙陵黄草坝段 135 公里改善路基及加铺柏油（沥青）路面工程使用了推土机、压路机、平地机、开山机、轧石机、挖土机和羊脚碾等多种机械和运输卡车 200 余辆,还颁发了《压路机、开山机暂行工作办法》。这是中国稍具规模地使用工程机械修筑公路的开端。

民国 32 年初,修筑滇缅公路昆明至保山段亦有大量机械和车辆配合施工。施工前有计划进度,施工中有检查验收,逐段推进效果显著。

民国 33 年,保密公路第二工程处在国外段施工中,使用来自列多公路的各种机械近 400 台,在平原和土方地带最高可日进 7－8 公里;仅用两个月时间,在地形和气候十分复杂的地区就修通公路 300 多公里,为中国机械筑路的发展奠定了基础。此后随着战争的发展,机械施工由中、印、缅边境经滇西推进到西南各省,军事委员会战时运输管理局第一公路工程总队配合美国工兵开展机械化施工,直至抗战胜利。

抗日战争胜利后,交通部公路总局接收了一批联合国善后救济总署拨发的各种机械（美军在太平洋战区的剩余物资）约1000多台，并于1946年初在上海、广州、福州分别成立三个机械筑路工程总队；各总队下设若干工程队，分别对工程进行大包、分包和出租机械。各工程队自负盈亏，除向工程总队缴纳一定的管理费外，其职工的工资补贴和福利待遇，视其任务多少和获利大小而异。民国36年，公路总局成立筑路机械管训处，办理筑路机械、器材和配件的接收、保管、调度及转运、装配、修理和技工训练等各项工作。此时使用机械筑路已扩展到滇、浙、粤、赣、皖、黔、冀、苏、新、陕、闽、沪、川等省市。

第一机械筑路总队以宁、沪、杭三处为基地，承建工程有路基改线、路面修复和铺设沥青路面。此外，还承包铁路、水利、市政、建筑和采石场等工程并出租机械。较大型的工程是南京至汤山的京汤公路改线工程，全长13.59公里，使用机械做土石方和摊铺沥青路面工程。

第二机械筑路总队以广州为基地，参加广韶西线的修建工程。

第三机械筑路总队以福州为基地，参加部分福厦公路的修复工程。

管训处和三个机械总队的成立，标志着机械筑路在组织机构上的发展，不仅在机械数量上有了较大幅度的增多，而且在组织上建立了自己的管理机构，能独立地承揽任务。此时，由于国民政府挑起内战，国内公路建设陷于停顿，机械筑路业务并没有得到应有的进展。

交通部公路总局接收筑路机械数量，见表10-5-4。

全国公路主要筑路机械的分布情况，见表10-5-5。

筑路机械工作量与人工比较及油料消耗，见表10-5-6。

交通部公路总局接收筑路机械数量   表 10-5-4

序号	机械名称	单位	接收数量				备注
			一总队（上海）	二总队（广州）	三总队（福州）	合计	
1	推土机	台	214	11	4	229	接收物资只包括
2	曳引机	台	9			9	民国35—36年的。
3	铲运机	台	64	5	3	72	其他机械系指车
4	挖土机	台	3	4	2	9	辆和其它设备。
5	推进机	台	5			5	
6	平地机	台	59	6	7	72	
7	拖式平地机	台	83	2		85	
8	压路机	台	72	6	3	81	
9	羊脚压路机	台	18	7	3	28	
10	铺路机	台	3			3	
11	水泥拌合机	台	64		5	69	
12	空气压缩机	台	125	4	4	133	
13	轧石机	台	63		3	66	
14	小计	台	782	45	34	861	
15	其它	台	635	21	68	724	
16	总计	台	1417	66	102	1585	

全国公路主要筑路机械的分布情况　　　　表 10-5-5

机械名称	单位	中南	西南	华东	东北	西北	华北	中建	合计
推土机	台	6	4	1		10	33	235	289
挖土机	台							5	5
自动铲运机	台							23	23
拖式铲运机	台			1		3	1	51	56
自动平地机	台	3				2	1	79	85
拖式平地机	台				3			92	95
挖沟机	台							20	20
二轮压路机	台			2			1	44	47
三轮压路机	台		8	1	18	1	6	29	63
羊脚压路机	台		2					25	27
空气压缩机	台	4	9	1				76	90
轧石机	台		8	13	10	3		59	93
起重机	台			1			1	38	40
蒸汽打桩机	台							3	3
抽水机	台		61	22	62			46	191
水泥拌合机	台		1	2	47			65	115
除根机	台	8		1				44	53
卷扬机	台				20				20
沥青洒布机	台				3				3
各种附属机械	台		84	131	34	3	3	475	730
总　　计	台	21	177	176	197	22	46	1409	2048

　　注：1.华北区机械未经调查，本表所列仅指公路总局天津库存及新港工程局两部分。

　　　　2.内蒙自治区无资料。

筑路机械工作量与人工比较及油料消耗

表10-5-6

机械名称	工程类别	8小时工效	相当人工（工日）	汽油（加仑）	柴油（加仑）	机油（加仑）	黑油（磅）	黄油（磅）
HD7推土机	土方	180—300 立方米	120	1	30	1.5	0.25	1
HD10推土机	土方	240—360 立方米	150	1	40	1.5	0.25	1
D7推土机	土方	280—400 立方米	170	1	40	1.5	0.25	1
D8推土机	土方	300—480 立方米	190	1	50	1.5	0.25	1
HD14推土机	土方	300—480 立方米	190	1	50	1.5	0.25	1
Sc拖式铲运机	土方	250 立方米	120					1
自动平地机	土方	220—360 立方米	140	1	30	1		1
8 T二轮压路机	路面	1200—1800 平方米	180	16		1	0.25	1
10 T三轮压路机	路面	1500—2520 平方米	252	20		1	0.25	1
315 C.F.M空气压缩机	石方	24—40 立方米	16	36		2	0.25	1
210 C.F.M空气压缩机	石方	15—30 立方米	12	25		2	0.25	1
抽水机	抽水	96000 加仑	77	7		1	0.25	1
倾卸车	运输	7—10 立方米	94	22		1	0.25	1
14 S水泥拌合机	混凝土	24—72 立方米	48	10		1	0.25	1
7 S水泥拌和机	混凝土	24—30 立方米	27	7		1	0.25	1
10×15碎石机	碎石	22—54 吨	38	15		1		2
10×21碎石机	碎石	38—66 吨	52	20		1		2

注：1. 本表系参照前机械筑路总队及广东、衡阳等地的表报而拟定。

2. 油料消耗部分系根据前机械筑路总队的成本消耗表而定。

（二）机械施工的管理机构和技术制度的建立

抗日战争前，筑路机械只在少数地区零星使用，作为包商辅助人工施工的工具，没有专门管理机构，更没有操作制度。抗日战争中和胜利后，接收了一批国际援助的筑路机械，组建了一些专业施工队伍，机械筑路在中国公路工程中才开始发展。

交通部公路总局筑路机械管训处，针对当时筑路机械厂家多、牌号杂的特点，就常用的技术资料择要编译了25种小册子和图表，其中除《筑路机械工程规范初稿》外，还有各种机械性能表10种，机械产量、能量表4种，图解和计算表4种，机械使用法、用途表和小丛书6种，为了配合教学还编印了《机械筑路法》、《工程机械保养概要》和《汽车修理学》等10多种教材。为改进机械筑路工艺，培训技术员和建立技术制度，造就了一支使用工程机械的骨干力量，对公路工程进行机械施工和公路交通建设事业的发展都起了积极推动作用。

（三）机械筑路的经验

1．筑路机械集中使用能发挥较大效力

京汤公路的土石方工程相对集中，各施工队打破队的界限，将100余部机械集中起来使用，昼夜三班施工，换人不停机。由于机械不配套和马力小等原因，用挖掘机代替装卸机为倾卸汽车装石子，推土机马力小时用二机并推，铲运机在满载上坡时，用推土机在后面顶推。在当时机械不多又不配套的情况下，集中使用机械是较好的施工方法。

2．公路工程人员与机械驾驶人员配合施工更能发挥机械效力。

公路工程人员熟悉各种筑路机械性能，更能恰当地安排施工计划、调配机械和处理施工中产生的问题。公路工程人员向机械驾驶员介绍施工步骤，施工规范，可提高工程质量和工程进度，避免返工浪费而提高工效。管训处在培训人员时，专门吸收了一批土木工程人员，提高他们的机械知识，使机械筑路水平大大提高。

3．机械施工需要一定的人工配合

保密公路通过原始森林地区时机械运转困难，须派工人清除藤蔓和树根、炸除石笋，重型机械才能进入施工。这样由人工先为机械清除障碍，安排好施工场地，机械就能充分发挥其最大效力。

（四）机械筑路存在的问题

机械筑路的工效高，比人工施工在管理和经济上都较节省、简便，公路施工部门和社会舆论均甚赞赏，但也存在以下问题：

1．中国未建立机械工业，不能制造筑路机械和配件，又缺乏燃料和油料，一切机具、油料须从外国进口；

2．前后接收的美军剩余物资，型号杂又不配套，往往一个工地上只有一种或几种机械，使各工序不能衔接，无法流水作业；由于机械不配套，须用工人配合施工，既降低机械的功能，又增加管理的困难；

3．缺乏修理机具和配件，一台机器因某一个小零件的损坏就得停工，影响机械筑路队的施工计划。

4．当时由于燃、油料等都得由国外进口，所以机械筑路的成本比人工施工高，也是阻碍其发展的主要原因。

从上述公路施工情况，可见民国时期公路建设事业虽然受到经济上（财力、物力俱缺乏）和政治上（战争不止）的影响，仍然取得了一定的成就和发展。就公路施工工艺而言，由人工施工逐渐发展为部分机械施工，使公路的完工期限得以缩短。但从民国38年来的情况看，公路建设的成就和技术业务的发展是微小的，公路施工的质量和工艺水平也有待进一步的提高和改进。

第六节　养护与管理

　　民国时期的公路养护管理业务,大多数是在公路修建完成后,交由公路运输管理机构（局或处等）负责主办。

　　民国初期，商营汽车运输公司对其行驶路线的养护，往往根据营业的收入而分配支付养路经费，因而养护质量参差不齐。沪太长途汽车公司经营上海至太沧浏河的公路运输,营业收入较多，养护质量也较好；其他运输公司的营业收入少，公路养护工作就差些。民国中期，经委会公路处所属西北和西南两个公路运输管理局除将养路费收入专用于公路养护外,还有中央补助的养路费，经费充足，养路道班的人数、工具和福利设施都较完善，因而所辖公路的养护质量比地方政府公路养护的质量高。民国后期，战争不息，财政困难，国民政府企图将公路养护重担转嫁于人民群众，号召"民众养路"和"开展养路竞赛"，但均难以执行。民国36年以后，物价飞涨，物资奇缺，养路费一再调整都维持不了道工的生活需要，更谈不上养路必要的费用，料具均缺，全国公路的养护工作基本陷于停顿。

一、养护机构及主要法规

（一）养护机构

　　北洋政府时期，修建的公路为数虽少，而一旦建成就有养护的组织管理。民国6年9月，京兆尹公署成立"京兆乡镇马路工巡捐局"，以负责对京兆地区的马路进行养护和征收养路捐税；民国10年8月，北京近郊已建成一些公路，该公署成立"第一和第二国道养路局"；民国12年，该公署为对已成公路进行统一的管理，又在署内设立"京兆国道局"(8)。这是北洋政府在开始建设公路时最早设立的养路和收费的组织机构，至于地方政府在这时期建立养路机构较早的有湖南和浙江等省。

湖南省于民国11年8月，成立"长潭养路事务所"，以龙骧长途汽车公司的每月租金240元作为养护长沙至湘潭公路的经费。

浙江省最早的商办杭州余杭和余杭临安两段公路，于民国13年竣工通车后，即由营运公司负责养护，省政府未设专门养路机构。省政府修建的萧山绍兴公路，于民国16年设立萧绍公路管理处，兼办养护工作。处内设工程司1人，工程员2人，压路机及水车司机各1人，监工员若干人，行政人员2人，机关勤杂工2人；道工每班8人，管养约10公里。

民国16年12月，河南省公布了《省道办事处护路队规则》10条。规定省道以路线经过各县治为单位，以相邻两县之间设一护路队，队内设队长1人，护路稽查长1人，护路稽查10人；每公里设护路警察1人，每10人设警长1人。县道以县道路局（后称建设局）为单位成立护路队。省道、县道护路队队长直隶于省道办事处，受驻地行政首长及县长的指挥。护路员警之职责为道路的修补、洒扫，雨雪后路面整修，疏通边沟，保护路面，看守路树等。

国民政府奠都南京后全国各地争相修建公路，养路工作得到重视，养路组织机构相继建立。

民国17年，浙江省公布《养路所组织规划》，成立"养路所"专办养路工作。民国21年，又将养路工作划归省公路局工程科统一管理，实行分段养护。全省公路共分10个养路段，养护里程总长2127.36公里。

又民国17年6月，广西省按旧道区（行政区）界，设立各区公路管理局，各区局内设公务段，主管公路养护业务。各区局管辖的路线又划分几个大段和若干个小段，每一大段派有技术员一人主办养护技术工作，小段派有监工员负责督促道班工作。至民国 20 年成立广西公路管理局后，局下设各区办事处，由局派驻各区办事处工程师一名主管养护工作。民国 24 年，省路局颁布了《养路规程》、《养路工人规则》及《暂定修补路面办法》，从而使养路工作逐步走向正规。

民国 18 年，湖南省公路局将养路工作划归局内工务科兼办；次年 1 月公布《养路章程》，使养路工作逐步正规化。

民国 23 年，福建省公路总工程处实行政府养路，对建成公路分别建立"养路工程事务所"，同时对商办汽车公司所养的重要路线亦逐步收回。养路工程事务所下设分段，配备道班，每班有道工 20 人；根据各段养护工程的难易，确定每个道工养护里程 1~2 公里不等。

西北各省公路早期很少有养路机构，大多于春秋两季派沿线农民临时抢修，以维持通车；这种维修工作完全是义务劳动，不给任何报酬。

民国 24 年 4 月，经委会在西安成立西北国营公路管理局，局长郑藏湘；9 月，接管西安兰州公路，设置四个养路段，下设养路道班，每班道工 24 人，设工头 1 人，养护路线约 20 公里，在监工员指挥下，对路基、路面和桥涵等工程进行养护维修。这是西北公路建立专业养护机构的开端。民国 26 年 12 月，西兰公路养护工作移交西兰、西汉两路工程处接管，两路共设道班 35 个，每班 15 人，共计 525 人。次年，交通部成立西北公路运输管理局，局长谭伯英，接管西北公路的养护和运输工作，局内设工务科，科内分工程、设计和养路三股；局外每 100 公里设一养路段，由帮工程司或工务员兼任段长，每 20 公里设一道班，设工头 1 人，工目 1 人、道工 19 人，段内还设监工员 3 人，分别指导道班工作；同时，根据公路工程情况，酌设木工、瓦工、石工、铁工和渡工等技术工人，以维修构造物和渡口。雨季时如有必要，可以临时增雇工人。各条公路开始修建道班房，逐渐改变过去租用民房的办法，以改善道工的生活条件。

民国 32 年 12 月，军事委员会运输统制局所属"西南公路工务局"在局内工程科增设养路股，专管西南各路的养护工作。民国 34 年 2 月，交通部公路总局西南公路工务局与运输局合并为军事委员会战时运输管理局西南公路运输管理局。局内工务组下设养路科，负责管理各路养护工作。民国 35 年，交通部公路总局在全国成立了八个区公路工程管理局，专门管理国道的改善和养护工程，养路工作较有改进。

（二）主要法规

关于养路法规，北洋政府内务部在其《修治道路条例施行细则》中指出：① "道路修成后，应由该管地方行政长官或自治机关派定员役常川保护整理"；② "道路挖高、填低之处，其斜面（路基边坡）应培植草皮及其他保护方法，以防损坏"；③ "路面陷凹之处均须用新料补筑与原路一致"。

这是最早的简单法规，它说明了路基坍塌和路面不平的主要病害，应有负责单位经常修整的法则，对制定养路法规有指导作用。

河南省道办事处于民国 17 年公布的《养路队规则》中规定：①公路的轮槽、洞穴、裂缝或厚度磨薄，应予填补整平；②道路的洒扫；③雨后整修路面，雪后及时扫雪；④疏通边沟，保持边沟畅通，至少每年春季挖疏一次；⑤桥梁和涵洞如有破损淤塞，应及时检查、上报；⑥看护公路林，并及时灌溉修伐；⑦保护行旅，指挥行车；⑧禁止铁、木轮车行驶。

以上虽是一省的养路规定，但可说明在南京国民政府初期，养路法规比前有所改进。

民国 24 年，经委会公路处制定《民众养路暂行办法草案》，主要规定：凡公路未设养路组织，或原有养路组织不敷分配，得组织民众养路队，施以训练，规定时间，分担公路养护工作。同年 7 月，军事委员会委员长行营公布《各县修理旧有道路暂行办法》，规定各县应组织修路委员会，主办修理旧有道路，路面须铺砂石、煤渣，每年 10 月及 11 月为修路时间。这两项养路办法是利用群众劳力在农闲时期加强公路养护，减少国库对养路费的负担。但在天寒地冻（特别是在北方高寒地区）时期迫使食少衣单的穷苦农民远离茅舍到山区去修路运料，造成许多伤亡事故，是应在组织管理和劳动时间上妥善处理的。这种一年一度的突击式整修，可以作为经常养护的辅助力量。

抗战胜利后，交通部公路总局于民国 35 年 11 月颁发《养路须知》，作为直属各区公路工程管理局和各省、市公路局养路工作的统一实施办法；民国 37 年又颁发《公路养护工程处理规程》，对养路机构的组织、工作计划及养路费预算的编制、报表与年度决算的编报程序等，均有较详细的规定。这两项文件是根据多年养路的实际经验制定的，内容比较完备、切合实际；但因当时政局混乱，经济崩溃，前项文件虽已公布，并未能全部遵照执行，后项文件只存于档案馆作为历史资料。

至于其他地区的公路部门所制养路法规，根据各地的气候条件和公路情况，大同小异，不一一叙述。

二、养护工作与路政管理

（一）养护工作

民国时期修建的公路因受工款少、限期紧的影响，一般设计标准低，施工质量差，故营运中的养护工作非常繁重。

路基高度往往未考虑地下水的浸湿，上下边坡采用较陡的坡度以减少填挖的土石方；填方就地任意取土，甚至淤泥、冻土也加取用，一般不夯不压，这种路基经过多年行车也难达到密实稳定，每逢雨季，道工不是忙于清除坍方，就是抢修陷坑或缺口，以及疏通边沟和铲除野草。

路面一般是泥结碎（砾）石薄层结构，天旱时须及时适当洒水，以免泥土飞扬，保持碎（砾）石的粘结；雨后要立即清除路面积水，填补坑槽，整修路拱；雪后要及时扫雪除冰，必要时须撒石屑、砂粒或煤渣防滑，以保证行车的畅通和安全。泥结碎（砾）石路面在车轮的滚压、推挤下，容易松散，产生纵向（车辙）和横向（波形）变形，需要预先采备粗砂、碎石和粘土，经常铲平夯实，是最繁重的养路工作。民国22年，浙江省公路管理局副总工程司李育在其《论公路养路》一文中，阐述了路面养护的实践经验。他分析当时普遍采用的泥结碎石路面因受天时（指气候）影响、驶车磨损和路基不实而产生损坏，须根据这些因素采取不同的修养方法：

1．天时影响的修养——天时对路面的影响，以冰冻为最大。泥结碎（砾）石路面因冻融的胀缩而致松散；若含泥过多，排水不良，车辆驶过必成辙迹。要避免这种冻害，应在初冬时整修路面使无空隙，并压实形成合适的路拱以利排水，这样就使路面不致因积水而发生冰冻。对于因冰冻形成辙迹的路面，在春暖解冻之后应及时滚压整平。多风和多雨地区的公路路面的粘合材料，如粘土、石屑、砂粒常被吹散或冲走，使碎（砾）石暴露，形成凹陷不平的表面，应将其挖松，加铺新料（粘土和石屑、砂粒及必要的碎砾石），用木夯锤实或用滚筒碾压（大面积之处）。在天气炎热时，宜常洒水润湿路面，以保持材料的粘接。

2．驶车磨损的修养——路面一般是人力拉石滚碾压，不容易达到规定的密实度，受车轮冲击形成波纹易被磨损。修补方法视波纹的深浅，可分为以下三种：

①　波纹浅，路面略现损坏，只将浅纹刮平，修成原状，略浇泥浆和石屑（砂粒），轻轻压实。

②　波纹深度达1英寸（2.54厘米）的，应将波纹挖松、浇水润湿，用3/4～1英寸的碎（砾）石与泥浆拌匀后填铺，整平压实。

③　波纹超过1英寸的，须将路面上层完全挖开成四方形，加铺必要数量的碎（砾）石，用滚筒或压路机压实，然后灌浆加铺石屑（砂粒）少许，再用轻滚徐徐滚压至压实为止。养路工人为减轻劳动往往多浇泥浆，这会阻碍行车，又使路面易被损坏，应加注意。

3.路基不实的修养——路基内饱含水份，虽用压路机重压亦无法压实，路面在车辆碾压下，将会沉陷、破裂。这种病害一般以挖开路面和路基土，排除积水，换填透水性土壤或石块，压实路基，重新修筑路面，是很费工费钱的；如路段长，面积大，道工力量就无法担任这项翻修的养护工作。因此，抢修的公路，在路基未沉实前一般不铺路面或铺煤渣、螺壳等简易路面，既可少用工款，又较容易养护（一般只是整平和添料工作）。

从上述浙江省公路路面养护经验来分析，可见民国时期的公路养护工作，一般是以维修路面为主，以防水、排水为首要任务。

抗日战争时期，滇缅公路军运繁重，泥结碎（砾）石路面不能胜任，曾在面层加铺柏油路面，较大地减少养护维修的工作量；但柏油（煤沥青）是进口物资，路面损坏仍用泥结碎（砾）石填补，这是临时养路的特殊工作方法。

公路中、小桥梁，多为半永久性和临时性结构，涵洞也有用木料制成的。道班中木工和石工主要是担任桥面和涵洞的更换、维修。

公路养路工作量的大小与该路工程质量的高低有密切的关系。民国22年，浙江省公路局局长兼总工程司陈体诚在其《论路面工程》一文中，对路面工程建筑费与养路费进行比较（表 10-6-1）。

路面工程建筑费与养路费的比较　　　　　表 10-6-1

路　　别	路面结构	每公里路面建筑费元	每年每公里养路费元	每年养路费占建筑费百分率%	每日经过车辆总数辆
杭州～良渚	泥结碎石	3360	420	12.5	103
萧山～绍兴	泥结碎石	6130	516	8.4	163
鄞县～奉化	泥结碎石部分弹石	5210	312	6.0	100
路桥～椒江	泥结碎石	2490	360	14.4	14
杭州～长兴	泥结碎石部分砂砾	3420	216	6.3	87
杭州～平湖	泥结碎石土　　路	750	192	26.0	135

　　从上表所列的路面结构和各种费用及每日行车数量来分析，萧山至绍兴公路的路面建筑费最多，每日通行车辆也最多，而所用养路费仅占路面建筑费 8.4%，说明萧绍路的路面工程质量高，使用价值大，而养路工作量却较小。杭州至平湖的公路采用简易路面，部分还是土路，日行车 135 辆，养路费占路面建筑费的26%，说明杭平路路面建筑费虽少，却增大了养路工作量。故对路面的设计必须慎重考虑。路桥至椒江公路的日行车数很少。养路费占路面建筑费的 14.4%，比萧绍路（日交通量大于路椒路十倍以上）的百分率还大，说明路椒路的路面设计与投入的养路力量是不经济的。

　　总之，从公路工程经济和交通运输而论，理应提高设计标准和施工质量，以减轻养护工作；而在民国时期由于工款少和限期紧，往往降低设计标准，不顾工程质量，急于抢修通车，甚至有的公路还将一些施工的整修工作和扫尾工程留给人少力薄的道班工人去完成，妨碍了经常的养护维修工作，也降低了公路的通行能力。

此外，道工所用工具与劳动条件的改善直接影响养路工作的质量。民国时期养路只有简单工具，碎石靠铁锤，压实用木夯或石滚，运料非背即挑，很少用车运输，出工全靠步行，生活待遇十分微薄，南方多雨，除蓑衣斗笠外，亦无其他劳保福利，道工在这种状况下，怎能安于职守，做好工作。

　　（二）路政管理

路政管理是公路养路机构（公路局内的养路科室，局外的养路总段和分段）对道班养路工作进行督促、检查以外的业务工作，如执行交通法规、维护行车和行人的安全，特别在通过村镇路段的交通管理；看守公路桥梁、隧道和渡口等重大构造物；维护公路产权和通讯电话、行车标号志、用地界限以及行道树等一切设施；配合地方政府处理在公路上发生的纠纷和伤亡事故等等。这些路政管理工作，一般由养路段内的技术员或监工员在指导道班工作的同时兼任。民国13年，吴佩孚督办直、鲁、豫三省汽车路时，决定在护路队未成立前，由地方军警担负护路责任。同年，浙江省萧绍公路管理处内由工程员两人和看工三人兼任路政管理工作。民国17年，河南省省道办事处设护路警察和护路稽察，加强了路政的管理。

民国21年，广西省公路管理局设立护路警察大队，有兵伕500余人。用以保卫公路设施、维持行车秩序和协助办理工程施工。

民国21年，苏、浙、皖、京、沪五省市交通委员会为指导司机安全行车，制发了《公路交通标号志表示方法（图表）及其保护规则》。民国22年，山东省建设厅公布《烟潍区汽车路局处理各项违禁罚则》；次年，又公布《禁止车马践轧汽车路暂行办法》。

民国 23 年，广西省政府制订了《广西公路两旁建筑物取缔办法》。民国 24 年，山东全省汽车路管理局公布《修正保护专路处罚规则》和《台潍路工程保护暂行办法》。同年，山东省政府批准《全省汽车路管理局护路警察组织章程》、《服务规则》和《全省汽车路管理局汽车伤人处理规则》。以上路政管理的规则、法令都是由公路养路部门遵照执行，以保证公路工程不受人为的破坏，而能维护车辆行人的安全。民国 35 年，江苏省公路局公布《江苏省各县保护公路办法》。要求县政府至少每月派员到路查勘一次，如公路工程和设施遭受损坏，确是乡、镇长放弃责任所造成的，应即加以惩处。这是把路政管理的任务又扩大到地方政府，加强了保护公路的力量；但如何与专业养路部门密切配合协作，是更好地进行路政管理的主要问题。

（三）渡口管理

渡口（码头）是公路的组成部分，也是养护维修的一项重要任务。民国时期公路渡口的组织和设备都很简单，一般由养路段队负责管理和养护。浙江省最早的江山渡口和湖南省最早的益阳渡口的业务由就近汽车站或养路部门兼管，而福建省的最早最大的乌龙江渡口业务则成立乌龙江轮渡联营处统一管理。四川省（包括西康省）的汽车渡口，一般都设有专职渡口所管理业务。湖北省武汉长江汽车渡口在抗日战争期间由武汉卫戍司令部管理军用码头，湖北省航业局管理民用码头。抗战胜利初期，由交通部第二区公路工程管理局武汉轮渡管理所管理，在国民政府调动大军去华中和华北地区时，临时由武汉驻军后勤部组织武汉军渡指挥所管理渡务，以加快军渡。

（四）水毁抢修

水毁是洪水对公路所造成的破坏现象。一般是北方地区较轻较少，南方地区以西南的滇、黔、桂、川等省较重较多。特别是抗日战争时期紧急抢通的公路，工程质量差、抗洪能力弱，每年雨季的水毁工程非常严重。民国 29 年，滇缅公路东段一平浪附近雨季中发生大坍方，把一段长半公里的路基推入河中，坍方数量近百万立方米，经集中全路道工会同民工昼夜抢修 18 天才恢复通车。

公路水毁是每年雨季中的自然病害，经常断绝交通，给养护部门造成繁重的抢修任务，有时还遭到社会人士的责难。因此，养护人员每年在雨季以前一般都以防水和排水作为主要任务。以避免或减少、减轻水毁工程，保证公路在雨季中不断绝或少停止交通。民国 32 年，浙江省交通管理处制定《防治公路水毁实施办法》，就是以预防为主，要求道班在每年第一季度春雨前疏通桥涵和边沟，准备抢修用的砂石等材料。江苏省制发的《公路各段、队雨季应注意事项及水害工程处理办法》，除注意傍山路基边沟的疏通外，还要求检查桥涵，加固构造物的基础和平整路肩防止路面积水等预防水毁的工作。陕西省公路管理局在《办理雨季抢修工程办法》中规定：路基、桥涵等被水冲毁后，应尽先抢修便道、便桥以维持交通；抢修工作要尽量调用道工，如急需可雇用临时工；计划修复的项目都要由养路段编制预算；修复工程完成后一年内发生损坏，如系工程质量引起的应由施工者负责，并予以惩处。这些规定说明公路水毁应以做好预防工作为主，水毁发生后首先要以维持通车来安排抢修工作。

福建省公路局对水毁抢修、维护通车的要求更为明确，凡在五天以内无法抢通的水毁，须先开挖便道、搭建便桥，或改用渡口、砌筑临时防护等工程，其目的是尽可能减少阻车时间。

三、公路绿化

在未修建公路以前，北方群众就有在道路两旁植树，以防风砂、积雪，标示路向，美化环境和培育木材的悠久历史。在大小村镇附近的路旁，都可看到成行的白杨和枝垂叶茂的柳树；沿甘肃省河西走廊的千里左公柳，标志着植树护路的伟大成就。南方地区雨量充沛，路旁植树随处皆是。

在兴建公路初期，北洋政府内政部在《修治道路条例施行细则》中，就有在"道路两旁应栽种树株与路线平行"和"栽种树株应距明沟二尺以上"的要求，以推动全国各省公路的绿化工作。

民国 11 年，福建省对闽南由同安至集美公路进行绿化。民国 15 年，青海省开始在各县道路上大量栽植杨柳。这些是在民国时期早期的公路绿化工作的示例。

南京国民政府成立以后，公路绿化工作随着公路的发展而广泛开展。民国 18 年，山东省建设厅制发《植树通则》，对植树的间距（初植时为 1 米，长成时为 8 米）、树苗的来源（由路局选购）、种植单位（道工或招商承包）及护树单位（各县地方政府和公路管理部门共同负责）等均有规定，推动了山东省内公路绿化工作。同年，四川和浙江两省也开始了公路绿化工作；福建省也对公路绿化作出自己的规定，以推动绿化工作。民国 19 年，浙江省公布《植树办法》，规定了树苗的直径（1 寸以上）和高度（6 尺以上）、栽植间距（8 尺），种植单位（县林业事务所或县苗圃或县建设科代办）及保植时间（2 年）。同年，陕西省公路局积极开展公路植树事宜，在每年植树节（3 月 12 日）由省政府动员各地机关、学校和驻军参加公路植树。河北省公路局于这一年在天津至保定的一段长 60 公里的公路旁栽植柳树 10000 余株。民国 21 年，湖南省公路植树多达 356000 余株；长沙至湘潭间的许多路段绿柳成荫，景色宜人。4 年后，公路植树竟达 1283000 余株。同年，浙江省建设厅为保持公路绿化成果制发《行道树保护办法》，规定由各县政府负责保护、监督和培育，并要求每年秋季修剪一次。5 年后，浙江省公路植树达 244000 余株，以杭州至富阳和淳安至遂安等公路的绿化成果为最好；树种有杨、柳、松、枫、槐、桐等类，以槐、桐的经济价值为最高。民国23年，山东省的省道已由沿线乡镇民工植齐绿化树，省政府制发"保护行道树办法"，以巩固其绿化成果。以上是抗战以前绿化公路的部分情况。

民国24年5月，五省市交通委员会对于公路绿化经费作出如下规定：各省市所建新线的植树经费可列入工程预算；商办公路的植树经费则由商办公司负担。次年4月，行政院颁发《全国公路植树监督规则》，要求各省公路管理机关拟定植树计划和经费预算；所植路树由当地政府机关初查，然后由实业部派员复查成活率，给予奖惩。5月，实业部根据《规则》制定《复查公路植树办法》，规定每年6、7、8月为复查时间，复查项目为植树株数和成活率等。次年6月，实业部又颁发《公路植树须知》，对全国各地公路所适用的不同树种和栽植位置等均作了规定，要求路树要随时保护和培植，定期修剪、浇水、施肥以及捕杀害虫；新植树在寒冷地带越冬要包扎稻草；树的下端定期涂抹石灰水；狭窄道路（一般是路基宽度小于6米）不植树，弯道内侧不植树或植矮树，以免影响视线等等。这些是国民政府在抗日战争前制定的公路绿化规则，是全国各省进行绿化的经验总结，为推动、提高绿化工作起着积极的作用。

抗日战争时期，主要是忙于抢修国际通道和旧路整修工作，以利军运，很少顾及公路绿化。抗日战争胜利前夕，民国33年9月，交通部公路总局抄发行政院修正公布的《全国公路植树规则》，又号召全国重视公路的植树、护树工作。但在抗战胜利后，内战爆发，公路遭到严重破坏，旧树难保，何言新植；纵有少数公路道工利用非养路时间种些路树，个别地方人士在公路旁义务植树，取得一些成效，但对整个公路绿化工作无济于事。

四、养路费征收与使用

养路费是用路者为维护公路、保证畅通而担负的费用。北洋政府时期，国内公路不多，汽车亦少，最初没有执行征收养路费的政策。内务部于民国 6 年 9 月，指令京兆尹公署在京兆特区内成立京兆乡镇马路工巡捐局，负责征收路捐车税；并于民国 10 年 6 月，颁发《商办道路规则》和《商办桥梁规则》，明文规定桥、路创办人对往来车马及货物可酌收通行费，是为用路人交纳养路费奠定了法律依据。

民国 8 年 7 月，上海市沪北工巡捐局按季征收军工路特别车捐。民国 10 年起，直隶省（今河北省）征收公路捐税。民国 13 年 6 月，湖南省湘潭至湘乡段公路建成后，美国救灾协会派员驻路，征收车捐作为养路费。以上是少数省市各自为政地征收路捐、车税的示例。民国 22 年 8 月，经委会函发《五省市商营汽车路（公路）公司征收汽车通行费规则》以后，各省市才逐渐征收公路养路费，形成全国统一的规定。

（一）养路费的征收

国民政府成立以后，一些省市设立收费机构和制定费率，正式开始对通行公路的车辆征收养路费。

1．收费机构

广西省各区公路管理局于民国 17 年起，分别向通行辖区公路的商车公司征收养路费。

河北省第一省路局（由河北省汽车路管理分局改名）于民国 18 年 4 月起，对通行辖区公路 769 公里的商车征收养路费。

湖南省公路局于民国 21 年 1 月接管华洋保路委员会，担负湘潭至湘乡段公路的养路和征收养路费的工作，从此对全省公路设站征收养路费。

江苏省公路局于民国23年开始设站征收养路费。

福建省公路总工程处于民国23年对新修路线建立养路工程事务所，进行养护和征费工作。

四川省公路局于民国24年9月公布《四川省征收养路费捐暂行规则》。在通车公路要冲设置管理站所，办理养路费的征收。

云南省公路总局于民国24年起，先后在完成路面的公路上设置养路工程分处，办理养护和收费工作。

经委会公路处于民国24年在西安设立西北国营公路管理局，接管西安至兰州的公路，并在沿线设立养路段负责养护和征收养路费工作。

甘肃省建设厅于民国25年12月，在兰州至阿拉善左旗公路设立管理所，征收过往车辆驼畜养路费。

浙江省养路经费原来都在营业收入中按核定预算开支。民国29年4月，按行政院《专营公路征收营业汽车通行费规则》，制发《浙江省公路征收养路费施行细则》，5月起开始征收汽车、手车养路费；同时经省政府批准征收公路工程改善费，自此浙江省公路养路费的收入有养路费、过渡费和工程改善费三种。

2. 养路费率

养路费率在抗日战争以前未作统一规定，各省市自行其是，差异很大。

河北省公路养路费按民国19年河北省政府公布的《河北省征收养路费办法》的规定办理，主要是按照公路等级（分为一、二、三等）、车辆种类、吨位和座位数分别核定养路费的月费额；嗣后对客货车又规定按收入运费额的5—10%按月缴纳养路费，客票价和货运价由汽车商会的同业工会，会同省商会商定，路局核准，转报省建设厅备案。民国22年12月，又公布《修正河北省公路局征收养路费暂行章程》，扩大了征费范围。临时过路的车辆按日交纳养路费，牲畜运货也征养路费、渡口费和过桥费；并把长途汽车收费办法改按路线和不同车辆核定养路费月费额。牲畜运货养路费率分月捐和日捐两种。

湖南省公路局征收养路费的规定是：除机器脚踏车及乘人自用小汽车免征和军车减半征收外，所有过路车辆(包括空车)均须先交养路费方准通行，漏交或越站者加倍钅收。营业小客车（七座以内）每车公里收养路费 0.04 元，大客车（七座以上）每车公里收 0.08 元，货车每吨公里收养路费 0.12 元。

福建省的养路费率如表 10-6-2。

单位：元/车公里   **民国 24 年福建省征收养路费率**   表 10-6-2

车　别	省营公路	商营公路
小汽车	0.12	0.06
客　车	0.04	0.06
货　车	0.12	0.04

四川省的养路捐率如表 10-6-3。

单位：元   **民国 24 年四川省公路局征收养路捐率**   表 10-6-3

汽车载重量		按次征收每车每10公里征捐率	按月征收每车每月征捐率	板　车	每车每月养路捐额
吨位	座位数			载重量	
1吨及1吨以下者	6座以下	0.5	80	0.5吨以下者	1.00
1吨以上至2吨以下者	6座至24座	0.6	120	0.5吨以上至0.9吨者	1.50
2吨以上至3吨半者	28座至32座	0.8	200	0.9吨以上至2吨者	2.00

经委会西北国营公路管理局西兰公路各种车辆月捐率及行驶通行费率，见表 10-6-4。

西兰公路各种车辆月捐率及行驶通行费率　表 10-6-4

车辆种类 捐别（元） 载重		营业运 货汽车	自用运 货汽车	营业载 客汽车	自用载 客汽车	三轮机器 脚踏车	机器脚 踏车
一吨或一 吨以下者	月　捐	30.00	40	20.0	20.0	5	3
	一次捐	7.50	10	5.0	5.0	2	1
一吨以上 至一吨半者	月　捐	45.00	60	30.0	30.0		
	一次捐	11.25	15	7.5	7.5		
一吨半以上 至 2 吨者	月　捐	60.00	80	40.0	40.0		
	一次捐	15.00	20	10.0	10.0		
2 吨以上至 2 吨半者	月　捐	75.00	100	50.0	50.0		
	一次捐	18.75	25	12.5	12.5		

注：① 除征收月捐及一次捐外，并按其每次营业收入另征 5% 养路费。
　　② 外路商营业汽车如是办理军差时，得请领本路免费执照在指定路段行驶。
　　　　其有回程载货者，应按本表营业载货汽车所列征收一次通行捐及养路费。

广西省各区公路管理局初期是按客票价征收 40% 的养路费，后按全车总票价的七成征收 40% 的养路费；小车按年分两期征收；自用货车载运矿产，每车次照营业货车征收 50% 的养路费，如运煤和锰矿征收 25% 的养路费。民国 25 年广西省公路管理局将收费率改为：

1) 客车按每客票价征收三成；

2) 超重行李按超重运费征收二成；

3) 载货车按应收运费征收二成；但特货（鸦片等贵重药品）按运费征收三成五。

以上是抗战以前部分公路部门各自执行的不同养路费标准和费率，有按车辆载重、营业车和自用车征收月捐或一次通行捐的，有分客、货大小汽车、省营或商营而按车公里征收的，也有按客票价和总运费的成数或百分数征收的；费率也各不相同，且不断变化。这说明当时还没有统一的征收养路费标准，对全国交通运输和路政管理都有不良影响。

抗日战争时期，国民政府行政院于民国 28 年 2 月公布《专营公路征收营业汽车通行费规则》，规定各省市废止自定"征费规则"，按表 10-6-5 的标准费率征收通行费率。

专营公路征收通行费率　　　　　表 10-6-5

车　别	收费单位	通行费率（元）	说　明
乘人小汽车	车公里	0.04～0.06	
乘人大汽车	车公里	按上额递进计算	以七座为一单位
运货汽车	吨公里	0.12～0.18	经过已办货运公路
运货汽车	吨公里	0.04～0.06	经过未办货运公路按规定载重量

注：常川来往专营公路的营业汽车，得由专营机关另订办法，照运费交纳通行费二成至二成半。

同年8月，行政院又颁发《公路征收汽车养路费规则》；交通部批准征收费率如下：①乘人小汽车每车公里0.06元；②大汽车每车公里 0.15 元；③运货汽车每吨公里0.12元；④军车折半收费。

这是行政院为使各省遵照实行统一征收养路费，所颁发的费率规则，以便利交通管理。从此，一些省（处）的养路费标准和费率基本是参照国家规定执行，见表 10-6-6。

几个省（处）的养路费率　　　　表 10-6-6

征收单位	时　间	小客车	大客车	货　车	人力大车	兽力大车
四川省	民国 28 年	0.06	0.15	0.12		
陕西省	民国 29 年	0.04	0.08	0.06		
西北公路管理处	民国 30 年	0.10	0.20	0.30	0.02	0.04
湖南省	民国 30 年	0.08	0.16	0.20		
广东省	民国 30 年	0.07	0.15	0.15		

注：① 交通部规定 7 座以内为小客车。
　　② 除货车按每吨公里计费外，其余车辆均按每车公里计费，单位为元。

　　但这种统一制度，由于货币贬值，物价飞涨，执行不久就不得不根据各地物价指数上涨率各自调整养路费率，特别是在抗战胜利以后，国民政府发动内战期间，物价指数上涨率既大又快，调整费率亦无法维持养路的需要。据不完全的统计，民国26年～37年8月，个别地区的物价指数和中央公务人员的生活指数，见表10-6-7。

福州物价指数和中央公务人员生活指数　　　　　　　表 10-6-7

指数 省(地)名 时间	物价指数 福　州	中央公务人员生活指数		
		晋鲁冀苏浙粤 闽豫新热绥察	陕甘湘鄂皖赣 桂青康	川黔滇宁
民国 26 年	104			
民国 28 年	186			
民国 30 年	1183			
民国 32 年	12152			
民国 33 年	39670			
民国 34 年	93395			
民国 35 年	425383			
民国 36 年 1 月	865246			
民国 36 年 8 月	4109036			
民 国 36 年 11 月		390000	340000	300000
民国 37 年 8 月			1100000	950000

　　注：上表所列民国37年8月的生活指数中，1100000是西康和云南的指数，950000是四川和贵州的指数，缺少东北三省和西藏的生活指数。

　　民国37年8月，交通部鉴于物价上涨很快，公文往返费时，费率调整常失时效，决定将车辆征收费率改按核定费率基数随生活指数比例调整，即：

　　各种车辆征收费率＝（各该项核定费率基数）×（各该省中央公务员薪给生活指数）

表 10-6-8

民国 37 年交通部调整公路养路费率

级别	中央公务员生活指数（倍）	适用省区或路线	货车	大客车	小客车	手推车	小板车	乘客马车	两轮大板车	四轮大板车
			以行车执照登记的载重吨位为准	以每座公里0.002元计算每车8座以下	以每座公里0.002元计算每车7座以下	载重0.2吨以下	载重0.5吨以下	载重0.5吨以下	载重1.2吨以下	载重1.5吨以下
			核定费率基数0.03	0.016	0.01	0.001	0.0025	0.0025	0.006	0.0075
一	2700000	晋	81000	43200	27000	2700	6750	6750	16200	20250
二	2300000	新疆热河	69000	36800	23000	2300	5750	5750	13800	17250
三	1900000	鲁冀绥察	57000	30400	19000	1900	4750	4750	11400	14250
四	1600000	粤苏豫甘京沪杭	48000	25600	16000	1600	4000	4000	9600	12000
五	1300000	浙陕宁青鄂湘桂	39000	20800	13000	1300	3250	3250	7800	9750
六	1100000	皖赣闽康滇	33000	17600	11000	1100	2750	2750	6600	8250
七	950000	川黔	28500	15200	9500	950	2375	2375	5700	7125

注：① 骡骑车、人力车和未载重牲马暂免征养路费。
② 除货车按每吨公里计费外，其余车辆均按每车公里计费，单位为元。

同时，又将养路费率重新订定，小客车车公里改为 0.01 元。大客车为 0.016 元，货车为 0.03 元，人兽力车费率也有变化，其调整养路费率，见表 10-6-8。

从上表所列养路费率看，车（吨）公里的款数是惊人的，但用以养路仍难维持。在调整费率的同时，国民政府开始发行金圆券以代替法币，每金圆券折合法币 300 万元；民国 38 年 5 月，又在重庆和广州等地区发行银圆券以代替金圆券。这说明当时的经济崩溃已至不可收拾的境地，养路费率虽多次调正，仍不能维持养路员工的生活和养路开支。

抗战胜利后，交通部执行国道与省道分管的制度，国道由直辖区局管理，省道归各省公路局管理。国道与省道的交通运输是密切联系的，在管理上截然分割，必然带来许多问题和混乱；特别是省道收入的养路费少，无法维持其养护开支，引起各省的不满。

公路渡口的过渡费率和征收工作，基本与养路费的征收和费率调整的情况相同。

（二）养路费的使用

养路费是供养路使用的专款，一般用于养路的管理费（包括养路员工的薪饷和办公费等）、材料费（主要是维修路面的砂石料和修补临时桥涵的木料、铁件等）、工具费（如镐、铲、手锤、土箕、绳索、水桶和手推车等）及临时工程费（如增设护墙、标号志和路树等），但在国民政府经济混乱时期，常有移用养路费弥补其它开支，甚至用以请客送礼的。

第五区局在民国 36 年 1—8 月的养路费计划及支出对照表所列道班经费、养路材料费和渡口维持费 88.59 亿元，其中竟有其它费 10.54 亿元，约占总计划费的 12%；实际支出 51.68 亿元中，其他费为 7.88 亿元，约占总支出费的 15%。其它费的内容未经说明，但非养路的支出竟有如此之大，是不利于养路工作的。

民国36年1～9月江苏省收入养路费21.45亿元，用于养路的为14.18亿元，占总收入的66%。根据专款专用的原则，节余的养路费还可用于公路的改善工程，其经济效益则是比较好的。

同年3～6月，浙江省的养路费和工程改善费的收支情况如表10-6-9。

单位：万元　　　浙江省养路费和工程改善费收支概算表　　表10-6-9

项目	费　别	3月	4月	5月	6月	合　计
收入	汽车养路费	15032	14493	12697	19587	61814
	人力车养路费	153	67	55	113	388
	工程改善费	2982	5638	4388	6859	19867
	小　计	18167	20203	17140	26559	32069
支出	经常养护费	9987	14645	20663	24168	69463
	临时工程费					68000
	小　计					137463

上表统计数，养路费收入62202万元，（包括汽车和人力车养路费），支出69463万元，超支7261万元，约占养路费收入的12%。但从上表各月的收支款额分析。3、4、6月份的支出少于收入；5月份是南方雨季时期，支出多于收入。可见养路费的收入与支出，不是每月均衡的；春、冬两季的收入一般多于支出；夏、秋则是支出多于收入；但一年内的总收入与总支出或可趋于平衡，因此养路费必须全部用于养路，不得挪作他用，稍有节余应保留。以弥补养路支出较多时的不足。

第七节　人物事迹简介

在民国时期，通过十多万公里公路的建造，涌现了一批优秀的工程技术人才。他们勤奋工作，克服种种困难，对中国的公路事业，作出了优异成绩；为公路技术的发展，积累了许多宝贵的经验。除部分人员随文简叙外，尚有很多光荣事迹，深堪赞颂。但由于史料和篇幅所限，难以一一撰述，现仅择成绩卓著、贡献突出者记述整例。

一、陈体诚

陈体诚字子博，福建省闽侯县人，1894 年 4 月 28 日生。是民国时期著名的公路工程专家。1915 年毕业于上海交通部工业专门学校（上海交通大学前身）土木工程系，得工学士学位，因成绩优异，交通部派赴美国加基钢铁学院专攻桥梁工程，1919 年学成回国，初任闽江工程局工程司，从事水利工程，继任京汉铁路局工程司兼工务处副处长。1928 年 10 月任浙江省公路管理局总工程司，1930 年 1 月擢任局长。1933 年 10 月兼任全国经济委员会公路处第一任处长和军委会南昌行营闽浙赣皖边区公路处副处长，负责办理浙南、闽北、赣东和皖南四区公路工程。1934 年 2 月任福建省建设厅厅长，次年兼任财政厅厅长。1937 年 10 月调任西北公路特派员，主持西北公路建设。1938 年 2 月任甘肃省建设厅厅长。1939 年调任西南运输处副主任，兼海防分处处长，次年 10 月代理西南运输处主任。1941 年 9 月兼任滇缅公路监理委员会秘书长，后又担任中缅运输总局副总局长。1942 年 6 月不幸在工作中触染瘴疫，又并发心脏病及肺炎，病情复杂，医治无效，于同年 7 月 11 日与世长辞，终年仅 49 岁。长才未竟，壮年早逝，是中国公路工程界的一大损失。

陈体诚短暂的一生，为中国公路事业东奔西走，全力以赴，作出了许多优异的成绩。

技术人才是工程建设的主要力量，陈体诚在美国学习时就为祖国注意到这个问题。1917年12月，发起成立"中国工程学会"，把在美国的留学生和在工厂、公司参加研究和实验的国人组织起来，共同切磋学术，相约回国在工程建设中贡献力量。该会于1923年移到上海，1931年会员增至1700余人，遂与"中华工程师学会"合并，改名为"中国工程师学会"，对团结工程技术人员、提高技术水平，起着积极作用。

1932年前后陈体诚任浙江省公路局局长时，大量录用大专院校毕业生，组成几十个工程处(担任公路测设和施工)，轰轰烈烈展开省内公路建设，在实践中培养了大批技术骨干。1933年主持经委会公路处时，曾举办两期"公路工程师训练班"(由各省工程人员中择优选送)，并亲自与当时的公路工程专家(如赵祖康、周凤九和薛次莘等)担任教师，传授经验，为中国公路建设造就许多优秀人才。1934年担任福建省建设厅厅长时，鉴于省内公路基层的工务和车务人员不足，举办"工程技术和车务管理人员训练班"，招收省内中专毕业生培训，以充实基层，加速省内公路建设，提高汽车运输能力。

学习国外筑路政策和先进技术是改进中国公路建设，提高工程质量的必要途径。1930年10月，陈体诚奉派赴美国华盛顿参加第六次国际道路会议，会后调查了美国中央公路局与各州公路局合作方法，中央政府筑路补助费的分配方法，各州汽车牌照费及汽油税的多寡，各省汽车牌照的互通办法以及其他筑路税的抽筹方法，并搜集带回美国公路桥梁设计和路面施工规范，还将会议通过的普通决议2件和专门决议62条译为中文，供国人学习。同年11月，又去欧洲考察比、英、法、德等国的公路交通情况。回国后，对中国公路建设的方针政策，提供了三条建议和十五条措施。他不迷信国外经验，主张公路建设根据交通需要、运输情况和财政条件，采取分期修建的方案；对薄层的砂石路面，建议用机械养护，以保持其平整度，对路基土方工程，则不主张用机械施工，以适应当时劳动力多、机械油料缺的客观条件。他很重视行车的安全，一面强调在高路堤两侧设置安全护栏和号志，一面要求对司机进行培训、考核，特别要提高司机的社会地位和待遇，使其安于职守，谨慎从事。陈体诚的业绩，对公路事业的初期发展，起了良好的促进作用。

陈体诚对于紧急任务，善于筹划，作好安排，又能深入现场，肩负重责。他在福建省任职时，为赶筑闽西北公路，曾深入该区各县，详细调查了解当地的经济、人口、地理环境等有关修路的第一手资料，作为制定公路网规划的依据。

福建省筑路缺乏资金，陈体诚设法将闽西北公路列入全国经委会公路处督造范围，取得国家公路基金的部分借款。又从南昌行营取得补助经费和派兵修路；同时，制订《公路股券章程》，发行公路股券400万元，又向银行借款24万元，解决了筑路的经费。

他对福建省的公路管理机构进行了一系列的整顿，一面成立公路总工程处，负责公路修建与养护工程，成立汽车管理处，统管全省汽车运输业务；一面整顿商办汽车公司，逐渐收回官办；撤销各县所设的筑路委员会，将其职责直接由县政府承担，减少了机构层次，更便于征工征料，适应紧急赶工。

在赶修浙江省江山经枫岭关至福建省浦城公路时，陈体诚积极负责，全力以赴，与曾养甫轮流巡视工地，指挥施工，仅以40天时间依限通车。在闽西北公路全面动工时，他经常在工地指导测量与施工，遇到复杂地形，还带领工程技术人员，共同勘测解决问题。他这种克服困难、认真实干的作风和当机立断、雷厉风行的精神，鼓舞了广大属员，大家都能任劳任怨，戮力同心完成任务。

1941年陈体诚担任中缅运输总局副总局长时，东南海口被日寇封锁，仰光危急，他日夜操劳，承担繁重物资的抢运。1942年2月仰光失守，他亲赴腊戍，连续八昼夜督运，抢救大量物资；6月再赴保山督运，仆仆风尘，奔波于国内外，为抗日救亡工作置个人生死于度外。

陈体诚一生，对公务奋斗不息，对友人推诚相处，对自己则俭约无私，逝世治丧全靠亲友资助。他在青年求学时期，就怀建设祖国大志，学成后献身于公路交通事业，抗日战争中为发展大后方国际运输，舍死忘生，作出了卓越的贡献。

二、赵祖康

赵祖康字静侯，上海市松江县人，1900年9月1日生。是中国公路和市政工程专家。1922年毕业于交通大学唐山学院市政与道路工程系。毕业后，曾任武汉政府交通部韶赣国道工程局技佐；广西省梧州市工务局技正、局长；安徽省蚌埠市工务局顾问工程师；安徽省建设厅技正等职。1930年赴美国康奈尔大学研究院进修道路与给排水工程，并在纽约州道路工程处任实习工程师。归国后，从1932年起，任全国经济委员会公路专员、公路处副处长、代理处长、全国公路交通委员会常务委员、交通部公路总管理处处长。曾先后督造三省二市联络公路；规划全国联络公路网；并协助各省进行建设；制订全国公路工程统一标准；首创省市间互通汽车制度；逐步建立全国公路监理体制；组织修建陕西、甘肃两省的西（安）兰（州）、西（安）汉（中）等重要公路，并踏勘甘青公路(兰州至西宁)路线。1930年、1934年先后代表安徽省、南京政府参加第六、七届国际道路会议，引进国外公路建设的先进经验和工程技术，有效地提高中国公路的建设水平。1937年秋，抗日战争开始，曾先后组织抢修石家庄通往保定、沧县、德州、大名，以及沪宁等前线军用公路；组织赶修天（水）双（石铺）

和汉（中）白（河）公路；筹划修筑勘察滇缅、甘新、中越、中印等国际道路路线；总管川、滇、黔、陕、甘、宁、康、青各省后方公路的修建；督修工程艰巨、环境复杂的乐（山）西（昌）公路等。对抗日战争期间西北和西南大后方的公路建设、抢修以及保证公路交通作出了很大贡献。1943年任交通部公路总局副局长，继续辟建后方公路。1945年初，任交通部顾问兼交通部工程技术标准委员会公路组组长，主持编制了《公路路线规范（草案）》。1945年秋，任上海市工务局局长，主持制订上海市都市计划总图三稿，1946年兼管越（黄浦）江工程委员会工作，推荐在中正东路（现延安东路）修建水下隧道的方案，为以后上海建设提供了很有价值的意见。在上海解放前夕，与进步力量取得联系，担任代理市长，为迎接解放，作出了贡献。

赵祖康工作认真，积极负责，对于重要建设项目，经常亲赴现场，妥善处理。例如甘青公路的改建提高，亲自上路视察，制定计划；对西汉公路的走向选择，组队踏勘，决定修建方案；以及在乐西公路施工时，长期驻路督导，现场审批设计和工程预算等。这种实事求是、认真负责、不辞劳苦的工作作风，作为技术领导人是难能可贵的。

赵祖康重视人才培养，在全国经济委员会时，举办了道路、桥梁进修班和驾驶人员训练班，培养了大量业务骨干；1943年，任交通部公路总局副局长时，选拔工程技术人员数十人出国进修，为以后中国公路建设，提供了优秀的技术力量。

赵祖康学识渊博，经验丰富，技术和管理都具有很深的造诣，在国内外公路界享有很高的声望。他的主要著作有：《城市筑路征费法之研究》（1930年）、《全国经济委员会第一试验路报告》（1934年）、《公路定线之研究》（1940年）、《大上海都市计划概要报告》（1947年）等。他早在20年代即重视中国道路名词正名的工作，曾于1925年发表《道路工程名词译订法之研究》。他的这些著作，从技术与管理各个方面，联系实际，指导工作，对推动中国公路事业的不断前进，发挥了良好的作用。

赵祖康在解放前，长时间地担任全国公路的领导工作，为开创和推动中国公路事业的全面发展，作出了重要贡献。

三、周凤九

周凤九名周祺，字凤九，后以字行，湖南宁乡人，1891年12月18日生。是中国著名的公路工程专家。1915年毕业于湖南省高等工业学堂土木科①，后在长沙湘雅医院及光华电灯公司任职，从事土木工程的设计与施工。1920年赴法国勤工俭学，入巴黎土木建筑工程学校，1923年毕业。再到德国柏林大学及比利时岗城大学进修，1925年回国。任楚怡工业学校土木科主任，并在湖南大学兼课。

1926年任湘中汽车路局工程司，从此献身公路建设事业。1929年11月任湖南省全省公路局总工程师兼工务科长，1936年4月升任公路局长。此后，先后担任湖北、湖南省公路工程处处长，交通部公路总管理处帮办兼桥渡科长，川滇西路管理局局长，西南公路局副局长兼芷江分局局长，公路总局副局长兼第二区公路工程管理局局长等职。1946年中国土木工程学会成立，被选为副理事长。1948年因不满国民政府的反动政策，毅然辞职回湘，再度任教于湖南大学。1960年1月11日，因心脏病逝世于北京，终年69岁。

周凤九为人生活俭朴，工作认真，待人诚笃。他的毕生经历，反映了知识分子从旧中国走向新中国的一生。他热爱祖国，追求真理，青年时期抱着"工业救国"的志愿，远涉重洋，勤工俭学。在法国时他与徐特立交谊甚笃，回国后曾邀徐到湖南省公路局作

---

① 湖南省高等工业专业学校，后与法专、商专两校合并为湖南大学。

抗日救亡演说，因而遭忌于当地政府，导致了1938年的冤案①。1945年他又请著名经济学家邓初民到西南公路局演说，充分反映他的进步思想和情操，以及敢于斗争的精神，虽遭致诽议、抨击，而毫无畏惧。

周凤九毕生致力于中国公路事业，作出了不少卓越的贡献。1932年10月他在汉口七省公路会议上，对制定《全国联络公路网计划和技术标准》，提出了行之有效的方案。1934年他作为我国代表团成员出席在德国举行的第七届国际道路会议，在赵祖康组织国内工程专业人员撰写的《中国报告》中，他和薛次莘合写的《城乡经济路面之建筑与修养方法概述》一文，受到会议的赞许。

周凤九主持湖南省公路期间，很多重要公路和桥梁，他常亲自参加勘测设计，作出决定。如常德至沅陵公路五段险区的越岭路线，长沙至平江公路的箬埠岭路线，他因地制宜，采用各种适当线形和跨线桥的办法，解决了展线的困难。湘川公路能滩河要建桥，但两岸陡峻，水流湍急，常有巨石冲下，不宜建桥墩。在他亲自主持下，设计和建成了1座跨径80米、高20米的悬链式吊桥，这种桥梁为当时国内首创。特别是悬链、眼杆和塔柱等所用钢材，均系利用废汽车钢架自行炼铸，经过实验合格才使用；不仅保证了质量，节约了大量资金，同时树立了"自力更生"的典范。湖南公路在当时得到良好的声誉，是与他的努力分不开的。

周凤九除主持上述公路建设外，还兼湖南大学和楚怡工业学校教职，曾去南京为全国经委会举办的公路工程师训练班讲授《桥梁学》，学员均为当时国内著名大学应届毕业生中择优选送的。他根据理论结合实际的原则，用实践中的丰富经验进行传授，收到了事半功倍的效果。再加上他诲人不倦、循循善诱的治学精神，

---

① 旧社会机关单位向商店购物时，常浮报20%开票，名曰"二八回扣"。浮报部分，例归单位主管或分润部分与经办者。周凤九为人清廉，将此项"二八回扣"不入私囊，而作为机动资金另行处理。1938年3月，竟因此而被横加贪污罪之名，撤职拘留，后由各方声援，始获结案。

为国家培育了许多优秀公路工程技术人员。

当日本侵略军进犯武汉时，周凤九率领湖北省公路工程队驰赴鄂东，维持军事交通运输。武汉沦陷前夕，正值洪水季节，他又率工程队抢修通往鄂西的唯一捷径——汉口至宜昌公路，并亲自在应城和沙洋一带督工，以便武汉军民向西撤退；他本人则坚持到最后才撤往恩施，行装衣物全部丢失。

周凤九在交通部公路总管理处任帮办时，对川滇东路的桥梁改善工程，曾提出过许多卓见。在川滇西路任局长时，对改善工程亲自筹划，检查督促。如大渡河悬索桥、桃子坝改线、安宁河桥抢修等重点工程，无不亲临工地，驻守指挥，以竟全工。1944年冬他从重庆去西昌途中，积雪阻断交通，他亲自率领员工冒寒铲雪，连续奋战达 5 昼夜之久，卒告通车。这种深入群众，共同劳动的作风，对公路员工有深刻的教育。

周凤九一心为发展公路交通事业，任劳任怨，承担重任；在民国时期，限于当时政治环境，未能充分展现长才，终于脱离工作机关，重执教鞭，专事治学；但他对祖国公路建设事业的关心，仍萦怀未已。解放前夕，他曾秘密召集第二区公路局的旧属，主要负责技术的成从修、陈礼赞、彭守信等开会，讨论时局、研究对策、叮嘱各自坚守岗位，保产护路，从而使多数公路职工在关键时刻，为保护公路财产，迎接解放，作出了一定的贡献。正因为他能在政治上分清是非，提高觉悟，相信共产党，向往新社会，所以在建国后，虽年近六旬，仍欣然接受任命，重回公路部门，担任技术领导工作，更好地发挥他的学识专长。

周凤九毕生致力于中国公路建设事业的功绩，深为各方赞扬。

四、孙发端

孙发端字效文，安徽省桐城县人，1895 年 2 月生。1921 年毕业于北京大学土木工程系，成绩优异，名列前茅。

　　大学毕业后，孙发端一度在安徽省立工业学校任教，继而从事公路建设，先后在皖、浙、赣三省担任公路测设、施工、历任技士、测量队长、工程司、主任等职。

　　1934年，全国经委会公路处修建西汉公路时，他任正工程司兼第一测量队队长，施工期间先任第一总段段长，继任工务所代理总工程司，主持全路施工，直至竣工通车。1938年，他任汉渝公路工程处主任工程司，主持勘测、施工。1939年，调任乐西公路工程处总工程司。1946年，孙发端奉调兰州任交通部第七区公路工程管理局副局长兼总工程司，负责西北各省主要公路的修建与养护。1949年8月兰州解放，继续参加新中国的公路建设。于1977年9月18日，因患急性肠梗阻，医治无效，病逝于安徽省滁县，终年83岁。

　　孙发端追求真理，思想进步。他在少年时经常与同盟会会员接触，思想受到启迪，拥护孙中山革命。在大学时，他积极参加"五·四"运动。在抗日战争中，他奔走西南、西北抢修公路，为争取胜利贡献力量。1949年解放军西进时，他积极组织抢修队，迅速修复被国民党军队炸毁的黄河大桥，支援解放西北的战争。

　　孙发端对工作认真负责，精益求精，为更好地完成任务，不辞辛苦，不畏艰险。青年时，他在皖、浙、赣三省山区公路担任选线工作，登山涉水，披荆斩棘，历尽辛苦，达十余年之久，许多山区公路留下了他的足迹。定出了优良的路线。在陕西省西汉公路选定秦岭盘山路线时，他为摸清山形和展线方案，反复攀登山岩，曾失足受伤，几乎丧命。由于他定线适应地形，线形优美舒展，避免艰巨工程，节约造价，深为公路界所称道，被誉为公路选线专家。他在担任乐西公路总工程司时，选定襄衣岭山区路线，避免沿溪定线的大量石方，加快了工程进度；并在贫困山区、人烟稀少、工作十分困难的条件下，精心组织施工，按期完成修建任务，适应军事需要，深为上级称赞。1940年6月，他在乐西公路大渡河急流中亲自试渡，不幸缆断船翻，险遭灭顶。同时，他患严重痔疮，行动不便，为赶修乐西公路，忍痛坚持繁重的工作，直至全路完工移交后，才住院治疗。

从上述事迹，可见孙发端的急公忘私，忠于职守，是毕生如一的。他对工作的认真负责和辛勤劳动，积累了公路选线的丰富经验，取得了优异的成绩。安徽昱岭关和陕西秦岭盘山路线的选测技术，至今仍在公路技术人员中传颂。

孙发端一生俭仆，克己奉公，一尘不染，乐于助人。早在20年代他在浙江一个工程队主持施工时，会计疏忽错账，他念其工资低，用自己的钱代为清偿。在西汉公路任总段长时，因工作需要增用一个临时工，但限于规定人数不能报支，他就用自己的工资来雇用。当时有人称他为"倒贴工程师"。1938年，他为改进汉渝公路开山的石工工具，自己出钱打铁锤的试件。1940年，他在乐西公路赶工时，虽因公致疾，但药费仍坚持自付。孙发端没有子女，节衣缩食，资助6名青年读书，直至大学毕业，为国家培养人才。

他毕生克勤克俭，奋发图强，不仅在公路事业中做出了巨大的成绩，在其高尚品德的影响下，还培育了不少优秀工程业务干部。

他的光荣业绩是公路建设工作者学习的榜样。

文 献 注 释

（1）（2）（7）陆世益：《山西修路记》附件，民国10年版。
（3）南京市国家第二档案馆十五·2459号。
（4）赵祖康、郑德奎：《三十年来中国之公路工程》。
（5）黄学渊：《土壤力学之研究——对道路工程上之应用》，

载《西南公路》第 187 期。

（6）《七省公路调查报告》，南京国家第二档案馆四四·1959
　　号卷宗。

（8）《公路建设大事记》，载《交通建设》。

中华民国公路大事记

民国元年～38 年
（公元 1912 年～1949 年）

民 国 元 年

1 月 1 日　孙中山在南京建立中华民国临时政府，宣布就任临时大总统。设立交通部。

1 月 19 日　孙中山在江阴讲演时说："道路"比"铁路"更有利益，造了铁路的地方也要加造"马路"，火车才能发达。要中国交通上的便利，须从马路做起。

9 月 20 日　孙中山在山西省太原，省议会上建议山西省"从速调查户口，修筑模范道路为各省倡"。

江苏省南通县人张謇修建由南通至狼山公路长 10.37 公里，是江苏省最早修建的地方公路。

民 国 2 年

3 月　湖南省督军谭延闿成立湖南军路局，拨款修建长沙至湘潭公路。长 50.11 公里，是湖南省修建公路之始。工程修修停停，至民国 10 年才完成通车。

四川省修建成都至灌县公路，长 55 公里。

广西省龙州钢桁架桥开工，至民国 4 年竣工，可通行 2.5 吨汽车。

民 国 3 年

6 月 17 日　京都市政公所公布《公修马路简章》。

民 国 4 年

福建省巡按使许世英在福州建成由水部门经王庄至台江福新街的马路，为福建省修建公路的先声。

广西省都督陆荣廷修建邕宁至武鸣公路（至民国8年竣工，长42公里）。

民 国 5 年

8月 孙中山在杭州都督府欢迎会上演讲，说："道路为建设着手的第一端"，竭力提倡修建公路。

京兆尹公署修建北京至门头沟公路长27.3公里；又修建北京西直门至小汤山公路，长30公里。

民 国 6 年

4月 大成张库长途汽车公司，为开办长途汽车营业，决定利用原有官马大道整修。

9月 内务部令京兆尹公署成立"京兆马路工巡捐局"，负责养护和征收养路费，并公布《京兆乡镇马路工巡捐局车捐章程》30条。

直隶、京兆、奉天、热河、河南等地大水成灾。9月30日，大总统冯国璋任命熊希龄督办工赈（由美国红十字会和赈务会各拨款10万元，以工代赈），修建北京至通县公路。

广西省龙州至水口公路开筑，至民国8年竣工，长33公里。

民 国 7 年

6月 交通部技正俞人凤和京绥铁路局局长丁士源，由张家口试车至库伦，认为可办长途汽车运输；经整修于10月11日竣工通车。

9月21日　京兆尹公署财政厅成立京兆国道养路局,任命陈延勋为局长;京兆国道养路分局,傅存璞为分局局长。

云南省成立蒙(自)剥(隘)路政局(后改称云南全省路政局)派员勘测蒙剥路。

张丙昌译著《道路工程学》出版,是为国人译著公路工程图书之始。

民 国 8 年

1月　京兆尹公署工程处公告,兴修万寿山至汤山马路。

3月　福建省修建漳州至浮宫汽车路,长33公里,于次年年底通车,是福建省第一条正式公路。

5月　广东省琼崖军路局开工兴建琼山至海口公路,至12月完成,是广东省最早建成的公路。

9月　在工赈拨款的基础上,筹建北京至天津汉沟汽车路,全长90公里。

11月6日　内务部批准山西省督军阎锡山的兵工筑路方案。次年4月,山西省调用兵工兴修贯通省会太原的南、北干线公路。

11月14日　徐世昌大总统以教令第21号公布《修治道路条例》15条,是政府颁发筑路章程之始。

民 国 9 年

4月　开始修建天津至保定(南线)汽车路,长193公里。

8月10日　京兆尹公署委任王铸为京兆国道局局长。

9月　华北五省旱灾严重。美国红十字会和华洋义赈会以工代赈,兴建直隶(今河北省)、山东、山西、河南等省公路。

交通部用邮、电附加税款,以工代赈,修筑沧县至石家庄、烟台至潍县两条铁路路基,以后均改为汽车路。

10月16日　徐世昌大总统以教令(18)号公布《修筑道路收

用土地暂行章程》。

10月19日　内务部公布《修治道路条例施行细则》及《国道委员会章程》。

粤系军阀陈炯明倡议修筑公路，将军路处改组为公路处，各县军路局改组为公路局。

浙江省督军卢永祥用兵工修筑上海杨树浦至吴淞公路。

民国10年

5月　华洋筹赈会在湖南长沙成立。民国13年改名为华洋义赈会湖南分会。

6月20日　内务部公布《商办道路规则》和《商办桥梁规则》。

吉林省梨树县知事尹寿松勘验民地，辟修一条直达四平街的新路，是吉林省修建的第一条公路。

福建省成立福建公路筹办处，负责全省修建公路事宜。次年，改名福建省道局。

中华全国道路建设协会在上海成立，推选张謇为名誉会长、王正廷为第一届会长，吴山为总干事。

孙中山在《建国方略》中提出，修筑100万英里碎石路的计划。

民国11年

1月　徐世昌大总统颁发《道路修筑奖励条文》。

中国华洋义赈救灾总会在上海成立（即华洋义赈会）。

爱国华侨陈嘉庚集资修建同安至集美公路开工，当年完工，长20公里。

孙中山发表《工兵宣言》，主张裁兵修路。

3月15日　中华全国道路建设协会陆丹林主编的《道路月刊》出版，是公路定期刊物出版之始。

中华全国道路建设协会加入国际道路协会，是中国道路学术组织参加国际学术组织之始。

安徽省成立省道局，修筑怀宁（今安庆）至集贤的公路，是安徽省修建公路之始。

湖北省襄阳道尹熊宾开辟襄（阳）沙（市）公路，是湖北省修建公路之始。

民 国 12 年

5月1日　京兆尹公署成立京兆国道局，局长王吉云。

10月6日　大总统教令20号，改直隶省天津市为天津特别市。

北洋政府公布《兵工筑路奖励条例》、《省县筑路奖励条例》及《国民筑路奖励条例》以及这三个条例的实施细则。

12月　直隶省完成：北京至天津、至通县、至汤山、至玉泉岭，张家口至库伦，保定至高阳，景县至德州，沧州至石家庄等8条汽车路。

民 国 13 年

1月15日　曹锟特派吴佩孚兼任督办直、鲁、豫汽车路事宜；张景惠督办全国国道筹备处事宜；直隶省省长王承斌督办直隶省汽车路事宜。

12月　北京至喜峰口军用汽车路，由京兆尹征募民夫，并调派冯玉祥的工程兵共同修筑完成。

香港大罢工，回归广东省工友数千人自动修筑广州白云山下公路，以留纪念。

民 国 14 年

9月　广西省成立民政公署，署内设建设厅，主管公路建设。

10月　江西省省道局开工修筑南昌至莲塘公路（是江西省修建公路之始），至民国17年12月完成通车。

西北军冯玉祥部整修宁（夏）包（头）大车道，以通行汽车，是宁夏省修筑公路之始。

北洋政府公布《土地收用法》，共38条。

11月25日　北京至热河特别区汽车路全长230公里完成通车。

民 国 15 年

5月20日　京兆国道局原附设在京兆尹公署内，后成为独立机关，由孔世培任局长。

7月1日　贵州省将贵阳市政公所改组为贵州省路政局，整修贵阳市街道及近郊公路，是贵州省修建公路之始。

民 国 16 年

4月18日　南京国民政府成立，重设交通部，任命王伯群为部长，主管公路事业。

8月　河南省政府兼主席冯玉祥为修建道路设立"省道办事处"，首次将全省公路划为六大干线，总长2724公里，并即开工修建，经过3年施工，完成1824公里。

9月　福建省建设厅改组公路委员会为"福建省公路局"，规划全省公路网为"三纵线和四横线"。

国民政府交通部制定了国道、省道和县道的标准和道路行政系统，及以兰州为中心的国道经纬线网（全长41000余公里）和以10年为期的兴建程序。

《公路》杂志二卷四期刊载：到民国16年止，全国通行汽车的公路里程为29,170公里。其分年统计数字如下：1921年1,185公里；1922年8 000公里；1923年13 611公里；1924年

16 000公里；1925 年 23 333 公里；1926 年 26 111 公里。

民 国 17 年

6 月 28 日　国民政府改直隶省为河北省。北京改称北平特别市，隶属行政院。京兆特区撤销，划归河北省。河北省废道为省、县两级制，139 县均直隶于省。

7 月　原热河与察哈尔两特别区分别改组为热河省与察哈尔省，省会分别设于承德和张家口。

10 月　国民政府成立铁道部，兼管国道建设事宜。

12 月　国民政府主席令铁道部于下列各要点先修国道：南京杭州线，南京芜湖线，杭州、衢州线，上饶、南昌线，衢州、福州线，浦口、合肥、安庆线，杭州、徽州、安庆线，徐州、蒙城线等，限于最短期内完成。铁道部遵照命令组织国道设计委员会进行规划。

民 国 18 年

2 月　国民政府铁道部在南京召集苏、浙、皖、湘、鄂、闽、陕、冀、鲁、豫和宁夏等 11 省建设厅的有关人员开会，决定组成"国道设计委员会"，会后陆续公布了《全国国道主要干线十二条》、《国道工程标准及规划》和《附录》、《建筑国道征用民工通则》和《建筑国道筹款计划大纲》等文件。

7 月 1 日　安徽省公路管理处在安庆成立，同时撤销在蚌埠设立的全省公路管理处。

10 月 22 日　铁道部颁发《国道工程标准及规则》共 31 条。

10 月 26 日　铁道部部长孙科签发 2403 号训令，调查各省公路工程及车辆情况。

11 月　湖南全省公路局成立，周凤九任总工程司。

西北军和华洋义赈会协同修筑西（安）兰（州）公路，是甘肃省修筑公路之始。

民 国 19 年

10 月　陈体成、赵祖康、凌鸿勋等赴美国华盛顿参加第六次国际道路会议，并带回美国公路各种管理办法和桥梁路面等设计施工规范。

11 月　广西省因军事需要，将柳江、桂林两区公路改为"商包"；其它各区仍设局管理。从而形成了"商包、区管"两种管理制度。

河北省建设厅提出建设省路计划，其中干线 4 条，支线 29 条，总长 4347 公里，计划分六期完成。

民 国 20 年

6 月 6 日　国民政府政务院公布了《国道条例》，共 13 条。

6 月 15 日　广西省公路管理局成立，依次接收邕、柳、桂、梧、镇各区公路管理局（或公路监察处），从此全省公路管理工作，得以统筹进行。

8 月　交通史编纂委员会主编的《交通史路政编》出版发行。

10 月 23 日　日本帝国主义在沈阳成立伪"东北交通委员会"，以主持东北三省公路建设。

11 月 1 日　国民政府成立"全国经济委员会筹备处"，秦汾为主任。

11 月 17 日　由张家口开出汽车 5 辆西行，于 12 月 21 日到达迪化。（今乌鲁木齐），成为当时通往苏联的国际路线。

民 国 21 年

1 月　全国经济委员会筹备会设立"道路股"，派赵祖康为股长。

6月　全国经济委员会筹备处奉令督造苏、浙、皖三省国道，以一百万元"棉麦借款"为基金，拨借三省作为修建三省联络公路之用，开创了"督造公路"的制度，并组设"苏、浙、皖三省道路专门委员会"。

6月6日　安徽省成立"公路局"，制定《安徽省公路局规程》。

11月　湖南全省公路局改称"湖南公路局"。

蒋介石为修建"围剿"公路，在汉口亲自主持"苏浙皖赣豫鄂湘七省会议"，由经济委员会筹备处拟定七省联络公路计划（干线11条和支线63条，长约22,000公里），并制定工程标准和概算；组成"七省公路专门委员会"，聘请军事机关和豫、鄂、湘、赣四省建设当局为委员；在汉口、南昌、安庆、开封设立第一、二、三、四公路工程督察处，七省各设督察区，负责各区内公路工程督察事宜。

12月　全国经济委员会筹备处公路处成立，派陈体诚和赵祖康分任正、副处长，续筹筑路基金，补助七省筑路；制定《督造七省公路章程》和《管理筑路基金章程》。

民 国 22 年

2月　国民政府在地方财政中加征国防道路特捐，修建台儿庄至潍县公路，长345公里。

4月27日　行政院公布了《全国公路植树监督规则》。

7月起　全国经济委员会筹备处公路处举办"公路工程司短期训练班"两期，每期训练时间为4星期。

8月　全国经济委员会筹备处公路处在京杭公路（孝陵卫附近）的泥结碎石路面上加铺柏油、土沥青（天然沥青）及各种油类作比较试验，计长1650米。

6月25日　铁道部命令，重申1931年公布的《禁止铁路、公路平行建筑》的决定。

10 月 4 日　全国经济委员会正式成立,(以下简称经委会)国民政府特派蒋中正(介石)、汪兆铭(精卫)、孙科、宋子文、孔祥熙为该会常务委员。

10 月 7 日　国民政府核准《全国经济委员会公路处暂行组织条例》。

11 月 23 日　经委会公路处制发了《各省、市公路交通标志号志设置,保护规则》。

苏浙皖京沪五省市交通委员会会议,推请全国经委会公路处卫生实验处、南京市政府、首都警察厅及五省市交通委员会办事处指派人员,组织"苏浙皖京沪五省市交通安全设计委员会"。这是公路安全运动之始。

11 月 26 日　经委会和浙、皖两省为苏、浙、皖三省联络公路举行盛大的通车典礼。

11 月 28 日　国民政府核准《全国经济委员会公路委员会暂行组织条例》。

浙江省公路管理局印发《公路工程标准图》。

民 国 23 年

1 月　福建省政府改组,陈体诚任建设厅厅长,成立福建省公路总工程处,吴必治任总公程司,担任全省公路的测设、施工、制定了福建省公路网规划。

1 月 20 日　桂黔两省在六寨联合举行黔桂公路通车典礼。

2 月　经委会公路处派 3 个测量队赴赣协助测量公路,以实施《七省联络公路二年计划》。

3 月　经委会公路处为开发西北交通,组织西北公路查勘团。

3 月 21 日　经委会在西安成立西(安)兰(州)公路工务所,整修西兰公路,是国民政府直接举办公路工程之始。

6月26日 七省公路专门委员会改组为"公路委员会",并举行第一次会议。

9月 在宝鸡成立西(安)汉(中)公路工务所,11月开工修建西汉公路。

经委会公路处副处长赵祖康和上海市工务局局长沈怡,作为中国代表参加在德国孟尼市(即慕尼黑)召开的第七次国际道路会议。参加这次会议的还有:湖南公路局总工程司周凤九、工程司童恩炯(临时委员),河北省刘崇杰,留德学生江鸿(代表中华道路协会 、王南原(代表安徽省)。

经委会公路处设立7个督察区:湘、鄂两省为第一督察区,设在汉口;江西省为第二督察区,设在南昌;浙江省为第三督察区,设在杭州;河南省为第四督察区,设在开封;安徽省为第五督察区,设在安庆;福建省为第六督察区,设在福州;江苏省为第七督察区,由公路处直接办理。每督察区设督察工程司一人。本年,督造公路工作推广到陕、甘、青、闽等省及赣、粤、闽边区公路。

经委会在本年内先后颁发:《公路工程准则》、《督造各省联络公路章程》、《管理公路基金章程》和《审核公路工程预算办法》。

12月 国联桥梁专家顾桑视察西北及浙、皖、赣、鄂等省公路工程及运输情况,波兰专家敖京斯基和经委会派员陪同。

民 国 24 年

1月1日,经委会在兰州设立"西北国营公路管理局",经营西北公路交通运输事宜,隶属于公路处,派郑芷湘为局长。10月,改派公路处副处长赵祖康兼任局长,许行成为副局长。

经委会公路处组织四个测量队,协测各省公路第一测量队奉派赴甘肃省,协助测量天(水)广(元)公路甘境段路线。第二测量队于4月奉派赴鄂, 协助测量谷房公路;测完后于7月去四川测量。第三、四两队于3月奉派赴闽，协助测量闽瓯、峰杭、永大、梅竹等线。

经委会拨款交由陕西省修建汉（中）白（河）和汉宁（强）两条公路。汉白公路汉中至安康段于1月先开工。汉宁公路于9月开工，至12月7日，由褒城打通到宽川。

3月　湘黔公路处在湖南省沅陵成立，直属于委员长行营，派曾养甫为处长、余藉传（湖南省建设厅厅长）为副处长、周凤九（湖南省公路局总工程司）兼工务股副股长，并调湖南省各段工程人员参加赶工。10日，全线分段开工。年底，浙江省公路局局长李育带领大批工程人员前往支援。

4月　西兰公路（全长704公里）完成全线土路，次月，正式通车。

6月　国民政府派曾养甫到云南与有关省政府协商加强修建滇黔公路和川滇东路事宜。

6月11日　军事委员会委员长行营颁发了《修正军工筑路暂行准则》。

7月　军事委员会委员长行营颁发《督造公路特派员办事规则》。曾养甫任特派员。

9月　经委会公路处派薛次莘赴欧美考查公路工程和交通设施。

10月　经委会公路处与西北国营公路管理局共同制定了《民众养路暂行办法草案》。

12月　滇缅公路由昆明至下关段（长411.6公里）通车，设立安（宁）禄（丰）段和禄凤（仪）段两工程分处，继续修建未完工程和铺筑路面。

12月25日　西汉公路全长254公里，土路通车。

湘黔和川黔2条干线公路相继竣工通车。

民 国 25 年

1月10日 汉宁公路通车至宁强，次月15日，打通到七盘关；到5月，除褒水和沮水两座大桥外，全线152公里的整修和路面工程均告完成，11月5日正式通车。

4月 西汉公路开始加铺路面，至6月完工。宝（鸡）凤（翔）段改线工程于6月开工，9月完成土路通车。

经委会公路处派测量队测量甘新公路。10月，在兰州成立"甘新公路工务所"，20日开工。

国联桥梁专家顾桑视察苏浙皖赣等省公路并研究加固桥梁工程。

4月27日 行政院公布《全国公路植树监督规则》。

6月 苏浙皖京沪五省市交通委员会在安庆举行公路安全运动，并制发了《全国公路交通委员会公路交通安全设计委员会暂行办事简章》。

7月1日 五省市交通委员会改组为"全国交通委员会"。

9月 经委会公路处制定了《桥涵设计暂行准则》

交通委员会公布了《公路会计科目》，并计划办理南京至黄山段交通设备实验路。

经委会公路处设计南京、浦口间长江汽车轮渡。

经委会公路处筹建中央路工试验所；次年，在南京麒麟门外的新屋落成。

经委会公路处派员查勘汉（中）白（河）和老（河口）白两路工程。10月，汉中、安康段粗通；安白段进行查勘比较，11月，决定了路线方案。

10月 河北省主席宋哲元奉令赶修五条军用公路，成立"冀察建设委员会"，由门致中主办，派员勘察北平至保定的公路路线。

11月3日 经委会公路处组织调查团，视察苏、皖、豫、陕、川、黔、滇、湘、赣等省重要公路，由浦口出发，经开封、洛阳、西安、成都、贵阳而达昆明；回程取道贵阳、长沙、南昌、芜湖而抵南京。行程 8000 余公里，历时 57 天，于次月 29 日返回南京。

12 月　在南京举办公路安全运动。

民国 26 年

1 月　经委会公路处派员赴绥远省督察公路工程；2 月，派员查勘归绥（今呼和浩特）至武川和归绥至杀虎口两条公路；3 月，又派员协助测量绥远省路线。

1 月 26 日　军事委员会参谋本部和经委会公路处会同出发查验豫省路工。

3 月 18 日　经委会公路处派督察工程司钱豫格赴英学习。

3 月 26 日　经委会公路处派荐任技正康时振赴美考察路政。

4 月　经委会与有关机关组织公路桥梁检验委员会，实地检验。

5 月　经委会拟定桥梁分期加固办法，第一期加固苏、浙、皖、赣四省主要公路桥梁。

京滇公路周览团由褚民谊任团长，海关防疫处处长伍连德任副团长、经委会公路处简任技正薛次莘任总干事，于 5 日由京出发，经苏、皖、赣、湘、黔等省，于 29 日抵达昆明；回程分两路：南路经贵阳、广西至衡阳，然后分散，先后回京；北路经贵阳至重庆，分别乘船先后回京。

为适应备战，加强国防，苏浙边区公署在嘉兴一带修建交通路、联络路、纵队路 163 公里（6 月 17 日完成）；同时，将京杭、沪杭、乍（浦）嘉（兴）、杭嘉、枫泾各县的桥梁加固至载重 8 吨；重要桥梁、渡口须准备抢修所用材料的一半，还要穿孔准备爆破；各主要公路增建转车道。

5 月　修建西汉公路石门胜迹工程，并加建碑亭船渡。

5月26日　经委会公路处派员查勘川陕、川湘、陕鄂等路状况。

6月　鸡头关钢桥建成。

国民政府分布《国道条例》。

8月　在西安成立西汉和西兰两路工程处，隶属西北行营，负责修建两路路面和改善工程。

军事委员会在南京召集后方勤务部会议，决议赶修有关军事紧急公路，共长3600余公里，遍及苏、浙、皖、赣、鄂、闽、鲁、豫、冀、晋、绥等11省，由中央拨款，经委会公路处派员协助。

10月　派陈体诚为西北公路特派员。

汉白公路安（康）白（河）段开工。

西北国际公路迪化（乌鲁木齐）至霍城段通车。

钱塘江公、铁两用大桥落成。因抗日战争，于12月自行炸毁。

滇桂公路砚山、广南段开工。

12月　开封至汤阴公路因军事关系停工。商邱至单县公路整修完成通车。

民 国 27 年

1月　国民政府调整行政机构，将铁道部与交通部合并为交通部；撤销全国经济委员会，将公路处划归交通部，改称"交通部公路总管理处"，赵祖康任处长。

成立天凤公路工程处，修建天水至双石铺公路，并整修华家岭至天水公路。

云南省公路总局滇缅公路总工程处在保山成立，在中央拨款和交通部派员督导下，着手修建下关到畹町段的新线工程及昆明到下关段已成公路的改善工程，共征用民工20余万人，至8月21日，全路959.4公里完工通车。

2月　全国经委会西南运输总管理处（其前身为西南各省公

路联运委员会）改隶交通部，称为"交通部西南公路运输总管理局"，薛次莘任局长，王世圻和莫衡任副局长；先后接管湘黔、筑柳、筑渝、筑昆和川湘等公路，全长 3449 公里。

汉白公路安康至白河段修通试车。

3月　西兰、西汉两路工程处由西安行营交给交通部公路总管理处接管，继续办理两公路改善工程和铺筑路面。

交通部核准《交通部公路总管理处督察公路暂行办法》；公布《交通部公路总管理处工程干部队组织规程》。

中华全国道路建设协会结束会务，停止工作。

湘黔公路湘段的改善工程，由西南公路管理处委托湖南省公路局负责办理；马家渡和晃县等七处改渡建桥工程陆续开工，至10月全部完工。黔段的桥梁加固、改建浮桥及重安江桥改建，分别于5月和12月开工，至次年6月竣工。

甘新公路兰州至永登段修筑完成。

因战局关系，安徽省对一些重要干线择要破坏，10月，全省公路破坏殆尽，公路局裁撤，皖南养路处直属省建设厅。

3至4月　川滇东路分段开工。年底粗通。12月底，交通部令西南运输管理局设川滇东路办事处主持该路的改善、养护和筹备通车等事宜。

4月　汉渝公路开始查勘，并分段测量，至12月全线测完；先后组设工程处和桥渡工程处，分段施工。

日军在厦门登陆。为抗御日军，福建省破坏沿海干支公路1000 余公里。

4月28日　滇桂公路由砚山经广南至滇桂交界处的一段公路重新踏勘。8月21日开始重测；因赶修开远剥隘公路，人员他调，砚广段测量停止。

5月　重庆行营监理处设川康公路工程处于天全，彭先蔚任处长，改善和新建雅安至康定间公路工程。

6月　广州至九龙新建公路完工。在上海及沿海港口被日军占领封锁后，这条公路担任了国外战略物资的进口运输。

交通部和军委会派员驻路督修老河口至白河公路的改善工程。

为保卫大武汉，武汉卫戍司令部饬令整修外围公路；后方勤务部召开整修会议，会同湖北省政府分别办理各路改善工程。

军委会颁发《重要公路工程标准》。

7月　交通部公路总管理处迁重庆。

行政院核准《交通部管理各省公路工程通则》。

8月　交通部派宋希尚为西北运输管理局局长。统管西北干线公路的工程和运输管理。

军委会批准《各省公路渡口设备及管理办法》；并电令颁布施行《军事委员会公路桥梁抢修办法》。

9月　交通部公布《督察公路办法》。

设立西兰公路总工程司办公室。

10月　川陕公路宝鸡至棋盘关段的改善工程完工；成都至棋盘关段公路，经过整修已可通车，为进一步改善路况，公路总管理处派员协助制定川段公路的彻底改善计划。

甘青公路的青段整修完工，甘段尚在整修中。

交通部公路总管理处在兰州设立西北工程处，刘如松任处长；在陕南西乡设立陕南公路改善工程处，负责陕西省汉白公路和汉宁公路的改善和养护工程。

交通部组设滇缅公路运输管理局，谭伯英任局长。

日本侵略军在大亚湾登陆，广州及附近各县先后沦陷，广东省政府迁韶关。下令破坏公路（至次年6月的统计，共破坏公路12554公里，其中包括海南岛2662公里）。

11月　交通部公布：《交通部公路工程处组织通则》、《交通部西南公路运输管理局暂行组织规程》和《交通部汉渝公路桥渡工程处组织规程》。

交通部公路总管理处处长赵祖康赴美，与美财政部长毛根索氏洽商购买筑路器材。

湖南省公路局仓促迁祁阳。

12月 交通部公布《交通部公路技术人员训练所章程》。

交通部派两测量队协测泸定至西昌公路。

河田公路由河池至田州已踏勘完毕，设工程处筹划测量。这是河岳（圩）公路通往安南（今越南）高平的国际公路的一段；其另一段田东至岳圩公路，已于1937年开始施工。

广西省奉令破坏邻近粤边及浔江两岸的省道和县道。

华双公路（华家岭经天水至双石铺）通车。

民 国 28 年

1月 交通部滇缅公路运输管理局和交通部西南运输管理局分别接管昆畹和昆平（彝）两路，把国际公路和重要干线划归部属单位管理。同时，成立"功果大桥工程处"负责筹建功果新桥。至次年11月4日，新桥竣工通车。

交通部公路总管理处派员协助陕、甘两省勘测烈金坝至阳平关和徽县至白水江两水陆联运线，10月两路开工。

交通部公路总管理处派员会勘黔桂西路的省界联络路线，桂段2月开工，黔段11月开工；次年3月打通试车。

交通部拨款12万元交卫生署筹建公路卫生站15处（平凉、定西、绵阳、汉中、内江、黔江、桐梓、河池、晃县、马场坪、曲靖、安顺、毕节、河口和楚雄）。

2月 河岳公路的田东至岳圩段打通，外交部函请安南政府改善高平岳圩段公路。河池至田州段公路于4月开工，至次年1月，一边通车，一边继续施工。积存在安南海防的急需物资得由此路抢运回国。

　　2月底　汉白公路安康至白河段新建工程全部完工。汉中至安康段于7月1日通车。

　　2月　交通部公路运输总管理处派队勘察乐山至西昌的路线，至次月勘毕，组成"乐西公路工程处"。

　　3月15日　甘新公路兰州至猩猩峡段通车。

　　3月　甘川公路甘境内岷县至西固段开工。交通部派员会勘，决定以南路岭为甘、川两省路线连接点。

　　4月　国联顾问穆和视察滇缅和越桂两公路，着重指出滇缅公路的严重塌方问题。

　　交通部派员踏勘滇越公路路线。12月，拨款、派员督修。

　　西南运输管理局设立川滇东路管理处和各段工程处，改善沿线工程。8月15日，黔境威宁至杉大箐（省界）段完工通车。

　　交通部公路技术人员训练所改为"交通部交通技术人员训练所"。次月，交通部公布《交通部交通技术人员训练所组织大纲》。

　　交通部组队踏勘康定至玉树公路。8月，踏勘完毕，计长720公里。

　　7月　交通部公布《公路管理处组织通则》。

　　8月　交通部公路总管理处内部调整，将公路运输业务划出，另设运输总局，专掌工程与管理；处内设总务、监理、工程和桥渡四科及督察和计划两室，处外设立"交通部公路总管理处汽车牌照管理所"，并公布《交通部汽车牌照管理所组织规程》。

　　8月　交通部改组西南公路运输管理局，设"西南公路管理处"，办理工务；另设"川桂公路运输局"，专管运输。

　　交通部派员飞往广西，洽商抢修南宁至镇南关公路工程。9月，成立"交通部镇南关公路专员办事处"，11月，南镇段公路完工。

　　"交通部川滇公路管理处"成立，马轶群为处长，接管川滇东路。

9 月　交通部公布《交通部陕南公路改善工程处组织规程》；交通部陕南公路改善工程处成立。

10 月　交通部公布《交通部公路总管理处西北工程处组织规程》。

行政院和军委会核准《战时主要公路征购材料办法》。

"汉渝公路工程处"成立。

11 月　南宁沦陷，广西省公路管理局迁至柳江县都龙村。

12 月　交通部在昆明设立"公路研究试验室"。

交通部派员查勘内江至乐山和自流井至泸州两条公路工程。

滇缅公路运输管理局由保山迁下关，制定《征雇民工协修改善工程办法》。

民 国 29 年

1 月　为辅助滇越铁路的繁忙军事运输，交通部决定赶修滇越公路，派简任技正周凤九任督工专员，并在开远设驻滇督工专员办事处，驻路督工（5 月，迁往蒙自）。

2 月　交通部公路总管理处在荣县设立"川中公路工程处"，吴启佑任处长。

3 月　蒋介石下令赶建乐西公路，限 6 个月打通。交通部公路总管理处处长赵祖康到乐山督工；6 月开工，年底初通，于次年 1 月底全线打通。

3 月 25 日　交通部为保证湘、桂、黔三省的交通运输，于 2 月在桂林成立"桂（林）穗（三穗）公路工程处"，任命罗英为处长兼总工程司，主办桂段工程，兼负湘、黔两段工程的督察任务。4 月，在宜山成立"桂段路工管理处"。8 月，另设"桂穗公路湘段工程处"。

汉渝公路大竹至万源段打通，至 12 月，全路完工。

云南省公路总局成立"保山至腾冲段工务处"，主持保腾段公路施工。

伪华北临时政府并属汪伪南京国民政府；改称"华北政务委员会"，下设伪"建设总署"。

4月　伪河北建设厅整修邢台至山东禹城和石家庄至沧州的公路。

八路军一二九师发布命令破坏敌占区的铁路和公路，至年底仅在冀南就破坏6000余公里。

6月28日　八路军山东部队公布至1940年两年，共破坏公路6912公里，毁坏桥梁598座。

7月6日　黔桂公路三江口钢桁梁桥完成通车。桂段怀远钢桥于12月完成。

7月18日　英、日协定封锁滇缅公路3个月。10月18日恢复通车后，日机多次轰炸惠通和功果两桥，企图截断我国际运输线。抢救队除昼夜抢修外，还采取修渡船、浮筏、浮桥及设钢索运货等应急措施。

7月　交通部成立石工总队，赵祖康兼任总队长，为乐西公路招募和管理石工工作。

8月　宝鸡至平凉公路由陕西省成立陕段工程处，于10月12日开工；甘肃省建设厅于9月16日在华亭县安口窑成立"甘段工务所"，11月开工。

9月　交通部通令各公路单位准备桥梁抢修材料，并于各大桥增设渡口，以防空袭。

10月16日　交通部成立"西祥公路"（西昌至祥云）工程处"，11月至12月各段先后开工。

10月28日　日军撤出南宁。南宁至宾阳公路，于次月17日修复通车。

11月　川康公路（成都经雅安至康定）长377公里，全线打通。川康公路工程处随同重庆行营公路监理处被撤销。

12月 交通部公路总管理处印发《公路桥梁涵洞施工细则草案》。

民 国 30 年

1月 交通部奉令接管川康公路工程，公路总管理处处长赵祖康到成都洽商接收事宜。次月1日，派员接管并在天全组成"川康公路改善工程处"，派兰田为总工程司，改善由雅安至康定间公路工程。

交通部奉令接收成都行辕公路监理处。乐西公路工程处接办公路监理处"成华硝区"。次月1日，又接管该处石工总队。

交通部呈请奉准将滇缅公路澜沧江新功果桥正式命名为"昌淦桥"，以纪念因公殉职的桥梁设计处处长钱昌淦。

2月 滇缅公路开始加铺柏油（沥青）路面。6月，昆明至碧鸡关段路面加铺完成。

2月9日 交通部成立西北公路管理处，凌鸿勋为处长，刘如松和吴必治为副处长，接管西北公路工程处的新建公路工程、西北公路运输局所辖各公路的养护和管理工作、及陕南公路改善工程处的汉白和汉宁两路工程。4月，接管甘肃省辖的华双、甘川、徽（县）白（水江）和宝（鸡）平（凉）4条公路及天水南河川大桥工程（23日大桥完成通车）。

2月 广东省根据第四战区司令部改善和新建公路的建议，开始改善忠信至江西定南的公路。3月至7月间，闽、赣、浙、粤四省相继展开公路改善工作。

3月 组成中印公路勘测队，任命袁梦鸿为队长，陈思成为副队长，5月21日自西昌出发，7月中旬到达中甸后，分南北两路，由袁、陈二人分别率领继续勘测。

5月 西康交通局于康定设立康青公路康营段（康定至营官寨）工程处，代理处长刘良湛，受交通部公路总管理处和西康省交通局领导，改善康营段公路工程。

老功果桥于11日修复，20日恢复通车；即着手进行昌淦桥的修复工作。

6月 交通部公路总管理处公布《公路工程设计准则》和《公路桥梁涵洞设计准则》。

6月28日 西祥公路全线打通。

7月1日 ·"军事委员会运输统制局"成立，接受公路工程和运输的业务；8月1日，交通部公路总管理处改组为"军事委员会运输统制局公路工务总处"（简称"总处"，赵祖康任处长；交通部公路运输总局改组为"军事委员会运输统制局运务总处"，龚学遂任处长。下属各路工程（管理）处（局）一律改称××路军事运输统制局工程处(局)，各路运输管理局改称军事运输统制局××公路运输局。

9月1日 川滇东路管理处改组为"川滇东路工务局"局长谢宗周，副局长马轶群，专营运输业务。

10月7日 川黔公路乌江钢桁架大桥完成通车。

10月11日 平宁公路（平凉至宁夏）开工。

11月 交通部滇缅公路运输管理局改组为"军事委员会运输统制局滇缅公路工务局"，只管公路工务，并成立了工程机械队。

民 国 31 年

1月 军事委员会运输统制局（简称"运统局"）公路工务总处处长赵祖康因病呈请辞职，军委会批准为运统局参事，并令康时振为处长。

1月6日 运统局奉令电告黔、桂两省限期赶修安龙至百色的黔桂西路。桂境逻里至旧州于16日修复通车，旧州至八渡段于3月11日修通便道。

1月15日 运统局令派周凤九和徐以枋任川滇西路（由乐西

公路与西祥公路合并而成）工务局局长和副局长。4月1日，"川滇西路工务局"在西昌成立。5月，接受川中公路工程处的未完工程和养护工作。

西南公路管理处改称"西南公路工务局"，肖庆云任局长，钱豫格任总工程司。

2月12日 盟军新德里会议决定修建中印公路（由印度列多，经缅甸之葡萄、密支那至中国腾冲而达龙陵），曾养甫和俞飞鹏负责与英、美代表联系并处理有关事宜。

2月14日 川康公路改善路段通车至两河口，25日，由天全试车，安抵康定。

3月 赵祖康再次呈请辞去兼职，7日批准；并升任石工总队副总队长黄庆慈为总队长；升任昆明公路研究试验室副主任李谟炽为主任。（7月7日，石工总队奉令撤销。）

3月15日 祝寿萱、冉超和梁绰余等工程司出发勘测中印公路。

4月 运统局公路工务总处成立"工程标准审核委员会"，派孙发端、汤有光、许行成、张有彬、陈本端、葛福照和徐琳为委员，并指定陈本端兼任书记。（7月20日，增派周书涛为委员。）

4月11日 军令部核定滇桂公路采用北线，由云南文山、砚山和广南，至广西西林、逻里至百色（广西路段未修建）。

5月4日 日军进攻龙陵，侵至怒江西岸，国军于5日主动炸毁惠通桥。龙陵陷落，筑路机械和车辆损失严重。

6月5日 垒畹公路工程总段奉令办理结束。

7月10日 川滇东路七星关正桥正式通车。

7月13日 八路军一一五师，公布血战五年共破坏公路3273公里，毁坏桥梁1013座。

8月3日 军委会运输统制局西北公路工务局副局长吴必治奉令率队出发踏勘康青公路青段路线。

8月21日　奉令先修新印公路（新疆至印度）由甘肃省安西和敦煌进入新疆省若羌、和阗至莎车段。

云南省东南区各公路奉军令部复电缓修。

10月　康青公路康定至营官寨段71公里打通。

12月　军事委员会运输统制局撤销。

民 国 32 年

1月1日　交通部接管运统局管辖的公路工程和运输业务。西南和西北地区各干线公路单位均改隶交通部。（运统局七月结束）。

2月10日　交通部派康时振任西南公路工务局局长、王洵才为总工程司；原局长肖庆云另有任用。

2月24日　交通部派王节尧任川滇东路工务局局长；原局长谢宗周另有任用。

3月　交通部成立"公路总局"，局长由部长曾养甫兼任，副局长赵祖康和龚学遂。赵管公路工程，龚管公路运输。

5月1日　交通部于桂林成立"湘桂公路工务局，派罗英任局长，接管桂穗公路。7月1日，正式接管湘黔公路。

5月　交通部改组川康公路改善工程处为"川康公路管理局"，局长时熙让，下设康青公路营甘段（营官寨至甘孜）工程处，刘良湛任处长。11月营甘段打通。

6月14日　"青藏公路（西宁至玉树）工程处"在西宁成立，由青海省建设厅厅长马骥兼任处长，陈孚华任副处长兼总工程司；下设6个测量队（后改为6个总段担任施工），采取边测设、边施工的办法，于6月开工，至次年10月全线修通。

7月　交通部组织公路枪修队随滇西远征军在反攻中抢修公路。

7月10日　黔滇公路盘江新吊桥完工。

7月23日 新印交通勘察团团长祝寿萱、副团长容祖诒、翟维沣等12人，从克什米尔首府斯令那加开始勘察，至次年10月12日抵达新疆莎车。

7月24日 乐西公路大渡河钢索吊桥完工。

8月 川滇西路管理局在永仁成立"西祥公路南段修复工程处"。自金沙江边起到龙川（今南华），与滇缅公路交会，设四个总段施工。

滇缅公路工务局在云南驿设弥遮段修复工程处，至11月10日，弥渡至云县修复单车道通车。

8月12日 运统局滇缅公路工务局由交通部接管，改称"交通部公路总局滇缅公路工务局"，龚继成接任局长，副局长为安韹瑞、沈来仪、杨文清和顾家谟。

10月 中国工程司年会在桂林召开，广西省政府举办展览，由西南公路工务局绘制各项统计图表并派员参加。

11月1日 西南公路工务局为改善桥涵成立"桥工总队"，下设第一和第二桥工队。

昆洛公路（昆明至打洛）玉溪至峨山段开工。

川康公路管理局设甘玉（甘孜至青海省玉树）段工程处，邵福辰任处长，赵祖庚为总工程司。次年10月全段打通。

民 国 33 年

1月 交通部公路总局颁发《桥梁涵洞施工规范》。

1月5日 弥遮公路景云桥（跨径88米钢索吊桥）开工，4月15日竣工。

1月13日 弥遮段修复工程处改称"弥遮公路工程处"，直属交通部公路总局。5月15日，又改属滇缅公路工务局。

1月15日 滇缅公路局派员会同美国工程司勘察弥遮公路吴家寨至遮哈段公路情况。2月组队测量，7月测毕。

2月11日　西南公路工务局对平彝曲靖间公路进行改线测量。

3月1日　西祥公路南段复修工程处奉令结束。

6月19日　长沙失守。将潭宝公路（湘潭至宝庆）彻底破坏，永丰大桥炸毁；次月，长衡（阳）公路和青草大桥也炸毁。湖南省公路局人员部分迁郴州、宜章和汝城，部分迁湘西。6至9月间，破坏公路1200余公里，同时裁遣员工2400余人。

6月　滇越公路开远县南盘江吊桥复工。

6月20日　滇缅公路胜备桥（1孔36米钢桁构）建成。

7月　滇缅公路制发《保密公路工程标准》。在保山成立"保密公路第一工程处"，负责国内段测设施工。9月初，保密公路第二工程处在洒鲁建立，在昆明组成的3个测量队于9月内先后飞往密支那，分段测量保密公路国外段路线，并配合美军机械施工。

8月　军委会批准拨款国币4000万元继续修建玉溪经建水至蒙自公路、改善开远至蒙自段公路、赶建开远南盘江吊桥和续建罗平兴义段上的云兴大桥。

8月1日　滇缅公路惠通桥修复工程开工，18日修复通车。当天又遭日机轰炸，但未受损。

10月　广西省公路局迁至百色后；大量遣散员工，以致所有工程资料、刊物和案卷，全部散失。

黔桂公路改善工程全部完成。

浙江省完成江山至常山段24公里公路，使闽、浙、皖、赣联络公路可以不绕衢县，缩短里程，便利运输。

11月　美军为防止日军入侵，自动破坏黔桂公路陆家桥、都匀桥、深河桥等6座桥梁。

11月15日　保密公路国外段由密支那通车到洒鲁；12月底又通至鲁居。

12月1日　日军侵入贵州省独山，4日退走，西南公路工务局组成两个抢修队抢修六寨以北公路桥梁。

民 国 34 年

1月　交通部公路总局撤销，改组成立"军事委员会战时运输管理局。"

中印公路北线由云南省保山、腾冲至37号国界桩进入缅甸密支那至印度列多，于19日完成单车道土路通车；南线由密支那经八莫、南坎和芒友至畹町，于28日打通，在芒友举行会师典礼，在畹町举行通车典礼；30日，在保山对首批运进的120辆新卡车举行欢迎大会。2月3日，新车到达昆明，4月在西站举行通车典礼。

黔桂公路修复工程，修通至南丹。（南丹至金城江段修复工程交由南丹和河池两县发动民工协助抢修，于5月修复。）

1月5日　保密公路第一工程处在保山至腾冲段设立3个总段和两个工程队先后开工。

1月29日　川滇东路工务局长王节尧辞职，派苏从周接任。2月1日，川滇东路运输管理局与工务局合并，组成"军事委员会战时运输管理局川滇东路管理局"，局长苏从周。

1月31日　滇缅公路运输局奉令撤销。2月1日，成立"军事委员会战时运输管理局云南分局"。

湖南省公路局由汝城迁往桂东沙田圩办公。

2月1日　交通部公路总局西南公路运输局与西南公路工务局合并、改组为"军事委员会战时运输管理局西南公路管理局"，派陈延炯为局长。

3月　交通部西北公路工务局与西北公路运输局合并，改称"军委会战时运输管理局西北公路管理局"，派何竞武和沈圻先后任局长，孙发端任总工程司。

黔桂西路改善工程奉令赶修，6月4日全线通车。7月，西南公路管理局电催贵州省政府接管黔桂西路。

西南公路管理局奉令提高滇黔公路昆明至甘耙哨段的路线标准；加强改善黔桂公路由甘耙哨至南丹段工程；改善湘黔公路由甘耙哨至芷江段工程。4月9日，奉令将黔桂公路的临时便桥全部改为载重10吨的半永久性桥。6月，由昆明经甘耙哨至南丹的改善工程完成。

4月　滇越公路开远南盘江吊桥举行通车典礼。

美军总部机械筑路队协助修筑安顺城南改线工程，使用机械和车辆共33台，6月完工。8月，美军停止修筑公路，准备回国。

湘桂公路工务局撤销，由西南运输管理局接管湘黔公路甘耙哨至芷江改善工程和桂穗公路三穗以南路线工程，成立"芷江总段"抢修甘芷段重要桥梁。

5月　成立南疆公路新段工程处和南疆公路甘段工程处，修建敦煌至若羌段公路并改善若羌至库尔勒公路。

5月1日　军委会战时运输管理局云南分局成立"保密公路新工总处"。

5月7日　军委会战时运输管理局派周凤九为西南公路管理局副局长。

6月8日　西南公路管理局奉令成立"芷江分局"，17日在晃县成立，派周凤九任分局局长，接管甘哨段、榆树湾至桃源段和桂穗公路南段的抢修复路工程。

6月　川湘公路管理局奉令接管沅陵至榆树湾和三角坪至茶洞两段公路业务，在沅陵设立湘西办事处。

7月　成立"川湘公路能滩吊桥修复工程处"，龚峻工程司任主任。

7月19日　川湘公路成立"烟溪至江口段公路改善工程处"。

8月　广西省公路管理局由百色迁回南宁。

战时运输管理局和有关战区发布命令：限期抢修"还都公

路"、"受降公路"和"复员公路"。

浙江省驿运管理处派员随省政府首批人员至杭州接收和抢修公路。（该处于 12 月在杭州撤销，由省交通局管理处接管，共抢修公路约长 657 公里）。

川湘公路管理局在长沙成立复路工程处，处长沈达可，主持长沙经桃源至沅陵的复路工程，至次年 1 月土路竣工。

苏皖边区政府盐埠区改为五专区，下设建设处，各县设建设科，负责修筑公路。

10 月 中央军事委员会公布：在全国公路上行驶的各种车辆和行人，自 10 月 1 日起一律改靠右边行驶。

联合国善后救济总署湖南分署（简称湘救分署）成立，拟定以救济物资进行"以工代赈"的筑路计划。

第七战区派工兵协助广东省政府抢修广州至韶关、韶关至小梅关、韶关至大庾、官渡至柳城和梅县至汕头等干线公路，分别于本月至 12 月内先后修复通车。

西南公路管理局局长陈延炯另有任用，由副局长谢文龙接替。

11 月 安徽省公路局由立煌迁回合肥。

12 月 军事委员会战时运输管理局奉令撤销。

晋冀鲁豫边区政府交通局自 12 月 1 日起改称"交通总局"，设于河北省南部的武安县城。

民 国 35 年

1 月 交通部公路总局重新成立，统一管辖全国公路工程与运输，局长肖庆云。

1 月 1 日 甘肃省兰宁公路（长 489 公里）完成、试车。

江苏省重建公路局，首任局长沈来仪。9 月 1 日由张竞成接任。

湖北省成立省公路局，陈邦杰任局长。

京杭和沪杭两路由浙江省各县征工及由第三方面军督率的日军战俘、在浙江省技术人员指导下，于本月3日开工，次月土路草率通车。

广西省公路局奉令将全省公路划为6个工务区，分驻桂林、柳州、南宁、百色、宾阳和玉林，负责公路养护及改善工程事宜。

广东省公路局颁发了《广东省公路修复及行车办法》5条：准许包修公司有路权，得征收路租，准许自备车辆专利行车等。其目的是鼓励绅商集资复路，以弥补省力的不足。

1月20日　交通部公路总局在南京召集各省公路局长举行全国公路会议，讨论划分国道、省道问题。为主管全国的国道工程、交通运输及对各省所辖省道业务的督察与协助，在公路总局下分设9个区公路工程管理局（简称"第×区局"，实际成立8个区局），省道和县乡道由各省公路局管理。

1月25日　太行解放区恢复了邯郸至高邑、邯郸至长治及长治至博爱3条干线公路。

1月29日　晋察冀解放区以张家口为中心，修复了张家口至兴县、至承德、至商都、至蔚县、至丰镇和至灵丘6条主要公路。

2月　西康省交通局及驿运管理处等改组，成立西康省公路局，局长陈洪藻；并设西昌分局于乐山。

2月10日　山东省人民政府交通总局成立，赵志刚为局长。所属汽车公路管理局同时成立，邓寅冬为局长。

3月1日　第一区公路工程管理局在南京成立，首任局长许行成（9月，由粟颐接任），管辖国道线11条，共长5037公里，纵横于苏、浙、皖三省的全部及鲁、豫、赣、闽四省的一部分地区。

川湘公路管理局奉令撤销，所辖公路和员工移交第二区公路工程管理局。19日，第二区局局长周凤九率领员工由晃县迁往长沙（次月迁武汉）。第二区局管辖国道13条，共长7603公里，遍及于湘、鄂、赣、皖、豫、陕六省。

第四区公路工程管理局在昆明成立，首任局长葛丰，接管干线公路 10 条和附属支线 3 条，共长 4501 公里。先后设立昆明、西昌、贵阳、独山等 11 个工务总段和腾冲工务段。

第五区公路工程管理局在重庆成立，局长熊哲帆、总工程司丁贡南，管辖川、康两省的全部和湘、鄂、陕三省的部分路段。

第七区公路工程管理局是由西北公路管理局改组而成，在兰州成立，首任局长沈圻，总工程司孙发端。管辖陕、甘、宁、青、绥五省境内国道，共长 9490 公里。

3 月 4 日　山东省军区司令部发出关于禁止大车行驶公路的通令。

3 月 26 日　冀中行署决定建立冀中交通管理局，管理公路、铁路和邮电等工作。

4 月 1 日　第八区公路工程管理局由公路总局平津办事处改组，在北平成立，首任局长罗英，管辖冀、察、晋的全部及鲁、豫的一部分国道，共长 8631 公里。

青新公路工程处在西宁成立，马步芳兼处长。

4 月 11 日　敦煌至若羌公路竣工，七区局派员验收。

4 月 16 日　公路总局公布《各区公路工程管理局组织章程》。

4 月 25 日　太行行署在长治成立"太行公路管理局"，张奋任局长。

5 月 1 日　第三区公路工程管理局于广州成立。局长王节尧，接管广东、广西、福建三省划为国道的全部路线，共 22 条，长 7,856 公里。

5 月　交通部公路总局第三工程处合并于总局第一机械筑路总队，由浙江迁至上海真如，接收美军剩余筑路机械和车辆，除修筑公路外还承包码头、塘坝和飞机场等工程，有时还出租机械。

5 月 5 日　国民政府从重庆迁回南京。

6月21日　全国交通委员会在南京举行战后第一次会议,主任委员肖庆云和副主任委员许行成主持会议并作报告,对会员入会、会费及常年会费数额、会址建筑费的筹备及工作人员的选派等问题进行商讨、作出决议。

6月26日　晋冀鲁豫边区政府发布规定公路管理、修筑、养护办法的训令。

7月　第六区公路工程管理局在迪化(今乌鲁木齐)正式成立,局长刘良湛,总工程司刘霄,接管新疆省公路局及其全部公路和青新公路茫崖以北的路段,共长7764公里。

8月1日　台湾省公路局成立。

8月13日　晋冀鲁豫边区政府交通总局在冀南修建完成衡水经冀县、曲周,大名至龙王庙的南北干线公路和由山东省高唐、夏津,进入河北省威县至邢台的东西干线公路,以及邯郸至广平、冀县至武强等支线公路和通往各军分区的公路。全区公路通车里程达808公里。

9月　福建省公路局、船舶管理局改组为福建省公路管理局,专管公路,局长张九成。

9月16日　公路总局颁发《国道测量队组织规程》。

9月18日　第二区公路工程管理局常(德)万(载)工程处修复大瑶桥。20日芷江分局结束,员工调武汉工作。

9月20日　河北省政府成立,省主席孙连仲、公路局局长吴钟秀。11月,迁至北平。

9月21日　山东省军区、山东省政府发出《关于保护公路、桥梁的命令》。

10月　第四区公路工程管理局接管黔桂西路由沙子岭至八渡段、罗平至安龙路由安龙至江底段和兴仁至兴义路由兴仁至顶效段公路。

第一区公路工程管理局奉令将各线工务单位改组,变分线管理为分区管理；每区中心设新工工程处和养路工务总段，工程处为三级制，下设工程总段和工程段，工务总段为两级制，下设工务段。

交通部技术标准委员会编发《公路路线规范草案》（初稿）。

10 月 28 日　交通部核准《交通部公路总局督察各省市公路工程办法》。

11 月　交通部公路总局公布《路线初测规程》、《养路须知》。

善后救济总署安徽分署成立工作队，以工代赈修复安庆至合肥公路。省公路局组织修筑督工处协助工作。

第一区公路工程管理局在安徽省境内设有第三、第五和第六等三个工程处，负责修复、养护所辖国道干线。

广东省到本年底修复省道干线 2802 公里、连络线 378 公里，县乡道 1079 公里，共计 4259 公里。第三区公路工程管理局负责在广东省境内修复国道干线 8 条，共长 3133 公里。

民 国 36 年

1 月　交通部公路总局通知各区局以省界划分各区局的管辖范围。各区局和有关省公路局分别进行移交、接收事宜。

第一区局以省划界，管辖苏、浙、皖三省内全部国道；原管赣、闽、鲁、豫四省内部分国道移交第二、第三和第八区局接管。对其下属单位也进行了调整。

第二区局以省划界，管辖湘、鄂、赣三省国道，分别从第四和第五区局接收榆树湾至晃县和三角坪至茶洞两段公路；从第三区局接收长沙至衡阳段公路和衡阳至小塘段公路。

第三区局以省划界，管辖粤、桂、闽三省国道，接管了第一区局移交的闽境国道。3 月，将管辖的湘、赣两省的国道、省道分别移交第二区局和湘省公路局接管。7 月，又接管了闽省移交的由马尾至杉关、建瓯至南平和建阳至枫岭三段公路；在广西省的柳州区办事处和柳寨工程处分别接管第四区局移交的桂林至青龙界和柳州至六寨两段公路。10月，广州工程处先后接管广九北线及广州至小塘和曲江至小梅关两段公路。

第四区局以省划界，管辖滇、黔两省国道，将原管的湖、桂、川三省国道分别移交第二、第三和第五区局。

第五区局以省划界，管辖川、康、藏三省国道。将原管陕境国道移交第七区局，湘、鄂境国道移交第二区局接管；接管第四区局移交的川、康两省国道。

第六区局以省划界，管辖新疆省境内国道和省道。

第七区局以省划界，管辖陕、甘、宁、青、绥五省国道。接管第二、第五和第六区局移交的国道，管辖里程较前增加较多。

第八区局以省划界，管辖冀、察、热、晋、鲁、豫六省国道，接收第一区局移交的河南省境内国道，由郑州工程处管理。

解放军一部分越过陇海铁路进入豫皖苏，恢复建立行署，设交通局抢修支前公路。

2月15日　滇缅公路保腾支线由保山和腾冲两县民工开工修筑。

4月　浙江省交通管理处撤销，改为省公路局，局长钱豫格。湖南省公路局接管第三区局移交的衡阳至榆树湾段公路。

公路总局公布《公路路线勘测规程》。

5月　冀中行署利用农闲动员干群修路。津保公路沿线群众至本月底完成公路55公里。

山东解放区修建马站至北杏公路。将鲁中和滨海两地区联系起来。

6月　交通部公路总局公布《福厦公路工程处组织规程》和《工务总段组织规程》。

6月6日　第六区局管辖的青海省茫崖至金鸿山段公路由工兵十九团一个营以机械配合民工，正式开工；不久因故停工，延至 9 月中又复工。

新疆省由若羌至且末和于田至民丰两段公路于中旬开始测量，20 日开工修筑。

6 月 21 日　兰宁路安宁渡口开工修建双车渡船，至 11 月 13 日完成。

7 月 1 日　福厦公路划为国道。

7 月 1 日　公路总局转发经行政院通过的《第一期国道网计划》、《国道编号暂行办法》及《分区接管路线表》。

7 月　第一区局接管安徽省公路局移交的京赣和杭徽两路的皖段国道。

7 月 22 日　国民政府内政部检发《市县道路修筑条例》。

8 月 1 日　第一区局接收浙江省公路局移交的京杭、沪杭和杭徽三路的浙段国道。

第三区局将监理业务划归省、市政府办理。

河南解放区军民积极修筑支前公路。

9 月 15 日　青新公路西宁至茫崖段举行通车典礼。

10 月　国防部和交通部部署陕、豫、鄂、皖间的"围剿"公路抢修计划，包括"伏牛山区"、"大别山区"和"九华山区"的公路及各区间的联络线，由四省公路局和第一、第二、第八区局分别抢修，并成立"大别山区公路整修督导委员会"。

10 月 7 日　公路总局拟定《公路法草案》。

11 月　"第十七绥靖公署"成立"军路修筑委员会"兴修洞庭湖西南的慈利至陬市、太子庙至汉寿和迎风桥至沅江的三段公路。

12 月　第一区局成立第一和第二抢修总队，抢修由芜湖至大渡口公路，至月底通车。

第四区局派员踏勘由昆明经富民、武定、元谋至姜驿与康境川滇西路的小官河相接的"康滇新路"。20 日，组成昆洛公路测量总队，下设四个分队。

12月28日　国防、内政和交通三部联合公布《全国公路交通安全促进委员会规程》。

民 国 37 年

1月　安徽省在安庆至合肥公路试行"以用于养路道班经费津贴沿线居民担负养路工作"的办法。

浙江省因养路经费极端困难，道班工人无法维持生活，经省政府核准从本月起实行民工养路。撤销各工务段，改设杭州、嘉兴等八个工程督导处，后又缩减为四个督导处，专责督导民工养路与桥涵改善工程及利用国民义务劳动征集路面材料。

浙江省政府为解决复路经费，决定从本月11日起，在汽车客货运价中加收一成复路费一年；并核准调拨"绥靖谷"60200石，以为浙东南沿海公路修复工程之用。

广西省容县经武林至太平公路和戎圩至梧州段公路完成通车。

1月4日　华北交通会议在石家庄召开，董必武作总结报告。

1月6日　晋冀鲁豫边区政府设立交通厅，下设公路局和运输公司，冯于九任公路局局长。

1月15日　全国公路交通安全促进委员会成立。

1月19日　第六区局主持施工的"茫崖至金鸿山段"公路全部通车。

1月25日　滇缅公路保腾支线的惠人桥（即继成桥）复工修建，至5月18日通车。

第一区局调整部分下属机构，以养路为主兼管施工。

江苏省为适应物价飞涨，从本月起至本年底四次改变养路费征收率基数和过渡费率基数（1月、5月、8月和12月）。

2月27日　第四区局颁发《处理工程暂行办法》。

第七区局组织成立"渭河桥工所"。(10月改组为"宝鸡渭河桥工处"，处长刘承先，该桥于次年5月竣工通车)。

3月　行政院下令"缓修昆洛公路"。

4月　公路总局成立"工程器材储运所"，先后提运了贝雷钢架1230英尺（合375米）、木材88350板尺（合208.5平方米）和旧吉普车20辆。

4月10日　全国公路会议在南京举行。

第五区局完成川康公路水毁重修的邛崃大桥。

4月　第三区局修复国道由1745公里增至2550公里（水毁重修里程不在内），管辖里程由1654公里增至3123公里。

河北省解放区石家庄经武强至泊头市公路通车。

6月　晋察冀边区交通局和晋冀鲁豫边区政府公路局及工程大队合并办公，在石家庄成立"华北公路总局"，局长曹承宗。

豫陕鄂解放区在鲁山（河南西南部）成立"豫西行署"，下设"交通管理局"，局长田裕民，统一管理交通运输和邮电事业，各县设交通科。

6月12日　豫西行署和豫西军区司令部联合发布修补、保护公路的命令。

8月26日　冀南行署通令各专署和县、市政府，对公路要分别进行整修或平毁。对解放区公路，不论省道、县道，均应按期整修，妥为保护、管理；对蒋军所修公路，除威县至衡水等15条外，一律平毁，并要填平各种无用的沟濠，包括对敌斗争的交通沟。

8月　按照行政院公布的《公路局组织规程》，福建省公路管理局改称"福建省公路局"，张理任局长，罗孝然任总工程司。

第一区局第三届工务会议在南京召开，调整辖区内处、段的管理范围，并讨论管理问题。

8月底第一区局所属芜湖工程处整修慈湖至芜湖段路面33公里，新建慈湖和采石等六座贝雷钢架桥；歙县工程处整修芜湖至孙家埠段 89 公里路基和重建涵洞,新建濮家店和孙家埠等五座贝雷钢架桥;抢修总队修好芜湖至大渡口公路,并新建鲁港和繁昌等四座贝雷钢架桥。

9 月 4 日　交通部公布《公路施政纲要》,规定:国道经费由国库负担;省道经费由省库负担,不足时可向中央请求补助。

9 月 25 日　豫皖苏行署交通局在宝丰改组成立"豫皖苏公路管理局",贾一平兼任局长。

9 月 26 日　华北人民政府在石家庄成立,主席董必武,下设交通部。

10 月,华北人民政府交通部正式成立,部长武竞天,统管铁路、公路和航务工程及运输。

11 月 2 日　交通部公路总局第三区局同广西省建设厅商定了《广西省国道交接办法》十四条。

11 月 11 日　交通部公路总局协同云南省政府成立"昆洛公路建筑委员会",省建设厅厅长任主任委员,第四区局局长任副主任委员,省公路局局长和省民政厅厅长等任委员,筹备昆洛公路兴建事宜。次月 11 日,昆洛公路建筑委员会工程处和征工处正式成立。

11 月 29 日　冀中行署交通处成立。

12 月　第四区局决定:各管理站和材料库的人事和经费应受所在地的工程处或工程总段或工务段的监督,并向该监督单位具领经费;其业务仍由各上级主管部门管理。从次年元旦起实行。

12 月 20 日　冀中人民为支援解放平津,积极抢修公路,至本日止,完成 1675 公里。

12 月 28 日　华北人民政府颁布《华北养护公路暂行办法》。

12 月底　冀东人民为迎接东北解放军进关,至 12 月底,共抢修干、支线公路 3250 公里、大小桥梁 500 多座。

国民政府交通部公路总局迁往广州(次年 8 月又迁重庆,后去台湾)。

民 国 38 年

1月 东北公路总局成立,徐彬如任局长,肖秉钧任副局长。河北省固安县永定河大桥于 10 日通车。

1月 11 日 冀中人民修筑公路 604 公里,架桥 20 座;大清河沿岸人民修筑公路 200 公里,架桥 31 座;行署交通处配合冀中十专区人民修筑公路 200 公里,架桥 12 座。

1月 31 日 北平和平解放,接管第八区局。

1月 第四区局颁发《养路工作竞赛办法》,编制《工程处理规程》。

2月 1 日 中原公路管理局在郑州成立,局长贾一平,由中原交通部领导。

2月 15 日 华北人民政府为支援大军南下,发布"关于抢修平汉、平大(名)和津浦(口)三大干线公路的决定"。河北省人民响应号召,昼夜抢修,三大干线畅通无阻。

第一区局从南京迁至杭州。

长沙地区公路工人反对克扣工资、赋谷罢工,斗争获得胜利。

浙江省政府会议通过征收公路复路费期限延至本年年底。

3月 29 日 华北交通会议在北平召开,主要是为加强公路的养护与管理。

4月 8 日 华北人民政府决定:交通部公路局与运输公司合并,成立"华北公路总局",局长曹承宗、副局长冯于九。

4月 17 日 中原人民政府决议修复郑州经信阳至汉口和兰封经罗山至黄陂两条公路,成立郑汉和兰黄两工程处,马跃仑和潘名珍分别兼任处长。中原公路管理局设立信阳、南阳和开封 3 个办事处。

4月 由沈圻接任公路总局局长

第二区局在长沙成立办事处,副局长成从修任主任。

4月20日　成立湖南省应变会,开展保产护路工作。次月20日改称"业务协进会"。

4月29日　滦河大桥修复通车。

5月8日　军管会接管浙江省公路局和交通部公路总局第一区公路工程管理局及其下属机构。(当时浙江省可通车的公路仅1343公里)。

5月14日　由中原交通部留郑州人员组成"河南省交通厅",杨少桥任厅长。

5月16日　军管会接收第二区局和湖北省公路局。

5月　山东省人民政府发布养护公路的布告。

6月　山东全省公路归属山东省人民政府管理。

7月　第四区局局长罗英辞职,公路总局派尹隆举接任。

7月19日　蒋军炸毁浏阳、青草和招旅等公路大桥。

7月24日　华北人民修复、修建公路1400公里、抢修桥梁357座;并在石家庄、邯郸和保定等地成立公路段,建立养路组织。

7月　热河省恢复工作,整修13条主要干线公路,长4000公里。

7月27日　中原公路管理局改为"河南省公路管理局",局长马跃仑;设立许昌、洛阳、信阳和开封公路养路总段。

8月1日　第三区局将福州工程处改组为"福州总段"。

8月17日　福州军管会财经部交通处接管了福建省公路局、交通部公路总局第三区局福州工程处和福州总段,以及公路总局第三机械工程总队等公路机构,并于9月1日成立福建省公路局,局长冯大勋、副局长杨澄、顾问王世锐。

8月26日　兰州解放,成立兰州军管会,接收第七区局。

9月16日　第四区局调整养路费征收率,以银元和半开银元计算;滇省货车每吨公里0.072元。

贵州省养路费开始征收硬币（银元）。省道清（镇）毕（节）公路和贵（阳）惠（水）公路恢复养护工作。

9月25日 新疆和平解放。军管会接收第六区局和新疆公路局。

10月1日 中华人民共和国成立，中央人民政府设交通部。

主要参考文献

1．翦伯赞：《中国史纲要》，人民出版社出版。

2．《韩非子·五蠹》卷十九，中华书局聚珍仿宋版。

3．《淮南子》。

4．〔宋〕罗泌：《路史·后记》卷五，清刊本。

5．《文物》：1960 年第六期、1974 年第一期、1975 年第二期、1977 年第四期、1981 年第一、六期、1984 年第二期。

6．李先登：《探索夏文化的新收获》，1983 年 8 月 19 日《北京日报》。

7．《史记·夏本记》，卷二，1959 年中华书局版。

8．《尚书·汤誓·汤诰》。

9．《诗经·商颂》。

10．王壁、丘恒典：《中国驿传史话》，《人民中国》1982 年第二期。

11．吉本彰：《道路工学》，1966 年日本东京学社献社版。

12．《周礼注疏》：民国十八年印本，北京图书馆柏林寺分馆藏书。

13．伊藤道治：《中国古代王国的形成》，1975 年日本东京创文社版。

14．《史记·封禅书》，卷二十八，1959 年中华书局版。

15．《史记·货殖列传》，卷一百二十九，1959 年中华书局版。

16．《旧唐书·陈子昂传》，卷一百九十，1975 年中华书局版。

17．《史记·秦始皇本纪》，卷六，1959 年中华书局版。

18．《汉书·贾山传》，卷五十一，1962 年中华书局版。

19．Joseph Needham：《Science and civi lisation in china》（李约瑟：《中国科技史》）第 28 章。

20．《汉书·鲍宣传》，卷七十二，1962 年中华书局版。

21. 《史记·蒙恬列传》，卷八十八，1959 年中华书局版。

22. 《靳之林徒步三千里考察秦始皇直道》，1984 年 8 月 19 日《光明日报》。

23. 《史记·平准书》，卷三十，1959 年中华书局版。

24. 《汉书·百官公卿表》，卷十九，1962 年中华书局版。

25. 《汉书·西域传》，卷九十六，1962 年中华书局版。

26. 《史记·西南夷列传》，卷一百一十六，1959 年中华书局版。

27. 《汉书·司马相如列传》，卷五十七，1962 年中华书局版。

28. 《史记·司马相如传》，卷一百一十七，1959 年中华书局版。

29. 《史记·河渠书》，卷二十九，1959 年中华书局版。

30. 《史记·孝武本纪》，卷十二，1959 年中华书局版。

31. 《汉书·王莽传》，卷九十九，1962 年中华书局版。

32. 《后汉书·王霸传》，卷五十，1965 年中华书局版。

33. 《后汉书·马援传》，卷五十四，1965 年中华书局版。

34. 《金石萃编》，卷五《开通褒斜栈道石刻》。

35. 郭荣章、李星：《褒斜道石门》，《光明日报·中华大地》39 期，1984 年 7 月 4 日。

36. 《后汉书·郑弘传》，卷六十三，1965 年中华书局版。

37. 《后汉书·和帝纪》，卷四，1965 年中华书局版。

38. 《后汉书·西域传》，卷一百一十八，1965 年中华书局版。

39. 〔日〕佐藤秀一：《道路施工法》，1978 年东京山海堂版，1984 年人民交通出版社版。

40. 《三国志·魏书·武帝纪》，卷一，1959 年中华书局版。

41. 《三国志·蜀书·先主传》，卷三十二，1959 年中华书局版。

42. 《三国志·吴书·三嗣主传》，卷四十八，1959 年中华书局版。

43. 《晋书·裴秀传》，卷三十五，1974 年中华书局版。

44. 《魏书·太祖纪》，卷二，1974 年中华书局版。

45. 《魏书·世祖纪》，卷四，1974 年中华书局版。

662   主要參考文献

46. 《魏书·高祖纪》，卷七，1974 年中华书局版。

47. 《魏书·世宗纪》，卷八，1974 年中华书局版。

48. 〔日〕前田正名：《北魏平城时代的鄂尔多斯沙漠南缘路》（胡戟译文），载《西北历史资料》，1980 年第 3 期，1981 年第 1 期。

49. 《魏书·西域传》，卷一百零二，1974 年中华书局版。

50. 岑仲勉：《隋唐史》，1982 年中华书局版。

51. 《隋书·炀帝纪》，卷三，1973 年中华书局版。

52. 《隋书·食货志》，卷二十四，1973 年中华书局版。

53. 《资治通鉴·隋纪》，卷一百八十，1956 年中华书局版。

54. 夏鼐：《咸阳张湾隋墓出土东罗马金币》，《考古学报》1959 年第 3 期。

55. 《旧唐书·太宗纪》，卷三，1975 年中华书局版。

56. 《旧唐书·职官志》，卷四十三，1975 年中华书局版。

57. 〔唐〕李吉甫：《元和郡县图志》全卷，1983 年中华书局版。

58. 《旧唐书·地理志》，卷三十八，1975 年中华书局版。

59. 〔唐〕柳宗元：《柳宗元全集·馆驿使壁记》，卷二十六，1979 年中华书局版。

60. 《新唐书·回鹘传》，卷二百一十七，1975 年中华书局版。

61. 《大庾县志》，清同治十三年版。

62. 《新唐书·地理志》，卷三十七、四十、四十一，1975 年中华书局版。

63. 《旧唐书·敬宗纪》，卷十七，1975 年中华书局版。

64. 《旧唐书·文宗纪》，卷十七，1975 年中华书局版。

65. 《旧唐书·宣宗纪》，卷十八，1975 年中华书局版。

66. 洪偶：《中西交通史的名著——大唐西域记》，《文史知识》，1984 年第 5 期。

67. 《新唐书·吐蕃传》，卷二百一十六，1975 年中华书局版。

68. 严耕望：《唐代河湟青海地区交通军镇图考》，1979 年《香港中文大学中国文化研究所学报》。

69. 《公路交通编史研究》，1987 年第 1 期。

70. 《宋史·地理志》，卷八十五，1977 年中华书局版。

71. 《宋史·食货志》，卷一百八十六，1977 年中华书局版。

72. 〔宋〕王栐：《燕翼贻谋录》，1981 年中华书局版。

73. 《续资治通鉴·宋纪》，卷二十、四十七，1975 年中华书局版。

74. 《辽史·地理志》，卷三十七、三十九，1974 年中华书局版。

75. 《辽史·圣宗纪》，卷十，1974 年中华书局版。

76. 《辽史·食货志》，卷五十九，1974 年中华书局版。

77. 《宋史·夏国传》，卷四百八十五—四百八十六，乾隆四年刊本。

78. 《金史·太祖纪》，卷二，1975 年中华书局版。

79. 《金史·地理志》，卷二十四—二十六，1975 年中华书局版。

80. 《金史·交聘表》，卷六十，1975 年中华书局版。

81. 《金史·哀宗纪》，卷十八，1975 年中华书局版。

82. 《金史·百官志》，卷五十五、五十六，1975 年中华书局版。

83. 《金史·河渠志》，卷二十七，1975 年中华书局版。

84. 《金史·食货志》，卷四十七，1975 年中华书局版。

85. 《金史·宣宗纪》，卷十六，1975 年中华书局版。

86. 《元史·地理志》，卷五十八、六十一，1976 年中华书局版。

87. 《续资治通鉴·元纪》，1975 年中华书局版。

88. 《明史·地理志》，卷四十、四十一、四十二、四十三、四十六，1974 年中华书局版。

89. 沈定平：《明代驿递的设置、管辖和作用》，载《文史知识》1984 年 3 月。

90. 陶承庆：《新刻京本华夷风物商程一览表》。

91. 李询：《明史食货志校注》，1982 年中华书局版。

92. 《明实录·太祖洪武实录》，卷一百九十，1983 年贵州人民出版社版。

93. 《明史·西域传》，卷三百三十一，1974 年中华书局版。

94. 《明实录·太祖洪武实录)，卷七十、二百一十四、二百一十九，1983 年贵州人民出版社版。

95. 《明实录·熹宗天启实录》，卷六十七，1983 年贵州人民出版社版。

96. 《明史、西域传·阐教王传》，卷三百三十一，1974 年中华书局版。

97. 《清史稿·地理志》，卷五十四、五十七，1976 年中华书局版。

98. 《清史稿·职官志·兵部》，卷一百一十四，1976 年中华书局版。

99. 《清史稿·交通志·铁路》，卷一百四十九，1976 年中华书局版。

100. 《清史稿·交通志·电报》，卷一百五十一，1976 年中华书局版。

101. 《清史稿·地理志·奉天》，卷五十五，1976 年中华书局版。

102. 《清史稿·职官志》，卷一百一十五，1976 年中华书局版。

103. 《清史稿·地理志·内蒙古》，卷七十七，1976 年中华书局版。

104. 洪仁玕：《资政新篇》，载《中国通史参考资料》近代部分，上册，1980 年中华书局版。

105. 《清史稿·邦交志》，卷一百五十三、一百五十四，1976 年中华书局版。

106. 《清史稿·地理志·广西》，卷七十三，1976 年中华书局版。

107. E·C·Barber: A Jounery of Exploration in western Szechuan
(四川) Royal Geographical Society Snpplemen. tary
Papers. Vol. II.1881。

108. 茅以升：《中国石桥序》，载罗英：《中国石桥》，1959 年人民交通出版社版。

109. 郦道元：《水经注·汾水》、《水经注·渭水》。

110. 《史记·刺客列传》，卷八十六，1959 年中华书局版。

111. 〔清〕：张之洞：《覆陈铁路事宜折》，载《建设文选》。

112. 《史记·滑稽列传》，卷一百二十六，1959 年中华书局版。

113. 《史记·孝文帝本纪》，卷十，1959 年中华书局版。

114. 《旧唐书·职官志》，卷四十三，1975 年中华书局版。

115. 罗英：《中国石桥》，1959 年人民交通出版社版。

116. 金大钧等：《桥梁史话》，1979 年上海科技出版社版。

117. 《金史·河渠志》，卷二十七，1975 年中华书局版。

118. 村濑佐太美：《藤桥考》、《桥梁》（日文），1980 年第 6 期。

119. W·J 瓦特森：《历史与传说中的桥》，《桥梁》（日文），1984 年第 8 期。

120. 岛田喜十郎等：《中国原始吊桥》，《道路》（日文），1966 年第 6 期。

121. 《宋史·河渠志》，卷九十三，1977 年中华书局版。

122. 〔唐〕：张说：《张燕公集》卷八，清乾隆间刊本。

123. 小三田了三：《桥梁》（日文），1983 年第 2 期。

124. 《宋史·河渠志》，卷九十七，1977 年中华书局版。

125. 《明史·食货志》，卷八十一，1974 年中华书局版。

126. 《清史稿·食货志》，卷一百二十五，1976 年中华书局版。

127. 《清史稿·交通志》，卷一百五十，1976 年中华书局版。

128. 张謇：《张謇日记》，1962 年江苏人民出版社出版。

129. 陆世益：《山西修路记》，1921 年初版（山西省图书馆藏书）。

130. 杨得任：《中国近世道路交通史》，吉林永衡印书局，1921 年出版。

131. 张心澂：《中国现代交通史》，1931 年，上海良友图书公司出版。

132. 俞飞鹏:《十五年来之交通概况》,1946 年,京沪区铁路管理局会计处印刷所印。

133. 赵祖康、郑德奎:《三十年来中国之公路工程》.《三十年来中国之公路行政》,中国工程师学会编,1946 年中央印制厂印。

134. 周一士:《中华公路史》,1984 年台湾商务印书馆出版。

135. 李仁:《关于滇缅、中印公路的修建与中国军队入缅作战》,1987 年《中华民国史》学术讨论会论文。

136. 姜念东等:《伪满洲国史》,长春吉林人民出版社,1981 年版。

137. 茅以升:《三十年来中国之桥梁工程》,中国工程师学会编,1948 年京华印书馆印。

138. 罗英:《中国桥梁史料》,1959 年中国科学社主编。

139. 龚学遂:《中国战时交通史》,1947 年商务印书馆出版

140. 吴柳生:《公路实验报告》,1946 年,云南省档案馆复制件。

141.《交通史路政篇》,交通部交通史编纂委员会出版,1931 年 11 月。

142.《京都市政汇览》,京都市政公所编,京华印书局印,1919 年版。

143. 横道英雄:《混凝土桥》(日文),1972 年日本技报堂出版。

144.《满洲国史》(日文版),1971 年版。

145.《文史资料选辑》第 83 辑,中国人民政治协商会议全国委员会文史资料研究委员会编,1982 年文史资料出版社出版。

146.《北洋军阀史料选辑》,1981 年中国社会科学出版社出版。

147.《道路月刊》,中华全国道路建设协会编,1923 年——1935 年版。

148.《公路》,全国经济委员会公路处编,1935 年——1943 年版。

149.《公路技术》第一期。

150.《现代公路》第一卷第二期,1948 年版。

151. 《公路月报》，1940年，公路月报社版。

152. 《公路月刊》合订本。

153. 《公路季刊》，全国经济委员会公路处编，1935年版。

154. 《西南公路》第21、86、97、181、191、212、215、218、235等期。

155. 《西南公路周报》164期。

156. 《西北公路月刊》第八卷，第11～12期合刊。

157. 《交通建设》（季刊），1943年重庆交通部出版委员会版。

158. 《交通杂志》，1932年—1937年交通杂志社版。

159. 《交通公报》，北京交通部编，1917年—1936年版。

160. 《国道业务年报》，伪满国务院国道局编，1932年版。

161. 《满洲交通》第五卷，第一、三号，伪满交通部编，1940年版。

162. 《满洲年鉴》，满铁日报社编，1945年版。

163. 《中华工程师学会会报》（月刊），中华工程师学会编，1913年—1929年版。

164. 《中国华洋义赈会救灾总会丛刊》，中国华洋义赈救灾总会编，1924年—1932年版。

165. 《申报年鉴》，上海申报馆编印，1932年—1944年版。

166. 《全国经委会会议纪要》第五集、1934年版。

167. 《公路法规汇编初集》，交通部公路总局编，1946年出版。

168. 《公路路线规范草案初稿》，交通部交通技术标准委员会编，1946年出版。

169. 《工务总署公路局试验调查报告》，1943年。

170. 《第五区公路工程管理局公报》第二卷，1947年公路总局公布。

171. 《全国经济委员会第一试验路报告》，赵祖康与顾问奥金斯基合写，1934年单行本。

172. 《公路调查资料》，交通部公路总局编，1950 年出版。

173. 《十年来公路计划》，全国经济委员会编，1931 年。

174. 《台湾交通汇报》，台湾行政长官公署交通处编，1946 年 12 月版。

175. 《关于各公路沿线养路小组暂行办法》，解放区山东省政府，1947 年公布。

176. 东北物资调节委员会研究组：《东北经济小丛书·运输》，1948 年版。

177. 《华洋义赈会叙》。

178. 解放区：《冀中导报》、《冀南日报》、《解放日报》、《新华日报》。

179. 南京国家第二档案馆（十五）、（二十）、（四四）、（四一二）等宗。

云南省档案馆 54—20—2390 卷。

四川省交通厅档案室《国民党四川省政府公路局工程暂行卷宗》第 117 号卷。

河北省档案馆《河北革命历史大事记》第二册。

福厦复路工程处档案 844 号卷。

180. 各省、自治区、直辖市公路史志资料。

ISBN 978-7-114-00956-3